JN127501

西部劇論

吉田広明
Yoshida Hiroaki

その誕生から終焉まで

作品社

西部劇論

その誕生から終焉まで

第六章　不透明と透明の葛藤
――フォード／ベティカー／ホークス／ケネディ／デイヴス　215

第七章　西部劇の黄昏
――ペキンパー／ペン／アルトマン／ヘルマン　269

第八章　オルタナティヴ西部劇

第九章　西部劇に引導を渡した男──クリント・イーストウッド　361

【凡例】

日本未公開作品は、『　』内にタイトルを直訳し、その下に原題をイタリックで記した。

また公開作であっても、一部についてはデータ検索の利便を考え、邦題を記した上で原題を付した。

映画作品名下の（　）内の二桁数字は、作品の製作年を示す。

序
西部劇——その既知を未知へ奪い返すために

『真昼の決闘』と『リオ・ブラボー』

ハワード・ホークス監督の『リオ・ブラボー』(59)が、フレッド・ジンネマン監督の『真昼の決闘』(52)への強い反発から製作されたことは周知の事実だろう。新婚の妻と共に町を去ろうとしている保安官のもとに、かつて逮捕した男が出獄、お礼参りにやってくるとの知らせが入る。このまま去ろうという妻の意見を振り切って町に戻った保安官は住民に加勢を求めるが、結局孤立無援。男の汽車が到着する時刻が迫る。その到着までの一時間数十分を映画の実時間とし、随時時計の針を示してサスペンスを高める構成が効果的(脚本はカール・フォアマン)。作品賞、監督賞、脚本賞といった主要部門こそ取れなかったが、その年のアカデミー賞を四部門で受賞した(主演男優、音楽、歌曲、編集)。現代的な西部劇として当時から評価が高く、現在においても古典として遇されている作品だが、その何がホークスは気に食わなかったのか。

「優秀な保安官が助けを求めて、首をちょん切られたニワトリみたいに町ん中を駆けずり回り、挙げ句の果てにクエーカーの妻に命を救われなければならないなんてことがあろうとは思わない。それで、まるっきり正反対のことをやって、目にもの見せてやることにした。本物のプロの見地に立ってだ——ジョン・ウェインが『それが本当にいい奴らなら、採用する。そうでないとしても、彼らを大事にせにゃならんだろう』と言うように、われわれはあらゆることをそんな風にやった。『真昼の決闘』で、この私をいらいらさせてくれた諸々の、まさしく逆をやったわけだが、それがうまく行って、みんなに気に入ってもらえた」▼1とホークスは言う。

まず、優秀な保安官なら、助けを求めたりするまい。ヒーローたるもの、一人で敵と対峙するべきではないのか。実際『リオ・ブラボー』のジョン・ウェインは、町の住民に助けを求めたりしない。勝手に助勢しにくる連中がいるだけだ。『真昼の決闘』でも、実は助勢を申し出る者がいて、彼は隻眼で飲んだくれの男なのだが、飲んだくれである自分にうん

図1 『真昼の決闘』敵を背後から撃つ妻

ざりしていて、これを機会に自分を取り戻したいと思って志願するにもかかわらず、保安官には、いいからこれで飲んでいろ、と小銭を渡されて体よく追い払われてしまう。これに対し『リオ・ブラボー』で、助勢しに来る連中が、片足が悪かったり（ウォルター・ブレナン）、アルコール依存症であったり（ディーン・マーティン）しても、主人公ジョン・ウェインは、彼らを「大事に」扱うのである。▼2

さらにホークスは言う。妻の手を借りて生き残るなど、みっともないではないか。実際、『真昼の決闘』において、敵は列車で来る首領と、駅でそれを待つ三人（弟と手下二人）なのだが、うち一人は保安官事務所内にいる妻が放つ背後からの銃弾（後ろから撃つことは西部劇にあっては卑怯と同意である）によって倒れ【図1】、また首領は、人質に取った妻に暴れられて、その隙を主人公に撃たれる。決闘とはいいながら、主人公は女の手を借りてかつかつ勝利するのだし、しかもそのアクションの連鎖は何ともたもたしていて見栄えがいいとはお世辞にも言えない。これに比して『リオ・ブラボー』におけるアクションの何と美しいことか。プロ同士が、これしかないというタイミングで、絶対的に正確な行動を起こす。そしてそれが何の目配せも合図もなく、そうなるべくしてなったかのようにごく自然に連鎖していくのである。プロとは、自身を機械にできる者のことなのだと、そして機械とは、実は映画そのものの謂《い》いだったのだと、我々は深く感銘を受けるのである。

『真昼の決闘』の新しさ

では『真昼の決闘』はホークスの言うように、愚にもつかない作品なのだろうか。とするならなぜ、この映画がそれほど評価された（ている）のだろうか。無論、当時評価された作品が、当時の価値観、評価基準にあまりにも即しすぎているので、今の眼で見ると到底評価に耐えないということもままある（いわゆる「映画史上の名作」）。しかしそういう意味で『真昼の決闘』が愚作とは思えない。今日の眼で見ても、この映画は十分見るに堪えるものになっているからだ。我々は発想を転換すべきなのかもしれない。ホークスが批判した点は、まことにもっともなのだが、しかし逆にそれこそがこの映画の利点なのではないか、と。例えば、主人公が孤立無援になっていく過程の陰惨さ【図2】。主人公は、自身の誇りのため、仕事を務め上げるという職業倫理のために町に居残り、敵を迎え撃つ決心をするのだが、妻にすらそれは理解されないし、町の上層階級の人間（トマス・ミッチェル）は、彼の功績を最も認める人間でありながらも、彼がいるために敵はここに来るのだし、争いも起きる。さっさと逃げてしまえばよかったのだと言う。身近な人間すらも彼を非難するのである。また助手を求めに酒場に行くと、ここには敵の友人だったものもいるのだと嘲笑《あざわら》われ、この町の秩序を憎んでいるものすらいることが明らかになる。かつて彼を温かく包んでいたはずの環境が、掌《てのひら》を返したようによそよそしいものに変わる。もはや何を信じていいのか分からないという底なしの不安。これこそが、この西部劇を新しいものにしている点ではないか。

図2　孤立する主人公

　それが、この映画が作られた時代の反映であることは紛れもない。冷戦期のアメリカでは、反共産主義的雰囲気が蔓延し、それを利用して権力を得る政治家が出現、映画界においても共産主義者を排除しようとする動きが生まれる。当時の共和党政権は、下院常任委員会の場を使って、かつて共産主義者だった者に仲間の名を密告させ、それをショー化することまでした。この映画の脚本のカール・フォアマンも、本作製作中の五一年、非米活動委員会に非友好的証人として召喚され、名を挙げることを強制されながらそれを拒否、ためにイギリスに一時亡命を強いられた人物である。[3] この映画の中で、町の住人が掌を返すように主人公から距離を置き始める様は、当時のアメリカの、共産主義者への態度そのままである。この映画は、共産主義フォビアがいかに社会を変えてしまうかを描いたドキュメントとしても見ることができるのだ。しかし一方、この映画の暗さが確かに時代の兆候であるとしても、時代を超えたより普遍的な問題への一つの答えの提示であることもまた確かである。以後の章で次第に明らかにしていくつもりであるが、西部劇は、アメリカにおける（あるいはそうした地域的限定を超え、もっと普遍的な）個人と共同体の関係を描くドラマという側面がある。その「個人」は多くカウボーイやガンマンとして表象されるが、彼が社会と葛藤する中で、社会が持っている問題をあぶりだすのである。その意味では『真昼の決闘』もまた紛れもなく、真っ当に西部劇なのだといえる。

　ただ、主人公＝個人の社会に対する位置がここでは逆転している。かつて西部劇では、アウトローは自身の暴力によって社会に秩序を取り戻しつつも、その身から決して消え去ることのない暴力ゆえに、社会から去らねばならなかった。暴力は個人の側にあったのだが、ここで決定的に暴力的なのはむしろ社会のほうである。ラスト、主人公は保安官の徽章《きしょう》を路上に投げ捨てて去るのだが、それは町そのものを捨てることと同意である。自分が守った町が、守るに値しなかったことの苦い認識。こうした逆転もまた、この映画を新しいものにしている（同じように徽章を投げ捨てることで終わる作品にクリント・イーストウッド主演『ダーティハリー』がある。イーストウッドの西部劇には本作の意志を継ごうとするところがあり、偶然とは思われない。第九章参照）。

もうひとつ、主人公のアクションの無様さにしても時代の表象とみなしうる。主人公が見事な銃の腕で、何人もの敵を一瞬にして倒す、そんなアクションはもう望むべくもない。ヒーローらしきヒーローの時代は終わったのだ。この映画の主役を演じているゲイリー・クーパーの老齢（撮影当時で五十歳）もまた、終わりの感を強める。古典的ヒーロー像は崩壊しつつある。ここで起こっていることは、ダスティン・ホフマンというおよそ西部劇に似つかわしくない俳優が主人公のオフ・ビートな『小さな巨人』（70）や、これは西部劇ではないが、かろうじて残存するカウボーイのイメージが儚《はかな》く輝くがゆえに一層カウボーイ・イメージの落魄ぶりが浮き上がる『真夜中のカーボーイ』（69）などに通じていく事態である。七〇年代に現われるようになる、西部の実像を露悪的に描く歴史修正主義的西部劇（西部劇の中に内在した歴史的偏見や西部開拓の負の部分を描き、西部の実態をよりリアルに見つめようとする西部劇）も、こうした流れの中に位置づけられるはずである。また、この変質は、映画的アクションの変質としても見ることができるだろう。ぎりぎり最小限に切りつめられたカットの積み重ねによって、ガンマンの超絶的な技巧が表現される、というよりはむしろ文字通り生み出されるという、古典的映画技法の終わり。『真昼の決闘』の無様さは、単に下手な古典的映画技法なのではあるだろうが、その下手さ加減を積極的に評価するならば、そういうことになる。古典的編集とは違った形のアクションを提示している『ワイルドバンチ』（69）も、その延長線上にあると捉えられるだろう。

アンドレ・バザンの「超西部劇」論

ハワード・ホークスにとっては欠点としか見えなかった『真昼の決闘』のこのような新しさをむしろ積極的に評価し、そこに西部劇の根底的変質を見たのがフランスの映画批評家アンドレ・バザンであった。バザンは、『映画とは何か』所収の論文「西部劇の進化」▼4の中で、三九年のジョン・フォード『駅馬車』などによって西部劇は古典的な完成を迎えたが、戦後変質したのだと述べている。その変質した西部劇を「超西部劇」と呼んでいるわけなのだが、バザンはいくつか具体的な作品名を挙げながらその変質を列挙する。例えば『真昼の決闘』における社会性、例えばハワード・ヒューズの『ならず者』（43）やキング・ヴィダーの『白昼の決闘』（48）におけるエロティシズム、例えばジョージ・スティーヴンスの『シェーン』（53）における神話性（「西部劇を西部劇によって正当化する」、つまり西部劇的ヒーローの図式性を意図的に利用するメタ性）、また例えばエドワード・ドミトリク『折れた槍』（54）などに見られる、「登場人物の独自性や彼らの心理的味わい」など我々が小説に期待するようなものを持っているという意味で「小説的」であること、等々。他にも情感、感覚性、抒情性などが挙げられるが、決定的な言葉を探しあぐねている印象で、バザン自身もそれをどう定義していいのか逡巡しているように見えるのだが、作家として最も「超西部劇」的なのは誰かと言えば、それは『死の谷』（49）、『追跡』（47）、『死の砂塵』（51）のラオール・ウォルシュであり、『流血の谷』（50）、『裸の拍車』（53）、『怒りの河』（54）のアンソニー・マンなのだという。ウォルシュにしてもマンにしても、何かに（とりわけ過去の出来事に）取り憑《つ》かれた男たちが最終的には自滅したり、あるいは挫折したりする苦い物語である。主人公たちは強い情動に駆り立てられるのだが、映画が終わった時点でもそれが解消されることがない。西部劇である以上、何らかのアクションが事態の解決を一応はもたらすものの、心理的葛藤はそのまま残存する。ウォルシュやマンの上記の西部劇は、外面的アクション以上に内面的な葛藤が重視され、しかも後味が悪く、暗い。それまでの西部劇にはなかった陰湿さ。それは要するにフィルム・ノワールなのではないのか、というのが我々の見方である。バザンの言う「超西部劇」的特質は、その少し前（四〇年代後半）から盛んに作られるようになっていたフィルム・ノワールから流れ込んできたものなのである。

　詳しくは後の章に譲るが、フィルム・ノワールの作り手と五〇年代以降の西部劇には多くの共通点がある。まずその作り手が同じであること（アンソニー・マンが西部劇を撮るにあたり、それ以前撮っていたフィルム・ノワールから世界観を持ち込んだことは拙著『B級ノワール論』で詳しく論じた。また一つだけ例を挙げれば、『真昼の決闘』の脚本家カール・フォアマンはマーク・ロブソン監督のノワール的ボクシング映画『チャンピオン』（49）の脚本家でもある）。また、悪いのは個人ではなく、むしろ社会なのであり、だからこそ描かれる悪が根深く、消去できないのだという絶望感、宿命論、社会批判性もフィルム・ノワールによって描き出されたものである（フィルム・ノワールには赤狩りの被害を受けた共産主義者が多く関わっていた）。バザンは超西部劇を、「自らが西部劇に過ぎないことを恥じ、美学的、社会的、道徳的、心理的、政治的な、またエロティシズムの次元での補足的な興味によって、要するに、このジャンルの映画に固有のものではないが、それを豊かにするように思われる何らかの価値によって、自己を正当化しようとしている西部劇」としているが、その西部劇に対して外的な「何らかの価値」こそ即ち、ノワールなのではないか（バザンが挙げている特徴はすべてフィルム・ノワールの特徴であり——他のところで挙げている「バロック的」という形容もフィルム・ノワールに対してよく用いられるものだ――エロティシズムも、ノワールにおけるファム・ファタルの存在を思えば納得がいく）。ただし、当時フィルム・ノワールという言葉はバザンの語彙になかった（四六年にはニーノ・フランクが「フィルム・ノワール」という言葉を初めて使っているので、バザンがその言葉を知っていた可能性はあるが、彼がそれを使用している例は寡聞にして知らない）。だからこそバザンはそれを名指すのに苦労しているわけなのだが、現在の我々の眼から見れば、それは端的に「ノワール」なのだ。バザンは、五〇年代の西部劇にノワール的なものを見出していたのである。

ホークスとフォード

『真昼の決闘』においてホークスが嫌った点は、従ってノワール的なものである。共同体がそれまでとは打って変わってよそよそしいものになるその陰湿さ。アクションの不活性（逆に言えば、アクションよりも主人公の情動のほうが重視される）。西部劇について考える際重要なのは共同体の変質のほうである。先述したように、西部劇には個人と共同体の関係を問うという機能がある。古典的西部劇であれば、共同体の外ないし周縁にいる主人公が、共同体と確執関係に陥り、その中に潜在する問題をあぶり出し、解決した末に、共同体に入るか、あるいはそこから再び離れていく。ともあれ主人公のアクションによって共同体は（多くの場合は良く）変わる。しかしここにフィルム・ノワールが侵入するとき、西部劇的社会観は大きく変質することになる。共同体は、（例えば悪いガンマンなどによって）一時的に失調を来しているのではなく、そもそも最初から壊れていたのだということが明らかになる。そしてさらに悪いことに、主人公の行動が共同体を変えることがない。共同体の中に潜在していた問題があぶり出され、主人公は確かにそれと葛藤を抱える。しかし解決を見ることはなく、ただ葛藤によって引き起こされた強い情動が残存するだけなのである。

フィルム・ノワールは、社会そのものが壊れているのではないか、という問いによって、西部劇を変質させた。西部劇が、共同体を、社会を真摯に問うジャンルであったからこそ、その変質は深甚なものとなったのである。その影響の深さは、フィルム・ノワールを撮ったわけではない西部劇作家であるジョン・フォードにまで及んでいることからもよくわかる。というよりもフォードの場合、自身の映画的特質を発展させていったとき、そこに生じた世界がノワール的なものに近似してしまったというほうが正確なのかもしれないが、いずれにせよフォードもノワール＝超西部劇がもたらした世界観と無縁ではない。そもそもノワール的な世界観の源流には、三〇年代初頭の世界大恐慌とその後の不況期があるとされ、一瞬にして世界が変わってしまう恐怖や、どうあがいても仕方がないという宿命論、先に光明の見えない停滞感が世界を陰湿に染め上げるわけだが、そうした行き場のない状況を描く社会小説二作品（『怒りの葡萄』(40)、『タバコ・ロード』(41)）

をフォードは映画化している。フォードには、『プリースト判事』(34)、『虎鮫島《シャークアイランド》脱獄』(36)、『バファロー大隊』(60)など、無実の罪に問われる主人公が多々現われるし、社会そのものが主人公の存在に対して強烈に排除的であるような『メアリー・オブ・スコットランド』(36)もあり【図3】、社会が主人公にとって他者なるものであることが多い。『男の敵』(35)の中で、密告者の疑心暗鬼に駆られた精神にとって世界が違和感に満ち始めるように、彼らにとって世界は、また世界にとって彼らは異物となるのである。そもそも共同体は異物をその中に多々含み込む混濁したものであり、その中に生じる葛藤は、すんなり解決を見るはずがない。映画は、西部劇は、その物語を通して何らかの解決を偽装するが、その葛藤への取り組みが真摯であればあるほど、問題は一向に解決しないものである。フォードの映画が「本質的に混濁して」▼[5]いるとしたら、それは世界そのものが混濁しているからなのだ。そのように混濁した世界の中で、いかに共同体を維持していくか。そこには高度な政治力が必要とされるだろう。雑多な意見を整理し、しかるべきときにしかるべき介入を、正確にすること。赤狩り真っ只中の一九五〇年十月二十二日の映画監督協会で、「私の名はジョン・フォード。西部劇を作っている」、と切り出し、赤狩り推進派のセシル・B・デミルの陰謀を鮮やかに砕いた際のフォードは、これ以上ないほど見事な政治的手腕を発揮したと言える。彼がリンカーンを生涯敬愛したのも理由のないことではないだろう。

図3 『メアリー・オブ・スコットランド』社会対主人公

一方、ノワール的な世界観にいっさい無縁な作家がホークスである（バザンもホークスを「超西部劇」と正反対の作家としている）。ホークスはノワールに分類される『三つ数えろ』(46)を確かに撮ってはいるのだが、総じてノワール的な不透明性、曖昧さには程遠い作家である。少なくともホークスが社会ないし共同体を描こうとする作家ではなかったことは確かだろう。彼が集団を描くにしても、それは優れた個人の集合、プロフェッショナルからなるチームであって、たとえそれぞれが抱える意見や感情が違っていても、目標に向かう際には一丸となれる者たちなのである。『リオ・ブラボー』の鮮やかなアクションは、スポーツ（とりわけボールゲーム）における見事な連携を思い出させる。フォードが政治ならば、ホークスはプレーというべきか、集団なるものをいかに動かすか、その態度はこの二人の偉大な映画作家においてこれほどまでに相違がある。そして考えてみれば、この二人の間にすべての西部劇が存在するともいえるのではないか。以下の章で記述していくように、西部劇にはアクション映画としての方向性と、倫理を問うドラマとしての方向性とが存在する。ホークスとフォードは、その二つの方向性をそれぞれ代表する作家なのであり、この二人を両極と捉えれば、すべての西部劇はこの両極の間のグラデーションとして見えてくるだろう。

西部劇におけるアナクロニズム

この序章において素描したのは五〇年代における西部劇の変質と、その変質に対する二人の巨匠の態度ないし位置である。我々がその変質の内実として見出したのはフィルム・ノワール的なものであった。その変質をバザンは「超西部劇」という言葉で記述したが、我々にはそれはノワールではないかと思われた。無論それは今日から見れば、ということであり、バザンが「超西部劇」という言葉を創出した時点で確かに既にノワールという言葉があったにせよ、それがまだ人口に膾炙していなかった時代、まだ（アメリカの）作り手はおろか、（フランスの）批評家自身その語彙を確かに自分のものとしていなかった時代の書き物に、それがノワールという言葉で表わされるような何かを探り当てているからといって、その言葉が既に映画の議論において一定の地位を占めている現在の視点から、それはノワールなのだ、と言ってしまうことに問題がないのか、という疑念はある。アメリカの映画作家が作っていた時点、彼らの映画をフランスの批評家が見ていた時点で、それはいまだ不定形のものであり、作る過程見る過程で徐々に探られ、一定の形が見出されていったもののはずである。誰もがそれによって名指されるものをすぐさま思い浮かべられるような既定の語彙＝ノワールをそこに当てはめてみる時、確かに理解は早いにせよ、当時における不定形なうごめき、その熱のようなものが失われはしないか。

しかし一方で、批評というものは総じてそのようにあるしかないという気もする。批評は（いかに迅速に反応したとしても結局のところ）事後的な介入でしかありえないからである。そもそも批評は、必ずや作品に対して遅れた時点から始められる。そもそもがそういうものであり、ならばその遅れてきた、という弱点を、むしろ利点として考えるべきなのだ。その時点でしかありえない見方を、作品に対して与えることは、後から来たもののむしろ有利である。そしてこの事後性は、とりわけ西部劇に関しては避けることができない。というのも、西部劇とはそのジャンルとしての生命を、決定的な形で失ってしまったジャンルだからである。西部劇は、現在もまだ細々と作られ続けてはいるにしても、西部劇が西部劇であることの意義を真っ当な形で体現している作品はもはや撮られていない。というより西部劇は、我々の見るところでは、一人の作家によって、明白に終止符を打たれたのである。そうした見方の是非については本論を見てもらうとして、その西部劇の終わりという視点から見た西部劇を論じるのが本書、ということになる。西部劇は終わっている。従って、そもそも西部劇を振り返ること自体、必然的に、事後的でアナクロニックな振る舞いたらざるをえないのである。しかしそのような視点で見るからこそ見えてくる新たな西部劇の相貌というものもあるはずだ。これまでに記述した、「超西部劇」とはノワールのことではないか、という見方も、実はその視点から見たことで見出されたものである。我々が見るところの「終わりの西部劇」、それは西部劇の倫理を、ガンマンの境位を問うものであったが、そうした側面が西部劇にはあるという視点で西部劇の歴史をさかのぼってみたところ、確かにそれは西部劇の歴史の中で何度も現われ出ていることがわかった。「超西部劇」は、その現われの一つなのだ。

終わりから見る西部劇。本書はそのようなアナクロニズムによって貫かれている。しかし、思えば西部劇自体がそもそもアナクロニックなものではなかったか。西部劇は西部開拓が終わってから作られ始めたいわば「時代劇」であって、始めからアナクロニックな存在である。また、その作品が作られた時代のイデオロギーが反映されている歴史修正主義的な西部劇も、時代錯誤をむしろ積極的に活用した一例である。そういったそもそも論を離れて一例を挙げれば、最初の西部劇とされるエドウィン・S・ポーターの『大列車強盗』(03)がある【図4】。この作品は強盗団ワイルド・バンチを題材にしているとされる。ワイルド・バンチ自体、強盗団としては遅れて来た存在であり、悪い意味でアナクロニックな存在である(その首領ブッチ・キャシディとサンダンス・キッドが、キッドの恋人エッタ・プレースと共にボリビアに逃げたのは、すでに二十世紀を迎えた一九〇一年)

図4　『大列車強盗』ポスター

図5　ワイルド・バンチ。前列左端がサンダンス・キッド、同右端がブッチ・キャシディ

が【図5】、ともあれ最初の西部劇『大列車強盗』が作られた時点で、彼らの存在は未だ同時代的なものであった。「扱われた題材は実は当時の生々しい現実の強盗事件（有名な列車強盗団、ワイルド・バンチのしわざ）であったから、西部劇とはリアルな『現代劇』に他ならなかった」▼6わけである。最後の強盗団が、最初の西部劇を生んでいるという時代錯誤性（『大列車強盗』を最初の西部劇と見ることに、またそもそも西部劇であるかどうかにすら議論があることは承知している。しかし、時代錯誤性に惹《ひ》かれる我々としては、この作品を最初の西部劇であるとみなしたい）。さて、また一方でワイルド・バンチは「最後の西部劇」としばしば呼称される西部劇をも生んでいる。サム・ペキンパーの『ワイルドバンチ』（69）である。この映画の無法者の群れが、実在のワイルド・バンチとは何の関係もないことは確かであるにしても、ペキンパーはこの映画の中で、もはや時代遅れ（アナクロニズム）である心意気に殉ずる者たちとして彼らを規定しており、そうした時代遅れな人物たちにワイルド・バンチの名を与えたのは意味のないことではないだろう。この映画は後述する通り、古典期的な映画作法と確実に一線を画した作品であり、その意味でも「最後の西部劇」であったことになる。かくして、西部最後の強盗団ワイルド・バンチは、最初の西部劇と最後の西部劇を共に生んでいることになるわけだ。

西部劇にはこのようなアナクロニズムが満ちている。我々が今、西部劇について語る意味があるとしたら、そもそもそのようなアナクロニズムに満ちた西部劇を、現代の視点で見るというアナクロニズムの冪乗《べきじょう》を、創造的に働かせることにしかないだろう。そのとき、我々がとうに知っていると思っていた西部劇は、未だ見たことのないものとして新たな相貌を明らかにするだろう。これは、既知のものを未知のものとして奪い返す試みである。

▼1　トッド・マッカーシー、高橋千尋訳『ハワード・ホークス　ハリウッド伝説に生きる偉大な監督』、フィルムアート社、二〇〇〇年（原著一九九六年）、P.624。

▼2　アメリカの優れた批評家ロバート・ウォーショーも、著名な批評「ムービー・クロニクル　西部の人」において、同じ点を批判している。仇敵が復讐しに来るのはいいとして、主人公がさまざまな階級の者たちに助力を求め、拒絶されるとき、「我々は『社会ドラマ』の領域に入り込む。ちなみにそれは二流で、まったく説得力がなく、スタンリー・クレーマーの他の数作を台無しにしていた卑俗なアンチポピュリスムを曝《さら》け出している」。ウォーショーもまた、後述するアンドレ・バザンと同じく往時の西部劇の変質を重要な契機としてこの批評を書いているが、バザンと異なり、その変質を否定的に捉えることから逆にそれ以前の、（恐らくは失われた）西部劇のどこが優れていたのかを明らかにすることが執筆動機である。ウォーショーについては古典期を扱う章で改めて触れる。

▼3　フィリップ・ドラモンド、*High Noon*, BFI Publishing, 1997.

▼4 「カイエ・デュ・シネマ」、一九五五年十二月号初出、翻訳は小海永二訳『小海永二翻訳選集第四巻　映画とは何か』、丸善、二〇〇八年に所収。
▼5 蓮實重彥「身振りの雄弁　ジョン・フォードと『投げる』こと」、「文學界」、二〇〇五年二月号所収、P.135。
▼6 『平凡社世界百科事典』、西部劇の項。執筆は岡田恵美子、広岡勉。

第一章

初期西部劇——ブロンコ・ビリー／フォード／ウィスター／ハート

「西部劇の大多数は南北戦争の終結から、その二十五年後のフロンティアの『公式的』消滅の間のどこかに設定されている。多くの映画の中で、その時代は、バッド・ベティカーの諸作におけるように、漠然とした西部の『その昔』以上のものではない」[1]とされる。西部劇はアメリカの歴史を厳密に考察するものではなく、漠然とした過去を舞台にしたアクションからメロドラマの振幅の中にある映画なのであって、そのでたらめさ、と言って悪ければ、あえて厳密さを求めない緩さ、許容量の大きさが、隆盛の理由の一つであることは間違いない。何でも注ぎ込める器としての西部劇。しかし一方で西部劇は、やはり確かにアメリカの歴史を土台とし、描かれた出来事の時代において、またそれが作られた現在において、アメリカとは、西部とは何だったのかという問いへの答えとしての側面もあり、それを捨象してしまうと、西部劇というジャンルの持つ意義を捉え損なう可能性もある。以下、この章では初期西部劇を扱うが、その前にごく簡単に西部の歴史を概観しておく。ただし、アメリカ原住民掃討、鉄道、牧畜、アウトロー等、西部劇にとって重要な歴史的事象については以下でも歴史の流れを把握してもらうために多少記述はするが、それを主題とする映画について述べる際に、その都度詳しく触れる。

西部の歴史概観

アメリカの西進運動が盛んになるのは一七八三年の独立戦争終結以後のことである（アメリカ合衆国成立自体はより遅く、一七八九年）。西部へ流入する人と、彼らの土地を管理する法の整備が急がれ、公有地法（一七八五年）と、州と準州の政治的地位を定めた北西部政令（一七八七年）が定められた。公有地法は、東部十三州の西端に位置するアパラチア山脈以西の土地を分譲するための法で、一エーカー一ドル、最低売却単位六百四十エーカー。しかしこれを賄える農民はほとんどなく、最低単位は徐々に引き下げられたものの、リンカーンが一定の土地を五年開墾したらその人のものになるという画期的なホームステッド法を定めるまでは、大規模に土地を買い占めて農民に小売りした土地業者が暴利を得、利息を払えない農民がせっかく買った土地を再び売り払わねばならないという事態も後を絶たなかった。一方北西部政令は、一定の人口を満たした土地を準州、次いで州として昇格していくことを定めたものだが、新たにできた州としての資格は、アメリカの起源である独立戦争時の十三州に対する植民州という格下のものではなくまったく同等とされ、「西部の発展を促進したばかりでなく、平等の精神を十分に表現したものであった」▼2。

図6　ドイツ出身のアメリカ風景画家アルバート・ビアスタットの『オレゴン・トレイル』(1869)

一八〇三年にフランスからミシシッピ川以西の地区ルイジアナが割譲され、西進運動に拍車がかかる。一八一〇年代にはミシシッピ川中部から西南へ下るサンタ・フェ・トレイル、同じくミシシッピ川中部から北西へ向かうオレゴン・トレイル【図6】、オレゴン・トレイルの途中を南下するモルモン・トレイルなどの道路が作られ、とりわけ農民たちは豊饒の地オレゴンに盛んに移住した（オレゴン熱と呼ばれる）。このワゴン・トレイルは、後述する叙事詩的西部劇の名作ジェームズ・クルーズ『幌馬車』（23）をはじめ、幾多の西部劇の題材となっている。

さらに、当時メキシコ領だったテキサスに移住したアメリカ人が独立運動を起こし、一八四五年にアメリカへの併合を実現（その際に起きたのがアラモ砦の戦い）、アメリカの領土拡張の機運が高まる。その追い風となったのが、同年に現われたスローガン「明白な運命（マニフェスト・デスティニー）」である。雑誌の論文で使用され、その後議員が演説で盛んに使って流通させた。「神から選ばれたアメリカ人がこの大陸全体に広がることは『明白な運命』であり、周辺の劣等な民族を教化することもまた、アメリカ人が神から与えられた使命である」（『西部開拓史』）というものだが、その根底にアングロサクソン至上主義、選民意識＝差別意識、キリスト教（しかもピューリタニズム）中心主義があることは見ておかねばならない。続いてカリフォルニアには四八年金鉱が発見され、翌年に大量の移民が流入して、州への昇格を政府に対し打診するのだが、西部の新しい州を奴隷州とするのか自由州とするのかという議論、それまでも北部と南部の間で起こってはいたものの、慎重な協議によって避けられていた争いがこれを契機に激化、ついに南北戦争を生じさせる（一八六一年から六四年）。

西部は北部との経済的結びつきが強く（西部から北部に木材や農業生産物が、北部から西部に農機具などの工業製品がもたらされた）、リンカーンが政策決定した大陸間横断鉄道建設もそれを促進した（一八六九年、最初の開通を見る）【図7】。リンカーンの勝利は、奴隷解放宣言によって南北戦争を奴隷解放という大義のための戦いとしたプロパガンダ戦の勝利であるとともに、政治経済的に西部を取り込んだことの勝利でもあった。

図7　1869年5月、ユニオン鉄道とセントラル鉄道が合流（上下とも）

図8　ロング・ドライブ

鉄道網の整備とともに、駅間をつなぐ駅馬車、電信も整備され、鉄道と駅馬車を使えば、大抵の町に行くことができるようになっていく。整備される鉄道網は、牧畜にも大きな影響を与える。テキサスの牧畜業者は、地元では安い牛肉が東部や北部の都市で高額であることに目をつけ、当時鉄道が引かれていた最南端まで牛の群れを移動させて、そこから鉄道を使って東部、北部の都市に送ることを試みる。この牛の大規模移動はキャトル・ドライブ、またはロング・ドライブと呼ばれる（ハワード・ホークス『赤い河』〔48〕は、その起源を虚構的に描いたもの。巻末「西部劇主要作品解説」参照）【図8】。牛を鉄道に乗せる集積地（鉄道網が伸びるにつれて南下してゆくが）であるアビリーン、ダッジ・シティなどは、給与を得たカウボーイたちが浮かれ騒ぐ無法の町として知られ、その治安を維持するため雇われたガンマンの中に、ワイルド・ビル・ヒコックやワイアット・アープらがいた。ロング・ドライブは一八六六年に始まるが、鉄道網の整備のため八〇年には終わってしまう。カウボーイのイメージは、このロング・ドライブを通じて行き渡ったが、実質その時期は十数年間に過ぎなかったわけである。しかも我々にとって興味深いことに、カウボーイのイメージの大衆化を促したダイム・ノヴェルは、ロング・ドライブ自体が終わりを迎えた一八八〇年代後半ころから盛んに書かれ、読まれることになるのである。

牧畜は、カウボーイのイメージによって西部を象徴するものであるが、それまでの解放牧地からの転換を強いられる。農業技術の進歩により、これまで農地としては不適格と思われた土地の開墾が可能になり、移住した農民が有刺鉄線を張って農地を囲い込むようになったのである。このため牧畜業者と農民の争いが盛んに起こるようになる。一八七〇年代後半から一八九〇年代前半に起こったリンカーン郡戦争（ビリー・ザ・キッドが大きな役割を演じた）やOKコラルの決闘、そしてジョンソン郡戦争など西部劇にとって特権的な題材である歴史的事件は、牧畜業者と農民の争いがきっかけであるが、これは解放された土地、無限な土地としての西部の終わりを告げるものでもある（土地を囲い込むための鉄条網は、その時代の変化の象徴となる）。実際、一八九〇年にはフロンティアの消滅が宣言され、公式に西部の未開時代は終焉することになる。

アメリカなるもの

独立戦争時にトマス・ジェファソンらは、共和制、民主主義、人民の平等を掲げた独立宣言を出している。これは十八世紀ヨーロッパ社会思想の集成であり、それに基づいて建国されたアメリカ合衆国は、従ってフランスやイギリスですら後退を強いられていた（フランス革命は恐怖政治の後ナポレオンの帝政に取って代わられ、イギリスのピューリタン革命は王政復古により挫折する）共和制国家の実現であった。建国当時、アメリカはヨーロッパの最新の思想を体現した、最もヨーロッパ的な国家であったわけである。しかし西部はアメリカの姿を変えていく。西部の広大な土地と膨大な資源は、アメリカが西進運動によって可能だと信じていた富を上回る富をアメリカに授け、アメリカを世界でも最も豊かな国にするだろう。▼3 西部の過酷な条件は、未開の地に入ろうとする進取の精神、またその地に根付いて新しい生活を築き上げる開拓者精神を生むが、一方その土地の広大さ、そこから生じる無限の富は、一つ所でうまく行かなくてもまた別のところでやり直せばいいという楽観主義を生じさせる。西部はアメリカ人気質の源でもある。

民主主義もまた西部において変質してゆく。新興の町では、始めから統治組織が完備されているわけもなく、住民は自分自身で町を治め、治安を維持していかねばならない。住民の自治意識が高く、従って統治組織ができあがった後も、住民の権利に掣肘《せいちゅう》を加えることはできるだけ最小限であるべきとされる。小さな政府、地方自治の意識が現在においても強いのは、西部の政治経験のためである。一方これは、自分たちのことは自分たちで裁く、という自警団思想につながるものでもある。悪い面をさらに言えば、原住民への態度がある。彼らの土地を奪い、移住させたり殺戮したりして排除、最終的には居留地に押し込めていった。しかし、原住民や、また必ずしも西部とは密接な関係はないものの、黒人の存在は、アメリカの政治、文化に大きな影響を及ぼし、アメリカの独自性を生むことになるだろう。アメリカは西部開拓を通じて、当初のヨーロッパ的アメリカから、現在あるアメリカになっていったのだと言える。

ともあれ一八九〇年のフロンティア消滅宣言によって、「西部」は未開の地であることをやめる。初めての西部劇が現われるのはそれから十年少し後のことだ。西部が外面的には閉じられたことにより、今度は西部なるものの内的な探求が始まるわけである。とはいえ西部劇は厳密な歴史研究では無論なく、それはあくまで西部のイメージの探求に過ぎない。しかし、イメージであるからこそ、むしろ真をつくということもあるだろう。実際の西部以上に、西部の、あるべき姿、あってほしい姿、あってほしくない姿を託された虚構のほうに、民衆の無意識を含めた心性の中にある西部なるものが捉えられているということはありうることである。以下本章では初期西部劇について記述するが、これらの作品については今や見ることができないものも多々ある。かつ西部劇の成立過程にとって、例えばダイム・ノヴェルの検討は欠かせないものと思われるが、筆者にはそこまでの探究の余地がなく、もっぱら筆者にとって重要と思われる事象に限ることをお断りしておく。[4]

最初の西部劇俳優ブロンコ・ビリー・アンダーソン

「最初の」西部劇である『大列車強盗』は、リュミエールにおけるようにフィルム一巻分の長回しで終わり、ではなく、一つのまとまった劇内容が語られるショットがつなぎ合わされて、全体で一つの物語を語る形で作られた初めての劇映画である（ショットとショットが編集されてシークエンスをなし、そのシークエンスのまとまりが一つの場面をなすという具合に編集が複雑化するまでには、グリフィスを待たねばならない）。内容的には、強盗団が郵便列車を襲い、金庫を爆破して金を奪い、さらに乗客を降ろして金目のものを強奪して逃走するものの、追手に追い詰められ、銃撃戦の末殺される、というものだが、周知の通り、この映画で特異なのは、強盗団の一人の半身像が画面正面に向かって発砲するショットである【図9】。これは上映技師の裁量で、冒頭、劇中、結末、どこに配置してもかまわなかったとされる。映画製作の洗練の過程で、映画世界は映ったもののみによって構成され、自律していくようになるため、カメラの存在自体、またカメラの背後の現実世界

図9　『大列車強盗』有名な正面への銃撃場面

図10　ブロンコ・ビリー・アンダーソン

を意識させるような俳優の視線（いわゆるカメラ目線）は抑圧されていくことになるが、それ以前であった映画創世期にはタブーではなかった。とはいえ、観客にとってこれがショックだったことは間違いない。先述のように、この映画の題材を提供したワイルド・バンチの存在がまだ記憶に新しい公開当時にあっては、なおさらである。観客は、このショットによって、現実の強盗に遭うことの疑似体験をしていたのだとまで言えば言い過ぎかもしれないが、少なくともこの時点で、観客にとってまだ西部は、過ぎ去った昔ではなくいまだ身近なものであり、それだけにこのショットは効果的に働いたはずである。このショットは、内容面、様式面（すなわち列車強盗という西部の出来事の近過去性とカメラ目線が映画世界と現実世界がつながっていると感じさせる映像手法）において、西部という現実との緊張の中でこそ生きたショットであった。これは、この時点ではまだ西部劇が、西部という現実から遊離していなかったことの証左となるだろう。

しかし西部劇は次第に現実から離れ、映画として自律し始める。その際、二つの方向が取られた。一方は、西部はあくまで背景に過ぎず、その中で演じられるアクションを洗練させる方向と、広大な土地の移動、開拓やそれに伴う苦難など、西部なるものの特異性を生かしてドラマを構築する方向とである。前者の方向性に進んだ最初の人物がブロンコ・ビリー・アンダーソンということになる【図10】。

ブロンコ・ビリー・アンダーソンは本名ギルバート・M・アンダーソン。『大列車強盗』でエキストラ出演（列車から降ろされ、金品を提出させられる乗客たちのうち、逃げ出して強盗団に撃たれる男）した後、友人のジョージ・K・スプーアと共にエッサネー社（Essanay、スプーアとアンダーソンの頭文字を取り、S and Aとし、その音を取ったもの）を設立、一九一〇年、カリフォルニア州ナイルズを拠点として西部劇の製作に乗り出す。同年、新聞小説を翻案した『ブロンコ・ビリーの改心』*Redemption of Broncho Billy*（未）が大ヒット。お尋ね者のブロンコ・ビリーが病気の牧場主とその娘を助けるため、逮捕を覚悟で町にやって来る。以後西部劇でおなじみになる、悪名を得ているが、その本性は善良というグッド・バッド・マンである。以後アンダーソンは、主演、脚本、監督をこなし、一五年までに三百本ものブロンコ・ビリーものを製作した。西部劇史上初めてのシリーズものである。ちなみにエッサネー社には一五年から一年間チャップリンが在籍し【図11】、十四本の短編をここで作っている。この時代にチャップリンは、公私ともに重要な関わりを持つ女優エドナ・パーヴィアンスと出会うことになる。

　西部劇は、アメリカ映画の中でもシリーズの多いジャンルである。ブロンコ・ビリーものを筆頭に、ハリー・ケリーによるシャイアン・ケリーもの、アクションが得意のトム・ミックス、歌うカウボーイ＝ジーン・オートリー、他にもウィリアム「ホパロング・キャシディ」ボイド、フート・ギブソン、バック・ジョーンズ、ケン・メイナードらがシリーズものに主演していた。ジョン・ウェインやランドルフ・スコットらもシリーズもの出身である。とりわけ三〇年代の西部劇はシリーズものの最盛期で、千三百本ほど作られた西部劇のうち、A級はたった六十六本（五％）に過ぎず、その他はB級のシリーズものだったという（ラステッド『西部劇』、シリーズものについてこの本では一章を割いて記述しているので詳しくはこちらを参照）。こうした状況が劇的な変化を迎えるのはジョン・フォードの『駅馬車』（39）によってなのだが、それについては後述する。

図11　1915年のエッサネー社スタジオで。中央にチャップリン、右にブロンコ・ビリー・アンダーソン

　ブロンコ・ビリーものを実際に見てみると、毎回『ブロンコ・ビリーの／と……』というタイトルで、主人公の名前は一貫しているものの同一人物というわけではない。何本かを見た印象では、ブロンコ・ビリー・アンダーソンは主役というには顔つきが地味で、服装も無地のシャツにくたくたの帽子とどうにも冴えない。ただしこれは、当時の実際のカウボーイを正確に表象したリアリズムであったのかもしれない（ラステッドによれば「ブロンコ・ビリーは、ワーキング・クラス・ヒーローだった」）。同じく註4で挙げたフェニン／エヴァソンによれば『大列車強盗』で、強盗一味役でキャスティングされながらも、馬に乗れないこ

とが発覚して、先述したようなエキストラに降格されたということだが、確かにあまりアクションらしいアクションをブロンコ・ビリーはしていない。ある一作では、ブロンコ・ビリーがチンピラに捕まって縛られて、女の子が町の住民にそのことを知らせに馬を走らせ、ビリーがナイフで襲われようとするところを、町の住民がラスト・ミニッツ・レスキューに駆けつける有様（『ブロンコ・ビリーとチンピラ』*Broncho Billy and the Greaser*、未、14）。物語も単純なものが多く、ショット構成、編集にもあまり凝ったものは見られない。西部劇というよりは人情ものの印象が強いシリーズで、単純さ、毎回決まりきったパターンのわずかなヴァリエーションをこそ気軽に楽しむべきなのだろう。既知の範疇であるがゆえの気楽さと、その中にわずかに混じった新味、それに加えて、俳優の個性としてのアクションや歌、喜劇性、ロマンス。すべてがそうとは言わないが、突出したものがないからこそ気楽に見ることができる娯楽として、それらはあっただろう。

しかし一方、一四年にはセシル・B・デミルが『スコウ・マン』*The Squaw man*（未）によって（これはアメリカ映画初の長編とされる。またデミルにとっても初監督作。「作品解説」参照）、同年グリフィスも『ベッスリアの女王』によって長編映画に乗り出しており、映画はより複雑な物語、より精巧な編集を追求していく。そうした中で西部劇においても、よりシリアスで陰影に富む表現が追求されるようになっていくわけだが、そうした方向性を開いた一人が、ウィリアム・S・ハートということになる。ちなみに『スコウ・マン』は西部劇。イギリスで従兄弟《いとこ》の寄付金泥棒の罪をかぶってアメリカの西部にやってきた男が、虐《しいた》げられていたインディアンの娘を妻に迎えるが、疑いが晴れて、息子と共に帰郷、妻は自殺する、というもの。スコウ・マンとはアメリカ原住民を妻にした男を指す（妻のほうがスコウと呼ばれる）。この映画は大ヒットし、それもあってかデミルはその後二度これをリメイクする。さらにグリフィスについても触れておこう。彼もまた、ブロンコ・ビリー・アンダーソンと同じく、エドウィン・S・ポーターによって映画界に入った一人。ポーターの、鷲にさらわれた息子を助けるため、岩山を父がロープで下り、岩棚で鷲と格闘するという『鷲の巣からの救出』*Rescued from an eagle's nest*（未、08）において、父親を演じているのがグリフィスである。彼はこの出演の半年後、バイオグラフ社で『ドリーの冒険』を演出、映画監督になり、多数の短編を演出した。その中で『虐殺』*Massacre*（未、12）、『エルダーブッシュの戦い』*The Battle at Elderbush Gulch*（未、13）など西部劇も撮っている。とりわけ後者は、インディアンの襲撃する小屋にいる子供が、いかに外にいる子犬を救うかというアクションが、内と外の視点の交錯＝モンタージュを通して語られるが、内と外が通底する時点で話が終わるという話法の完成度が見事である。グリフィスは、独立戦争や南北戦争を背景にした作品を撮っているが、西部が舞台のものは短編期以外にない。

初期のジョン・フォード

西部劇は、その当初シリーズものとして自身の興業価値を確立したわけだが、その後アメリカの西部劇を代表する作家となるジョン・フォードもまた、シリーズものから西部劇を撮り始めた作家である。アイルランド移民の子として生まれた彼は、高校卒業後、俳優、監督としてすでに一家をなしていた兄フランシスを頼り一九一三年、ハリウッドにやってくる【図12】。フランシスのいたユニヴァーサルで使い走り、俳優、助監督などをこなすうち、一七年『颱風』*The Tornado*で監督に（フィルムは現存していない）。この作品では主演もしているが、馬から走る列車に飛び移るなどのアクションを自らこなしているという。ただフォード自身はこの作品ではなく、その後数本の監督作を経て初めてハリー・ケリーと組んだ『武力の説教』*The Soul herder*（17）を自身の初監督作品とすることを望んでいる。この作品もまた失われていて見ることができないが、町から追い出されたシャイアン・ハリーが、砂漠で牧師一家と知り合うものの、インディアンの襲撃で牧師が死に、ハリーはその幼い娘の面倒を見る。

図12　フランシスの『名金』（15）の現場。左端にフランシス、カメラの右にジョン

数年後、牧師の姿のハリーが町にやってきて、町の悪を一掃する、というものらしい。[5] 一七年の『光の国へ』*The Secret man*でハリーは、駅馬車事故で一人生き残った親友の娘を救うため、捕まるのを覚悟で町に戻る悪人を演じていて、これは後の『三人の名付親』（48）の原型とされる（『三人の名付親』はハリー・ケリーに捧げられていて、この時フォードは『光の国へ』のハリー・ケリーを思い起こしていたわけである）。ちなみに『三人の名付親』にはピーター・B・カインの一三年発表の小説*The Three godfathers*という原作があり、それを最初に脚色したのはエドワード・ル・サンの同名作品（未、16）。フォード自身がそのリメイク『覆面の人』（17、原題*The Marked man*、これはフォードが初期作品中最も気に入っていたものだという）を撮っていて、つまりフォードは『三人の名付親』を三十年の時を隔てて二度映画化したばかりか、似たような物語をそれ以前の『武力の説教』、『光の国へ』でも描いていることになる。カインの小説はさらにウィリアム・ワイラー監督による『砂漠の生霊』（29、原題*Hell's heroes*「作品解説」参照）、リチャード・ボレスラウスキー監督による『地獄への挑戦』

（36、原題 *Three godfathers*）としても映画化されている。『光の国へ』の時点ですでにカインの小説もル・サンの映画化もあったわけなので、発想源はそこにあるのかもしれない。ともあれ、こうした題材が大衆に好まれ、またフォード自身も好んだことは確かである。

　フォードがハリー・ケリーと共に作った映画は二十六本あるが、現在残っているのはたった二本（『誉の名手』、『鄙《ひな》より都会へ』）に過ぎない。そもそも二四年の『アイアン・ホース』までのフォードの作品五十本ほどの中で、現在まで残っているもの自体、四本（残りは『野人の勇』と『俠骨カービー』。ちなみに『俠骨カービー』でフォードは初めてジョン・フォードを名乗る。それまではジャック・フォード）しかないのである。無論このような状態で、初期フォードの西部劇について論じるのが不可能であることは言うまでもない。ただ、その後のジョン・フォードを知っている者の眼から見たときに、この後明確に現われることになるジョン・フォードを見出せるという驚きがあることは確かなのだ。

『誉の名手』では、ハリー・ケリーは、牧場主に目障りな農民を追い出すよう依頼された悪人である。牧場主は、自分の水場を農民に使われるのが嫌なのだ（ここには先述した、解放牧地の時代ではなくなった牧畜業者の苛立《いらだ》ちが表われているわけである）。しかし、一人息子を殺された老農夫への同情と、その美しい娘への愛情が彼を改心させる。ハリーは牧場側に雇われたもう一人のアウトローと決闘する。この場面がいかにもフォード的な画面なのだ【図13】。舞台は町の空き地、画面左半分をハリーの馬、右上を倉庫の建物が占めていて、その間の斜めの空間に二人が配され、ハリーは手前から奥へ歩き、相手は奥からこちらへ歩いてくるのである。この深い構図。続いて二人はアイリスのクロース・アップで表情を捉えられるのだが、カメラのほうに被写体が近づいてくる形の移動である。アイリスで視野を限られているだけに、被写体がこちらに近づくにつれ密閉感が増してサスペンスを高め、効果的である。フォードは、ウーファで一部を撮影し、霧の戦場を前進する主人公の一人を三十秒ほど横移動で追う『四人の息子』（26）などを除いて、比較的カメラを動かさず、深い構図で手前と奥の間でアクションが生起する形の演出を好むが、それはすでに初期か

図13　『誉の名手』ウォークダウン方式での決闘

ら見られるものなのである。

　そうした奥行きのある画面は『鄙より都会へ』にも見られる。ハリーはある牧場に勤めるカウボーイだが、その牧場外景は、必ず層を成して奥へと視線を誘導するように画面設計されているのである。手前の丘の上に人が立って大きく画面を占めているが、その奥の中景、下方の平原に、飼育されている馬の群れが見え、さらにその奥、山の上から、馬に乗った人物が数十人降りてくるのが点景で見えている【図14】。物語としては、ハリーが婚約した牧場主の娘が、都会から来た仲買人のせいで都会に惹《ひ》かれるようになってしまい、出奔。ハリーは彼女を救いに都会に出る。ハリーはその田舎くささで都会のホテルの従業員を閉口させ、スリの夫婦は彼をいいカモとばかり早速仕事に及ぶのだが、彼が婚約者を探しに来たと知り、むしろ彼を助けるようになる。このような表面上の姿と真の姿のギャップは、フォードの映画によく描かれるものである。ともあれ、これだけの画面を作り上げている西部劇が同時代でどれだけあったか、確認のしようもないのだが、フォードのその後の作品と比較しても、すでにその初期から視覚的な工夫を凝らしていたことはこの二作品から明らかだ。

図14　『鄙より都会へ』前・中・後景

『ヴァージニアン』とカウボーイ

ブロンコ・ビリー、フォードの『鄙より都会へ』のハリーはカウボーイである。とはいえ、カウボーイの仕事が綿密に描かれるわけではなく（もっぱら短編として撮られたシリーズものでは、描こうにもそれだけの時間がなかったろうが）、彼らが主人公であることにさしたる意味はない。舞台が西部であるのだからカウボーイが出てくるのは当然と、作るほうも見るほうも考えていた、ということだろう。つまり、その時点ですでに西部劇といえばカウボーイ、という了解ができあがっていたわけである。カウボーイが西部劇の主要な登場人物、はては象徴としてまで受け取られる現在の我々から見れば自明なことのようだが、よく考えてみれば必ずしもそうではない。西部開拓を担った人物には牧畜業者ばかりではなく、マウンテンマン、道路を切り開いた者たち、鉱山掘り、鉄道敷設者、駅馬車の開拓者、電信敷設者、そして何より農民たちがいた（無論、彼らを描いた西部劇もある）。しかも、カウボーイが西部の歴史の中で華やかだった時期はごく短い。

　先述したようにロング・ドライブは、カウボーイのイメージ（革のパンツをはき、拍車をつけ、六連発銃を腰に、投げ縄を手にするスタイル、小枝で火を起こし、豆とベーコン、コーヒーで食事をするという生活習慣、スタンピード＝牛の暴走や、水辺で自他の牛が混合した際に見分けるための焼印押し＝ラウンドアップ、といった仕事内容）、ロング・ドライブの終点＝カウボーイたちが浮かれ騒ぐ無法の町と、そこに巣食うアウトロー、彼らを取り締まる保安官など、西部劇と言って我々が思い浮かべるイメージの大部分を生んでいる。しかしロング・ドライブ自体は一八六六年に始まり、一八八〇年には終わるごく短命なものに過ぎなかった。ロング・ドライブを通じて行き渡ったカウボーイのイメージが、その後も生き残り、さらにそれが西部を象徴するまでになるには、いくつかの要因がある。その一つがダイム・ノヴェルだ。ダイム・ノヴェルは一八六〇年以降、一九〇〇年前後まで発行された安価な大衆小説で、そのうちの約五十六パーセントが西部ものだったという[▼6]。始めは猟師やマウンテンマン、七〇年代には斥候、金銀鉱採掘者、八〇年代にカウボーイが主人公になる。それも最初はダニエル・ブーンやバッファロー・ビルといった実在の人物だったが、次第に虚構の人物になり、最後にはジェシー・ジェームズやビリー・ザ・キッドらのアウトローが取り上げられるようになる。そうした変遷は「アメリカの西部発展とその神話化、あるいは、アメリカ人の西部に対するイメージの推移を、かなり忠実に反映」しているという（『サーカスが来た!』）。

ともあれ、ロング・ドライブの終焉、西部の花形としての地位の失墜直後から、カウボーイはダイム・ノヴェルの主役になったわけである（このアナクロニズム）。それはともかく、ダイム・ノヴェルにおけるカウボーイは、インディアンを含む悪役から、可憐なヒロインを救うヒーローという役回りであり、それはそっくりそのまま初期西部劇のシリーズもののカウボーイに引き継がれている（フォードの二作品にしてもその図式に則っている）。シリーズものの西部劇におけるカウボーイは、まず何よりダイム・ノヴェルにおけるカウボーイの延長線上にあった。はっきりした善悪、勧善懲悪、メロドラマ性。しかし西部劇がダイム・ノヴェルの延長以上の何かになるためには、カウボーイ像の転換、あるいは進化が必要だった。それに大きく貢献したのが、オーウェン・ウィスターの西部小説『ヴァージニアン』（02）である。この小説は舞台化もされて盛んに演じられていたが、後述するように西部劇をシリアスな方向に牽引した立役者ウィリアム・S・ハートもまた、映画界入りする前の演劇人時代に、それを演じている。またこの小説は四度にわたって映画化されてもいて（TV映画も含めれば五度。加えて、小説の世界観と主人公を借り受けた、二百以上のエピソードを有するTVシリーズも生まれた）、西部劇史上において映画化の頻度が相当高い。本節ではその映画化作品ではなく、小説そのものについて詳述するが、それはこの小説が以後の西部劇を考えるために重要な点を有しており、かつ映画化作品がその重要な点について（この時点ではまだ）取り上げていないからである。

図15　『ヴァージニアン』1929年版におけるヴァージニアン（ゲイリー・クーパー）、右側

あらすじを紹介する。「ヴァージニアン」と渾名《あだな》される主人公は、ワイオミング州南部の架空の地名メディシン・ボウにある、ヘンリー判事のランチでカウボーイを務めている【図15】。そこに東部から学校の教師として、モリー・ウッドという女性がやってくる。彼女は経済的な理由から教師の職に応募はしたが、もともと独立戦争の英雄の子孫であり、それを誇りにしている、東部の価値観を持つ人物である。ヴァージニアンにはスティーヴという悪友がおり、二人はモリーの歓迎パーティで集まった人々の、一部屋に集められ寝かされた赤ん坊の位置を変えておくいたずらをしてモリーの顰蹙《ひんしゅく》を買う。そのような茶目っ気のあるヴァージニアンではあるが、情に厚く、人情をよく解し、寡黙で、しかしやるべきことはやる彼は、モリーの信頼と愛情を次第にかちえてゆく。

　ヴァージニアンの同僚には、トランパスという質《たち》のよくない男も交じっている。ヴァージニアンとトランパスは、どちらが主導権を握るか秘かに争いあっており、二人の間の、政治的といってもいい言葉の駆け引きは、小説としての本作の読みどころの一つである（残念ながらこうした側面は映画化では失われている）。その争いに敗れたトランパスは、仲間を引き連れてランチを出、その後牛泥棒を働くようになる。ヴァージニアンは、牧場主たちの依頼で自警団を組織し、牛泥棒を捕まえる。その中にはスティーヴがいた。恐らくトランパスによってこの道に引き込まれたのだろうスティーヴは、しかし決して仲間の名を明かすことなく従容として縛り首に処せられる。スティーヴを殺したヴァージニアンをモリーは非難するが、葛藤を経て西部の独自性を理解したモリーは、ヴァージニアンと結婚する。ヴァージニアンとトランパスの間の摩擦は強まり、ついに二人は決闘に至る。

　上記概要には記さなかったが、この小説には「ぼく」という語り手がおり、東部の人間である。彼が、ヴァージニアンとの交情から、西部の生活、西部の価値観を理解していくというのが大きな枠組みとしてある。邦訳者解説によれば、この小説は史上初のウェスタン小説であり、西部という世界が「東部には見出せないような独自の魅力や意義を持った世界であることを」認識させる必要があった[7]。語り手はそのための装置だったわけである。そうした意味ではモリーもまた同様の装置だということになり、二重になってしまう。片方があれば十分、ということで、その後の映画化において「ぼく」にあたる人物を設定している作品は存在しない。とはいえモリーは女性であるから、カウボーイたち、つまり男たちの仕事や生活の細部を見て取る視点になることはできない。小説が「ぼく」を視点人物として設定するのには意味がないわけではない。「ぼく」は、ヴァージニアンをはじめとするカウボーイたちとつき合い、常に自然と共にある彼らの仕事や生活を間近で見る中で、その見かけの粗野の奥に秘められた精神の高貴さを見て取る。「彼らの肉体の中にはぼくたちの生まれながらの欲望が騒いでいる。だが彼らの魂の中には、しばしば真の高貴さが隠れ住んでおり、思いがけずそれが輝き出る時、彼らの姿は英雄のごとき大きさを獲得することになるのだ」(邦訳P.48)。

『ヴァージニアン』は、カウボーイを世俗世界の英雄として描き出す。それは世界的にどこにでもある貴種流離譚のアメリカ版、そして系譜的には、西部の起源に存在したマウンテンマン(文明を遠く離れ、自然と一体化して生きるもの)を継ぐものであって、必ずしも珍しいものではないのかもしれない。しかしそのような貴種が、歴史的な存在でしかなかったカウボーイといわば異種交配されたことが、西部劇の特異性を生み出すことになる。馬に乗り、牛を追い、また拳銃を通じてトラブルを解決する存在として、多彩なロケーション、派手なアクション場面を提供してくれるという意味で、確かに映画に向いた素材であると同時に、世俗的英雄として、自然と文明の葛藤と融和という西部=アメリカの位置を象徴する存在ともなり得た。この二重性が、カウボーイを西部劇にとって特権的な存在にしている理由である。前者(アクション主体)としての側面をシリーズものが発展させていったとすれば、後者(世俗的英雄)の側面を西部劇が担ってゆくに際して大きな役割を果たしたのが、小説『ヴァージニアン』であった。

カウボーイの「暴力」

小説『ヴァージニアン』は、カウボーイをアメリカ初期の開拓者であるマウンテンマンの後継、自然と文明をつなぐ貴種として描くことで、神話的存在にした。しかし西部劇におけるカウボーイの神話性を決定的にしているのは、何よりも彼が「暴力」を担う存在である、という事実に他ならない。小説『ヴァージニアン』は、この点でも重要な役割を果たした。無論ダイム・ノヴェルにあってもカウボーイは銃を撃つ存在ではあっただろうが、彼らが銃を持つ意味、銃を使用することで何を引き受けねばならなくなるのかを明確に打ち出した点で小説『ヴァージニアン』はダイム・ノヴェルから一歩抜きん出ることになる。

『ヴァージニアン』における暴力は、スティーヴンへのリンチと、トランパスとの決闘として描かれる。ヒロインのモリーは、スティーヴンのリンチについては事後的に知り、決闘については自分たちの結婚の前後に起こることになるが、どちらも暴力の行使として非難する。しかしヴァージニアンは、やるべきことをやる、として彼女の非難を押しのけることになる。このやるべきことをやる、という倫理、これがカウボーイの暴力の根幹であり、カウボーイを神話的な存在にする鍵である。

リンチについては後述するような理路はあるにしても法的権力を私的に流用するものだし、決闘についてはあくまで私闘に過ぎず、法的な支えを持つものではない。しかしカウボーイにとって貴重な財産である牛を盗む者を容赦すること、決闘の挑戦を受けず、カウボーイたちの間でのトランパスの権威を高めてしまうことが、ひいてはランチ全体のモラルの崩壊を引き起こすという未来を考えると、ヴァージニアンは、たとえ非難を受けるにしてもリンチをしなくてはならず、また新妻を遺して死ぬことになるとしても決闘を引き受けざるを得ない。ヴァージニアンの暴力は、確かに暴力ではあるにしても、無軌道なものではなく、あくまで共同体の秩序維持のためであり、人を殺すことの重みを重々鑑みた上で行使されるものである。▼8 ヴァージニアンは暴力を全面的に肯定しているわけではなく、それがもたらす痛みを知っている（スティーヴンを縛り首にした後、ヴァージニアンは熱にうなされ、その悪夢の中で縛り首の光景を繰り返し見る）。それでもそれは「やるべきこと」だからやらねばならない。暴力を行使する者は、それに先立つ（あるいは行なってしまった後の）思念の中で、自らを誰よりも厳しく裁いているのであり、そのスティグマ（汚辱であり聖痕）を身に帯びつつ、暴力を行使する。繰り返しなされる心の中の裁きゆえに彼は寡黙で、孤独なのである（このような、暴力ゆえに必然的に孤高な存在としての西部人を論じたのが、ロバート・ウォーショーの優れた批評「ムービー・クロニクル　西部の人」であり、以上の記述もそれに多くを負っているが、ウォーショーの議論については改めて以下の章で取り上げる）。

このような暴力を身に担うものとしての西部人を映画以上に早く描き出したのが小説『ヴァージニアン』である。しかもこの作品が西部人のイメージを、保安官でもアウトローでもなく、カウボーイとして描き、ベストセラーとなったことは、銃を担う者としてのカウボーイ、神話的存在としてのカウボーイを大衆のイメージの中に固定する意味で大きかった。

メロドラマと決闘――対立解消のドラマツルギー

小説『ヴァージニアン』における女性の役割についても述べておかねばならない。モリーというヒロインは（「ぼく」と並んで）読者が自身を仮託できる人物であり、彼女がヴァージニアンの生き方を認めることは、即ちアメリカ人（読者）が西部なるものの特質を認めることにつながる。西部の風習や、そこに生きる人々の人生観、世界観であるならば「ぼく」の視点を通しての語りで十分納得が可能なのだが、それ以上に飲み込みにくいもの、即ちリンチと決闘という暴力行為を読者に納得させること、そのために女性（異性）の視点人物を持ってきたことにこの小説の成功の鍵がある。といっても、そうしたドラマツルギーは必ずしも特異なことではなく、むしろありふれたものである。要するにこれはメロドラマなのだ。そこでは主人公と対立し、それによって主人公の位置を際立たせる存在として女性が設定される。相容れないはずの二人が、人知を超えた結合する力としての愛情によって惹かれ合い、そして結合したという事実そのものによって異なる価値観は乗り越えられるか、あるいは少なくとも和解が図られる。男女の間の愛というメロドラマ的枠組みが、単に彩りを添え興味を惹くための装置ではなく、解き難いはずの葛藤を取りあえずの解決に導くためのドラマツルギーとして機能しているのである。

西部劇にあっておおむね女性は東部の出身で、文明を身につけ（『ヴァージニアン』においてもモリーは学校の教師としてやってくる）、身持ちが正しく、秩序の側にいる存在として設定されているが、しかしどこか頭が固く、融通が利かないところがある。要するに人間としてこなれていないのだが、しかし彼女は西部における未知の体験を経て、その硬い鎧《よろい》を打ち破られ、そうすることで異質なものを受け入れ、人間として成長していく。こうした過程は言うまでもなく、女性の処女性の喪失と性的成熟に限りなく似ている（西部劇において真に賢明な女性が、始めから性的に成熟している酒場女か売春婦であるのは従って当然ということになる）。そもそもアメリカには、西部開拓自体を処女征服に類比する思考があるとされる。「開拓の名において自然を破壊・改造し、土地を所有しようとする衝動は、未開の自然としての処女を男性が暴力的に征服・支配したいという願望のアナロジー（類比関係）に見立てられ」る。[9]奇しくもこの小説は『ヴァージニアン』と題されており、主人公が東部ヴァージニア州出身だからヴァージニアの男＝ヴァージニアンなのだが、『聖と暴力のアメリカ』によれば、初期植民地にヴァージニアという州名をつけたこと自体が、アメリカが自身の人地を処女に見立てるという発想からである。この小説は、東部の人間が西部の思考を納得する契機として、このようなアメリカの精神史的構造を巧みに利用しているわけであり、その意味で東部人は女性でなければならなかったわけなのだ。

モリーはかくして、ヴァージニアンの暴力行為を、完全に納得はしないものの、メロドラマというドラマツルギーによって、あるいはアメリカの精神史的構造によって、そのようなものとして受け入れる。葛藤は一応止揚される。一方、対立する二者が、ついに対立するままに終わる場合がある。それが決闘である。『ヴァージニアン』においては、主人公とトランパスの間で決闘が行なわれる。この小説で描かれたような、「ウォークダウン方式」（町の真ん中の道を、二者が両側から歩いて近づき、撃ち合う）は、その後の西部劇の一つの型となった（先述したフォードの『誉の名手』もこの形式。ただしこの小説の映画化作品においては不思議なことにどれもこの方式を採用していない。お互いを探して町を経めぐった後、トランパスが背後から、あるいは斜めから先に撃って失敗し、ヴァージニアンに返り撃ちにあう、というパターン）。正義の側につく主人公が悪漢を、多くの場合その卓越した射撃能力によって倒す。決闘とはこのように、本来解決が難しい葛藤を、一方的に遮断する劇的機構である。メロドラマと決闘は、西部劇においてともに、解き得ない葛藤を処理するための（あるいは一時的にやり過ごすための）方策だったわけだが、それだけ西部劇における対立は根深く、容易に解決のつかないものであることの証とも受け取れる。実際、『ヴァージニアン』において、結婚によっても、決闘によっても解決がつけられたように見えない、西部（劇）にとってクリティカルな問題がリンチである。

リンチの問題

小説『ヴァージニアン』はスティーヴンのリンチを、やらねばならないこととし、さらにそれをヴァージニアン自身に幾度となく反省させた上で、モリーという女性を介し必要悪として読者にも納得させているが、しかし同じ西部人の振るう暴力とはいえ、リンチは決闘以上に納得するためのハードルは高いように思われる。かつ、小説『ヴァージニアン』がリンチを取り上げている背景には、西部で実際に起こった事件が存在し、その事件の性質と、作者によるその処理の仕方を考えると、この小説の理路にもいささかの疑念が生じてくるのである。

図16　ジョンソン郡戦争で雇われたガンマンたち

それは、ワイオミング州北部のリンチ事件、「ジョンソン郡戦争」である。迷い牛を小牧場主が盗んでいるとして、裕福な大牧場主が掃討作戦を敢行する。高額な給与を払ってガンマンを雇い【図16】、暗殺すべき相手のリストを作る。手始めに、牛の売り買いなどしたことのない商店主と、売春の代金を牛で受け取っていた売春婦を惨殺。勢いに乗った自警団は、しかし逆に取り囲まれ、危ういところを州の軍隊に助けられる。裁判すら開かれず、大牧場主たちは無罪放免されてしまう。この事件は、後述するジェシー・ジェームズの銀行強盗や、リンカーン戦争のような、前近代からの近代に対する戦争、前近代の挽歌としての意味を持つ事件と異なり、単なる権力闘争、強いものによる弱いもののいじめに過ぎない、卑小な事件である。フロンティア消滅宣言の前後に起こったことを考えれば、確かにこれも時代を象徴する事件であったとはいえるものの、意味するものは開拓者精神の死であり、西部の終わりであった。この事件はマイケル・チミノの『天国の門』(80)に大幅な脚色を経て描かれるが、この作品は大手独立プロ、ユナイテッド・アーティスツを倒産に追い込んだ、「西部劇の終わり」を画する作品の一つでもある。因縁というべきだろうか。[10] 大牧場主による小牧場主の迫害は、『シェーン』(52)の背景にもなっている。

さて小説『ヴァージニアン』はこの事件を、大牧場主対小牧場主の権力争いとしてではなく、牛泥棒に対する牧場主の正義の戦いとして描いている。トランパスとスティーヴは、牛泥棒として当然のように退治されるわけであるが、彼らが盗みをはたらく動機は実のところその心の弱さに過ぎない。映画版では省略されているが、ヴァージニアンの下で働き、トランパスに誘われてその一味となって、利用された末殺される少年がおり、ヴァージニアンは賃金について不平を言う彼に、腰を据えて働けばいつかは貯金もできるようになると諭す。それだけ聞けばしごく真っ当な道徳談義ではあるが、それは、そうした不平が漏れる遠因となっている何かを押し隠し、それによって読む者の心情をある方向へ導くことになっているのである。「つまり成功は努力次第なのだ、という信条をヴァージニアンは教え諭すわけだが、この信条は(中略)ともすると背後にある労働条件や貧困といった社会問題から目を逸らすための口実になってしまいがちな、資本家側にとって有利な、貧困層にとっては危険な信条であることもまた否定できない」(『ヴァージニアン』訳者解説)。「成功は努力次第」というヴァージニアンの信条は一見普遍的に見えるが、その普遍性はジョンソン郡戦争が起こってしまうような歴史的社会的背景を捨象することで得られたものである。この小説が施している史実の捨象と寓話化は、作品の普遍的価値を高める一方で、現実的には権力者の擁護にもつながりかねない危うさを抱えることにもなるのである。実際、この小説の中ではリンチが肯定される。無論、その肯定は、小説の中の状況下におけるものであって、ジョンソン郡戦争におけるような、強者による邪魔な弱者の排除としてのリンチの肯定とは違う、とひとまずは言えるだろう。しかし、この小説がジョンソン郡戦争を下敷きにしていることを想起する読者に、そのように捉えられる危険性は完全には排除できない(小説は事件と同じワイオミングを舞台とし、かつ小説の発表がジョンソン郡戦争のたかだか十数年後に過ぎないことを考えれば、その危険は限りなく大きい)。作者の態度にナイーヴな点があったことは間違いない。

この小説におけるリンチの肯定にはもう一つの理路があり、スティーヴンやトランパスの個人としての心の弱さに原因を求める見方以上に説得的なものである。子供たちのリンチごっこから実際にリンチが行なわれたことを知ったモリーは、ヴァージニアンの雇い主であるヘンリー判事と論争する。南部で黒人を公衆の前で火あぶりにすることと、この地で牛泥棒を縛り首にすることとは同じでない、とする判事に、モリーは「通常の市民が法を我が物にして、勝手に制裁を加える」という「原理」においては同じだと主張する。これに対し判事は、この地にあって牛泥棒は長きにわたって野放しになってきたのであり、法と警察が整備されるまでいったん預けた権力を自分たちの手に取り戻しただけだ、と反論する。いったん預けた、というのは、市民が選挙で立法組織員や行政府の長を任命し、彼らに権力を委ねる間接民主主義のことを指しているが、判事はそれに代わって直接民主主義を主張するわけである。自分たちの社会は自分たちが守る。この信条は、西部において強力な説得力を持つ[11]。

直接民主主義は、法を行使するのは我々だという主張であり、ともあれ外在的な「法」を尊重する態度ではある。ヘンリー判事もこうした直接民主主義は、西部にまだ法と警察が行き渡っていないがゆえの次善の策に過ぎないことを認めている。しかし、西部（劇）においては、自分たちの身は自分たちで守る、という精神を純粋に延長する立場が生まれてくる。法を免れる犯罪ばかりでなく、法に則っていても納得のいかない事態に対し、超法規的に対処する態度。あるいは法が、外在的なものとしてではなく、その人自身に内面化された事態。これは、先述したようなウォーショー的西部人と限りなく似ているが、同じものと言うにはいささかの躊躇《ためら》いを覚えずにいられない。ウォーショー的西部人は確かに暴力を行使するのだが、常に自らの心に己の行為を問うている。彼は暴力を行なう際に常に罪の意識に苛《さいな》まれている。一方自分自身が法だとする態度には、そうした罪責感が欠如している、とまでは言わないにせよ薄い。逆に言えば、ウォーショー的西部人には欠けている、そして欠けているがゆえに西部人が常に問い続けなければならないはずの根拠（即ち、絶対的正義）を有している。しかし外的な法としてあるものではないのだから、それはあくまでその者の内面にしかない。正義の基準が自己の内面という極めて不安定な場所に置かれることになる。西部劇という、二者の対立をその劇的な機制とするジャンルにあっては、どちらに理があるのか、ひいては正義とは一体何なのかという決定不能な問いが、常に問い続けられることになるのである。

ウィリアム・S・ハート

小説『ヴァージニアン』はカウボーイという存在を単なる西部的風俗以上に、西部的価値観の体現者、暴力を担う西部人として描いた。ただしリンチに関しては、それを肯定する理路において、権力の擁護、法の私物化に限りなく近づく危ういものを抱えていた。功罪相半ばするとはいえ、ともあれ小説『ヴァージニアン』がウェスタンというジャンルを単なる娯楽からシリアスなものに深化させたことは疑い得ない。

さて、小説『ヴァージニアン』は、数限りなく舞台化され、映画化（一四年のセシル・B・デミルを嚆矢として、特に有名なのは二九年のヴィクター・フレミング版）されているものの、小説版の高みまで到達しているようには残念ながら見えない。倫理的問題を深く追求するというよりは、原作の見せ場を映像化してつなげた体のもので、リンチの問題も取り上げられてはいるにしても、エピソードの一つとしての扱いに過ぎないのである。西部劇はまだ単なる娯楽アクションであり、アクションでありつつ同時に西部の抱えるさまざまな問題をメロドラマ的に、あるいは倫理的に問うような優れたドラマとして西部劇が成り立つにはいましばらくの時日を要することになるが、そのドラマとしての進化に大きく寄与したのがウィリアム・S・ハートである。

　ウィリアム・サレー・ハートはニューヨーク州ニューバーグ生まれ。先に参照した『西部劇　サイレントから70年代まで』（ハートをいささか過大に評価していることで有名だが）によれば、父親が粉屋で、幼いころは水力源を転々と渡り歩く生活だった。ダコタ州ではスー族居留地で先住民と交流、生涯彼らへの敬意を失わなかったという。ニューヨークで舞台に立ち、シェイクスピア役者として知られるようになるが、その後それぞれ数度にわたって映画化されることになる西部劇『スコウ・マン』、『ヴァージニアン』、『丘の一本松』などの主役を演じてもいる。

図17　ウィリアム・S・ハートお得意のポーズ

　そのころ、まだ俳優だったトマス・H・インスと知り合った。インスはその後、監督・製作者となり、能率的な映画製作システムを確立した人物として知られることになる。中でも重要な貢献は撮影台本を完備したことで、俳優のセリフ、演技にとどまらず、美術、メイクの仕方を細かく指定し、それをもとにセットごとにシーン・ナンバーを振って一冊にまとめた台本を撮影開始前に準備したことによって、映画撮影は効率的に進められた。グリフィスが映画話法の革新者であったとしたら、インスは映画製作の革新者、ということになる。[12] 映画に関心を持ったハートは、旧知のインスの会社に一九一四年入社、そこで俳優として、次には監督として、長編（といっても当時は七十分前後）を作るようになる。

　映画界に入った時点で四十九歳、ストーン・フェイスと呼ばれる無表情。老け顔だったブロンコ・ビリー・アンダーソンの存在とあいまって、西部劇的ヒーロー＝成熟した男性のイメージが定着する。二挺拳銃を、腰を低くして構えるのがお決まりのポーズ【図17】。西部を愛し、よく知る者として、セットや街並みにリアリズムを求めたとされるが、彼のスタイル自体は二挺拳銃もそうだし、妙な幾何学模様の入ったシャツといった派手すぎる服装（もっともバッド・マンを演じる場合で、グッド・マンの際はギンガム・チェックなどおとなしい柄になるが）など、あまりリアルとも見えない。

彼が主演する長編は、監督が別であってもほぼすべてに彼の意向が反映されているので、彼の監督作品と見なしてよいとされるが、可能なだけ見た限りでは、監督名義がハート自身になっている作品のほうがやはりドラマの構成の緊密さ、視覚的な効果において勝っているように見える。中でも優れている三つの作品について記述する。

『ドロー・イーガンの帰還』*The Return of Draw Egan*（未、16）で、ハートは強盗団の首領ドローを演じる。山の小屋で追手に囲まれ、一味はバラバラに逃げるが、ドローはある町に逃げ込み、そこで町長に銃の腕を見込まれて保安官に任命されてしまう。町長の娘に惹かれた彼は引き受け、町に巣食うならず者たちをねじ伏せる。そこにかつての仲間の一人が現われて彼を脅迫、町は前の通りの治安の悪さに。ついに堪忍袋の緒を切らせたドローは、正体をばらされることを承知で男との対決を選択。見事決闘で男を倒し、町を出ていこうとしたドローは、住民たちに引き止められ、町長の娘と結ばれる。

娘の家の庭で二人が語らう場面では、草花が画面の枠を形作り、その奥遠方に高い峰が見えている。自然が主人公二人の恋愛の背景をなしている。野蛮な人生を送ってきた男が、文明の中に入ろうとしていることが視覚的に語られるわけである。自然は、ここでは文明と対立するのでなく、文明を象徴する。文明の一部であるはずの町の建物（サルーン）がむしろ、ここでは文明の敵として対置される。西部劇では、対立関係こそが重要なのだ。自然がそのように善なるものとして描かれているがゆえに、ラストの対決に当たって主人公が「サルーンに日没の光が差し込むころ迎えに行くから待っていろ」と言うとき、自然の象徴としてのその光は、善なる（すなわち宗教的にして、悪を滅ぼすという意味で黙示録的な）輝きを帯びるのである。ついでに述べておけば、この対決場面で、主人公が町の通りをサルーンに向かって歩いていくと、敵がサルーンの入り口わきに積み上げた樽の陰に隠れて待ち伏せているのだが、その姿が窓に映り、ドローはそれを見て敵を撃つことになっている。しかしその窓は、ドローから見て樽の奥なので、樽の陰になって決して見えないはずなのだ。初期映画においては、事態の推移の予想や期待があれば、位置関係が多少不自然でも観客は納得した、ということなのだろう。

ウィリアム・S・ハートは、西部劇においてグッド・バッド・マンの造形をその物語の根幹として最大限活用した作家とされる。悪人だが、何らかのきっかけで（多くは若く美しい女性ゆえに）改心し、それによって葛藤を抱える人物。『ドロー・イーガン』もそうだが、次の『地獄の迎火』*Hell's hinges*（未、特集上映題、16）でもハートはグッド・バッド・マンを演じる。西部のある町に、東部から新しい牧師が妹フェイスと共に赴任してくる。悪場所を経営するシルクとならず者ブレーズ・トレイシー（ハート）は、この町に法と宗教はいらない、という点で意見の一致を見ている。牧師は無能で、臨時の教会となった納屋に邪魔しに現われた無法者や酒場女に手をこまねいている。そんな混乱を前にひたすら神に祈る妹の声が、納屋の外のブレーズの心に響く。彼は無法者を追い払い、牧師の説教を聞き、宗教に関心を持ち始める。シルクは女を使って牧師を誘惑させ、酔った牧師はシルクらにけしかけられて、ならず者らと共に建設中の教会に大挙して押し寄せ、火を放つ。ブレーズは酒場でシルクを射殺、さらにその酒場を焼き払う。一切が灰燼に帰した町にただ二人残ったブレーズとフェイス、彼らに夜明けが訪れる。

この作品は全編に象徴的な表現が多用されており、それがここでも映画に神話的、宗教的、（悪の滅びが描かれているために）黙示録的な雰囲気を与えている。例えばハートがバッド・マンからグッド・マンへ転身する瞬間。フェイスが教会代わりの納屋で祈ると、納屋の外にいるブレーズにそれが届き（中でならず者たちが騒いでいるのを考えれば不自然なのだが）、彼の心に、何故か海辺に立つ十字架とその根元を洗う波の映像が浮かぶ。教会が燃える場面では、尖塔の十字架が炎と煙に包まれる。この映画の町はオープン・セットに立てられたと思しいが、最後の場面ではその建物のすべてが燃え、真っ黒い煙が渦巻く中を、群衆が逃げ惑う。黒煙の中を逆光でこちらに歩いてくるハートは、まるで地獄の使者といった趣《おもむき》で、黙示録的な雰囲気を一層盛り立てる。そもそも主人公たちの名前がフェイス（信仰）、ブレーズ（炎）と象徴的であり、これがリアリズムというよりシンボリズムの映画であることを伺わせる。ともあれこの作品はそうしたシンボリズムと充実した画面によって、ハートの作品の中でも傑作といえるものになっている。また、シルクの酒場に復讐に行ったブレーズを、天井のランプ越しに極端な俯瞰で捉えた画面があり、無論、それをブレーズが撃ち落として酒場が火に包まれることになる予兆ではあるのだが、こうした極端なアングルの画面も驚きを誘う。ハートはランプに執着があるのか、『鬼火ロウドン』（18）でも同じようなランプ越しの俯瞰ショットがあるし、『サイレント・マン』*The Silent man*（未、17）では、トランプのゲームの最中、ランプに映った映像から敵のイカサマを見破る。ちなみにここで取り上げた三作、およびハートの代表作のほぼすべては、ジョセフ・H・オーガストがカメラ。オーガストはハートとのコンビの後、『雪辱の大快戦』（25）以降ジョン・フォードの作品を多く担当、中でもフォードのキャリアの中でも重要作である『男の敵』（35）のカメラを務めている。

ハート最後の作品である『曠野の志士』*Tumbleweeds*（25）は【図18】、後述するエピック西部劇の流れに連なる作品で、一八八九年、オクラホマの「グレート・ラン」を背景としている（西部の人口増加に伴い、アメリカ先住民居留地だったオクラホマを市民に解放、市民は起点から合図とともに一斉に走り出し、杭を打った周囲を自分の土地にしていいというもの。無論これにより、ここに移住させられていた原住民はさらに条件の悪い土地に強制的に移動させられる）。これまで流れ者として、あちこちの牧場で雇われカウボーイをしてきた男が、グレート・ランに参加する姉弟と親しくなり、自分も参加して、彼女のために一番いい土地を確保してやろうとするのだが、彼女の義理の兄らの奸計により苦境に陥る、という物語。冒頭、これからグレート・ランで人々に分け与えられることになる土地から、それまでそこで放牧されていた牛たちが引き上げられる光景を見て、ハートは「見ろよ、西部の終わりだ」と感慨深げに述べるが、グレート・ランは「西部」を閉じ、自由な土地としての西部の終わりを告げる歴史的事件であった。物語としても、根無し草として暮らしてきたカウボーイがついに身を固め、放浪生活を終えることを決意する（映画のラストは、土地を囲う柵に、題名ともなっているタンブルウィード＝転がる草が絡《から》まって止まるところを映す）という意味で、終わりの物語。かつハートの最後の作品という意味でも終わりの物語である。

図18　『曠野の志士』のロビー・カード

ハート作品としては破格の製作費が投じられたとされるが、その大半はグレート・ランの場面に費やされた。地平線まで並ぶ馬や馬車の壮観。疾走する馬や馬車を地面に埋められたカメラが仰角で捉える（後述のように、こうした地面の下からの仰角撮影は、フォードの『3悪人』や『駅馬車』などにも見られる）。斜面を転がり落ちる馬車。落ちたら必ず死ぬだろう高さの崖に突っ込もうとする馬車が間際で止められる。馬車を走らせるハートをかなりの時間カメラがパンして捉え続けるのだが、ブレてしまっているのがかえってその速さを体感させる。そして画面を覆う砂埃《すなぼこり》。無論、スペクタクル場面に慣れている現在の眼から見れば、また後述するフォードの『3悪人』のランド・ラッシュ描写に比べればいささか物足りないものではあるが、同じグレート・ランを扱った『シマロン』（ウェズリー・ラッグルズの三一年版）などに比べても遜色はない。

メロドラマ的な結構は相変わらずながら、この作品ではコメディ的な場面が多々描かれている。ハートがヒロインに花を贈ろうと彼女の部屋に来るが不在、顔を整えようと鏡を見ると頭のてっぺんの毛が逆立っていて、撫でつけるが何ともならないのでナイフで切り取ってしまう。とそこに彼女が現われてオタオタする、等。ハートの相棒が子沢山の太った未亡人といい仲になって、彼も定住を決意するという副筋の物語も、顔がくしゃくしゃのリュシアン・リトルフィールドによってコミカルに演じられている。そもそもハートの映画は、その大真面目さが当時にあってもいささか滑稽視されていたようで、ロマンスを演じるのがすでに老年のハートであるという事実に加え、持ち前のストーン・フェイスも、ともすると逆効果となった。実際バスター・キートン（彼もストーン・フェイス）は、『北極無宿』*The Frozen north*（未、22）でハートをパロディ化して見せている。二挺拳銃（ハートのトレードマーク）をだらしなくぶら下げたキートンが、お尋ね者の全身像ポスターを切り取って窓辺に立てかけ、それを相棒と見せかけて賭博場強盗を働くが、すぐに見破られて金を返し、何事もなかったように出ていこうとして、皆に追いかけられる。こうしたパロディが現われるということ自体、ハートの深刻めいた西部劇が当時としてもいささか滑稽味を帯びて見えていたことの証左だろう。この作品がコミカルな場面を多用しているのには、自分の西部劇の重ったるさを払拭する意味もあった。

ハートは西部の著名人、ワイアット・アープやパット・マスターソン、また西部の絵画で有名なチャールズ・ラッセルと友人であり、ビリー・ザ・キッドの拳銃を所持し、監修を務めたキング・ヴィダーの『ビリー・ザ・キッド』（30）で、その銃を貸し出した（ただし、その銃はキッドの死後製造されたものと判明したという）。根っからの西部好きであり、引退後はカリフォルニア州の自分のランチで暮らした（一九三九年再公開された『曠野の志士』には、ランチでカウボーイ姿のハートが観客に語りかけるイントロダクションがつけられた）。西部に通じていた彼が西部のありようをできるだけリアルに再現しようとしたこと、また西部劇が短編から長編へと移行する時期にあって、西部劇を一人の男の（再生の）ドラマとしてきっちり仮構する方向性を打ち出したことも彼の貢献である。しかし長編といっても六十分から七十分程度の尺では、やはり心理的、倫理的に深い内容を語ることができなかったのも確かで、小説『ヴァージニアン』が打ち出した方向性が、その演劇版を演じたこともあるハートによって達成されたとは必ずしも言えない。『ヴァージニアン』の主人公が、その身に罪責感を常に負った存在として本質的な意味でグッド・バッド・マンであるのに対し、ハートのグッド・バッド・マンは境遇的にたまたまそうであったバッド・マンがもともとそうであったグッド・マンに寝返る、時間的な移行に過ぎないからである。善と悪の対立構造も、一個の人間内における打ち消しがたい相克であるより、善人と悪人の外的な対立に過ぎない点で、それまでの西部劇と実は大差ないとすら言える。もっとも、ハートの全盛期は一九一〇年代後半の五年間に過ぎなかったのであり、今少しハートに活躍の余地があったならば事情は違っていたかもしれないが、彼自身の年齢（『曠野の志士』時点で六十歳を超えていた）もあった。また二〇年代半ばになると西部劇は、暴走するタンクローリーに馬から飛び乗るようなアクロバティックなスタントを披露するトム・ミックスや、馬術に優れ、主題歌も自分で歌ったケン・メイナードなどの明朗なシリーズものに移行しつつあった。シリアスなものから明朗なアクションへ。しかし、さらにそうしたシリーズものにも飽きがきて、よりスペクタクル性を強調したシリアスな西部劇が揺り戻してくる。それが叙事詩西部劇である。西部劇は、以後もこのようにアクション性とドラマ性の間を行き来することでダイナミズムを生む。

叙事詩西部劇

叙事詩西部劇、ジェームズ・クルーズ監督の『幌馬車』が公開された二三年、西部劇の製作本数は一九一〇年代の年間百本から半減していた。上記したように、ハートのシリアスな西部劇も、シリーズものも飽きられていたためである。しかし『幌馬車』が大ヒットしたおかげで、翌年には三倍の作品が作られたという（ラステッド『西部劇』）。その中にはジョン・フォードの初の大作『アイアン・ホース』もあり、これも叙事詩西部劇を代表する作品である。西部劇においては、沈滞の後に現われた一本のヒット作が、ジャンルを再興させることがままある。

『幌馬車』は、前章でも既述した、オレゴンに移住する農民たちの、馬車による長期にわたる旅を描く【図19】。二方向から来た集団が一つになり、同じ方角を目指す設定。一方を率いるのは初老の農夫、もう一方を率いるのは元軍人の若者ウィル（J・ウォレン・ケリガン）とその相棒である、射撃の名手で地理に明るいビル（アーネスト・トレンス）。農夫には娘モリー（ロイス・ウィルソン）があり、その娘には婚約者がいるが、モリーはウィルに惹かれていく。冒頭で、人形が壊れてしまって泣いている女の子に、ウィルが人形を直してあげ、モリーが自分の服の付け襟を人形の飾りにしてやる、という細部がある。二人が人形を共同で直す行為は、将来彼らが家庭を築くことの隠喩となるだろう。

旅は当然ながら長く、辛い。深く広い河の渡航、食糧の枯渇、カリフォルニアで金が発見されたという知らせによる集団の分裂、インディアンの襲撃。さまざまな困難に晒《さら》されながらもその都度それを乗り越えてゆく過程に、ウィルがなぜ軍隊を追い出されたのかという謎と、何かにつけウィルを目の敵にし、命を狙う婚約者との確執とが織り込まれてゆく。

先に参照したフェニン／エヴァソン『西部劇』はウィリアム・S・ハート西部劇への高評価に比して、本作を「創作的な価値はほとんどないに等しい」と、極めて低く評価してい

図19　『幌馬車』ポスター

る。その致命的な欠陥は、叙事詩的と言いながらも、それに値しないお粗末な脚本にあるとする。確かに、苦難の数々が並列的に並べられていて相互に連関している感じがしないし、彼らがいかなる理想を抱いて西に向かうのか明確ではない。つまり、彼らを突き動かす思想が見えない。細部で言えば、インディアンの襲撃場面で、ワゴンは谷間にキャンプしており、インディアンたちは山の上から襲撃するのだが、ハートがこの映画を見てそのように批判したというのももっともな通り、襲撃に絶好な場所にキャンプするような愚かしい真似を移住者がするはずがない、というリアリズムの欠如。加えて、今の眼から見てこれが最も重要なのだが、画面自体の力が感じられない。これだけ見せ場の多い映画であるにもかかわらず、見た後に記憶の中に回帰してくる場面がほとんどないのだ。強いて言えば、旅の途中で人が死に、埋葬される場面がある。埋められた後に墓碑を建てようとする近親者に対し主人公の相棒が、墓碑は建てるな、と止める。なぜ、との問いに彼は、インディアンが掘り起こすといけない、跡を残さないように灰を撒いて、しっかり踏み固めるのだ、と答える。その後出発した馬車隊が、次々とその跡を通っていく。その通過する車輪と、それが巻き上げる灰の煙のショット。西部劇はアメリカ映画の中でも埋葬（そして本作でも描かれるが、出産）を描く数少ないジャンルの一つとされ、▼13本作がその嚆矢と言えるのかどうか詳《つまび》らかにしないが、この車輪と土煙のショットは、名もなき土地で、そこに埋まっていることさえ忘れ去られていく一人の開拓者の悲しみを感じさせるものになっている。

　この作品によってジェームズ・クルーズは一流監督として扱われるようになるが、電信が敷設される直前に早駆けの馬で通信を届けたポニー・エクスプレスを描く次作『ポニー・エクスプレス』(25)も興業的には振るわなかったようだし、代表作と言えるのは本作があるばかりで、確かにクルーズについては過大評価なのかもしれない。しかし『幌馬車』がヒットしたのは、観客の求めるものがそこにあったということであり、それはやはり開拓者の物語だろう。未開の地へ向かう勇気、困難を乗り越える忍耐力、確執を経ていっそう強まる絆。とりわけ三番目の「絆」は重要である。勇気や忍耐が個人的美徳であるのに対し、絆は一人では築きようがない。これまでの西部劇とエピック西部劇の最大の違いは、後者が何より集団の物語であり、社会の物語であるということだ。何によって社会が基礎づけられるのか、その答えを叙事詩西部劇は提示するのである。

パラマウントの『幌馬車』のヒットを受けて、それに対抗するべくフォックスが作った叙事詩西部劇がジョン・フォードの出世作『アイアン・ホース』（24）である。『幌馬車』が西の農地へ向かうワゴン・トレイルの物語であるのに対し、東と西をつなぐ大陸間横断鉄道の物語。ジョン・フォードは当時三十歳前で、相当数の短編を撮ってはいたが、長編、しかも当時としても長尺（アメリカ国内版で百四十九分、国際公開版で百三十三分。後者は、エピソードを削ったりはしていないが、場面場面で少しずつショットを摘んで短くしている）の作品は初めてのことである。

映画はイリノイ州の田舎に始まる。夢想的な測量士（木に倚《よ》って物思いにふける。いかにもフォード的な姿勢だ）は、大陸を横断する鉄道を夢みる。現実的なエンジニアである隣人はその夢想を笑うが、エイブという哲人風の男（後の大統領エイブラハム・リンカーンである）がそれをたしなめる。測量士とエンジニアにはそれぞれ息子デイヴィと娘ミリアムがいて、測量ごっこをして親しく遊んでいる。エイブは少年と少女を見つめている。夢想家の測量士の息子と、現実家のエンジニアの娘を、偉大な政治家のまなざしがつなぐわけである。その後、父と息子は鉄道の夢を追って町を去り、鉄道を引くならば近道とするに絶好の渓谷を見つけるが、そこでインディアンたち（その首領はインディアンのふりをした白人であり、右手の指が二本欠けている）に襲われ、父は死ぬ。それから十数年が過ぎ、リンカーンが大陸間横断鉄道の建設にゴーサインを出す法案に署名、かつてのエンジニアが、ユニオン・パシフィックの責任者としてその建設に取り掛かる（ユニオンは東から西へ、もう一方のセントラル・パシフィックは西から東へ線路を引く）。

山の岩肌を削り、道を通す。雪の積もった山の上へ機関車を、つながれた何頭もの馬が、その重さに耐えかねて横滑りしながらも引き上げる。いったん平地へ出ると、人夫のための悪場所を含めた町ができ（オープン・セット）、それが拠点の移動のたびに町ごと移動する。鉄道建設の場面はすべてロケで撮られており、映画はスタジオで撮ったのでは得られない現実味を持つことになる。撮られた素材はすべてスタジオに送られ、ラッシュが返ってくるのは一週間後、そのころには撮影が進んでいるため撮り直しはできなかったし、またラッシュ・フィルムを上映可能な車両（スタッフ、キャストは撮影中みな車両に住んでいた）は寒くて（撮影当時は冬で、氷点下二十度）入る者がほとんどいなかったとされる。フォードはまったくラッシュを見ることなく、すべてのショットを頭に入

郵便はがき

料金受取人払郵便

麹町支店承認

9089

差出有効期間
2020年10月
14日まで

切手を貼らずに
お出しください

1 0 2 - 8 7 9 0

1 0 2

［受取人］
東京都千代田区
飯田橋2－7－4

株式会社 作品社
営業部読者係　行

【書籍ご購入お申し込み欄】

お問い合わせ　作品社営業部
TEL 03(3262)9753／FAX 03(3262)9757

小社へ直接ご注文の場合は、このはがきでお申し込み下さい。宅急便でご自宅までお届けいたします。送料は冊数に関係なく300円（ただしご購入の金額が1500円以上の場合は無料）、手数料は一律230円です。お申し込みから一週間前後で宅配いたします。書籍代金（税込）、送料、手数料は、お届け時にお支払い下さい。

書名	定価　円	冊
書名	定価　円	冊
書名	定価　円	冊
お名前	TEL　(　　)	
ご住所 〒		

フリガナ
お名前

男・女　　　歳

ご住所
〒

Eメール
アドレス

ご職業

ご購入図書名

●本書をお求めになった書店名

●ご購読の新聞・雑誌名

●本書を何でお知りになりましたか。

イ　店頭で

ロ　友人・知人の推薦

ハ　広告をみて（　　　　　）

ニ　書評・紹介記事をみて（　　　　　）

ホ　その他（　　　　　）

●本書についてのご感想をお聞かせください。

ご購入ありがとうございました。このカードによる皆様のご意見は、今後の出版の貴重な資料として生かしていきたいと存じます。また、ご記入いただいたご住所、Eメールアドレスに、小社の出版物のご案内をさしあげることがあります。上記以外の目的で、お客様の個人情報を使用することはありません。

れて撮影を続けたのである。▼14

インディアンに追われたポニー・エクスプレスの旗手が逃げ込んでくる。彼こそ測量士の息子デイヴィ（ジョージ・オブライエン）だった。再会したミリアム（マッジ・ベラミー）には、エンジニアの婚約者ジェソンがいた。経費節約の方法を探っていた会社に、デイヴィは父が見つけた峡谷の近道を教えるが、近道されると土地を買い上げてもらえなくなる地主ドゥルーはジェソンを買収し、それを阻止しようとする。そしてこのドゥルーこそ、デイヴィにとっては父の仇、あの偽インディアンの男なのだった。かくして恋のさや当て、近道の成功のいかん、そして復讐と、サブプロットが主筋に絡み合ってくることになる。加えてジョン・フォードに欠かせないユーモア。ユニオン側の人夫は南北戦争の退役兵が多く雇われており、北と南、仲良く一つの目標を追うのだが、その中に「三銃士」と呼ばれる男たちがいる。絶えず喧嘩しながらも仲のいい三人組の、とりわけ忘れがたいのが、卵型のハゲ頭に、左目をクシャッとつぶる癖のあるケイシーという男（J・ファレル・マクドナルド）【図20】。主人公のデイヴィを陰に日向に助ける男で、彼がコメディ・リリーフとして映画を風通しよくする。フォードはお気に入りの俳優を何度も自作に起用し、フォード組と呼ばれるスタッフ・キャストの一団を形成していたが、ファレル・マクドナルドはその初期の一員であり、しかも彼はフォードと同じアイルランド系アメリカ人である。

人夫の給料を運ぶ汽車が襲われる場面で、車両の壁に映る影でインディアンの襲撃を表現したり、デイヴィとジェソンが酒場で殴り合う場面で、その周りを取り囲む群衆にランプを持たせ、暗がりでそこだけ強烈な光の中に二人の姿を浮かび上がらせたり、光と影を使った印象的な撮影を担当したのはジョージ・シュナイダーマン。『野人の勇』（20）以降、『周遊する蒸気船』（35）までのフォードの作品の相当数を担当している。その助手に、これも四〇年代から五〇年代のアメリカを代表するカメラマンとなるバーネット・ガフィ。

図20　左目をつぶるJ・ファレル・マクドナルド。『香も高きケンタッキー』のスチール

それ自体が、東と西からの鉄路をつなぐ、ひいては西部と東部をつなぐ話であるが、加えてユニオンの人夫が南北戦争の退役兵であることもあいまって、本作は戦争後の南北が鉄路建設を通して改めて和解する映画でもあるだ

図21　『アイアン・ホース』二路線結合の瞬間。右手に中国人労働者たちが見える

ろう。さらに、主人公はいったんセントラル側に移行することになるが、そこでは中国系移民が主な労働者である。この映画はアイルランドや中国からの移民を、鉄道建設を通してアメリカに同化するものでもあるわけだ【図21】。そしてもちろん、別れていた男女が再会し心を改めて通わせる話でもある。内容面においても二重三重に「結ぶ」物語だが、加えて、さまざまな副筋が主筋に絡み合っていく構成は、外形的にもこの映画が「つなぐ」物語であることを明確にする。そして、この「つなぐ」映画の全体を領しているのが、映画の最初と最後に肖像の映るエイブラハム・リンカーンである。少年（理想）と少女（現実）の肩を抱き、つないでいた彼の姿は、アメリカの理念を象徴するものだったのである（リンカーンは、以後フォードの映画を通して、常に理想的な政治家として仰がれ続けることになる）。

ジョン・フォードの映画は、総じて一人のヒーローの物語であるよりは、集団の物語であることが多い。この映画はフォードにとって初めて集団を扱ったものであり、従ってフォードが初めて自己のテーマと出会った作品と言えるが、それが同時に西部劇にとって（初めてではないにしろ）集団を、社会を扱う作品であったということ、そこにフォードが西部劇を代表する作家となる機縁がある。フォードは、自身初の長編西部劇において、雑多なものを一つに結び合わせるアメリカの社会を描いた。この映画のヒットは、民衆がそうしたアメリカ像を肯定したことを示すだろう。フォードは、アメリカに、アメリカとは何か、を示して見せた。フォードはかくして国民的西部劇作家としての一歩を踏み出す[15]。

『アイアン・ホース』に続く『3悪人』(26)もまた、叙事詩西部劇である。描かれるのは『曠野の志士』と同じくランド・ラッシュ（ただしこちらは一八七七年ダコタにおけるそれ）。フォードらしいロング・ショットの効果（地平線上に居並ぶ馬や馬車がほんの粒状にしか見えない）や、カメラを地面に埋め込み、その上を馬車が土塊を跳ね上げながら疾走していく迫力、地面に取り残された赤ちゃんを馬上の人が攫《さら》っていくのを仰角で捉えるアクションなど、ランド・ラッシュの描写も圧倒的だが、この作品の真の面目は、タイトルにもなっている三人の悪党の造形である。首領格のブル（トム・サンチ）、

図22　『3悪人』のセットで。J・フォードを囲むのが三悪人

ゆで卵頭のコスティガン（J・ファレル・マクドナルド）、山高帽のスペード（ルー・テルゲン）【図22】。この三人は、優れた馬を揃えてランド・ラッシュに向かう親娘を襲撃しようとして別の強盗団に先を越され、勢い、強盗団から親娘を救う形になり、その時親を失った娘リー（オリーヴ・ボーデン）に頼られて、庇護役になってしまう。ブルは、酒場で喧嘩になった男ダン（ジョージ・オブライエン）を助けて（ダンに椅子を武器として「投げて」やるのだ）仲間に入れるが、ダンは以前親娘の馬車の車輪が取れたところを直してやったことがあり、リーとは旧知の仲だった。一方町を牛耳るシェリフは悪党で、女を誘惑して家出させていたが、その娘はブルの妹だった。ブルは旅の中で妹を探してもいたのだ。かくして、ランド・ラッシュを背景に、リー、ダンと三悪人、彼らを妨害しようとするシェリフ一味の対立、ブルと妹の再会の物語が編み上げられていく。

親を失った子を助ける、という枠組みは、先述の『光の国へ』、『覆面の人』、『三人の名付親』と共通。またこの三悪人は、『アイアン・ホース』の主人公を助ける三人組の後継でもあるだろう（J・ファレル・マクドナルドの存在がそれを強調する）。ともあれこの作品は、好き合った二人の若者の未来に殉じようとする三人の心意気の映画であって、それは、二人を先に逃がした後、追手を待ち受ける彼らが、一人また一人と死んでいくラストで感動的に示される。誰が最初の障壁になるのか決めるカード・ゲームで、一人は自ら得意のイカサマで一番手を選び取って撃たれ、一人は敵の数人を巻き込み、笑いながらダイナマイトで自爆、最後の一人はシェリフと相討ちになって死ぬ。愁嘆場もなにもなく、あっさり「数年後」の字幕の後、結ばれた二人の家庭が示されるのだが、ベッドから転げ落ちているやんちゃな赤ちゃんがいて、その男の子には、ミドル・ネームに三悪人の名すべてが長々しくもつけられているのだ。三人はこうして生き続けているのだった（映画のラストは、地平線上に三人の影が浮かび、その向こうへ去っていくというもの）。『アイアン・ホース』に見られた理念が見られない分、確かに叙事詩西部劇としての面は弱いのかもしれない。実際、ランド・ラッシュはこの映画にとっては背景に過ぎない。しかしこの情感こそフォードなのであって、フォードらしいという点では、あるいは『3悪人』のほうが上かもしれない。

古典期へ

ジョン・フォードは、この『3悪人』以後、『駅馬車』（39）に至る約十年間、つまり三〇年代を通して、西部劇を撮ることがない。『3悪人』公開の三年後、二九年には世界恐慌が起こり、以後三〇年代を通してアメリカは不況に悩むことになるが、その間ハリウッドは、安価な娯楽である映画の製造元としてかつてない繁栄を享受することになる。二本立て興業が一般化する中、西部劇はもっぱらB級の、シリーズものとして生産されることになったこと、しかも明朗なアクションもの、歌ものが人気を博したことは既述の通りである。西部を舞台としたアクション映画の側面と、西部を通してアメリカとは何かを問うシリアスなドラマとしての側面。初期西部劇において前者はブロンコ・ビリー・アンダーソンやシャイアン・ハリーのシリーズものとして、後者はウィリアム・S・ハートの長編、フォードの叙事詩西部劇として交互に現われていたが、フォードが西部劇作家としては沈黙した後再びシリーズものが量産されることになったのは、こうした西部劇の二面性を考えると当然である。西部劇は自身の可能性の二極を揺れ続けることで再生し続けたジャンルなのだ。

　ともあれ、フォードの沈黙の時期、確かに西部劇は沈滞する。A級作品として、ラオール・ウォルシュ（ウォルシュが事故で降板した後アーヴィング・カミングスが完成させた）『懐しのアリゾナ』（28）、キング・ヴィダー『ビリー・ザ・キッド』（30）や、ウィリアム・ワイラー『砂漠の生霊』など、巨匠が撮った優れた西部劇もあった（これらについては「作品解説」参照）が、単発的なものであり、彼らが西部劇を撮り続けたわけでもなければ、またそれによって西部劇が新たに人気を博したわけでもなかった。この時期人気を博する特筆すべきジャンルは、註15で言及した新興のギャング映画である。西部劇が再び盛んに作られるようになるのは、ジョン・フォード『駅馬車』の大ヒットによってであって、三〇年代の終わりに過ぎない。三〇年代、西部劇が撮られなかった理由は何なのか。そして再び西部劇が撮られるようになったのはなぜなのか。これについては次章に記述するが、その前に「西部劇」という呼称について書いておく。

　ラステッド『西部劇』によると、一九一〇年代、西部劇は「フロンティア・メロドラマ」、二〇年代には「ウェスタン・メロドラマ」と呼ばれていたという。「フロンティア・メロドラマ」という以上、辺境を舞台とする劇であるし、「ウェスタン・メロドラマ」は、「もっと後の世代の定住者に関わり、白人のインディアンとの葛藤、町の住民とガンファイターとの闘争に焦点を当てる」（『西部劇』第四章中「メロドラマと叙事詩西部劇」の節）。メロドラマはとりあえず、勧善懲悪的な物語を男女間の関係を基盤として描くドラマ、と解しておく。この時点で西部劇とは、メロドラマの一変種で西部を舞台とするものという定義だったわけである。西部劇が単に

「ウェスタン」と称されるようになったのは三〇年代後半だった。

　メロドラマという呼称が取れたからといって、メロドラマ的な結構がなくなったわけではない。むしろメロドラマは、西部劇にとって本質的なものとなったがゆえに、その呼称が不要になったというべきなのかもしれない。既述の通り、一九〇二年発表の小説『ヴァージニアン』では、西部的な価値観を持つ主人公と、東部的な価値観を持つヒロインの政治的=文化的葛藤は、彼らが男女であるという事実によって、彼らが恋愛関係に落ちることによって、ようやく解決が図られた。解決を図るには、恋愛に頼るしかない、それほどに根が深い葛藤。「デウス・エクス・マキナ」としてのメロドラマ。しかし「フロンティア・メロドラマ」や「ウェスタン・メロドラマ」における葛藤は、定住者と彼らの生活を脅かす他者（インディアン、無法者）とのそれであって、いかに後者に脅かされる前者の平和が回復されるか、そのドラマに女性が絡む、という程度のものであり、根が深いわけではない。メロドラマとはこの場合、女性が彩りを添えることの指標に過ぎなかったわけである。

　一方、三〇年代終わり以降に作られた西部劇は、「デウス・エクス・マキナ」としてのメロドラマにふさわしい結構を備える。豊かに二項対立を生成する場としての西部を舞台とする西部劇は、深刻な葛藤を設定するに適していた。東西、新旧、法と無法、牧畜と農業、農業と工業、等々。その間に生じうる葛藤は、ギリギリまで推し進められたとき、（時代の趨勢によるほか）解決の仕様のない次元に行き着くだろう。西部劇は、確かに娯楽でありつつも、アメリカが抱える問題を思考の俎上に載せることができる場となるのである。そして無論それは娯楽であるから一定の解決を見ねばならない。そのために使われるのがメロドラマ的結構であるわけだ。西部劇が古典期に入るというのは、それがアメリカの抱える深刻な問題を問いうる場として成立したことを意味する。そのとき、単に女性が画面を彩るばかりでなく、解き難い葛藤の解決装置としての機能を果たすメロドラマは西部劇の中に自明のものとして溶け込み、あえてそのように名乗る必要のないものになっていったのである。

▼1　エドワード・バスカム編『BFI西部劇必携』*The BFI companion to the western*, Artheneum, 1988. エドワード・カントリーマン記述になる「南北戦争」の項。

▼2　猿谷要『西部開拓史』、岩波新書、一九八二年、P. 113。

▼3　アメリカの西進運動の根底に存した思想について詳しくはH・N・スミス、永原誠訳『ヴァージンランド　象徴と神話の西部』、研究社、一九七一年（原著一九五〇年）を参照。その第一部「インドへの道」でスミスは、西進運動の根本的な発想の中に、太平洋に到達することにより、ヨーロッパを介さずアジアと交易することで覇権国家たることを目指す意思があったとする。オランダ、イギリスなど、これまでの覇権国家が、アジアとの交易によって富

を得たことが念頭にある。
▼4　以下、初期西部劇についてはデイヴィッド・ラステッド『西部劇』*The Western*, Pearson Education Limited, 2003. G・N・フェニン／W・K・エヴァソン、高橋千尋訳『西部劇　サイレントから70年代まで』、研究社、一九七七年（原著増補版一九七三年）等を参照。
▼5　ジョン・フォードの初期短編の内容について日本語文献では、ピーター・ボグダノビッチ、高橋千尋訳『インタビュー　ジョン・フォード』、文遊社、二〇一一年の巻末フィルモグラフィが最も詳しい。
▼6　亀井俊介『サーカスが来た！　アメリカ大衆文化覚書』、平凡社ライブラリー、二〇一三年、「ガンファイターへの夢」の章。
▼7　平石貴樹訳『ヴァージニアン』、松柏社、二〇〇七年、解説。以下のリンチに関しての記述も、訳者解説を参照している。
▼8　西部において、共同体を維持するためにやむを得ず行使されるそうした暴力を「再生的」regenerativeと、文化史家のリチャード・スロトキンは称する。そうした暴力を許容する傾向がアメリカにはあり、またハリウッド映画はそれを助長したと彼は主張する。『暴力を通しての再生　アメリカ辺境の神話』*Regeneration through violence: The Mythology of the American frontier 1600-1860*, Wesleyan Universuty Press, 1973.『ガンファイター・ネイション　二十世紀アメリカにおける辺境神話』*Gunfighter nation: The Myth of the frontier in the twentieth-century America.* Atheneum, 1992参照。
▼9　鈴木透『性と暴力のアメリカ　理念先行国家の矛盾と苦悶』、中公新書、二〇〇六年、P.6。アメリカ文学研究者のアネット・コロドニーは、開拓期のさまざまな文書を研究し、「男性の性的欲望がアメリカの歩みに投影されている」ことを明らかにした。
▼10　『天国の門』については遠山純生『マイケル・チミノ読本』、boid、二〇一三年を参照。ジョンソン郡戦争についても詳しい。『天国の門』については第八章で詳述する。
▼11　小説版と違って、映画版の、特に有名な一九二九年版、ゲイリー・クーパーの初主演作である『ヴァージニアン』では、リンチを肯定する者（ヘンリー判事ではない）に、それが嫌なら西部を出ていけと言われたモリーは、独立戦争を戦った自分たちの祖先も自分たちの国を守るために敵であるインディアンを殺したのだ、と反論して、東部へ帰ることを取りやめる。モリーもまた自分たちの社会は自分たちで守る、という自治の論理に与《くみ》するわけである。
▼12　ただし、インスがこのシステムを採用するについては、当時彼のスタジオにいたフランシス・フォードの貢献が大きいとされる。フランシス・フォードは創意に富む実験家であり、その影響を多分に受けたと思しき弟のジョンによれば、「彼は偉大なカメラマンで、今日行なわれていることで彼がやっていないものは一つもない」。タグ・ギャラハー『ジョン・フォード　人と映画』*John Ford: The Man and his films*, University of California Press, 1986, P.8. インスはフランシスの功績を時に隠蔽し、時に自分のものにした。同じことは彼の下で映画界に入ったウィリアム・S・ハートについても繰り返される。嫌気がさしたフランシスはインスの会社からユニヴァーサルに移籍。フランシスを頼って西海岸にやってきたジョンが最初に所属するのはこのユニヴァーサルである。
▼13　フィリップ・フレンチ『西部劇』*The Western*, Carcanet Film, 2005, P.74. 一九七三年刊行の第一版の邦訳に、波多野哲郎訳

『西部劇・夢の伝説』、フィルムアート社、一九七七年、がある。
▼14　スコット・エイマン、ポール・ダンカン編『ジョン・フォード　全映画』*John Ford The complete films*, Tachen, 2004, P. 50.
▼15　ジョン・フォードは、鉄道を描くことによってアメリカの理想像を描いたが、それから数年後、アメリカの姿を、もう一つの典型的にアメリカ的な乗り物を用いて描く一連のジャンルが現われる。その乗り物は自動車、ジャンルはギャング映画である。三〇年代前半は西部劇が沈滞する時期だが、ギャング映画の隆盛はその原因であったのか、あるいは結果であったのか。集団に対して個人、連帯に対して抗争。西部劇的な理想像と背馳《はいち》する価値観を持ったこのジャンルにおいて傑作の一つを撮った監督が西部劇を撮るとどうなるか。その興味深い例を提示してくれるのがウィリアム・A・ウェルマンであるが、彼については第三章で詳述する。

第二章
古典的西部劇
——ウォーショー／ハサウェイ／フォード

一九三〇年代は西部劇不毛の時代と言われる。ジョン・フォードが一九二六年に『3悪人』を撮って以来、一九三九年の『駅馬車』まで西部劇を撮っていないことも象徴的である。この間まったく西部劇が撮られていなかったわけではないにせよ、西部劇がハリウッドの傍系ジャンルにとどまったことは確かである。その要因はさまざま挙げられるだろう。まず何より、三〇年代は映画にサウンドがもたらされた時代だが、サウンド映画は設備上スタジオで撮る方が当然便利だったため、屋外ロケ中心の西部劇は、少なくともサウンド導入初期には撮られにくくなった。加えて二九年に始まる世界恐慌とそれに続く不況期において、現実から遊離した世界を舞台とする西部劇は人気が衰えた。この時期に人気を得たのは荒れた世相を反映するギャング映画であり、暗い現実を忘れさせてくれるスクリューボール・コメディである（とはいえ、スクリューボール・コメディでも、フランク・キャプラのように不況期のリアルな現実を反映したものもあったが）。不況期にかえって映画は安価な娯楽として人気を博し、観客動員数は増える。映画館でできるだけ長く時間を過ごしたいという要望から、二本立て興業が一般化するようになる。B級映画の始まりである。西部劇は、B級という枠組みの中で、シリーズものの形でようやく息を吹き返す。このシリーズものからジョン・ウェイン、ランドルフ・スコットらが頭角を現わす。シリアスな西部劇がまったくなかったわけではないにせよ、西部劇は現実逃避のための（そして上映時間を長引かせるための）軽いアクションとして三〇年代を過ごすことになる。

ギャング映画における暴力

前章の終わりで述べたように、西部劇が沈滞した三〇年代の初頭に人気を博したのがギャング映画である。西部の開けた土地を舞台とし、メロドラマ的結構を持つ西部劇と、都会の夜を舞台とし、あくまで男の欲望を描くギャング映画、二つのジャンルの人気の交代は、その特徴の対照性を考えると別段不思議ではないのかもしれないが、この二つのジャンルには共通性があると見る批評家がいる。前章でも参照したロバート・ウォーショーである。[1] 彼は、「アメリカ映画で最も成功した二つの創造物、それはギャングスターであり西部人、つまり銃を持った男たちである」と書く。ギャングも西部人も、共に暴力を行使する存在としてアメリカ映画、ひいてはアメリカ文化史的に重要なのだ。以下、ウォーショーを参照して、この二つのジャンルにおける暴力を比較する。

共に銃を担う存在ではあるが、二者には大きな違いがある。ギャングの場合、暴力を振るうことによってのし上がっていくが、暴力は成功の手段であると同時に、あるいはそれ以上に、成功の内実となっていく。実際ギャング映画を見ていると、主人公たちはのし上がることで身なりがよくなり、札束を捌《さば》いたり、美しい女をそばにはべらせたりするものの、そういったものに耽《ふけ》る彼らは描かれず、映画はもっぱら彼らの行動（つまりは暴力行為）のほうを描く。何かを獲得するために暴力が振るわれるように見えるが、では目標が達成されれば暴力はやむかといえばそうではない。また次の暴力の可能性が開かれるだけだ。ギャングにとって成功とは、何か特定の目標の達成などではなく、「無際限の暴力の可能性」（ウォーショー、以下同様）そのものなのである。

ギャングの暴力は、いわば暴力のための暴力であり、無為の、アナーキーな力そのものこそ、ギャング映画のこの上ない魅惑である。そうした力を前にして、トップになること、何者か（somebody）になることは世俗的な成功に過ぎないが、しかしそれがギャングの足を引っ張る。名のある人物になったとき、トップに君臨したとき、必ずギャングは失墜する。名を持つことで狙われる人物になるからであり、トップになることでそれよりも上がなくなるからである。マーヴィン・ルロイ監督『犯罪王リコ』（30）で、主人公は死に際に「これがリコの最期なのか」と自身を三人称で語るが、これはギャングにとっての成功が、名を有することであるのを示す。そしてギャングの失墜は、再び無名に戻ることである。「ギャングスターの全人生は、自身を個人として打ち立てようとする、群衆から自身を引き立たせようとする試みなのだが、彼がいつだって死なねばならないのは、個人であるがゆえである」。また、ハワード・ホークス監督『暗黒街の顔役』（32）の冒頭、自身の成功を祝うパーティで、余韻を味わうためにギャングのボスが一人になるのを見て、我々は彼の死を予感する。「一人になることは危険」なのである。かくしてギャングは、「一人」（名の有るトップ）になることを目指しながら、そのことゆえに死を運命づけられる存在、限りなく矛盾に満ちた存在として「悲劇的英雄」となるわけである。

ギャングにとって暴力は、彼が目指す成功の手段ではなく内実そのものであり、そしてその成功は失敗を運命づけられたものとして存在する。ゼロか百か、あるいはゼロ・イコール・百であるような不可解なものとしての暴力。ただひたすら消尽されるためにのみ存在するかのようなこの無軌道で理不尽な暴力は、従ってごく短い間しか持続しない。短い間、というのは映画の持続時間でもあり、登場人物の寿命でもあり、またこのジャンル自体の存続期間でもある。実際ギャング映画は上記した『犯罪王リコ』、『暗黒街の顔役』、そしてウィリアム・ウェルマン監督の『民衆の敵』(31)の三本がその頂点であり、実質二、三年でそのポテンシャルを尽くしてしまったジャンルなのである。確かにそれ以後もギャング映画に分類される映画は撮られてはいるのだが、しかしそのどれも、この三本にあったようなアナーキーな力は薄れてしまっている。『犯罪王リコ』のエドワード・G・ロビンソンは『弾丸か投票か!』(36)で潜入捜査官を、『民衆の敵』のジェームズ・キャグニーは『Gメン』(35)で新人Gメンを演じ、ギャングを取り締まるほうに回っている。無論これは、法の側から描くことにより犯罪礼賛の批判を避けつつも、ギャングを描こうという便法であることは言を俟《ま》たないが、それでもここでギャングが単なる犯罪集団に過ぎなくなってしまっていることは確かだ。キャグニーが『民衆の敵』以来久しぶりにギャングを演じた作品に、マイケル・カーティス監督の『汚れた顔の天使』(38)、ラオール・ウォルシュ監督の『彼奴《きやつ》は顔役だ』(39)があるが、前者においては、彼を英雄視する子供たちに、犯罪者の末路の悲惨を感得させるため、死刑の際に泣きわめくよう幼馴染《おさななじみ》の神父に頼まれる。後者においては、ついに撃たれたキャグニーが教会の前階段にたどり着き、そこで死ぬ、という具合で、ギャングの死は、ウォーショーが鋭く摘出したような匿名と有名の絶対的=悲劇的矛盾の非情なメカニズムからほど遠い、説教臭い人情話の域に貶《おと》められている。特に後者は原題を「騒乱の二〇年代」といい、二〇年代の世相の中での主人公を追う形式を取るが、第一次大戦から戻ってきても仕事はなく、不況が襲い、そうした中で悪の道に走らざるを得なかったのだ、という理由づけはギャングの暴力の無償の輝きを失わせてしまうだろう(一方『民衆の敵』のグレープフルーツを情婦の顔になすりつける有名な場面は、その動機が、寝起きで機嫌が悪かったというだけ、何の根拠もないだけに衝撃的だったのだ)【図23】。

図23 『民衆の敵』グレープフルーツを情婦の顔に

ギャング映画が路線変更を強いられた背景にプロダクション・コード(三〇年施行)があったことはよく知られた事実だ。犯罪を称揚してはならない、犯罪の具体的な手法を描いてはならない、犯罪者が罰せられないままになってはいけない。『暗黒街の顔役』でもヘイズ・オフィスと脚本家ベン・ヘクトとホークスは激しいやり取りを交わさざるを得なかった。オフィスの要求で、アメリカ公開最終版は『暗黒街の顔役　アメリカの恥』と題され、ニューヨークの警察署長がギャング犯罪を非難して観客に行動を促すという映像を映画の前に差し挟んだ。ヘクト＝ホークス版ではポール・ムニが撃ち殺されるラスト（それも初稿では、ハチの巣になった主人公が宿敵の刑事に歩み寄り、顔面に銃を突きつけ引き金を引くが銃弾はすでになく、歩道に倒れながらも引き金を引き続ける、という強烈なものだった）[2]が、死刑を宣告され、絞首刑にされるというものに差し替えられもした（このラストの場面の執筆、撮影にまったくヘクト＝ホークスは関わっていないし、ムニが出てもいない）。このようなやり取りを見る限り、プロダクション・コードのおかげで、確かに犯罪者を主人公とする作品は作りにくくはなったのだろうとは思う。しかし、ギャング映画が主題とする暴力が、消尽すること自体が目標であるようなアナーキーな運動そのものである限り、ギャング映画は始めからごく短い期間の栄華しか約束されていなかったのは明らかだろう。

　ウォーショーのギャング映画論でもう一点重要なのは、ギャングスターが、幸福であらねばならないという現代の政治的命題への明確な拒否であるということだ。現代の市民社会は、すべての市民を登録して網の目に捕獲したうえで、健康の管理、最低限の生活の保障を行ない、人間らしい生活を送ることができるよう計らう（ことになっている）。彼らは機会を平等に与えられ、それぞれの能力、努力に応じて報酬を得る。その目指すところは、全市民の幸福である。みんながみんな幸せに。しかしそうしたヴィジョンをギャングは破壊する。彼が望むのはおのれ一人の成功であり、そのために競合者を殲滅する。しかしそうして彼が何者かになり、たった一人のトップになることがすなわち死を意味するわけだから、彼は最初から破滅を運命づけられた存在であり、そのような死を前提とした存在は、幸福な生を目指す市民社会の枠からあらかじめ外れている。彼の孤立性は、現代の管理的共同体とその在り方そのものへの拒否なのだ。彼らはアメリカ社会の「外」である。しかしその「外」をこそ、生を雁字搦《がんじがら》めに管理された観客は見たいと思う。彼らは、ギャングと共に一瞬アメリカの「外」に出て、自身の社会の破壊を夢見ることができるのである。

　ギャング映画が放つ悪の輝さは、その後十数年を経て、フィルム・ノワールとして再び現われる。片や世界恐慌に続く不況期、片や第二次大戦後の人心の疲弊した時代、陰鬱な時代にこそ犯罪映画は花を咲かせる。ギャングのタナトスはファム・ファタルのエロスに置き換えられるものの、暗い欲望に取り憑《つ》かれた者たちの空しい戯《たわむ》れがスクリーンを彩る。

西部劇の暴力

では一方、西部の人にとっての暴力はいかなるものなのか。

ギャングの暴力が、栄華を目的とするように見えながら実はそうではなかったように、西部の人は正義をなすために暴力＝銃を振るうように見えながら、実際はそうではないとウォーショーは言う。「何のために西部人は戦うのか。我々は彼が正義と秩序の側にあることを知っており、無論そうしたもののために彼は戦うのだと言うことはできる。しかしそうした漠然とした目的は、真の動機と決して正確に一致しはしない。それらは、彼に機会を与えるに過ぎないのだ。説明を求められたとき（もっぱら女性からだが）西部人自身が言いそうな答えは、自分がそれをするのは『やらねばならない』からだ、というものである」。まさに小説『ヴァージニアン』においても、主人公はヒロインに対してそのように述べていた。主人公が親友のスティーヴンを縛り首にした理由を聞かれた時、結婚するまさにその日にトランパスと決闘する理由を聞かれた時の二度にわたって、主人公は「やらねばならない」からだと答えるのだ。

図24　『拳銃王』決闘を挑まれ続けるガンマン

「やらねばならない」こととは、正義ではない。西部人が行なうのは、死刑執行人の行為のように、法とか警察とか行政とか司法とか、何らかの後ろ盾のある行為ではなく、あくまで私的な、個人による殺害である。たとえ相手が牛泥棒であり、無法者であるとしても、また、それが正義のためと頭では納得していても、私人として暴力を振るう限りにおいて、西部人は後ろめたさを拭い去ることはできない。晴れ晴れとなされるわけでは決してない、常に後ろめたさの残る「正義の」行為。その屈託を、西部人は「やらねばならない」と自らに言い聞かせて遂行するのである。

ここで重要なのは、銃を用いる者がすでに自身の罪責を意識していることであり、なおかつそれでも行動すること、そしていったんそうした決意をしてしまった以上、いつまでもそうし続けなければならない、ということである。「彼を審判する権利を誰に与えるでもなく、彼自身が自分の失敗を認め、とっくにそれを引き受け、自分が殺されるときが来るまで、何度も何度もガンファイトを繰り返す以外にしようがないのだと知っている」（この一節が直接言及しているのは、彼を撃つことで名を挙げようとする者に常につけ狙われるアウトローを描くヘンリー・キングの『拳銃王』だ）【図24】。西部人は、誰よりも先に心の中で自らを裁いている。だからこそ彼は常にすでに正しく、現実世界の法といったものを超越している。そのように自ら心を律することができること、それが西部人にとっての「名誉」（honor）であり、それゆえにこそ西部人は、その穏やかで自信に満ちた佇《たたず》まいを保つことができる。西部劇にあって暴力は単なる暴力の行為ではなく、自身をすでに律し得ていることの証なのであり、従って、すでに死を（裁きを）内包している。行為そのものの正統性ではなく、すでに自分を裁いているということが、ガンマンに撃つ資格を与える。だからこそ「何をしようが彼は正しく見えるのだし、不死身なのだ」（初めから死を内包している西部人は、たとえ死んでもその名誉が生き続ける、というよりむしろ死ぬことで一層輝くのに対し、ギャングの暴力は死によって完全に燃え尽きる）。

ギャングの暴力が死を運命づけられたものとして悲劇的であるのに対し、西部人の暴力は、すでに死を内包するものとして倫理的である。この違いが、ギャング映画、西部劇、それぞれのジャンルとしての息の長さをも決定づけていると言えるだろう。この違いに直接由来するかどうかはわからないが、もう一つギャング映画と西部劇で決定的な違いがある。それは、そのジャンルを代表する決定的な俳優がいるかいないか、ということだ。ギャング映画といえば、誰もがすぐさまエドワード・G・ロビンソンやジェームズ・キャグニーを思い浮かべるだろう。とりわけロビンソンに関しては（無論ギャング映画以外の出演作は多いが）ギャングのイメージが強すぎて、一生それを引きずらざるを得なかった（臆病な小市民が、同じ顔のギャングと取り違えられるジョン・フォードの『俺は善人だ』は、そうしたロビンソンのギャングとしてのイメージがなければ成り立たないパロディ的喜劇だ。フォードがこういう形でしかギャング映画に関われなかったことは興味深い）【図25】。一方西部劇はといえば、その俳優は、ジョン・ウェイン、ゲイリー・クーパー、ヘンリー・フォンダ、ランドルフ・スコット、ジェームズ・スチュアート、グレゴリー・ペック、ジョエル・マクリー等々、スターで西部劇のヒーローを演じていない者を探すほうがむしろ難しく、それゆえ逆にこの俳優こそ絶対的に西部劇の俳優だということが難しい（ウィリアム・S・ハートなど、西部劇しか撮っ

図25　ギャング・イメージの利用。ジョン・フォード『俺は善人だ』

ていない俳優にしても、彼こそ西部劇俳優と言えるかどうか)。これは、西部人がある種「型」であり、「イメージ」であるからだろう。ウォーショーは、西部人とは「腰に銃を身に着けた一人の男のイメージ」、「暴力の中で最も明確に表現されるようなある種の男のイメージ、一つのスタイル」だと言う。玩具《おもちゃ》の銃を構える子供が典型的に示すようなものである。その子供は、人を傷つけることの想像に快感を覚えているわけではなく、ただ、「銃を撃つ、あるいは撃たれるときに人がどう見えるかを真似てみせたい」のだと言う。玩具の銃を腰につける、ただそれだけで、銃の世界に身を置いていること、そこでは殺し殺される可能性があるということ、それを常に意識しながら生きていること、そうした世界観が自動的に立ち上がってくる。暴力のスティグマを帯びた孤独なガンマンというイメージ。そのようなイメージは、西部のどこにでもいて、誰でもありうる。それは、匿名であるがゆえに普遍的であるようなイメージなのであり、「リコ」、「スカーフェイス」といった固有名によって明確な像を際立たせるギャングとははっきり異なっている。ギャングがsomebodyであるとしたら、西部人はanybodyであるとでも言えようか。

ウォーショーにしても、彼が思い描く西部人の典型例は、ではどの作品の誰なのかといえばはっきりしないのである(かろうじて前掲の『拳銃王』のグレゴリー・ペックくらいのものだ)。というのも、彼が引き合いに出す映画は、実はこのような西部人が失われてしまった後の映画ばかりなのだ。『真昼の決闘』、『シェーン』、『牛泥棒』(『牛泥棒』は四〇年代だが、他は五〇年代、『拳銃王』も五〇年の作品)。序文で挙げたアンドレ・バザンと同様ウォーショーもまた、これらの作品が発表された五〇年代初頭前後に西部劇の変化を見て取り、ただし彼の場合その変化に(それを積極的に評価したバザンと対照的に)西部劇の頽落を見ている。ウォーショーはそれ以後の風景から逆にそこで失われたもの、即ち西部の人、暴力のスティグマを帯びたガンマンなどを浮かび上がらせているわけなのだ。ウォーショーの言う西部の人は、西部劇が最も西部劇らしかった時代(それを古典期と呼ぶこともできるだろう)におけるアメリカ人の集団的想像力の中で生み出された原器のようなものである(「西部のヒーローは必然的に古代の人物像である」)。従って、これは(これも)事後的に(アナクロニスティックに)構成されたもの、イメージに過ぎないのだ。この作品に典型的に描かれている、というものではなく、「西部劇らしさ」、西部劇的ガンマンのエッセンスを抽出したときに現われてくるもの。各自がそこに、例えばジョン・ウェインやゲイリー・クーパーやランドルフ・スコットといった具体的な身体を当てはめていくのである。

といってウォーショーは西部劇における(実はもっと広く映画における)俳優の役割を軽視しているわけではまったくなく、「西部劇という形式が、延々と繰り返されてきたにもかかわらずなおも新鮮味を保っていられるのは、映画的媒体の特殊な性格、すなわち、ある被写体と別の被写体の物理的違い、とりわけある俳優と別の俳優の違いが極めて重要だからなのだ」、と述べている。俳優の違いは文学におけるボキャブラリーのような役割を果たしているが、文学以上に幅が広く、興味深く意義深いアレンジに適しており、それが文学よりも映画のほうが中くらいに優れた作品を容易に作れてしまう原因だ、と。リメイクを思い浮かべればわかりやすいだろうが、それに限らず、西部劇には決まりきったパターンや人物造形の繰り返しが多い。それでも西部劇がその都度新しく見え、また必ずしも陳腐に見えないのは、俳優が新しくなっているからである。そして俳優が変わっても、観客が期待する人物造形の型、つまりあくまで匿名的な、銃を身につければ立ち上がるイメージさえあればよく、特定の俳優の身体を選ぶものではない。逆に言えば、非古典的な西部劇では、西部人の身体は匿名的なものではなく、特定の俳優の身体に宿る。例えば『真昼の決闘』の、老いて皺が深く刻まれたゲイリー・クーパーの顔、あるいは『小さな巨人』のダスティン・ホフマンの小さすぎる体、『明日に向って撃て！』の、ポール・ニューマンやロバート・レッドフォードのいかにも現代風に長い肢体と軽い立ち居振る舞い。これらの作品においては、俳優の身体が登場人物の造形と分かちがたく一致していて、前者がなければ成立しない体のものである。

アウトローという存在の意義

ウォーショーの描く西部の人は、西部劇といったときに人が思い浮かべる漠然としたイメージに過ぎず、しかしイメージであるからこそ強力な喚起力を持つものなのだが、ウォーショーはそれをバザンが超西部劇と名づけた新たな西部劇以前のもの、即ち古典期の西部劇における人物像として見ている。ウォーショーはギャング映画と西部劇のそれぞれについて批評を書いていて、その時間的関連性について特に述べているわけではないのだが、西部劇が暴力を主題とする映画としての深みを獲得するのは確かに古典期以降において、つまりギャング映画が終焉を迎えて後のことであり、ジャンルとしての歴史はより古いにせよ、暴力という主題の成熟において西部劇はギャング映画の後塵を拝する。しかし、ギャングの持つ暴力性は、性質を変えて西部劇に受け継がれる。その関連性を考えるにおいて興味深いのが、アウトローという存在である。

西部劇における悪としては、ハートが典型的な形で形象化したグッド・バッド・マンがすでに存在した。彼は悪と正義の両方の性質を持つ存在という意味ではアウトローの前身といえる。一方アウトローは、悪をなしながらも、というよりは悪をなすことによってこそ、かえって大衆の喝采を得るような存在でもあって、その点ギャングの後継でもある。アウトローはいわば、グッド・バッド・マンにギャングを上書きしたような存在なのだ。アウトローは、西部史上に実在するガンマンであり犯罪者である。ジェームズ兄弟のように義賊として遇されたものもいるし、ワイアット・アープのように保安官だったものもいるが、少なくともその生前において彼らが悪であったことは間違いなく、そのような存在として遇せられていた。彼らはその悪ゆえに輝いていた。しかし、悪と正義の比重は、西部劇において逆転する。

ギャングが悪の輝きそのものとして描かれたのに対し、アウトローは悪でありつつも正義の味方である存在として描かれることになる。これはギャング映画と西部劇の機能の違い、共同体に対する態度の違いに由来する。ギャングもアウトローも共に権力への反抗者という意味では共通し、だからこそ民衆の喝采を受けたのではあるが、しかしギャング映画が社会の外に向かって自滅的に疾走し、社会を否定して見せるのに対し、西部劇はそもそも共同体をいかに形成し、維持していくかの劇であるため、アウトローは権力を否定しつつも、最終的には社会に回帰する（ジェームズ兄弟の兄フランクは皆に愛されて生涯を終え、アープらは最終的には保安官として記憶されることになった）。アウトローたちは、確かに権力への反抗者ではあるが、社会そのものまで否定はしない。彼らの反抗は、社会の問題点を焦点化し、抉り出して解決し（少なくとも不満を解消し）、社会をより良くするためのものであり、従って彼らは、社会がより良くなるためのいわば人柱、社会的不満の緩衝材のようなものであった。

グッド・バッド・マンも正義と悪の中間存在であったわけだが、もともとそれは、法というものが敷かれていなかった初源の西部にあって、正義も悪も表裏一体という西部の実態に対する意識から生じた形象ではあった。そうした社会意識は勧善懲悪のパターナリズムの中で希薄化していったにせよ、ガンマンとはそもそも暴力的存在であるということを改めて思い出させたのがギャングだったということになる。かつ、ギャングは一方で社会批判（否定）でもあったから、西部劇がギャング映画とは逆に社会形成・維持の物語でもあったということもまた、ギャング映画によって改めて思い起こさせられた。アウトローの暴力によって西部は歴史的に形作られてきた。西部の起源的暴力としてのアウトロー。アウトローを描く西部劇は、西部を形成してきた人物たちの中に西部の起源的（再生的）暴力を改めて認め、それによってグッド・バッド・マンの、西部における善悪の表裏一体というそもそもの意義を再確認する。暴力を内在する歴史的実在のアウトローからは、純粋形態として、倫理的存在たるガンマンが抽出されてくる。アウトローは、グッド・バッド・マンと、ウォーショー的ガンマン像をつなぐミッシング・リンクである。

アウトローたち

アウトローは虚構の存在ではなく、歴史上に実在する人物であり、実際の人物像、事績が西部劇における彼らのキャラクターの根拠となっていることは間違いない。とはいえ史的現実は、いつか噂、伝説、虚構に取って代わられる。彼らは史実から発して、ついに虚構化されるのだが、そこには民衆の反抗、願望、憧れ、そして民衆が置かれた歴史的位置の反映が見られる。これらアウトローの中でも、ジェシー・ジェームズ、ビリー・ザ・キッド、ワイアット・アープは、幾度となく描かれてきた、西部劇にとって重要な形象である。彼らについて、歴史上の実像と、どのように虚構的人物として造形されていったのか、概説する。

　ジェシーとフランクのジェームズ兄弟は、南北戦争から現われたヒーローである【図26】。二人は南部ミズーリ州の出身で、南北戦争時には南軍ゲリラとして活躍、その後のアウトロー生活のなかでも、ゲリラ時代の知識、経験が役に立っている。彼らが初めて銀行を襲ったのは一八六六年二月、アメリカ史上初の、白昼の銀行強盗となる。ジェームズ兄弟の善行と伝えられるものとして、土地を取り上げられそうになった未亡人に金を渡し、銀行員から借用書を受け取らせたうえで銀行員を襲って金を巻き上げたというものがある。これが本当かどうかはともかく、民衆はジェームズ兄弟に、自分たちの土地を借金のかたに取り上げる銀行への不満を晴らしてくれる存在を見ていた。また、彼らが鉄道を襲ったことも、民衆の喝采の対象となった。鉄道会社の人間は、政治家に賄賂を贈り、鉄道建設で暴利をむさぼっていた。彼らが初めて鉄道を襲ったのは、不正と政治家への賄賂が暴かれた翌年のことだった。地域住民が彼らを支持したため、一味は容易に捕まらなかった。兄のフランクは穏やかで読書好き、弟のジェシーにはどこか人を惹きつける魅力があったとされ、行動の際にはジェシーが主導した。ジェシーは、妻と子供と潜伏中に、仲間のロバート（ボブ）・フォードに密告されて射殺された（一八八二年）。フランクは長生きして、ジェームズ兄弟と同様の境遇にあり、行動を共にすることも多かったヤンガー兄弟のコール・ヤンガーと共にバッファロー・ビルのワイルド・ウェスト・ショーに出演して余生を過ごした。

図26　フランク（左）とジェシーのジェームズ兄弟

　彼らは義賊であり、近代化に対する反逆者であるとする歴史学者もいる▼3。南部は近代化（輸送網の展開、農業近代化）から取り残されていった。経済力の優劣がすべてを決定する近代なるものによって滅びゆく、昔ながらの価値観、家族愛（母親は、彼らに敵対する探偵社によって片手を爆破されながらも、彼らを庇護し続けた）、仲間同士の愛、兄弟愛、そして何より同朋意識によって団結する義賊たち。彼らは山野に潜み、時には身分を偽って、立派な市民として町中で暮らして機会をうかがい、集結して敵を襲う。ジェームズ兄弟は、ロビン・フッドなどに列する存在なのだ。

義賊ジェームズ兄弟に対し、孤独に生き急いだロマンティックな反逆者がビリー・ザ・キッドである【図27】。ジェームズ兄弟は農民出身だったが、ビリー・ザ・キッドはカウボーイ出身のアウトローである。彼は牧場主と町の新興勢力の争いに巻き込まれ、アウトローとなった。ニューメキシコのリンカーン郡では、町の大物牧場主一派と、この地に新たに牧場を開いたイギリス人ジョン・H・タンストールらが対立していた。小悪党であったビリー・ザ・キッドはタンストールに拾われ、その牧場でカウボーイをしており、彼を父のように慕っていた。タンストールが目の前で殺されるのを見て、その犯人を捜し出して射殺、以後タンストール一派の中心人物となって抗争を繰り広げた。自派の弁護士の家に立てこもり、五日間の銃撃戦の末弁護士が殺されて雌雄は決したが、キッドは逃げ続けた。『ベン・ハー』の原作者でニューメキシコ準州の知事ルー・ウォレスが彼に恩赦を与えるというのでいったん逮捕されたが、地方検事がその約束を守らなかったため脱走。保安官に任命されたパット・ギャレットによって隠れ家を突き止められ、殺害される（一八八一年）【図28】。

ビリーもまたダイム・ノヴェルなどで[4]「ロビン・フッド」と称され、騎士のように祭り上げられていく。いわくタンストールの後ろ盾だった大牧場主ジョン・チザムの娘と騎士道的恋愛関係にあった、また、パット・ギャレットとの間にも騎士道的友情が結ばれていた（共に事実ではない）。岡田泰男の『アメリカの夢　アウトローの荒野』は、一九二〇年代ま

図27　ビリー・ザ・キッド、1879年ないし80年の写真。正確なプリントで右ききと分かる

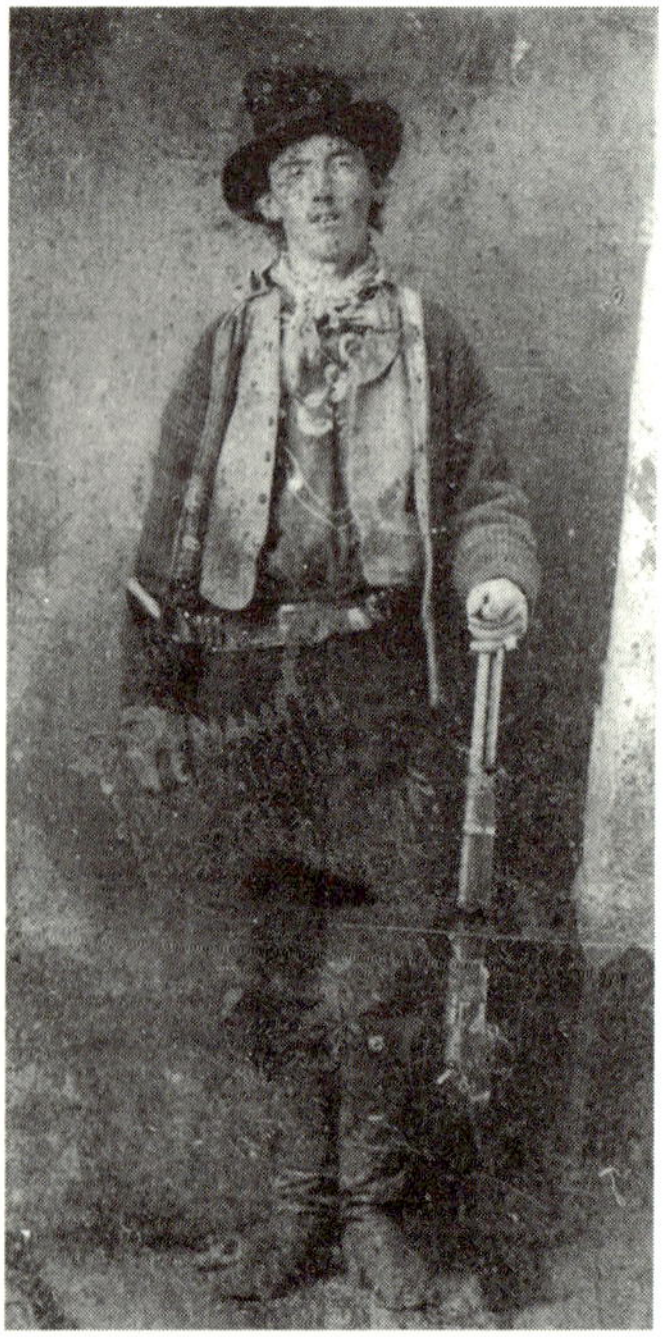

図28　パット・ギャレット

でビリー・ザ・キッドは人気がなかったとし、ジェシー・ジェームズらと違って、鉄道や銀行など農民の敵を攻撃したわけでもなく、ただの人殺しだったことを理由に挙げている。一九二〇年代、ギャングらの無軌道な現代的暴力を前にして、西部の「古き良き時代」へのノスタルジーがビリーをヒーローにするに至ったのだ、と。[5] 二〇年代の実際のギャングへの嫌悪感から西部の悪党がかえって好感を持って回顧されたということだが、三〇年代初頭のギャング映画の隆盛を考えると、実在のギャングへの感情は嫌悪感ばかりでもなかったろうと思われる。ビリー・ザ・キッドは、生涯を終えたのが(おそらく)二十一歳という年齢だったこともあいまって生き急いだ印象があり、その生き様の激しさもまた彼をヒーローにしていった大きな要因であることは間違いない。その点についていえば、ギャングの太く短い人生と類似するものがビリー・ザ・キッドに見られていたとも考えうる。ギャングなるものの(時代錯誤的ではあるが)継承なのか、その反動なのか、ともあれビリー・ザ・キッドは無軌道な暴力の発露という点で、アウトローの中でもとりわけギャングとの関係性が強いのは確かで、アウトローの中でもいち早く取り上げられ、ギャング映画と踵《きびす》を接して西部劇に登場している。巨匠が西部劇を手掛けるようになった初期に、ビリー・ザ・キッドを描いている。ラオール・ウォルシュ『懐しのアリゾナ』(29)と、キング・ヴィダー『ビリー・ザ・キッド』(30)。これらについては「作品解説」に記した。

図29　ワイアット・アープ

ジェームズ兄弟は義賊、ビリー・ザ・キッドは父的存在である恩人のための敵討ち、という同情すべき余地の多くあるアウトローであったが、一方単なる人殺しで、しかも保安官という正義の皮をかぶった殺人者でありながら、その後西部劇においてヒーロー化される灰色の存在がワイアット・アープである【図29】。彼は、ビリー・ザ・キッドが死んでから三か月ほど後に、西隣アリゾナ州の、メキシコに近い町トゥームストーンで起こった西部史上最も有名な決闘(OK牧場の決闘)の主人公である。

トゥームストーンは、近くの丘に銀鉱が発見されてから、それを目当てに人が集まるようになったにわか景気の鉱山町だった。一八四八年にカリフォルニアに金が発見されてから、西部には金以外にも多量の鉱山資源が埋蔵されていることが分かり、各地に鉱山を中心とした町ができ上がっていく。ワイアットらは、そうした新興町の保安官として、またギャンブルや売春の仕切り役として町の権力に食い込んでいく。キャトル・ドライブの新興町ダッジ・シティではパット・マスターソンの保安官助手を務めるが、その本職よりカード・ゲームのディーラーとしての稼ぎが多いギャンブラーだった。そこで結核持ちのガンマン、ドク・ホリデイ、洒落者《しゃれもの》のガンマン、ルーク・ショートらと町のギャンブルや売春業を仕切り、「ダッジ・シティ・ギャング」と呼ばれる。しかし町の改革運動が起こり、ワイアットらは排除され、次兄が保安官に任じられていたトゥームストーンに移住、ドク・ホリデイらも同行する。

トゥームストーンにはアープ一家が集合、長兄は酒場経営、次兄ヴァージルは連邦保安官助手（USマーシャル・デピュティ）、三男ワイアットは賭博場経営と保安官助手（シェリフ・デピュティ）、四男モーガンは駅馬車の警護と、結束固く町のビジネスを仕切った。彼らに反発したのが、町の周辺で牧場を開き「カウボーイズ」と呼ばれている、家畜泥棒で荒くれ者のクラントン一家。彼らは互いに反発しあい、小競り合いを繰り返したが、ついに一八八一年十月、衝突が起こる。OKコラル（コラルは牛を入れておく柵囲い）あたりで、カウボーイズが武装している、と聞いたヴァージルとワイアット、モーガンとドク・ホリデイが、彼らを武装解除させるためそこに向かい、ごく近距離で対峙したが、やがて双方が突然銃を乱射しあう。三十秒後、無傷だったのはワイアットと、丸腰だったので逃げたアイク・クラントンのみ。事件直後から、アープ一家の対処は正しかったのかどうかが問題になり、ヴァージルは兼務するようになっていた町保安官（タウン・マーシャル）の任を解かれ、ワイアットとドクも拘留された。裁判では彼らの行為は正当と認められるがその後も抗争は続き、兄たちが銃撃され、その復讐を続けたワイアットとドク・ホリデイは保安官に追われて逃亡した。

カウボーイズの仲間の一人だったジョニー・リンゴーも、一八八二年に木の下で頭を撃ち抜かれて死んでいるのが発見された。ワイアットもドク・ホリデイも関与を否定している。リンゴーは通称リンゴー・キッド、南部出身で教養人とされる。兄の仇を探して三人を同時に撃ち殺したエピソードが、小説を介してジョン・フォードの『駅馬車』（39）に使われている。ヘンリー・キングの『拳銃王』（50）は、リンゴーのガンファイターとしての晩年を描いているが、史実とは遠い。ワイアットはその後ギャンブラーに戻って、コロラド、アラスカ、ネヴァダなどを転々とし、晩年はハリウッドに住んでトム・ミックス、ウィリアム・S・ハート、ジョン・フォードら西部劇映画人と親交を結び、西部劇の助言者として身を立てた。

ジェームズ兄弟は義賊、ビリー・ザ・キッドは騎士として遇されるが、ワイアット・アープはそもそも保安官であり、これらアウトローの中では正義の立場に近い存在ではあった。しかし内実を見ればほとんどギャンブラーであり、権力への反逆者であるどころか権力者そのものであったといえる。実際、彼はこれらアウトローの中でも知名度が低く、西部劇に登場するのが最も遅い。彼の美化が始まるのは、スチュアート・レイクという人物が書いた「伝記」、『ワイアット・アープ、フロンティア・マーシャル』からだが、これはワイアットの死後二年が経った一九三二年に出版されている。この「伝記」は一人称で語られ、ワイアットを「西部のスーパーヒーロー」、「勇壮なる白騎士」として描く。こうした方向性は、この本を原作として作られた二本の映画、ルイス・セイラー監督でジョージ・オブライエンがアープを演じた（ただしこの作品ではマイケル・ワイアットという役名）『フロンティア・マーシャル』*Frontier Marshal*（未、34）、アラン・ドワン監督でランドルフ・スコットがワイアットを演じた『フロンティア・マーシャル』（39）で確固としたものになる（ＯＫ牧場の決闘を最初に描いたのはエドワード・L・カーン監督『死の拳銃狩り』（32）で、原作は『ハイ・シエラ』の原作者W・R・バーネット、シナリオにはジョン・ヒューストンが参加、主演はジョンの父ウォルター・ヒューストン。主人公の名前はワイアット・アープではない。この作品については第四章で詳述する）。ちなみに『フロンティア・マーシャル』は、ドク・ホリデイを巡る酒場女とブルジョア女性の確執が描かれ、ドクの死後、そのブルジョア女性とワイアットとの将来を予想させる結末といった結構が、そのままジョン・フォードの『荒野の決闘』に生かされることになる。

　本質的にはギャンブラー、時に保安官でもあったというに過ぎないワイアットが美化されるに至った理由は、いくつかあるだろう。まず、ワイアット兄弟たちが酒場、賭博、売春、そして警察を仕切る町の権力であったことが挙げられる。逆にいえば、カウボーイズらに代表される、牧畜業を基盤とする勢力はもはやその最盛期を終えつつあった。西部の近代化が進行するにつれ、近代的な町の権力者である彼らの地位が向上していったのである。次に、ワイアットらが西部最後の「現存する」アウトローであったことが挙げられる。アウトローの多くは当然、短い生涯をとうに終えており、生き延びたフランク・ジェームズのような例外も一九一五年には亡くなっている。先述のように、ワイアットはハリウッドの映画作家、俳優らと親しくつき合ったが、彼らにとってワイアットはいかにも稀少な西部の「生きた」伝説であったわけである。ワイアットの映画内での美化には、いよいよ遠ざかり消え去っていく西部開拓時代へのノスタルジーが上乗せされている。

　かくしてジェームズ兄弟、ビリー・ザ・キッド、ワイアット・アープらは、それぞれの道を辿《たど》ってヒーロー化される。彼らは悪人であり、ギャング同様、悪の魅力を湛《たた》えながらも、権力者へと成り上がることが即ち破滅と同意であったギャングとは異なり、時代や権力への反逆者として、かえって義のある人物として称えられるに至った。ジェームズ兄弟、ビリー・ザ・キッドらは、時代に取り残されてゆく側の人間の心情を代弁する者として民衆の不満のはけ口にもなり、またその屍を越えてアメリカが新たな時代へ入っていくべき里程標として、否定的ながらも新たな時代に民衆の心を向けた。一方アープらは、初めこそアウトローであり、ギャンブラーでありつつ、権力を維持する側の人間として英雄視されることで、混沌の時代から秩序の時代に西部が変化したことを印象づけた。勧善懲悪のグッド・バッド・マンとしてのガンマンは、彼らアウトローによって歴史＝社会化され、ガンマンがもともとその根拠として持っていた暴力を、西部社会を構築し、維持する「再生的」なものとして正当化する。彼らはさらに、暴力とそれを律するモラルとを共に内面化することで、典型的なガンマン像を形成していき、それが西部劇の復興をもたらすことになる。西部劇復興をもたらした、アウトローを登場人物とする以下の二作品は、ほとんど透明なまでにガンマン像を純化し（『駅馬車』）、またモラルの内面化により、常に心理的に不安を抱えることになるガンマンを描く（『地獄への道』）。

『地獄への道』

一九三九年は、西部劇が復興した年として知られる。A級作品として作られた西部劇に優れた、またヒットした作品が次々現われ、以後西部劇は最も活発な、創造力に富むジャンルとしてハリウッドの最盛期を支えていくのである。具体的に挙げれば、ヘンリー・キング監督『地獄への道』（一月十四日公開）、ジョン・フォード監督『駅馬車』（二月十五日ロサンゼルス・プレミア）、エロール・フリン、オリヴィア・デ・ハヴィランドのコンビが、キャトル・ドライブの終点ダッジ・シティの治安を取り戻す保安官、記者を演じるマイケル・カーティス監督『無法者の群』（原題「ダッジ・シティ」、四月一日カンザス州ダッジ・シティ・プレミア）、ユニオン・パシフィック鉄道敷設の模様を描く、遅れてきたエピック西部劇、セシル・B・デミル監督『大平原』（原題「ユニオン・パシフィック」、四月二十七日、ユニオン・パシフィックの起点であるネブラスカ州オマハでプレミア上映）、拳銃を持たない主義の保安官を西部劇初出演のジェームズ・スチュアートが演じるコメディ西部劇、ジョージ・マーシャル監督『砂塵』（十一月三十日公開、これについては「作品解説」参照）。

『地獄への道』は原題を「ジェシー・ジェームズ」といい、その名の通りジェシー・ジェームズの生涯を描く【図30】。冒頭、鉄道が敷設されるというので、その沿線に当たる農地を一団の男たちが強引な手段で安く買い叩き、それに抵抗したジェームズ兄弟がお尋ね者にされてしまう経過が、簡潔でしかも効果的に描かれる。悪役を演じるブライアン・ドンレヴィの卑怯悪辣ぶりが見事である。サインしようとする母親を、弁護士に相談してからと止める少年には、悪く思わないでくれと謝罪するかのように握手を求め、しかしその手を引いて地面に引きずり倒し、殴る蹴るの暴行を働き、うろたえる母親にさっさとサインさせる。フランク・ジェームズ（ヘンリー・フォンダ）にも同じように握手を求めて殴りかかるが、逆にあっさり殴り倒され、すると木にかけてあった鎌で切り

図30 『地獄への道』左からジェシー、ジー、フランク

かかる。と、そこに帰宅したジェシー（タイロン・パワー）が首領の手を撃ち、男たちを逃げ帰らせる。公務執行妨害ということで、兄弟はお尋ね者になってしまう。無理やり自身を保安官助手に任命させて帰ってきたドンレヴィは、出てこなければこうしてやる、とダイナマイトを家に放り込み、中にいた兄弟の母親を爆殺（先述の通り、史実としては手をもぎ取られたのみで、殺されたわけではない）。その後、酒場で首領はあっさりジェシーに撃ち殺されるのだが、悪役が序盤でさっさと退場するという展開にも驚かされる。

本作はこのドンレヴィを始め、悪役とその配置がよくできている。彼らを目の敵にする鉄道会社の社長ドナルド・ミークは、恩赦のお触れを出してジェシーをおびき寄せ、掌《てのひら》を返して縛り首にしようとする。フランク一味がジェシーを助けにきて、社長が書いた恩赦を約束する手紙を食べさせる。また、小太りで丸眼鏡、人に警戒心を抱かせない風貌ながら、要所要所に出没して時に彼らを妨害し、時に彼らの一味に裏切りを唆《そその》し、と暗躍する探偵J・エドワード・ブロンバーグ。保安官であるが、彼らに同情的で心通じ合っているランドルフ・スコット。彼らの一味でありながら、ジェシーの強盗計画を密告し、あまつさえジェシーを撃ち殺す（しかも背後から）ことになるボブ・フォード役のジョン・キャラダイン。こうした存在が、人物配置を単なる善悪に色分けしない深みをもたらしている。

しかし本作で最も興味深いのは、ジェシーの妻ジー（ナンシー・ケリー）の存在、そして家庭を持つことでジェシーが抱えることになる不安である。ジェシーは幼馴染のジーと結婚、ジーが秘かに準備していた隠れ家での新婚生活に心躍らせるが、しかしまさにその最初の夜、家の外から農民の一家（子供もいる）が声をかけ、道を聞いたというので、この家を出ることになるのだ。彼が隠れ住んでいないか確かめにきた密偵と思ったか、あるいは彼らの正体に気づき官憲に密告されるのを恐れてのことか、いずれにせよ彼らはこの新婚の家を早々に捨て、以後ホテルを偽名で転々とすることになる。ジェシーは家庭を持ったために、常に発見される恐れを内に抱えながら生きていかねばならなくなるのである。このような不安を抱えたアウトローが描かれたのは本作が初めてなのかどうか詳《つまび》らかにしないが、しかし、これが本作をこれまでの西部劇と一線を画するものにしたことは確かである。

例えばグッド・バッド・マンはこれまで犯した罪の深さに後悔の念を抱きはしたろうし、アウトローは自分のしているのがいいことではないと認識はしていただろう。しかし少なくとも、彼らが不安を覚えるということはなかった。彼らは、自らの銃の腕ゆえの自信に満ちていたのだし、従って彼らは撃たれる可能性を微塵も感じない、感じさせない、いわば不死の存在であり、その意味で神話的な存在であったといえる。彼らは人間的な、内なる不安や苦しみとは無縁であった。とするならば、正体を知られ、そして殺される可能性に怯《おび》え、現実に殺される本作のアウトローは、神話的な存在から人間に格下げされているのである。実際、主人公が殺されて終わる西部劇がこれまであったかどうか。無論、見る者は史実としてジェシー・ジェームズが周到に隠れていたこと、殺されることを知っているのだから、その不安や死は、まったく虚構のアウトローのそれとは違い、衝撃をもって受け止められたわけではないだろう。しかし、ともかくも主人公が不安に苛《さいな》まれるという事態は西部劇にとって新しいものであり、そのことがこの作品をこれまでとは違うものにしている。ただし不安とはいっても、本作の場合、あくまで追われている、という状況から生じるもの、すなわち外側から与えられるものに過ぎず、内から彼らを蝕《むしば》むものでは今のところない。とはいえ、そこに至るまでには実はそれほど時間の経過を必要とはしなかった。実際本作と同じヘンリー・キングが、『拳銃王』で、また『無頼の群』で、西部のガンマンを内側から蝕む不安を描くことになるのだが、それはまだ後の話だ。晴れ晴れとした陽性のガンマンから、どことなく翳《かげ》りを帯びたガンマンへ。ヘンリー・キングは本作において西部劇を新たなステージに押し上げたのであり、（そのほかのジャンルはともかく）こと西部劇史上においては最重要監督の一人である。

『駅馬車』

『駅馬車』は、ジョン・フォードとしては『3悪人』以来十数年ぶりの西部劇である。自身を西部劇作家と規定しているフォードに、ではなぜこれだけのブランクが生じてしまったのか。それはよくわからない。インタビューなどを読んでも、フォードは自作のこととなると、はぐらかすわけではないにしてもそう決定的なことを話してはいないのだ。ともあれこの作品については、フォードが原作であるアーネスト・ヘイコックスの短編「ローズバーグへの駅馬車」を雑誌で読み、自ら映画化権を買って、製作者を探したもので、会社からの（この場合専属契約の二十世紀フォックス）押しつけ企画ではない。[▼6]三〇年代後半、西部劇といえばB級西部劇で、シリアスなジャンルとは受け取られなくなっており、だからこそ意表を突くことが嫌いではなかったフォードがあえてこのジャンルを選んで秀作を作り、人を驚かせようという意図があったのではないかという気もするが、これも定かではない。ただ、フォードが満を持して本作を作ったのは、このブランクの十数年間に彼が作ってきた映画の主題や手法を総動員していること、これまでのある意味総決算であり、自身のキャリアを新たな段階へ押し上げるものとなっていることからも明らかであるように思える。

　映画が始まるとすぐにタイトルが現われ、騎兵隊に守られるような駅馬車に続いて【図31】、逆光の中の騎兵隊【図32】、続けてインディアンの騎行が映し出される【図33】。この駅馬車、騎兵隊、インディアン、三つの映像だけで、見る者はある程度物語の枠組みを想像することができる。そうした予測は、あまりにも著名なこの作品の物語をすでに知っている者の未来の視点からする、時間錯誤的な思い込みばかりとも言えまい。そもそもこうした簡素さは、これから詳述するように、本作のあらゆる次元で見ることができるのであり、誰もが知っている西部劇的な枠組みを本作は巧みに利用しているのだ。

　さて、タイトル後、モニュメント・ヴァレーを疾走してくる二人の男が映る。彼らは騎兵隊にジェロニモ蜂起の報を告げる。さらに騎兵隊屯所には電報が届き、しかしそれは「ジェロニモ」の一語を伝えたのみで途絶えてしまう。ここにも、典型的な簡潔さが見られる。なぜインディアンが襲撃してくるのか、それは一切語られない。ただ、敵意を持つものの襲撃の危機があること、それに本作の舞台となる駅馬車がまともに晒《さら》されることになるだろうということだけは、明確に伝わるのである。

　さて、タイトル部分で映っていたのであろう駅馬車は町に着き、そこからブルジョア夫人ルーシー（ルイーズ・プラット）が降り、この町の知り合いとの会話から、彼女が次の駅にいる軍人の夫に会いに行くことがわかる。馬車からは、酒

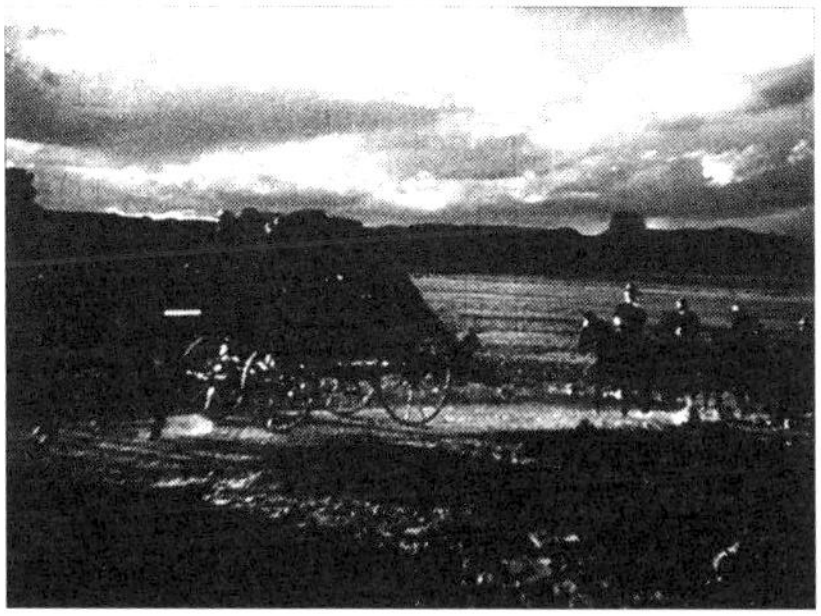
図31　『駅馬車』のタイトル。騎兵隊を従える駅馬車

図32　同上。逆光の騎兵隊

図33　同上。インディアンの騎行

の販売員ピーコック（ドナルド・ミーク）も降りてくる。ルーシーはお茶を飲みに入ったホテルの入り口で、伊達男《だておとこ》ハットフィールド（ジョン・キャラダイン）とすれ違い、彼はギャンブラーだと知り合いから明かされる。馬車の御者はここから先の護衛を依頼に、保安官カーリー（ジョージ・バンクロフト）のところにやってくるが、カーリーは御者に、リンゴー・キッドが脱獄したと告げる。御者の話から我々と保安官は、リンゴーがプラマー兄弟に復讐するため脱獄したこと、そして目指す復讐の相手が馬車の向かうローズバーグにいることを知る。保安官は護衛かたがた、リンゴー逮捕のために駅馬車に同道することになる。一方、この駅馬車が運んできた五万ドルの大金が銀行に届けられ、頭取のゲイトウッド（バートン・チャーチル）がそれを受け取る。また一方、売春婦のダラス（クレア・トレヴァー）が町の婦人会から、飲んだくれの医者ブーン（トマス・ミッチェル）が下宿の管理人から、それぞれ追い出されてくる。追い出す側の婦人たちの顔から彼女らの偽善は明らかだが、とはいえこの二人も追い出されるだけのことはあるように見える。実際、これを最後と酒場に一杯所望しに行ったブーンは、一緒に駅馬車に乗ることになるピーコックが酒の販売員と聞き、サンプルのたっぷり詰まったカバンを見るや、ピーコック氏の肩に手を置いて離さないばかりか、早速その名前を間違える。ちなみにこの酒場の、怪獣のような顔をしたバーテンダーは、フォード組のジャック・ペニック。

銀行ではゲイトウッド（女房の尻に敷かれている様子が素描される）が、五万ドルの金を自分のカバンに入れる。駅馬車に面々が乗り込み、ジェロニモ襲撃の怖れがあるとの保安官の警告にもかかわらず、誰一人降りようとはしない。ハットフィールドがルーシーを護衛するためとして最後に乗り込んで来て、その行為は一見唐突に見えるが、それ以前の馬車とホテルにおいて、窓から互いの姿を求めて覗き込む、同じサイズで左右対称に捉えられた二人の顔のクロース・アップ・ショットの親密さの伏線効果によって不自然さを感じさせない。駅馬車には、騎兵隊の中尉（ティム・ホルト）が護衛につく。町はずれでゲイトウッドが、電報があってローズバーグに届け物をしなければならなくなった、と乗り込んでくるが、電線が切れていることを知るカーリーは不審を抱く。馬車は町の境界となる柵を越え、荒野へと走り出していく。

ここまでがたったの十五分。駅馬車が置かれた状況、乗客それぞれの性格、抱える事情を的確に素描した上で、駅馬車の中にも持ち込まれるだろう、ブルジョアと、彼らから白い目で見られる人々の対立関係や、リンゴー・キッドの登場も伏線として張っている。そのリンゴー・キッド（ジョン・ウェイン）はすぐに彼らの目の前に現われる。馬が潰れたのだ。リンゴーは保安官に、いざとなったら護衛に加わる約束で、拳銃を渡す。これで、駅馬車の乗組員が全員揃うことになる。この駅馬車の内部は、ブルジョア、非ブルジョア、お尋ね者、

図34　売春婦（クレア・トレヴァー）、銀行家（バートン・チャーチル）、南部の夫人（ルイーズ・プラット）。社会の縮図

保安官の入り混じったミクロコスモス、社会の縮図である【図34】。乗り物の内部が共同体の一つの縮図になるというのはジョン・フォードが好んで用いる作劇の構図であり、それは例えば沈没する潜水艦が舞台となる『最後の一人』（30）、蒸気船内に疑似的な家庭が形成される『周遊する蒸気船』（35）、ブルジョアの新米兵士が仲間と共に成長していく『サブマリン爆撃隊』（38）などに使用され、さらに戦争に協力することになった商船の乗組員たちを描く『果てなき船路』（40）や、戦後の海軍ものまで入れれば枚挙に暇《いとま》がない。他にも、乗り物を巡る共同体としては『アイアン・ホース』、郵便飛行機会社の面々のドラマ『大空の闘士』（32）がある。乗り物ではないが、閉ざされた場所という意味では『ハリケーン』（37）の島も乗り物の派生的存在といえるだろう。フォードにおいて閉ざされるという主題は、監禁、さらにそこからの解放という主題につながっていくものでもあり、重要な意味を持つ。▼7

車中の会話、停車場での行動から、乗客の本性が明らかになってくる。ハットフィールドは南北戦争時にルーシーの父の旗下にいた軍人であり、南部の名家の出であるが、自分の現在を恥じて（人を背後から撃った過去が示唆されている）、それを隠しているらしい。しかし、その後の場面での彼の行動（インディアンに襲われて死んだ女性にコートをかけてやったり、この駅馬車が襲われたときに、ルーシーに自殺のための銃弾を一発残しておいてやったり）は誰よりも紳士的であり、南部の名門という設定を納得させる。リンゴーは、売春婦ダラスをまともにレディ扱いするのでブルジョア連中の驚きと顰蹙《ひんしゅく》を買うが、その実ダラスは心優しい女性であり、そのことは、最後の停車場でルーシーが産気づいたときに明らかになる。彼女は夜を徹してルーシーの側で看病をする。翌朝、生まれた赤子を抱く彼女の姿は、あたかも聖母マリアのごとくである。このときに、飲んだくれの医者ブーンの本性も明らかになる。酔ってさえいなければ彼の腕は確かであり、ルーシーのために彼はコーヒーで必死に酔いを醒まし、見事子供を取り上げてみせる。一方、その醜悪な本性を明らかにするのが銀行家ゲイトウッドで、彼は護衛の騎兵隊が帰ってしまったことに腹を立て、怒りついでに政府が実業家に干渉しすぎ、銀行に監査に入るなどもってのほかと不満をぶちまける。しかし、それによって自分が監査を恐れていること、横領の罪が露見する前にと逃亡し、さらに行きがけの駄賃に着いたばかりの大金を持ち逃げしたことが見る者にはわかってしまう。

ブルジョアがその実偽善的であり、社会からの爪はじき者が実はいかにも人間的であるという逆転。こうした逆転劇はフォードの好むところであり、『三人の名付親』を何度もリメイクしていることもその一例だし、型破りな人物や受刑者が豊かな人間性を発揮することもある（『ドクター・ブル』〔33〕、『虎鮫島脱獄』〔36〕）。『リバティ・バランスを射った男』〔62〕もその一種といっていい。意外な事実が明らかになる裁判劇をフォードが撮っているのも、それと関係があるだろう（『プリースト判事』〔34〕、そのリメイク『太陽は光り輝く』〔53〕、『バファロー大隊』〔60〕）。とりわけ『ドクター・ブル』では、ウィル・ロジャース演じる主人公の型破りな医者を追い出す偽善的な町のブルジョアを、本作のゲイトウッド役のバートン・チャーチルが演じているのが注目に値する（彼は、『プリースト判事』でもウィル・ロジャース演じる主人公の弁護士の敵役＝検事）。フォードは、これまでの自作で起用してきた俳優を、本作で数多く使っている。しかも、それまで演じてきたのと同じタイプの役柄で。チャーチル以外にも、ドナルド・ミークは、エドワード・G・ロビンソン主演の『俺は善人だ』〔35〕におけるいじられ役と同じような役柄を本作で演じている。『俺は善人だ』は、先に少し触れた通り、ギャング役で知られたロビンソン演じる平凡な会社員が、脱獄したギャングと瓜二つであったために起こるドタバタを描く、ギャング映画のパロディないしはメタ映画だが、そこでミークは、会社員のロビンソンをギャングと思い込んで警察に情報提供、その報奨金をどこでもらえばいいか訊ねて、署内をあちこちたらいまわしにされる。トマス・ミッチェルは、太平洋上の小島が暴風に襲われて壊滅状態に陥る『ハリケーン』で、本作と同様、狂言回し的な医者を演じている。しかも、この暴風の最中に産気づいた女性から赤子を取り上げてやるという点も、本作と共通の設定。さらに保安官役のジョージ・バンクロフトは、対潜水艦哨戒船に乗り組むことになったブルジョア青年を描く『サブマリン爆撃隊』〔38〕で、ブルジョア青年と恋に落ちる娘の父である輸送船船長を演じており、初めは青年に反発するも、共に戦闘を潜り抜け、ラストで主人公と娘を祝福する。『駅馬車』でリンゴーとダラスを逃がし、祝福する保安官役は『サブマリン爆撃隊』のバンクロフトの反復である。ついでに言えば、本作では風景にもこれまでの作品の反復が見られる。細い線がまっすぐ縦に入ったような狭い渓谷。これは『誉の名手』、『アイアン・ホース』で用いられたものと同じである【図35】。

型破りで、善良な市民の顰蹙を買うような人間が危機のときにその人間性を発揮する一方、社会的な権威が失墜する。敵対していた人間同士が、危難を共に乗り越えることで連帯する。フォードはこの作品で、これまでの自作で描いてきたパターンを、まさにそれを演じてきた俳優によって演じさせ、いわばパッチワークのように集めて配している。この作品は、フォードにとってこれまでの自作の総ざらえであり、またこの主題はこれ以後のフォード作にも継続的に取り上げられていくのだから、フォードは自身の好きな、あるいは得意な物語パターンをここで正確に自覚した、ともいえる（たとえそれがフォード独自のものではなく、ごく一般的なものだとしても）。

この作品はフォードの旧作のパッチワークであるといえるが、これが乗合馬車の乗客全員を主人公とする群像劇であることも、そうした性質を強めている。確かに、リンゴーとダラスが全編の中心人物ではあるにしても、彼ら二人の物語に焦点が絞られていくわけではない。脚色のダドリー・ニコルズの手腕、また舞台が馬車（とその行程）であるという場所の統一感も緊密さの維持に寄与しており、それぞれの登場人物の描写が絡《から》み合って一個のミクロコスモスが見事に成立していくので、そうしたパッチワーク感が露骨に感じられるわけではない。しかしこの映画を見ているときに感じる、物事が深まっていくというよりは移り変わっていくという疾走感の根拠に、この作品がパッチワークによって成り立っているという事実があることを忘れるわけにはいかない。

図35　フォード西部劇に特徴的な渓谷。失われた西部劇 *Three jumps ahead*（23）のスチール

さらに、バスコム『駅馬車』も指摘する通り、この映画には西部劇の主題の多くがちりばめられており、それもパッチワーク感を強化する。インディアンの襲撃、決闘、西部の風景、メロドラマ、ラスト・ミニッツ・レスキュー。この作品では、インディアンの襲撃とラスト・ミニッツ・レスキューが長く、決闘がごくあっさりと描かれており、描写の厚さでは対照性が見られるが、しかし共に深みを欠いているという点で共通する。インディアンはただ駅馬車に対する脅威というに過ぎず、彼らがなぜ駅馬車を襲撃するのか、その理由は明らかにされないままだ。インディアンと白人の葛藤の歴史的な経緯は、ここではまったく問題にならない。ことによると、このところ盛んに活動する強盗団という設定でも十分成立する話ではないか、とすら思える。しかも、よく言われるようにこの作品でインディアンたちは、追跡する駅馬車の馬を決して撃たない。ここではリアリズムは問題にならない。駅馬車もインディアンも、滑走し続けること、動き続けることこそが重要なのだ。どのショットにおいても被写体は動いており、カメラ自体も動いている。有名なヤキマ・カヌット

のスタント・アクションにしても、いかに馬車の動きを止めることなく、安全に飛び移り、落下するかに賭けられていた。ここでは、追跡というアクションが純粋な形で繰り広げられている。その透明度の確保のためにこそ、インディアンは白人を襲う、そして最後に騎兵隊が助けにくる、という西部劇の紋切型が採用されているわけなのだ。決闘にしても、人が殺し殺されることの重みはいうまでもなく、そこに至るまでの主人公と仇との葛藤もない。それどころか、ここでは決闘そのものすら描かれない（リンゴーと仇はウォークダウンで近づくが、リンゴーが身を伏せつつ一発目を発射したところで、その銃声を聞いてうろたえるダラスに視点が移ってしまう）。そこで主人公が見事な銃捌きを見せることまでもが、余計なのだ。インディアンも仇も、この作品の中では主人公に危機を与えるだけの意義に還元された、ごく抽象的な存在に過ぎないのである。

パッチワーク感、抽象的な敵。ともすると欠点と見られかねないこれらの特徴がむしろ本作を西部劇の歴史上、重要な作品にしている。西部劇というものに対して我々が持つ「イメージ」を、絶対的な透明度で形にしているからである。我々が西部劇といって思い浮かべるすべてを本作は裏打ちしてくれ、それゆえに我々は本作を典型的な西部劇と思い見なす。本作は、フォード作品で初めてモニュメント・ヴァレーが描かれた作品としても名高いが、モニュメント・ヴァレーが持つ意味も、それが典型的に西部を象徴するもの、文字通りモニュメント（これを見れば西部を頭に浮かべるという指標）だというところにある。言ってみれば、「むかしむかし……」と語り出されれば、それは昔話である、という程度の記号なのだ。これに比べれば、『肉弾鬼中隊』における、ただの白い広がりでしかない砂漠、そこから脅威であるアラブ人が現われ、またそこに隊員が一人一人と飲み込まれていく死そのものである砂漠のほうが、よほど意味の充塡された風景だといえるだろう。

一方で、西部劇としての抽象度の高さが、メロドラマを際立たせるという側面もある。西部劇としては必ずしも深さ、新味があるわけではないが、その分ダラスとリンゴーのメロドラマに、見る者の関心は向けられていく。二人は、リンゴーが唯一ダラスをまともにレディ扱いすることから親密さを増していくが、その関係が決定的になるのは、初めて宿泊するアパッチ・ウェルズで、である。そこでルーシーが急に産気づき、ダラスがその間ずっと彼女の看病をする。生まれた赤ん坊を抱くダラスが聖母マリアのように見えることは先述した通りで、一連のダラスの振る舞いを見てリンゴーは、ダラスが自分の伴侶にふさわしい女性と確信する【図36】。この場面が夜に設定されているのは、意味のないことではないだろう。ここでフォードは、『男の敵』以来のキアロスクーロ照明、さほど極端ではないものの仰角気味のカメラアングルで、人々の影を黒々と壁に投影し、これまでの場面と打って変わった深々と暗い空間を演出するのである。その暗い空間は、無論赤ん坊が無事に生まれるのかという不安を掻き立てるものであるが、それ以上に、このことを機に心を一つにする乗客たちの間の、そしてとりわけダラスとリンゴーの親密さを醸成する。赤ん坊が生まれた後、ダラスとリンゴーは二人、狭く、暗い、遠近法で奥へと抜ける廊下を通って月明かりの射す中庭に出るのだが、それは暗い過去を通り過ぎ、明るい場所へ出ようとする二人の未来を象徴している【図37】。

　映画の終わりも夜である。決闘から生還したリンゴーは、ダラスのもとに帰る。するとそこにドク・ブーンと、保安官カーリーが馬車と共に現われ、二人を乗せて、逮捕＝護送されるとばかり思っていた彼らを送り出してやるのだ。その際、ドクと保安官が石を投げて馬を走らせていたことは、蓮實重彦が指摘している▼[8]。蓮實は、『若き日のリンカーン』の重要な場面、若きリンカーンが川辺で恋人に花束を捧げ、恋人が去り、その後川に向かって小石を投げると溶暗、明けると川は流氷に覆われており、川辺には先ほどの彼女の墓標がある、という場面を取り上げ、投げることにおいて「幸福と不幸とが分かちがたく共存している」と指摘する。ここにおいても、リンゴーとダラスは結ばれるのであるから、投げることは確かに幸福を導いている。しかし一方で彼らは国境を越え、保安官の権限の及ばない地域へ追放されるのでもある。西部劇においてメロドラマ的結構は、というか女性は、孤独な男を共同体に導き入れる役割を果たすが、ここで確かにリンゴーはダラスと共に家庭を築くことにはなるにせよ、それは共同体の外においてである。彼らはこの映画の初めから共同体に追放されている存在（売春婦、お尋ね者）だが、その境位自体はこの結末に至っても一切変わっていない。これは勝利なのか、それとも敗北なのか。

　ここで我々は、初期西部劇におけるグッド・バッド・マンの境位を思い出す。グッド・バッド・マンは、確かに過去において、あるいは現在においても悪事をなしていたものの、本性的には善人

図36　トレヴァーを見つめるウェイン、目に宿る光

図37　明暗の対比、強調される遠近

であり、改心したことによって共同体に回帰する人間だった。『駅馬車』におけるリンゴーも、それは変わらない。自分がなすことが悪であることをよく知り、その重みを静かに耐え忍ぶようなウォーショー言うところのガンマンではない、その前身たるグッド・バッド・マンであって、アナクロニックな存在なのである。確かに本作においても、ダラスに、保安官に、アパッチ・ウェルズの宿泊所の主人に諭されてもリンゴーは、復讐は「やらねばならないこと」だからやるのだ、と言ってはいる。しかし、彼が復讐の苦さを噛みしめているようには見えないし、また、先述の通り仇役はあくまで抽象的な存在にすぎないので、彼らを殺すことの重みはどうしても感じられない。ここでのリンゴーは、古典的な西部人にはやはり遠い。しかし一方で、古典的西部劇の風土にあっては、もはや法は、法を守ると称する者の一存で変えられるような柔軟なものではなくなっている。アウトローがシェリフでもありうるような時代は去ったのだ。古典的西部劇の風土にあっては、初期西部劇的なグッド・バッド・マンは存在し得なくなっている。その矛盾を解決するため、『駅馬車』ではリンゴーとダラスはどこでもない場所（古典的西部劇の風土の外）に去らねばならなかったのだ。リンゴーは、最後のグッド・バッド・マン、時代錯誤的な存在であった。リンゴーには、古典的西部人の持つ苦さはない。彼の存在の透明な美しさは、そこに起因している。

『駅馬車』はヒットし、これと同年に前記『地獄への道』を含む優れた作品が立て続けに製作されたこともあって西部劇は復興するが、『駅馬車』がその復興の立役者と見なされるのは、やはり先述したその透明度、抽象度の高さゆえであろう。西部劇的諸テーマ（インディアンの襲撃、追跡、ラスト・ミニッツ・レスキュー、復讐、決闘、風景、メロドラマ＝西部人と共同体の関係）のパッチワーク、先住民対策への疑念や、人を殺すことの重みなどの「問題」性を感じさせない抽象的な敵とグッド・バッド・マン。砂漠を駆け抜ける駅馬車そのもののように、この映画は深みに足を取られることなく、高速で滑走していく。この映画が西部劇の古典と見なされるのも、当然すぎるほど当然であり、バザンがこの作品に古典的西部劇の完成形を見たのも頷ける。しかし、これは以後の章で検討していくことになるわけだが、フォードの凄みはこうした透明度を達成したこと以上に、それを捨てていったところにある。インディアンは抽象的な敵であることをやめ、自身の内なる悪と釣り合う存在として現われる。ガンマンは人を殺すことの重みに押しつぶされ、その足取りを重くするだろう。フォードの変化は、西部劇の変化と相即している。強い個性を持ちながら、しかし変化を恐れないこと。フォードの強さはここにある。

大戦前後の西部劇

三九年に発表された西部劇によって、A級西部劇は復興する。その題材は、実在のアウトローであり、アメリカの歴史的な出来事である。実在のアウトローを描いた西部劇として、『地獄への道』の続編で、フランク・ジェームズを主人公とするフリッツ・ラング初の西部劇『地獄への逆襲』(40)、ダルトン一家を主人公とする『殴り込み一家』(40)、ジェームズ兄弟と時に行動を共にしたヤンガー兄弟を描く『復讐の六拳銃』(41)、キング・ヴィダーの『ビリー・ザ・キッド』のリメイク『最後の無法者』(41)などが『地獄への道』、『駅馬車』に続く。無法者ではないが、私的な裁判を開いたことで有名なロイ・ビーンを描くウィリアム・ワイラーの『西部の人』(40)もこの系列に入るだろう。『地獄への道』は、西部劇の題材としてアウトローを取り上げ、そのヒットによって後続の作品を可能にしたという点で、『駅馬車』以上に西部劇の復興に寄与している。かつ、アウトローを神話的次元から人間的次元に引き下ろした点でこれに匹敵するのは、『西部の人』における、否みがたい人間的魅力を有するロイ・ビーン(ウォルター・ブレナンが演じている)の造形くらいのものであり、その点からも『地獄への道』は評価されるべきである。

一方、アメリカの歴史的な出来事を描く西部劇としては、西部開拓初期、フランスと組んでイギリス植民者を襲うインディアンを撃退するロジャース・レンジャーズを描いたキング・ヴィダー『北西への道』(40)、電信網敷設のための奮闘を描くラングの『西部魂』(41)、カスター将軍の一生を描くラオール・ウォルシュの『壮烈第七騎兵隊』(42)などが挙げられる。

アメリカは、四一年八月の真珠湾攻撃により太平洋戦争に参戦する(これによってドイツ、イタリアもアメリカに宣戦布告し、アメリカはヨーロッパ戦線にも乗り出すこととなる)が、西部劇がアメリカの歴史を取り上げるのは、このことと関わりがあるとされる。[9] 西部劇はアメリカの歴史を確認し、それによって「アメリカなるもの」を寿《ことほ》ぐのである。アメリカは常に自身の自由を戦いによって勝ち取ってきたのであり、自由のための戦いは、今も(第二次世界大戦参戦という形で)継続しているのだ、というわけである。歴史を描く西部劇は、あからさまに参戦のためのプロパガンダだったわけではないが、時代の動向を反映し、また促している。

こうして大戦前後の傾向を見ると、『駅馬車』が当時にあってかなり例外的な作品だったことが改めてわかる。確かにここにはリンゴー・キッドという実在のアウトローが取り上げられているとはいえ、実在の人物である意味はほとんどないと言っていい。仇敵が抽象的存在であったのに見合って、アウトローも抽象的な存在である。またこの作品が、「アメリカなるもの」を見る者の心に想起させるとも思えない。そもそも、西部開拓史におけるいつの時代のことなのかもよくわからないし、モニュメント・ヴァレーによって西部であることは意識させられるものの、それがモニュメンタルな背景としての機能に限定されているため、「西部なるもの」すら想起させることがない（映画の関心はもっぱら、駅馬車に乗り組む人員の群像劇に集中する）。ごく抽象的な背景としての西部をしか描いていないのに、（それなのに、なのか、それゆえにこそ、なのか）西部劇の古典として遇される。思えばこれは、不思議な西部劇なのだ。フォードはこの時期、題名通りリンカーンの若い頃を描いた『若き日のリンカーン』や、独立戦争を背景とする西部劇『モホークの太鼓』（39）を撮って、「アメリカなるもの」を寿ぐ傾向に掉さしてもいたわけなので（既述のように、これまでもフォードは『アイアン・ホース』によって自身を最もアメリカ的な作家として確立したのだし、以後も騎兵隊三部作、海軍物などを通してアメリカなるものとは何かを追求していく）、フォードとしても、『駅馬車』は例外的な作品だったのだ。

　フォード自身は『モホークの太鼓』をもって、またしても西部劇から遠ざかる。ジョン・スタインベック原作の、大不況期の農民の苦闘を描く『怒りの葡萄』（40）、アースキン・コールドウェル原作で南部のプア・ホワイトを描く『タバコ・ロード』（41）などの社会派作品、さらに、イギリスのウェールズ地方の貧しい炭鉱町を、感傷的ながら、その労働環境への批判的な視点をもって描いている点で前二作を引き継ぐ『わが谷は緑なりき』（41）を撮った後、海軍に入隊し、戦略事務局でドキュメンタリー映画の製作に携わる。フォードが西部劇に復帰するのは、戦後のことになる。

　三九年をもってA級西部劇は復興したと書いてきたが、実はこれ以後にA級映画の製作が爆発的に増えたわけでもない。メジャー八社によって製作されたA級西部劇は、三九年に九本、四〇年には十三本と増えたが、四一年には九本に戻り、▼[10]その大半はやはりB級だった。確かに西部劇がA級作品として真剣に作られるようになったにせよ、アメリカが戦争に突入してしまうと、急速にその動きは収束する。戦時に盛んに作られたジャンルは、暗さを忘れさせてくれるミュージカルであり、男性アクションとしては戦争映画が浮上してくる。西部劇として興業的・作品的に評価されたのは、ともにエロール・フリン主演でラオール・ウォルシュ監督の『壮烈第七騎兵隊』と『サン・アントニオ』（45）、ハワード・ヒューズの『ならず者』（製作は41、公開は43、これについては「作品解説」参照）であり、ウィリアム・ウェルマンの『牛泥棒』（43）である。エロール・フリン主演作は、彼の明朗活発なキャラクターが前面に押し出された、男っぽいアクションとして消費されたものと思われるが、しかし『壮烈第七騎兵隊』における奇矯な指揮官カスター将軍配下の軍隊の全滅は、公開当時の太平洋戦争におけるウェーク島、バターン、コレヒドールでのアメリカ軍の敗北を連想させた（『景気と不景気』P.226）のであり、どこか暗さを漂わせていた（それは監督ウォルシュの個性でもあり、以後記述する西部劇の変質とも大いに関わりがある）。また『ならず者』は西部劇にエロティシズムをもたらし（主演のジェーン・ラッセルの胸を強調するため、製作＝監督のハワード・ヒューズは自らブラジャーを開発した）、

『牛泥棒』はリンチを正面から扱った。▼11戦時期に入り、西部劇は明らかに変質しつつあったのである。

▼1　ウォーショーは、「悲劇的英雄としてのギャングスター」(48)でギャング映画を、「ムービー・クロニクル　西部の人」(54)で西部劇をそれぞれ論じた。どちらもウォーショーの映画論の白眉として知られる(共に『直接的体験』*Immediate experience*. Harvard University Press. 2001に所収)。

▼2　トッド・マッカーシー、高橋千尋訳『ハワード・ホークス　ハリウッド伝説に生きる偉大な監督』、フィルムアート社、二〇〇〇年、P.155。

▼3　イギリスの歴史学者エリック・ホブズボウムは、近代化に置き去りにされる農村共同体の抵抗が義賊を生むとし、イギリスのロビン・フッドなどと共に、アメリカのジェシー・ジェームズを代表例に挙げた。船山榮一訳『匪賊の社会史』、ちくま学芸文庫、二〇一一年(原著一九六九年)。

▼4　亀井俊介『サーカスが来た！　アメリカ大衆文化覚書』、平凡社ライブラリー、二〇一三年、「ガンファイターの夢」の章。

▼5　岡田泰男『アメリカの夢　アウトローの荒野——ジェシー・ジェイムズの西部』、平凡社、一九八八年、P.203。

▼6　エドワード・バスコム『駅馬車』*Stagecoach*. BFI. 1992. P. 14.

▼7　監禁と解放の主題については蓮實重彦「『囚われる』ことの自由」、「文學界」、二〇〇五年、三月号所収、参照。

▼8　蓮實重彦「身振りの雄弁——ジョン・フォードと『投げる』こと」、「文學界」、二〇〇五年、二月号所収。

▼9　フィル・ハーディ『オーヴァールック・フィルム・エンサイクロペディア　西部劇』*The Overlook film encyclopedia: The Western*. The Overlook Press. 1994. P. 104.

▼10　トマス・シャッツ『アメリカ映画史第六巻　景気と不景気』*History of the American Cinema. Volume6 : Boom and bust*. University of California Press. 1997. P. 108.

▼11　しかしでは一体、古典期とはいつのことを指すのかという疑問が浮上する。三〇年代はそのほとんどがアクションB級西部劇の時代であり、その末年の西部劇群のヒット、達成度により西部劇が復興したといっても、第二次世界大戦参戦により、その隆盛はすぐに終わり、戦後になれば戦前的な西部劇の傾向はとうになくなっている。古典期とは、ではB級アクション西部劇の時代なのだろうか。我々が古典的西部劇の基準としてきたのは、ウォーショー描くところのガンマン像であった。それに照らしてみたとき、B級アクションは無論、古典期を完成したとされる作品ですら、その基準に達していないことがわかる。『駅馬車』は確かに西部劇的なものの総ざらえであったが、一方その主人公のガンマン像はアナクロニックなグッド・バッド・マンであった。同年の『地獄への道』もまた、不安におびえるガンマンを描いているとはいえ、殺すことの重みを内面的に引き受けるというより、追われるという外的要因からの不安であって、ウォーショー的古典的西部人の典型からほど遠い。そもそもウォーショー的西部人も事後的に構成されたイメージに過ぎなかったように、西部劇が最も西部劇らしかった時代、すなわち古典期なるものも、事後的に想像されたものに過ぎないのかもしれない。戦後、西部劇の何かが変わってしまった。そのことから遡《さかのぼ》って、そ

れ以前という形で想像された時期、それが古典期なのだろう。従って、古典期というものがあったのかどうかは実はどうでもよく、それが「失われた」、ないし「変質した」その後の変化の方が重要なのだ。本書の興味も、時代を画定することやその特質を定義することにはなく、変化を追うことにこそある。それゆえ、古典期とはいつなのかといった議論は、ごく曖昧に処理することにしよう。

第三章
西部劇を変えた男——ウィリアム・A・ウェルマン

いかにも西部劇らしい西部劇、西部劇たることに一切の濁りなく、見る者の視線が光のごとくその全編を駆け抜けてしまう透明きわまりない西部劇の傑作『駅馬車』が撮られてからほんの数年後、今度は西部とは何かという疑い、登場人物たちの重苦しく濁った心理に足を取られ、ごく短い上映時間（七十五分）にもかかわらず、人生に匹敵するかのごとく長くも感じられる不透明きわまりない西部劇の傑作が撮られることになる。ウィリアム・A・ウェルマン監督による『牛泥棒』*The Ox-bow incident*（未、43）である。しかしこの透明から不透明への変化は、突発的に、何の前触れもなく起こったわけではない。そもそも前章で記したように、『駅馬車』自体が既存の西部劇のパターンのパッチワークであり総ざらえであったわけで、西部劇は『駅馬車』において一度それまでの西部劇を総括してみせたのであり、そのことで新たな展開を準備していたと言える。また、『駅馬車』と同じ年に、『地獄への道』が、実在のアウトローを主人公として西部の歴史の始まりを見直し、またガンマンの内面的不安を描いて、古典的ガンマンの負の側面を露《あら》わにしたことも前章に記した通りだ。『牛泥棒』も西部の歴史の見直しという流れの中にある作品であり、『地獄への道』が開いた方向性を継続している。ただし『地獄への道』以後のアメリカの歴史を描く作品は、これも前章に記したように、第二次世界大戦参戦前後という時期にあって、アメリカなるものを寿《ことほ》ぎ、人心を鼓舞する意味合いを持っていたのに対し、『牛泥棒』はそうした方向性とは正反対のもの、アメリカなるものに対する根本的な異議であった点で、一線を画している。

三九年の一連のA級西部劇の質の高さによって西部劇は復興したと前述したが、しかし四一年にアメリカは戦争状態に入り、第二次世界大戦に本格的に参入することになって、西部劇製作は実のところ再び下降し始める。予算緊縮を命じられた映画会社各社は、製作費のかかるセット撮影は無論、移動費のかかるロケ撮影にも制限を加えるようになる。さらに男性の嗜好が戦争映画の方に移行することもあり、西部劇の製作本数、特にA級の本数は激減する。戦時中ヒットした七十本の映画のうち西部劇はたった二本（ハワード・ヒューズの『ならず者』とエロール・フリン主演『サン・アントニオ』）という。[1]しかしその下火の中で西部劇は自身の更新を図っていた。トマス・シャッツ『景気と不景気』は他に注目すべきA級西部劇としてラオール・ウォルシュの『壮烈第七騎兵隊』（42、これもエロール・フリン主演）と『牛泥棒』を挙げているが、『壮烈第七騎兵隊』はカスター将軍のリトル・ビッグ・ホーンでの部隊全滅を描いており、これは当時の太平洋戦争におけるアメリカ軍のウェーク島、バターン島、コレヒドール島での敗退を見る者に連想させただろうから、半ば戦争映画と言える西部劇だった。ともあれこれら戦時中に製作された西部劇は、エロティシズム、西部における暴力、戦いの悲惨といった新たな題材、視点を西部劇に提供しており、アンドレ・バザンが「超西部劇」と名付けた新たな西部劇は、この時点ですでに生まれつつあった。『牛泥棒』は、そうした新しい傾向の先駆けであり、代表である。

『牛泥棒』は、リンチを主題とする。リンチ自体は先にも挙げた『ヴァージニアン』などでも重要な主題として取り上げられてきており、従ってこの点でも本作は旧来の西部劇の延長線上にあると言っていい。しかし問題はその位置づけである。『ヴァージニアン』においてもリンチは、法に依《よ》らない裁きである以上どこか後ろ暗いもの、しかし誰かがやらねばならない必然悪、危機に瀕した共同体を立ち直らせる「再生的」な暴力であった。それはまた、前章冒頭で挙げたウォーショーの述べるような、西部人の背負う暴力、殺し殺されることの重み、その覚悟を担った上での倫理的な暴力でもある。かつリンチは、西部というコミュニティにとってきわめて重要な、自分たちのことは自分たちで解決するという自治の精神の一つの表れであって、従って、それは西部というものの本質に密接に関わる性質の事態だった。正義は法に勝る。代表者による為政よりも直接民主主義を重視し、また司法組織による正当な裁判よりも、正統性に関して多少の疑いはあれども義の人による裁きを重んじる西部。リンチは、そうした西部の精神の究極の形態なのである。

その正当性がここにおいて、疑われる。単なる暴徒によって行なわれるリンチは、「再生的」な、倫理的暴力であるのかどうか。リンチされる者が確かに犯罪者であるとしても、裁く者が暴力を振るうことの愉悦によってのみ突き動かされているとしたら、それは正当なものと言えるのか。まして、犯人かどうか疑わしい者を裁くとしたら。一歩譲って、それが暴力であることを自覚し、倫理的に覚悟を定めた上でなら正当性が担保されるとしても、しかし誰にその判別が可能なのか。正義は法に勝るとして、では正義とは何なのか。誰が正義と判断するのか。かくして事態は限りなく不透明になっていく。『牛泥棒』が不透明というのはそういう意味である。ともあれ『牛泥棒』について、より具体的に作品を見ていこう。

『牛泥棒』

映画は、二人の男ヘンリー・フォンダとハリー・モーガンがある町に馬でやってくるところから始まる。よそ者が珍しいのか、走り寄ってきた野良犬が彼らの馬の足元にじゃれつく。二人は町の酒場に入り、酒を飲む。バーテンダーと、後からやってきたファーンリーという男（マーク・ローレンス）を交えての会話から、このあたりで冬、そして春になってからも牛泥棒が発生したことが知らされる。最初二人は、バーテンダーの背後にかかる扇情的な女の画についてたわいもない会話を交わす。しかしその二人とバーテンダーの会話が、必ず三者を画面に収めた上での窮屈な切り返しで、しかもそれがさしたる内容を持たないだけに体感的に長たらしく感じられることに、どことなく違和を覚える。登場人物の紹介程度のルーティーンなショットであるのにこの圧迫感、息苦しさ。さして重要なことを言っているわけではない場面で、なぜ延々と切り返しを続けるのか理由が不明だけに、この切り返しの微《かす》かな違和感が見る者の心に残るのだが、それに意味がないわけではなかったことが後に明らかになる。

馬で走って来た男がそこに、キンケイドという牧場主が牛泥棒に撃たれて殺されたというニュースを伝える。一同は騒然とし、キンケイドの幼馴染《おさななじみ》であるファーンリーは犯人を捕まえるといきり立つ。落ち着いて、まずは捜索隊を組織し、判事と保安官に連絡を取れと言う白髪の老人デイビス（ハリー・ダヴェンポート）と、彼の冷静さを冷やかし、さっさと捕まえて吊るしてしまえと煽《あお》り立てる酔っ払い（ポール・ハースト）【図38】。この酔っぱらいは、皆が外に出た際、カウンターのグラスの飲み残しを漁《あさ》っており、そうした細部によってこの男の性格がさりげなく描かれている。

図38　リンチを煽るハースト（左）、慎重なダヴェンポート（右）、不安げなモーガン（中央）

この男もそうだが、組織される追跡隊の面々の顔の選択が実に正確であり、その顔を見るだけで各自の性格（と本編で演じられるべき立場）がわかる。南軍の軍服（少佐という設定）を着て堂々とやってくる地元の旧家の男テトリー（フランク・コンロイ）。物語は南北戦争終結から二十年後に設定されており、この男の服装は、彼が遠い過去の栄光にすがって矜持を保っている時代錯誤の人間であることを示す。さらに、強権的な父にずっと威圧されて育ってきたらしいことが一目瞭然の気弱そうなその息子（ウィリアム・ワイス）。酔っ払い男と一緒になって、さっさと犯人を見つけて吊るせ、と叫ぶ、暴力に酔ったような女マ・グリアー（ジェーン・ダーウェル）。このダーウェルはジョン・フォードの『怒りの葡萄』（40）で、一家の母親を演じていた女優（『地獄への道』でもジェームズ一家の母親を演じていた）であり、気丈ながら心優しい母のイメージが強い彼女がこのような血に飢えた女を演じること自体、驚きを通り越してまがまがしい印象を受ける。さらに副保安官（ディック・リッチ）が不在の保安官に代わって捜索隊を率いることになるのだが、権力を奮うことのできるまたとない機会を得た彼の顔に露骨に表われ出ている興奮の色が、嫌な予感を掻き立てる。主人公たち二人もまたこの捜索隊に加わることになるのだが、それは、これに加わらなければ牛泥棒と疑われかねないからであり、ここに至って、冒頭でのクロース・アップの圧迫感が、よそ者である彼らをこの冬の牛泥棒ではないかと人々が疑いの眼で見ていた、その緊張の表現であったことがわかる。彼らは、あの圧迫感に押し出されるようにして追跡隊に加わらざるを得なくなるのだ。さらにこれにデイビス老人と、黒人の牧師（リー・ウィッパー）が加わる。この黒人牧師は、自身も兄がリンチを受けて殺されている。

　この面子《めんつ》を見るだけで、ある程度の展開は予想できる。追跡隊は夜営している三人の男を発見、彼らはキンケイドの牧場の焼印の押された牛を数十頭連れている。キンケイドから数日前に買ったのだと主張する男たちに、キンケイドからそんな話は聞いていないと証言するものが出て、たちまち彼らは牛泥棒と認定される。三人の男たちを演じているのは、ボス役がダナ・アンドリュース、下働きがアンソニー・クインとフランシス・フォード。この配役も、演じるべき役柄にきわめてふさわしい。アンドリュースは実直で、到底牛泥棒とは我々には思えない。クインはメキシコ人の設定で、ずる賢く、どこか胡散臭《うさんくさ》い。お尋ね者ではないか、との疑いもある。フォードは気弱で、罪を認めれば吊るすのだけは勘弁してやると言われ、やってもいない牛泥棒を自白しかねない。言い分が認められず、これはリンチを免れそうにないと知ったアンドリュースの、家族に手紙を書きたいという懇願を容れ、一行は保安官を待って夜明かしすることに決める。酔っ払い男とマ・グリアーは彼らの荷物の中に牛肉を見つけ、取っても泥棒にはならん、と舌なめずりする。アンドリュースの手紙を読んだデイビスは、君もこれを読んでみろ、彼の無実がわかる、とフォンダに言って、何とか事態を打開しようとするが、アンドリュースは、妻への私的な手紙を人に読ませるのか、と憤り、逆転の芽も摘まれてしまう。三人を捕えてからの一連の場面はすべてセット撮影で行なわれており、外景らしい外景がほとんど映らない【図39】。これは本作が、後述するように低予算映画であるから大掛かりなロケができなかったゆえでもあるが、かえってそのため以後の場面に（というより、既述の通り、冒頭の場面も、そして皆が町に帰ってからの酒場の場面も息苦しい印象で、従って結局は映画全編に、と言ったほうが正しいが）密室的な息苦しさを与えることになっている。

　さて、夜食を摂《と》る一行の隙をついてアンソニー・クインが逃げ出すという事件が生じ、クインはたちまち取り押さえられるが、彼が隠し持っていた拳銃がキンケイドのものであることが判明、道端に落ちていたのを拾ったとの主張は到底信じられず、彼らが牛泥棒という確信を一行に与えてしまう。保安官の到着を待たずに吊るしてしまう方向に一行の意志は傾き、元南軍少佐のテトリーが民主的に多数決で行こうと言い出す。無論、多数は自身の側にあると確信してのことだ。

図39　リンチされようとする三人。セット撮影

　リンチに反対、裁判を待つべき、と思うものは向こう側へ、とのテトリーの言葉に真っ先に動き出すのは黒人牧師である。次にデイビス老人、フォンダとモーガンの二人、さらにテトリーの息子。他にも数人がリンチに反対するが、多数には至らない。かくしてリンチは実行されることになるのだが、テトリーは彼らを乗せた馬に鞭打つ役を息子にさせようとする。息子は反対の立場ゆえか恐怖ゆえか、それができず、テトリーは彼を殴打して、自分で馬を鞭打つ。中空で揺れる三人の足の影が地面に映り、黒人牧師が跪《ひざまず》いて霊歌を唄う。フォンダはデイビスにアンドリュースの手紙を読ませてくれと頼む。

　意気揚々と帰りかけた一行の下に、ようやく保安官がやってくる。得意げに報告する副保安官に保安官は、キンケイドが死んでなどいないこと、牛泥棒が逮捕されたことを告げる。保安官は副保安官のバッジをむしり取り、デイビスと六人の反対者以外全員がリンチに関わったことを知り、このことは不問に付すと皆に言ってリンチの後始末に残る。町に帰った一行。人気《ひとけ》のない通りに風が砂塵を巻き上げている。元南軍少佐のテトリーは、家に入ると息子の目の前でドアを閉め、一瞬考えた末、鍵をかける。締め出された息子は、ついに父親に反旗を翻す。父さんが愛するのは権力と残酷さばかり、人を吊るせてよっぽど嬉しかろう、出てきてその顔を見せてみろ。テトリーは書斎に入り、扉を閉める。中から銃声が聞こえる。

　酒場では誰一人口を開く者はなく、みな黙りこくって酒を飲んでいる。フォンダが、お前も読めとアンドリュースの手紙を差し出すが、自分は字が読めないので読んでくれとモーガンは返し、フォンダは静かに手紙を読み上げる。「何が起

図40　後ろのフォンダ、目が帽子によって隠れている

こったのかは、デイビスさんから聞いて欲しい。これを行なった人の中にはいい人もいたのだろうが、自分が何をしているのかわからなかったんだ。自分の苦しみは一時で済むが、彼らは自分がしたことの重みを一生背負っていかねばならない。彼らはこのことで、一個の法を破っただけではない、すべての法を破ったのだ。法というのは単なる言葉以上のものだ。人間の良心そのものなんだ。人に良心がなかったら、文明なんてものがありうるだろうか。神というものに人がどこかで触れることができるとしたら、良心を通して以外にありうるだろうか」

フォンダがこれを読む間、彼の眼はモーガンの帽子のつばに隠れて見えない【図40】。彼の心情は、ただその声から窺《うかが》うしかない。その声は弱く、細いが、しかし水が土に染み込むようにカウンターにいる者たちの心に流れ込んでゆく。手紙を読み終えたフォンダとモーガンは、酒場を出て馬に乗り、町を出て、アンドリュースの妻子のもとに向かう。その構図は冒頭と方向が違うだけでまったく同一である（野良犬が現われて主人公たちと交錯するところまで同じだ）。彼らの到着と出立が同じ構図で撮られているということ、これは、こうした事件があったにせよ、結局何も変わりはしないということを指し示すのだろうか。

法と正義

この作品においてリンチは、保安官の不在ゆえに起こっている。保安官は、この場合唯一犯人の捜索、逮捕の権限を有する人物である。彼はたまたま不在なのだが、法を執行する者がいない状況で揺るがされた治安をいかに回復するかが問われているという意味で、ここでは言わば、西部のフロンティア時代が再現されている。本作が一八八五年、フロンティア消滅宣言が出される五年前という端境期を舞台に選択していることも、その意味で適切と言えるだろう。行政＝司法制度はある程度整備されてはいるのだが、しかしまだフロンティア気質が支配している時代。とはいえ、それが本来持っていた開拓民の精神そのものは薄れてしまっている。必要悪であるという自覚を欠いて、法を軽視する風潮だけが残っている。そこにフロンティア時代のような、法の担い手が不在である事態が生じるわけである。

ここに現われるのは、フロンティア時代に行なわれたであろうリンチ＝私的刑罰のグロテスクな戯画である。そこにはかつてのリンチに存在した精神、即ち人を裁くことの重み、良心、責任感のようなものが欠けている。実際、『牛泥棒』の人々は、友人を殺されたことへの私的復讐心（ファーンリー）、権威を振りかざすことができる機会（テトリー、副保安官）、殺すことそのものの愉悦（酔っ払い、マ・グリアー）によって突き動かされており、その動機の卑しさを正義の美名の下に押し隠している。最終的な処刑の決定が多数決によって行なわれているのも、そもそも自分たちが多数を獲得できること、それを楯に自分の思い通りに事態を進められるのを見越した上での提議である以上、ほとんど民主主義のパロディでしかない。そしてそれに反対した七人にしても、後ろめたいところがないわけではない。そもそもフォンダとモーガンが捜索隊に加わったのは、そうしなければ自分たちが疑われるからで、自己保全が彼らの行動を規定していたのだし、テトリーの息子も、父の強権にずっと屈してきて、今も屈している。反対派の中で唯一後ろめたさを覚えずに済む人間はデイビスくらいのものだが（そして黒人牧師。しかし彼が人間の頭数に入れられているかどうか疑わしい）、彼にしても、多数がリンチに傾いているこの現状で、多数決でいいな、とテトリーに問われ、それを許してしまっている。誰もがその場にいたこと自体による罪（そして良心の呵責《かしゃく》）を逃れられないのである。殺されたアンドリュースにしても、牛を買った際に書類を交わさなかったという決定的な失態を犯しており、法的に必要な手順を踏まずに口約束で済ませる開拓民の精神がそこにあったとすれば、彼もまた加害者たちと同様、形骸化したフロンティア精神の持ち主であったことになり、加害者であるか被害者であるかを問わず、この作品では登場人物の誰一人、無辜のものはいない。

なるほどこれはフロンティア時代のリンチの戯画であり、形骸化したフロンティア精神が生み出した事態である。つまりは形骸化こそが悪いのであって、フロンティア精神そのものが悪いわけではない。しかし本当にそうなのか。アンドリュースの手紙が指摘しているように、法は単なる言葉以上のものであり、良心こそがその本体である。良心に裏打ちされてこそ法は法たりうる。確かにその通りなのだが、そこにはやはり良心を法より重んじる姿勢、もっと進めば法の軽視につながる姿勢がありはしないか。さらに言えば、そもそも人の行動、判断が、良心に裏づけられていると、何によって確信しうるのか。フロンティア時代のそれが良心に裏づけられ、以後のそれはそうではないということなのか。良心の基準などどこにあるのか。

そう考えると、フロンティア時代のリンチとその形骸化した戯画とに、そもそも違いなどあるのかという疑問がわいてくる。それらは外見上限りなく同じものである。たとえ精神において異なるのだ、と強弁するにしても、その基準が曖昧である以上、それを確かに言明することは不可能なのだ。かくして本作におけるリンチは、結局形骸化した戯画である以上に、まさに真正なるリンチであるといえる。偽物と本物の区別など、本当のところつきはしないのだ。無論、法を超えて真に「正しい」裁きはあったろうし、現在もあるし、これからもあるだろうと我々は信じることはできる。しかし、そうした「正しい」裁きは、たった一回のこの裁き、「真に正しい」ことの基準への疑いを惹起してしまうこの裁きによって、決定的に汚染されてしまうのだ。

これはリンチに限ったことではない。西部劇そのものの枠組みにもそれは波及する。西部人の暴力、それは人を殺し、また殺されることの重み、その覚悟を背負った上での倫理的な暴力である。その倫理は主人公一個の内面にあるものであって、それが見る者において共有されることによって絶対の価値として確立され、あるいは社会と、あるいは法と背反するものであったとしても、というよりむしろ背反するものであるがゆえに、彼は（正しいにもかかわらず）社会から放逐されねばならず、そのありようは悲劇的なものとして見る者にカタルシスを与えてくれた。しかしその正しさの根拠が疑われ始めると、西部人の暴力は、端的に恣意的なものでしかなくなる（そうした事態は、西部劇の視野にやがて入ってくるだろう。その様は後述する）。

西部劇は本質的に倫理的な物語である。しかしその倫理性に根本的な疑義がつきつけられる。『牛泥棒』は、その最初にして、最もインパクトの大きかった作品である。とはいえ、当初そのインパクトは、あまりまともに受け取られることはなかった。興行成績も悪かった。本作で助演のハリー・モーガンは、プレヴューの席にいて、観客の反応の悪さを実際に見ている。同じプレヴューに出席していたオーソン・ウェルズはモーガンに、観客たちは自分が目にしたものが何だったのかわかっていないのだ、と述べたという。[2] クリント・イーストウッドは、西部劇における法の問題を掘り下げた重要な作家の一人だが（彼については後に論じる）、彼は自身の『許されざる者』（92）を、自分にとっての『牛泥棒』だと述べている。確かに『牛泥棒』の衝撃はすぐには伝わらなかったのかもしれないが、じわじわと西部劇という場を侵食し、やがて西部劇の風土そのものを大きく変えていくことになる。

ウィリアム・A・ウェルマンという存在

『牛泥棒』はウェルマンにとって最初の西部劇になる。ウェルマンは同じジャンルのものを撮り続けるのを嫌った監督で、その作歴は多ジャンルにわたり、代表作と言われるものだけでも、アカデミー賞第一回作品賞受賞の航空映画『つばさ』（27）、ギャング映画の金字塔『民衆の敵』（31）、アカデミー賞原案賞受賞のメロドラマ『スタア誕生』（37）、スクリューボール・コメディ『無責任時代』*Nothing Sacred*（未、37）、戦争映画の傑作『G・I・ジョー』（45）、航空パニック映画の先駆け『紅の翼』（54）、他にもミュージカル『シカゴ』の初の映画化『ロキシー・ハート』*Roxie Hart*（未、42）、反共スパイ・サスペンス『鉄のカーテン』（48）など、多種多彩である。彼が生涯に撮った西部劇は、初期のスタジオお仕着せのルーティーン・ワークを除いて十本ほどしかなく、例えばジョン・フォードを西部劇作家と呼ぶのと同じような意味で彼を西部劇作家とすることは確かに難しい。しかし、その多くが西部劇の歴史にとって重要な意義を持つという意味で、ウェルマンは西部劇にとって最重要人物の一人である。西部劇というジャンルを論じる際に、『牛泥棒』の重要性はともかく、ウェルマンという存在を大きく取り上げた例はこれまでないように思う。『牛泥棒』を作った映画監督がどのような人物なのかに興味を持って調べてみると、その曲折に満ちた人生そのものも興味深いのだが、彼の場合、その人間的個性が作品にも表われており、西部劇に関してもそれが言える。彼の西部劇は、彼の人生の軌跡と性格、それまでのキャリアとの関係性の中に置き直してみたときに、そのユニークさが明確に見えてくるところがある。ここからいささか回り道になるが、ウェルマンが西部劇にもたらした変容の意味、その依って来る所を探るため、彼のキャリアを辿《たど》ってみる。[3]ウェルマンの作歴を見ることで、西部劇と他ジャンルとの交流、一つのジャンルが一つのジャンルで完結しているわけではなく、相互作用の中にあることもわかってくるはずだ。

監督になるまで

ウィリアム・オーガスタス・ウェルマンは「ワイルド・ビル」の渾名《あだな》通り、その破天荒で豪放磊落な性格で知られている。スポーツ万能で、高校時代はホッケーの選手として鳴らし、チームのキャプテンをしていたが、素行が悪かった。夜中に車を盗んで遊び歩き、朝方にガソリンをいっぱいにして返す、ということを繰り返していたが、あるとき警官に見つかり補導された（自伝的映画ではないが、大不況期の少年少女ホーボーを描く『家なき少年群』*Wild boys on the road*〔未、33〕に、同様の場面がある）。保護観察官に引き渡されたが、その相手がボランティアで保護観察をしていた彼自身の母親だったということもあった。そうした素行不良のせいで学校を退学になり、セミ・プロのホッケー・チームの選手になる。そこで勇猛果敢なプレー・スタイルで知られるようになり、たまたま観客だった（当時は舞台俳優で、映画界にも乗り出そうとしていた時期の）ダグラス・フェアバンクスが、職が欲しかったらハリウッドに来い、と言ってくれた。また、初期の飛行家アール・オヴィントンともこのころ知り合い、彼の仕事場に招かれて飛行機に興味を持ち、試し乗りさせてもらったりもしている。この二人との出会いは、ウェルマンの一生を左右することになる。

一九一四年、第一次世界大戦が勃発、新聞には、アメリカが参戦するとなれば大量の飛行士が必要となるだろうとあった。そこに飛行士になれる機会を見て取ったウェルマンは空軍に志願しようとするが、教育不足で採用されなかった。彼は、フランスで外人部隊に入り、そこでパイロットとしての訓練を授けてもらうことを思いつく。フランス空軍には、ラファイエット・エスカドリールという、主としてアメリカからの志願兵によって構成された部隊があり、そこに転属する

図41　ラファイエット・エスカドリール時代のウェルマン

ことを目指してウェルマンはフランスに渡る。初歩からアクロバット飛行までの訓練を経て、首尾よくラファイエット・エスカドリールに配属されると、ウェルマンはそこでいきなり超人的な活躍を見せることになる【図41】。低空飛行で敵基地に忍び寄り、掃射、爆撃をして帰還するという任務、普通は五、六機で隊列を組んで行なうものだが、志願するものが誰もいない中、ウェルマンは早く実戦に就きたいとたった一人で飛び立つ。しかも燃料の関係上、通常一回、多くても二回しか可能でない飛行を三度まで行なって、無事帰還してみせた。彼が上官から「ワイルド・ビル」の異名を頂戴したのはこのときであったが、一生を通じてこの渾名は彼にふさわしいものであり続けた。

同じ部隊で知り合ったトム・ヒッチコックとは二人でチームを組み、Aチームやワイルド・バンチと渾名された。しかしあるときトムは敵地に着陸、捕虜となるが、脱走して帰還する（一時彼は死んだものと思われていた）。後の航空映画『つばさ』は、同郷の男二人が空軍に入り、手柄とある女性とを巡って互いにライバル関係にありながら、チームをなして活躍する話だが、そこにはビルとトムの関係が投影されている。また映画には、敵地に不時着した男が敵の飛行機を奪って帰ってくるものの、主人公はその敵機を友人の仇と誤解して執拗に攻撃し、ついに撃墜、しかし撃ち落としたのが友人と知って激しいショックを受ける、というエピソードがある。このエピソードにも、トム・ヒッチコックの実話が生かされている。ちなみにウェルマンはフランスで現地の女性と結婚するものの、空爆によって彼女は死亡する。ウェルマンは、瓦礫のなかで彼女を捜索し、結婚指輪のついた指だけを発見するという痛切な経験をした（志願からフランスでの訓練、任務、出会いと結婚の物語は、最後の監督作で自伝的な作品『壮烈！外人部隊』*Lafaytte Escadrille*〔未、58〕に描かれている）。

ウェルマンは数々の武勲を挙げて、叙勲され（その際、フェアバンクスが、君を誇りに思う、アメリカに帰国したら仕事が待っている、と電報をよこした）、帰国した。フェアバンクスとその盟友メアリー・ピックフォード（彼らはD・W・グリフィス、チャップリンらと共にユナイテッド・アーチスツを創業した）が主催してポロ・パーティを開くと耳にしたウェルマンは、軍服に身を包み、勲章をすべてつけて飛行機に乗り込み、ポロの最中のグラウンドに着陸して皆を驚かせる。パーティには、D・W・グリフィス、ハロルド・ロイド、ルドルフ・バレン

図42　パーシング将軍（中央）とウェルマン（右）

チノ、ウィリアム・S・ハート、グロリア・スワンソン、マック・セネット、ジョン・バリモア、セダ・バラらがいた。フェアバンクスの庇護の下、まず彼は俳優業を経験するが、それは彼の性に合わなかった。ラオール・ウォルシュの『エヴァンジェリン』（19）にその姿を見ることができるが、ヒロインを水中から助け出す場面で、泳げない主演女優がパニックになり、彼女を殴って気絶させたところ、その女優はウォルシュの当時の妻で、怒ったウォルシュによって解雇される。ウェルマンは撮影中のフェアバンクスを訪ね、俳優は辞めさせてもらいたいと直訴、では何になりたいんだ、と問われたウェルマンは、その場にいた監督のほうを指さした。すぐに監督は無理と言われ、まずはメッセンジャー・ボーイになる（給与が激減）が、彼の二度目の妻で、人気女優ヘレン・チャドウィックの元にファン・レターを毎日届けねばならなかった。ウェルマンが熱心に映画を見て、研究したのはこのころのことだ。メッセージを届ける人物の中に、南部出身のヴォードヴィル役者、著述家のウィル・ロジャースがおり、ウェルマンのキャリアに興味を持った彼は、自分の小道具担当を呼び、その助手につけた。ウェルマンはやがて小道具担当長となる。

ある日、副大統領がスタジオを見学しにくることになり、将軍ジョン・パーシングもそれに随行したため、スタジオ内の従軍経験者は皆、制服を着用して迎えることとなった【図42】。そのパーシング将軍は、ウェルマンの顔を見て握手をし、次の兵士の方に行きかけて、ハテ、君とはどこかで会ったかな？　と尋ねた。ウェルマンは、将軍、ここでは言わない方がよろしかろうと存じます、と答えた。将軍ははたと思い出す。パリの娼館でのこと、行為を終えて服を身に着けようとしてズボンがないことに気がつき、事の最中に部屋に忍び込んだ何者かに盗まれたと知った将軍は激怒。しかしすぐさまズボンを持って名乗り出た飛行士のあまりにも大胆な悪《いた》戯《ずら》に、このクソッたれの飛行機乗りが！　と、笑って許したのだった。その飛行機乗りがウェルマンだったというわけだ。将軍はウェルマンの現状を知り、何か助けられることはないか、と尋ねた。ウェルマンは、では木の陰で何かこそこそ自分と話している様子をスタジオ関係者に見せてくれませんか、と頼んだ。翌日、サミュエル・ゴールドウィンに呼び出されたウェルマンは、助監督昇進を告げられる。

出世作『つばさ』

数年間の助監督修業を経て、ウェルマンは二三年に監督に昇進した。予算とスケジュールを厳守し、つまらないシナリオでも何とか面白く見られるレベルに仕上げる腕で、製作者の信頼を得るようになる。後の話だが、予算もスケジュールも余らせて一本の映画を仕上げ、珍事としてハリウッドのニュースになったこともある（『あなたが次に聞く声』*The Next voice you hear*〔未、50〕）。彼にとって映画はあくまで商業的生産物の一つに過ぎず、無論職人的な誇りはあっただろうが、それを芸術、自己表現と見なすような意識は微塵もなかった。彼は自ら企画を探すようなことはあまりせず（その例外としてあるのは、原案を書いた『スタア誕生』、遺作となった自伝的映画『壮烈！外人部隊』程度）、会社、製作者があてがった作品や、自分のもとに持ち込まれた企画をこなした。にもかかわらず、これまでの常識を覆すような論争的作品を、特に西部劇では作り続けた。破天荒な性格を見越して、そうした問題含みの企画が預けられたということでもあるだろうし、また、ハリウッド内部に自身の枠組みを絶えず超えていこうとする自己批判的な力があったということでもあるだろう。

図43 『つばさ』当時としても大規模なロケ撮映

そうした彼の技量、タフな性格を信頼すること篤《あつ》かった一人が独立製作者B・P・シュルバーグで、当時在籍していたパラマウントが企画する大作の監督にウェルマンを推薦したのが彼だった。その大作が『つばさ』である【図43】。これはパラマウント（当時はパラマウント・フェイマス・ラスキー）の大立者ジェシー・L・ラスキー直々の企画で、彼が出会った、第一次大戦中はパイロットで当時はシナリオ作家志望の青年ジョン・モンク・サウンダーズのアイディアになるものだった。戦時中は愛国的でロマンティックな戦争映画が流行したが、戦後はその悲惨さを描く映画が注目を集めた。アメリカ側から描くキング・ヴィダー『ビッグ・パレード』（25）やラオール・ウォルシュ『栄光何するものぞ』（26）、ドイツ側から描くルイス・マイルストン『西部戦線異状なし』（30）やエルンスト・ルビッチ『私の殺した男』（32）。ラスキーは、観客が戦争映画を求めているのだし、空のアクション映画はこれまで作られたことがない、と乗り気になった。本当にできるのかという他の重役たちの懸念も、軍の宣伝にもなる映画だ、とサウンダーズが政府に掛け合い、陸空両軍の協力を取りつけるに至って払拭され、製作にゴーサインが出た。パラマウントに在籍した並みいる巨匠たち（セシル・B・デミル、ジョゼフ・フォン・スタンバーグ、ヴィクター・フレミング、アラン・ドワン）らを差し置いてシュルバーグはまだ新人のウェルマンを推薦、ウェルマンは自身の飛行士としての従軍体験、予算・スケジュールを超過せずに映画を完成させる技量をアピールし、『つばさ』の監督を勝ち取る。

当時長編映画を撮るのに使われた平均的予算が二十五万ドルであったのに対して、『つばさ』では二百万ドル超が費やされた。これはもっぱら、ウェルマンがリアリズムを追求したためである。そもそも、それまで飛行機による戦闘シーンなど撮られた試しがなかったのだから、すべてが最初から手探りで、実験の連続だったことがある。飛行機のどこにカメラを装着するのか。飛んでいる飛行機の上で撮影する際にブレを起こさないためにはどうするか。これらの高度な技術的課題の克服には、撮影監督のハリー・ペリーとカメラマンのE・バートン・スティーン（航空場面の九十パーセントを彼が撮った）の功績が大きいとされる。さらにウェルマンは、空中の撮影で、雲を背景にすることを強く主張した。それによって、飛行機の速度や動きが見る者にリアルかつ明瞭に分かるようになる。そのために天気待ちが必須となり、それがスケジュール超過の大きな原因となった。また、コックピット内の俳優たちを捉えるのに、セット内でなく実際に空中で撮ることをウェルマンは求めた。二人乗り飛行機に操縦士と俳優を乗せ、撮影の瞬間だけ操縦しているパイロットをかがませるなどの方策も取られたが、一人乗り飛行機の全身を捉える際にも、俳優がコックピットにいる様子を捉えることにこだわり、従って俳優に操縦させることになる。二人の主人公のうち、リチャード・アーレンは第一次大戦中にカナダ空軍のパイロットだったからよかったものの、もう一人の主演チャールズ・ロジャースに操縦を習わせるに至っては、大事な俳優を死の危険に晒《さら》すのかし、会社の激怒を買った。

天気待ちのためにスケジュールが超過したと先述したが、そのためウェルマンには解雇の恐れが常にあった。それを覆す出来事が、映画の後半に見られる連合軍総攻撃の場面の撮影であった。社運を傾けかねないこの作品の進行状況を実地に見、場合によっては監督の首をすげ替えるために、パラマウントの大株主が撮影現場に視察に来ていたのだ。この場面は第一次大戦末期のサン＝ミエルの戦いをモデルにしているが、現実にそこでアメリカ軍を指揮していたのが例のズボン事件のジョン・パーシング将軍である。この場面だけで、三千五百人の人員、百六十五機の飛行機、カメラマンつきのカメラ十七台、リモコンで動くカメラ二十八台を使用した。ウェルマンは地上近くを飛ぶ飛行機を撮影するために設営されていた櫓の上に陣取り、爆破スイッチ（爆破位置は十数か所に及び、場面の展開に応じてウェルマンが適宜押していくことになっていた）を前に待機した。天気待ち（この場合は晴天待ち）をしながら、リハーサルが十日間にわたって行なわれていたが、一向に晴れ間が訪れないことにスタッフも製作者もしびれを切らしていた。そこに突然ウェルマンが用意を命じる。晴れ間など到底期待できない空模様で、スタッフたちは半信半疑だったが、雲が次第に切れ、日が差し始める。ウェルマンが号令と共に一発目の爆破を行なうと、それから五分間、ワンテイクで一気に、作品最大の戦闘場面が撮られたのである。飛行機乗りにとって機体を雲間に隠せるかどうかは死活問題であったから、彼らは雲の動きを見ることに長けていた。それがここで役に立ったわけだ。大株主たちはこの撮影を見て、ウェルマンにすべてを委ねると言い置いて帰って行った。

『つばさ』への抜擢、予算とスケジュール超過でお偉方ににらまれ、首が危なかったまさにその時点での起死回生と、ウェルマンは強運の持ち主といえるが、その強運は生涯を通してのものだった。そもそもウェルマンは、フェアバンクスに目を掛けられることで映画界に入るきっかけを、またズボン事件のパーシング将軍と偶然再会することで監督へのキャリア・アップの足掛かりをつかんでいた。他の映画人に断られた末に彼のもとに持ち込まれた企画が、結果的にそのキャリアの中でも傑作となっている事実も、人のやらないことをこそやる、という彼の性格を示すと共に、傑作の種が彼のところに来るまで残っていたという意味で、その運の強さを物語る。

図44 『G・I・ジョー』撮影現場を訪れたアーニー・パイル。この後、太平洋戦線で戦死する

例えば『民衆の敵』は、シカゴのドラッグ・ストア店員の書いた、彼らの顧客であるギャングたちの物語であったが、誰も取り合ってくれず、ウェルマンに持ち込まれ、すぐさまウェルマンが製作するようザナックに進言した作品である。『牛泥棒』もまた、もっぱらB級映画を製作していたハロルド・ハートリーなる製作者が、監督してくれる人を探しあぐねた末、ウェルマンに持ち込んだ企画であった。ハートリーがメイ・ウェストの歌って踊る映画にしようとしていたため、ウェルマン自身が原作（特異なウェスタン作家ウォルター・ヴァン・ティルバーグ・クラークの手になるもの）の映画化権を彼から買い取り、製作者を探した。しかしその内容にほとんどの製作者は尻込みし、これまたザナック（当時は独立していた）のもとに持ち込むと、ザナックは、一文にもならんだろうが、この映画に自分の名を冠したい、と製作を引き受けたものだった。

これは他の監督が断ったわけではないが、『G・I・ジョー』もウェルマンに持ち込まれ、当初は断っていたものの、最終的に引き受けることになったものだ。レスター・コーアンなる製作者が、ピュリッツァー賞受賞の従軍記者アーニー・パイルの戦記を映画にする企画を持ち込むが、歩兵の話と知ったウェルマンはそれを断る【図44】。飛行機乗りなので歩兵のことは知らない上、歩兵が機銃掃射の標的でしかない飛行機乗りにとって、どことなく軽視の対象だったということもある。コーアンはめげずに何度も訪れ、原作者アーニー・パイルもウェルマンを自宅に招待する。パイルは映画化の話は一切しようとしなかったが、レストランにパイルがいるのを知った退役兵が次々集まり、本を手にパイルが店を出てくるのを待ってサインしてもらったり、自分の息子のことを書いてくれたと、老夫婦が遠い州からやって来てパイルの自宅の周りを自動車でぐるぐる回っていたりするのを見るに及んで、寝室に置いてあったパイルの著書を一晩かけて読んだ末、映画化を決意した。この作品がウェルマンの代表作になり、アメリカ戦争映画の傑作のひとつになっているのだから、やはりウェルマンは幸運に恵まれているのだ。

三〇年代初頭ワーナー――ギャング映画

さて、『つばさ』はヒット作となり、アカデミー作品賞も受賞して、ウェルマンの監督としての地位は確立された。確かにこの作品は大作であったが、その後の作品を見ると、ウェルマンはむしろ低予算、規模の小さなものに秀作が多い気がする。といっても、群像劇にも優れたものがあるので、登場人物が多くとも、単純な設定の上で人物の変化や動きがあるもの、というべきだろうか。『つばさ』も戦闘場面こそ大規模だが、物語の骨格自体は男二人の飛行士としてのビルドゥングス・ロマンであり、それに女二人が絡《から》むロマンスで、素朴なものだ。以後触れることになるが、ウェルマンの作品は構成が必ずしも緊密なものではなく、それがかえって生々しいリアリズムを醸《かも》し出すものが多い。構成の緩《ゆる》さとリアリズムは、ウェルマンの作品に一貫する特徴だが、それは出世作『つばさ』においてすでに顕著だ。

　リアリズムという点で、ウェルマンが三〇年代前半、ワーナーに在籍していたことには意義深いものがある。ワーナーは不況期、ダリル・ザナックの指揮の下、日々のニュースになるような出来事を素材とし、生々しい、というか時に荒々しいスタイルを持つ社会的リアリズム映画を連発する。その一つの表われが、ギャング映画であったわけだ。実際、『犯罪王リコ』（厳密にはワーナーに吸収されることになるファースト・ナショナル製作）も、ウェルマンの『民衆の敵』も、ワーナーの作品である（もう一本のギャング映画の傑作『暗黒街の顔役』はハワード・ヒューズ製作、ユナイト配給）。元々ウェルマンにはリアリズムを志向する傾向があったが、彼が契約したワーナーもまた社会的なリアリズムを志向していたわけで、その恩恵は相互的なものとなった。

三〇年代初頭という時期にあって、ギャング映画が社会の雰囲気をリアルに捉えたものであることは、とりわけウェルマンの作品に如実に表われている。『民衆の敵』は、主人公（青年期をジェームズ・キャグニーが演じる）を少年期から年代順に、その家庭環境を含めて描いている。第一次大戦の兄の従軍とその帰還（精神的に打ちひしがれて帰ってくる。当時問題になったシェルショックの抑えた表現だろう）、不況期、禁酒法施行。主人公の置かれた環境と共に描かれるとき、彼の暴力はあたかも社会状況の産物のように見えてくる。それは一方で確かにリアリズムであるとしても、他方で、ギャング映画としての強さを殺《そ》いでもいることは述べておかねばならない。既述のように、ギャングの暴力はただそれだけを目的とし、根拠のないものであるがゆえに恐るべきもの、かつ魅惑的なものであった。ギャングの暴力が社会環境から生まれたものであったことは事実であるにしても、ギャング「映画」として作品化されたとき、その暴力は抽象化され、純粋な悪そのものとして、ついに暴力の担い手である自己をも消尽させるまでに高まらねばならない（『犯罪王リコ』のリコが、暴力行為に先立って俯《うつむ》き加減の顔に浮かべる薄笑い、『暗黒街の顔役』のスカーフェイスが銃を撃つとき、また撃たれているときにすら発する嬉しくてたまらなさそうな高笑い。これら無償の悪の輝きこそ、ギャング映画が持つ魅惑であった）。リコもスカーフェイスも、いかなる社会環境から現われたのか、その出自などわからない。わからなくてよい。彼らの存在には理由などないのであり、だからこそ恐ろしく、日々何かに依存して生きざるを得ない我々にとっては、自身を社会につなげる一切の係留を欠いた孤高の存在として羨望の対象ともなりうるのだ。『民衆の敵』のキャグニーには、その恐ろしさ、魅惑が欠けている。彼に、リコ、スカーフェイスといったギャング世界だけの通り名がなく、常に親がつけた名前で呼ばれることは象徴的である。

しかし一方で、家族を登場させたことによって生まれるリアリズムもある。映画の終わりでキャグニーは敵方を襲撃し、自らも負傷する（土砂降りの中、レインコートのボタンをぴっちり首までかけ、帽子を目深にかぶったキャグニーが、両手に拳銃を携え、敵の事務所に入ってゆく。カメラはそのまま路上にとどまり、銃声の応酬と女の悲鳴の後、激しく咳《せ》き込みながら出てくるキャグニーを捉える。この咳き込みながら、というのがリアル。これがトーキー初期であったことも思い合わせられるべきだ）。病院に入院しているキャグニーを家族が見舞いに来る。ここで視点は家族に移り、母、兄、その妻が夕食前の何気ない時間を過ごしている情景が捉えられる。そこにキャグニーのボスが来て、キャグニーが病院から誘拐された旨を話す。キャグニーを解放してもらうには縄張りを明け渡すしかない、と言うボスが帰ったあと、一家が夕食を摂っているところに電話があり、キャグニーを返すという。息子が帰ってくるとの知らせに母親は喜び、部屋のベッドを整えに二階に行く。玄関先にノックがあり、兄が出ると、そこには毛布でぐるぐる巻きにされたキャグニーが立っていて、そのまま棒のように倒れるのである（愁嘆場も何もなく、そのまま映画は終わってしまう）。

家族は、キャグニーが実際に何をしているのか知らない。というか我々すら、二組のギャングが勢力争いをしているらしいことしか知らされていないのだ。家族のいる日常世界と、キャグニーのいるギャングの世界は、キャグニーの存在という一点でしか交わっておらず、二つは並行世界のようなものである。家族には、向こう側で一体何が起こっているのか判然としない。そこにいきなり、向こう側が暴力的に侵入してくるのだ。その唐突さこそが、この映画の怖さである（キャグニーの死を家族がどう受け取ったかばかりでなく、その後ギャング世界がどうなったのかも一切描かれない。キャグニーはギャング世界にとってすら、一瞬のうちに湧いて消えたひとつの泡沫に過ぎなかったのだ）。これはある意味、構成の弱さが生み出している怖さでもある。二つの世界の関係が緊密に描かれていないからこそ、その突発的な侵入が際立つのだ。これは怪我の功名というべきなのか。しかし、上記したキャグニーの敵事務所襲撃場面にしても、見せないことがもたらす効果を十分にウェルマンは計算している。この緩い構成も、見せないことを効果的に使用する彼の演出と見るべきだ。

後年の作品になるが、緩い構成が最も効果的に発揮された作品として『G・I・ジョー』がある。この作品は、第二次大戦中のヨーロッパ戦線における歩兵部隊を描くが、視点は従軍記者にあり、しかもその記者は部隊に必ずしもつきっきりではなく、その行路で追い抜いたり抜かれたりする。特徴的な主要登場人物は幾人かいるものの、記者が彼らから離れているうちに戦死したりしていなくなっている。主人公格の部隊長ロバート・ミッチャムですら、映画のラストで記者が、休憩中の部隊の一行に出くわした際、前線から送られてきた遺体の中に彼の姿があった、という形でその死が描かれる。部隊は――そして記者も――彼を悼《いた》みながらも、また新たな戦地に向かってその場を淡々と去るのである。

ウェルマンはその後も『戦場』（49）で歩兵たちを描く戦争映画を撮るが、ここでは兵士たちに視点があり、それゆえ新兵が古参兵になってゆく姿を縦軸に、いかにもドラマらしいドラマが緊密に構成されている。それに比べたとき『G・I・ジョー』は、その構成の緊密さの欠如こそが、いつ誰に死が訪れるかわからないという戦場のリアリティを醸成している。ついでに言えば、ウェルマンは本作のために実際にヨーロッパ戦線で歩兵だった兵士を百五十人雇い、彼らに俳優を軍人らしく見えるよう訓練させると共に、うち数人は重要な役で出演させもした。画面に出没する見慣れない、演技らしい演技をしない男たちの群れは、映画に作り物ではない生々しさを漂わせる。彼らの多くは――そしてアーニー・パイルも――映画の撮影終了後、今度は太平洋戦線に向かい、戦死した。パイルも沖縄で戦死している。

三〇年代初頭ワーナー――社会派映画

時間を戻すと、三〇年代初頭、ワーナーに所属したウェルマンは社会派映画を連発する。この時代は三四年に業界の自主規制、プロダクション・コードが施行される以前に当たり、裸体や暴力などが（比較的）あからさまに描かれており、また、暗い世相を反映して、陰鬱な世界観が画面を支配して、ハリウッド古典期に対するオルタナティヴとして（ちょうどプロダクション・コード末期のフィルム・ノワールがそのようなものとして評価されたのとちょうど対称的に）最近注目されている。禁じられたハリウッドと称し（発売元は当初ハリウッド・クラシック専門のケーブルテレビ局ＴＣＭ、その後ワーナー・アーカイヴスに移行）二〇〇六年以来十年にわたってＤＶＤボックスのシリーズも出されているが、その中の第三巻はすべてウェルマン作品に充てられている。この時期のウェルマン作品は、内容面におけるワーナーの荒々しい社会的リアリズムと、表現面におけるコード施行前の自由な表現の相まった、今見てもエッジの立った娯楽作品になっている。こうした社会的関心と世間的な規制をはみ出す姿勢が、後のウェルマンの反体制的で、時代を先駆けた西部劇の素地となっていることは間違いない。いくつかの重要作を紹介する。

『夜の看護婦』（31）は、ある家庭の女児二人を夜間看護することになった看護婦の物語。女児二人は栄養失調で入院させられていて、その退院後の看護が任務である。その家の様子がどうもおかしい。女主人は昼間から酔っており、子供を昼夜看護婦に任せきりで顧みない。家を仕切っているのは、その家に出入りする黒ずくめの運転手だ。次第に分かってくるのは、女児たちに死んだ父親の莫大な財産があること、運転手が寡婦の愛人で、彼女をアルコール依存症にして言いなりにし、女児たちを餓死させた上、寡婦と結婚して財産を奪おうと目論《もくろ》んでいることだった。看護婦はその陰謀を壊滅させる。あまり意味があるようでもない看護婦の着替え場面が多々あるうえ、アルコール依存症の寡婦もほとんど下着姿で、プレ・コード期の作品を見ていると、このようなサービス・ショットがよくある（エルンスト・ルビッチの三〇年代初頭の音楽劇の主演女優ジャネット・マクドナルドも、よく下着姿になっていた）。財産を奪うために子供を殺すにしても、事故死を装うなどではなく、餓死という方法が何とも残酷（実際に女児たちがガリガリだったりするわけではないにせよ）。運転手（男）が看護婦（女）を殴り倒すという直接的な暴力場面も【図45】、コード以降にはほとんど見られなくなるもので

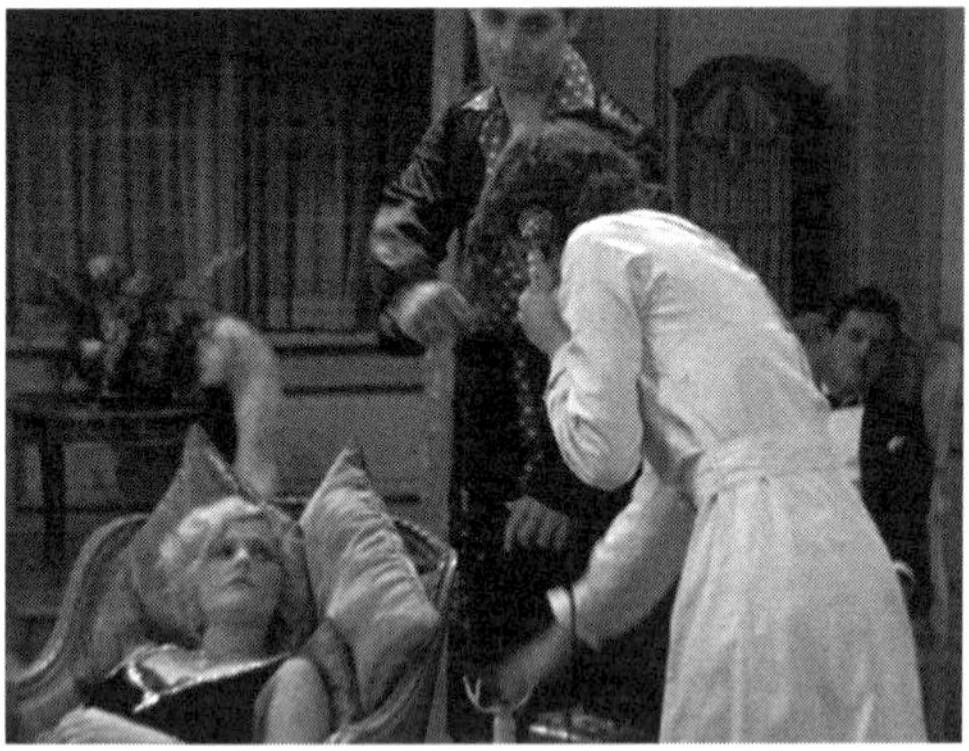
図45 『夜の看護婦』通報しようとするスタンウィックに拳を振り上げるゲーブル

ある。映画冒頭とラストには、町中を疾走する救急車の上にカメラを載せて撮られた映像が使われていて、ドキュメンタリーのような生々しさを感じさせる。

　看護婦を演じているのは、バーバラ・スタンウィック。美しいけれどメーキャップなどに余分な時間を費やさず、タフで努力を惜しまない彼女は、ウェルマンにとって理想の女優であった。スタンウィックにとってもウェルマンは常に敬意を抱く監督であり続けた（このコンビは五作品で共闘）。また、悪役である運転手を演じているのは、これが初の主演級となるクラーク・ゲーブル。彼の耳が大きすぎることから、主役は張れないと会社は考えていたが、ウェルマンが彼を抜擢した。数年後、ゲーブルは『或る夜の出来事』（34）で一気にブレークする。ウェルマンには新人発掘の才能があり、『つばさ』で、出てきてすぐに死んでしまうものの、その別れ際の挨拶（お守りを持つ主人公に、「運があろうとなかろうと死ぬときは死ぬ」と、あばよ、といったふうに指を回す）で強い印象を残す、主人公二人の先輩を演じたゲイリー・クーパーを始め、『民衆の敵』のキャグニー（当初主人公とその幼馴染の配役は逆で、キャグニーは幼馴染のほうを演じるはずだったが、テスト撮影を見て、ウェルマンはキャグニーを主演にした）、『G・I・ジョー』のロバート・ミッチャムなどは、ウェルマンによって初めて主役級に抜擢されたものである。

『都会の世紀末』（31）は、ギャングの銃撃戦を目撃した一家が、裁判の証言台に立とうとして息子を誘拐され、証言しないよう脅迫される物語（原題は*The Star witness*）。折しも、ニューヨークでギャングの撃ち合いの際、居合わせた五歳の子供が死亡、数人が怪我をする事件が発生して、目撃者がギャングの報復を恐れて証言を拒否するという事態になった。映画の企画自体はこの事件とは無関係で、この事件が起こった時点で作品はすでに完成していたが、ワーナーは、このニュースの熱が冷めきらない時期に公開を早め、さらに事件の被害者である子供の両親をプレミアに招待した。その効果は絶大で、本作はその年のワーナー最大のヒット作の一本となった。ワーナーがいかに時流に即していたかを象徴的に示す作品と言える（筆者は未見）。


『安全な地獄』*Safe in hell*（未、31）は、売春婦が主人公（ドロシー・マケイル）。ニューオーリンズの売春婦があるアパートの男のもとに派遣されるが、その客こそ、彼女をこのような境涯に陥れた張本人だった。彼女をウィスキーの瓶で殴り倒して去ると、酒が引火してアパートが全焼、警察に追われる彼女は、恋人の水夫の手引きによってカリブの島に逃れる。そこはアメリカとの捜査協定を結んでいないため、アメリカの犯罪者にとって絶好の隠れ場所になっていた。ホテルの住民も、ひと癖もふた癖もある犯罪者ばかり。最初彼女に色目を使っていた彼らも、彼女の善良にしてタフな本性に敬意を抱く。しかし島の為政者が彼女に邪《よこしま》な感情を抱き、恋人からの仕送りの入った手紙を横取りしたうえ、困窮する彼女に援助を申し出る。そんな折、殺したと思い込んでいたあの男が実は生きていて島にやってくる。自分が殺人者ではないと判明して喜ぶ彼女は、迎えに来てくれるよう恋人に電報を打つが、例の男にレイプされかかり、為政者に身を守るためと渡されていた銃で彼を撃ってしまう。裁判になり、ホテルの住民が事故であると揃って証言。しかし判決直前に為政者が彼女を脅迫する。たとえ無罪になったとしても島では銃の保持は有罪だから刑務所に入れられることになる、そうなったら悲惨な目に遭うしかないが、自分の言うことを聞きさえすれば天国のような暮らしを約束してやる、と。脅しに屈することを潔しとしなかった彼女は、殺人が故意だったと証言を翻し、従容として死刑を受け入れる。

ウェルマンはこの時期、女性を主人公とした作品を多く撮っている。売春婦の元締めで、犯罪組織とのつながりがある女（ルース・チャタートン）が、自分の身元を明かさず息子に学費を送り続けるが、犯罪組織撲滅の使命に燃える検事となったその息子によって死刑判決を受ける、暗黒版母ものと言うべき『フリスコ・ジェニー』（33）。孤児で、万引き犯の濡れ衣を着せられ、正業に就こうとしてもできず、結局ギャングの愛人になるしか生きるすべがなかった女（ロレッタ・ヤング）が良家の男と恋に落ち、彼の身を守るためギャングを殺して有罪判決を受ける『真夜中の処女』（33）。社会の底辺の女性とはいえ、貧しい針子とか家政婦とか適当にごまかすことをせず、売春婦やギャングの愛人という設定がいかにもプレ・コード期という感じがする。あからさまで身もふたもない設定だが、しかしそれは不況期で食うに食えず、農業や工場労働に従事できるほどタフではなかった都会の女性のリアルだっただろう。

『安全な地獄』では、カリブの島の登場人物に舞台を移してからの場面で、黒人が三人いる。ホテルのメイド役のニナ・メイ・マッキニーは、キング・ヴィダーの全出演者が黒人のミュージカル『ハレルヤ』（29）に主演、後にヨーロッパのナイトクラブで「黒いガルボ」として活躍した。ホテルのポーター役のクラレンス・ミューズはオペラ歌手で、その後ブロードウェイ初の黒人監督となった。警察官役の〝ノーブル〟マーク・ジョンソンは、自身のスタジオを持ち、黒人のリアルな生活を描く映画を製作することになる人物。シナリオでは、彼らの台詞《せりふ》は典型的な黒人訛《なま》りで書かれていたが、ウェルマンはごく普通に黒人の日常的な言葉づかいで喋らせた。黒人を型にはめることなく、尊厳を持った一個の人間として、ありのままに描く。それは『牛泥棒』における黒人牧師の描き方にもつながっていくものだろう。ホテルの犯罪者たちが好意的に、ユーモアをもって描かれているのも、社会の底辺にいる人物への偏見のない温かい目を感じさせる。

底辺の人間を見つめるという点で最も過激な映画が、『飢ゆるアメリカ』（33、原題は*Heroes for sale*「売り物の英雄」）である。少し長くなるが、あらすじを記す。第一次大戦の一兵士（リチャード・バーセルメス）は、危険な任務に配属されて勲功を挙げるが負傷し、ドイツの捕虜になる。その負傷は重いものだったため、ドイツ軍の軍医はとりあえずモルヒネを処方し、戦地から帰ったらちゃんと医者に診てもらうように指示する。終戦後アメリカに帰ってみると、自分の勲功は上官が横取りしていた。上官はそのとき恐怖で動けずにいたのだが。ただし上官も、気がついたらそのような状況に置かれてしまっていたもので、新聞にも記事が載り、故郷で盛大なパーティが開かれ、事実を言い出せなくなっていたのだった。主人公は責める気にもなれず、その代わり、彼の父親の銀行に就職させてもらうことになる。しかし、戦時の傷がもとでモルヒネ中毒になってしまっていた彼は仕事に支障を来し、モルヒネを買うために横領までしそうになって、療養所に入ることを決心する。治療を終えて帰ってきたときには、唯一の肉親だった母も亡くなっていた。心機一転、シカゴに引っ越した彼は、貧民のたまり場のような下宿に居を定め、クリーニング店で配送の仕事に就く。下宿の一階はレストランだが、親父は金のない客にタダで食べさせてしまうような気のいい男で、しっかり者の娘のおかげでようやく経営が成り立っている。同宿者の中には発明狂のドイツ人（ロバート・バラット）がいて、狂信的なまでに共産主義を信奉する彼は、金持ちを心から呪っていた。配送の仕事の中、クーポン制を思いつき、顧客を増やした彼は工場担当となる。同宿の女性（ロレッタ・ヤング）と結婚もして、発明狂のドイツ人と共に機械化のアイディアでパテントを取り、従業員の労働時間の軽減、余暇の増大を条件に経営者側と合意、皆から感謝される。しかし、そこに大恐慌が訪れた。経営者は以前の約束を反故にして人員整理を始め、怒った労働者は暴動を起こす【図46】。催涙弾まで使用される乱闘の中で、新妻も殺されてしまう。扇動の罪で五年間服役後、出所した彼は、打って変わって資本主義の熱狂的な賛美者になっていたドイツ人からパテントの分け前を受け取るものの、そのすべてを浮浪者に施しをしているレストランの娘にやってしまい、自らは浮浪者の仲間に入る。警察の赤狩りで町を追われた彼は、東へ西へと職を求めて歩き回る。そうした中、浮浪者のたまりの中にかつての上官を認める。不況で銀行が倒産したのだ。主人公は、俺たちは終わりかもしれないが、新しい大統領、フランクリン・

図46　『飢ゆるアメリカ』労働者たちの暴動

ローズヴェルトの政策が国を立ち直らせると、新たな希望を語る。

七十分程度の上映時間にこれだけのプロットが詰め込まれているので、事態があれよあれよという間に急転してゆき、眩暈《めまい》というか崩壊感覚のようなものが感じられる（これも構成の弱さが逆に成功裡に機能した一例といえる）。とりわけ大恐慌以降、職場環境の劣化、暴動、妻の死、逮捕、服役、ホーボーへ、という主人公の身分の急変には驚かされるが、往時に急に職を失って途方に暮れる人々が大量発生したことを思えば、この崩壊感覚もまた当時の感覚をリアルに伝えていると言えるだろう。ウェルマンはこれ以前に『人生の乞食』(28)、以後に『家なき少年群』と、ホーボーを主人公とした映画を撮っている。前者はルイーズ・ブルックスが男装してホーボーを演じるが、ホーボーという設定ではあるもののあまり社会性を前面に打ち出したものではなく、ルイーズ・ブルックスの男装が放つ倒錯的な魅惑が売り物の、本質的にはメロドラマである作品。一方、後者は、不況で仕事のない一家の負担になるまいと家出した少年少女が、放浪生活の中で団結して生き延びようとする物語で、その弱者同士の相互補助の姿勢において『飢ゆるアメリカ』と通じるものがある（ちなみにウェルマンは、『家なき少年群』で男装のホーボーを演じた、当時十九歳のドロシー・クーナンと、四度目の、そして以後生涯にわたる結婚をし、七人の子供をもうけた）。

図47 『飢ゆるアメリカ』浮浪者を立ち退かせるレッド・スクワッド

『飢ゆるアメリカ』のラストで主人公が称揚するフランクリン・ローズヴェルトのニューディール政策は、その後の反共主義者に共産主義的政策と見なされたものであるが、それを支持しているという点以外にも、工場内での姿勢、出所後に皆の無償の食事のために金を投げ打つ態度などにおいて、金品よりも仲間や友人の幸福を優先する主人公は、明瞭に共産主義者として位置づけられている。また、警察のレッド・スクワッドという赤狩り部隊も描かれていて（彼らは、主人公らを棍棒で殴り、強制的に立ち退かせる暴力集団である）【図47】、この時代からすでに赤狩りが始まっていたことがわかる。メジャー作品で共産主義がこのようにはっきりと肯定的に描かれているのも、その後のハリウッドの歴史を考えると驚きである。ウェルマン自身も、西側に潜入していたソ連スパイの亡命を描く反共サスペンス『鉄のカーテン』を撮っているだけになおさらだ。第一次大戦中軍人だったこともあって、ウェルマンは右派と見なされることが多いようだが、共和党支持者ではあったとはいえ、あまり熱心ではなかったとされており、実のところ、政治的な態度は曖昧だった。ともあれ、強い仲間意識、チームワークを支持する姿勢において、弱者のための闘争手段としての共産主義にこの時期シンパシーを感じていたことは間違いない。戦後においても彼は、当時のリベラル派映画人の代表であるMGMのドーリ・シャーリーの下で、メッセージ性の強い作品（それも西部劇だ）を撮ることになる。

同じようなことをしつづけることを嫌うウェルマンは、いったん社会的リアリズムの路線を離れ、正反対の方向、メロドラマ（『スタア誕生』）やスクリューボール・コメディ（『無責任時代』）に向かうが、そこでもまた高い評価を受ける。ウェルマンが原案の『スタア誕生』はアカデミー賞原案賞を受賞し、『無責任時代』では、グレゴリー・ラ・カーヴァ監督『襤褸《つづれ》と宝石』(36)に引き続き、キャロル・ランバートを起用して、彼女をスクリューボール・コメディの女王に引き上げた。彼は、新しいことに挑戦し続けることでキャリア・アップを実現させてきた。『つばさ』は彼にとって既知の航空の世界を描くものではあるが、ウェルマンにとって初の大作だったし、『牛泥棒』は自身初の本格的西部劇。『G・I・ジョー』は自身にとって見知らぬ歩兵の世界を描く作品。新しいことに挑戦した結果が、傑作に結びついている。しかしそれが同時に、アメリカ映画にとっても新たなジャンルを、あるいは、ジャンルの新たな一面を切り拓くものであったということ、ここにアメリカ映画史とウェルマンの個人的なキャリアとの幸福な関係がある。

修正主義的西部劇のはしり

歴史的事象につき、それを支えていたイデオロギーを暴き出す姿勢を歴史修正主義と呼び、西部劇についていえばそれは普通、七〇年代に現われた、とりわけ先住民の扱いに関し、悪はむしろ先住民族の土地を収奪し、その生活を破壊した白人のほうではないかという趣旨の西部劇（『ソルジャー・ブルー』など）を指す。しかし西部における歴史的出来事に限らずより広く、西部（劇）における通念、常識、地政学的布置を疑うような作品にまでその範疇を拡げ、「修正主義的西部劇」とするならば、『牛泥棒』は、リンチという制度にとどまらず、西部の精神そのものを疑っている点で、その筆頭に挙げるべき作品である。この作品は成績が悪く、必ずしも一般に広く見られたわけではなかったが、それもむしろ当然であった。『牛泥棒』は修正主義的西部劇としてはあまりにも早すぎたのだ。西部劇は『牛泥棒』を無視、とまで言わずとも、軽視することで生き延びようとする。

しかし、ウェルマンは『牛泥棒』に引き続いて、修正主義的西部劇をもう一本撮る（『牛泥棒』を撮らせてもらうための引き換え条件として、ザナックのもとであと数本演出する約束だったのだ）。そしてこちらのほうは、描かれた題材そのものの人気やユーモラスな味付けもあって、大ヒットする。『西部の王者』（原題*Buffalo Bill*、44）である。描かれるのは神話的西部人バッファロー・ビル、演じるのはジョエル・マクリー。バッファロー・ビルは第一章で既述した通り、自身西部開拓時代を生きた人物であると同時に、その終わりの時期にあって「ワイルド・ウェスト・ショー」を組織し、西部を「イメージ」化した存在であり、西部なるものの終わりと新たな始まりを体現する人物である。ウェルマンと脚本家のジーン・ファウラーが、三か月かけてシナリオを執筆した。ファウラーは、バッファロー・ビルを西部史上最もフェイクな人物と見なし、その脱神話化が映画の基本線のはずだった。バッファロー・ビルにせよ、ワイアット・アープにせよ、ダイム・ノヴェルや西部劇によって神話化された実在の人物には、どこかいかがわしさがつきまとっている。その真の姿はどうだったのか、という疑問は常に人々の脳裏には浮かんでいたのだろうが、それをあえて表明することは、特に彼らのイメージによって商売をしている映画産業では、タブーとまでは言わずとも、なかなか難しいことだったろうと思われる。ウェルマンらはあえてそれに挑戦したわけだ。しかし、歴史のこの時点では、まだ神話が持つ拘束力のほうが強かったというべきか、シナリオ執筆の過程で次第にビルに入れ込んでいったファウラーは、子供たちにとって最大のヒーローであるビルを汚すことはできない、それはベイブ・ルースを撃ち殺すことや、ジャック・デンプシーの心臓にナイフを突き刺すのと同じだと、これまでの仕事を破棄することを申し出た。

シナリオは新たに書かれ、当初の脱神話的な方向性は薄れて、ロマンティックな西部のヒーローとしてのバッファロー・ビル像が維持されることになったが、それでもこの作品には、インディアンに対する同情的な視点が明確に打ち出されている。インディアンを劣等人種と軽蔑し、何をしても許されるとする軍人や経済人たちをバッファロー・ビルは批判し、その政策に抵抗しつつ、しかし結局は巻き込まれてゆく。彼のインディアン擁護的言動が気に食わない経済人は、マスコミを巻き込んで彼を叩き、人気を落とす。落ちぶれた彼が場末の寄席で射撃の腕を披露したことが、ワイルド・ウェスト・ショー生誕のきっかけとなるわけだが、そのアイディアを与えたのが、彼を主人公にしたダイム・ノヴェルによって西部の神話的存在に仕立て上げた作家ネッド・バントライン（トマス・ミッチェルが演じる）という設定である（バントラインが映画の登場人物となったのは本作が初めて）【図48】。伝記作者の存在も含め、マスコミによってバッファロー・ビルが「西部人」のイメージとして大衆の人気者になりもすれば、また非難の対象にもなる。イメージとしての西部人の生成が本作において主題として浮上したのであり、その意義は大きい（その主題系はその後、「神話を印刷せよ」で有名なフォード『リバティ・バランスを射った男』や、伝記作者を重要な役回りで登場させたイーストウッド『許されざる者』で展開されることになる。以下の章参照）。加えて何よりも本作では、バッファロー狩りの歴史的意味が見直されている。当初バッファローの皮を得るための産業として始まり、次に観光化して拡大したバッファローの大量狩猟が、それを食料、衣服、住居とさまざまな用途に使用していたインディアンの生活を逼迫させ、スー族、シャイアン族の蜂起につながるという経緯が（恐らくは初めて）描かれたのである。

『西部の王者』は、シャイアン族と騎兵隊の戦闘というスペクタクル、レオン・シャムロイのテクニカラー撮影によって見ごたえのある娯楽作として消費されることになったが、その主題、主人公の描き方において明らかに修正主義的なものだった。これはさらに後の西部劇になるが、同じ傾向のものとしてここに紹介しておく。『ミズーリ横断』（51）である。西部開拓初期のマウンテンマン（クラーク・ゲーブル）の物語で、ビーバー狩りを生業《なりわい》にしようと目論む彼が、土地のインディアンの歓心を買う目的のために酋長の娘と結婚する。しかし、生活を共にするにつれ次第に妻への愛情を抱くようになり、またインディアンの生活、文化、歴史を深く理解するにつれ、自然と一体化したインディアンの生き方に共鳴してゆく。彼を敵視するインディアン（リカルド・モンタルバン）との確執、決闘を経て、妻を失った彼は、遺された息子共々、インディアンとして生きることを選択する。

図48　実際のバッファロー・ビル（中央）と、ネッド・バントライン（その左）

初のプロ・インディアン西部劇として知られるデルマー・デイヴスの『折れた矢』でも主人公の西部人がインディアンの娘と結婚し、彼らの価値観で生きるために白人と対立して、妻を失うことになるのだが、その公開は五〇年であり、『ミズーリ横断』はそれと踵《きびす》を接して作られたことになる。インディアンにも彼らなりの文明があり、そして自然と共に生きることを選択するその文明は、ともすれば自然を支配し、ひいては破壊することになる白人の文明よりも優れているのではないか、という視点。これもまた、西部的な自然観に対する見直しであり、修正主義的なものである。本作は、ＭＧＭで、ドーリ・シャーリー製作で作られた。しかしシャーリーによって短縮されたうえ、もともと存在しなかった、成長してからの主人公の息子によるという設定（成長してからの息子自体は一切登場しないにも関わらず）のナレーションがつけられたもので、ウェルマンとしては不満が大きく残る作とされる。

『女群西部へ!』

　ウェルマンの西部劇としては『ミズーリ横断』以前に『廃墟の群盗』(49)、以後に『トラック・オブ・ザ・キャット』*Track of the cat* (未、54、TV放映があり、その際の題名は『血ぬられし爪あと／影なき殺人ピューマ』だが、ホラーと見紛《みまが》うタイトルなので、本書では原題のままカタカナ表記する) があるが、これらについてはまた別の視点から論じる必要があるので以後の章に回し、ここでは同じくドーリ・シャーリーのもと、MGMで『ミズーリ横断』に引き続いて製作された『女群西部へ!』(51) を取り上げる【図49】。

図49 『女群西部へ！』宣伝用スチール

　この作品は、女手不足に悩むカリフォルニアの牧場主(ジョン・マッキンタイア)が、シカゴで女性をリクルートして西部に連れ帰る、その間の苦難の数々を描くもの。嫌々ながらもマッキンタイアに雇われ、一団の道案内をするのがロバート・テイラー。総計百四十人の女たちの中には、イタリア人の子連れの寡婦や、人生をやり直そうとするフランス人売春婦二人組、体の大きい船員の寡婦(ホープ・エマーソン、一度見たら絶対に忘れられない強烈に個性的な顔つき体つきである)、男に捨てられ、妊娠していることを隠して参加した若い女などがいた。テイラーは、三人に一人は死ぬ、引き返すなら今だ、と再考を促すが、帰る者は一人もいない。彼女らは、馬車や銃の扱い方を訓練され、出発する。護衛する男たちの中には、彼女らに下劣な感情を抱くものもおり、出発早々解雇される男もいたのだが、フランス人元売春婦のうち一人を、売春婦だから何をしてもいいとばかりにレイプした男がテイラーによって射殺されるという事件をきっかけに、男たちの一部が関係を持つに至っていた女たちの数人を連れて離脱する事態も発生する。過酷な山越えなど苦難は続き、峡谷で待ち伏せていたインディアンの襲撃によってマッキンタイアが死ぬに至って、テイラーもついに引き返すことを決意するが、女たちはそれを断固拒否する(「私は引き返さない!」と叫ぶ女たち一人一人の声が峡谷に響き渡る)。川べりで野営中、大雨による増水で路肩が崩れ、フランス人元売春婦の一人が流されて死ぬ一方、砂漠横断の苦難の最中で赤ん坊が生まれもする。ついに牧場近くの水場まで来るが、女たちは、まともな服を身に着けてでなければ牧場に行かないと言い出す。彼女らと行程を共にする中で、その根性、生きる意志の強さに感嘆を抱くようになっていたテイラーは、そこに、単に見栄えを気にする虚栄心だけ

図50　ヘンリー・ナカムラ

でなく、一個の人間としての誇りを見て取ることができるようになっていた。テイラーは牧場に出向き、迎えに行くといきり立つ男たちを説得して布地を用意させる。その布地を衣装に仕立て上げ、綺麗に着飾った女たちは堂々と牧場に入っていき、写真を見て自分の相手と決めていた男と牧師の前に立つ。フランス人元売春婦の女とテイラーも、その列に並ぶ。
　西部劇で女性が主人公ということ自体が稀であるのに加え、ここではしかもそれが集団である。本作に描かれた女性たちは、男性の庇護を求めたり、権威を持つ男性をうまく転がすことで自己実現を図ったりするような、いずれにせよ男性より下位に置かれる弱い存在ではまったくなく、自らの人生を自分で切り開く気概に満ちて、そのことに誇りを感じる、一個の独立した人間として男性とまったく同等な存在である。女に対しいくばくかの偏見を持つ男テイラーを主人公として設定し、彼の眼を通してその偏見が覆っていく過程が見つめられるという結構によって、西部劇の一般的観客である男性たちもまた、彼と同じく女性に対する見方の転換を自身のものとして感じ取ることになる。既述のように、ウェルマンは三〇年代初頭の社会派ドラマの中で、毅然とした女性を多々描いてきており（『フリスコ・ジェニー』、『安全な地獄』など）、また本作と同様メール・ブライドとして田舎の農場にやってきた都会の歌手が、マッチョな価値観を持ち、ヤワな女性に農場生活が務まるのか、と疑念を持つ男の信頼を勝ち得ていく過程を描いた『購入価格』*Purchase price*（未、32）もある。主演はバーバラ・スタンウィックであり、彼女のタフさ、プロ根性はウェルマンの好むところであったわけだが、『女群西部へ！』では、言ってみれば女たちの一人一人がスタンウィックのような存在であった。
　映画の中の注目すべき人物に、日本人のカウボーイ（ヘンリー・ナカムラ）がいる【図50】。彼は常にテイラーの側にいて、日本語で何かを言うと、テイラーに「何だって？」と聞き返され、改めて英語で答えるのだが、それが妙に的を射た台詞だったりして、もっぱらコメディ・リリーフ的な役回りを演じている。しかし単にそれだけでなく、テイラーがフランス人元売春婦（ドゥニーズ・ダルヤル）に惹《ひ》かれているがゆえにかえってつらく当たっているのに気がついており、彼女は人一倍頑張っているではないかと諭してテイラーに自身の感情を自覚するよう促すなど、物語展開にも重要な寄与を果たす。このような脇役を配することは作劇上の常道であるが、そうした脇役にウェルマンはマイノリティを充てる。これは、

『牛泥棒』における黒人牧師の配置と同じような意味を持つだろう。彼らは、支配的な価値観に対して批判的な視座を提供するばかりでなく（それは同じ白人の中にもありうる）、彼らとは別の価値観、存在の在りよう、超越的な位置があるのではないか、という希望のようなものを示唆していると言える（『牛泥棒』の黒人牧師はもとより、『女群西部へ！』の日本人も敬虔なキリスト教徒であるという設定で、共に宗教的な存在であることにも意味がある）。

本作は元々、フランク・キャプラが南米での実話をもとに映画化を画策していたものだが、所属するコロンビアが彼に西部劇を撮らせることに難色を示して実現できなかった企画を、キャプラの家の隣人であったウェルマンがある夕食の席で聞き、歓喜したため、そんなに面白がってくれるなら、とキャプラが企画を譲った。ウェルマンはこれをドーリ・シャーリーに持っていき、シャーリーがゴーサインを出した。ウェルマンは女性キャストを集めて馬やロバ、銃や馬車の扱い方等々を二週間にわたって訓練した。撮影開始にあたってウェルマンは、これからの十一週間は長く、汚い、そして精根尽き果てるものとなるだろう、逃げるなら今のうちだ、と述べたが、一人もその場を去ることはなかった。という過程は、まるで映画本編そのものである。外景を撮るにあたってウェルマンは撮影監督ウィリアム・メラーに、この行程の過酷さを表現するためフィルターをなるべく使わず、光の強さをそのままフィルムに残すようにと指示した。従って、光と影のコントラストが強く出ることになり、それはとりわけ、砂漠の砂が作りなす山の端で、疲弊の中これからの行路を見据える女たちの、逆光気味の立ち姿に印象的に見られる。

社会的に弱い立場のものが一致団結して難局を乗り切るという、三〇年代不況期のような筋立てで、それはいかにもキャプラ的な題材ではあるが、これが赤狩りの真っ只中で作られたことを思うと、いささか驚きを感じないではいられない。キャプラが撮っていたらそのメッセージ性があからさまに出て、あるいは問題視されていたかもしれない（もっとも、キャプラは戦後保守化して、ブラックリスト作りに協力すらしていたとされるが）[4]。ウェルマンは、これまでの記述でわかるように社会派的な側面を持っており、十分赤狩りに抵触しかねない存在だったのだが、第一次大戦中、軍人として英雄的な活躍をした事実が、そのような疑いを人に抱かせない隠れ蓑として機能した。ウェルマンはさらにシャーリーのもとで、メキシコ人移民が晒される偏見と差別を描く、これもメッセージ性の強い『私の男と私』*My man and I*（未、52）を撮るのだが、同じ傾向のものを撮ることにうんざりしていたのと、メッセージ・フィルムのための道具として使われているという不満が高まり、シャーリーのもとを離れることになる。その後彼がチームを組むのは、ハリウッドでも最右翼として知られるジョン・ウェインであって、その製作プロ、バジャックで四本の映画を作ることになり（『男の叫び』〔53〕、『紅の翼』、

『トラック・オブ・ザ・キャット』、『中共脱出』（55））、さらにそこでも傑作（『トラック・オブ・ザ・キャット』）を生み出すことになる。左から右へ。ウェルマンという人物は容易にレッテル貼りを許さない。

西部劇におけるウェルマンの位置

ハリウッド映画史において、西部劇に特化した映画作家は、ごく初期のウィリアム・S・ハートなどを除けばほとんど存在せず、たとえジョン・フォードであっても、そのキャリアの節目節目で重要な西部劇を撮っているというに過ぎない。しかしフォードの場合、その西部劇のそれぞれが時代を画するような重要作であり、また彼自身、自身のキャリアを貫く背骨として西部劇を意識していたのだから、西部劇作家と自身を称することに何の異議もない。その点、ウェルマンにしてもキャリアの節目節目に西部劇を撮り、それが時代を画する作品になっているという点においては同様であるのだから、ウェルマンを西部劇作家と呼んでもおかしくはない。それでもなお彼を西部劇作家と呼ぶのにためらいを覚えるとすれば、ウェルマンが反復を嫌い、特定ジャンルにこだわることなく次々ジャンルを変えていったこと、従って西部劇にも特に執着があるわけでもないというその作歴上の姿勢に一因は求められる。西部劇作家などと呼ばれたら、ウェルマン自身それを否定したに違いないのである。とはいえ、彼の西部劇が西部劇史上重要であるということ自体は揺るぎない事実だ。

ウェルマンの西部劇を一言で総括してしまえば「修正主義的」ないし「オルタナティヴ」西部劇ということになる。『牛泥棒』での自警団主義批判、『西部の王者』での伝説的人物像の見直し、『ミズーリ横断』での先住民の自然観への共感、『女群西部へ！』での女性賛歌。西部劇がアメリカの歴史や精神を批判的に振り返るのは、古典期の終わり以後、古典期で意識的、無意識的に前提されたものへの否が一気に噴出した六〇年代、七〇年代に入ってからのことであり、これらの諸作はそれをはるかに先駆けている。ウェルマンの社会批判的姿勢は、三〇年代ワーナーの、社会の問題をえぐりだすプレ・コード期のリアリズム映画、さらにそれ以前のギャング映画（ギャング映画の精華は社会に対する「批判」というより社会「否定」にあったが、その中でもウェルマンは犯罪の社会的要因を強調していた）から一貫していた。アメリカなるもの、アメリカの歴史や社会に対する疑い。それが西部劇にも流れ込んだ時、『牛泥棒』のような西部劇が生まれる。

ウェルマンの西部劇は、次章に論ずるフィルム・ノワール的西部劇の先駆でもある。フィルム・ノワールは、ギャング映画の後継として、悪の魅惑、タナトスを全面展開させた宿命論的世界を描き出すことになるが、ノワール的な暗さは四〇年代後半から五〇年代の西部劇をも侵してゆく。また特に共産主義者が撮るノワールには、個人でなく、社会にこそ悪が宿るという発想で撮られたものがある。そうした批判性はウェルマンの西部劇に通じるものがあるし、またウェルマンには実際、西部的共同体の祖型であるはずの家庭内での、ノワール的な陰鬱さ漂う権力劇『トラック・オブ・ザ・キャット』を撮ってもいる。

粗雑な分類であるが便宜上二分すれば、ハリウッド古典期は、メロドラマや、その骨格を借り受けている西部劇という明るい表の面と、ギャング映画、犯罪映画、フィルム・ノワールなどの裏の面を持つ。前者の現状肯定に対し、後者は現状批判的な傾向を有する。常に前とは異なる作品を求め続けたウェルマンは、従って、この両方を交互に渡り歩いてきて、その双方において優れた作品を作り続けてきたのだが、こと西部劇に関していえば、明朗な勧善懲悪的作品はただの一本も撮っていない。また逆に、西部劇において極めてノワールに近似する作品を撮っていながら、完全にノワールに分類可能な映画も、これまたウェルマンは一本も撮っていないのだ（ジョン・フォードにすら、時にノワールの先駆的作品とされる『男の敵』をはじめ、父の仇を追及して武器密輸商人に突き当たる『四人の復讐』〔38〕や、国外逃亡しようとする男を描く『逃亡者』〔47〕、刑事の一日を描く『ジョン・フォード／ギデオン』〔59〕などの犯罪もの、裁判劇『バファロー大隊』があるのに対し）。要するに、表の面であったはずの西部劇という舞台でこそ、ウェルマンはギャング映画からノワールに至る裏の系列を実現していたのであり、ウェルマンの姿勢はねじれている。元より、ジャンルというものは便宜的な分類に過ぎず、明確な境界があるはずもないし、ジャンルの混交があってならないものでもない。

とはいえ、ハリウッド古典期の映画作家によくあるように、多ジャンルにわたって作品を量産するだけでなく、ウェルマンはジャンルをあえて混交させ、その境界を濁らせているのである。しかしながら、こうした見方そのものがアナクロニズムであることは明白ではある。つまり、映画史的には将来的な存在であるはずのフィルム・ノワールというものを念頭に置いてウェルマンの西部劇を見たときに、ウェルマン西部劇がノワール的なもの（批判性、陰鬱さ）を持っていると見える、ということなのだから。

しかしいずれにせよウェルマンが、西部劇というジャンルを変化させたこと、そしてそこにはギャング映画やリアリズム社会劇によって培《つちか》われた視点が大きく作用しているということ（そしてその視点が後にフィルム・ノワールを生んでいること）は確かであり、ウェルマンは、ハリウッドにおけるジャンルの相互作用の顕著な一例なのである。そして、そのようなことが可能になったのは、西部劇には、アメリカなるものとは何かを問う視点がもともとあったからである。ただし、例えば前章に記した叙事的西部劇のように未開の地を自ら切り拓いてきた歴史を描くにしても、それはアメリカという国の成り立ちを肯定的に描き、アメリカなるものを寿ぐためであったし、あるいは勧善懲悪のアクションにしても、自分たちの身を自分たちで守ってきた歴史の再確認の役割を果たしていた。自国の歴史を批判的に（というより否定的に）描いたのはウェルマンが確かに最初である。しかし、西部小説『ヴアージニアン』にあったように、またウォーショーがガンマンという存在に見て取ったように、ウェスタンには暴力に対する自省的視点があったのであり、ウェルマンはそれを映画という場で実現した。ウェルマンの西部劇は、西部劇に伏在していた批判的視点を顕在化させたのである。加えて、自分自身の作歴においても、またハリウッド映画史においても、これまで作られたことがないような作品を生み出そうとするウェルマンの個人的気質がそうした傾向に掉さした。ウェルマンの切り拓いた方向性は、その後の西部劇を大きく変えていくことになる。序章に述べたように、西部劇は極端に二分すれば、アクションとしての西部劇と、アメリカなるものを問う西部劇に分けられるが、その後者の傾向、それを批判の方向へ振り向けていったのはウェルマンといっていい。その方向性は四〇年代後半にはフィルム・ノワールと結びつき、古典期崩壊以降は修正主義と結びついて、いよいよ大きな流れになっていく。

▼1　トマス・シャッツ『アメリカ映画史第六巻　景気と不景気』*History of the American Cinema: Boom and bust*, University of California Press, 1997, P. 226.

▼2　ウィリアム・ウェルマンJr.『ワイルド・ビル・ウェルマン　ハリウッドの反逆者』*Wild Bill Wellman: Hollywood Rebel*, Pantheon, 2015. 第十六章。

▼3　以下ウェルマンの生涯、キャリアについては、『ワイルド・ビル・ウェルマン』、ウィリアム・A・ウェルマン『一時の錯乱　自伝』*A short time for insanity: An autobiography*, Hawthorn books, 1974. リチャード・シッケルによるインタビュー集『映画を作った男たち』*The Men who made the movies*, Ivan R. Dee, 1975等を参照。

▼4　上島春彦『レッドパージ・ハリウッド　赤狩り体制に挑んだブラックリスト映画人列伝』、作品社、二〇〇六年、P. 310。

第四章
フィルム・ノワール＝西部劇
——バザン／バーネット／ウォルシュ／マン／ブッシュ／ヨーダン

アンドレ・バザンは一九五五年の西部劇論で、五〇年代初頭において西部劇にはある変化が生じているとし、変化した西部劇を「超西部劇」と名づけた。それらは、西部劇であることに自足せず、それに対して付随的な要素によって自身を成立させようとする。バザン自身は「超西部劇」という名称によってその変化を名指しているものの、その変化の本質が何なのかを言いあぐねている。ただ、彼がその付随的な要素として挙げているもの（社会性、内面性ないし心理性、エロティシズムなど）、また彼が「超西部劇」として挙げている作品（『真昼の決闘』、『白昼の決闘』、『シェーン』、『ならず者』など）、典型的に「超西部劇」の監督であるとする名（ラオール・ウォルシュ、アンソニー・マン）を鑑みるに、古典期と「超西部劇」を画する特質、バザンが製作年代を知らずに見ても近年に製作されたことが明確に感じ取れる「何か」としか表現し得なかったもの、我々にはそれが端的に「ノワール」なのではないかと思われた。西部劇を変質させたのは「ノワール」なのではないのか。ノワールが濃厚に漂わせていた戦中＝戦後の社会の疲弊感、陰鬱な空気。鬱屈を外的に発散してゆくのではなく、内面に滲み込ませてゆく傾向。性を含む原初的な情念の解放。そうした情動性ばかりでなく、ノワールにおいては、悪は自分（ばかり）ではなく、社会そのものなのではないか、という社会への不信、社会批判的な視点も（もっぱらその後赤狩りに遭う者たちによって）提起されている。そうしたすべてが、西部劇の中に流れ込む。本質的に叙事的であり、アクション志向の西部劇が「小説的」（バザンが「超西部劇」の特質として挙げた形容詞の一つだ）に、情動的になると同時に、無意識的なまどろみから覚め始める。西部劇は、西部劇それ自身であることに自足した完全な建築物であることをやめ、その内部に解決しがたい動揺を湛《たた》えて、そのダイナミズムによって次第に歪《ゆが》んでゆく。しかし思えば、西部劇はこれによって単なる気晴らしではない、深刻な内容を備えた映画作品になったのかもしれない。確かにこれまで記述してきたように、西部劇は西部という鏡を通して、アメリカという共同体の本質は何か、アメリカにおける暴力の本質は何かを問うジャンルではあったのだが、ここで西部劇はそのような問いを自身にとって決定的なものと受け止め始めたのではないか。こうした問いは、「超西部劇」こそむしろ「正統」西部劇なのだ、という視点の転換を可能にするだろう。「超西部劇」こそが、西部劇を西部劇たらしめたのだ、と。しかしその検証は追い追いしていくとして、ここではまず、バザンが直感的に感じた西部劇の変化を、明確にフィルム・ノワールとの関係性として捉え直し、序章での素描をより詳細に記述していくことにしよう。二つのジャンルが置かれた映画史的、歴史的位置。そして西部劇とノワールの事実的な関係性（共通するスタッフ）。

　しかしながら、当時においてフィルム・ノワールはジャンルとして確固としたものであったわけではないのだから、二つのジャンルの関係性、という言い方は本来すべきではない、という留保は予めしておくべきだろう。アメリカの犯罪映画に戦時中、戦後起こった変化、それに戦後まとまって公開された犯罪映画を見て気がついたフランスの批評家たちが「フィルム・ノワール」と名づけた。少し遅れて西部劇にも同じような変化が訪れており、その変化にバザンは「超西部劇」という徴表を与えた。とするならば、西部劇にノワールが影響を与えたというよりは、犯罪映画と西部劇にほぼ同時に同じような変化が生じていたと捉えるほうが正確なのではないか。ことはジャンル間の影響関係ではなく、アメリカ映画の戦中＝戦後に現われた態度変更である可能性もある。その時期にアメリカ映画にある変化が生じた。それはまず犯罪映画の分野で生じたが、次第に他の分野にも波及し始める。その変化それ自体を「ノワール」とするなら、このとき、「ノワール」はジャンル名というより、ハリウッドにおける世界観の変更そのものの謂《い》いとなるだろう。そもそもノワールなる言葉がいわばアメリカ映画のある種の傾向という程度のものであり、ジャンル名とも言えない曖昧な名称であったことは周知の通りだ（そのことは拙著『B級ノワール論』でも述べた）。要するにノワールとは、アメリカ映画の戦中、戦後における変化、蠢《うごめ》きそのもののことである。そう捉えたほうが、確かにノワールという曖昧で出鱈目な名称にいかにもふさわしい。しかし一方ノワールは、今や一つのジャンル名として認知されてもいて、その名のもとに括《くく》られる一群の作品のイメージは、我々にとって結構明確な像を結ぶようになっている。それとの比較で西部劇の変質がより明確に見えてくるのであれば、ノワールを一つのジャンル名として使用することにも一定の意義は見出せるだろう。ここでは、ノワールという名称の持つ曖昧さ、出鱈目さ、明確な枠組みの不在を認識した上で、ノワールというジャンルと、西部劇というジャンルの関係性を見ていくという便宜的な態度を取ることにしよう。

ギャング映画＝ノワール＝西部劇

まず、ノワールの前身であるギャング映画と、ノワール、そして西部劇の三者の関係性について改めて考えてみる。ギャング映画と西部劇はノワールを介してのつながりはあるものの、直接的な関係は一見したところ見出せない。第一章で既述したように、ギャング映画は西部劇が沈滞した三〇年代初頭に新興ジャンルとして現われた。そのことは、同じ男性客という客層が西部劇に飽きてギャング映画に流れたこと、ギャング映画は西部劇にない新しい要素を観客に提供したことを示すものであり、従って西部劇とギャング映画の交代は、その事実のみによって二つのジャンルの相違を示すだろう。実際、その見た目はまったく異なる。しかし、西部劇とノワールとの間に関連性があるとすれば、ギャング映画と西部劇との間にも、たとえ遠いとしても、潜在する何らかの共通性が見出せるのではないか。

　ギャング映画とノワールの関連を再確認しよう。今も述べたように、犯罪を描く映画としてギャング映画が一世を風靡したのは三〇年代初頭である。自身の欲望のままに生き、暴力によってすべてを手に入れ、また暴力によってすべてを失うギャングの生き様は、まともな価値観が崩壊した大不況期の混沌の象徴でもあり、また力さえあれば成り上がることができるという一種の希望の表現でもあった。しかしこのブームは、犯罪を肯定的に描くことを禁じるプロダクション・コードの発効（三四年）によって一気に収束する。ギャングを演じていた俳優が、逆にそれを取り締まるGメンを演じる（例えばジェームズ・キャグニー主演、ウィリアム・キーリー『Gメン』（35））などの対策によって延命を図るが、それも長くは続かなかった。しかし、描かれなくなったからといって世の中から犯罪が、まして犯罪への嗜好がなくなるわけでもなく、犯罪を描く映画は作られ続けた。その中でも犯罪の持つ暗さ、もっと言えばその淫靡な喜びに惹《ひ》かれる傾向を強く打ちだした一群の作品がノワールということになり、その点でノワールはギャング映画の後継となったわけである。

　またギャング映画には、不況期の世相をリアルに描く社会批判映画としての側面もあった。ウィリアム・A・ウェルマンの『民衆の敵』は、第一次大戦に従軍し、帰国しても元の職場に復帰できなかった男が、やむなく手に染めた犯罪によって成り上がっていく様を描いている。ギャング映画を陸続と生み出したのは三〇年代初頭のワーナーであったが、同じワーナーは、社会派リアリズムで知られたスタジオであり（その一翼を力強く担ったのがウェルマンであることは前章で述べた通りだ）、ギャング映画もまたその流れの中で生み出されたものであった。ノワールにも同じように社会、歴史の刻印が押されている。戦争によって疲弊した社会の陰鬱な空気が、ノワールの時空を暗く染め上げている。また五〇年代になると、左翼系の脚本家、監督が、人の金と自由とを搾取する機構としての資本主義を暴き出すような社会派ノワールを生み出してもいる。映画はそれが依《よ》って立つ社会の動向を反映するものにしても、社会が持つ負の側面をもっぱら描き出すという意味で、ギャング映画とノワールには通じるところがある。

ギャング映画はノワールによって受け継がれる。そのノワールの影響を西部劇が受けるとして、ではギャング映画は西部劇に対して間接的な関係しか持たないのだろうか。確かにギャング映画と西部劇は（ともに徒党を組んで強盗を働く者たちが現われるのにもかかわらず）関連性が薄いように思える。現代の都会を舞台とし、スーツ、マシンガン、車を必須アイテムとするギャング映画と、近過去の西部を舞台とし、ジーパンや毛皮、六連発の拳銃やライフル、馬がつきものの西部劇とでは見た目からしてまったく相いれない。価値観にしてからが、西部劇が倫理、正義を問うジャンルであるのに対し、ギャング映画は（いずれそれが滅ぶ運命ではあるにしても）非倫理的な暴力の発動を楽しむジャンルである。しかし、二つのジャンルにはともに銃という「暴力」をそのドラマツルギーの核心に据えているという共通点がある。暴力の発動そのものを死への欲動として捉えるか、社会を維持するための必要悪、それを行使する者の内面の葛藤によって発動を常に抑制されるべきものとして捉えるかの違いはあるにしても、この二つのジャンルは、銃という「暴力」を巡るアメリカ社会の価値観の表現として強い関連性がある。そう考えたのがロバート・ウォーショーであったことは、第二章で既述した通りだ。従って、ギャング映画と西部劇の関係はアメリカ社会における「銃」なるものを考えたときに抽出されてくるもの、アメリカ社会を支える大衆的意識・無意識によって支えられるものであって、映画ジャンル間の影響関係とはいささか様相を異にするかもしれない。ギャング映画と西部劇との関連は、ノワールを介して見た方がすんなり腑に落ちる。しかし直接的な影響関係もまったくないとは言い切れないのであって、それは両ジャンルに共通するスタッフの存在によって証することができる。その筆頭がウィリアム・A・ウェルマンであることは前章で述べた通りであるが、他にも脚本家、小説家のW・R・バーネットがいる。彼については項を立てて後述する。

ノワール＝西部劇――戦争の影響

バーネットによって西部劇に流れ込んだギャング映画の特質について触れる前に、いったんノワールと西部劇をつなぐいっそう重要なファクターについて述べておかねばならない。戦争である。バザンは「超西部劇」に対する戦争の影響を述べているが、その内実、戦争の何がどのように西部劇に影響したのかについては具体的に指摘していない。戦争が起こらなくとも「超西部劇」に当たるものは出現したのかもしれないが、戦争がなかったら現にあるものとは違っていたかもしれない。あるいはまた、戦争の深い影響は間接的なものであって、伝統的な主題に代わって社会的、倫理的なテーマが扱われるようになったこと（その最も著しい例が『牛泥棒』であり

『真昼の決闘』）などに表われている、といった程度の言及に過ぎない。西部劇は確かに時代物であるから、作られている現時点での時代背景は直接的には表われないかもしれないが、しかしここにノワールを一つ挟んでみるとどうなるか。ノワールが如実に戦争の影響を被っていることは明白な事実だ。ノワそして、同じ男性的ジャンルとして近傍に位置する西部劇とノワールが、相互的に浸透するということは十分考えられるだろう。ノワールの負性を注入された西部劇は、西部が象徴してきたあからさまな楽天主義に疑いを持ち始めるのである。もう少し詳しく見てみよう。

第二次世界大戦においてアメリカは勝利した。しかもハワイ、グアムを除いて国土を戦火に巻き込むことはなかった。これはファシズムに対する民主主義の勝利であり、諸手を挙げて祝われるべき性質の勝利である。しかし、にもかかわらずアメリカの人心は疲弊し、陰鬱な空気が広がっていた。多くの国民が前線で死に、銃後で傷ついたばかりではない。この戦争は、人間の根源的な悪を露《あら》わにした（強制収容所）。これはアメリカとは無関係な事態ではあるにしても、人間にこのような非道が可能であるということ自体が、アメリカもそれにつき従い、独立宣言という形で最も先鋭的に受け継いだところの西欧近代的価値観への疑いを引き起こす。加えて、これはアメリカ自身のなしたこととして、広島、長崎への原爆投下がある。西欧的科学技術は、一瞬にして甚大な被害をもたらす兵器を生み出した。まだこの時点ではアポカリプス的悲観主義を呼び起こすほどではなかったにせよ、人間の生み出した科学技術が一都市そのものを壊滅させうるほどの破壊力を持ちうるという事態に、人は危ういものを感じ始めないではいられなかった。しかもなお、戦争が終わったからといってアメリカは緊張の体制を解くわけにはいかなかったのだ。同盟国のはずだったソ連が、新たな敵として立ちふさがる可能性がもうすでに見えていたからである。

戦争中から作られ始め、戦後十年にわたって作られたノワールには、戦争中、それ以後の陰鬱な空気が如実に反映されている。勝ったにもかかわらず、その勝利にはどこか後ろ暗いもの、後ろめたいもの、何とも知れない不安感がつきまとう。こうした鬱屈は、自身の内に（も）その原因がある以上、外なる対象に向けて発散されようがなく、内向する。ノワールの内面性、心理性はここに起因する。苦い勝利。勝利の背後に張りついて離れない後ろめたさ。アメリカが戦争に対して抱いたこのような心理は、そっくりそのまま自身の歴史に向けられる。アメリカの西部開拓は、文明を未開の地に行き渡らせる輝かしい栄誉であった。しかし本当にそうか。それは、他なるものを力でねじ伏せてきた暴力の歴史ではなかったのか（むろんその疑いにおいてすら、先住民の殲滅がナチス・ドイツのユダヤ人殲滅に等しいというまでの視点は未だ獲得されることはないのだが）。西部における善悪の境界の曖昧さ、正義という概念の不明瞭さは、正式な司法制度が確立される前のやむを得ざる手段である以上に、西部の、ひいてはアメリカの本質なのではないか。つまり、アメリカは本質的に暴力的な国（リチャード・スロトキンのいう「ガンファイター・ネイション」）ではないのか。正義の名のもとに行なわれる暴力、すなわちリンチを主題にした『牛泥棒』のような作品が現われる（四三年）のはいわば必然であったといえる。戦争がもたらした憂鬱を得体の知れない閉塞した気分として情緒的に表現したのがフィルム・ノワールであるとしたら、それをより本質的に、自身の存立にかかわる社会的、倫理的問題として取り上げたのが西部劇だといえる。ノワールと西部劇は、戦争中、戦後の気分に最も真摯に反応したジャンルとして共通性を持つ。

加えて、エロティシズムの問題がある。バザンは「超西部劇」に対する戦争の影響としてエロティシズムを挙げている。戦時中のピンナップ・ガールの席巻が西部劇におけるエロティシズムを準備したのであり、その意味で戦争が「超西部劇」に影響を与えているというのである。この推論の筋はあまりにも脆弱ではないだろうか。露出度の高い女性のイメージが大量に出回ることで、確かに映画におけるエロティシズムの敷居が低くなったとしても、それはどんなジャンルに限らず起こったことではないのか。なぜとりわけ西部劇のそれを強調しうるのか、その論拠が示されていないし、またそれが西部劇に起こったとき、どのような変化が生じたといえるのかにもバザンの眼は届いていない。もっともバザンの西部劇のエロティシズムへの言及は、西部劇への戦争の影響の一例としてあるに過ぎないもので、戦争の影響自体、バザンにとって論議の中心ではない。彼はもっぱら「超西部劇」という言葉により、西部劇の変化に読者の注目を集めること、そしてその特質を何とか言語化しようとすることに留意しているのであって、その原因を究明することに意はない。

それはともかく、戦争と西部劇の間にノワールを挟み込むことで、このエロティシズムの問題もまた見通しがよくなるだろう。フィルム・ノワール、特にその初期においてファム・ファタルという形象が現われたことは周知の事実だろう。拙著『B級ノワール論』で概述したように、そこには戦時中の人手不足のため、女性が積極的に労働に加わったという歴史的な事実が前提としてある。他方で男性たちは戦うことに疲弊し、自分たちのしていることに自信が持てなくなっていた。この相対的な女性の地位向上と男性の地位低下が、犯罪映画における女性の主導的役割を強調したファム・ファタルを生むことになる。女性にいいように引きずり回され、翻弄され、ついに破滅することの倒錯的快楽。男性の後ろめたさは、自滅によって慰藉される。ファム・ファタルという存在はまた一方で、これまでの男性中心主義への批判、とまでは言わないにしても、それを相対化するという倫理的な機能を果たしもした。女性は男性を支え、助けるだけの添え物的な存在ではない。彼女自身が事態を思うままに進めることのできる主体的な存在なのだ。

ノワールは、犯罪映画というもっぱら男性によって消費されるジャンルに女性を中心的な形象として導入した。犯罪のもたらす邪《よこしま》な快楽に、さらに性的なものを加えることで淫靡さはいっそう増すことになる。この流れが西部劇にも流れ込む。西部劇はノワールと同じく、というよりノワール以上に極めて男性的なジャンルであるがゆえに、その倒錯性はいや増すことになるだろう。女性が首領となるニコラス・レイの『大砂塵』(54)、サミュエル・フラーの『四十挺の拳銃』(57)や、女性たちがウォーク・ダウン方式で決闘するアラン・ドワンの『私刑《リンチ》される女』(53、「作品解説」参照)など、それぞれの主演女優が(ジョーン・クロフォードはどちらかというと虐《しいた》げられる女だが『ミルドレッド・ピアース』(45)で、バーバラ・スタンウィックは『深夜の告白』(44)で、オードリー・トッターは『テンション』(49)で)フィルム・ノワールの典型的なファム・ファタルを演じていた女優であることは偶然ではない。詳しくは次章で記述することになるが、今挙げた彼女ら主演の西部劇三作品それぞれがリンチの問題を描いており、女性を主人公に据えたことも相まって、西部劇的な設定、価値観、ひいては世界観への違和という方向性が一層見えやすくなっている。

とはいえ、さすがに西部劇で女性が主役になるという事態は例外的(TVではバーバラ・スタンウィックが牧場主役で主演する『バークレー牧場』(65〜69)などがあるが)ではあるものの、例えば『真昼の決闘』におけるグレース・ケリーなどを見ても、女性は確かに単なる添え物である以上に、主人公の持つ価値観に対するオルタナティヴ(彼女は武器を持つことを禁じるモルモン教の教徒だ)を提示する役として規定されるようになっており、戦後西部劇における女性の重要性は増している。ただし、西部劇における女性はそもそもそのような存在として機能してきたのも確かである(第一章、メロドラマとしての西部劇について、特に『ヴァージニアン』に関する記述を思い出してもらいたい)。西部劇という場にあっては、女性もまた(ノワールの情緒的機能と異なり)倫理的な機能が強いのだといえるだろうか。ともあれ戦中戦後、西部劇においても女性の位置は高まっており、それが男性的ジャンルであるだけに一層倒錯的な色彩を帯び、従ってエロティックに見えることは確かである。またそれがノワールの影響、ないしノワールに起きた事態と相即的であること、またその淵源にはともに戦争があることもまた確かである。戦争の影響という点で、ノワールと西部劇は通じ合うのである。

ギャング映画=西部劇——W・R・バーネット

改めて整理してみるならば、ギャング映画は三〇年代初頭、大不況期という時代を背景に、無軌道な暴力の発露としてのギャングを描き、一世を風靡した。犯罪の肯定がプロダクション・コードによって規制されたことでジャンルとしては滅びるが、犯罪を描くこと自体はフィルム・ノワールに受け継がれる。フィルム・ノワールにおいては戦争が色濃く影を落としており、どことなく後ろ暗いものがつきまとう苦さが映画全編を陰鬱な空気に染める。この二つのジャンルは、世相を直接的に反映している点、犯罪を描くという点で共通するが、一方暴力の発露が肯定されるか否かで違いがある。無論プロダクション・コードがその間を分けるにしても、それによってノワールにおいては犯罪者が自滅することの喜びにもつながるという倒錯を生むことにもなり、コードは逆説的に積極的な機能を果たすことにもなっている。ノワールにおいては女性が大きな役割を演じることもギャング映画との大きな差の一つである。

　西部劇は現代物ではなく、時代物であるから、世相を直接的に反映することはない。西部劇が社会を反映するとしたら、それは映画全体を支配する雰囲気のようなものとしてであり、いったん時代の生々しい表層を取り去って抽象化されたうえで、ということになるだろう。戦争の苦い勝利、後ろめたさはノワールにおけるように直接的な表現を得ることはなく、西部における正義とは何か、という倫理的な問題に変換される（『牛泥棒』）。そこで暴力もまた問い直されることになり、暴力をそのドラマツルギーの核心に据えていたギャング映画との類似性も急速に視界に上ってくるわけである。戦中戦後の西部劇とノワールは直接的、間接的の別はあるにしても、戦争の影響を受けているという点、暴力を核心に据えたジャンルであるという点で共通性を持つ。時代的に近接するノワールと戦中戦後の西部劇の関連性は、以下に詳述していく通り世界観の類似、それを作っているスタッフの共通性によって見やすいが、ギャング映画と戦中戦後の西部劇の関連性は、あくまで暴力という主題によって担保されるという意味で抽象的なものである。しかしこの二つのジャンルにも共通のスタッフが関わり、ギャング映画的な世界観を西部劇に持ち込んでいる例が確かにある。それがW・R・バーネットなのである。

　W・R・バーネットの映画界入りは『犯罪王リコ』の原作者としてであり、また『暗黒街の顔役』の構成、ダイアローグ作家としてであって、まずはギャング映画というジャンルの隆盛を導いた存在として知られている。オハイオ州コロンビアの統計局で働いていた彼は、一九二七年、禁酒法下でギャングが勢力を急激に伸長させていたシカゴに移住してホテルのデスク・クラークとして働き、街の雰囲気を吸収、たまたま知り合ったギャングから話を聞いたり、また彼自身聖ヴァレンタインの虐殺を間近に目撃したりして、その経験を二九年に発表された小説『犯罪王リコ』に結実させた。[1] 彼は知り合いのギャングに対して、人を殺す気分はどうだと質問し、「兵士がどう感じると思う」、と返された。要するにギャングにとって人を殺すことは、兵士が敵を殺すのと同じ、ただの仕事なのだ、というのである。この乾いた感覚こそが、ギャング映画を一つの新たなジャンルとして確立させる一因となる。それ以前のジョゼフ・フォン・スタンバーグ『暗黒街』

（27）がギャング映画の始祖として挙げられることもあるが、確かにギャングの世界を描いているにしても、その内実はあくまで男同士の友情、一人の女性を巡っての確執を乗り越える固い友情の物語である（『暗黒街』の原案はベン・ヘクト、シナリオにはクレジットなしでハワード・ホークスも関わっており、この二人がのちに『暗黒街の顔役』を生むことになるわけだが、そこでは近親相姦という形でやはり『暗黒街』同様、情の物語が語られていて、そうした情実をいっさい欠いた『犯罪王リコ』と一線を画する）。自身の欲望のために暴力を振るう、というより暴力を振るうこと自体が自己目的と化したような、ただひたすら上に向かうことを至上命題としたリコの肖像が衝撃だったのは、その描き方のドライさにある。彼の行動は金のためでも女のためでもなく、そもそも何かのため、という根拠がない。彼の暴力は自己目的であり、至純の域にまで高められている。この作品は三一年にマーヴィン・ルロイによって映画化されたが、映画版ではリコが落ちぶれて木賃宿に入っており、警察に挑発されて姿を再び見せ、射殺されることになる【図51】。バーネットは、映画が自分の小説をありきたりなものにしてしまったと幻滅したというが、それでも人を人とも思わない、不敵で禍々《まがまが》しいオーラを帯びたリコの肖像は、エドワード・G・ロビンソンという形象を得ていつまでも我々の記憶に残り続けることになる。

図51　『犯罪王リコ』撮影時。中央がバーネット、右がルロイ

　さて問題はここからである。バーネットは三〇年に『聖ジョンソン』という小説を発表する【図52】。ワイアット・アープとOK牧場の決闘を初めて取り上げた小説とされている（ただしアープはジョンソンという名で描かれる。また、アープが死んだのは二九年、スチュアート・レイクの初の伝記が出たのが三一年のことだ）。これは三二年に『法と秩序』*Law and order*（日本でのDVD題は『死の拳銃狩り』。内容を暗示している点、またその禍々しい印象ゆえに以下DVD題を使用）として映画化された。ギャング小説＝映画を創始したと言っていい人物が、西部小説＝西部劇にも関わっているわけなのだ。しかもそのつながりは、ギャング小説を書いた人物がたまたま西部小説も書いてみた、という偶発的なものではない。そこには必然性がある。バーネットはアープについての記事を読み、トゥームストーンに行ってみたのだが、そこで、シカゴの街を見たときのように衝撃を受けたという。彼は、まだその当時を覚えている町の人々に話を聞き、まるで共和党と民主党の争いのようだと感

じたとも言っている（ちなみに彼の祖父、父親ともに政治畑の人間である。さらにちなみに、彼は強固な反共主義者として知られている）。要するにバーネットは、アープ兄弟らとクラントン一家の闘争も、ギャングの抗争、あるいは政治的勢力争いと同じものとして見ていた（実際OK牧場の決闘が、都市的新興勢力と牧畜旧勢力の覇権争いであったことは既述した）。バーネットは、アープらの行為を遠い過去における西部の出来事として神話化することがない。アープの晩年に親しく交流したというウィリアム・S・ハートやジョン・フォードがあるいはそうであったように、彼を西部神話の生き残りとして崇拝の眼で見ていない。彼の視点はあくまで乾いており、OK牧場の決闘を見るにしても、同時代の人間の争いを見るのと変わらないのである。バーネットは、ギャング小説と同じ姿勢で西部を捉えたのだ。

図52 『聖ジョンソン』書影

『死の拳銃狩り』

では、小説『聖ジョンソン』の映画版『死の拳銃狩り』はどのようなものなのか。『死の拳銃狩り』のシナリオを書いているのはジョン・ヒューストン、彼のキャリアの中でも最初期の仕事である。バーネット原作、ヒューストン脚本というコンビはその後、フィルム・ノワールの傑作『ハイ・シエラ』（41）を生むことになる。アープ＝ジョンソンを演じているのはジョンの父ウォルター・ヒューストン。監督はエドワード・L・カーン。監督作は多数を数えるが、本作が単独監督としては初めての作品。フェニン／エヴァソンは本作を、ウィリアム・S・ハート西部劇の精神に回帰した傑作である▼2にもかかわらず、長らく過小評価されてきた、としている。

　ジョンソンとその弟たちがトゥームストーンにやってくる。ジョンソンは、カンザスに平和をもたらした立役者として「聖ジョンソン」の名を奉られているが、一方その過程で多くの死者を出してもいて、そこから、西部に問題があるとすれば、それはインディアンでなく六連発銃だという考えを持つに至っている。町はノースラップという一家に牛耳られており、町の保安官もあからさまに彼らの支配下にある。連邦保安官になることを請われながらも断っていたジョンソンだが、行きがかりで引き受けざるを得なくなり、ノースラップ一家との間の緊張が高まっていく。そうした中で日ごろの信条を実現し、町に銃の保持禁止令を敷くジョンソン。彼ら自身も法令に服して全員丸腰になるが、仲間の一人（ハリー・ケリーが演じる）がノースラップ一家に待ち伏せされて殺されるに至って、ついに一家と決闘、彼らを全滅させる。しかし自分が敷いた法に反した彼は、町を去ることになる。

本作の魅力はやはり、その描写の荒々しさにある。銃の保持禁止令が出されると、当然町の住人は反発する。その際の描写は驚くべきものだ。保安官事務所の壁に貼られたその布告を捉えたカメラがそのままパンし、騒然とした町中を描き出す。どこに向かっているのか道を走る者たち、銃をぶっぱなしながら馬を駆って通りを走り抜ける者たち、彼らとは反対方向に逃げ惑う女などを捉えながらほぼ丸々三百六十度回転したのち、カメラは斜めにクレーンで上昇し、事務所二階から町の様子を不安そうに眺めているハリー・ケリーを映し出して止まるのだが、パンの速度が速いことも相まって、今記述したような被写体は実際のところはっきりと見分けられるわけではなく、受ける印象は混沌そのもの、何かただならぬ緊張だけを見る者は画面から受け取ることになる。

そしてラストの撃ち合い。敵が馬小屋に逃げ、ウォルター・ヒューストンらがそれを追って入っていく。馬を挟んでの撃ち合いが細かいカットの積み重ねで捉えられていく。撃ち合いは正確な射撃というより乱射に近く（史実のＯＫ牧場の決闘も実際はこのようだったことは既述の通り）、誰が誰を狙って撃っているのか見る者にはまったくわからない。銃から出る煙で視界が覆われ【図53】、おびえて足を跳ね上げる馬のカットが差し挟まれる。そもそも狭い馬小屋の中にカメラが入り込んでいるので位置関係が判然としないし、見ていると閉所恐怖のようなものを感じる。これはほとんどギャングの撃ち合いのようなのだ。▼3 バーネットは本作の原作小説発表と同じ三一年、映画『町の野獣』*Beast of the city*（未）に原案を提供しており、そこでもやはりウォルター・ヒューストンがギャング壊滅の任務を帯びた警察官を演じているのだが、そのラストも衝撃的で、ギャングに向かって警察が横一列に並んで正面から銃を乱射しながら進み、ヒューストンを含む全員が死亡する。『死の拳銃狩り』ではウォルター・ヒューストンのみは生き残るが、彼は町の混沌をそのままに、すべてを失った敗残者として立ち去るという宙づりの終わり、というよりほぼバッド・エンドであり、後味の悪さという点では『町の野獣』の終わりとまったく同じ印象を受ける。

図53　白濁する視界

この映画が、銃の放棄を主題にしていることも注目すべき点である。先に書いたように、主人公は、インディアンではなく銃器こそ西部の問題点だと考えている。とはいえ、問題なのは銃そのものではない。皆が法を遵守すれば銃などはいらないのであり、順法精神の欠如こそが、問題の根本なのだ。本作の中に、リンチに遭いそうになった男を主人公が守るエピソードがある。この男は正式に裁判にかけられ、「町で初めて、法に従って絞首される者」として称えられ、喜んで、というのも変だが、少なくとも誇りをもって死んでいく。リンチではなく、法による死。しかし町の住民が受け入れるのはそこまでなのだ。銃の放棄は、先に述べたように町に混乱をもたらす。そのせいで町の緊張は高まり、決闘が起こる。町の住民が敵方に肩入れするわけではないにせよ、と言って主人公たちの側についているわけでもない。彼を連邦保安官として雇った町のお偉方でさえ、銃の放棄法には反対なのであり、まして町の住民は彼に反感を抱いたままなのだ。決闘が終わっても、町に火種は残ったままで、その混沌を結局収拾できずに主人公は去らざるを得ない。主人公の弟は、兄貴の政策は五十年先を行っている、と言う。確かにまだ西部開拓時代の精神が残る時代にあっては、これは過激な政策だったのかもしれない。しかし、五十年どころか現在に至るまでアメリカは銃を放棄するに至っていない。これは一体どういうことなのか。西部開拓精神が、いまだアメリカ人にとってアイデンティティの拠《よ》り所《どころ》となっているからなのか。それとも、アメリカが根本的に暴力的な国家（力によって他を排除してきた国家）だからなのか。本作の過激さは、現在においても色あせることはないようである。

『暗黒の命令』

バーネット原作の『死の拳銃狩り』はギャング映画のような西部劇だったが、同じくバーネット原作の『暗黒の命令』（40）は、フィルム・ノワールのような西部劇である。『死の拳銃狩り』がギャング映画の都市的なリアリティをそのまま西部劇に持ち込んだのに対し、『暗黒の命令』は、南北戦争時のカントレル・ゲリラという実在した存在を扱いつつ、リアリティはまったくない。学校の教師として働き、地元住民の信頼を培《つちか》い、近く行なわれる保安官選挙でようやく出世の機会を摑もうとしていたカントレル（ウォルター・ピジョン）が、詐欺師まがいの素朴な若者（ジョン・ウェイン）に保安官の職をかっさらわれ、さらに南軍びいきの地元の銀行家の娘（クレア・トレヴァー）まで奪われそうになり、ついにゲリラを組織、南軍の制服を着て強盗を働き、人々の南軍への憎しみを掻き立てる。

このカントレルの造形の暗さがまず目につく。ウォルター・ピジョンはウェインに比べれば遥かに紳士であり、思慮も深そうに見える。何しろウェインは、人に喧嘩を吹っかけて殴り倒しては、相棒のインチキ歯医者に見させて治療費をだまし取るという詐欺師まがいの商売をしている男なのだし、素朴というよりはほとんど能天気に見える。そんな男が思いついたように保安官に立候補、訥々《とつとつ》と演説して、それがいか

図54　『暗黒の命令』右からウェイン、ピジョン、ロジャース

にも正直者に見えることによって当選してしまうのだから、長年雌伏してきたピジョンが激怒するのももっともな話ではあるのだが、ただ、ピジョンの態度の急変が今ひとつ説得力に欠ける。しかしピジョンにまつわる細部がその異常性を効果的に示しているので、彼がいきなり悪へと傾斜することにも、さほど抵抗を感じない。というのも、彼は自分の母親（マージョリー・メインが演じる）を召使と偽って一緒に暮らしているのだ。その貧しい出自をごまかすためなのか、理由はともかく、見る者はピジョンの性格にどこか歪んだものをはっきりと感じ取る。この母は映画のラスト、暗がりで秘かにウェインを狙うピジョンを邪魔し、彼を死に至らしめるという決定的に重要な役を演じることになる。母の存在も、映画をどことなく暗いものにするだろう。死をもたらす女として、このような存在もフィルム・ノワールとの近似を示す一例である。しかしそれが母親である、というのはノワールでもなかなか珍しいことであり、バーネット作品にもこのような例はないように思う。一方ウォルシュ作品においてはそのような例が他にも存在し（キャグニーの演じるギャングが、母親によって精神的に支配されている『白熱』や、母のような存在だった女性の過去が主人公の現在を支配する、後述の『追跡』）、これはウォルシュの創意なのかとも思えるが、誰が設定したにせよ、肉親である母親が息子の精神を支配し、さらに死をもたらすというウォルシュ映画における母親像は、ファム・ファタル以上に禍々しい。

　さて、ゲリラと化したピジョンが暗躍する中、町で一つの事件が起こる。町は、北軍につくか南軍につくかで揺れているのだが、トレヴァーの弟（後の唄う西部劇スター、ロイ・ロジャースが演じる）が、銀行家である父親の南軍びいきをなじられて口論になり、行きがかりで人を殺してしまう【図54】。その裁判でピジョンは彼の弁護を買って出るのだが、彼ら一味は夜間に覆面で陪審員たちの家を襲い、自分たちに都合のいい判決を下すよう脅す。さて裁判の席で彼は、陪審員たちをじっと見つめながら、彼らを脅したのと同じ文言で弁護する。陪審員たちは昨夜の男こそ、今目の前にいるカントレルなのだと知り、蛇に睨みつけられた蛙のように凝固するのである。闇で放たれる脅迫の言葉と、光の場たる法廷での弁護の言葉が同じという倒錯。これもまたピジョンの造形の暗さの一例である。このときロジャースによって殺された男の妻も、その後重要な役割を果たす。彼女はカントレル・ゲリラが跳梁し、世情が騒然とするなか、銀行の取りつけ騒ぎが起きると率先して民衆を煽《あお》り、ついにトレヴァーの父親はその騒ぎの中で殺されてしまう。さらにその後カントレルの正体が明らかになると、弟の件をきっかけに、その妻となっていたトレヴァーを追放せよと町の人々を扇動するのも彼女である。ヘレン・マッケラーという女優が演じているが、もっぱらB級西部劇にしか出ていない女優で、印象に残る役としては本作くらいのものだろうか。憎悪に凝り固まった田舎の偏狭な女、という嫌な感じがよく出ていて、こうしたちょっとした人物の描写が画面を暗く息づかせている。

本作は、『駅馬車』のジョン・ウェインとクレア・トレヴァーが再び共演した作品なのだが、たった一年しか製作年度が変わらないのにそのトーンの違いに驚かざるを得ない。『駅馬車』では、いかにも西部劇的な設定の中に人物がはまり込むと、あとは一気にその機構が走り出し、一瀉千里に最後まで走り通すかのような透明性があるのに対し、『暗黒の命令』では、登場人物の暗い心理（群集心理も含めて。これもノワールおよび「超西部劇」に対して赤狩りが与えたものを連想させる）のほうが重視され、物語の潤滑な進行が阻害されて、映画世界は不透明なものになっている。本作の不透明性を、第二次大戦にアメリカが参入したという時代の変化に帰すべきなのか、脚本のバーネットに帰すべきなのか、はたまた演出のウォルシュに帰すべきなのかはともかく、この時点で西部劇が変わり始めていることに我々は気づかざるを得ない。そうした動きはさらに、数年後の『牛泥棒』で決定的なものになる。

『ハイ・シエラ』＝『死の谷』

『死の拳銃狩り』、『暗黒の命令』の原作者バーネット、『死の拳銃狩り』の脚本家ジョン・ヒューストン、『暗黒の命令』の監督ウォルシュが一堂に会したのが『ハイ・シエラ』ということになる（バーネットは脚本にも関わっている）。ウォルシュとしては『暗黒の命令』に続く『夜までドライブ』(40)の次作になり、『夜までドライブ』の助演であったハンフリー・ボガートとアイダ・ルピノの二人を主演に据えている。ボガートにとって初の主演作となり、この作品の評価とヒットによって彼は一流俳優として遇されるようになる。『ハイ・シエラ』はその後、同じウォルシュの手によって『死の谷』(49)として西部劇にリメイクされる（さらにスチュアート・ヘイスラー監督により『俺が犯人《ホシ》だ！』(55)で現代劇として再リメイク）。またバーネット＝ヒューストンのコンビが、これもノワールの傑作『アスファルト・ジャングル』(50)を作り、それがまたデルマー・デイヴス監督により西部劇『悪人の土地』(58)としてリメイクされる、という形で、ノワールと西部劇の関係は撚《よ》れた糸のように錯綜し、一体化してくる。その動きの中でノワール西部劇とでもいうべき、同時にフィルム・ノワールであり西部劇であるような作品が続々と現われてくる。その中にウォルシュの監督、ニヴン・ブッシュの原作、脚本になる『追跡』（47）があり（後述）、ウォルシュがノワールと西部劇をつなぐ重要な輪の一つ、結節点であることはこうして事実関係だけを見てもわかる。

『ハイ・シエラ』は、ある仕事のために仲間が手を回して出獄させたプロの犯罪者（ハンフリー・ボガート）が主人公。彼は西に向かうが、その旅の中で、同じく西に向かう一家（老夫婦と孫娘）に出会う。孫娘は足が悪く、彼女への同情がいつか愛情に変わる。指定された湖畔のバンガローで仕事仲間に合流するが、それはプロ中のプロである彼にはとうてい釣り合わないチンピラまがいの男二人と、彼らの一人が連れていた女（アイダ・ルピノ）だ【図55】。女は彼を愛するようになるが、孫娘を愛する男は見向きもしない。男は孫娘の手術の手配をして足を直してやるが、彼女には故郷に男がおり、加えてすでに初老である男は感謝の対象ではあっても端《はな》から恋愛の対象ではなかった。失恋を経て、男は初めてルピノが自分に向ける愛の真実を知り、彼も彼女を愛するようになる。リゾート・ホテルの金庫を襲い、貴金属を奪うという仕事自体はうまくいくものの、逃走過程で仲間の男たちが死に、またボスも心臓発作で死ぬ。故買屋に話をつけて雌伏するものの面が割れ、女といったんは別れるも警察の知るところとなり山中へ逃走する。しかし女が彼のもとに駆けつけ、彼女が来たことを知って姿を現わした男を、頭上から狙っていたライフルが射殺する。

図55　『ハイ・シエラ』のボガートとルピノ（右）

前半部分はボガートの真の愛情の獲得、再起に賭ける心情を描き、後半では一転アクションが中心になって、あれよあれよという間に事態が展開、ボガートが追い詰められていく。湖畔の穏やかな風景が、高山の乾ききった、白い風景に取って代わる。高い地点に追い詰められた主人公は、もはやこの世から疎外され、いる場所を失ってしまっているように見える。その上で彼はさらに高所から射殺される。天の罰、とまでは言わないが、ほとんど虫けらのように（高所からの俯瞰で、彼はただの黒い点である）殺されるわけであり、その空しさ、宿命論がいかにもノワール的である。高山を逃げる車の疾走感によっていかにも現代的なアクション映画に見える本作は、しかし西部劇との関係を秘かに有している。農場を手放した一家が西へ向かう、という設定は、ジョン・フォードの『怒りの葡萄』などにも描かれた、大不況期によく見られた光景を下敷きにしているわけだが、そこには、西に希望があるというアメリカ特有の観念がある。実際足が悪い孫娘は、西に行ったことによって改善するわけだ。西は希望であり、若さである。これは西部神話そのものであり、『ハイ・シエラ』はいわば西部劇の培ってきた土壌の上に物語を構築しているわけで、そもそも西部劇との深い関係を有していた。

一方西部劇である『死の谷』は逆に、『ハイ・シエラ』以上にノワール的であるように見える（シナリオはジョン・ツイストとエドマンド・H・ノース。二人ともノワール作品にほとんど関わっていない脚本家だ）。物語の骨格自体は、襲撃先がリゾート・ホテルから走行中の列車内の金庫に変わった程度、二人の手下とそのうちの一人が連れていた女性、旅の途中で知り合った若い女性という人間関係も完全に踏襲されている。しかし、『死の谷』では、若い女性の足が悪いという設定はない。この設定は『ハイ・シエラ』において、初老である主人公が釣り合わない年齢の女性に対して、同情から愛を抱くに至る成り行きを説得的にするためのものであるわけだが、それによってできあがるカップルの年齢差が際立って、どこか痛々しい印象を醸《かも》し出す。上記のように、西部は希望であり、若さである。初老である主人公は、その若い西部の中にあって、どこか浮いている（仕事仲間が若いチンピラであるのも、そうした意図からの設定だ）。彼は、若い西部というそぐわない環境の中で孤立し、取り残され、最終的には消え去るわけなのだ。ただ、主人公が抹殺されるとはいえ、西部そのものは若く、希望に満ちた土地として表象されるわけだから、その意味ではまだ映画には明るさが残されている。

一方、では『死の谷』はその点どうなのかといえば、主人公自身が若く見えるために、そうしたギャップの痛々しさはない。演じているのはジョエル・マクリー。『ハイ・シエラ』を演じていた時点でのボガート（四十一、二歳）と比べても『死の谷』時点でのマクリーは年上（四十四、五歳）なのだが、若く見えるし、設定上も初老とはされていない。しかし、主人公が環境と背反関係にあるということ自体は同じなのである。つまり、若い主人公は、古い、それどころか死んだ町に入り込むのだ。主人公たちが逼塞して機会を待つ土地は、スペイン人を先住民が虐殺し、その先住民も天然痘で全滅して、さらに地震で廃墟になった土地であり、また主人公が最後に逃げ込むのも死の谷の、月の都と呼ばれる崖に掘られた集落（ここにも人はいない）なのである。かくして『ハイ・シエラ』と『死の谷』では、前者では初老の男と若い環境、後者では若い男と死んだ環境、という具合に、主人公と彼が置かれた背景が逆転している。[4]『ハイ・シエラ』では、土地の若さがまだ余韻に明るさの余地を残していたのに対し、『死の谷』では、そのかすかな明るささえ許されてはいない。死んだ土地であたら若い命が圧殺されることにより、痛ましさはいや増すことになるだろう。西部劇である『死の谷』のほうが、ノワールである『ハイ・シエラ』以上にノワール的であるというのはそういう意味においてだ。

女性たちの主人公に対する関係も、『ハイ・シエラ』以上に陰鬱である。『ハイ・シエラ』ではジョーン・レスリーという女優が演じていた足の悪い若い娘を、『死の谷』ではドロシー・マローンが演じている（足が悪いという設定がなくなっているのは既述の通り）。ドロシー・マローンはその後のダグラス・サーク『風と共に散る』（56）の、父の死のきっかけを作る石油王の馬鹿娘役で知られるが、ここでも彼女が演じる役はドス黒い。彼女は主人公を密告するのだ（『ハイ・シエラ』で主人公の面が割れるのは、手引き役だったホテルの従業員が自白してしまうため）。『ハイ・シエラ』でも、主人公が娘に最後の別れに行くと、足の治った娘が故郷の恋人と正式に結婚することになり、二人が幸福そうにダンスをしているところに出くわし、彼らを祝福するために集まってきていた若者たちの、年寄りが何の用だ、という視線に晒《さら》されて後味の悪い思いをさせられるのだが、これは娘自身に起因するわけではないのに対して『死の谷』の後味の悪さは娘本人に起因するのだから、それに劣らないどころか、むしろ勝っている。演じているのがドロシー・マローンなのも適役というしかない。

図56 『死の谷』のジョエル・マクリーとヴァージニア・メイヨ

『ハイ・シエラ』でアイダ・ルピノが演じていた役を『死の谷』ではヴァージニア・メイヨが演じている【図56】。主人公が最終的に死に至るきっかけとなる二人の女性だが、そのきっかけにも差がある。『ハイ・シエラ』では、包囲された主人公のもとに女が訪れるわけであるが、彼女が来ていると主人公が直接知ることになるのは、犬の鳴き声によってである。リゾート地で、悪運がついていると嫌われていた子犬が主人公にやけになつくので、ついほだされて飼い犬にしていたものである。バーネットには動物を悪運の象徴に使う例がいくつかある。脚本のみの『拳銃貸します』（42）では主人公が黒猫を愛し、原作の『アスファルト・ジャングル』（50）ではスターリング・ヘイドンが、もはや助からないと知って故郷の牧場に向かい、可愛がっていた馬を見て死ぬ。一方『死の谷』ではそうしたチャームは存在せず、メイヨ自身が主人公の死を招く。保安官たちがいったん自分らは裏に回るとその場を去るため、メイヨは今のうちに出てきて逃げようと男に呼びかける。無論これは罠で、呼び出された主人公はライフルで射殺されることになるわけだが、このとき『ハイ・シエラ』では使用されなかったズームが使われ、主人公を狙う目が意識される。まさに襲い来る銃弾の視点であり、死が生々しく体感されるのだ。『死の谷』において『ハイ・シエラ』以上に死が生々しいという事実、ここにも西部劇とノワールの捻《ね》じれが感じられる。

そもそも西部劇において女性は、アウトローである男性を共同体に馴致する装置としてあった。しかしここで、女性たちは主人公に死をもたらす存在である。この転換の背景に、フィルム・ノワールのファム・ファタルがあると見ることができるだろう。ノワールにおける、死をもたらす存在としての女性が、西部劇にも侵入し、共同体の礎《いしずえ》としての女性を侵食するのである。しかし『死の谷』では、主人公が女と結婚し、共同体へと導いているのも確かではある。主人公たちが逼塞する廃墟の町に教会があり、彼らはそこを修復しようとしている神父に出会い、その神父の仲立ちによって結婚し、奪った金をその募金箱に入れるのである。映画のラストは、その教会の鐘が鳴り、人々が集まってくる場面だ。廃墟の町が蘇《よみがえ》る。共同体が再建される。女は従って、確かに共同体の礎なのだ。しかしそれは主人公たち二人にとって現実のものではない、という苦さを伴っている。彼らはその共同体からは排除されてあり、彼らがそこに参入できるとすれば、死後、魂の世界の中でに過ぎない。『駅馬車』の二人は、アメリカから排除されこそしたものの、それでも二人の共同体をこの世界に持つことができた。一方『死の谷』の二人は、この世から排除されている。死によって結ばれているという点では確かに幸福なのだが、しかし一方、共同体からは排除されてあるという点では不幸である。彼らは幸福なのか不幸なのか。ともあれ、アウトローを共同体につなぎとめるという西部劇における女性の役割は、ここで確かに維持はされているものの、死の天使としてのファム・ファタルによって否定的な変形を被っている。またノワールにおけるファム・ファタルも、単に破壊的なだけではないものに変形される。死によってこそ真に結びつく愛、死に至るまで強烈に燃え尽きる愛。ノワール西部劇における女性は、死の天使であると同時に、死を契機とする真実の愛を生む肯定的な存在でもある。そのような女性像をいっそう典型的に描くのが『白昼の決闘』(46)ということになるが、それについては後に触れる。

ラオール・ウォルシュ

ウォルシュは『ハイ・シエラ』を自ら西部劇にリメイクすることでノワールと西部劇をつないだ人物といえるわけだが、実のところそれ以前にも『暗黒の命令』があり、さらに以前の『懐しのアリゾナ』(監督中に怪我をして中途で降板した)も、女性不信に彩られた暗い西部劇であった(「作品解説」参照)。ノワールと西部劇をつないだのはウォルシュに限らないのだが、サイレント期からの古い世代の中でウォルシュがとりわけ目立つのは確かである。なぜウォルシュなのか。その点を考える上で興味深い指摘を『ラオール・ウォルシュ』のギリアーニがしている。

ウォルシュはアイルランド移民の子としてニューヨークに生まれている。周知のごとくニューヨークに本拠を置くバイオグラフ社で俳優となり、『国民の創生』でリンカーン暗殺者を演じるなどする中、グリフィスの下で演出を学び、監督としてもデビュー、その後ハリウッドに渡り数十年に及ぶキャリアを築き上げる。この、アイルランドからアメリカへの（西への）移民、そして東部から西部へ、という行程はまさにアメリカ（とそれを作り上げたヨーロッパ移民）の行程そのものではないか、というわけである。それを言うならばジョン・フォードもそうなのであって、そうした行程はウォルシュに限ったことではない。しかしウォルシュが特異なのは、その西への動きが閉ざされるような作品を多く撮ることになるからだ。ウォルシュは戦時中、ワーナー専属となり、ワーナーの看板俳優エロール・フリンを主演に数多くの戦争映画、冒険映画を撮ることになるのだが、その多くは旧大陸（アメリカの東に位置する）を舞台としている。これ自体が後退なのだが、その内容もまた多くが、どこかへ向かう旅を描いており、しかもそれが何らかの障害を被る物語である。「この旧世界の空間や出来事への回帰は再開であり、後退であって、ウォルシュ映画にあってはアメリカの悲劇を示している。後退や再開、破線、遮られた旅、最短のはずが突然とてつもなく長い紆余曲折に変わる道のり、これこそがウォルシュのドラマツルギーの核心であり、それはほとんど存在論的なアメリカの悲劇でもある」。具体的に見てみる（以下すべてエロール・フリン主演）。

『戦場を駆ける男』（42）。ドイツに不時着した四人の男たち（アメリカ人、イギリス人、カナダ人、オーストラリア人の混成部隊）が敵地をフランスまで逃亡する物語。四人のキャラクターが凸凹カルテットというべきか、無鉄砲な者もいれば沈着な者もいるという具合で、ゲーリングの専用列車にこっそり乗り込み、やりたい放題する場面など、全編にわたって陽気なトーン。最終的に、二人の犠牲を出しながらも敵の飛行機を奪って帰還する。共演はロナルド・レーガン、アーサー・ケネディら。

『北部への追撃』*Northern pursuit*（未、43）。ドイツ系カナダ人で山岳警察の主人公が、カナダ国内で暗躍するナチの秘密組織の一員を発見する。主人公は潜入捜査員たるべく警察を辞任し、ドイツへの忠誠を誓って、その男を秘密の基地へと案内する役を買って出るが無論それは表向きで、秘密基地に到着した暁には基地を破壊するつもりだった。しかし彼を信用しきっていないナチは、その婚約者を人質として同行させる。雪国で、しかも少人数の心理の駆け引きが演じられ、密室劇的な息苦しさがある。脚本は後に赤狩りで犠牲になるハリウッド・テンの一人アルヴァ・ベッシーと、小説家フランク・グルーバー。

ここまでの作品では、主人公は目的地に何とか辿《たど》りつく。しかし次の『不確かな名誉』*Uncertain glory*（未、44）では、それが怪しくなる。舞台はナチ占領下のフランス。まさに死刑になろうとしていたところで空襲に遭い、逃げ出すことができた男。しかし彼をずっと追っていた老刑事（ポール・ルーカス）により、スペイン国境で逮捕される【図57】。折から田舎の村でサボタージュが発生、犯人をあぶり出すため、ナチは市民百人を人質に取る。パリへの護送の途中、男は老刑事に、どうせ死ぬのだから自分が犯人と名乗り出ることを提案、しかし男が根っからの嘘つきであることを知っている刑事はなかなか信用しない。ようやく同意し、投降後の尋問に備えるためにサボタージュの現場の田舎に向かう。準備は終えたが、一日だけ猶予をもらって、村の女性と何気ない一日を過ごし、そのことで男の心は揺らいでしまう。刑事もまた高熱に倒れる。男は本当に投降するのか……。物語は死刑に至る時間の中断に始まり、パリに連れ戻す旅程の中断、投降に至る過程の中断と、幾重にもわたって目的地への線が中断され、破線状になっている。しかも主人公は嘘ばかりついている信用できない男なので、いつ裏切られるかという不安感が持続する。また、村の住民らが、人質になった自分の子どもを救うため、彼をサボタージュ実行犯として密告しようとする場面もあり、そうした細部も映画を暗いものにしている。

図57 『不確かな名誉』エロール・フリン（右）とポール・ルーカス

　そして傑作『決死のビルマ戦線』*Objective, Burma!*（未、45）。ビルマにパラシュート降下した部隊が、日本軍の無線基地を破壊し、待ち合わせ場所で彼らを回収する飛行機を待つ。攻撃自体はごく容易に成功するものの、飛行機は何らかの事情で着陸不能。彼らは新たな集合地点を指示される。これが数度にわたって繰り返され、日本軍によって追跡、攻撃され、食料も尽きていく。いったん二手に分かれるが、主人公たちの一隊は、分かれた一隊が日本軍基地で惨殺されているのをその後見出すなど、逃避行は悲惨を極めてゆく。熱帯の鳥の鳴き声や、しつこい蚊、塩のタブレットを呑む、敵に存在を知られないためパラシュートや糧食降下の木箱を壊して埋めるなどの、細かくリアルな描写もすばらしいが、ともあれ何度も合流地点を変更され、ジャングルの中を隠れながら進まねばならない停滞感、閉塞感、徒労感が圧倒的【図58】。まさに「最短のはずが突然とてつもなく長い紆余曲折に変わる道のり」である。本作は太平洋戦争を舞台とした作品であるわけだが、西部よりもさらに西へと進んだ地点で撮られたのが、このような停滞感に満ちた作品だったということは象

図58 『決死のビルマ戦線』中央がエロール・フリン

徴的である。ウォルシュにあって、西は幸福を約束された土地ではない。また本作は舞台をフロリダの湿地帯に移し『遠い太鼓』（51）としてリメイクされるが、リメイク自体もやり直し、再開であって、一直線に進むことの阻害の一変種である、とこれもギリアーニが指摘している通りである。

ウォルシュはかくして破線の人である。西へと向かう運動は阻害され、中断され、さらには後退を余儀なくされる（改めてウォルシュの西部劇を振り返っておけば、『暗黒の命令』のカントレルは立身を妨げられゲリラとなり、『ハイ・シエラ』＝『死の谷』においては、仕事自体はうまくいくものの、逃亡は滞り、ついに行き止まりに追い詰められ、死に至る）。同じアイルランド系であるジョン・フォードと比べると、彼が破線の人であることは一層明確になるだろう。ウォルシュとまったく同じくアイルランド移民の子としてアメリカで生を受けたジョン・フォードは、これもまたウォルシュと同じく東海岸で映画に関わり始め、ハリウッドに向かう。しかしフォードは西に通じる鉄道を主題とした『アイアン・ホース』を撮ってアメリカの西進運動を寿《ことほ》ぎ、アメリカの国民的映画作家となる。ウォルシュにも西へ向かう移住者たちを描いた作品『ビッグ・トレイル』があり、必ずしも悪い作品ではなかったが興業的には失敗し、ようやく主演を勝ち得たジョン・ウェインも再びB級に沈まざるを得なくなるわけであり、ウェインのキャリアにとってもこれまた後退のきっかけとなる。東と西をつなぐ鉄道の物語である『アイアン・ホース』は、その冒頭においてリンカーンを登場させ、彼を西へと向かう運動の理念的扇動者と位置づけていたわけだが、そのリンカーンを暗殺する男をウォルシュ自身が演じていた（D・W・グリフィス『国民の創生』）ということも、こうして見てくるとなにか象徴的に思えてくる。

西部劇が本質的に「西」へのベクトルを肯定するジャンルであるとするなら、西への運動を映画の中でも、自らも、途切れることなく辿り続けてきたフォードが、自身を「西部劇作家」と規定するのもごく自然なことである。一方、運動が途切れ、迂回、再開を余儀なくされるウォルシュが西部劇を撮る場合、それは「西」への運動を何の屈託もなく、無垢に肯定するものではなくなるだろう。彼の西部劇は、反＝西部劇、反＝アメリカニズムとまでは言わないにせよ、「西」へのベクトルを全面的に肯定することができないという苦さが滲んでいる。この苦さには、どこかフィルム・ノワールと通じ合うものがある。既述の通り、勝ちはしたものの後ろ暗いものを感じ取らずにはいない第二次大戦末期の世相が、ノワールには色濃く反映されている。進歩を是とする西欧的価値観の勝利は肯定すべきものなのに、全面的にそれを寿ぐことができない屈託。この引き裂かれた感情という意味で、ウォルシュという存在はノワール的風土にきわめて親近性が高い。ウォルシュがノワールと西部劇をつないだのは、単にその両ジャンルをまたいで映画を撮ったというだけに限らない。西部劇的な「西」の肯定性への違和、屈託が、ノワール的風土と近似していたからであり、ウォルシュの中にはノワールと(反＝)西部劇の内的な絆があったのだ。

『追跡』

ウォルシュの西部劇の中で最もノワールと近接する作品が『追跡』(47)である。主人公(ロバート・ミッチャム)は、ある女性(ジュディス・アンダーソン)の農場に引き取られ、彼女の子供である兄妹と一緒に育ってきたが、ブーツの拍車が鳴り、閃光がきらめく悪夢に長年悩まされてきた。妹(テレサ・ライト)のほうとは、将来を誓う仲だ。しかし隻腕の男(ディーン・ジャガー)がなぜかミッチャムをしつこくつけ狙い、兄を焚きつけ、肉親でもない男と農場の権利を等分するつもりかと、嫉妬、憎しみを掻き立てる。その兄がミッチャムを撃ち、反撃したミッチャムが兄を撃ち殺したことから、彼は農場を出ざるを得なくなる。ミッチャムは賭博場で働き、ライトに求婚、彼女はそれを受け、その上で初夜に兄の仇として彼を殺そうとするが、折からジャガーらがミッチャムの家を襲撃、廃墟に逃げ込んだ彼らをジャガーらが追い、取り囲んで銃撃する。その銃声に彼は、悪夢が夢でなく、記憶だったことを知る。父がアンダーソンと不倫関係にあり、アンダーソンの兄であるジャガーが今とまったく同じ状況下で父を撃ち殺した。悪夢の光景は、床下に隠れていた彼が見ていたものだったのだ。ミッチャムを縛り首にしようとするジャガーをアンダーソンが射殺、ミッチャムとライトは新天地を求めて旅立つ。

映画はほぼ全編がフラッシュ・バックで語られている。ミッチャムとライトが、ジャガーらの襲撃から廃墟に逃れた時点から始まる。決定的な出来事は起こるべくして起こってしまった、という諦念が映画の全編を支配することになるわけだが、このような宿命論的なフラッシュ・バックの使用はノワール特有のものである(最も著名な例がノワールのカノン『深夜の告白』(44))。そして主人公がなぜ隻腕の男につきまとわれるのかわからないという点も重要だ。自分には身に覚えがないのだが、その男は自分を仇敵と認識している。しかし本当にそれは謂われなきものなのか。もしかしたら自分は何か罪を犯しているのではないか、という不安(こうした不安は既述の通り、第二次大戦後の精神風土、後ろめたさと密接に関わっている）。また、一緒に兄妹のように育ってきた男女が結婚するという近親相姦的な設定も、西部劇には似合わない倒錯的なものであり、淫靡なエロティシズムを前面に押し出すノワールにこそ似つかわしい。加えて映画は、主人公らの家、廃墟、そしてミッチャムが裁かれる裁判所と、ほとんどの場面を屋内に設定、しかも夜の場面が多く、ランプや隙間から差し入る光で一角のみが明るく照らされ、それ以外の部分が深い闇に沈んで遠近を際立たせて閉塞感を感じさせるのも、ノワール的なルックである【図59】（撮影は名手ジェームズ・ウォン・ハウ、『死刑執行人もまた死す』〔43〕、『ボディ・アンド・ソウル』*Body and soul*〔未、47〕、『その男を逃すな』〔51〕、『成功の甘き香り』〔57〕などのノワールの傑作を撮り、ウォルシュとは『決死のビルマ戦線』で組んでいる）。

しかし何よりこの作品をノワールに近づけている最大の要因は、（今となってはいささか古びて見えてしまうとはいえ）トラウマという主題だろう。過去の不穏な出来事が精神に傷を残す。その後経過する時間によっていったんは精神の古層に埋もれたかに見えたその傷が、現在の何かをきっかけに再浮上する。目の前の風景に狂い、歪みが生じ、世界が見慣れぬものに変わる。フィルム・ノワールには一時期ニューロティック・ノワールと言っていい一群の作品が現われた。マザー・コンプレックスの殺人者を描くロバート・シオドマク『らせん階段』〔45〕や、双子の一方が精神異常者である同じくシオドマクの『暗い鏡』〔45〕、男を愛するあまり精神に破綻を来す女を描くカーティス・バーンハート『失われた心』〔47〕、戦争の後遺症で頭痛と記憶喪失に悩まされ、妻を殺したという妄執に囚われる元兵士を描く同じくバーンハート『高い壁』〔47〕など。こうした一群のノワールが現われるには、フロイトなど精神分析の知識の普及に加え、戦争の影響もある。戦争の惨禍、恐怖、戦争が強いる過度の緊張が、兵士や市民の精神をすり減らす（兵士たちのトラウマを扱ったドキュメンタリー『光あれ』を、ノワールを得意とする作家の一人、ジョン・ヒューストンが撮っている。「作品解説」中『勇者の赤いバッヂ』の項参照）。市民の誰もが多かれ少なかれ神経症であるような過敏な時期を、これらのノワールは体現している。トラウマを扱う『追跡』が、そうした一群のニューロティック・ノワールとまったく同時期に作られているという事実も、西部劇とノワールの交流、通底を

図59　ディープ・フォーカスの閉塞的画面

立証するだろう。

　過去の出来事の余波が潜在し、現在において何かを引き起こす。このようなドラマツルギーはとりわけ奇とするに足りないし、西部劇においてもそうした作劇はよくある。例えば『駅馬車』でジョン・ウェインが脱獄し、駅馬車に乗ることになるのは、過去において弟が殺された、その復讐のためなのだから、彼の行動は過去の出来事によって規定されている。しかしそれでも『追跡』のように、トラウマという形で過去が現在にのしかかり、現在のすべてを翳《かげ》らせるような事態はこれまでになかった。そもそも古きものを捨て、新天地へ、即ち西へ、未来へ、という運動そのものである西部劇にあって、過去はネガティヴなものとして捉えられる。まして過去によって現在が過度に規定されるとなれば、それはもはや反＝西部劇と言っていいものである。ノワール的な過去への囚われは、西部劇を否定、とまでは言わずとも、その理念の正反対にまで追い詰める。しかし、『追跡』が作られた四〇年代後半以降、こうした過去への妄執に近い囚われが、特異な例でなく、西部劇においてもごく普通のものとなっていくのである。そのような、過去に囚われた男たちを描いた特権的作家がアンソニー・マンである（マンについてすでに筆者は『B級ノワール論』の一章を割いてそのキャリアを、またキャリアを通しての特性を主題論によって記述している。従って詳しくはそちらを参照してもらいたいが、ここではそこでの記述を踏まえつつも、マンにおけるノワールと西部劇の関係を別の角度から考えてみる）。

アンソニー・マン

　アンソニー・マンが五〇年代に作った西部劇は、そのほとんどすべてにおいて過去に囚われた男たちを描いている。かつて無法者だった男が、起死回生を懸けて移住する集団を道案内するが、同じく無法者だった仲間に裏切られて復讐する『怒りの河』（52）。牧場の資金を女に奪われた過去を振り切るため、賞金稼ぎとして金に執着する男が主人公の『裸の拍車』（53）。『遠い国』（54）や『胸に輝く星』（57）の主人公は女に、あるいは町の住民に裏切られた過去のため人間不信に陥っている。『ララミーから来た男』（55）は復讐という過去の清算の物語であり、『西部の人』（58）は、今は地道に暮らしている元悪党が、昔の仲間と再会してしまい再び悪の道に引きずり込まれようとする物語だ。男たちの苦渋に満ちた過去は、例えば首の傷として（『怒りの河』）、夜な夜な彼を襲う悪夢として（『裸の拍車』）残存し、あるいはまた現在の彼の性格を規定している（『遠い国』、『胸に輝く星』）。また男たちは、こうしたトラウマ的な過去を忌み嫌いながらも、それとまったく同じ状況を無意識的に生み出してしまう。これらの西部劇において過去は、現在の物語を起動するためのきっかけであることを超えて、ほとんど現在を圧倒している。現在において繰り広げられる男たちの物語は、いかにこの過重な過去から逃れられるかに賭けられており、進むことが即ち過去へと遡《さかのぼ》ることに他ならないという意味で、映画全体は進行が後退によって相殺されるような徒労感に満ちることになる。

マンがノワールと西部劇をつなぐ最重要の輪の一つであることは、両ジャンルにおいて極めて重要な作品をいくつも作っているそのキャリアだけから見ても自明なのではあるが、作品の演出自体においてもマンのノワールと西部劇には共通性がある。『B級ノワール論』ではそれを水平と垂直の主題論的空間演出として取り出したが、主人公の人格の問題（二重性）としてここでは取り上げよう。

マンの作品は二者の対立劇として構成されることが多い。それは当然のことながら善と悪の対立として現われるのだが、しかししばしばその境界は曖昧になる。マンは潜入捜査員を描くノワールを三作作っている。『Tメン』*T-men*（未、47）、『国境事件』*Border incident*（未、49）であり、また『秘密指令（恐怖時代）』（49）である。この数字はやはり多いといってよく、マンが潜入捜査官という設定に何らかの執着を持っていたことをうかがわせる。潜入捜査官のアイデンティティの二重性、曖昧さにマンは惹かれていたのだ。彼らは対象組織の中に潜入し、対象と一体化することになる。といっても、彼らと見分けがつかないくらい悪に染まるわけではない。しかし、前二者では主人公は、その捜査の過程で、同じように潜入した仲間を自身の目の前で見捨てざるを得ない状況に追い込まれる。仲間を自身の責任で死なせたことにより、主人公は自身の正義を疑い始める。正義は悪によって白を汚され、灰色に堕ちる。正義と悪の二項対立は揺らぎ、主人公はどちらともつかない曖昧な、二重の存在になるわけである。主人公がどちらかの立場に立って、対立する何かと戦う、そうした明確な構図は失われる。二項の対立は内在化され、葛藤は彼と外部の間で行なわれるのではなく、彼自身の内部で行なわれる。

その二重性が西部劇では、主人公における過去と現在の対立として描かれる。過去に囚われた男たちは、内面にトラウマ的な過去を残存させ、その過去との葛藤を生きる者たちなのだ。そして過去とは内在化された「悪」でもある。悪党であった過去（『怒りの河』、『西部の人』）は無論、自身に対してなされた不当な仕打ち（『裸の拍車』、『遠い国』、『ララミーから来た男』、『胸に輝く星』）もまた、悪の表われであり、それが現在の主人公の内面に抑圧された形で眠っている。マン西部劇の主人公は、過去と現在の対立を、自身の中における悪と善との戦いとしても演じることになるのだ。過去と現在の対立が主人公の内面で演じられること自体は、西部劇においても別に珍しい事態ではない。例えばウィリアム・S・ハート的なグッド・バッド・マンはかつて悪人であった過去を現在において克服しようと葛藤する男を描く。しかしそこで過去は、あくまで現在を際立たせるための補助的機制に過ぎない。悪が悔いられ、克服されるドラマをいっそう劇的にするためには、悪と正義、過去と現在の落差が大きいほど効果的なわけで、実際謹厳実直にしか見えないハートがかつて悪人だったという暴露はその意外性によって贖罪のドラマをいよいよ鮮やかなものにするだろう（その点はマンも同様であって、ジェームズ・スチュアートを西部劇の主人公に起用するにあたって、一連のフランク・キャプラ作品における彼の正直者のイメージが念頭にあったことは間違いない）。グッド・バッド・マンにあって過去は単に秘密にされているだけであって、その暴露においてのみ現在に影響するのだが、マンの主人公にあって過去は、彼の現在をほとんど侵食し、現在における行動を大きく規定している。西部劇が未来を志向するドラマであるならば、主人公が過去を克服して、ヒロインとともに共同体に回帰するという未来に向けて劇が構成されるグッド・バッド・マンは、確かに西部劇的登場人物といえる。一方マン的主人公は過去を確かに克服し、時にはヒロインとともに共同体内部に回帰する予感を漂わせて退場するにしても、彼は過去を克服するための戦いにおいて疲労困憊し、ほとんど未来を食いつぶしてしまっているように見える。この疲弊感、空しさこそが、ノワールの感触なのであり、マンの西部劇がノワールの陰のもとにあることの証である。

図60　『拳銃王』撃たれて死ぬキッド

マン以外の作品における、過去に取り憑かれた男たちを挙げておこう。ヘンリー・キングの『拳銃王』（50）の主人公リンゴー・キッド（グレゴリー・ペック）も、過去に囚われた男と言ってよい【図60】。ガンマンとして有名な彼を殺すことで名を挙げようとする男たちに絶えずつけ狙われ続ける生活に倦んだ彼は、名もない一人の男として秘かに暮らそうと、ある町に住む別れた妻と息子に会いに来るのだが、そこでも彼の正体はすぐさま明らかになり、次々とガンマンがやってくるのである。やってくるガンマンたちはこのとき、彼が振り捨てたい過去そのものである。過去は決して消えず、いつまでも残存し、彼の現在を侵す。彼の現在は過去によって押しつぶされる。映画の多くは、主人公が腰を据えた酒場で展開するが、その閉塞感、停滞感も、過去に囚われた主人公の現状を正確に伝えている。ちなみに『拳銃王』の原作はアンドレ・ド・トスである。ド・トスもまた、ノワールと西部劇をつないだ一人である（ゴシック・ノワール『黒い水』（44）、西部劇『復讐の二連銃』（47）、ノワール『落とし穴』*Pitfall*（未、48）、そして本作、さらにノワール西部劇の傑作『無法の拳銃』*Day of the outlaw*、〔未、59〕「作品解説」参照）。

キング・ヴィダーの『星のない男』（55）では、カーク・ダグラス演じる流れ者が、ある牧場で働くことになる。その牧場が迎えることになる新しい女主人は数千頭の牛を新たに持ち込むことにしており、牛が消費する牧草地を巡って周囲の牧場主と軋轢を生じることになる。女主人は数年であら稼ぎをした後この地を去るつもりであり、牧草地の将来など端から念頭にない。周囲の牧場主たちは自衛のためそれまで共有で出入り自由だった牧草地に有刺鉄線を持ち込む。主人公は有刺鉄線に対し異常なまでの反感を表わすが、彼には有刺鉄線の導入で生じた争いのため、弟を死なせ、自身も有刺鉄線で大怪我をしているという過去があったのだった（体に刻み込まれた過去）。カーク・ダグラスがバンジョーを弾き唄ったり、見事なガン・プレイを披露したりと、映画の全編はユーモアに溢れていて、有刺鉄線の刺々《とげとげ》しさの印象からくる陰惨さはあまりない。しかしそれでも、有刺鉄線は自由放牧の時代の終わり、即ちどこまでも開かれた自由の土地としての西部の終焉、資源の有限性を告げるものであり、また、争いを持ち込むのが男性ではなくむしろ女性であるという転換は、メロドラマとしての西部劇における女性の役割（男性を共同体に誘致する）の決定的な変化を示している（先に挙げた、アンドレ・ド・トスの『復讐の二連銃』においても、女性が争いを惹起すると共に煽り立てる）。ちなみに『星のない男』のシナリオを書いているのは、アンソニー・マンのユニヴァーサル時代の西部劇のシナリオを書いているボーデン・チェイスである。

復讐のテーマは西部劇にとって親しいものだが、この時代にあって復讐は、過去になされた悪の清算としてカタルシスを与えるものであるどころか、現在を一層苦々しいものとして汚染する営為になり下がる。例えばこれもヘンリー・キングによる『無法の群れ』（58）で、主人公（『拳銃王』に続きグレゴリー・ペックが演じる）は妻の復讐のため次々と男たちを殺害するのだが、最終的に彼らは犯人ではなかったことが明らかになるのだ。確かに彼らは無法者ではあったにせよ、少なくとも妻を殺害した犯人一味とは別だったのである。あるいは、復讐する者ではなく、復讐（というよりこの場合はお礼参り）される側を主人公とした『真昼の決闘』などにしても、過去を象徴する男がやってくるまでの時間が強調されるのは、現在が刻一刻、過去によって侵されていく様そのものと言っていいだろう。

これらの作品ではどれも過去が過度にその存在を強調し、現在を凌駕している。現在という時間は過去の延長であり、過去に起こった出来事に規定されることは当然ではあるものの、一方で未来へと開かれてもいるのであって、その確定と未確定のせめぎ合いこそが現在において展開される物語を意外なものにするはずである。しかしこれらの作品において未来は予め食いつぶされており、なるようにしかならないという諦念が重くつきまとっている。西部劇は大きく転回しはじめている。西部劇が見つめるのはもはや、開かれた未来ではない。行き場のない過去なのだ。

ニヴン・ブッシュ

さて、『追跡』に戻ると、このシナリオを書いたのはニヴン・ブッシュ【図61】。ブッシュが西部劇として初めてシナリオを書いたのがウィリアム・ワイラーの『西部の男』(40)である。ウォルター・ブレナン演じるロイ・ビーン、牧場主である彼が、判事(私設なのだが)という役職を利用して、新興農場主を排除しようとするのをゲイリー・クーパー演じる流れ者によって阻止される物語。西部における法、というか自警団的な民主主義の問題を扱ってはいるのだが、それほど深刻な形ではない。ブレナン演じるビーンは悪辣ではあっても憎めない印象で、ブレナンという俳優の魅力が映画全体の雰囲気をコミカルなものにしている。四〇年というこの時代にあってはまだ、自警団的民主主義への疑いは強固なものではない。

図61　1942年のブッシュと当時の妻テレサ・ライト

ブッシュは四六年、テイ・ガーネット監督『郵便配達は二度ベルを鳴らす』*The Postman always rings twice*(未)のシナリオを書く(ハリー・ラスキンとの共同、とはいえ、ラスキンは手直し程度という)。『郵便配達』はこれもノワールの名作であり、場末のレストランを経営する初老のギリシャ人に拾われた流れ者(ジョン・ガーフィールド)が、その美貌の若い妻(ラナ・ターナー)に色と欲とでそそのかされ、店主を殺害する物語で、ラナ・ターナーはノワール史上に残るファム・ファタルとなった。ブッシュは、シナリオに書き込んでいた多くのセックス描写がジョンストン・オフィスの検閲によって削られたことに不満をもっていたという[5]。これは後の『白昼の決闘』でも繰り返され、セックス描写が削られて、またヒロインの年齢も十四歳から二十五歳に変えられた。それはともかく、この『郵便配達』もその後デルマー・デイヴス監督により、『去り行く男』(56)として西部劇にリメイクされている。流れ者をグレン・フォード、彼を拾う牧場主にアーネスト・ボーグナイン、その妻にヴァレリー・フィンチ。デルマー・デイヴスもノワールと西部劇をつなぐ重要な輪の一人であり、彼については改めて述べる。

ニヴン・ブッシュの西部劇の中で

最も有名なのが『白昼の決闘』ということになる。と言ってもこれは原作のみ。元々は自分で製作するつもりでRKOに持ち込み、最終的にはグレゴリー・ペックが演じることになる次兄の役は当初ジョン・ウェインで決まっていた。女優を誰にするかでもめ、ヴェロニカ・レイク、ヘディ・ラマールが候補に上った後、ジェニファー・ジョーンズに決定。しかしジョーンズを契約下に置き、かつ愛人関係にあった（その後結婚）製作者デヴィッド・O・セルズニックが多々要求を突きつけてきたため、RKOがセルズニックに企画自体を譲ってしまった。従って実質的にブッシュは本作に関わっていない。ちなみにブッシュの父は、サイレント期の映画製作者だったセルズニックの父ルイス・セルズニックの会社の出納係をしていた関係で、マイロンとデヴィッドのセルズニック兄弟を幼いころから知っていた。

『白昼の決闘』は、テキサスの大牧場に引き取られた、先住民の血が入った女性ジェニファー・ジョーンズと、牧場の、性格のまったく異なる二人の兄弟、理知的なジョゼフ・コットンと、野性的というより粗暴に近いグレゴリー・ペックの間の愛憎の物語【図62】。ジョーンズはコットンの兄のような優しさに安心を覚える一方、ペックの傲慢さに反発を抱きつつもその野性味に惹かれてもいく。折から牧場の敷地に鉄道が通ることになり、時代を見据えてそれに賛成のコットンと、一時代を築き上げた自負を持つ父ライオネル・バリモアが衝突、まさに同じころ、誰もいない牧場でペックはジョーンズを半ばレイプするようにして抱く（ジョーンズも抵抗しながら、いきなりペックに激しくキスし返す）。しかしペックに自分と結婚する気がないと知ったジョーンズは、初老の牧童頭のプロポーズを受ける。その牧童頭（たまたま丸腰だった）を殺害したペックは、お尋ね者として追われる身になる（斜めに画面を横切る酒場のカウンターの直線によって遠近法が強調された画面で、牧童頭のいる手前はまるきり闇に沈み――そのため彼が丸腰であることが見えない――ペックが現われる戸口付近のみが明るく照らされている画面構成が、いささかあざとくも見事だ）。ジョーンズを引き取った兄をも撃ったペックは、メキシコに逃げる前にジョーンズに会いたいと伝言、ジョーンズはペックの待つ山に向かう。山の上下で対峙する二人はライフルを撃ち合い、互いに傷つく。血を流しながらも山裾を這《は》い上り、ジョーンズはペックと激しく抱き合い、共に絶

図62　『白昼の決闘』ペックとジョーンズ

命する。

本作には、兄弟のもとに引き取られた孤児の物語として、エミリー・ブロンテ作『嵐が丘』との共通性が感じられる（『嵐が丘』では兄妹のもとに引き取られた男性の孤児）。そして、その兄弟の年下のほうと孤児が愛憎の入り混じる感情によって強く結びつく点も共通だ。荒涼とした、人間世界を遠く離れた風景の中で演じられる激しい情念の劇は、人間的範疇を超えて宇宙論的なスケールにまで高揚する。『嵐が丘』は、ゴシック・ロマンの結構を借り受けて書かれた小説とされる。ゴシック・ロマンは廃墟や城などを舞台に起こる超常的な現象、異常な愛、殺人などを描く、幻想、恐怖の物語である。ゴシックがノワールの特性を定義する評言として用いられることがあるのは既述した。ゴシックはおどろおどろしい舞台設定、文体など、どこか過剰なところがあるが、それは本作でも同様だ。

冒頭はジョーンズが死んだ、「女の首」と後に名づけられる山の映像にナレーションがかぶさる。一連の物語はもはや伝説になっているわけであり、物語の壮大さが示唆されている。セルズニックが、その代表作『風と共に去りぬ』の再来としてこの映画を企図したことがうかがわれる。ペックがお尋ね者になり、自分を支えてきてくれた妻（リリアン・ギッシュ）が死んだのち、車椅子のライオネル・バリモアが、地平線を見はるかす丘で、自分が開拓してきた西部の終わりを慨嘆する場面があり、その真っ赤に染まる空（この作品はカラーである）なども、南部の一時代の終わりを描いた『風と共に去りぬ』を連想させる（ちなみに本作にノンクレジットながら関わっていた脚本家ベン・ヘクトは、ウィリアム・ワイラーによる『嵐が丘』で共同脚本、『風と共に去りぬ』にもノンクレジットで関与している）。しかし、この作品は『風と共に去りぬ』のように叙事詩としてのスケールの大きさを感じさせるというより、退廃の気をこそ漂わせている。確かに西部の一時代の終わりを背景としながら、その歴史的な経緯の描写はどこか形式的で、映画の興味は、もっぱら狭い家族の間の人間関係、その愛憎にあるからである。意地悪な見方をすれば『風と共に去りぬ』の二番煎じ、パロディ、だが、むしろそこにこそ本作の魅力の源があるともいえる。バリモアが見つめる夕暮れの赤もどこか毒々しく、あざとい。それがジョーンズとペックの憎みながらも惹かれ合う、嫌よ嫌よも好きのうちといったような俗っぽい言葉で表現されるのがふさわしい愛情関係にひどく似つかわしいのである。着弾（小さな死＝オルガズム）を超えて近づき、上り（高まりを迎え上ってゆき）、ついに死を迎えるラストの二人の撃ち合いなど、性交そのものにしか見えない卑猥さが濃厚に漂っている。

この映画の撮影中、ジョーンズはセルズニックとの関係に疲れ果て、自殺を試みたという。この映画はいわばジョーンズとセルズニックの私映画のようなものでもある。その生々しさ。原作ではジョーンズはペックを撃ったのちコットンのもとに帰ることになっていたが、セルズニックが相死にする設定に直したというが、当然そうあるべきだろう。それほどまでセルズニックの関与は大きく、監督キング・ヴィダーもセルズニックの要求の多さにうんざりして、現場を一年間も投げ出し、その間ウィリアム・ディターレが撮ったり、セルズニック自身が撮ったりもしたという。これは確かにセルズニックの映画なのだ。しかしここでニヴン・ブッシュの作品として見れば、ブッシュが家庭内の葛藤を描くのに長けていたことが思い返される。これも兄弟の葛藤である『追跡』、父と娘の葛藤を描く『復讐の荒野』*The Furies*（未、50）、『郵便配達』も密室的な家庭内部の物語だ。西部劇が家庭を焦点としたメロドラマ的構成を用いるのはよくあることであり、それは共同体的価値観の象徴である女性が、野性である男性を共同体内に取り込むための仕組みであった。しかし『白昼の決闘』においては、女性は男性を共同体内に導くどころか、そこから排除し、かえって死に至らしめる。女性は（ここでも）死の天使なのだ。しかし一方で、彼女は真の愛の象徴でもある。その激しさゆえに、女の愛は共同体内部におとなしく収まっていることはできず、ついに死に至るまで高まっていくしかないのである。ここにも、『死の谷』について記述した部分で触れたような、ノワール的なファム・ファタルが西部の女性像を変化させた一例を見ることができる。

『トラック・オブ・ザ・キャット』

家庭内の葛藤を描いた西部劇として、ウィリアム・A・ウエルマンの『トラック・オブ・ザ・キャット』をここで取り上げておこう（既述の理由で原題のままカタカナ表記する）。物語は雪に閉ざされたランチで展開される。一家は、女権で家庭を支配する母（ボーラ・ボンディ）、アルコール依存症の父、三人の息子たち（長男ウィリアム・ホッパー、次男ロバート・ミッチャム、三男タブ・ハンター）、ミッチャムとハンターの間の長女テレサ・ライト。そして先住民の老人が下男代わりに働いている。そこに隣のランチの女性ダイアナ・リンが滞在中で、彼女はハンターと恋仲であるが、家族離れできないハンターに業を煮やしている。一家全員が強権的な母親に支配されて打ちひしがれている印象で、アルコール依存症の父親は無論、長男は詩を読むような優男と母親に馬鹿にされ、三男も母親の言うことには理不尽と思っていても従ってしまう。唯一母親に対抗的なのは次男と長女だが、長女は常に黒い服をまとい、石女のような印象、母親の権威主義を批判するのだが、ヒステリックに叫ぶような声がかえって我々の好感を殺《そ》ぐように働いている。次男は狩りもうまく、気概もあり、母親に拮抗する人間だが、自分たちの兄弟も小馬鹿にしているような傲慢さがあり、つまり母親と同類なのである（色味の少ない本作の中で、彼だけ真紅のジャケットで目立っている）。

　この閉ざされたランチで、牛が野生動物に食い殺される事件が多発、野性のピューマの仕業である。これを狩りに行った長男は殺され、続いて次男が狩りに行く。このピューマが自然の脅威の象徴であることは明らかだが、画面自体には一切登場しない。恐ろしい動物に次々人間が襲われていくサスペンスや恐怖はこの映画の主題ではなく、家庭内の人間関係のほうこそが眼目である。しかもそれはひどく陰鬱なものとして描かれている。温かく一家を包むはずの母親が、ここではむしろ一家を押さえつけ、打ちひしぎ、生気を奪っている。例えばジョン・フォードの『怒りの葡萄』や『わが谷は緑なりき』では一家が苦難に遭いながらも、母親が彼らを鼓舞し、前進させるのであって、そうした母親像とはまるで違う。一家の唯一の娘テレサ・ライトもまた行かず後家のようであり、子供という未来を奪われているかに見えるのは象徴的である。三男とその恋人の存在が救いとなるのではあるが。

この映画では例えば、死んで戻ってきた長男をベッドに安置する際、ベッドの天板が画面のほとんどを黒く占めるように捉えられたり、同じく彼が埋葬される場面で、墓穴の中からの極端な仰角で一家の面々を捉えたりというバロック的な画面構成がなされている。また、三男と隣のランチの娘がキスしているところを盗み見た母親がそれを非難する場面では、母親を一番下、二人を階段を上がったところにある入り口付近、母親をなじるテレサ・ライトを入り口から延びた階段に接続する中二階、さらに階段を進んで二階に父親を配するという複雑な空間を設定している【図63】。それはある種彼らの権威のランク付け（下に行くほど一家の中での権力が強い）になっているのだが、何とも不可思議な空間設計である（美術はウェルマン映画を多く担当するアルフレッド・イバラ）。また、本作はカラーだが、ウェルマンは自伝で、カラー作品でモノクロの感触を出そうとしたと述べており、ランチは雪で覆われているし、家屋自体も全体に色味が少なく、それも映画の暗い雰囲気に合っている（撮影はウィリアム・クローシア）。

図63　『トラック・オブ・ザ・キャット』人物配置と空間設定

西部劇のような、あるいは例えば『リア王』を思わせる家族劇のような、どう分類していいか迷う不思議な印象の作品だが、原作がウォルター・ヴァン・ティルバーグ・クラークで、『牛泥棒』の原作者である。ティルバーグは西部の根源的暴力性を描こうとしたとされるが、それは自然の中にあるというよりは、人々の中にこそある。人が集団生活を営むとき、必ずそこに権力関係が生じる。いつか軋轢が生じ、いったん何かことが起これば、普段は抑圧されていた屈託が一気に暴力として吹き上がる。『牛泥棒』ではそれが町という集団を舞台としていたが、本作では家族が舞台になっており、それだけに暴力＝権力は根源的、神話的な色彩を帯びている。

本作のシナリオを書いているのはA・I・ベゼリデス（アルバート・アイザック・ベゼリデス）。彼もまた、ノワールと西部劇をつなぐ一人である。映画界に入る前はトラック運転手で、そこでの人間関係の葛藤を描いた小説が『夜までドライブ』*They drive by night*（未、40）として映画化され、映画界に入る。監督はラオール・ウォルシュ。トラック運転手の兄弟（ジョージ・ラフトとハンフリー・ボガート）が搾取にうんざりして会社を興すが、金主となった男の妻（アイダ・ルピノ）がラフトに執着し、事態を悪い方へ導く。労働環境を扱った作品というよりは、メロドラマ（ルピノをファム・ファタルと捉えればノワールにも見える）。他にもフロリダの季節労働者を描いたカーティス・バーンハート『ジューク・ガール』*Juke girl*（未、42）や、これも搾取と闘うトラック運転手を描くジュールス・ダッシン『深夜復讐便』*Thieves highway*（未、49）など、下層労働者を主人公とし、社会悪を描く作品（後者はノワールに分類される）を書いている。しかし何といっても彼の傑作は、ニコラス・レイの『危険な場所で』（51）とロバート・アルドリッチの『キッスで殺せ』（55）の二本のノワールである。前者は、都会で日々暴力に触れる生活で、本来優しい男だけに一層その暴力に傷つき、自身もいつか暴力的になってしまった刑事（ロバート・ライアン）が田舎に左遷され、その地で盲目の女性（アイダ・ルピノ）に出会って優しさを取り戻すというニコラス・レイらしい脆《もろ》さを含んだメロドラマ・ノワール。後者は「マンハッタン計画、ロス・アラモス、トリニティ」という謎の言葉によって象徴される「何か」の争奪戦の末に、終末論的な光景が現出してしまう、人間不信に満ちたノワール。彼の西部劇としては本作以降にメルヴィン・フランク監督『赤い砂塵』（59）と、TV西部劇シリーズ『ヴァージニアン』、『バークレー牧場』があり、後者に関してはシリーズ創設者の一人である。

キャリアを総括すれば、社会の底辺にいる者たちを描くことに長けではないが、必ずしも一貫した主題があるわけ世界を現出させる（『トラック・オブ・ザ・キャット』、『キッスで殺せ』）点に特徴があるということになるだろうか。社会を見つめる視点が、そのまま黙示録的光景を見てしまう。これもまた、社会そのものが悪ではないかというノワール的批判精神の表われである。『トラック・オブ・ザ・キャット』にしても、家庭という本来社会の原型である共同体が地獄のような様相を呈していて、ここにもノワールの視点からだと西部的風景がこう見えるという一例がある。

フィリップ・ヨーダン

ここまでW・R・バーネット、ニヴン・ブッシュ、A・I・ベゼリデスら、ノワールと西部劇をつないだ脚本家に触れてきたが、そのような脚本家は他にも多い。例えばボクシングを舞台としたマーク・ロブソン監督のノワール『チャンピオン』（49）や、リチャード・フライシャーのノワール『カモ』*Clay pigeon*（未、49）の脚本家カール・フォアマンは『真昼の決闘』を書いている。ニコラス・レイの傑作ノワール『夜の人々』（48）を書いたチャールズ・シュニーは同年ホークスの『赤い河』のシナリオを共同で書き、さらにその後アンソニー・マン『復讐の荒野』のシナリオ（原作は既述の通りニヴン・ブッシュ）、ウェルマンの『女群西部へ！』のシナリオ、ノワール色の強いハリウッド内幕ものであるヴィンセント・ミネリ『悪人と美女』（52）のシナリオ、同じくノワール色の濃い反共的裁判ものであるマーク・ロブソン『アメリカの戦慄』（55）の製作を担当している。また、先述のようにアンソニー・マンの西部劇のシナリオ（『ウィンチエスター銃'73』、『怒りの河』、『遠い国』）で知られるボーデン・チェイスは『赤い河』の原作、共同脚本家で、ノワールそのものは手掛けていないものの、ノワール西部劇キング・ヴィダー『星のない男』、ジョン・スタージェス『六番目の男』（58）のシナリオを書いている。

図64　1940年代のフィリップ・ヨーダン

しかし何といっても脚本家としてノワールと西部劇をつなぐ最大の輪は、フィリップ・ヨーダンということになるだろう【図64】。それは彼が脚本としてクレジットされている映画名を列挙していくだけでわかる。四四年、ウィリアム・キャッスルのノワール『見知らぬもの同士が結婚すると』*When strangers marry*（未）、四五年、マックス・ノセックのノワール『犯罪王ディリンジャー』、四六年、アーサー・リプレーのノワール『追跡』*The Chase*（未）、四九年、カート・ノイマンの西部劇『群盗の宿』、ジョゼフ・マンキーウィッツのノワール『他人の家』、アンソニー・マンの歴史ものノワール『秘密指令（恐怖時代）』、五一年、ウィリアム・キャメロン・メンジースの西部劇『南部に轟く太鼓』、ウィリアム・ワイラーのノワール（というには格調が高い人間ドラマなのだが）『探偵物語』、五三年、ヒューゴ・フレゴネーズの西部劇『吹き荒ぶ風』、五四年、ニコラス・レイの西部劇『大砂塵』、『他人の家』のエドワード・ドミトリクによる西部劇リメイク『折れた槍』、五五年、ジョゼフ・H・ルイスのノワール『ビッグ・コンボ』、マンの西部劇『ララミーから来た男』と『シャロン砦』、ケン・ヒューズのギャング映画『次はお前だ！』、五六年、マーク・ロブソンのノワール『殴られる男』、五七年、ロイ・ローランドの西部劇『連発銃は知っている』、五八年、ヘンリー・キングの西部劇『無頼の群』、五九年、アンドレ・ド・トスの西部劇『無法の拳銃』。

ヨーダンがクレジットされているもので、ノワール、西部劇に類するものはすべて挙げてある。傑作が多々含まれる燦爛たるリストであるが、見てわかる通り、西部劇に関しても、ほぼそのすべてがノワール的な暗さを持つ作品である。ただし、これらの作品にどこまで深くヨーダンが関与していたかは不明である。あるいはまったく関与していない場合もあるかもしれない。上に挙げた作品よりもさらに後年、六〇年代の、ランナウェイ方式（ヨーロッパに蓄積されたアメリカの売上を現地で消費するため、ヨーロッパ、特にスペインなどで撮影する）で製作された史劇などで、赤狩りで仕事ができなくなっていた脚本家に名義貸しをしていたことが明らかになり、遡って上記の五〇年代の彼の名義になっている仕事も疑われることになった。実際、ヨーダンがフロントとして名義を提供していた脚本家ベン・マドウ（上記リストに挙げていないが、アンソニー・マンの戦争映画の傑作『最前線』〔57〕でヨーダンに名義を借りている）などは、「フィリップ・ヨーダンは、生涯で一行以上書いたことは一度もない。彼には書くことなんてできはしない」と述べている▼6（以下引用はすべて『裏話2』より）。一方製作者ミルトン・スパーリングはヨーダンと一緒に仕事をし、彼が実際書いているところを見ているし、その仕事を高く評価している。「彼がもっぱらしてきたことは、誰かに第一稿を書かせ、それにヨーダンらしさを注入することだ。磨き上げる作業、粘り強い、非常にくだけた感じの執筆作業だ。それがとてもよかった。誰にだって、彼はものを書いていないなんて言わせない。彼は人並み以上にうまく書くことができた。……彼は映画のユング的な記憶力を持っていて、ある種の集合的無意識、記憶バンクのようなもの、それがどんな状況でも彼の役に立った」。優れた能力を持っていたのは確かだが、しかし「貪欲さが創造的な才能を凌駕してしまった」。名義貸しをすることで、何も仕事をせずとも中間マージンを取れる。そうした安易な稼ぎによって彼はその後、自身の真の貢献まで疑われるような事態に陥ってしまったのであって、結果的にヨーダンは大損をしたというわけである。

従って、上記のノワール、西部劇いずれにせよ、ヨーダンの関与度は不明ではある。それにしても、こうして見渡してみると、どことなく共通するものはある。上掲書で編者のマッギリガンは「最良のヨーダン映画はすべて同じ性質を持つ。苦く痛烈で、妥協がない。法なきジャングルの野獣、無慈悲で騎士道的な悪人、実際的で悲運な英雄。外的な諸力と戦いつつ内的探求を続ける孤独者。激動とアポカリプス、ポケット・サイズと世界的規模。これらが彼の人生と彼の想像力からあふれ出した、彼の主題の数々だ」と述べている。現実をシビアに見つめ、実際的に振る舞おうとしながらも、一方で理想に憑かれ、それゆえにこそ滅び去っていくことを余儀なくされる存在。マッギリガンの評言からは、そのようなヨーダン的主人公が浮かび上がる。状況と内面の葛藤の末に滅びていく彼らは、悲劇的人物像といえる。滅びを運命づけられた者として、彼らはノワール的風土に、そして神話としての西部劇によく馴染《なじ》む者たちだ。ヨーダンがこの二つのジャンルに優れているのも、もっともである。

『他人の家』

ともあれここでは、ヨーダンがシナリオを書いたノワール『他人の家』と、そのシノプシスを原案としてリメイクされた西部劇『折れた槍』を比較してみたいと思う。ノワール的なるものが西部劇の枠組みに移植されたとき、西部劇の世界をいかに腐食してしまうか、それがよく見えるからである。『他人の家』には原作がある。ジェローム・ワイドマンによる『そこにはもう行かない』*I'll never go there anymore*（41）。ワイドマンは小説『あなたには卸値で』*I can get it for you wholesale*（37）でデビューしているが、この作品はノワールの名作『苦い報酬』（DVD題、『悪の力』）の監督エイブラハム・ポロンスキーがシナリオを書き、ゴードン・ダグラスが監督して五一年に映画化されている。映画は小説のタイトルを借りたのみで、内容はほとんどオリジナルだということだが、映画版は、野心的で邪魔なものはすべて排除してきたデザイナー（スーザン・ヘイワード）が恋に落ち、野心と恋の間で悩むというドラマ。必ずしもノワールとも言えないが、金のために無情に人を踏みにじる女性を描く、というのはいかにも社会派ポロンスキーらしい作品ではある。シナリオ作家としては、ワイドマンはヴィンセント・シャーマンのノワール『悪党は泣かない』*The damned don't cry*（未、50）を書いている。これもギャングたちを愛人としてのしあがっていく女を描く作品だ。

I'll never go there anymore がどのような作品だったのかは不詳だが、シェイクスピアの『リア王』に触発されている作品であることは間違いないようだ。シェイクスピアに関しては、ヨーダンにも『マクベス』をギャング世界に翻案した『次はお前だ！』（原題は*Joe Macbeth*、55）がある。『他人の家』でのヨーダンの関与はどのようなものだったのか。上掲書のマッギリガンによると（マンキーウィッツの伝記からの引用）、原作では出番が少なく影の薄い弁護士の役を発展させるためにヨーダンが雇われた（後述のシノプシスはこの初期段階で書かれたものか）が、シナリオ初稿の三分の二ほど書いた時点で解雇、マンキーウィッツがほとんどを書き改め、ヨーダンの書いたセリフはすべてマンキーウィッツによってすげ替えられたと言う。スクリーン・ライターズ・ギルドはヨーダンとマンキーウィッツの共同名義にすることを提案したが、マンキーウィッツが拒否したため、ヨーダンの単独名義になった。原作を参照していないので何とも明確なことは言えないが、原作が『リア王』に触発されているとするなら、父親の視点で物語が語られていたかもしれず、視点人物を弁護士である息子に変え、彼の回顧で過去が明らかになるという構造にしたのがヨーダンということになるのかと思われる。

『他人の家』の内容を紹介する。ニューヨークのダウンタウンを歩いてくる男（リチャード・コンテ）。彼はある銀行に入り、その支配人三人（彼らは男の兄弟であるらしい）に「七年間を返せ」と迫る。彼は服役していたらしく、その罪は三人にあるらしいのだが、しかし彼らが差し出す金は拒絶する。その後、あるアパートへ。そこには女（スーザン・ヘイワード）がいて、復讐などやめろと諭すが男は聞かない。実家に帰り、父（エドワード・G・ロビンソン）の肖像画の下で、イタリア・オペラのレコードをかける。その音が、まるで匂いか何かのように階段を上っていくと、音に父の歌声がかぶさり、父の生きていたころに時制が遡ったことがわかる【図65】。父はイタリア移民で、一代で大銀行を作った男。長男次男三男とも彼に安い給料で使われ、不満を募らせている。四男の主人公だけは父の銀行内に事務所を置いて弁護士をしており、かなり有能。意気地のない上の息子たちと違ってガッツがあり、父のお気に入りである。あるとき、銀行の業務に関して警察が捜査を始める。担保も取らずに金を貸したり、予め利子を差し引いて貸したりと、父の経営は経理上杜撰なものだったのだ。裁判となり、主人公が弁護するが、昔気質で権威主義的な父の言動（「ルールはわしが決める」）はすべて不利に働く。窮地に追い込まれた主人公は、唯一同情的に見えた陪審員に賄賂を渡そうとし、長兄に依頼、しかし断られたため、やむなく自身が出向く。賄賂は受け取りを拒否されるが、玄関に警察が待っていた。密告されたのである。父は罪状を問われず、主人公が贈賄で服役、その間に経営権は長兄らに渡り、権限も権威も奪われた父は、服役中の主人公に復讐を願う手紙を書きつのる。主人公の恋人である女は、あの人に憎悪を吹き込まないで、と父に訴えるが彼は聞かない。ついに父は死に、その葬式で主人公は兄たちに復讐を誓う。かくして出所してきた主人公だが、しかし回想の間に復讐の空しさを悟り、新生活に旅立つべく迎えに来いと恋人に電話する。そこに兄たちがやってくる……。

図65 『他人の家』肖像画の下でレコードをかけるコンテ。フラッシュ・バックの導入

不条理な権力者としての父は、しかし昔気質なのであって、愛すべき存在である。その彼が裁かれ、権力を剥奪される。しかも剥奪するのは、虐げられてきたとはいえ実の息子たちであるという事実。家族の絆が固いとされているイタリア系移民の一家だけに、その事実は苦々しく映る。裏切り、そして密告。これにより長男は父親と、父親の寵愛を受けてきた

図66　コンテを突き落とすよう命じるルーサー・アドラー

四男の両方を排除することに成功する。この映画は配役が絶妙で、権力者の威厳と、それが失墜したあとの惨めさを体現した父親のエドワード・G・ロビンソン、いかなる障害ももののともしない強固な意志を感じさせ、従って権力を手にした長男らにとって難敵であることを説得的に示すリチャード・コンテが素晴らしいのだが、しかし本作をいかにも陰鬱に、つまりノワールにしているのは長男役のルーサー・アドラーである。父に昇給を願い出ても、妻の面前でそれを拒否され（妻は上流階級出身だ）、それでも卑屈に父のご機嫌を伺わねばならなかった彼が、苦境に陥った四男の贈賄の依頼をことももなげに断る（その間彼はひたすらステーキを貪《むさぼ》り食っている）。しかも彼は（画面上は彼が実行したこととは描かれないが）四男をさっさと密告しさえするのだ（贈賄しようとした女性のアパートの玄関を出た途端に逮捕される）。さらに、出所後銀行に現われた四男が提供した金を拒絶するのを見て、最後に四男の前に現われ、復讐などやめたという四男を、ボクサーくずれの三男を使って殺そうとするのだ【図66】。四男の抵抗でなかなか事を遂げられない三男を「デクノボー」と呼んで、父親からそう呼ばれ続けてきた過去を思い出させ、長男は逆に三男に襲われることとなって、四男はその場を逃れ、映画はハッピーエンドを迎える。願わくばここで四男が殺され（彼らは玄関上のバルコニーで格闘している）、彼を迎えに来た女の車の前に落下して、幸福な再出発の甘い夢など踏みにじられてしまってほしいところだが、それでは悪が罰せられないまま終わるという点でプロダクション・コードに抵触していただろう。ともあれ、ルーサー・アドラーの存在感、とりわけ、数十年にわたる屈辱によって少しずつ腐食されていったかのようなその顔の歪みが、この映画を、確かにノワールにしている。

『折れた槍』

さて、『折れた槍』は『他人の家』のリメイクということになるが、もともとはヨーダンが二十世紀フォックス在籍時にいくつか書いたシノプシス（その一つが『他人の家』になった）がサルベージされ、西部劇として脚色されたものである。同じ一つの原案から一方は現代劇『他人の家』となり、一方は西部劇『折れた槍』になったという経緯があり、従ってリメイクというよりは同じ胎《はら》から生まれた双子というのが正確だろう（『裏話2』）。ヨーダンは本作でアカデミー賞原案賞を受賞している。シナリオはリチャード・マーフィー。シオドマク監督のノワール『都会の叫び』(48)、エリア・カザンのセミ・ドキュメンタリー・ノワール『影なき殺人』(47)と『暗黒の恐怖』(50)、リチャード・フライシャーの実話をもとにしたサスペンス『強迫/ロープ殺人事件』(59)を手掛けている脚本家である。

物語の大枠自体は変わらない。父が死んで数年が経ち、刑務所から出てきた四男(ロバート・ワグナー)が実家に帰って過去を回想し、その間に復讐を諦める。映画のほとんどをフラッシュ・バックが占めるのは『他人の家』と同工であるが、そもそも西部劇においてフラッシュ・バックが用いられること自体、そうあることではない。しかもここでは映画の大半をフラッシュ・バックによる回想が占めているのだから、西部劇としては異例中の異例である。文字通り過去が、現在を侵食してしまっている。五〇年代以降の西部劇において、過去に囚われた男たちが頻繁に描かれたこと、そしてそこにノワールが絡《から》んでいることは既述の通りだが、ここではそのような設定上の次元ではなく、映画形式の次元の話である。しかしノワールにおいては常套であるフラッシュ・バックによる過去が(物語の、上映の)現在を食いつぶしており、そのことで、未来を志向する西部劇が反=西部劇へと反転させられている。

ノワール『他人の家』のリメイクであることで、西部劇『折れた槍』に生じてしまった深刻な変化は他にもあるが、まずは設定上のいくつかの変更点に触れておこう。主人公の出自の問題。主人公の四男は他の兄弟と異なり、先住民の母(ケイティ・ジェラド)から生まれている。母は実の息子の入獄中、三人の兄たちに冷遇されて、自身の出自である部族のもとに帰ってしまっており、それゆえ打ち捨てられた家は廃墟となっている。父(スペンサー・トレイシーがエドワード・G・ロビンソンに勝るとも劣らない風格で演じている)はその部族にも「狼」の称号を与えられて敬意を払われていた。荒野を彷徨《さまよ》う狼がタイトル画面として示されるが、それは映画開始時点において父の魂が恨みを残し、行き場なく放浪を続けていることを表わしている。このことにしてもそうなのだが、本作では西部劇であるだけに神話性が強調されている。実家が廃墟になっているというのもその一つ(『他人の家』では四人の息子の母は存命で、実家も、人気《ひとけ》はないものの父の生前のまま残されている)。その実家は、地面から階段を数段「下り」て広い居間になっている不思議といえば不思議な構造だが【図67】、これは『他人の家』で回想場面が、階段を「上昇」していくイタリア・オペラの歌声によって導入されていたのとの対称を意識してのことだろう(『トラック・オブ・ザ・キャット』でも家の中での高低差が際立たせられていた。西部劇における屋内の高低差は、どうも不穏なものであるらしい)。

また、タイトルにもなっている槍だが、これは先住民のしきたりが関係している。葬儀の際、一時出所を許された四男が、父の墓前に槍を逆さにして刺すが、これは復讐の誓いなのであった。ラストで主人公が復讐を断念し、将来をともにする女性と馬車でこの地を去る際、父の墓に参り、逆さに刺さった槍を取り、真っ二つに折って去る。この行為がタイトルの由来となるわけだ。ただ本作では、主人公は復讐を諦めはしたものの、やむを得ざる事情で長男を殺害している。長男（リチャード・ウィドマーク）は『他人の家』のアドラーと違い、陰険ではなく、自分がいかに虐げられてきたかを、怒りのあまり脳梗塞を起こし、半身不随になってしまった父に向かって激しく訴え、四男に対しても、金を提示して拒絶され、金でなびかない者は一番厄介だ、と排除にかかる。人を動かすことで事態をいいように導いていった『他人の家』の長男と比べてはるかに直情的、行動的で、むしろ好感が持てるくらいであるが、彼は復讐を諦めた四男を待ち伏せし、殺そうとして逆に殺されてしまうのだ。

図67 『折れた槍』廃墟になった実家。階段と居間の配置

　しかし何より大きな違いは、裁判である。父の行状が裁判になり、その結果四男が罪をかぶって入獄するという流れ自体は『他人の家』と同じであるが、その行状（罪状）とそれが持つ意味が『他人の家』と『折れた槍』ではまったく異なるのである。事の起こりは、彼らの牧場の数頭の牛が川の水を飲んで死んだことだ。川の水からは金属臭がしており、これは上流の銅精錬場からの排水が原因と彼らは気づく。法に訴え、排水をやめるよう命令を出してもらうべきだと主張する長男（この主張は重要である）に対し、待っている間に牛がさらに死んでしまうとして父は上流の精錬所に向かう。所長と話し合うが埒があかず、物別れになるも、精錬所の労働者たちと牧童たちがにらみ合いになり、ついに衝突、牧童たちは排水樋を引き倒し、精錬所を焼き打ちにする。事件は裁判に持ち越されるが、知事は長年父の支援を受けてきたにも関わらず、自分の娘（ジーン・ピータース）が先住民とのハーフである四男と恋仲になっていることを快く思っておらず、ここで父に背を向け、彼に有利な裁判官を選択することを拒《こば》む。裁判官が父親に対し批判的な立場であることも相まって、裁判は終始父親に不利に進行する。証言台に立った父は余裕綽々《よゆうしゃくしゃく》、人間の命よりも牛のほうが大事だ、これまで水を巡って何度も争ってきたが、裁判によって解決したことなど一度もない、楯つく奴は撃ち殺すか、縛り首にしてきた、また争議の際に保安官を呼ぼうとしたこともない、とかえって得意げに言い放ち、しまいには、これまで俺は自分のやり方でやってきたのだ、文句あるかと検察官に居丈高に居直り【図68】、法廷侮辱罪に問われるに至って、

図68　検察官を威圧する父

敗色はいよいよ濃くなっていくのである。
　西部において水が死活を左右する重要な資源だということ、それを確保するために開拓者が非常な苦労をしたという事実は、いかにもその通りである。水が汚染されたら牧場が立ち行かなくなることも確かだ。しかしだからといって水を汚す者を力で排除していいというわけには今やいかなくなっているのも確かなのだ。新たな産業が勃興し、その規模がすでに無視できないほど大きくなっていること、もはや自分たち牧畜業者の時代ではなくなっていることを長男は知っている。長男はその時勢を考え、ともあれしかるべきところに訴えて、一時排水を止める処置を講じた上で精錬所と話し合う機会を設けるべきだと言っている。こちらが完全に正しい。しかし父は従前通りのやり方を貫く。不正には力で対抗する。保安官を介しない、自分たちによる解決。これが、いずれはリンチにつながっていく自治のあり方そのものであることは見やすい。裁判で裁かれているのは、西部的な直接民主主義なのである。
『他人の家』においても、『折れた槍』においても、裁かれるのは共に、創業者の強引で独善的な仕事のやり方ではある。彼らは指針らしきもののない新天地において、それでも実地でやっていく中で自分なりのやり方を見出してきたのであり、数えきれない経験を通して、そのやり方で正しいのだという信念を強固にしてきた。無から一代で築き上げられた一大帝国は、その信念の証、自分の正しさの証明そのものなのだ。その偉大なる男たちの生き方、彼らの正しさそのものが裁かれることになるわけなので、その痛切さはどちらにあっても深い。しかし、責められるのが創業者の放漫経営で、一家内部での欲得ずくの争議に過ぎない『他人の家』と違って、その舞台が西部となると、ことは創業者一人の話ではすまなくなってくるのだ。というのも、創業者の態度、その違法性は、西部開拓時代において西部人の全員に共有され、しかもあるべき姿として称えられさえしてきたものだからである。現代劇としてならば一人の罪で済むものが、こと西部劇では西部という世界そのものの罪になってしまう。裁かれるのは、西部の精神そのものなのだ。同じ設定を用いたリメイクではあるが、ノワールを西部劇にしたことで、西部（劇）の意義そのものが問われるような事態になってしまった。これは、西部劇にしてはならなかった題材なのである。
　製作者がどこまでこの事態の深刻さを意識していたのかはわからない。これは単なるリメイク、素材のリサイクルに過ぎないのであり、同じ設定で西部を舞台にしても話が成り立つではないか、その程度の認識だったのかもしれない。事実、西部劇『折れた槍』にはそのような楽観性が漂っており、自身の足元が崩れ去るような危機的状況がここに現出してしまっていることへの切迫感は感じられない。というか、観客である我々自身（まして罪深いことに、演出のエドワード・ドミトリクについて短くない文章を書いてすらいる筆者自身）、本作の持つ意味に気づいていなかったのではないか。無論本作が、例えば『牛泥棒』のように西部劇史上画期的な名作であるとは言わない。演出もどこか風格を欠いており、主演がロバート・ワグナーではどうにもリメイク元のリチャード・コンテとの釣り合いが取れなさすぎる。ともあれ、本作がリメイクであるということは、ここで生じた事態が単なる偶発的な事態であることをうかがわせるに十分である。しかし偶発的であるということは、かえって事の重大性を明らかにするだろう。西部劇的なるものは、（作り手の）無意識的な次元ですでに綻《ほころ》びかけているのだ。そしてそこに、フィルム・ノワールが大きく関与している。フィルム・ノワールは、未来志向の西部劇的な世界を反転させ、西部劇を暗色に染めてきた。しかし今やそれにとどまらず、西部劇がその根本に置いてきた価値観まで腐食し始めている。フィルム・ノワールは、西部劇に死を導入する。しかし、西部劇自身、まだ自身の死の兆候に気づいてはいない。

ノワールと西部劇

ここまで、ノワールと西部劇をつなぐ人脈を辿り（バーネット、ウォルシュ、ブッシュ、ベゼリデス、ヨーダン）、またノワールにより西部劇の世界が変質してきたことをいくつかの西部劇を通して確認してきた。当然ながらノワールと西部劇の関係は、これまで記述してきたところで尽くされているとは言い難い。西部劇とノワールの両方を撮っている監督は他にも大勢いる。初めてロケでテクニカラー撮影された西部劇『丘の一本松』（36、「作品解説」参照）を撮り、四〇年代後半にセミ・ドキュメンタリー・ノワールを陸続と発表して、ノワールに変化をもたらしたヘンリー・ハサウェイ。『ミルドレッド・ピアース』（45）でジョーン・クロフォードを虐げられる女（逆ファム・ファタル）としてキャストし、人気を再浮上させたマイケル・カーティス。そして既述の通りノワールとは恐らく本質的に相いれない作家だが、ノワール史上の名作である『三つ数えろ』（46）を撮っているハワード・ホークスらの巨匠たち。ノワール西部劇の傑作『拳銃王』の原作、同じくノワール西部劇の傑作『無法の拳銃』を撮っているアンドレ・ド・トス。『OK牧場の決闘』を初め、アクション西部劇で知られるジョン・スタージェスもまたその初期にノワールを数作撮り、その中には佳作『暗闇に響く銃声』*The people against O'hara*（未、51）があるのだし、ノワール西部劇の傑作の一つ『日本人の勲章』（55、これについては後に触れる)、これもノワール西部劇『六番目の男』(55、「作品解説」参照)を撮っている。ノワール『潜行者』(47)を撮っているデルマー・デイヴスは、プロ・インディアン西部劇の走りである『折れた矢』(50)を撮り、西部劇『去り行く男』(56)でノワール『郵便配達は二度ベルを鳴らす』のリメイクとは言わないまでもプロットが同じ作品を作り、また、既述のように『悪人の土地』(58)は『アスファルト・ジャングル』のリメイクであり、ノワールと西部劇をつなぐ輪の重要な一つである。それ以外にも『決断の3時10分』(57)、『カウボーイ』(58)、『縛り首の木』(59)などの重要な西部劇を撮っている(デイヴスについては第六章で詳しく触れる)。アンソニー・マンを筆頭に、ニコラス・レイ、サミュエル・フラー、リチャード・フライシャー、ロバート・ワイズら五〇年代作家らになると、ノワールと西部劇の両方を撮っていない監督を探すほうが難しい(ヨーロッパに亡命してしまったジョゼフ・ロージーは西部劇を撮っていないが、『真昼の決闘』は当初ロージーの企画だったとされる)。後に詳しく触れる、西部劇の革新者バッド・ベティカーですら、その初期にB級ノワールを撮っているのである。無論各々の作家で両ジャンルへの関わり方はさまざまであり、ホークスのようにきわめて特異な立場をこの二つのジャンルに対して有している作家もある(その一端は序章に既述の通りだが、これについては改めて論じる)。これら、ここで論じなかった作家たちの作品については、主題の重要性の点から後続の章で改めて取り上げる場合もあり、またそうでなくとも重要と思われるものについては「作品解説」に譲ることとする。ともあれ本章では、特にノワールが主題面で西部劇に対して与えた深甚な影響(女性像、過去の重み、法ないし裁判)と、それらの主題に関し、一貫して追求し続けた監督、脚本家について取り上げて論じてきたわけである。

改めて整理するならば、これまで西部劇における女性は、メロドラマ的な結構によって、共同体から外れたアウトローをそこに馴致させるものとして機能してきたが、死の招き手としてのノワール的女性=ファム・ファタルは、西部の男を死に至らしめることになる(『死の谷』)。しかしその一方、ノワールにおけるように彼を単に利用するだけではなく、真の愛を彼に与えもするのであって、それはノワール的女性のほうが、西部劇によって変質したことも示している(『白昼の決闘』)。また、西部は本質的に未来へのベクトルを持つものであるのに対し、ノワールが移植されることで西部劇は過去によって支配される人物たちを描くことになった(アンソニー・マンの数作)。過去のトラウマに囚われ、過去の出来事を反復してしまう神経症的な登場人物も現われるが、これもフィルム・ノワールにおいて一時頻出したニューロティック・ノワールと通じ合う(『追跡』)。さらには、ノワールの筋書きを西部劇に移植したところ、西部劇的価値観そのものが裁きにかけられるような事態が生じてしまうことになった(『他人の家』と『折れた槍』)。

西という未開＝未来の地に乗り出していく男たち、彼らはたった一人で土地を切り開き、水を引き、牛を育てた。頼るものとしては自身の気概のみであり、彼らを阻《はば》もうとする者（先住民であれ、後発者であれ）に対しては一丁の銃で自らを守るしかなかった。彼ら西部人たちは野性人であり、法ができる以前の社会にいるのだから、字義通りアウトローだったわけである。そうして文明の礎が築かれ、村ができ、町ができていく。その時流の変化を受け、彼らは女性を介して共同体の内部に回収され、共同体の一員として、村の、町の掟を受け入れて、それによって支配されるものの、彼らの精神の奥底には、自身の気概と銃によって自身を律してきたことへの誇りがいまだいきいきと息づいている。しかし、これらの価値観がノワールによってことごとく覆されるのだ。女性は共同体の内部へ男たちを連れていくどころか共同体の外（死）へと追放し、男たちは未来に向かって前進しつづけるのをやめて過去の重みに押し潰され、彼らの自由を保障し、誇りを担った銃は、無法な暴力＝悪として断罪される。ノワールは、西部劇的な価値観の根本に毒を投げ入れる。西部劇はノワールによって、自身への疑いを持ち始める。

しかし逆に言えば、反＝西部劇としてのノワールによって西部（劇）は自身を再認識したのでもある。西部（劇）は、無意識的のまどろみから覚め、常に自身を（ノワールという）鏡に映しながらその真実を見つめ直し、また自身を形成していかねばならない。もはや西部劇は晴れ晴れと己を顕示することはなく、自身に対する疑いにつきまとわれ続ける。しかしジャンルとしての西部劇の強さはここから発揮される。ノワールによって投げ入れられた疑いを、西部劇は改めて自らを問い直すために用いるのである。確かにノワールによって西部劇の根本には毒が注入された。しかしだからこそ西部劇は、アメリカという社会にとって、西部とは何なのか（だったのか）を自覚的に問う、優れて反省的なジャンルとなる可能性を手に入れたのである。そして実際、西部劇の歴史はそのように進んだ。とするならば、ノワールこそが、西部劇を真に西部とは何かを問いただすジャンルに格上げした、西部劇を西部劇らしくしたのだとすら言えるだろう。それは確かに極言であるのかもしれない。我々が西部劇といって思い浮かべる晴朗な勧善懲悪の物語、いかにも西部劇らしい西部劇ではなく、西部精神を疑うような作品こそが西部劇だという言明には異論もあるだろう。しかし、ではいかにも西部劇らしい西部劇とは何か。今となってはもはや顧みられることのない三〇年代のB級シリーズがそうなのか、古典的名作と目される『駅馬車』がそうなのか。だが、第二章末尾で述べたように、西部劇が西部劇らしかった古典期というものは、事後的に想像されたイメージに過ぎないように思われるのだし、またいわゆる西部劇の古典期なるものが本当にあったとして、その実在の時期はどれだけあったのか疑わしい（『駅馬車』はかろうじてその中に入るだろうが）。とするならば、やはり西部なるものに初めて真っ向から向き合ったこの時期の西部劇こそ、正統な西部劇と言ってしかるべきなのではないだろうか。「超西部劇」は端的に「西部劇」なのだ。以後の章ではノワールにより、西部劇がどのように自らを問い直していったのか、またさらにそれに対する反動が、いかに西部劇を前代未聞の領域へ連れ出していったのかを探る。

▼1　以下はパトリック・マッギリガン著『裏話　ハリウッド黄金期のシナリオ作家インタビュー』*Backstory: Interviews with screenwriters of Hollywood's golden age*, University of California press, 1986所収、「W・R・バーネット　アウトサイダー」より。

▼2　G・N・フェニン／W・K・エヴァソン、高橋千尋訳『西部劇　サイレントから70年代まで』、研究社、一九七七年（原著増補版一九七三年）、P. 256。

▼3　『ハリウッド西部劇映画DVD-BOX vol. 10』ブロードウェイ発売の解説で宇田川幸洋は、原作小説が「カウボーイをギャングスターのようにえがいたといわれるほどの暴力性があったと評される」と書いている。評の出所は不明だが、小説に限らず映画のほうでもその印象は強く受ける。

▼4　この対照についてはピエール・ギリアーニ『ラオール・ウォルシュ』*Raoul Walsh*, Edilig, 1986を参照した。

▼5　パトリック・マッギリガン『裏話』所収のブッシュ・インタビュー。

▼6　パトリック・マッギリガン『裏話2　1940年代、1950年代のシナリオ作家インタビュー』*Backstory 2: Interviews with screenwriters of the 1940s and 1950s*, University of California Press, 1991所収、「フィリップ・ヨーダン　カメレオン」より。

第五章
神話と化す西部劇——フォード／レイ

ジョン・フォードの西部劇回帰

一九四六年、ジョン・フォードは戦後第一作として、『モホークの太鼓』(39)以来——あるいは南北戦争の時期のインディアンとの戦いを描く『モホークの太鼓』を西部劇と認めないならば、『駅馬車』以来——となる西部劇、『荒野の決闘』(46、リバイバル時に原題通りの『愛しのクレメンタイン』と改題されたが、人口に膾炙《かいしゃ》した旧題を使用する)を発表する。戦後第一作が西部劇であるという事実自体意義深いものがあるのだが(『コレヒドール戦記』が四五年十二月公開で、戦後のことだが、製作自体は太平洋戦争終結以前であり、戦中期の作品となる)、我々としては、この作品が画面構成において、フォード作品の中でもフィルム・ノワールに最も近似するものであるという意味でも興味深い。我々は前章において、ノワールと西部劇が、その人脈および世界観を共有していたことを確認したが、西部劇の巨匠フォードもまたノワールの風土に染められていたわけなのだ。『荒野の決闘』がノワール的である、という言辞は、ノワールと西部劇を接合しようとする我々の立場からする牽強付会と思えるかもしれないが、これはジョン・フォード批評において現在にあっても最重要であることを失わない『ジョン・フォード　その人と映画』の著者であるタグ・ギャラハーの意見でもある。ともあれ本章では、前章でノワールと西部劇の関連性から追ってみた戦後の西部劇の変質を、まずはジョン・フォードの西部劇の変化から探ろうと思う。さらにそこから、戦後の西部劇に頻出するいくつかの特徴的な主題について触れ、そのすべてにおいて重要な作品を作った一人の作家に焦点を当てて、彼が西部劇に対してなしたことの意味を問う。

『荒野の決闘』——その時間

現在でもフォードの西部劇の(西部劇に限らずフォード全作品の中でも)傑作とされる『荒野の決闘』ではあるが、ワイアット・アープとOK牧場の決闘という題材自体はフォードの選択ではない。フォード自身は、メリアン・C・クーパーと設立した自らの製作会社アーゴシーによる、自分の望む題材による製作のほうにすでに関心が移っていた（そこで生み出されるのが騎兵隊三部作ということになる）が、二十世紀フォックスとの契約がまだ残っており、それを消化する必要があった。製作者ダリル・ザナックはフォードに対し、その時点でできあがったばかりの脚本（それが『荒野の決闘』）をあてがったのである。以後詳述するように、戦後にあって西部劇は、これまで肯定的に扱われてきたアウトローやガンマンらの神話的人物に見直しの眼を向け始めるのだが、本作はそうした流れの中にあるわけでもなく、その意味ではなぜこれが撮られたのか、意義が見出しにくい作品ではある。しかし本作の意義はそこ、すなわち西部の神話的人物の扱いにはなく、ある程度有名な神話の枠組みを借りつつ（かてて加えてこの作品の人物相関図、すなわちドク・ホリデイとワイアット・アープと、都会の女性、酒場の女の四者関係は、既述の通り、アラン・ドワン監督によるアープの物語『フロンティア・マーシャル』の設定をそのまま引き写している）、細かなエピソードの積み重ねで登場人物の人物像を浮き彫りにする演出の円熟、特徴的な小道具や場所、儀式などを用いた人間関係の描写、そしてほとんどバロック的な（そしてそれゆえノワール的とされる）空間造形などにある。フォードは『駅馬車』においても、西部の神話自体は崩すことなく、むしろそれを忠実に再現し、もっと言えば形骸化することである意味西部神話を総括していたが、同じことがここでも行なわれていると言える。加えて『駅馬車』においても、夜の場面で陰影の極端に深い画面や、仰角による天井の映り込みなど、後にノワールに典型的に使用される画面構成を用いていたが、ここではそれが雰囲気の醸成にとどまらず、世界観、人間関係の象徴的表現にまで高められており、その意味では深化も見られるのである【図69】。フォードはこれまでの自身の映画作法を踏襲し、自身の円熟を示しつつも、新たな方向に一歩を踏み出そうとしている。そしてその一歩は、前章で描いたノワール的な世界観、視点に通じるものであり、フォードもまた、時代に即応し、時代を先導する形で西部劇に変化をもたらしていくのである。

図69　アープとドクが初めて出会う場面。遠近を強調した画面構成、光の中に黒く浮き上がる二人

本作は、末弟を殺されたワイアット（ヘンリー・フォンダ）が、その犯人逮捕のため二人の弟（ワード・ボンド、ティム・ホルト）共々トゥームストーンの保安官になり、そこで知り

合ったガンマン、ドク・ホリデイ（ヴィクター・マチュア）と共に、仇であるクラントン一家（家長の老人をウォルター・ブレナンが演じる）をOK牧場で討つという大筋を持つ。しかし映画そのものは、ワイアットが知り合っていく人物たちの肖像と、その間の関係を描くエピソードが数珠つなぎに推移していく印象で、一直線な物語というより、緩《ゆる》やかな構造体というほうが正確である。復讐物語である以上に、エッセイ映画の印象なのだ。しかし見終わってみれば、映画の全体にどことなく陰鬱な感じがあって後味自体は苦い。構造が緩く、映画の進行がノンシャランな感じを与えることと、印象が陰鬱であることは必ずしも背反するわけではないにせよ、普通ノンシャランな進み具合であればシリアス感は薄れるはずであるから、どことなく齟齬するような印象があるのは確かだ。これは単なる「感じ」、印象ではあるが、その「感じ」はあるいは本作の本質に関わることかもしれない。

進行が緩やかだ、というのは、いずれ本筋と関わってくることになるかもしれないけれどその時点では直截《ちょくせつ》に関わらない人物の紹介や、その人物と主人公たちの関係を描くエピソードの描写（例えばドク・ホリデイやクレメンタインとワイアットの関係）に映画が割かれている点に原因があるだろう。寄り道しているような感じなのである。「今」いるべきところにいない感じとも言い換えられようか。そう考えると本作には、時間のズレが多々生じていることに気づく。映画の冒頭で、ワイアットは一介のカウボーイとして牛をトゥームストーンに移送中だが、先行して町に行っていた間に末弟が殺されていたことを事後に知る。弟の殺害の現在時は、ワイアットがその死を知った時点でとうに過ぎ去っているのだ。そのワイアットは、「かつて」無法の町ドッジ・シティを平定した男であったことが、トゥームストーンの住人によって我々に知らされる。さらに住人は、現在無法の町となっているトゥームストーンの平定のため、彼に保安官職を提示するが、その時点では彼は引き受けず、しかし弟の殺害によって引き受けることになる。ここでもズレが生じているわけだ。ワイアットが保安官職を引き受けたところに、クラントン一家がやってきて、自分たちが殺した男の兄が保安官となったこと、彼の名があのワイアット・アープであることを知るわけだが、このときクラントン一家は、自分たちの犯した過去（といっても直近の過去だが）の罪の帰結を今知ると共に、未来の破滅の予感を感じ取るのである。

これに加え、ワイアットがトゥームストーンで知り合うことになるドク・ホリデイは、「かつて」東部で医師の免許を取得し、将来を嘱望されたエリートであったことが、彼の「過去」の女クレメンタインの訪れによってワイアットに、そして我々にも知らされる。クラントン一家の一人ビリー（ジョン・アイアランド）から銀の十字架を贈られた酒場女チワワ（リンダ・ダーネル）は、殺されたワイアットの末弟のものであるその十字架を見咎《みとが》めたワイアットの血相の変わりようを見て、ドクからもらったと嘘をつき、ワイアットはドクを追う。疑われたドクはチワワを詰問するが、その際物陰から狙っていたビリーによって撃たれてしまう。銀の十字架はすぐには真犯人を指し示さず、時間的なズレが生じる。傷ついたチワワを、ドクは再び医師としてのプライドを懸けて治療、いったん手術は成功するものの、体力を失ったチワワは死ぬのであり、死は時間差で訪れる。決闘そのものは紛れもなく現在の出来事として描かれるのだが、対峙する両勢力の間を駅馬車が通り、それによって相手が姿を紛らせ、対決が遅延される。またクラントン老人はいったん投降しながらも、ワイアットが背を向けた瞬間に撃とうとして、ワイアットの弟に撃たれるので、この決闘にすら二重性、時間のズレは生じるのだ。映画の終わり、決闘の後、ワイアットは町を去ることになる。しかし恐らく「後に」トゥームストーンに戻ってくるであろうことがほのめかされており、ここでも(今度はこれまでと違って未来の方向へ)時間のズレがあるわけである。

前章に詳述したように、ノワールと同時期の西部劇には、過去に囚われる男たちが現われるようになっていた。過去のトラウマが現在における男たちの存在を深く侵食し、押し潰す。ここでもワイアット、ドク、クレメンタインは過去を持つ存在として描かれてはいるが、とは言ってもそれによって大きく人生を規制されているのはドクくらいで、必ずしも過去に押し潰されているというほどではない。また、過去に起こった出来事(やその真相)を知るのが遅れ、それによって誤解が生じたり、情動が増幅されたりすることは劇作上の常道ではある。しかしそれでも、こうやって列挙してみると、時間の二重性は顕著であり、度を越しているように思える。そもそも現在が現在だけで自足せず、過去や未来にまたがっており、その関係性の下で初めて現在たりうるというのは、時間の本性であって、それ自体は問題ない。もとより映画も、一コマ一コマが担う現在の瞬間のみでは成立しない。一つのコマの映像が前の、そして次のコマとつながり、溶解することでしか映画は映画として成立しない。それはそれとして、しかし、映画には決定的な出来事というべきものがあり、その瞬間=現在に向かって時間は組織されるはずなのだが、ここではそれがずらされる。チワワは撃たれた瞬間に決定的な死を迎えるのではなく、いったん手術で救われた後に死ぬのだし、クラントン老人は、決闘で潔い死を迎えるのではなく、いったん投降した後で卑怯な死を死ぬ。チワワの死は、映画全編においても情動の決定的な高まりを示す場面であり、クラントン老人の死は、全編がそれに向かって進行してきたところの、復讐のクライマックスである。そのような決定的瞬間、映画がそれに向かって引き絞られてゆくべき現在が二重化され、そうすることで言わば、格下げされる。現在は疎外されている。本作がノンシャランな感じであり、切迫感がないように見えることもそうした印象を強めるだろう。この映画はある決定的な現在に向かって引き絞られ、現在をこそ輝かせるような構成をあえて排しており、そのようないわばアンチ・クラマックスが、映画から爽快感を奪い、陰鬱さの印象にもつながっている。

『荒野の決闘』――その画面

そして疎外されているのは現在ばかりではない。登場人物のそれぞれが疎外されている。映画全編の陰鬱さの印象は、上記の時間処理以上に、主としてそれに由来するだろう。先に挙げたタグ・ギャラハーは、とりわけチワワの死の場面において、登場人物はそれぞれ自身の主観性の中に閉じ込められているという。[▼1] ギャラハーを援用しつつ見てみよう。チワワの死を巡る一連の流れを説明しておく。

チワワはビリー・クラントンに撃たれていたが、ビリーもまた追っ手であるヴァージル・アープに撃たれ、辛うじて自宅に逃げ戻っていた。彼を家の中まで追ってきたヴァージルは、クラントン老人に背後から射殺されてしまう。クラントン老人は町に向かうため、闇に沈んだ部屋を立ち去る。チワワの死は、ビリー、ヴァージルの死に先行されている。チワワの手術は酒場の奥の部屋で行なわれるが、手元を明るくするためありったけのランプがそこに集められており、従って手術台となるテーブルは極めて明るく灯されている一方で、それ以外の空間は暗がりに沈み、陰影が際立つ画面になっている。麻酔のない手術が終わり、疲弊したチワワの、それでも穏やかな表情が俯瞰で捉えられるが、光を浴びて白く映えるその顔は、従容として運命を受け入れる心持ちゆえであろうがどこか神々しさすら漂わせている。カット変わって今度は彼女を見下ろすドクが仰角で捉えられるが、彼の顔は逆光に沈んでおり（すぐ横にランプがあるだけに、顔が暗がりに沈んでいることは奇妙に見える）、表情が窺《うかが》えない。しかし手術は成功し、ワイアットとドクは、バーテンダー（フォード映画の常連ファレル・マクドナルドが演じている）と共に祝杯を挙げる。画面をバー・カウンターが黒々と斜めに横切っていて遠近法が強調されているが、その一番奥に観音扉の出口があり、そこにクレメンタインが立っている。意気揚々と出ていくドクにクレメンタインが、あなたが誇らしい、と話しかけると、チワワが勇敢だったのだと返してドクは去る。

二人を見ていたワイアットがバーテンダーに、恋をしたことがあるか、と聞くと、バーテンダーは、わしはずっとバーテンダーだったからな、と答えにならない答えを返す。ワイアットが酒場を出ようとするとクラントン一家が馬で駆けてきて、ヴァージルの遺体を投げ捨て、翌朝OK牧場で待っている、と言って去る。保安官事務所に町の連中がやってきて助力を申し出るが、これは家族の問題だ、とワイアットは取り合わない。そこにドクが来て、チワワは死んだ、と、チワワの弔い合戦として決闘に自分も加わる意志を、銃を取ることで表わす。

まず手術直後のチワワとドクの画面の対照性が目立つ。光と影、白と黒、俯瞰と仰角【図70、71】。その対照性はあまりにもあからさま過ぎて、例えばチワワの中でせめぎ合っている生と死、といった「意味」には到底おさまりがつかない。この一連のショットは、場面の意味そのものを超えて、ただこの二人を対照し、弁別し、違いを強調し、要するに二人の世界そのものをわけ隔てるためにもっぱら存在している。その後のショットでも、クレメンタインが祝杯を挙げる男たちからわけ隔てられ、さらに（その時点ではチワワとドクの仲は回復されたと思われるので）、クレメンタインとドクの関係は破綻する（クレメンタインは戸口に置き去られる）。それを見たワイアットはクレメンタインとの関係の進展を恐らくは期待的に予感して、能天気にも「恋」の一語を口にするが、それが独りよがりな思念であることはともかく、その「恋」の希望も、クラントンの挑戦によって破壊される（あるいはいったんは宙づりになる）。

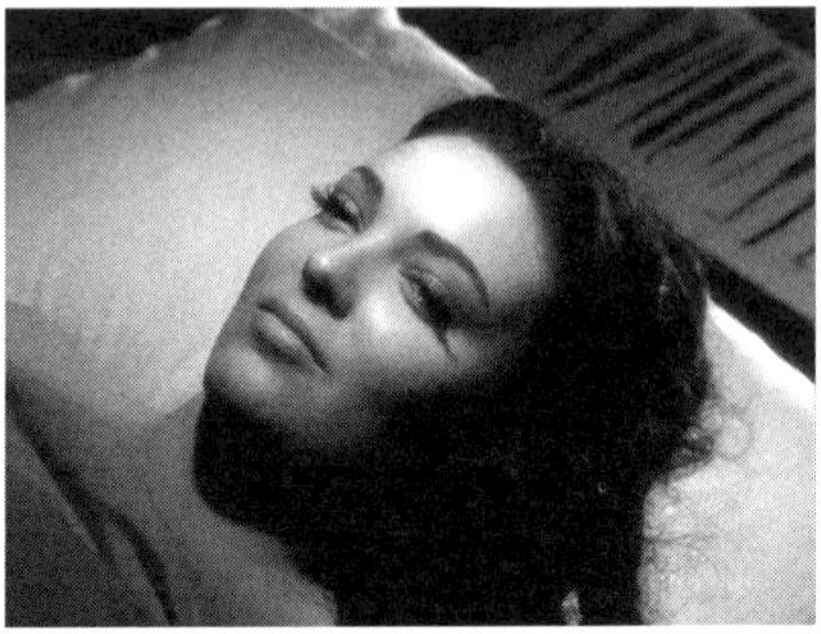
図70　光の中のチワワ

　かくしてそれぞれの登場人物は、つながっているようで実はつながっていない。かえって分断され、関係を断ち切られているのである。闇に沈んだクラントン一家の部屋、チワワとドクのカットによる切り返し、戸口に置き去られるクレメンタイン、それらのショットに関し、ギャラハーは、「それぞれの場合で、フレームは登場人物の世界であり、それぞれの雰囲気は登場人物の個性の延長である。彼ないし彼女の視点が『唯一の真実』となる」と述べている。「人々はこの映画の中で、客観的な現実の中に生きているのではなく、彼らの知識、道徳に関する考え方、そしてとりわけ感性の限界によって取り囲まれた主観的現実の中に生きている。（中略）フォードはこうした本質的に分断された感情世界を、構図、カッティング、音楽、演技スタイルを通して、また、主観性を反映する叙法（訳註：モダリティ。話し手の心理が語りに反映されることを指す）——それはフィルム・ノワールのナイトメアから詩的なリアリズムに移行しつつあるのだが——によって映画的に『生み出す』」。それぞれのショットは客観的な現実を表わしているというより、各登場人物の心理状態の反映なのであり、さらに言えばその登場人物にとっての世界になっている。各自の世界は孤立しており、相容れないまま並立している。登場人物はお互い排除しあっており、それぞれ疎外されているのだ。このペシミスティックな世界観。そのような世界観や画面演出は、フィルム・ノワー

図71　逆光で闇に沈むドク

ルに典型的なものだったわけだが、それをフォードは西部劇に援用しているというわけである。

登場人物がそれぞれ自身の主観的な世界の中に封じ込められている一方で、しかし彼らをつなぐものが描かれていることも確かである。例えば本作ではポーチが印象的に使われている。保安官となったワイアットがポーチで椅子に腰かけているときに、駅馬車がやってきて、クレメンタインを降ろす。ポーチが二人の出会いの場となっている。クレメンタインが町を出ていくことを決意した翌朝、ワイアットは彼女の荷物をポーチに運ぶが、日曜で駅馬車が運行していないと知った二人は手持無沙汰にポーチに佇み、同じ方向に歩いていく人の群れから教会設立のためのチャリティ・ダンスがあると教えられて、まだ基礎しか建っていない教会に向かう（教会が建設の途次にあることは、無論この町の民度、治安が不安定であること、ようやく町として形を整えつつあることを示す）【図72】。このダンスもまた、いかにもフォード的な儀式であり、そこで二人は心理的な距離を縮めることになる。これは結局撮影されなかったのだが、チワワの葬儀の場面がシナリオにはあり、そこでは彼女の雇い主と数人の女からなる葬列が町を行くと、男たちは窓からそれを眺めてはいるものの、列には加わらない。しかし一人が勇を鼓して列に加わると、男たちが三々五々列に加わり、ついには町じゅうの男が葬列をなす。[▼2] この感動的な葬列場面はその後『太陽は光り輝く』(53)で実現されることになるが、葬儀もまた、人と人が心理的につながる場として、フォード映画に限らず、西部劇では極めて重要な儀式の一つである。しかし逆に言えば、そのような慣習化された儀式（ダンス、葬儀）や装置（ポーチ）がなければ人間関係は結ばれないということでもあり、それだけ孤立が深いともいえる【図73】。社会的慣習や儀式を好んで描くフォードは、それらを単なる西部劇的な意匠として、いかにも西部劇的な雰囲気の醸成のために描いたのではない。彼は、それぞれが閉ざされた孤独な魂が、自

図72　ポーチに佇み、その後ダンスに向かう二人

図73　『アパッチ砦』におけるダンス

ずといつか寄り添うことを必ずしも信じてはいなかった。フォードの絶望は強かったのであり、しかしそれゆえにいっそう彼は、そのような出会いの儀式や慣習によって孤独な魂たちがついに結ばれることを誰よりも強く希求し、それを美しく描いたのである。

フォードと戦争

戦後第一作として監督された久しぶりの西部劇が、実のところかくも孤独で陰鬱な作品であったこと、そしてそれが強い陰影、極端なアングル、遠近法などの画面構成によって達成されていること、これらは『荒野の決闘』がフィルム・ノワールと同時代に作られたことを強く想起させる。フォードがどれほどノワールを意識していたかはともかく、少なくともフォードがノワールと同時代を生き、同じ風土の中にあったことは紛れもない事実である。

『荒野の決闘』はフォードにおける個の研究と言っていいものだが、フォードの関心は以後しばらく集団へと向かう。四八年の『アパッチ砦』、四九年の『黄色いリボン』、五〇年の『リオ・グランデの砦』のいわゆる騎兵隊三部作である（その合間に『逃亡者』〔47〕、『三人の名付親』〔48〕、『栄光何するものぞ』〔49〕、『ウィリーが凱旋する時』*When Willie comes marching home*〔未、50〕、『幌馬車』〔50〕が撮られている）が、タグ・ギャラハーによれば、四八年から六一年の、彼の言うフォードの第三期は、三十三作中十八作が軍事共同体を描くもので、騎兵隊三部作はそのごく一部に過ぎないということになる。この三作は、ジェームズ・ワーナー・ベラの短編小説を原作とし、ジョン・ウェインを主演、居留地を侵害してくるインディアンと戦う騎兵隊を描いている点で共通する。

フォードが軍隊を主題とする作品を集中的に撮るにあたっては、彼の第二次大戦時の経歴が影響しているかもしれない。『最敬礼』〔30〕、『最後の一人』〔30〕、『海の底』〔30〕、さらに『サブマリン爆撃隊』〔39〕と、潜水艦、対潜水艦爆撃船を描く作品で海軍の協力を仰ぎ、海軍に惚れ込んで、ヨットを買ってその中で海軍式の生活を送るほどだったが、フォードは映画仲間を募って四〇年に私的に野戦撮影隊を組織する（メンバーには、カメラマンのグレッグ・トーランド、ジョゼフ・オーガスト、当時は編集者のロバート・パリッシュ、特撮のレイ・ケロッグ、脚本家のガーソン・ケニン、バッド・シュルバーグら）【図74】。撮影隊はアメリカが真珠湾攻撃を受けて大戦に参加してからはOSS（戦略情報局、後のCIA）傘下の公的な撮影部隊となり（フォードは予備役海軍中佐になる）、真珠湾攻撃についてのプロパガンダをまとめた（『真珠湾攻撃』、ただし襲撃そのものを映した当時のフィルム素材を集めるものの没収され、編集・公開は遅れて四三年、アカデミー賞短編ドキュメンタリー賞受賞）。またミッドウェイ海戦をフォード自身が現場で撮影し、プロパガンダ映画『ミッドウェイ海戦』〔42〕としてまとめている（これもアカデミー賞短編ドキュメンタリー賞を獲得）。フォードは中国、インド、ビルマ各地で記録映画の技術指導に当たたり、ノルマンディ上陸作戦においては上陸の模様を撮影する部隊全体の指揮を執った（彼の下に、陸軍から来ていたジョージ・スティーヴンスがついた。フォードはノルマンディ以後戦線を離れるが、スティーヴンスはその後も連合軍と行動を共にし、ダッハウでユダヤ人強制収容所の解放に立ち会って、その悲惨な実態を初めて世界に知らしめることになる）。

酒、喧嘩、豪放なユーモア、しかし決して規律をないがしろにせず（時に勢いあまってそれを踏み外してしまうにしても）、一本筋が通っている、戦いに従事する男たちの集団。そんな集団をフォードが愛したのであろうことは、彼が撮ってきた作品を見ればわかる。しかし実際の戦争は、どこか感傷の混じったそんな愛惜を吹き飛ばすものだったのではないか。自身立ち会ったノルマンディ上陸作戦は、戦勝への重要な一歩であったとはいえ、連合国側にも甚大な被害をもたらした。その様を実際に目の当たりにしたフォードには、もはや軍隊を手放しで称揚できる心の余裕はなかっただろう。実際騎兵隊三部作にせよ、その後の戦争映画にしても、確かにユーモアを決して絶やさないながら、どこか苦々しいもの、陰鬱なものが漂っている。しかし実際フォードが戦争をどう受け止めたのか我々にはわからないのであり、彼の戦争経験が映画に影響したなどというのはいかにも胡乱《うろん》な推測である。とはいえ、戦争を体験し、間近で目撃したことが、フォードの映画に何ら影響を及ぼさなかったということもまた考えにくい。中でも一作目の『アパッチ砦』は最も暗い世界観を有している。フォードの西部劇の中でも最重要作品の一本と見做《みな》しうる『アパッチ砦』を中心に、その騎兵隊三部作を見ていこう（ちなみに『アパッチ砦』は、脚本家フランク・ニュージェントにとって初脚本作品となるが、彼は以後フォード作品の脚本の多くを執筆、その中には『黄色いリボン』、『静かなる男』〔52〕、『捜索者』、『馬上の二人』といった重要作が含まれており、戦後フォードの最重要スタッフの一人である）。

図74　野戦撮影隊のフォード

騎兵隊三部作

『アパッチ砦』では、題名通りアパッチ族の侵襲を防ぐための砦に、新任の中佐（ヘンリー・フォンダ）が着任するが、これは南北戦争時の失策ゆえの左遷である。彼の頭には、この地でいち早く戦功を挙げて、東に返り咲くことしかない。砦にはアパッチの事情に詳しい歴戦の大尉（ジョン・ウェイン）がいるが、現場の兵隊であるウェインらと、階級にやかましく、形式を重んじるフォンダとは反りが合わない。非道な扱いゆえに居住区を逃亡したアパッチを呼び戻すべく、フォンダはウェインと通訳（ペドロ・アルメンダリス、後に『三人の名付親』にも出演）を派遣、彼らはアパッチを交渉に呼び出すことに成功するが、フォンダは交渉の場に現われたアパッチたちを迎撃するというのだ。それでは自分たちが騙したことになるとウェインは反対するが、フォンダは聞く耳を持たず、翌朝連隊を率いて交渉場所に向かう。自分たちに質の悪い酒を売り、商品の目方をごまかす悪徳商人の追放を要求するアパッチを豚呼ばわりしたフォンダは攻撃を開始、しかし敵地に突撃するという無謀な作戦にウェインは反対。たび重なる上官への反対にウェインは指揮権を剝奪され、ウェインはそれを不服としてフォンダに決闘を申し込むがフォンダは拒否。作戦を開始して敵地に突っ込んだフォンダは落馬し、駆けつけたウェインに助けられる。しかし自分の非を悟ったフォンダは窪地で敵に囲まれた必敗の兵士たちのもとに駆けつけ、共に戦って死ぬ。事態収束後、代わって指揮官となったウェインは、取材に来た記者たちに前任のフォンダの功績と、無名の兵士たちの心意気を称える。

続けて残り二作のあらすじも紹介しておく。『黄色いリボン』では、退役間近の将校を老け役でジョン・ウェインが演じている。シャイアン族が再び攻勢を強めており、ウェインは将校たちの妻子を駅馬車で逃がすべく、護衛するが、着いた駅馬車の宿駅はすでに焼き打ちにあっており、なくなっていた。後方を護衛させるためやむなく部下の一部を置き去りにして女性たちと共に基地に逆戻りした彼は、置いてきた部下の救援のための部隊組織を志願するが却下される。他方彼は、インディアンに銃を売っている商人の存在を把握していながらもそれを阻止できずに終わっている。かくしてウェインは退役の日を迎えてしまう。女たちを逃がすのに失敗し、インディアンの武器獲得阻止にも失敗したうえ、置き去りにした部下たちの救援もできない。辛うじて退役四時間前に、志願する部下たちを率いて集結するインディアンの馬を散逸させ、戦闘不能状態に陥れることに成功する。

『リオ・グランデの砦』はメキシコ国境の砦が舞台。アパッチ族が襲撃を激化するが、彼らはアメリカ側が不可侵のメキシコ国内に逃げ込んでいつも追跡を逃れていた。その砦の長がジョン・ウェイン、そこに士官学校にいるはずの息子が一新兵として入隊してくる。ウェインは戸惑いながらも、一兵卒として彼を遇し、部下たち（そのうちの一人はまたしてもヴィクター・マクラグレン）はウェインの心情を察して厳しくまた温かく彼を鍛える。そこに母、つまりウェインの妻（モーリン・オハラ）が息子を連れ戻しにくる【図75】。彼女は南北戦争時に、任務とはいいながら夫が自分の実家の農園を焼き払ったことが許せず、別居状態だった。彼女は息子の成長を見、夫の実際の任務を見て、次第に態度を軟化させる。折からアパッチが砦の子供たちを誘拐する事件が発生、編成された部隊が教会に監禁された子供たちを救いだし、またメキシコに逃げ込んだアパッチを、国境を越えてまで追い詰めて掃討する。その責を負ってウェインは左遷されることになるが、オハラもそれに同行する。

図75 『リオ・グランデの砦』のウェインとオハラ

戦争から帰還しての一作目『コレヒドール戦記』(45)も、太平洋戦争初期における海軍の敗走を描く暗い戦争映画だった(原題が「彼らは消耗品だった」ということだけで、ある程度内容は推し量れるだろう)が、『アパッチ砦』もカスター将軍による第七騎兵隊全滅事件を下敷きにしている。『黄色いリボン』もまたカスター部隊壊滅以後、インディアンが再び集結して攻勢を強めている、という設定だ。しかも『黄色いリボン』のウェインは、最後こそ逆転攻勢に出るが、それまではすべての任務に失敗している。対日本の戦争映画にしても対インディアンの騎兵隊映画にしても、戦意高揚どころか、むしろマイナス・イメージの映画をこそ撮るという姿勢(この後撮られることになる『栄光何するものぞ』(52)もまた、厭戦映画として名高い作品のリメイク)はフォード独特のものであり、既述の海軍好きなどから我々が何となくフォードに対して持っているマッチョなイメージは、現実と程遠いものであることがわかる。

この騎兵隊三部作では軍隊というコミュニティ、しかもインディアンと境界線を接して隣り合う、常に外部との抗争にさらされているコミュニティが描かれる。フォードはこれまでも集団を、とりわけ海軍を舞台にして描いてきたが、その一作『最後の一人』の原題「女なき男たち」が示すように、そこに女性は不在だった。しかし騎兵隊三部作では、上記のあらすじを見てもわかる通り、女性、そして子供たちが物語に大きく関与している。このコミュニティには老若男女が揃っており、しかも騎兵隊は辺境という環境ゆえにそれ自体で一つのまとまりとして閉じていて、その集団がアメリカ社会のミクロコスモスのように機能することになる。なおかつそこはインディアンというオルタナティヴな存在と境を接する場所であるがゆえに、アメリカとは何なのかを、コミュニティは常に自身に問い続けることになる。前掲のギャラハーは、フォードが軍隊ないしそれに準ずる組織を取り上げるようになったのは、それが「アメリカに関する一連の明確な慣習、イデオロギー、構造を提供してくれるから」であるとしている[3]。フォードは「アメリカ」であるとはどのようなことなのか、そしてまた「コミュニティ」とは何なのかを、ここで二重に問うているわけである。

イデオロギー

「アメリカ」的なイデオロギーを最も明瞭に示しているのが『アパッチ砦』であり、そこでのヘンリー・フォンダ演じる将校の失敗である。彼の失敗の主要因はまず、インディアンの事情に理解を示さず、また彼らに対する敬意を欠いて、その能力を過小評価しすぎていたことにある。インディアンを監視し、彼らの逸脱を収めるのが役割なのだから仕方がないとはいえ、そもそも騎兵隊はインディアンを敵、そしてなおかつ悪いことに、劣った敵と見なす態度が常道の組織である。それでも現場でインディアンと常に接していれば、彼らがたとえ自分たちとは違った文明の持ち主であるにしても、だからと言って劣っていることにならないと十分気づくはずのものである。本作では（騎兵隊三部作の他の二作とも違って）インディアン役を実際のインディアンに演じさせており、澄み切った空やモニュメント・ヴァレーを背景とした彼らの顔、雨風に晒《さら》され、年月を刻み込まれた硬い皮膚を持つ顔のクロース・アップは、自然と共存し、その一部として暮らしてきた一つの（消えゆく）文明、その担い手としての威厳が確かに感じられる[4]。しかも実際ウェインが演じている将校は、日々接している経験から、彼らに対する敬意を持ち、対等に接しようとする態度を獲得できている。ここにフォンダの第二の失敗がある。彼は現場の経験より、軍隊の形式主義のほうに重きを置いているのである。映画の最後で無謀な突撃を敢行するのも、それが東部の士官学校で習った定石の攻撃法だからだ。フォンダは軍隊に、そしてその位階にのみ価値観の根拠を見ており、その中で出世することにしか人生の価値を見出せない。アメリカ（アメリカに限らないかもしれないが）のエリート特有の形式主義、今この場でいかに充実して生きるかではなく、どこか他所《よそ》にある価値基準に照らして上位を目指す形式主義に、彼は支配されている。フォンダは無能であるが、それは軍隊上層部そのもののありように由来するのである。フォードが逆に現場の経験、知恵を重んじていることは明白だが、一方これもまたアメリカ的なイデオロギーである反知性主義につながることを見逃すわけにはいかないだろう。知的であることを軽視し、侮蔑する態度。現場の経験、仲間意識に凝り固まり、外からの意見や新しい知識に背を向け、排除する。学校出の人間は頭でっかちとして嘲弄の対象になる（『リオ・グランデの砦』でジョン・ウェインの息子は士官学校を放校になっており、だからこそいい兵隊になるとされる）。現場の仲間意識は貴重なものではあるが、それは反面反知性主義に転換しうる危険がある。

士官学校対現場の対立はまた、東部と西部の位階差とも一般化されうるだろう。すべての政策を決定する頭脳としての東部と、アメリカの未来を切り開く肉体としての西部。西部は新興国アメリカの富の多くを生み出しながらも、その富は東部に集められる。西部は軽視されつつも、しかし自分たちこそがアメリカを富ませたのであり、その西進主義、開拓者魂がアメリカを創ったのであるからには、自分たちこそ真にアメリカ的であるとの自負がある。騎兵隊もの、軍隊ものは、東部の士官学校出身の将校と現場の西部人（その中に東部出身のものがいたとしても）との対立を通して、東部と西部のイデオロギー的対立を描いている。先に記した反知性主義もまた、東部に対する西部の感情的対応から発した一つの態度＝イデオロギーであり、反知性主義そのものが騎兵隊三部作においては描かれているわけではないにせよ、そのような東部への感情の傾きが騎兵隊三部作の中にも見出せることは確かである。

『アパッチ砦』ではかくして騎兵隊社会の中にあるさまざまな確執、葛藤が子細に描かれる。確かに部隊全滅の責は指揮官であるフォンダにあるが、しかし彼もまた、自身が置かれた環境の制限の下にあり、その非は彼一人にあるわけではない。非は社会そのものにあり、その内部にある歪《ゆが》みが彼を通して集約的に露出されたものと言えるのである。しかしこれは、例えば『怒りの葡萄』にあったような社会批判とも、いささか違っているように思える。そこでは確かに資本主義的な搾取する社会への批判はあったにせよ、運命論的な悲観主義が窺えた。この社会はどうしようもなく、こういうものである。解決策は見出しえず、未来はふさがれている。しかし、これでいいのか、という訴えは、出口の方策が見出せないだけにいっそう悲痛なものとして見るものの心に残った。

また一方、これは共産主義者たちによるフィルム・ノワールが持っていた社会批判とも性質を異にする。そのようなノワールにおいて、社会は『怒りの葡萄』に近く、本源的に悪なるもの、個人ではいかんともしがたいものであり、それに立ち向かおうとしても圧殺されるような類《たぐい》のものである。しかし、共産主義的ノワールには、『怒りの葡萄』と違って、社会自体をオルタナティヴなものに変えるためのヴィジョン＝共産主義がある。ただし、これは現実的な方策というよりはやはりヴィジョンに過ぎない。それに対し、フォードが『アパッチ砦』で描く悪（敗北）は、社会の中にあるさまざまな葛藤、イデオロギーの所産であり、対処可能なものとして描かれている。フォードは、『怒りの葡萄』以来、『荒野の決闘』までは確かに存在した宿命論から離脱しようとしている。ノワール的な風土の中にいながらも、フォードはそれとは一線を画し始めているのである。

コミュニティ

さて、この遠隔地の砦には上記の通り、あらゆる年代の男女が暮らしている。そこではすべてのコミュニティにおいてそうである通り、二つの軸の対照的存在が集団に動性をもたらしている。老／若と男／女である。老人は退役し（『アパッチ砦』、『黄色いリボン』）、あるいは死に（『黄色いリボン』ではジョン・ウェインは妻の墓に詣《もう》でる)、新人が入ってくる。古参兵による新兵訓練は、全体にどこかしら陰鬱な三部作においてコメディ・リリーフ的な役割を果たして画面を明るくしてくれるが、それは単に緩急をつけるための作劇上の策なのではなく、「教育」という、コミュニティが維持されていくための重要な過程の提示でもある。『アパッチ砦』、『リオ・グランデの砦』で訓練するのは共にヴィクター・マクラグレン、フォード映画にとっても『雪辱の大快戦』(25)以来の常連である【図76】。『アパッチ砦』では、これもフォード映画常連の間抜け役ハンク・ウォーデンが乗馬訓練で荒馬に連れ去られ、残りの新兵が追うべく馬に乗ろうとするものの振り落とされるやら暴れられるやらで大混乱、そこにいつの間にか荒馬を乗りこなして揚々とウォーデンが駆け戻る。こうしたフォード組古参兵が存在感を発揮するのに加え、この三部作を通して、これまで端役に過ぎなかったハリー・ケリーJr.やベン・ジョンソンらが確固とした地位を築くのでもあり、騎兵隊三部作は、映画内ばかりでなく、映画外にあっても新たな世代の台頭を印づけている(ギャラハーによれば、騎兵隊三部作によってフォード世界を代表する主演俳優が、ヘンリー・フォンダからジョン・ウェインへ移行する)。

図76 『黄色いリボン』のマクラグレン。ここではウェインと同日に退役する古参兵

図77 『アパッチ砦』のシャーリー・テンプル(中央)

男女の対立が最も明確なのは『リオ・グランデの砦』におけるジョン・ウェインとモーリン・オハラである。西部劇において通常コミュニティに馴致するのは女性であるが、この場合は逆に、女性がコミュニティに馴致され、西部というものの価値観を認めて、そこに留まろうとする(ただしウェインは東部の決めたメキシコとの不可侵協定を破ったためにそこを追い出されるのだが)。また、『アパッチ砦』では、女性の存在が軍隊と鋭く背馳《はいち》することになるエピソードが描かれる。将

校フォンダには娘（シャーリー・テンプル）がいるのだが【図77】、彼女は、自分たちと前後して砦に着任した新人士官（ジョン・エイガー）と愛し合うようになる（ちなみに、テンプルとエイガーは現実に夫婦であった）。彼女らは遠乗りに出かけるが、そこで遠方に煙を発見、行ってみると、アパッチに切られた電線を修理中だった兵士たちが虐殺されている。エイガーはテンプルを護りつつ砦に戻り、事態を報告する。フォンダは娘を危険な遠乗りに誘い出したこと、襲ったアパッチの足跡を見つけながら後を追わなかったことをなじるが、実のところこの二つの叱責は矛盾している。父親として娘の安全を願う気持ちと、指揮官として自隊の被害に対していち早く対処しなければという義務。家庭と軍務。前者を優先するならばアパッチの痕跡を追わなかったことを叱責はできず、また後者を優先するならば娘を護衛してきたことを責めるべきである。しかしこの矛盾にフォンダの、単に軍紀のみを信奉するのではない人間味を見るべきなのかもしれず、それが最終的にフォンダをただの無謀で脳なしの指揮官に捨て置かず、人間的に彼を救う根拠ともなる。

男女を結びつける装置として、『荒野の決闘』同様、ポーチやダンスの場面が特に『アパッチ砦』では印象的に描かれる。また『リオ・グランデの砦』ではフォークソングがサンズ・オブ・パイオニアズというグループによって歌われ、それが時にウェインのオハラに対する気持ちを代弁もしてくれる。『アパッチ砦』でも、シャーリー・テンプルがいる隣家の夕食時、ワード・ボンドが「スイート・ジュヌビーブ」をいい声で歌い、ある種エイガーの感情を代弁している。女性はしかし、これら騎兵隊三部作の中で必ずしも事態を決定的に変化させる契機たりえてはおらず、男たちを際立たせるに留まって、その点正直なところ、その後の例えば『静かなる男』のモーリン・オハラや、『荒野の女たち』の女性たち、あるいはより以前の『若き日のリンカーン』の、あっという間に死んでしまい、そのことでかえって強い印象を残すポーリン・ムーアや、『怒りの葡萄』のマ・ジョード（ジェーン・ダーウェル）の存在感の確かさを思えば、やはり物足りなさが残るのは確かだ。

他にも例えば『アパッチ砦』でアパッチの通訳を務めたペドロ・アルメンダリスらメキシコ系の兵隊、ヴィクター・マクラグレンらアイルランド系移民（実際のところマクラグレンはイングランド人だが）など、軍隊は人種的にも多様である（まだそれが強調されているわけではないが）。その後フォードは黒人兵士も『バファロー大隊』（60）で描くことになる。

神話性

かくして騎兵隊三部作はインディアンへの偏見、軍隊の形式主義、東部対西部といったアメリカ的イデオロギー、老若男女、人種の混じり合ったアメリカ的コミュニティを描き、「アメリカ」とは何か、「コミュニティ」とは何かを問うている。それぞれについては取り上げられたことのないテーマではないものの、それらがかくも凝縮された形で表現されたことはこれまでにない。フォードはここで西部劇とは何なのか、そこで表現可能なものは何なのかを初めて突き詰めて考えた。表現の成熟度、達成度の高さという点では必ずしも騎兵隊三部作がフォード西部劇の頂点ということはできないかもしれないが、少なくとも極北ではある。そしてこの三部作で重要なのは、フォードがここで西部を神話として表現したことだ。神話とは、現在を生きる者がそれを拠《よ》り所《どころ》に自分のアイデンティティを確かめる「型」である。フォードが騎兵隊三部作で「アメリカ」的「コミュニティ」とは何かを問うたこととそれは密接に関係する。我々とはこのようなものである、そうした定義をするとともに、それを誰にでもアクセス可能な形で（すなわちイメージとして）流通させる。

　実のところ、我々はすでにそのようなものを見ている。歌である。『荒野の決闘』の原題となっているフォークソング「愛しのクレメンタイン」。元々ゴールドラッシュの際に水死した恋人クレメンタインを悼むバラッド（ただし英語版Wikipediaによると、死んだ娘は足が大きすぎて箱を履いていた等の後続の詩によって、実は悲歌のパロディであることが明らかになるという）だったが、そうした経緯はいつか失われ、クレメンタインという女性への愛を歌っているらしき、漠然とした詩のイメージとメロディが人々の記憶に刷り込まれていった。その中身のない器に『荒野の決闘』は決定的な内容を与える。西部のアウトローを共同体に馴致する女性としてのクレメンタイン。既述の通り『ヴァージニアン』で祖型が示された西部劇における典型的な女性像が、人の口に上りやすい歌という形にはめ込まれる。誰もが知っているこの旋律が想起されるとき、人は西部の乙女を必ずや思い浮かべ、西部なるもの（無限に広がる平原、流浪するカウボーイ、無法の町、ガンマン、保安官等々）を無意識的に確認する。こうした神話としての歌が、騎兵隊三部作の中でも使われていたことは既述の通りだ（特に『リオ・グランデの砦』での、サンズ・オブ・パイオニアズの歌）。フォードは歌を使うことが巧みな作家であるが、ここでの歌は単に主人公の心情の代弁者であることを超えて、自分のいる世界を確認し、それを肯定するための神話としての機能を果たしている。

　『アパッチ砦』のラストでジョン・ウェインは、前任者である死んだフォンダについて、新聞記者たちを前に、軍人精神の鑑《かがみ》と称える。彼がその最期に自分の非を認め、兵士たちに謝罪しつつ死んでいったことによっていささかの留保をしないではないものの、彼が無能で頑迷な指揮官であったことを知っている我々には、その言葉は到底信じられるものではない。しかしこのウェインの演説は、騎兵隊の指揮官のあるべき姿、人々の心に残るべきイメージをこそ示すもの、すなわち「神話」である。その後にウェインが続けて述べる兵士たちの肖像——安い給料、貧しい食事を耐え、一杯の酒で争い合うくせに、戦場での水筒の残り一滴の水は譲り合う男たちへの彼の真情が、フォンダを評する言葉の嘘を糊塗してもいるだろう。しかしいずれにせよウェインが、指揮官フォンダにしても、名もなき兵士たちにしても、死んだ彼らは私たちの心の中に永遠に生き続けるのだと言うとき、彼はまぎれもなく、「神話」について語っている。このとき画面は窓辺に立つウェインを外から捉え、ガラスには行進する（死んだ）騎兵隊の姿が映っている【図78】。死んで今ここにはいない、しかし心の中に生き続けるものたち。イメージである彼らは、軍隊とは何か、西部の人間であることはどういうことなのかを、人々の心にまざまざと呼び覚ます神話的機能そのものなのである。

図78　『アパッチ砦』ガラスに映る死んだ兵士たち

　もとより西部劇がそのような機能を果たしていたことは確かだろう。西部劇は、その初期においては単純な勧善懲悪の物語だったかもしれないが、いつかガンマンという存在が自身の意味、彼が銃を持ち、殺すことの意味を問い始め、その中にアメリカ＝西部のアイデンティティ（生活信条や倫理、そして社会観、法等々）を見出す。ロバート・ウォーショーが記述した古典的なガンマン像、その内面において常に自身の良心への問いかけを続けながら、しかし静かな佇《たたず》まいでそこにいる西部人。しかしそうしたガンマン像がイメージ化される。その存在の奥底で問われ続けている複雑な問いは捨象され、ただひたすらに正義であり、静かに佇む姿ばかりが流通する。イメージ化には確かに利点も存在する。ガンマンのイメージは西部の象徴となり、彼を思い浮かべるとき、西部なるものが一気に人の心の中に湧き上がるのだ。そうしたイメージ化は、他にも例えば実在のアウトローにもほどこされる。西部劇の中で形象化され始めた時期における彼らは、名もなき者たちの心情の代弁者であり、その意味で彼らのステータスは、いわば匿名性の結晶ともいうべきものであった。しかし彼らもまた新聞の報道や、ダイム・ノヴェルの語り、そして何より西部劇によって、いつかイメージになる。彼らの行なってきたことは内実を失い、あるいは少なくとも枝葉をつけられて事実とは遠いものになっていくのだが、それを集約する形で、彼らの「名前」が流通する。彼らの名を口にするとき、我々の心の中に義賊として、孤独な反抗者として、その姿が浮かび上がる。しかしそのとき、彼らを出現させた複雑な歴史的コンテクストは捨象されている。

　神話とは、内実を欠いたイメージ（『アパッチ砦』におけるきれいごとの嘘、ガラスの反映）、誰もが容易に（また安易に）

アクセスすることができるために流通するものである。また、複雑な事象を単純化し、明確な輪郭を与えてくれるがゆえに、良く機能すれば人がそれによって自身を確認し、混沌とした現在を生きるためのよすがとなり、悪く機能すれば、人が（複雑な）現実に自ら分け入って、立ち向かうことから遠ざけ、（単純な）神話への依存を生む。フォードは「騎兵隊三部作」で、「神話が人間を支配する」（ギャラハー『ジョン・フォード　その人と映画』）様を描いた。フォードは、西部劇が神話として機能しはじめたことを意識的に描いた、恐らく初めての西部劇作家である。

ガンマンのイメージ化

ウォーショーが描いたガンマンのイメージは、確かに西部劇なるものを集約する古典的なイメージではあった。しかしそれは、西部劇らしい西部劇（とはしかし何か）が失われた後になって事後的に見出されたものであり、ウォーショーは、実際それがどの作品に描かれているのかは明らかにしていなかった。それはあくまでイメージに過ぎず、内実を欠いているために、ここに、と名指しすることができないのである。彼が挙げているのは例えば『拳銃王』（50）のグレゴリー・ペック演じるリンゴー・キッドであるが、実のところここで描かれているリンゴー・キッドは、そうした晴れ晴れとしたガンマンのイメージとは程遠い。ウォーショーが記述した時点ですでになくなっていたガンマンのイメージは、ウォーショーの記述の現在時において頽落し、形骸化してしまっている。

『拳銃王』の中で、リンゴー・キッドは、早撃ちのガンマンとして「名」を馳せ、人から尊崇され、畏怖されてきたと同時に、彼を殺すことで「名」を挙げようとするものたちに戦いを挑まれ続けてきた。彼らを破ることでその名声は一層際立ち、自身、そのような挑戦を退けることに生き甲斐を感じてもいた。しかし彼も年老い、そんな暮らしに倦み始める。彼は妻子がいたことを思い出し、彼女たちのいる小さな田舎町にやってくる。

『ヴァージニアン』における、静かに為すべきことを為す倫理的存在としてのガンマンのイメージは内実を失って形骸化し、「リンゴー・キッド」という「名」でしかなくなっている。しかしそもそも、神話＝イメージ自体が流通するためのフォーマットであり、表層的なものであった。だからこそ流通し、強力に人心に浸透もしていったわけであり、実際に流通しているということ自体が、その形式に意味を、内実を充塡していった。もとより表層的な存在であるイメージは、その流通が滞ればたちまち内実の虚無を明らかにしてしまうのだ（『拳銃王』が、リンゴー・キッドが妻子を待つ酒場に舞台をほぼ限定された密室的な西部劇であることも、その点で意味深い。西部の男は本質的に流浪の民なのであり、流浪している限りにおいてその名が流通するのにもかかわらず、キッドはここで一か所に留まってしまった。それが彼の終わりの始まりとなるのである）。リンゴー・キッドは表層的な名に還元される。それは名声を担うフォーマット、内実を欠いた流通の器に過ぎなかったわけであり、流通の意志を失えば、もはや意味はない。流通しさえすれば、器は何でもよいのであり、従って器は取り替えられる。「リンゴー・キッドを殺した男」がそれである。リンゴー・キッドはつまらない男に殺されてしまうが、彼は自分を殺した男に、今度はお前の番だと告げる。その男が今度は「リンゴー・キッドを殺した男」としての名声を担い、流通の中に投げ込まれ、維持するために絶えざる戦いの中に身を投じなければならないのである。イメージを担うことは、今や静かに耐えられるべき義務ではなく、シジフォス的な苦役である。

　名と化した（名に矮小化された）ガンマンという意味で最もこの時代有名な存在はジョージ・スティーヴンス『シェーン』（53）のタイトルとなり、劇中の少年の最後の叫び声「シェーン、カムバック！」と共に人々の記憶に熱く蘇るガンマンということになるだろう。この映画におけるガンマンこそ、ある意味最も純粋であると言えるかもしれない。というのも、このガンマンにはほとんど内実がなく、形式としてしか存在していないからだ。山から現われた主人公（アラン・ラッド）が、ある農家に立ち寄る。彼はその農家（主人はヴァン・ヘフリン）に居つくことになるが、農家は大牧場との争いを抱えており、さまざまな嫌がらせを受けている【図79】。敵方には、おそらくは彼と同じような暮らしをしてきたはずのガンマン（ジャック・パランス）がいる。争いは次第に煮詰まり、ヘフリンに代わって主人公がガンマンとしての真の相貌をあらわにして、銃によって敵方を破り、去っていく。ガンマンという存在を典型的に造形すればこうもなるであろうという教科書的なガンマン。実際この作品を成り立たせているのは、この典型としてのガンマンがいかにふるまうべきかに関する観客の予期のみである。主人公はガンマンならばそうするだろうように、どこからともなく現われ、銃の腕前を披露して周囲を驚嘆させ、しかし真っ当な道を取るべくいったんは銃を捨てようとし、そして敵方の暴力に耐え、しかしそれに耐え切れずついに銃を取り、最後に去るべくして去る。それ以上の何もここにはない。にもかかわらず、なぜこの作品が二時間近い上映時間を

図79　『シェーン』協力して難関に立ち向かう二人。同様の場面は『ペイルライダー』にもある

図80　『シェーン』でポーチ上から市民を撃つ悪者。同様の場面が『ペイルライダー』にもある

持つのかといえば、それは単に演出が冗長だからだ。演出はガンマンという存在のイメージに寄りかかり、それ以上の何かを画面に刻み込もうという意志を有しない。余分な場面がつけたされ（主人公がついに立ち、敵方へ向かおうとする際に、ヘフリンにその旨を告げ、いや自分が行くと言う彼と乱闘になるという場面が一体本当に必要なのか。主人公は誰にも告げず、一人死地へ向かうべきではないのか）、また場面場面は少年の（いかなる感情を示すのか判然としない）クロース・アップが何度となくさしはさまれ、引き延ばされる。水増しされた西部劇。この緩い、あまりにも緩すぎる作品が、それでも皆に名作として遇されているとすれば、それはガンマンなるもののイメージをこれほど明確に示している作品はないからだとしか言いようがない。ともあれここで、ガンマンの存在そのものはまったく形骸化されて、その機能しか存在していない。これは西部劇の極北的作品である（誤解ないよう言い添えておくが、これは賞賛しているわけではない）。この作品に意味があるとすれば、後にクリント・イーストウッドに『ペイルライダー』の基礎を提供したことに尽きるだろう【図80】。イーストウッドには無論、ガンマンなるもののイメージに関して戦略があり、あえてこの典型（というより紋切り型と言ってしまおう）を使用したわけなのだが、それについては最終章で詳しく触れる。

ガンマンなるものはイメージとして、神話として、西部小説『ヴァージニアン』の頃、初期西部劇の頃から機能していた。しかし、そうと意識されたのはこの頃、西部劇が曲がり角を迎えた四〇年代後半から五〇年代であり、批評の言葉として記述されたのは五〇年代半ばであった（ウォーショーの批評が五四年、ちなみにバザンの「西部劇の進化」は五五年だ）。これは、その時期に西部劇が深甚な変化を迎えていたことを証するだろう。西部劇はこの頃、無意識的な微睡から覚め、ジャンルとしての自身を意識化しはじめるのである（その契機にフィルム・ノワールという存在が大きな役割を果たしたのではないか、というのが前章の主題だった）。ともあれ、ガンマンのイメージ性、神話性もまたこの頃に自覚される。『拳銃王』と同様、アウトローを描いた、というより、アウトローの変質を印象づける西部劇が現われるのである。サミュエル・フラーの『地獄への挑戦』（49）であり、ラオール・ウォルシュの『決斗！一対三』（53）であり、ニコラス・レイの『無法の王者ジェシイ・ジェイムズ』(57)である。

フラーの『地獄への挑戦』は、アウトローの見直しを図った最も初期の西部劇である。製作はB級専門のリッパート。フラーはB級映画作家として出発し、以後は、時にメジャーの単独契約での作品も手掛けながら、もっぱら自身の製作会社での映画製作を続けており、メジャー・スタジオの崩壊以後における映画作家のありようの先鞭をつけた存在として歴史を画する映画作家だ。その彼が処女作として撮った作品が、西部劇の神話的ヒーローのイメージを巡る作品であったことは興味深い。映画はジェシー・ジェームズを殺したロバート・フォードを主人公とする。タイトル部分では、スタッフ・キャストのクレジットの間、懸賞金ポスターのジェシー・ジェームズの似顔絵の横顔が映っており、本編が始まるとその横顔が実写になる。もう一人の男の緊張した顔のクロースアップを経て全景になると、ジェームズが今まさに銀行強盗の最中であることが判明する。この、画面サイズを利用した演出も素晴らしいのだが、映画の出だしがジェシー・ジェームズの懸賞金ポスターであることに注目したい。[5] ジェシー・ジェームズは、ポスターの絵の後に初めて実像として示される。初めからすでに「イメージ」なのだ。しかも彼は、彼を倒すことによって自らも有名になれる「有名人」、すなわち「名」である。彼の仲間であったロバート・フォードは、経済的苦境にある恋人(と思っている女性)と結婚するために懸賞金を望み、仲間を殺すことに葛藤を覚えつつも、ついに背後から彼を射殺する。しかし思っていた金額を入手できず、かつ、世間からは仲間を背後から殺した男として指弾される。興味深いことに、彼の行為は「歌」として世間に流通し、彼自身もジェシー・ジェームズ暗殺の模様を芝居として興業するに至る(映画では結局耐えきれずに一回でやめることになるが、現実のロバート・フォードはそれを続け、「ジェシー・ジェームズを殺した男」として写真のモデルを務めさえした)。「歌」にせよ「芝居」にせよ、「名」の流通に関わるメディアであることは言を俟《ま》たない。そして「名」は器を替える。「ジェシー・ジェームズ」から「ジェシー・ジェームズを殺した男」へ。『拳銃王』のラストが示唆したように、有名人を殺した男は、彼自身が有名人として狙われることになる。本作でのロバート・フォードは、有名になろうとする少年に狙撃されることになる。

フラーの作品ではジョン・アイアランドがロバート・フォードを演じているが、常に伏日がちで、陰気な存在感が画面を暗くしている。酒場で、自分をネタにあざ笑うざれ歌を歌っている流しの歌手に自らの正体を告げたうえで、続きを無理やり歌わせる自虐性も印象的。ロバート・フォードが、風呂に入っているジェシー・ジェームズを背後から見つめる場面などに示唆されている同性愛も、当時はタブーであり、あえてそのような禁忌を犯す(といってもあくまで示唆のみだが)姿勢もいかにもフラー的である。

フラーの『地獄への挑戦』に八年ほど遅れることになるが、ニコラス・レイの『無法の王者ジェシイ・ジェイムズ』は、その生涯をフラッシュ・バック形式で振り返る。ジェームズ兄弟のつまずきの石となるノースフィールドでの銀行強盗場面に始まり、そこに至る経緯を描き、彼らの没落を印象づけたうえでロバート・フォードによるジェシーの殺害に終わる流れである。映画の冒頭、観客はいきなり強盗とその失敗の現場にまき込まれる。強盗が行なわれていることを一部の住民が察知すると、たちまち総出で馬車を倒して退路を防ぎ、狙撃者が高所に陣取って、店の中からも銃撃する。応戦しながらも退路のないことを悟ったジェームズ兄弟は、雑貨店の中に馬ごと飛び込み、辛うじて逃げ去ることができるのだが、見ているものとしてはまだ誰が誰やら判然としないうちに混沌状態が訪れるわけであり、観客の惑乱は、まるで罠にかかった獲物のように動揺するジェームズ兄弟の心理そのままである。

映画は、ジェームズ兄弟の母親とジェシーの妻の会話からフラッシュ・バックに入り、時折ノースフィールド襲撃から逃げ延びた兄弟のその後を差し挟みながら、ここに至るまでを振り返っていく。レイのそもそもの発想としては、スポット・ライトが当たる舞台の一角にジェシー・ジェームズを知るものたちが現われ、彼について語るという構成であったとされる（アメリカのクラシック映画専門ケーブルTV、ターナー・クラシック・ムーヴィーズのデータベースの記事による）。アメリカの民衆音楽に詳しかったレイは、物語性の強いバラッドのような形式を考えていたという。その痕跡はラスト場面にある。ジェシー・ジェームズを殺害したロバート・フォードが家を出て、「俺がジェシー・ジェームズを殺した！」とふれて回ると、放浪の歌手がジェシー・ジェームズの死を巡る歌を歌い始め、それが続く中、映画は終わることになる。ジェシー・ジェームズは、歌になることで生涯を終えるのである。ジェシー・ジェームズの死を巡る歌

その直前にも、いささか興味深い細部が描かれている。ジェシー・ジェームズはその家に偽名で暮らしていたのだが、彼が庭で遊んでいる自身の息子と娘を家に入れようと出てくると、息子らはジェシー・ジェームズごっこをして遊んでいる。その遊びの結末は、保安官によってジェシーが撃ち殺されるというものだ。また、彼の死後、その家に近所の住人が入り込み、写真立てやら置き物やらを失敬していく。もちろんジェシー・ジェームズの家にあったもの、として、つまり記念品としてだ。ジェシー・ジェームズは、彼が触れたものが記念になるような「有名」人として描かれている。

ニコラス・レイのジェシー・ジェームズはロバート・フォードに対して、自分の拳銃を記念にとプレゼントし（彼は強盗家業から足を洗い、引っ越すところだった）、自分にかかっている懸賞金について話をして、その上で彼に背を向けてみせるのであり、まるで自分を撃てと言っているかのように見える。自ら死を望んでいるようなのだ。この場面に限らず、全編を通して彼はその場その場の衝動に従って行動する印象で、

あまり思慮深くはなく、無軌道に見える。ここに描かれるジェシー・ジェームズは、歴史的なアウトローというより、ニコラス・レイ特有の若者像の流れの中にある。レイにおける若者像は、単にレイの映画の特徴的形象たるにとどまらず、西部劇に対しても大きな影響を与えているように思われる。この点については後述する。

ラオール・ウォルシュの『決斗！一対三』は、アウトロー、ジョン・ウェズリー・ハーディンが主人公である。映画の始まりの時点で彼は初老であり、刑務所から出てきたところだ。その彼が向かうのは新聞社、何と彼は、自分が書いた自伝を出版してほしいというのである（実際ハーディングは自伝を出版しており、映画はそれをもとにしていると称している）。無論、映画の中でのこの自伝の意図は自身の生涯の弁明であって、自身を神話化しようというわけではないのだが、しかし、アウトローが自らの生涯の物語をマスコミによって流通させようとする行為が描かれるのは、これが初めてではないかと思われる。もとよりガンマンに自己神話化の欲望があったことは、例えばワイアット・アープがその生涯の終わりに、ハリウッド人士たちに自己の生涯を神話化して語って聞かせた事例もあり、確かなことだ。しかしこれまで記述してきたことからもわかる通り、アウトロー自身の希望や思惑と異なり、彼らにとって神話化はむしろ不吉な事態である。イメージや名に形骸化され、内実を奪われるのであるから、それは死に通じる。というより、死のオーラこそが、彼らをイメージにし、神話にするのだ。『アパッチ砦』でも、ヘンリー・フォンダら騎兵隊は、死ぬことによって初めて神話たりえていた。死につつ生きる（流通する）こと。それがイメージ＝神話のありようである。西部劇（そしてその主要な形象たるアウトロー）は、自身を神話として自覚しはじめる。しかしそれは、必ずしも輝かしいことではない。西部劇はそのとき死のオーラをまとい、死を内包するのである。西部劇は五〇年代に（バザンの言い方を借りれば「超西部劇」として）生まれ変わるが、それは一方で西部劇の死でもある。

ロデオ

『決斗！一対三』について、それが含むまた別の問題については項を改めるとして、ここではアウトローの神話化と並行的に起こっていた事態を先に取り上げておこう。カウボーイの形骸化、と言って悪ければ神話化としてのロデオである。ロデオは、カウボーイの仕事内容（子牛を投げ縄で捕らえて足を縛る、荒馬や荒牛を乗りこなす等）を競技化したもので、そもそもは彼らの仕事後の遊びとして始まった。競技として整備されたのは二十世紀に入ってからであり、西部劇の隆盛と軌を一にしているが、カウボーイの存在自体は、一八八〇年代にロング・ドライブが終焉し、有刺鉄線で囲われた牧場での牧畜が主流になって以来減少した。また西部の花形としての威勢も失っており、ロデオにせよ、西部劇のカウボーイにせよ、その表象は初めから実体を欠いたイメージ＝神話に過ぎなかったわけである。

ロデオを舞台とした映画自体はそれ以前にもないわけではなかったようである（ＩＭＤｂで検索してみると、二九年に『ロデオ』という短編があるが、これはコメディに分類されている。また三九年の『ユタから来た男』が別題『ロデオ』で、これはジョン・ウェイン主演。ロデオ大会を舞台に、優勝間違いなしの競技者の不審な死の真相究明が行なわれるサスペンスで、ロデオがふんだんに描かれてはいるにせよロデオそのものが主題ではないようだ）が、その神話性自体を問うような映画が現われたのは五〇年代初め、現在我々が扱っている時代ということになる。五二年の、ニコラス・レイ『不屈の男たち』*The Lusty men*（未、52）であり、バッド・ベティカーの『ロデオ・カントリー』*Bronco Buster*（未、52）である。どの程度の関与か明確にはわからないが、共にホレス・マッコイが共同シナリオとしてクレジットされていることは興味深い。ホレス・マッコイは三五年発表の小説『彼らは廃馬を撃つ』で、大不況時代に開かれたマラソン・ダンス大会を描いている（六九年にシドニー・ポラックにより、邦題『ひとりぼっちの青春』として映画化）。参加者は、注目されればハリウッドに招かれ、成功できるかもしれないと夢を見る主人公をはじめ、食い詰め者たちばかり。従ってこの大会は競技と言いつつも、わずかな休憩しか取らずに踊り続けるものたちが疲労困憊の末、奇矯な行動に走る様を面白がって眺める怖いもの見たさの（ホラーやスプラッタ、フリーク・ショーに近い）グロテスクな見世物だ。また、若者の一縷《いちる》の望みを食いつぶす資本主義の悲惨への批判ともなっている。ロデオもまた、金と名誉を賭け金として馬や牛を虐待し、さらには競技者の命さえ奪いかねない競技であり、マッコイが描いたマラソン・ダンス大会に通じるものがある。そもそもロデオは、生き生きした職業としてのカウボーイの、華やかな見た目だけを取り出して見世物とした、カウボーイの神話化、というよりむしろ頽落形態であって、カウボーイにとっても自身の生の疎外そのものである。

『不屈の男たち』は、主人公のロデオの名手（ロバート・ミッチャム）が牛から落下し、引退を決意するところから始まる。競技が終わり、誰もいない競技場に紙屑が宙を舞い、そこを一人ミッチャムが足を引きずりながら横切る場面。それはミッチャムの敗残を表象するのみならず、ロデオという競技自体の、そして――以後描かれていくように、ロデオがここではアメリカン・ドリームの一つの形として描かれているからには――アメリカン・ドリームそのものの行方までも予感させる象徴的な場面だと言える。レイにはこのように、たった一つの画面でその映画の世界を一気に納得させる力がある。ミッチャムは、今は人手に渡り廃墟となった、少年時代を過ごした家を訪れ、そこで出会った若夫婦の導きである牧場に就職する。若夫婦の夫（アーサー・ケネディ）はロデオ競技者としての彼を知っており、自らもロデオ競技への野心を秘めていた。堅実な妻（スーザン・ヘイワード）は、家を買うだけの金が貯まるまでと、嫌々ながら夫がロデオ競技者になることを許可し、ミッチャムはケネディを指導する代わりに賞金を折半する契約を結ぶ【図81】。ケネディは大会に出場するたびに腕を上げ、賞金を稼ぎ続けて、周囲からちやほやされることに喜びを覚えていく。家を買えるだけの金が貯まっても一向にやめる気配を見せず、ミッチャムに対してももはや用済みとばかりの態度を取る。侮蔑されたミッチャムは、ついに自らも大会に出場、しかし事故に遭って死ぬ。

図81 『不屈の男たち』のミッチャムとケネディ。後ろ姿がヘイワード

『ロデオ・カントリー』でも、ベテランが新人を教育するが、新人がやがてベテランを軽視しはじめるという物語の骨格自体はほぼ同じで、ここでは新人ロデオ競技者をスコット・ブラディが、彼を指導するベテランをジョン・ランドが演じている。ブラディは、初めのうちこそ師であるランドを立てているものの、優勝を重ねることで増長し、ついに師の恋人を奪おうとして、ランドは堪忍袋の緒を切らす。こちらではベテランが意地を見せ、若者を打ち負かす。増長慢したスコット・ブラディが、ギラギラした男臭さを感じさせてある意味見事である。

『不屈の男たち』でミッチャムがケネディの指導を引き受けるのは、ヘイワードを愛していたからであり、ミッチャムの秘かな願いは、ヘイワードのような妻と家を持つことだった。一方ケネディの願いは、ミッチャムのような優れたロデオ競技者として名を馳せることであって、二人は互いに相手を羨《うらや》み、彼のようになりたいと思っている。ケネディの願いはある程度叶えられたかに見える。人の下で働くことから逃れ、自分自身の実力で立ち、金と名声を勝ち得る。ケネディはミッチャムの死によって目が覚め、家庭に帰ることがかろうじてできるが、それがなければそのまま競技者生活を続けていただろう。その結末はミッチャムのみならず、幾多の怪我で足がつぎはぎのようになり、今は雑用をこなしてかつかつ生計を立てているかつての名ロデオ競技者（アーサー・ハニカットが印象的に演じている）や、過酷な生活から暴力的になり、ついには妻を残して死ぬ、盛りを過ぎたロデオ競技者らの肖像によってくどいほど示されている。ケネディは、たまたまミッチャムが目の前で死んでくれたことでかろうじて、いずれ挫折に、さらには死につながる道から離脱できただけだ。それはミッチャムにしても同じで、家庭を、帰るべき場所と人を持つという彼の願いの行方は、故郷の家が廃墟となっていることですでに予告されていたのである（それでも、その場所でヘイワードに出会い、定住への憧れを掻き立てられるのだから、彼の夢は、その夢の死の予告と同時に生まれてくることになるのだ)。夢は叶わない。アメリカン・ドリームは失敗を運命づけられている。『ロデオ・カントリー』のブラディにしても、ケネディのように帰るべき場所も人も持たず、それだけに彼の成功はむしろ空しさを際立たせる。賞金は積み上がっていき、彼はただそれを濫費するしかない。このとき金は、形骸化したアメリカン・ドリームそのものなのだが、同様に彼の技も、それがいかに華麗であり、巧みであっても、カウボーイの仕事とは何の関係も持たない(帰属すべき場所を持たない)ものであり、彼の姿は形骸化したカウボーイに過ぎない。ロデオはカウボーイの形骸化であり、イメージ化であり、神話化である。ロデオの人気は次第に下り坂となり、七〇年代にはほとんど哀愁を帯びたノスタルジアの見世物と化していく。そのようなものとしてのロデオを描いた作品に、奇しくもすべて同じ七二年に作られたサム・ペキンパーの『ジュニア・ボナー 華麗なる挑戦』、クリフ・ロバートソン監督主演『賞金稼ぎのバラード』、スティーヴ・F・ナット『ロデオに生命を賭けた男』がある。また、クリント・イーストウッド『ブロンコ・ビリー』(80)もその系譜に連なるだろう。

西部劇の神話化

かくしてアウトローもロデオも、五〇年代においてその内実を失って単なる名、あるいはイメージ、神話と化している。ただ静かにそこに立っているだけで、銃を持つことの、人を殺すことの重みを内面において引き受け、絶えず心に自身の行ないの正義を問い続ける倫理的存在としてのガンマンは、アウトローの「名」として流通する。牛を飼い、遠隔地へ届ける困難にして雄々しい仕事をやり遂げる西部の男としてのカウボーイは、その巧みな技術だけが「イメージ」=見世物として供される。そのような西部のイメージ化、神話化をいち早く捉えていたのはジョン・フォードである。フォードはそもそも、『荒野の決闘』においても、さらにさかのぼって『駅馬車』においても、ワイアット・アープやリンゴー・キッドといったアウトローを主人公に設定していたが、彼らは名ばかりの、歴史的な内実を欠いた存在であり(だからといって彼らの造形自体が浅いことを意味しない、彼らはその物語の中の一人物としては周到に、巧みに造形されている)、アウトローの名を借り受けることで設定の多くを簡素化できる、便利な存在として使われていた。その時点でもすでに西部の形骸化はなされていたわけだが、西部なるもののイメージ化の最たる、そして最も早い例が、『アパッチ砦』における、無能な将校を称えて列聖するジョン・ウェインの演説ということになるだろう。

ジョン・フォードが西部の神話化に極めて意識的だった作家であることは、そのこと自体を主題とする作品『リバティ・バランスを射った男』(62)を撮っていることからもわかる。本章が扱っている時代よりも先ではあるが、それが扱っている主題ゆえに、ここで取り上げておくのがふさわしいだろう。映画は東部から老齢の議員（ジェームズ・スチュアート）とその妻（ヴェラ・マイルズ）が西部の小さな町に汽車でやってくることに始まる。彼はこの町の出身で、冴えない弁護士だった若いころ、無法者のリバティ・バランスを射殺したことで有名になり、民衆の人気を得て代議士として成功したのだった。なぜ今この町にやってきたのかを取材する新聞記者に彼は、ある男（ジョン・ウェイン）の葬儀のためであると明かし、フラッシュ・バックによってその男との過去を語りだす。そしてその中で、リバティ・バランスを本当に射った男は誰なのかが明かされるのだった。

スチュアートはそもそも暴力否定論者であり、リバティ・バランスを射殺したという暴力行為を働いた自責の念から、代議士への立候補を断っていたのだが、ウェインから、リバティ・バランスを撃ったのは物陰にいた自分であることを明かされ、お前は代議士になるべきだと諭されて、立候補を承諾するのである。つまり、本当に自分が「リバティ・バランスを射った男」であると思い込んでいた時には立候補を断り、実際にはそうではないと知ったときに立候補を決意するのだが、そのことによってつまりは「リバティ・バランスを射った男」の「名」を負うことを承認するわけである。自分がその名を名乗るべき内実を備えていないことを知って初めてその名を負うことになるのであり、逆に言えばスチュアートが本当にリバティ・バランスを撃ったのであったならば、「リバティ・バランスを射った男」は存在しなかったはずなのである。内実を伴わないからこそ成立する「名」。アウトローにしても、その名は歴史的内実、武勲を伴っていたからこそ成立していたものだが、ここではむしろ、内実を伴わないからこそ、「名」が成立する事態になっている。これはある意味倒錯的な出来事である。

実際にはしていないことを「名」（伝説）によって負わされる、それ自体はすでに『アパッチ砦』で描かれていたことである。そして、『アパッチ砦』においては、フォンダを称えるウェインの演説がどこかうさん臭いものであったように、この『リバティ・バランスを射った男』における「名」の形骸化も、確かに真実の出来事が暴露されてみれば、結局西部の伝説など偽物に過ぎなかったのだと人は幻滅もする。輝かしい伝説は偽物だったのだ。しかし、フォードがその後現われる露悪的な歴史修正主義的西部劇の作家たちと異なるのは、そうした形骸化した「名」をすら救っている点だ。『アパッチ砦』における演説が、フォンダにおいて称揚された戦士の魂が、実は無名の兵士たちによって体現されているのだと高らかに宣言されたように、「リバティ・バランスを射った男」においてもその「名」は確かに機能し、内実を（事後的に）備えたのだと明らかにされるのだ。実際、スチュアートはその後優れた政治家になっていったわけだが、それは彼がもともとそのような資質を持っていたからではなく（それもあるかもしれないが）、「名」にふさわしい存在になる努力を重ねたからだ。つまり「名」こそが、それを担うものに、その「名」にふさわしい存在たるべく強いたのである。このとき「名」は、（無名であると有名であるとを問わず）ガンマンたるものが常に自分の中に保ち、規範としていた正義と同じものになっている。スチュアートは初めこそ「リバティ・バランスを射った男」＝ガンマンではなかったかもしれないが、その「名」を負い続けることで、その名の通りガンマンになっていったのだ。従って、正しいのは事実ではない。「名」であり、伝説のほうである。新聞記者は、スチュアートの暴露的事実を握りつぶし、「伝説を印刷しろ」と述べるが、スチュアートは数十年を経た今現在、現に「リバティ・バランスを射った男」＝ガンマンとしての内実を備えているのだから、伝説はすでに事実なのであり、「伝説を印刷しろ」とはこの場合「事実を印刷しろ」と何ら変わらないものとなっている。

総じてみれば、フォードにおいても、「名」が独り歩きしている事態が思いがけず早い時期から描かれている。しかしフォードにあっては、「名」は確かに内実を欠いているにしても、劇を効率的に進めるための意匠に過ぎず、それを巡る作劇こそが周到に形作られていたり（『駅馬車』、『荒野の決闘』）、欠いた内実を埋める存在が配されていたり（『アパッチ砦』、『リバティ・バランスを射った男』）、必ずしも「名」＝伝説を否定的にのみ描いてはいない。むしろ、「名」＝伝説の空虚を埋めることこそが、西部人の、西部劇の、ひいては人たるもののあるべき姿なのだと言っているようでもある。しかし、「名」が、伝説が、西部なるものが、神話化し、形骸化し、空虚なものとなっているということ自体はフォードにおいても変わらない。というより、フォードは誰よりも早くその事態を察し、それに対処してきたと言うべきである。危機はすでにそこにある。そしてその危機は、西部の（アウトローの、カウボーイの）神話の形骸化にとどまらない。西部の正義にもまた、形骸化は訪れる。

法＝父

『リバティ・バランスを射った男』で、主人公がリバティ・バランスを撃ったのは、悪党による挑発から身を護る自衛のためであった。リー・マーヴィンが演じた悪党はほとんど戯画的なまでに典型的な悪い奴であり、殺されて当然という印象なので、自衛の行為自体が問題とはならないが、しかし西部における法の問題に触れてはいる。かなり長い回り道をしたが、『決斗！一対三』に戻り、そこに描かれる法の問題に移ろう。

この作品はアウトローの神話化に加え、法の問題も扱っている。ここで法は、主人公の父親として現われる。主人公のウェズリー・ハーディング（ロック・ハドソン）は南北戦争後、北部の圧政下のテキサスで抑圧された心情を銃やギャンブルで発散する若者である。巡回説教師である父（ジョン・マッキンタイア）はそのような息子の態度を気に入らず、彼が銃の曲撃ちを練習しているところを見つけ、激怒し、鞭で罰する。理がないわけではないものの、父のその行為はいかにも突発的であり、しかも激しく（平手打ちなどでなく、鞭という道具の残虐さ）、ほとんど不条理に見える。父が説教師であるという設定もまた、彼が狂信者なのではないかという疑いを起こさせ、父をユダヤ教的な不条理な神と同一視させる。父は法であり、掟である。しかし法＝掟は、一個の（狂った）人格に還元されて終わるものではない。法が法である以上、社会全体がそれを担う。実際、家を出た主人公は、社会そのものの不条理に出会う。

図82『決斗！一対三』決闘を挑まれるハドソン（後姿）

　主人公は賭博場に行き、そこで男と撃ち合いになり、彼を殺したためにその兄弟三人に狙われる（その対決が邦題の由来である）【図82】。さらに、裁判を受けるよう父に説得されて出頭しようとしたら、丸腰のところを保安官によって背後から撃たれ、隠し持っていた拳銃で彼を殺す羽目に陥ってしまう。そのため追跡隊がしゃにむに彼を追い、さらに自分が犯したわけでもない罪を被せられて、結成されたばかりのテキサス・レンジャーズの売名行為の対象となってつけ狙われる。ついに彼らに逮捕されて裁判にかけられ、自分の殺人はすべて正当防衛であり、犯していない罪まで被せられているという弁護にもかかわらず、二十五年の禁固刑を命ぜられるのである。自分の農場を持つのが夢で、勇敢で男気があり、欠点といえばギャンブル好きであることと血気盛んなことくらいで、罪らしい罪はほとんどなく、単に銃がうまいだけでつけ狙われる。主人公の置かれた状況は不条理そのものと言ってよい。その不条理性を象徴するのが父であるわけだが、社会そのものも主人公にとって理不尽なまでに敵意を持っている。社会はこのとき、カフカ的な（主人公にとって理解不能な原則によって支配された）法として現われる。

　主人公は自己の半生を語り終えた後、妻と、まだ見ぬ息子のいる農場へ帰る。思春期の息子は銃の曲撃ちを得意げに父に見せ、主人公はかつての自分をそこに見て息子を殴り倒す。息子は家を出ていき、主人公は彼を追って酒場に入る。するとそこである男と息子とが喧嘩になり、止めようとした主人公をその男は背後から撃つ。復讐しようとする息子に主人公は、かまうなと諭し、映画は終わる。このラスト部分は、主人公の青年期に起こったことの反復そのものである（この反復は、宿命性を感じさせる）。息子にも（多少の軽薄さを除いては）何ら悪いところはないし、周囲のほうがよほど悪いことも同じだ。しかし主人公は、自身は耐えられなかったその不条理（弁明の書まで書いているのだ）を息子に耐えさせ、反復の連鎖を断つ。彼はそうすることで息子に父と認められる。父となることは、すなわち自ら不条理そのものとなることなのである。

　本作においては、父という劇作上の形象がうまく機能している。ジョン・マッキンタイアの存在感。父が聖職者であるという事実から「不条理な神」としての父の存在が強調されている。刑務所にいる間に思春期を迎えていたまだ見ぬ息子に父と認められることが、すなわち自ら不条理な神としての立場を引き受けることと等値される。父なる形象は、効果的に機能しているだけにかえって他の要素を隠蔽しかねないほどなのだが、不条理なのは父親だけではない。ここでは社会そのものが主人公に対し、不可解なまでに敵対的だ。その中には保安官やテキサス・レンジャーズなど、治安維持に関わる権威まで含まれている。保安官もいない、あるいはいてもまだ治安維持が行き渡っていない無法の町ならいざしらず、すでに治安維持が成っている町において、治安維持組織こそが罪なき者を迫害するのである。町の中の暴力は性質を変化させている。それは社会を脅かす外的なものではなく、いまや社会そのものに内属している。法に関しても同様である。西部においては法（成文法）が社会を規制するのではない。法はそのような冷たいものではなく、社会を運営するものがそれを実地に運営することで生かしていく、実践的なものだ。そこには運営する者の義＝倫理への信頼がある。成文化すれば、その生き生きした信頼は失われるだろう。しかし生きた法を支えていた義＝倫理が失われるとき、法は形骸化する。せめて成文化されていれば、それを遵守するという基本態度も維持されうるだろうが、そのようなことを潔しとしなかった社会は、しっぺ返しを食う。自らに内在する悪を縛れなくなるのだ。西部（劇）において、今度は法が、形骸化される。

謂われなき迫害、赤狩りの影

『決斗！一対三』は五三年の作品だが、この頃から主人公が社会によって迫害される内容の西部劇が陸続と現われる。ニコラス・レイの『大砂塵』(54)、アンドレ・ド・トスの『勇者の汚名』(54)、アラン・ドワンの『逮捕命令』(54)、ジョン・ヒューストンの『許されざる者』(59)、ネイサン・ジュランの『絞首台の決闘』(59)、マイケル・カーティスの『決断』(59)。『大砂塵』については別の観点から記述することになるので今は措《お》き、その他の作品について概述する。

『勇者の汚名』は、ド・トスとランドルフ・スコットが組んだ六本の作品の五番目（スコットはド・トス以外にもレイ・エンライトと七本、バッド・ベティカーと七本組んでいる）。スコットは駅馬車の用心棒（原題の*Riding shotgun*は、駅馬車に乗り込む用心棒を指す）で町の連中からも信頼されている人物だが、かつて妹と甥を殺した人物の特徴的な銃を所持している男を見かけ、その後をつけて、待ち構えていた悪党一味に山中で捕えられる。彼をおびき出す罠だったのだ。かろうじて縄を解いて町に帰ると駅馬車強盗が起こっており、スコットは犯人の一味と誤解される。実はその駅馬車強盗は囮《おとり》であり、追っ手として町の住民がいなくなったところで、賭博場を襲うのが一味の狙いだった。スコットは追っ手たちを町にとどめるため、あえて誤解を解かず、町はずれの酒場に閉じこもる。始めは半信半疑だった町の連中も、この閉じこもりによって彼を犯人一味と確信し、白眼視して取り囲み、罵倒する。スコットの恋人が彼を説得するために酒場に入っているのにもかかわらず、内部に向かって発砲する老人、黙々とスコットを吊るすべき縛り首の縄を準備する男など、陰湿な住民が素描される。映画の後半はほとんど町の中に限定され、スコットが立てこもる酒場と、散り散りになって賭博場強盗の機会を待つ男たち（その中にスコットの仇敵もいる）との間での駆け引きがサスペンスを生む。

『逮捕命令』は、サイレント期からの巨匠アラン・ドワンが、B級専門の製作者ベネディクト・ボジャースと共に、おおむねジョン・ペイン主演、ジョン・オルトン撮影のチームで作った数作の最初の作品である。軽妙な西部劇や冒険もの（『バファロウ平原』〔54〕、『南海の黒真珠』〔55〕、『対決の一瞬』〔55〕）と暗いノワール、西部劇（『悪の対決』〔56〕、『断崖の河』〔57〕）があるが、本作はとりわけ陰鬱な一作。独立記念日、ある町でジョン・ペイン演じる町の名士と、有力者の娘リザベス・スコットの結婚式が行なわれようとしている。そこに連邦保安官を名乗るマッカーシー（ダン・デュリエ）とその助手たちがやってきて、ペインを逮捕するという。デュリエの弟を背後から射殺した上、彼の金を奪ったというのだ。町の住民は初めまったく取り合わないが、判事の許可も得て、ペインに無実の証明のための猶予を二時間与える。ペインは確かにデュリエの弟を殺していたが、大金を賭けたカードゲームで弟がイカサマを働いたためであり、正当防衛であって、裁判でも無罪になっていた。その記録を照会しようとするが、電線が切られている。

図83 『逮捕命令』銃を手にしたペインを見つける町の人々

ペインはデュリエの助手（ハリー・ケリーJr.が演じている）を抱き込んでデュリエの正体を暴こうとするが、彼に気づかれ、階上で様子を伺っていた町の保安官を巻き込んで納屋で撃ち合いになる。デュリエが助手と階上の保安官を殺したにもかかわらず、発砲音を聞いて扉を開いた町の人々には、ペインが殺したかに見える状況ができあがっていた【図83】。町の住民は、スコットと、彼のかつての恋人であった酒場の女を除いて全員が敵に回り、デュリエに扇動されて彼を狩り出しにかかる。町じゅうを逃走するペイン（逃げる彼を、数ブロックの間横移動で捉えた長回しが印象的）はついに教会の鐘楼に追い詰められるが、そこに電線を修理し、彼の無実を証明する電報を受け取ったスコットがやってくる。折から鐘を挟んで撃ち合いになり、デュリエは自身が撃った弾をペインによって鐘ではじき返され、自ら受けて死ぬ。

敵役がマッカーシーという名であることに示されている通り、町の住民がいきなり掌《てのひら》を返して主人公を迫害しはじめる様には、赤狩りの世相が反映されている。上記したような、主人公が社会に迫害される西部劇は、赤狩り下で作られたものなのだ。ここで映画界における赤狩りの歴史をざっと振り返っておく。四七年に非米活動委員会ＨＵＡＣが第一次公聴会で証人喚問を開始、ハリウッド・テンと呼ばれる脚本家、監督、製作者が聴聞、裁判にかけられ、業界でも共産主義者を雇用しないブラックリスト体制ができあがる。五〇年にはハリウッド・テンに有罪判決が下され、下獄。五一年にはＨＵＡＣの第二次証人喚問が開始される。この時点では沈黙もまた有罪であり、密告（ネーミング・ネームズ）しなければ許されなかった。自分が助かりたければ仲間を売れという促し、その卑劣さもともかく、ネーミング・ネームズという手法は、名指される中に身近な人物であるがゆえに意外な人物がいるかもしれないという恐怖感を煽《あお》る。共産主義者がすぐそこにいるという恐怖。その人を信頼していたがゆえに裏切られたという思いは強く、また恐怖もいや増すわけである。事態は一層陰湿になっていたのであり、こうした世相が、奇しくも同年に発表された『大砂塵』、『勇者の汚名』、『逮捕命令』に反映されているわけなのだ。

その赤狩りの犠牲になった脚本家ベン・マドウがシナリオを書いた『許されざる者』もまた、赤狩りの記憶にまっすぐにつながる西部劇だ。主人公バート・ランカスターは、母（リリアン・ギッシュ）と弟、妹（オードリー・ヘップバーン）と共に暮らし、隣家の息子と妹は婚約関係にある。しかし、突然現われたサーベルを下げた隻眼の男によって、一家の運命は狂い始める。彼はヘップバーンをインディアンだと言うのだ。自分の息子をインディアンに殺され、その復讐に部族を虐殺したが、その際たった一人連れ戻り、ギッシュに預けたインディアンの女児がヘップバーンであった。隣人たちは彼ら一家に背を向け、弟も家を出る。ヘップバーンを自分の妹だと知ったインディアンの若き酋長も、妹を取り戻すべく、彼らの家を襲撃する。

ベン・マドウは赤狩りの犠牲になる前にも、リンチを主題とした映画のシナリオを執筆している。ウォリアム・フォークナー原作の『墓地への侵入者』*Intruder in the dust*（未、50）。白人が殺害され、彼ともめごとがあった黒人がその死体の側にいたことで殺人の疑いを掛けられる。裁判が行なわれるが、判決など待っている必要はない、リンチにかけろと白人が暴動を起こしかける。しかし無実を信じる少年の活躍（群衆に知られないよう夜中に墓を暴き、証拠を発見する）や、リンチしようと警察に押しかける群衆に一人対峙する白人老婦人の勇気により、無罪が勝ち取られる。黒人を愚かで滑稽な存在ではない存在として初めて演じたとアメリカ映画史上に認められるファノ・ヘルナンデスが、白人に対して毅然と振る舞う、知的で誇り高い黒人役を演じている。監督はクラレンス・ブラウン。グレタ・ガルボ主演の『アンナ・クリスティ』(30)や『アンナ・カレニナ』(36)といった文芸メロドラマで有名で、あまりこの種の社会派の題材にはそぐわないように見えるが、南部育ちで、人種暴動を目撃したことがあり、その記憶がこの反リンチ映画を撮らせることになった。

また『許されざる者』の原作はジョン・フォード『捜索者』と同じアラン・ルメイで、本作と『捜索者』はその登場人物が対照的である。『許されざる者』は白人に奪われ育てられたインディアンの娘、『捜索者』はインディアンに奪われ育てられた白人の娘。それはともかく、インディアンと判明した娘への迫害が、共産主義者と判明した者への迫害の隠喩であることは言を俟たない。

この四作では迫害されるのは一般市民だが、『絞首台の決闘』、『決断』では、迫害されるのは保安官である。『絞首台の決闘』(原題は*Good day for a hanging*「絞首日和」)では、銀行強盗一味のうち一人逃げ遅れた若者(ロバート・ヴォーン)が裁判にかけられる。政治的野心から彼を弁護する弁護士は、彼の貧しい出自、悲惨な育ちを材料に憐れみを買い、ヴォーンの殊勝な態度も陪審員に好感を与える。彼を逮捕し、彼が追手の一人を殺したことを証言して死刑を決定づけた主人公の保安官(フレッド・マクマレー)は、娘がヴォーンの幼馴染《おさななじみ》である。保安官の味方で、再婚することになっている相手の女性すら、保安官が娘とヴォーンの仲を快く思っていないから、ヴォーンに対して不利な証言をして死刑にしようとしているのではと疑う。それは町の住民も同じことで、当初はヴォーンを早く吊るせと息巻いていた男が今度は逆に、無実な男を私情で死刑にすると主人公を非難する。そうした中で、絞首刑の日が近づいてくる。

『決断』(脚本はダドリー・ニコルズ)は、賞金稼ぎの保安官助手(ロバート・テイラー)が主人公。人はどうせ金に転ぶという信条のニヒリストで、「ハングマン」と渾名《あだな》されている(それが原題)。彼はある賞金首を追って、その男がいるはずの町にやってくる。彼自身は相手の顔を知らない。その男を知るかつての恋人(ティナ・ルイーズ)には大金を約束し、面通しに来てもらうことにしてある。しかし、それがなかなかやってこない。ようやく現われたかと思えば、なぜか彼女は非協力的。しかもやっと正体がわかったそのお尋ね者は、とうに改心し、妻もあり、子も生まれようとするところで、立派な市民として名が通っていた。それでも逮捕しようとするテイラーを、ルイーズは思いとどまらせようとする。テイラーは、かつて兄弟を強盗に殺されたものの、誰も犯人を逮捕してくれず、やむなく自身が保安官助手となって逮捕した過去を語る。それ以来ハングマンとして流浪の生活を送ってい るわけである。最終的に犯人は妻共々逃亡することになるが、テイラーは彼を追うことを諦める。

この二作では、保安官は真っ当に公務を執行しようとしているのだが、まさにそのことゆえに世間から白眼視される。犯人は、『絞首台の決闘』では殊勝を装いながら実質は悪であり、『決断』では過去を悔い改め、人生をやり直したいと真摯に願っている。二人は正反対なので、それに対する正義の質も異なってはいる。感情論で責めてくる世間に対し貫かれる正義と、ほとんど意地と化した正義。しかしいずれにせよ正義は社会から疑われ、揺らいでいる。例えば『真昼の決闘』であれば、正義が社会から疑われ、保安官が孤立するにしても、彼の正しさを少なくとも見る者は知っていた。正しさ自体が疑われることはなかったのだが、『決断』では明白に保安官の正しさ自体が疑われる。『絞首台の決闘』では、保安官の正しさを我々はある程度は信じつつも、一抹の疑いも残り、どことなく居心地の悪い思いをさせられる。正しさは必ずしも純粋無垢なものではなくなりつつある。

正しいはずなのに、それに疑いが差し挟まれる。そうした事態の最も優れた形象化は、アンソニー・マン『裸の拍車』(53)であり、ヘンリー・キング『無頼の群』(58)である。『裸の拍車』は、主人公が賞金稼ぎであって、保安官ではない点以外、物語自体は『決断』とほとんど同じ(『裸の拍車』の方が早い)であるが、『裸の拍車』は、山や谷川の風景に生じる水平や垂直の構造を登場人物の心理表現として象徴的に使用しており(『決断』ではほとんど町の中に舞台が限定されており、それが緊張感を生んでもいるのだが)、視覚表現として充実している。また、主人公が稼ごうとする賞金の分け前に預かろうとする、あわよくば主人公を殺して賞金を独り占めしようとさえ企む者がいて、ハイエナのような彼らと主人公が一体どう違うのかという疑いが生じてしまう。さらに、賞金首自体主人公にとっては縁もゆかりもない者であり、かつ彼を愛しつき従う女性までいて、主人公が本当に正義といえるのか不明になる。そのような主人公を取り巻く人間の配置によって、主人公の苦い心理が徐々にあぶり出されてくるという結構が、『決断』よりはるかに周到である。

『無頼の群』(既述の通り脚本はフィリップ・ヨーダン)は、妻を殺害した犯人と目される四人組を追い、一人また一人と殺してゆく男(グレゴリー・ペック)が主人公。しかしその四人目を追い詰めたとき、彼ら一味が犯人ではなかったことが判明する。主人公の復讐の意志を、我々は当然是として映画を見る。主人公が寡黙な、しかし知識、経験共に豊かで、銃の腕も確かであるという点で、「ヴァージニアン」のような紛れもない西部人、殺すことの重みを知り、しかしやらねばならないことをなすものであることが感得されるだけに(そしてそれをグレゴリー・ペックという知的な印象の俳優が演じているだけに)、彼の正義を我々は決して疑わない。にもかかわらず彼は間違っているのであり、そのことに我々は動揺する。

西部の人間にとって、正義は法ではない。書物に書き記され、保存され、遵守するべく外から押しつけられる法文ではない。各々の心の中にあり、それによって厳しく自らを律することで初めて、他者もまたそれを尊重するべく心動かされるような掟なのである。正義は人の心の中にこそある。しかし一方こうした態度は、形式への、法への軽視を生む。紙の上の法など、現実を前に何ものだというのか。これは、既述したように西部的な反知性主義とも通じるだろう。そしてそれはいずれ、成文化された法を軽視（軽蔑）し、人の心の中の生き生きとした根源的な掟を僭称して利用しようとする態度に行きつく。法の精神を忘れ去ることよりも、成文化して法を形骸化することよりも一層悪いもの、それがリンチである。

リンチ

法という形式を軽んじるとき、人が心に抱く正義は疑わしいもの（『無法の群』におけるように）、あるいは独善的なもの（『裸の拍車』におけるように）となりうる。しかしさらに悪い場合がある。偏った正義に集団心理が重ね合わされるときに生じるのがリンチである。リンチは個人には生じない。例えば上記の『無法の群』は誤った処刑ではあっても、個人によって行なわれているために、リンチとは呼ばれないだろう。集団の、その成員間の心の駆け引きと、流れが決まれば一瀉千里になだれ込む勢いがリンチを生む。積極的に吊るしたいと願う者は、自身のその邪《よこしま》な欲望の正当化を他者の後ろ盾に求め、消極的な者は反対の意志を持ちながらも、ずっとこの共同体で暮らすことを慮《おもんぱか》って口をつぐみ、そして大多数の者は、幾分かの正義感と幾分かの後ろめたさを抱きつつ、その場の雰囲気に流されて犯行に賛成の意志を示す。かくして誰もが責任を取らずにすむ形で大勢が決する。責任を取らずにすむ、というのもリンチの重要な要素だ。責任は明確に誰か一人のものになることはなく、集団の中に紛れ、見えなくなる。この匿名性が、リンチという紛れもない犯罪に傾く心理を、背後からそっとひと押しするのである。

リンチを描いた作品として、まずアンソニー・マンの『胸に輝く星』（57）を挙げておこう。そこにはリンチを巡る上記のような大衆心理が子細に描かれている。ある西部の町に、死体を運んで賞金稼ぎ（ヘンリー・フォンダ）がやってくる。確認のためしばらく町に滞在する必要が出てくるが、町の住民はよそ者を嫌って宿を貸そうとせず、町はずれに住む寡婦がようやく宿を提供する。その息子の少年は、インディアンとの混血だった（すなわち寡婦はインディアンを夫としていたわけであり、それゆえ軽蔑され、排除されている）。彼女たちとの生活の中で、彼はかつて有能な保安官だったが妻と息子を失ったこと、しかもそれが町の住民の離反ゆえであり、だから彼が根深い人間不信を抱いていることがわかってくる。町の保安官（アンソニー・パーキンス）は若造で、自分がならないと誰もならないし、なりたがっている乱暴者（ネヴィル・ブランド）が町を仕切れば、無法状態になるとの正義感から保安官を務めているものの、誰からも馬鹿にされている。パーキンスはフォンダから保安官としての心得、技術の教えを乞う。折から駅馬車強盗が起こり、牧場を経営している二人の兄弟（これもインディアンとの混血）が犯人と目される。いきり立つブランドらを尻目に、行きがかり上二人を捕えたフォンダが彼らを町に連行、ブランドらは今すぐにもリンチにかけろと、処刑台を勝手に建設しはじめる。

　夜に入り、町が静まり返る。保安官事務所のブラインドは下ろされて外の様子は見えないが、投擲された石がガラスをけたたましい音と共に割る。パーキンスがブラインドを上げると、スクリーンのようになった窓の中に、遠近法で絞首台と、その足元に群れる群衆が浮かび上がる。先頭に立つブランドがパーキンスを呼び、外に出た彼と対峙する【図84】。多勢をかさに優越感に浸っているブランドと群衆を前に、パーキンスは一歩も引かないどころか、ブランドを挑発さえする。パーキンスが本気なのを見て取った群衆は、そのニヤけた面を真顔に変え、絞首台から一歩、二歩と引き下がる。それまで乞われても保安官助手を引き受けなかったフォンダがバッジをつけてパーキンスの手からライフルを受け取り、群衆を牽制する。ではこちらから行くぞと、ブランドの前までゆっくりと歩いていったパーキンスは、ブランドの正面に立ち、彼を数度平手打ち、その侮辱を驚愕と共に受け取ったブランドは、こんなことが許されるかとばかり群衆を見るが【図85】、彼らの表情は凍ったままだ【図86】。ブランドは後ろを向いてその場を去りかけ、しかしいきなり振り向いてパーキンスを撃つ。それとほぼ同時にパーキンスもまた銃を抜き、こちらは過たずブランドを射殺する。

図84　『胸に輝く星』リンチしようとする群衆と対峙する保安官

図85　平手打ちされ、群衆を見るブランド

図86　凍りつく群衆

群衆が堅固な保安官の態度を見て引いてゆく様、それまで大将として祀り上げていたブランドをたやすく見捨てる様に、その心理の変化が鮮やかに描かれているのだが、ここから逆に、リンチの体質が見て取れるだろう。確かに兄弟たちは駅馬車強盗の犯人であり、しかも、真実を知った町の名士の老医師をも殺害している。刑を受けるべきなのは間違いないのだが、リンチの群衆はその正当性を楯に取り、そこに自身の欲望を紛れ込ませる。ブランドにとっては、保安官として町を牛耳りたいという欲望、男たちにとっては、人の命を左右する立場に立ち、優越感を感じたいという欲望。兄弟がインディアンの混血であるという事実から来る、人種差別意識、端的な憎悪もそこに混じっている。かくして幾分ずつかの正当性、権力欲、差別意識、憎悪が混じり合った気分が醸成され、先導（扇動）してくれるものがいれば流れは一気にできあがり、多勢となったそれが少数派の意見を押しつぶす。ここではリンチは二人の勇敢な保安官によって阻止されるわけだが、青二才が立派な西部の男に成長する過程と、過去ゆえに一歩引いて事態を眺めていた男が、青二才の健闘に自身の過去の傷を乗り越える契機を見て立ち上がるという二重の変化が、彼らの成功を保障することになる。リンチを排するにはそれだけの作劇（二重のバネ）が必要だったわけであり、リンチの集団的心理圧力が強いということも示していると言えるだろう。

リンチに関して特異な位置を占めるのが、ラオール・ウォルシュの『死の砂塵』（51）である。リンチは上記のように集団心理であるが、ここでは保安官は、集団といってもごく少人数の、あるいは不在の集団に対峙しなければならない。主人公の保安官（カーク・ダグラス）は、今しもリンチで吊るされようとしている老人（ウォルター・ブレナン）を救う。大農場の息子を殺したというのだが、ダグラスはブレナンを町に連れていき、裁判にかけるとして身柄を預かる。一同は一応引くが、農場主だけは納得せず保安官らを秘かに追尾し、時折その姿を意識させる。ダグラスは彼の存在を感じつつ護送しなければならない。リンチの集団は内面化されるのである。それだけではない、ブレナンには娘（ヴァージニア・メイヨ）がいて、彼女は彼らに同行して町に向かうのだが、機会があれば父親を逃亡させようと狙っている【図87】。ブレナンもダグラスに何か屈託があるらしいことを嗅ぎつけ（ブレナンがふと口

図87　『死の砂塵』のダグラスとメイヨ

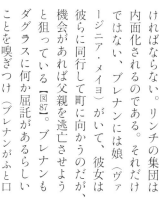

ずさんだ曲に過敏に反応する）、あえてそれを掻き立てようとする。その曲は実はダグラスの父がかつて好んでいた曲で、父は今の彼と同様に男を護送中、待ち伏せていた集団に吊るされて、男と一緒に死んだのだった。当時ダグラスは父の助手であったが、護送された男は吊るされてしかるべきと考え、父に同行しなかった。自分がいれば父は死なずに済んだかもしれず、その過去を背負っているがゆえに今彼は、ブレナンを決してリンチに追いやるまいとしている。その事情を次第に理解しはじめたメイヨはダグラスを愛するようになるが、父のこととなると話は別で、ダグラスへの妨害は続く。見えない外の敵、油断できない護送中のものたちと、四面楚歌のダグラスは次第に疲弊し、ついに崩れ落ちる。

これもまた、ある地点に向けてひたすら移動する物語であり、その意味で、典型的なウォルシュ映画である。ここではともあれ目的地に到達はするものの、そこに至る道程では、外からも内からも常に破綻の危機に晒されている。また、外的なアクション以上に、内面が描かれているという点が特徴である。リンチの集団もまた、そこに現存するものではなく、いることが感じられる、あるいは想像されるものであり、しかし不在であるからこそいっそう主人公の心理に強力に働きかける。リンチ集団は、ここではネガとして存在するのだ。加えて、主人公の保安官は過去の失敗を傷として抱えており、それが現在の行動を規定している。しかも、法を守ろうとして死んだ父は、彼にとって内面化された法そのもの、超自我であると考えられ、従ってここには『追跡』にも見られたような精神分析の影響も認められる。主人公は不在の父（法）を心の支えとし、不在の敵と戦っている。この映画の中で、本当に重要なことはすべて主人公の心の中で起こっている。この内面性はいかにもフィルム・ノワール的であり、最もフィルム・ノワールに近似した西部劇を撮ったのがラオール・ウォルシュであるというテーゼは、ここでも確認できる。

『大砂塵』

ウォルシュの『死の砂塵』において、リンチ集団は不在のもの、主人公の心の中にある敵であった。一方、『大砂塵』におけるリンチ集団は、五四年の現時点に現存する社会的存在である。リンチ集団はここで、赤狩りの集団と重ね合わされて、共に自身の暗い欲望に取り憑かれ、多勢の威を借りて他者を排除する集団として描かれている。リンチについての映画を撮ったところ、たまたまそれが現に行なわれている赤狩りに似てしまったというより、明らかに赤狩りの隠喩としてリンチが捉えられているのであって、これは明らかに、西部劇の形をとった社会批判なのだ。しかし同じく赤狩りの隠喩として意識的に撮られた『真昼の決闘』が、その意図の明確さゆえに確かに強い反応を呼び起こした（序に述べた通りである）のに対し、『大砂塵』は公開当時、ごく一部を除いて否定的な反応が大多数であった。それはこの映画が、赤狩りの隠喩という社会的側面にとどまらず、さまざまに「余分」

な要素、すなわち映像のバロキスム、性倒錯、レイ特有のメロドラマ性あるいは感傷性、西部劇の神話性そのものへの自己言及などをも含んでいたからである。また、本作のけばけばしくさえ見えるカラー映像（B級映画製作会社リパブリックの子会社が開発したトゥルーカラー）さながらのその猥雑さが、わかりやすい（耳目を惹きやすい）社会批判性をある意味見えにくくしてしまったからでもあろう。しかし逆にその猥雑さは、例えばフランスでフランソワ・トリュフォーらの熱狂を生みもし[6]、また赤狩りの描写にしても、当時の社会的文脈を知らずに見たとしても、人が人を憎み排除することのおぞましさの表出として傑出しており、普遍性を獲得している。

　映画は、一人の男ジョニー・ギター（スターリング・ヘイドン）が山を行くところから始まる。山腹ではいきなり爆破が起こり、また、崖下では駅馬車強盗が起こっている（ただし彼が見ているのは山上からであり、犯人たちの顔は見えない）。この二つの出来事に関係があるのかどうかも判然とせず、我々はただ不穏な出来事の連続の中にいきなり投げ入れられることになる。ジョニーは強風に砂塵舞う中、ある酒場に入るがそこには数人の従業員がいるばかりで人気《ひとけ》がない。酒場に人気がないのは西部劇を見慣れたものからすれば例外的な事態であり、どことなく異常な印象を我々は受ける。しかも酒場の奥の壁は赤い岩壁が剝き出しになっており、人気のなさと共にまるで内臓の中にいるかのような親密さを醸《かも》し出している。外の騒擾《そうじょう》と内の静謐。その対比は、次に続く町の連中の乱入と、彼らが去った後（すでにそのとき風はやんでいる）の夜の場面で際立つことになる。

　町の連中は、冒頭で起こった駅馬車強盗で死んだ男の遺体を酒場に運び入れる。死んだ男の妹エマ（マーセデス・マッケンブリッジ）は、酒場の女主人ヴィエナ（ジョーン・クロフォード）への憎しみに凝り固まっている。原因は、彼女が恋着するダンシング・キッド（スコット・ブラディ）がヴィエナを愛していることへの妬みである。町の大物マカイバー（ワード・ボンド）は、この土地に鉄道が通れば町はずれの酒場近辺が栄え、新参者が乱入することになる事態を嫌って、エマと共にヴィエナに対抗する。このときヴィエナは階段上【図88】、町の連中はエマとマカイバーを先頭にV字に並んでおり【図89】、ヴィエナを見上げる俯瞰と町の連中を見下ろす仰角の交錯、彼らの位置の鋭角性とが両者の緊張を視覚的に補強する。エマは強盗がダンシング・キッドらの仕業であり、ヴィエナが背後で彼らを操っていると非難、そこにキッドらが現われ、緊張は頂点に達する。一触即発の沈黙の中、キッドの一味の中の肺病病みのコーリイ（ロイヤル・デーノ）がウイスキー・グラスを取り落とし、カウンターを転がる音が鈍く響き渡る。グラスがカウンターの端から落ちようとするのに皆の視線が集まる中（といってもカメラがそれをとらえ続けているということだが）、グラスが中空に落ちた瞬間、ジョニーがそれを受け止める。ジョニーは場の雰囲気を変え、軽快な

図88　階段上のヴィエナを見上げる仰角

図89　エマとマカイバーらの作るV字の俯瞰

ギターで緊張を解きほぐす。マカイバーらはしかし、彼らが強盗であるとの疑いを解かず、一日でこの町を去れと言い渡す。キッドたちも去るが、一人残った少年ターキーは、ヴィエナは自分が守ると拳銃の曲撃ちを披露して見せる。その銃声に無意識的に反応してしまったジョニーは、ターキーの銃を撃ち落とす。ジョニーはその無意識の反応により、アウトローの本性を露呈してしまうのだ。あなたは五年前と変わらないと、ヴィエナは彼をなじる。

　やむなく酒場を畳むことにしたヴィエナは、ジョニーと会話を交わす。二人の間に感傷的な空気が流れる。「俺に嘘を言ってくれ。ずっと俺を待っていたと」、「ずっとあなたを待っていたわ」、「言ってくれ。俺が帰って来てくれなかったら死んでいたと」、「あなたが帰って来てくれなかったら死んでいたわ」、「言ってくれ。俺が君を愛しているように、君も俺を愛していると」、「あなたが私を愛しているように、私もあなたを愛しているわ」、「ありがとう。本当に」。本作では、敵対関係にあるのがヴィエナとエマの女性であり、ラストで対決するのも彼女たちで、西部劇における男女間の役割が逆転しているが、そうしたアクション場面以上にその逆立を露わにするのがこの場面である。ジョニーの台詞《せりふ》はいかにも典型的なメロドラマにおける女性のものであり、とりわけ男性至上主義的な西部劇において発せられるとき、ジョニーの女々しさが際立つことになるだろう。本作がマイケル・カーティスの著名なメロドラマ『カサブランカ』（42）を下敷きにしていることは、知られた事実である。かつて関係のあった男女が酒場で再会する、二人の間の思い出の曲を演奏することがタブー視される（ジョニーがその曲を演奏しかけるのをヴィエナが遮る）など、物語の骨格、細部を『大砂塵』はそっくり頂いている（シナリオは無論、フィリップ・ヨーダンである。ヨーダンはフロントに過ぎず、実際はベン・マドウが書いたというのは巷説であり、マドウ自身が否定している）▼7。ただし、男女を逆転させた形で。この男女逆転の設定は、ジョーン・クロフォードが男の役をやりたいと強く主張したことが原因とされる。自分が主役なのだから、「クラーク・ゲーブルのようにやりたい」と。[▼8]当時すでに四十代の終わりに差し掛かっていた、薹《とう》の立ったクロフォードが演じることでメロドラマ場面は倒錯性を増すことになり、また対決場面にしても、相手役のマッケンブリッジの強烈なヴィジュアルと声（彼女はのちに、『エクソシスト』〔73〕の悪魔の声を担当する）も相まって、ほとんど辟易せざるを得ないほどの陰惨さを獲得している（クロフォードは撮影中、マッケンブリッジが目立つことに激しく嫉妬し、彼女の衣装を引き裂いて外に投げ出したという。こうしたスクリーンの外の感情が、その内にも反映されていることは疑いない）。

図90　白のドレスのヴィエナ。背後の岩壁は赤褐色

図91　黒い喪服のエマたち

ともあれ、ジョニーとヴィエナの会話は『カサブランカ』のパロディであり、しかも男女逆転していることで、その感傷性、女々しさ、臭さが一層増して感じられることになる。しかしレイは、クロフォードに台詞を棒読みで演じさせることで、この一連の場面をただのパロディに終わらせない演出を施す。感情を込めないことでこれが紋切型であることを意識させつつ、だからこそ逆に、これは紋切型の表明なのだという建前の裏に真の感情を忍び込ませることができるのである。かくしてこの一連の場面は、メロドラマのパロディでありつつ同時に真にメロドラマであるという逆説を達成する。アイロニカルにしか真情を吐露できない屈折した関係。批評意識の殻の下に秘められたあまりにもナイーヴな感傷性。こうした、表現と心情の屈折したありようは、レイ的登場人物のすべてに共通する。

隠れ家に戻ったダンシング・キッドらは、どうせ疑われたのだから、いっそ本当に強盗すればいい、と翌朝銀行強盗を働く。店を畳むため金を下ろしに銀行に行ったヴィエナとジョニーがそれに居合わせてしまう。ヴィエナはたまたま居合わせただけという銀行員の証言を強制的に翻させ、ヴィエナを無理やり犯人一味に仕立て上げたエマは、マカイバーらと追跡団を組織、ヴィエナの酒場に向かう。待ち受けるヴィエナは真っ白のドレスを着てピアノを演奏しており【図90】、一方兄の葬儀の最中だったエマらは喪服の黒に身を包んでいる【図91】。このいかにもあからさまな対照性は、紋切型のアイ

図92　邪悪な歓喜に上気するエマの顔

ロニーと同時に、原初的な象徴性ゆえに西部劇が本来持っている神話性をも感じさせる。ヴィエナはエマらを突っぱねるが、強盗の際怪我をしたターキーが酒場に逃げ込んでおり、彼が見つかってしまう。ターキーを拷問したエマらは、彼から、ヴィエナも一味であるとの証言を引き出す（ヴィエナが一味だと白状すればお前は助けてやると言われたターキーは、どうしたらいいのか、とヴィエナに救いを求めるかのような眼差しを送り、ヴィエナは、自分自身を救いなさいと彼に言う）。一同は、白状すれば助けてやるとの約束を無視して、ターキーとヴィエナの二人を絞首するために連行する。エマは、無人になった酒場のシャンデリアを撃ち落とし、酒場は炎に包まれる。外に出たエマが酒場を見つめながら後退してくるのを移動しつつ追うカメラは、ようやく振り向く彼女をそのままの流れでクロース・アップによって捉える。そのとき彼女の顔は邪悪な歓喜に酔ったように上気しており【図92】、その醜悪さこそが、リンチなるものの正体なのだと我々は悟るのである。

ターキーに対し、ヴィエナが強盗一味だと証言すれば助けてやると密告を促すエマの拷問はそっくりそのまま、ＨＵＡＣ非米活動委員会の第二回公聴会のやり口である。共産主義者だった頃の同胞の名前を言わせるネーミング・ネームズ。興味深いことに、本作の出演者二人が、赤狩りに密接に関係している。リンチ集団の一人であるマカイバーを演じるワード・ボンドは反共主義者として有名で、赤狩りの際に反共の立場から証言する友好的証人となった映画人の大部分が属していた「アメリカの理想を守るための映画同盟」の、最も活動的なメンバーであった。嫉妬から来る憎しみに凝り固まったエマとは違い、マカイバーはリンチに初めから乗り気であったわけではないとはいえ、鉄道が来て町ができることに大農場主としての自分の領分が侵されるという恐れを抱いており、進歩に対する反動的人物として描かれている。西部劇の敵方の一種の型としてそうした人物像はよくあるので、ボンド本人は自分の役をそのようなものと見ていたようだが、しかし当時の観客にとって、ボンドをこのようなリンチ集団の首領の一人として描くことが、痛烈な皮肉と映るのは明らかだっただろう。

　もう一人の人物はスターリング・ヘイドンである。彼は第二次大戦中、ドイツへの対抗策としてユーゴスラヴィアの共産党パルチザンを支援したアメリカ戦略情報局ＯＳＳ（後のＣＩＡ）の一員として、パルチザン指導者であり後にユーゴの首相となったチトーの秘書を務めていた時期がある。また帰国後も映画界の共産党員や組合を支持していて、その経歴を赤狩りで追及され、一九五一年に証言、ネーミング・ネームズを行なった。彼自身はそのことを深く恥じており、その屈折が以後の演技に影を落としたことは、『土曜正午に襲え』(54)、『三人の狙撃者』(54)、『現金《げんなま》に体を張れ』(56)、『テキサスの死闘』(58)など、代表作といえるフィルム・ノワールの数々における彼の暗い存在感を見れば明らかである。従って『大砂塵』で言えば、ヴィエナを売ったターキーが彼の似姿ということになるが、ジョニーが、絞首になろうとする二人のうちターキーのほうを救うことなく死なしめるという展開は、ヘイドン自身の自己処罰のようにも見え、意味深い。

まだ新しい出来事としての赤狩りと、西部劇におけるリンチを重ねること。ヨーダンやレイがそのことで、意図的に現在の政治状況への異議申し立てをしたのかどうかはよくわからない。ただ、ワード・ボンドとスターリング・ヘイドンという赤狩りの渦中にいた人物を、しかも赤狩りにおいて彼らが果たした役割をあからさまに意識させる形でキャストするということには、何か底意があったとしても不思議ではない。ヴィエナとジョニーの愛の台詞の場面が、メロドラマの紋切型によってそれを批判的に捉えつつも、真っ当にメロドラマであったように、政治的批判意識もまた二重底なのだ。低予算の西部劇の、スキャンダラスな意匠のように見せながら、案外真っ当に政治批判をしているのかもしれないのである。

本作の政治批判をまともに受け止めるとすればどうなるか。すなわち、赤狩りはリンチである。リンチは、まだ法が整備されていない状況下、一時措置であったものが普遍化されて、西部における自主独立の精神を体現するものになってしまった現象だ。保安官が配置されれば、彼に逮捕の権限は移行するものの、リンチの精神自体は、西部の自意識の中に、そして西部を自身のアイデンティティとするアメリカ自体の中に秘かに温存され続ける。赤狩りもまた法を超越して(とはいわないまでも無視して)行なわれる政治である。実際司法によって裁かれたのは第一次HUAC公聴会時におけるハリウッド・テンのみであり、彼らは共産党員であったゆえに、つまり思想信条ゆえに裁かれたわけではなく、議会に対する侮辱罪で罪を得たのだ。また、それ以外の赤狩りの犠牲者はすべてブラックリストによって業界を追われた。つまり業界の自主規制によって追われたのであって、司法によってではない。赤狩りもまた民衆(の代表者である国会議員と、映画業界)による自主的な裁きであるという点で、リンチと変わらないわけなのだ。赤狩りを推進した連中が、「アメリカの理想を守る」ために行動しているという意識を持っていたことも含めて、彼らが自分たちの行動を西部の伝統に連なるものと捉えていたとしてもおかしくない。赤狩りは、アメリカの伝統=リンチを継ぐ(立派な)営為である。

しかしこうした定義が滑稽に聞こえるのはやはり確かなことだ。密告しなければ業界から追い出す、追い出されれば明日から食うに困る。そのような状況に置かれた人間は、仕事をやめても一向にかまわないものでもなければそれを一蹴することは難しい。食うに困らなくとも、映画という仕事に誇りをもって取り組んできたものにとって、それを奪われることは厳しい事態である。脚本家のように名を隠して仕事ができればまだしも（といっても、その保証はどこにもない）、監督や俳優といった、名や顔の知れた存在は、リストに載ればそれでもうおしまいなのだ。こうして逡巡の末、やむなくついに密告したものは、しかし以後一生その汚辱を耐えねばならない。人を売ったことの後悔と、それでも自分を守るためにはやむを得なかったのだという言い訳。自問自答を繰り返しながら、しかしかつて共産主義を奉じたほどの人間であれば、他人を犠牲にして自身を守ったことへの自責の念が次第に重みを増してくることは間違いない。彼（女）の思念は暗く濁りを増してゆく。人をそのように苦しめ、辱める営為が、「真にアメリカ的である」などと本当に言えるのか。

　赤狩りが、リンチにつながる、西部の、そしてアメリカの自治精神の後継であるという見方が滑稽であるとしたら、そもそもリンチ自体も赤狩りと同様に汚辱的なものではなかったのか。リンチを継ぐ赤狩りは、返す刀でリンチの醜い側面を（そして本質を）照射することになる。リンチは赤狩り同様に醜悪なのだ。それは結局殺人であり、また西部の自治精神の名のもとに行なわれるだけに傲慢だ。ともあれリンチも赤狩りも、他者への不寛容、排除として、同じように醜悪だ。『大砂塵』における集団の、そしてとりわけエマのおぞましさを鮮やかに浮かび上がらせるレイは、そうして赤狩りとリンチを共々に断罪している。

　他者への不寛容を描いたレイの後年の作品にもここで言及しておこう。『バレン』（60）である。描かれるのはエスキモーの世界。彼らは極寒の地で、独自の慣習を持って暮らしているが、そこに「文明」がキリスト教の宣教師という形でやってくる。彼は腐肉に湧く虫というエスキモーにとってのタンパク源として貴重な食事を拒否し、客への礼として供された妻の肉体を拒否して、その態度を侮辱と受け取ったエスキモー（アンソニー・クインが演じる）によって頭を壁に叩きつけられ、結果死んでしまう。司法が彼らを追うことになるのだが、一体彼らはアメリカの法で裁けるのかどうか。疑問を持った司直（ピーター・オトゥール）によって彼らは見逃されて、寛容が彼らを救うことになるのではあるが。エスキモーが銃の存在を知り、それを手に入れるため、一切の他の仕事をなげうって毛皮捕りに邁進するという描写もあり、白人の経済圏に入ることの功罪もここでは描かれている。原題は *Savage innocence* というものだが、「野蛮人＝サヴェッジ」であるよそ者の「無垢＝イノセンス」が、アメリカという社会にあってどのような境遇を得ることになるかが、ここでは描かれている。よそ者、無垢という主題はレイにとって重要なものであり、後に詳述する。

　さて、レイが『大砂塵』においてリンチを描き、赤狩りを描いているとしても、何度も言うように、政治的事象の批判をヨーダンやレイが意図して作ったのかどうかはわからない。あからさまな政治的含意も、どこかアイロニカルに提示されているので、本気にするのもどうかと疑いつつ、しかし存外本気かもしれないと思わせる含みがあるということだ。ともあれそうした政治性を本気に受け取ることが躊躇《ためら》われるのは、本作のヴィジュアルのキッチュさに依《よ》るところが大きい。エマらの集団をヴィエナが白いドレスで迎えることは既述したが、絞首を逃れたヴィエナが地下室に身を隠して着替える場面では（白いドレスに火が点いてしまう）、そのシャツの赤とジーンズの青が、滲んだように発色するトゥルーカラーも相まって、どぎつい印象を与える。さらにヴィエナは、キッドらの隠れ家に行く際、滝を潜るので濡れたという設定で再びシャツを換えるが、今度は黄色である。岩肌の赤、ドレスの白、リンチ集団の黒、そしてシャツの赤、ジーンズの青、さらにシャツの黄と、原色が乱舞するその色彩感覚はほとんど狂気じみており、映画の世界観を決定づけている。

原色といえば、本作には冒頭に吹く大風、ヴィエナの酒場や服を焼く火、そしてキッドらの隠れ家に導く水など、根源的要素が印象的に用いられている。[▼9] そもそも西部劇にはそうした要素を巧みに使用し、神話性を醸し出す傾向があって、本作もまたその例に倣《なら》っているのだが、そのキッチュな色彩感覚も相まって、格式高い神話性よりは、無意識的な情動をいっそう強く感じさせる。それはラストの決闘を、高所にあるキッドの隠れ家に置く演出にも見られる。ヴィエナの酒場の赤い洞窟の内面性と、山の上に位置する小屋の露出性の対照。そこで女同士が銃を持って対決する。ヴィエナが勝利し、エマの遺体が崖を転がり落ちて下で見ていたリンチ集団のちょうど足元まで辿《たど》りつく。主人公であり、そして銃の腕の立つガンマンであるはずのジョニーは、ここで一切何もしていない。ただ対決が終わったとき、ヴィエナに寄り添い、共にこの場を去るのみだ。ここで主人公はただの木偶《でく》の坊だ。と言って悪ければ、少なくともここで彼が演じている、決闘後、生き残った主人公を迎えて共に去るという役割は、通常女性が演じるものである。こうして劇は終わりを告げるわけだが、一応のハッピーエンドではあるにしても、どことなく居心地の悪い感じが残存する。それが男女の逆転に由来するのか、政治的含意に由来するのか、キッチュな画面に由来するのか、あるいはその全部なのか、ともあれこの映画は、カタルシスよりは奇妙なものを見た、という印象の方を強く残すのであり、その違和は現在に至るまで我々を呪縛する力を有する。「名作」などという枠に、これは収まらない作品である。

もう一つ、この映画がユニット・プロダクションによって作られたという点で、映画史的にも歴史を画するものであることを書き留めておく。ユニット・プロダクションについては『B級ノワール論』巻末に記したので詳しくはそちらを参照してもらいたいが、芸能プロダクションが、そこに所属するタレント（監督、シナリオ作家、俳優等々）を組み合わせ、一本の企画としてスタジオに提案して製作にこぎつける形態で、この場合、レイも、クロフォードも、ヨーダンも、原作のロイ・チャンスラーもすべてMCA所属である。五〇年代、こうしてスタジオは空洞化し、ユニットが主流になってゆく。レイにとってもこれは、長く在籍したRKOを離れての初めての映画であり、新たな方向性を探る一歩だった。だからこそ、この映画があまり高く評価されなかったことにレイは失望を覚えるわけなのだが。

ランチの女主人たち

『大砂塵』では男女の地位が逆転して、女たちのほうが男たちよりも上位に立っている。戦争の影響で、女性像が変化し、その一例として犯罪において女性が指導的役割を果たすようになり、ファム・ファタルという形象を生んだこと、さらにそれが西部劇に流れ込んだとき、女性はアウトローを共同体に帰順させる媒体であることをやめ、彼らを共同体から排除する、ないし自身が共同体を破壊するという事態が生じたことは既述した。ここではその具体的な例から、そのありようが西部劇に何をもたらしたのかを見ていこう。まずアンソニー・マンの『復讐の荒野』*The Furies*（米、50）では、バーバラ・スタンウィック演じる大農場主ウォルター・ヒューストンの男勝りの娘は、父の再婚と、彼が目の敵にしてきた、彼女にとっては幼馴染で恋愛対象でもあった小農場主のリンチを機に父から離反し、父の帝国を崩壊させる。女性は共同体の礎《いしずえ》であるどころか、それを破壊する側に回る。

図93 『無頼の谷』牧場の女主人にして強盗団の首領ディートリッヒ

『大砂塵』では、ダンシング・キッドやジョニー・ギターたちが、クロフォードの周りを回る衛星のよう、というかまるで白雪姫を囲む小人たちのようであり、その様は悪夢的おとぎ話の感があったが、同じように閉ざされた環境で男たちに囲まれているのがフリッツ・ラングによる『無頼の谷』（52）のマレーネ・ディートリッヒだ。彼女はここで強盗団の首領を演じる【図93】。その強盗団の中にアーサー・ケネディの妻を殺した男がおり、ケネディが潜入捜査するが、その過程でディートリッヒと愛し合うようになり、ケネディの身分がばれて、撃ち合いの中で彼女は死ぬ。

冷徹で悪辣な農場主は西部劇で敵役であるが、女性がそうした敵役になっているのがアンドレ・ド・トスの『復讐の二連銃』（47）と、キング・ヴィダーの『星のない男』（55）だ。前者ではヴェロニカ・レイクが、婚約者を殺された復讐のためとはいえ卑怯な手段を使って商売敵を破滅させようとし（自分の牧場の牛を暴走させ、それを敵のせいにする）、さらにそれが遠因で保安官まで死なせることになる。レイクに一分の理はあるにしても、そのために取った手段が招く被害は大きすぎ、復讐の大義は薄れる。正義なき復讐として、『無頼の群』に通じる作品である。後者については前章に記述した。ランチの女主人は飼う牛の数を倍増させ、牧草を数年で根絶やしにすることも辞さないあくどい事業家である。西部の自由放牧の終わりを画する鉄条網の存在も相まって、時代の変化（悪いほうへの）を感じさせる作品になっている。

図94　『四十挺の拳銃』居並ぶ男根たち

ランチの女主人として極めつきなのがサミュエル・フラーの『四十挺の拳銃』*Forty guns*（未、57）のバーバラ・スタンウィックである。映画の冒頭、主人公である連邦保安官（バリー・サリヴァン）が馬車で平原をやってくると、そこに馬に乗った黒服の集団が向こうから地響きを立てながら来て、怒濤のように走り去る。その集団の先頭に立っているのがスタンウィックである。この冒頭は、いかにもフラーらしく暴力的に、この映画にこれから起こる出来事をあらかじめ強烈に印象づける。暴力＝権力によって支配する集団、その首領が女（スタンウィック）であること、そしてサリヴァンがたった一人で彼らと向き合うこと。サリヴァンは、町を支配するランチに紛れ込んだお尋ね者を逮捕するためにこの町にやってきて、彼ら一味と対立することになるのだ。スタンウィックは毎晩晩餐会を開くが、そこにはランチの者ばかりでなく、町のお偉方も参加している【図94】。彼女は賄賂によって彼らを掌握しているばかりでなく、彼らのすべてを愛人としており、その中から今宵の伽《とぎ》の相手を指名するのである。彼女は金とセックスで男たちを支配する。町の保安官（ディーン・ジャガー）もその例外ではない。しかし敵対するサリヴァンを彼女が愛し始めるに至ってお払い箱になり、金で厄介払いするのだけはやめてくれと懇願するが聞き入れられず、手切れ金を渡されて、自殺する（扉に何かが当たるコッコツという音を不審に思ったスタンウィックとサリヴァンが扉を開けて、その裏で首を吊っているジャガーを発見する）。四十挺の拳銃とは、同数のファロスであったわけである（この作品について記したフラーの自伝第34章の表題は「男根でいっぱい」だ）。

女主人たる姉の権力をかさに着て好き放題の弟（ジーン・バリー）がつまずきの石となってこの帝国は崩壊するが、ラストでもフラーは意表をつく演出を見せる。バリーは姉を人質に取ってサリヴァンと対決、その際サリヴァンは躊躇なくスタンウィックを撃ち、彼女が倒れたところでバリーを射殺するのだ。無論スタンウィックに関しては命に別条がない箇所を撃ったという設定だが、元々のシナリオではこれで彼女は死ぬことになっていた。そもそもサリヴァンは過去に犯した過ちから、二度と銃を取らないと誓っており、さらに今回の事件の過程で自分の弟の一人を死なしめたことで銃の暴力を身に沁みて感じているという主題が裏に込められている。それを考えれば、スタンウィック姉弟を殺してこれを限りに銃を捨てるというこの救いのないヴァージョンのほうが、フラーの意図を十分表現できたものと思われる。

強大な権力を有する大牧場の主はこれまでもっぱら男性が演じてきた。『折れた槍』のスペンサー・トレーシーにせよ、『ララミーから来た男』のドナルド・クリスプにせよ、『白昼の決闘』のライオネル・バリモアにせよ、『復讐の荒野』のウォルター・ヒューストンにせよ、そうした役柄はハリウッドのベテラン俳優のものだ。といっても、今挙げた例はすべて五〇年代に入ってからのものであり、その年代にあってこうした大農場は旧勢力として否定的に捉えられている。しかし彼らは主人公に対する仇役の権力者ではあっても、時代の変化をよく悟り、また老いを自覚して、自身の時代の終わりを覚悟もしている十分に理性的な人物である。では一方、彼らに取って代わった女性たちはどうだろうか。鉄道の通る土地をいち早く取得し、その値上がりを待つだけの経済的才覚があり、暴力的な町の連中を避けるためにあえてその地を去ることを決意する『大砂塵』のクロフォードが思いのほか理性的ではあるが、『無頼の谷』のディートリッヒと『四十挺の拳銃』のスタンウィックは男への情に引かれてランチを崩壊させてしまうのだし、『復讐の二連銃』のヴェロニカ・レイクはほとんどヒステリカルに見え、『星のない男』のジーン・クレインは世慣れた人間らしい分別がない、と、（若い）女性の悪いイメージをことさらに強調したような造形になっている。女性が彼らに取って代わったことは、女性の地位向上であるどころか、むしろ女性に対する否定的な見方を助長しているようだ。フィルム・ノワールにおいて女性が主導的役割を果たすようになったことは確かに女性の地位向上であったといえるのに対し、西部劇における女性の位置は、このような農場主の役を得ることによってかえって下落しているのである。また、フィルム・ノワールのファム・ファタルが女性嫌悪の一例であるにしても、彼女たちにはそれに拮抗するだけの蠱惑的魅力も与えられていた一方で、西部劇では（無論魅力はないわけではないにせよ）嫌悪のほうが勝っているように思える。西部劇がそれだけ保守的なジャンルなのだということなのか、また四〇年代後半のフィルム・ノワールが映画の変革期で前衛的な見方も許された時代であったのに対し、五〇年代後半にはそれに対する反動期に入っていたということなのか。ともあれ男性的ジャンルである西部劇で、女性が男性より上位に来ることが倒錯とみなされ（それはある種の魅惑でないこともないのだが）、正統（といってもそれはもはや何なのか）から外れた傾向としてジャンルのバラエティの拡充に資するところがあったのは確かである。しかしそれは一方、ジャンルの末期的傾向とも見えた。[10]

西部劇のニコラス・レイ

本章ではまず、ジョン・フォードの西部劇への復帰において何が起こっていたかを考え、フォードが最もノワールに近づいた作品として『荒野の決闘』を検討したうえで、騎兵隊三部作および『リバティ・バランスを射った男』で西部なるものが神話化される様を見た。神話化とはイメージ化と言ってもいいが、そのイメージは、それに照らしてアメリカが自身を確かめるための鏡として機能した。西部劇はそのとき単なる娯楽活劇ではなく、アメリカのアイデンティティとなる。一方それは内実を捨象した平準化でもあり、それだけに容易《たやす》く流通するわけだが、批判的に見ればそれは頽落である。この時代、すなわち五〇年代初頭から、イメージ化した西部的存在を描く西部劇が現われたわけである。アウトロー（ガンマン）のイメージ化、カウボーイのイメージ化。また、西部の神話化は、アメリカという社会が何ものであるのか、という問いへの西部劇からの答えであるとみなすことができる。とするならばすなわち西部劇は、アメリカ社会とは何なのかを問う媒体の一つとして自らを認識したといえるわけである。西部における法、自治精神の歪んだ発露としてのリンチを取り上げる西部劇が同じ頃に現われ始めたのは、この時代に映画界、アメリカ社会全体に赤狩りが猖獗《しょうけつ》を極めたこともあるだろうが、西部劇自身のそのような自己認識に依るものでもある。またこの頃、西部劇における女性像も変化する。女性が男性より上位に立つ。それは女性の地位向上の現実を反映してもいる一方、やはり未だ男性的ジャンルである西部劇においては倒錯的色彩を帯びてもいた。

五〇年代における西部劇の変化の過程で、ここに挙げた諸主題について重要な西部劇作品を撮った映画作家がいる。ニコラス・レイである（サミュエル・フラーも各主題について重要な西部劇を作っている作家であるが、以下に述べるような視点——アメリカ社会批判——という側面が弱いように思うのでここでは取り上げない）。アウトローのイメージ化としての『無法の王者ジェシイ・ジェイムズ』、カウボーイのイメージ化としての『不屈の男たち』、リンチ西部劇としての、また女性像の変化を描きとめる西部劇としての『大砂塵』。五〇年代に西部劇が自らをアメリカ社会の自己認識として捉えたとすれば、そしてレイがその年代に重要な西部劇を撮っているとすれば、レイをアメリカ社会に対する鋭い批判者として捉え直すことが可能になるのではないか。レイはこれまで必ずしも社会的な映画を撮る作家と認識されてはこなかったように思う。レイの本領は抒情にあり、メロドラマにある。孤独な魂どうしが寄り添うことのささやかな、しかしかけがえのない輝き。しかしレイにおける孤独者は社会から疎外された者ではないか。アメリカという社会は、その苛烈さを生き抜くことができないナイーヴな魂を疎外する。そのような社会は一体真に幸福な社会といえるのか。こうしてレイは、抒情作家であると同時にアメリカという社会の批判者として現われる。レイの処女作以来の主題は西部劇にも流れ込み、社会の鏡としての性質を帯び始めた西部劇の中で、いっそう鋭く社会批判性を研ぎ澄ましていったといえる。西部劇によってレイは自身の中にあった社会批判者としての側面を鋭くし、また一方西部劇もレイによってアメリカとは何なのかを問う倫理的ジャンルとしての方向性に掉さすことになるのである。以下、レイのもう一つの重要な西部劇『追われる男』（54）に触れ、また西部劇以外の彼の作品を参照しつつ、アメリカ批判者としてのレイを考えてみる。

『追われる男』の冒頭、一人の男（ジェームズ・キャグニー）が水を飲みに川に下りる。ふと背後に気配を感じた男は銃を抜いて振り向く。そこには無邪気そうな若者（ジョン・デレク）が立っているばかり。主人公の過剰な警戒心を強調するこの冒頭で、主人公に何か過去があることが示される。彼ら二人は連れ立っていくことにするが、そこに列車が通りかかる。なぜか緊張した面持ちの機関士たちは彼らの前に袋を投げ出し、見ればそれには大金が入っている。強盗と間違われたのだ。町へ行って返そうというキャグニーの背後で、デレクが銃に手を掛ける。この姿勢一つで、デレクが信用ならない男であることがわかり、その不信感は後々まで画面に緊張を与えることになる。いち早く町に帰った機関士は保安官に強盗があったと告げ、たちまち結成された自警団が捕縛のために走り出す。彼らを見つけるや撃ち合いになり、捕えられたキャグニーらはリンチされそうになるが、デレクを見知っていた町の男がいて、かろうじてそれを逃れる。

リンチはこの映画でもう一度現われる。冒頭の事件の後、何の確認もせずキャグニーらをリンチにかけようとした保安官は更迭され、キャグニーが保安官、デレクが助手になるのだが、その町に銀行強盗の下見に来た二人組が手配書から強盗とばれ、一人が捕まり、一人が逃げる。キャグニーが逃げた男を追っている間に、町の連中が捕まった一人をリンチにかけて吊るしてしまうのだ。キャグニーは憤り、吊るした男たちを逮捕して裁判にかけるが、軽い罰金程度で釈放されてしまう。日曜、町の住民が教会にいると、強盗一味が乱入、住民をそこに閉じこめて銀行を爆破する。強盗の一人が、キャグニーを認める。キャグニーは刑務所仲間だった。ただし無実の罪であり、性急な裁きを求める者たちによって（冒頭の列車強盗と同様誤認され）裁かれてしまったのだ。逃げた強盗一味を追う中で、デレクも強盗の仲間とわかり、アステカ帝国の廃墟までデレクと残る一人を追い詰めたキャグニーは、銃に手を掛けたデレクを撃つのだが、デレクは秘かにキャグニーを撃とうとしていた仲間を撃ったのだった。

『ニコラス・レイ　ある反逆者の肖像』のエイゼンシッツは、『追われる男』を『大砂塵』の「陰画」としている。共に物語自体は紋切型であるが、『大砂塵』はそれを誇張してキッチュの域にまで達している一方、『追われる男』のほうはその枠内で語り切っている。また『大砂塵』が二つの物語（ヒロインと周囲の敵対の物語と、ヒロインと主人公のメロドラマ）を合わせ、物語の滑らかな流れ以上に場面場面が突出していびつな印象を与える（これは註6に挙げたトリュフォーの意見でもある）のに対し、『追われる男』は流れがスムーズである。『大砂塵』の空間が閉鎖的であるのに対し、『追われる男』では、室内も無論あるにせよもっぱら開かれた空間で出来事が起こる。そこから来る印象でもあろうが、共にリンチを扱っているにしても、『大砂塵』が陰湿なのに対し、『追われる男』はさほどでもない。『大砂塵』が上記したようにレイにとって新たな出発点であったのに興業的に振るわなかったこともあり、方向性を変えてみたのかもしれない。

　ともあれ、ここで重要なのはジョン・デレクの存在である。デレクはキャグニーにとって子のような存在である。冒頭で町の連中に銃撃され、足を撃たれて、危うく一生歩けなくなるという瀬戸際で、キャグニーは献身的に治療し、弱気な彼を叱咤激励して回復させる。また自身が保安官になった時も、彼を助手につける。しかし既述の通り、デレクはどこか信用できないという印象がずっと見る者の脳裏を離れることはなく、実際彼はキャグニーを裏切る。いつかそうなるだろうという予感は、デレクがレイの『暗黒への転落』(49)で同じような役柄を演じていたことでも強められるだろう。そこでデレクは、殺人の罪に問われる若者を演じていた。彼の貧しい生い立ちゆえの非行をずっと見てきて、だからこそ疑われる彼に同情し、その無実を信じる弁護士（ハンフリー・ボガートが演じている）を結局は裏切って、実際に罪を犯していたことが判明するのだ。ここでのデレクの造形は曖昧で、貧しい境遇ゆえの非行を強調されてきた我々としては、定型的な展開としては彼が実は無罪であり、裁判劇としても逆転で幕を閉じるものと何となく思いつつ見るのだが、デレクという俳優の根の暗さ、翳《かげ》りを帯びた表情に、どうもそれでは終わらないのではないか、とも予感する。結局彼が犯人であったとわかったときも、裏切られたという思いと共に、やはりそうだったか、という気持ちも抱く。デレクに対する観客の態度は終始不安定を強いられるのだ。

　レイが描く思春期の存在、特に少年にはそのような不安定さがつきまとう。『大砂塵』においてヴィエナを密告する少年ターキーにも、そのような信用できない感じがつきまとっていた【図95】。西部劇を離れて最も顕著な例でいえば『理由なき反抗』（55）の、（ジェームズ・ディーンではなく）サル・ミネオがいる。ディーンは、父親に父親らしくあってもらいたいと思っているが、父が母親の尻に敷かれて威厳を失っていることにいらいらを募らせている（ここにも『大砂塵』と同じ女性上位が見出せる。しかもそれがここでは——ここでも？——ネガティヴに捉えられている）。悪いことをしたのをきちんと叱ってもらいたい、そうすることで父との絆を確かにしたいと願う、逆説的な愛情表現（ただ拗《す》ねているだけとも見える）なのだ。父親に理想の父親像を見出せない彼は、だから同じく家族から疎外されたナタリー・ウッド、サル・ミネオと、廃墟になった邸宅に不法侵入し、ふざけ合うのだが、この時彼らの間に、実際の家族では決して得られなかった心からの関係が、束の間、疑似的に成立する（ディーンが父、ウッドが母、そしてサル・ミネオが子供、だ）。この疎外された者同士が寄り添って生み出す絆の儚《はかな》さ、美しさはレイ特有のものである。しかし不法侵入を警察が見つけ、彼らを追う。たまたま拳銃を所持していたサル・ミネオが天文台に立てこもる。ディーンは彼を説得し（ディーン自身が父にしてもらいたかったことだ）、それに成功するかに見えるが、動揺したミネオが銃を向けたのを見た警官が発砲、ミネオは死んでしまう。拳銃を持ったサル・ミネオの危なっかしさ【図96】、状況次第で何が起こるかわからない怖さ、これがレイ的な思春期のあり方の典型である。このどちらに転ぶかわからない不安定が、『暗黒への転落』での、デレクが有罪なのか無罪なのかわからない不安定、『追われる男』での、デレクがキャグニーと共にあることを選択するのか、そうでないのか予測がつかないことの不安定と同じものであることは言うまでもない。

そして興味深いことに、子供に当たる存在は、必ず死ぬ。血は次世代に継続されることがないのである。これは、とりわけ西部劇にあっては致命的なことだ。西部劇にあっては父に当たる存在が死ぬことはあっても、その逆は滅多にない。

図95　『大砂塵』ヴィエナを密告する少年ターキー

図96　『理由なき反抗』銃を持つサル・ミネオの危うさ

父は死に、自身の富、力を次世代に譲って去っていくのであり、そうして西部の魂は受け継がれていくものだ。西部劇には教育の主題が確固として存在する。フォードの騎兵隊三部作（に限らず）に、新兵教育という形でそのような血の、精神の継続が描かれていることは既述した通りだし、またこれも既述の、『胸に輝く星』での先輩が後輩にあるべき保安官の姿を教える（そしてこの場合、先輩も後輩から学ぶのだが）などというのは典型的な事例である。『勇気ある追跡』（69）や『11人のカウボーイ』（71）、『ラスト・シューティスト』（76）などでジョン・ウェインが最晩年に演じた主人公もまた、そうした教育者であった（後続の章で詳しく論じる）。西部劇は必ず未来に向かって開かれていなければならない。旧世代は未来を担う者に知識と経験を与え、そして席を譲って静かに去るべき存在である。しかし、レイにあっては子供が死ぬ。典型的に教育のテーマを有する『不屈の男たち』ですらそうだといえる。そこでは確かに弟子に当たる存在ではなく、師に当たる存在のほうが死ぬのだが、しかし弟子のありようは終始危ういものであり、映画のいかにも唐突な終わり（これもまたレイ特有のメタ映画性、パロディ性の発露であろう）は、弟子のほうの死を無理やり回避するためのデウス・エクス・マキナであり、自然な展開からすれば弟子が死んでいてもおかしくないのだ。レイ的未成年（あるいは弟子に当たる存在）は、成熟する間を持つことなく消える。

　レイにあって青年期は、壮年期、老年期の前段階ではなく、それ自体で独立していて後がない。レイの処女作『夜の人々』（48）の冒頭（ということは、レイが映画に対して記した第一歩である）、タイトルが始まる以前に置かれた、暖炉の火を前に寝そべり、微笑《ほほえ》んでいる少年と少女に、「この少年と、この少女、彼らはまともに我々の社会に導き入れられたことがなかった」という字幕が映るシークエンス。これは、彼らの逃避行のさなかの一場面と後にわかるとはいえ、いつどことも知れぬ時空間に浮かび上がる唐突なイメージであり、レイにとって思春期そのものの（そしてより広く言えばレイ的な人物の）イメージであった。物語の一連の時間から切り離され、ということはすなわち、継続していくべき時間から切り離され、一瞬の（後がないだけに儚く美しい）自由を享受する。彼らの幸福な時間が、少年の死で断ち切られることは言うまでもない。▼[11]

『夜の人々』のトリートメント時にレイがつけていた題名は「わたし自身ここではよそ者だ」I'm a stranger here myself というものだった（エイゼンシッツ『ニコラス・レイ』）【図97】。レイの映画の登場人物はそのすべてがよそ者、ないし社会不適格者だと言っていい。未成年、思春期の少年少女たちもまた、社会で自立するには未熟であるという意味でその一例である。孤独な創造作業の中で心を荒ませ、犯罪事件の容疑者と目される（そしてこの場合も最後まで不安定にその疑いが残り続ける）『孤独な場所で』の脚本家（ハンフリー・ボガート）、都会の暴力に、その繊細さゆえ神経をすり減らし、自身暴力

図97 『夜の人々』の一場面。ベッド枠により捕われであることが象徴的に示される「よそ者」の少年と少女

的になってしまう『危険な場所で』の刑事（ロバート・ライアン）、小市民的理想の家庭を追い求めてあくせく働くあまり薬物依存になり、家庭を地獄に変える『黒の報酬』のスモールタウン教師（ジエームズ・メイソン）、自分の臆病さを知っている部下と作戦を共にして、自身の弱さを常につきつけられることになり、その部下をあえて危険な任務に追いやって皆に離反される『にがい勝利』の将校（クルト・ユルゲンス）。彼らは、その職業ではあってはならない性質を帯びている。犯罪映画の脚本を書いているからといって、自身犯罪者であってはならないのだし、暴力を取り締まる側にいるものが暴力的であっていいわけではない。教師や将校という人の上に立つものがコンプレックスを剝き出しにして、それに押し潰されていいものか（無論それを持つこと自体が悪いわけではないが）。彼らは皆、社会が求める「らしさ」、すなわち理想像に取り憑かれ、それに適わない自分に苛立《いらだ》ちを覚え、極端な行動に走っていく。しかしレイは、彼らにむしろ共感を持って描いている。彼らはこの社会の「よそ者」なのであり、彼らが「よそ者」として疎外されるとしたら、それは社会のほうが間違っているのではないか、とレイは考えるのだ。例えば『黒の報酬』での主人公は、薬物のせいで気が大きくなり、大学時代万年補欠選手だったのに、スター選手であったかのように装って子供にアメフトを仕込み、高級ブティックに妻を連れていき高い服を次々試着させる。だが、店員に馬鹿にされた気がして怒り出し、また自分は田舎町の教師になど収まっている柄ではないと、著書の執筆、ラジオの講演の準備に、そんな機会もないのに取りかかる。彼が心の底でこれまで抱いていたコンプレックスが、痛々しいまでに剝き出しになるわけだが、そのことによって逆にアメリカ的な市民の理想が明らかになる。しかし、それは本当に理想なのか。そしてそれを理想として市民に内面化させる社会は真に自由な社会といえるのか。ロバート・ウォーショーはギャング映画を、幸福たることを命じてくる社会への否定であると述べていたが、ギャング映画が否定する社会とは、まさに『黒の報酬』で理想とされるような社会だろう。

　レイ的な登場人物は、大人も、そして思春期の若者はとりわけ、この社会の落伍者であり、「よそ者」である。しかし彼らが「よそ者」にならざるをえないのは、彼らがそれだけ無垢であるからだ。彼らは理想像、「らしさ」、成熟を強いてくる社会と、自身の無垢の折り合いをつけられずに苦しむ。レイの眼目は彼らの疎外と苦悩の描写にあり、必ずしも社会批判のほうに重きがあるわけではない（だからレイの映画では悲劇性よりも抒情性が際立つ）。しかしレイは、そこから落伍する者、「よそ者」を描くことによって現にあるアメリカ社会がどのようなものなのかを描いているのであり、逆説的な形での社会批判者たりえている。そしてその社会批判がとりわけ鋭いものとなるのが、未来志向で、未熟な青年が大人になっていく世代の継続を肯定的に描く西部劇ということになる。レイが描く未熟な若者像は、レイ特有の主題系から導かれてきたものだが、それが西部劇という風土に置かれたとき、とりわけ毒性を発揮するわけである。レイが西部劇を撮ったのはあくまでスタジオ・システムの中での仕事としてであって、とりわけ西部劇を得意とした、あるいは好んだわけではない。例えばジョン・フォードやサム・ペキンパーのような意味で彼を西部劇作家ということは難しいだろうし、ウィリアム・ウェルマンやラオール・ウォルシュ、アンソニー・マンのように西部劇の可能性を拡げたとも言えないかもしれない。つまり、レイにとって西部劇は手掛けたジャンルの一つに過ぎなかったのではある。しかし西部劇においてもレイは自分の映画を撮ったのであり、そのとき、レイの主題系は西部劇への痛切な批判として機能してしまった。と言って、レイの持っている資質、主題系が、西部劇と相いれなかったというわけでもない。レイはローズヴェルト大統領のニューディール政策時代に地方を旅して、農民や炭鉱夫や下層労働者と話をし、またアメリカのフォーク・ミュージック（文字通り、民衆の音楽）に関心を抱き、それらの経験を生かして、戦時中には地方の人々の声を届けるラジオ番組や、フォーク・ミュージックに関するラジオ番組を作っている。彼はアメリカの民衆をよく知り、彼らの視点からアメリカを見ることができたわけであり、アメリカの大衆的フォークロアとしての西部劇を作るにあたって、こうした視点がレイを下支えしたことは疑いないだろう。また、西部劇はアウトローを含め、社会から外れたものを描くことに長けたジャンルでもある（いずれ彼がコミュニティに馴致されるにしても、そこから排除されるにしても）。西部劇は、レイ的な「よそ者」も容れられる容器なのである。西部劇は真にアメリカ的なジャンルとして、アメリカとは何なのかを見るものに提示するのであり、レイもまた、その主題を思考していた。その傾向性の一致において、レイが西部劇を撮ることも、また彼がそれを新たな高みに到達せしめたことも、何ら不思議でない。しかし上記のように、西部劇とレイの資質には決定的に相いれない点があるのも確かなのである。西部劇は空間的には発展的、拡張的、時間的には未来志向であり、基本的に叙事的なジャンルである。一方レイは、社会の落伍者、「よそ者」を描くことに長けた抒情詩人である。

ところがこの時代、西部劇のほうが変わり始めた。それまで西部劇がアメリカ的なジャンルとしてアメリカ像を提示していたにしても、それはあくまで無意識的なものにとどまっていたのに対し、（我々の考えではフィルム・ノワールを生んだものと同じ力によって）西部劇は自らへの疑心を抱き、西部とは、アメリカとは何かを意識的に問い始める。アウトローとは、カウボーイとは、伝説とは、法とは何だったのか。そしてアメリカ的なコミュニティとはいかなるものであり、その中で女性は、若者は、子供はいかに位置づけられていたのか。もはや無意識的な微睡《まどろみ》の中にとどまってはいない、自覚化されたそれらの主題は、西部にとっての「イメージ」、神話と化すだろう。西部劇が自意識を持ち、自らの根拠を問い直すような時期、拡張的であり未来志向である方向性を転換し、内向きになった時期にレイは西部劇と遭遇した。レイは自らの資質に従って、西部劇の中でもよそ者を描いた。イメージと化してしまったアウトローやカウボーイ、非寛容な社会から排除される女性、未熟な若者。彼らは西部から、アメリカから落伍し、排除されるのだが、しかしそのことで西部やアメリカの（非道な）ありようを照らし出す。レイの西部劇は、西部劇への批判であるわけだが、しかし西部劇自身がこの時期、自らに対し批判的な視点を向けていたのであり、その意味でレイは西部劇の変化に掉さし、また自ら西部劇を先導することにもなった。レイと西部劇の遭遇は、極めて時宜を得たものであり、実り多いものだったといえる。しかしレイが西部劇にもたらしたものは、西部劇への深甚な批判であり、いわば毒である。西部のどこまでも開けた地平も未来も自意識によって侵され、悔恨に浸されて暗く湿り、そして閉ざされてしまった。これ以降、西部劇には何が残されているのだろうか。

▼1　タグ・ギャラハー『ジョン・フォード　その人と映画』*John Ford: The man and his films*, University of California Press, 1986, P. 228-230.

▼2　カイエ・デュ・シネマ編『ジョン・フォード』*John Ford*, 1990所収、「ウィンストン・ミラー・インタビュー」、P. 50。

▼3　『ジョン・フォード　その人と映画』P. 245。

▼4　シャルル・テッソンは、「歓待の掟　フォードと共同体」（註2の『ジョン・フォード』所載）で、これら騎兵隊三部作や『幌馬車』において、インディアンが初めて画面に登場する際、「初めからそこにいたかのように、固定ショットかパンショットで捉えられて」おり、「彼らが人のいないフレームに入ってきたり、イメージの中に現われたりするような場面は存在しない」、「彼らは風景の中にいるのであり、それは風景が彼らのものだからなのだ」と述べている。『駅馬車』に、駅馬車を捉えたカメラがパンすると、空の空間に丘が映り込み、その上にインディアンがずらりと並んでいるという印象的なショットがあったことを誰もが記憶しているだろう。あれが、インディアンを空間に入り込んだ異物として最も効果的に印象づける典型的な演出であるとして、その後のフォードはそうした演出をきっぱり捨て去ることになるわけである。

▼5　サミュエル・フラー、遠山純生訳『サミュエル・フラー自伝　わたしはいかに書き、闘い、映画をつくってきたか』boid、二〇一五年、第24章「最初の成熟した西部劇」によれば、これは製作費が底をついたための苦肉の策であり、フラー自身にとっては気に染まない処置であった。

▼6　「人はすでに、この映画がその途方もなさで衝撃を与えたことを知っている。『大砂塵』は、偽西部劇であって『知的な西部劇』ではない。これは夢見られた、夢想的な、極めて非現実的な、常軌を逸した西部劇なのだ」。フランソワ・トリュフォー「大砂塵」*Johnny Guitar*、『我が人生の映画たち』*Les film de ma vie*, *Flammarion*, 1975所収。日本版『わが人生わが映画』たざわ書房はその抄訳で、この文章は収められていないが、「わが人生の映画たち――アメリカ映画とともに2　ニコラス・レイ『大砂塵』」として、「月刊イメージフォーラム」一九八二年一月号に山田宏一訳で訳出されている。ただし右の訳文は拙訳。

▼7　パトリック・マッギリガン『裏話2』*Backstory2*, University of California Press, 1997のベン・マドウ・インタビュー。註8に挙げる『ニコラス・レイ』によれば、ロイ・チャンセラーの原作でも、ヨーダンのシナリオでも、二人は過去に知り合いではなかったことになっており、レイがこの出会いを再会に変えたとされる。これにより現在は過去と重ね合わされ、二重化されるわけだが、『カサブランカ』を換骨奪胎するという決定の時点で、二人が過去においてすでに知り合っていた設定にならなければおかしい気はする。

▼8　ベルナール・エイゼンシッツ、吉村和明訳『ニコラス・レイ　ある反逆者の肖像』、キネマ旬報社、一九九八年、第22章。

▼9　ジェフ・アンドリュー『ニコラス・レイの映画』*The films of Nicholas Ray*, BFI Publishing, 2004（初版1991）、『大砂塵』の項（P. 77）にその指摘がある。

▼10　宇田川幸洋は「地平線から来ない男　50年代西部劇のヒーロー」、「リュミエール第三号」、筑摩書房、一九八六年、所収で、五〇年代西部劇の三つの「倒錯」の中に女性像の変化を挙げている。その中に、本稿で挙げてきた作品も無論言及されている。加えてそこでは、西部劇の女性像が酒場女タイプと学校の先生タイプに分かれており、それまで殺されるのは酒場女タイプのみだったのに、五〇年代になると後者のタイプもまた殺されることになるとしている。『無頼の群』の、一家の妻の殺害などである。「地平線から来ない男」が挙げている「倒錯」の他の一つ、インディアンの扱いについては後続の章で触れる。また最後の一つ、保安官の扱いについては本章で取り上げた。総じてこの論考は五〇年代の西部劇における変化の的確な見取り図を提供してくれており、本章（また本書）にとって大きな参照項となった。

▼11　レイ自身が成熟しない人であり、師弟関係といった年齢、知識や経験の上下関係に馴染まない人であったことは、彼が晩年に教えたニューヨーク大学での態度にも表われている。そこで彼は教師と生徒の関係をまったく平等なものとし、共に一個の作品を作るクルーとして考えた。スーザン・レイのドキュメンタリー『あまり期待するな』（2011）には、学生たちとの関係がどのようなものだったかが描かれている。彼を師と仰ぐヴィム・ヴェンダースに対しても、ほとんど友人のように接していることは、ヴェンダースの『ニックス・ムーヴィー／水上の稲妻』（80）に見ることができる。また、彼の二番目の妻である女優のグロリア・グレアムが、最初の妻との間の息子アンソニーと結婚した事実は巷間スキャンダルとして

記憶されているが、これもレイにおける長幼の序の攪乱の（レイ自身に関わることではないので間接的な）表われと見える、と言えば牽強付会に過ぎるだろうか。

第六章
不透明と透明の葛藤——フォード／ベティカー／ホークス／ケネディ／デイヴス

一九五〇年代、西部劇はアメリカ社会の本質を問う劇として現われ、アメリカの歴史を題材とした娯楽映画であることを脱する。その触媒となったのが四〇年代後半に現われたフィルム・ノワールではなかったか、あるいはフィルム・ノワールを生みだしたものと同じ力が西部劇を変化させたのではないかというのが第四章、第五章の主題であった。ノワールは悪に惹かれる人間の弱さを暴き出し、映画に人間心理の深みを与えると共に、それまでのスタンダードを侵犯する映像スタイルを生み出す。そうした特徴がノワールを得意とした作家によって西部劇にも持ち込まれることにより、西部劇は複雑な心理的陰影を、的確にして印象的なヴィジュアルによって語りえるようになる。西部劇的世界観の根底にある勧善懲悪の、善と悪が明確に分けられる世界を逸脱したそのような曖昧さ、灰色の領域にとどまる状態を「不透明」と呼ぶことができよう。

五〇年代という時代はノワールの時代であると同時に赤狩りの時代でもあり、アメリカ的民主主義を暗く濁らせたその風土は、ノワールには直接的に、西部劇にも間接的に影を落とす。自分たちの中にも（そして自分自身の中にすら）他者がいるかもしれないという不安がノワール的自己不信をいっそう掻きたて、また、赤狩りの他者排除の傾向は、西部劇のリンチと同一視されて、西部的直接民主主義への疑いを惹起する。その影響は西部劇においていっそう深甚であり、これによって例えば、西部劇における銃の持つ意味は、（人を殺すことの倫理的な重みを湛《たた》えつつも）無条件の正義から、いかがわしく不条理な暴力へと、百八十度変わってしまった。西部劇が依《よ》って立つ根拠そのものが疑われる。かくして西部劇は自己反省的傾向を深めて、自らを相対化し（西部劇の神話化、アウトローやカウボーイといった存在の形骸化）、ほとんどパロディに至るまで形骸化する（『大砂塵』）。西部劇は、ノワールと並走し、またノワールによって一つの極限に達したのである。

しかし一方、ノワールにない魅力が西部劇にあることも確かである。都会の、夜をもっぱらの舞台とし、犯罪を題材とする陰鬱な世界観に支配されたジャンルとしてのノワールに対し、西部の広大な大地、疾走する馬、強烈な光が支配する明朗な世界としての西部劇の側面が、五〇年代を通して抑圧されてしまったことも事実だ（それは「不透明」に対する「透明」である）。西部劇がノワールの影響下にあった時代を通り過ぎようとしていた五〇年代後半、ノワールと西部劇が相克を演じ始める。その最も有名な一例が序章で挙げた通り、「超西部劇」（我々はそれをノワール西部劇のことであると論じておいた）を代表する『真昼の決闘』と、そのアンチとしての『リオ・ブラボー』である。後者の発表は五九年、ノワールが終息しようとしていた時期であることは意義深い。『リオ・ブラボー』は、ノワール的な不信に満ちた世界観を爽快に否定する。そこにはまるで球技を見るかのような明るさが満ちている。では、五〇年代後期、西部劇においてノワールは一掃されたのかといえばそうではない。ノワール的な心理の陰影は西部劇に残存し、西部劇を深く、また豊かにしつづけているのだし、活劇の要素が反ノワールとして前面に再浮上するにしても、その明るさとはかつてのような単純明快さ、素朴さではなく、いったん闇を経たがゆえの過激な明るさ、透明性の極致としての白熱なのである。そう見れば、反動という形で活劇的西部劇にもノワールの刻印は濃く記されているとも言えるのだ。いずれにせよ五〇年代後半から末、さらに六〇年代に至る時期の西部劇は、ノワールなるもの（不透明）と活劇（透明）との相克の時代と見ることができる。

『捜索者』

一九五六年、二本の傑作西部劇が発表される。ジョン・フォードの『捜索者』と、バッド・ベティカーの『七人の無頼漢』である。共に登場人物の複雑で陰影に富んだ（従って不透明な）心理が際立つ一方で、ある種自動的にアクションが継起するかのようなその形式性によって透明の印象も生じ、透明性と不透明性が葛藤を演じている。とりわけ後者のベティカーにおいては、それに続く作品群（いわゆるラナウン・サイクルの諸作）を通じて演じられる反復によって形式性、透明性が強められ、それにかかわったスタッフたちのその後の仕事も相まって、以後の西部劇を、透明性の方向に強く傾けることになるだろう（ただしベティカーにはまだ不透明性が強く残存し、その点でホークスの三部作や、ラナウン・サイクルの主たる脚本家であり、その後監督となっていくバート・ケネディの諸作と一線を画する）。まず『捜索者』について、その透明と不透明の葛藤を見ていく。

『捜索者』は、インディアンに連れ去られた姪を追う男の物語である。ほぼそれだけでこの映画の内容は尽くされていると言ってよく、そのストーリーの簡素さはジョン・フォード作品の中でも際立っている。しかし逆に、主人公（ジョン・ウェインが演じている）の造形の複雑さもまた、フォード映画の中で随一である。この落差が、『捜索者』という映画の特徴と言える。物語内容の簡素さは、いくつかの細部の反復と相まってこの映画の形式性を際立たせることになるのだが、だからといってそれがこの映画の中に現われる人物造形の複雑な陰影を排除することはないのである。

冒頭、南北戦争を南部兵士として戦った主人公ウェインが、終戦後数年を経てようやく兄の家に帰ってくる。玄関口から外を捉えたカメラは、家の内部を暗がりに沈ませ、明るい外部に逆光で浮かび上がる人影によって主人公を映画に導入する。主人公は「外」からやってくる男として、見る者に強く印象づけられることになるわけだ【図98】。先取りして言えば、映画の終わりにおいてもまた、帰還した姪たちが家に入るのを見届け、その後一人去っていく主人公を冒頭部とまったく同じ構図で捉えており【図99】、その対称性が形式性を際立たせる。同じことは彼と姪との行動についても言える。戦争から帰って久しぶりに会った姪たちと戯れるウェインは、中でも最も幼い姪を抱き上げるのだが【図100】、その同じ抱き上げる行為を、攫《さら》われていた彼女をインディアンたちからついに奪還する瞬間にも繰り返す【図101】。同じ構図や同じ動作の反復は、主人公の孤独や、主人公の姪への赦《ゆる》しを象徴的な形で観客に納得させるのに大いに寄与するが、一方、主人公の心理内容に関して際立つ不透明性と矛盾し、整然としている形式性、人為性がむしろ異様に見えもするのである。

図98 『捜索者』逆光になった兄嫁。彼女が外に出ると、主人公がやってくるのが見える

図99 玄関口の内側から捉えられた主人公が去る

図100 幼少時の姪を抱き上げるウェイン

図101 インディアンにさらわれていた姪を抱き上げるウェイン

ウェインが戦争終結後数年間もどこで何をしていたのかは語られることがないのだが、しかし彼がなぜそうしなければならなかったかは想像がつくようになっている。インディアンに牛が奪われ、それを追うために追跡団が組織されるのだが、その出立の前、ウェインのコートを兄嫁が渡す場面がある。彼女はそのコートを愛おしそうになでる。その行為をウェイン自身は目にしてはいないのだが、画面には、追跡団のチーフを務めるワード・ボンドの視点を通じて導入される。彼はウェインらを迎えにきてお茶をご馳走になっていて、彼が見ているものとして兄嫁の行為が描かれるのだ。しかし彼はそこから目を逸らす（目を逸らすという行為を描くためにこそボンドの視点が導入されていることが後でわかる）。その後ウェインが兄嫁からコートを受け取り、二言三言親密に言葉を交わすのを、前景のボンドが居心地悪そうに待っている場面になるのだが、この一連のショットで、ウェインが兄嫁を愛していること、そして彼女もまた彼を愛していること、にもかかわらず何らかの事情で彼女が自分の兄と結婚してしまい、それが彼をして戦争に行かせ、かつその後しばらく帰ることを躊躇《ためら》わせたのだろうことが了解される。しかもボンドが目を逸らすところから、彼らの心理が、誰にとっても周知の事実ではあるが、しかし決して口にしてはならないタブーなのだということが想像される。ここではごくわずかなショットによって複雑な陰影に満ちた心理と微妙な人間関係が描かれており、簡素と複雑がせめぎ合うこの映画の特徴が凝縮的に示されている。

そしてこのウェインと兄嫁の関係もまた反復される。兄嫁一家に引き取られて息子同然に育てられていた男（ジェフリー・ハンター）はウェインと共に姪（ハンターにとっては妹）を探しに旅に出るのだが、彼には恋人（ヴェラ・マイルズ）がおり、しかし次第に長引く彼の不在によって婚期を逃すのを恐れて、彼女は別の男と結婚しようとするのだ。これはウェインとハンターがその結婚式の当日にたまたま一時帰還したためにご破算になるのだが、このハンターとマイルズを巡るエピソードは、むろん暗い主題を扱う映画にユーモアをもたらすものであると同時に、ウェインと兄嫁の関係の反復であり、過去に同じことがあったのだなと、思い起こさせるためにあるわけだ。

さて、インディアンによる牛泥棒は男たちをおびきだすための罠であった。彼らの不在の間に兄の一家は惨殺され、娘たちが姉妹ともども誘拐される。罠であると知った際も、そのまま駆け戻ろうとするハンターに、馬を休めねば途中で潰れると諭すほど（ただしハンターは従わず、案の定途中で馬を潰し、徒歩で戻っているところを追い抜かれる）、思慮を失わないウェインは、兄嫁の遺体を発見してもただ沈痛な面持ちでその事実を受け入れるばかりだ。しかしその復讐心はひそかに滾《たぎ》っており、それが時に激しく露出する。追跡隊が、わざと見つかりやすいように埋葬されたインディアンの墓を見つけた際も、死体の眼をいきなり撃ち抜いて男たちを驚かせる。そうすることでインディアンは、死んだ後も天国に行けず、風の中をさまようことになるというのだ。また、インディアンの食料を減らしてやるのだ、と自分たちの食料とする以上のバッファローを撃ちまくる（アメリカ人は実際、バッファローを絶滅寸前に追いやっている）。さらに、兄嫁一家を惨殺した上、娘たちをさらった張本人であるインディアンの首領スカーをついに見つけたとき（スカーはすでに妹娘を救助に行ったハンターによって殺されてしまっていたのだが）、ウェインはその遺体の頭の皮を剝ぐのである。殺した上に皮を剝ぐのではなく、皮を剝ぐのみというのがむしろ殺すこと以上に残虐な印象を与え、彼のインディアンに対する憎悪の激しさを感じさせる。

しかしでは、彼が単にインディアン憎しで凝り固まっているのかといえばそうもいえないのが、ウェインの造形の微妙なところだ。そもそもハンターにはインディアンの血が入っているという設定で、それもあってかウェインは初めのうち彼を信用していない様子なのだが、追跡隊がついに彼とハンターの二人になり、ハンターが意外に根性の入ったところを見せるにつけ、次第に心を許すようになる。その彼が、長い旅の中で、生活必需品を（平和的な）インディアンと交易する際に、行き違いから一人のインディアン女性を妻として買ってしまう。ルック（「おい」ないし「なあ」）と名づけられた彼女はかいがいしくハンターの世話をしながら、彼に寄り添うように寝ようとして蹴飛ばされ、ウェインの笑いを大いに買う。しかし彼女は、彼らが追う首領の名がスカーであると知ったその夜、失踪してしまう。彼女が発見されるのは、全滅させられていたインディアンの一集落の中にであり、その遺体を見つめるウェインの沈痛な面持ちは、兄嫁の、そして姉娘の遺体を発見し、その痛みに耐えているときのそれとまったく同じであり、彼がいつかルックを、自分の身内に対するような愛情を持って遇していた、と言って言い過ぎならば、少なくとも人として真っ当に彼女を遇していたことがわかるのである。ルックがなぜ失踪したのかも実はあいまいで、首領の名を聞いておびえて逃げ出したとも、部族に潜入して首領のことを聞き出そうとしたとも取ることができるのだが、いずれにせよその死を、二人とも痛切なものとして受け止める。一個の人間として愛情を持ちインディアン女性を遇することと、インディアンを全体として憎むこと、その二つにウェインは矛盾を感じていない。

その後、彼らを全滅させた騎兵隊の駐屯地に行くと、インディアンに捕らえられていた白人女性たちに会う。そのほとんどは狂気に陥っているのだが、その中に幸いに妹娘はいない。ルックの死によって、インディアンも人間だ、という気持ちに傾いていた我々は（主人公たちも）、彼らへの憎しみを新たにする。その後、メキシコにスカーがいるとの噂を聞いた彼らはその地に向かい、案内役を介してあっさりスカーの駐屯地に入り込んで、スカーの妻の一人になっていた姪のデビー（ナタリー・ウッド）を発見する。いったん引き返した彼らのもとにデビーが姿を現わす。その出現が、水たまりにウェインが石を投げることで導入されるのは、蓮實重彦が指摘している通りである。▼1 これからどうしたものかと会話を交わすウェインとハンター。手持ち無沙汰なウェインが小石を拾い、高く放り投げると、石はしばらくして水たまりに落ちる。そのまま二人は会話を続けるのだが、画面奥の砂丘の上に不意に小さな影が浮かび上がり、それが砂丘を滑り降りてくるのだ。彼女は自分がもはやインディアンの一族であり、帰る気はないことを告げに来たのだが、そのような物語上の説明を超えて、「投げる」ことが不意の出来事を惹起するというアクションの連鎖が我々を驚かす（このように何らかの映画的アクションが、心理的説明を飛躍して――ある意味ご都合主義的に――物語に変化をもたらすことも「形式性」と捉えていいだろう）。しかしこの場面の重要性はそれだけではない。

　同じ批評で蓮實は、石を投げる仕草が相反する結末を導き出すことも指摘している。『捜索者』では、女性の出現につながっていた投げることが、『若き日のリンカーン』では、女性の不在につながる。リンカーンが川辺で恋人と会話を交わし、小石を川面に投げる。画面は川面を捉えたまま、それがオーヴァーラップで冬の流氷を湛えたものに変わると、その同じ川辺には墓標があり、それは、そのオーヴァーラップの間に経過した時間の中で亡くなっていた恋人のものなのだ。石を投げることが女性の死を導き出したかのようだ。同じ投げる仕草が、相反する二つの事態を惹《ひ》き起こす。というよりこの場合、投げるという動作が何か決定的な事態をもたらすことそのもの（形式性）が重要なのであって、それが肯定的な結果を導いても、否定的な結果を導いてもかまわないということなのかもしれないが、ともあれ投げる仕草は両義的であり、その意味の決定は偶有的なものである。『若き日のリンカーン』では、石を投げるショットの後に二人の結婚式のショットがつなげられてもよかったろうし（その場合史実と違ってしまうが）、『捜索者』で、姿を現わしたデビーがウェインによってたちまち殺害され、投げることが死を導くという展開もあり得たかもしれない。投げることが決定的な事態をもたらすとしても、その結果は実は未決定であり、従って意味は曖昧なままにとどまる。

　その曖昧さは、主人公であるウェインの性格の両義性、曖昧さと通じ合うものである。ウェインはデビーが現われた直後、自分はもう部族の一員なのだと言う彼女がすっかりインディアンになってしまったと思い、射殺しようとする。ハンターが立ちふさがったことと、ウェインが彼女を追ってきたインディアンの矢に肩を射られたことでその場での殺害は叶わないが、しかしでは、ついに彼女を追い詰めたとき、殺さないのはなぜなのか。それだけの変化をもたらすような何かがあったわけではない。その変化はあくまで主人公の内面に封じられて、我々にはわからない。ハンターが部族の集落に潜入して彼女を救い出し、その際にスカーを殺害する（その遺体の頭の皮をウェインが剝ぐのは既述の通り）という流れがある上、デビーを人気子役であったナタリー・ウッドが演じているという事実から、彼女が殺されることはないだろうという予測がついてはいる。加えて、追われて洞窟に逃げたデビーの洞窟の中からの視点が、冒頭の家の内部からの視点に酷似しており、デビーをすでに「家の内側」に配していること、さらにウェインが彼女を抱き上げるという冒頭の動作の反復によって、以前と同じ姪として扱っていることがわかる、という画面上の配慮（これも形式性だ）もまたそれを納得させてはいる。しかしことと主人公の心理に関しては、そこに飛躍がないとは言えないし、曖昧なままである。むしろフォードは曖昧なものを曖昧なままに成立させるために上記のような配慮をした、とまでは言い過ぎにしても、少なくともフォードには曖昧さを解消する気はなかったと言える。ウェインをしてデビー殺害を思いとどまらせたのは何か、彼の中で何が起こっていたのか。そもそも彼はインディアン差別主義者なのかそうではないのか。ウェインの人物像の不透明さを、フォードは積極的に解消しようとはせず、むしろ曖昧さを肯定する。

フォードのマイノリティ映画

フォードの作品には、このような曖昧さがつきまとう。フォードは本作以降、『バファロー大隊』（60）、『馬上の二人』（61）、『シャイアン』（64）、さらに中国を舞台とし、女性たちを主人公とする『荒野の女たち』（66）と、六〇年代前半から中盤にかけて、人種問題やマイノリティを扱う西部劇をいくつか発表する。▼2 公民権運動が盛んになる六〇年代という時流に即した作品を作ることを辞さないこのような態度が、フォードという映画監督の柔軟性を示している。フォードはこれまで記述してきたように、自身の西部劇を時代に即して変化させてきたのであり、そのことはここでも変わらない。フォードにとって西部劇はアメリカの鏡であり、アメリカとは何かを問うものであり続けた。アメリカそのものが変わっていくのに即して西部劇を変えていくことは当然だった。フォードは自身の作風の一貫性よりもアメリカ社会の変化に寄り添おうとするのである。そしてフォードはそれらの中で、確かに劣位に置かれた人種を擁護する立場を一貫して取り、アメリカの人権運動の流れに掉さしているとまずは言える。しかし、これから記す通り、子細に見ればそれもいささか怪しくなってくるのであり、そこにフォードの曖昧さ、悪く言えば不徹底、良く言えば柔軟性、がある。

『バファロー大隊』は少女の暴行殺人の罪を問われた黒人兵士の裁判劇であり、黒人を主人公とした最初の（そして後出『ブラック・ライダー』〔71〕や、マリオ＝ヴァン・ピーブルズのマカロニ的『黒豹のバラード』〔93〕、集団西部劇を黒人リーダーでリメイクした『マグニフィセント・セブン』〔2016〕を除き唯一の）西部劇である。その兵士ラトリッジ（ウディ・ストロード）は第九騎兵隊の黒人部隊の長であるが、少女の死体を発見して、

図102　『バッファロー大隊』威厳ある黒人兵ストロード

そこで少女の父親と出くわし、彼を犯人と思い込んだ父親が彼を射殺しようとしたところを正当防衛で射殺する。そして、この状況では自分が犯人にされ、しかも被害者が白人少女であれば偏見を受けて有罪にされるのは間違いないと考えて、思わず逃亡するのだ。彼は逮捕されるが、折からインディアンの襲撃があり、ラトリッジはそれを利して再び逃亡するも、インディアンが部隊を待ち受けているのを見て警告のために戻る。彼は、第九騎兵隊は自分の家であり、誇りの根拠である、そこを逃げ出すのでは逃亡奴隷と同じことになると考え、逃亡をやめたと述べる。緊急事態で任務に戻されたラトリッジは、インディアンの襲撃を警戒し、夜を徹しての見張りに立つ。彼を見上げる部下の視点から仰角で捉えられ、霧の中、背後に現われた月に照らされた彼の立ち姿は、まるで一個の肖像画のように威厳に満ちている【図102】。加えてその間、かつてインディンが、バッファローの毛皮を被ってまるでバッファローそのもののように勇敢な騎兵隊の兵士を「バッファロー・ソルジャー」と称えて歌った歌が黒人兵たちによって歌われており、彼の威厳をいよいよ高める。黒人兵士を称える演出意図は明白であり、崇高と言っていい場面であるが、例えば既述の『捜索者』冒頭のコートの場面のような簡潔にして深い場面と比べると、この場面はパロディとまでは言わないものの、いささか演出過剰な印象もあって、演出の意図通り感銘ばかりを感じられるかどうかは微妙に思える。

　これに関しては単にやり過ぎだったのだとも言えるが、しかし次の『馬上の二人』において、黒人兵士を演じた同じウディ・ストロードが、敵方インディアン役として出演しているという事実はどう捉えればいいのか。『馬上の二人』は、インディアンに拉致された白人を（この場合は交渉によって）取り返しにいくという点で、『捜索者』と同じ物語である。また、白人社会に回帰した者たちの、そして攫われた身内を取り戻した者たちの、二つの文明の間の葛藤を描いているという意味で、ポスト『捜索者』と言うべき作品になっている。交渉に赴《おもむ》く「馬上の二人」を演じているのは、ジェームズ・スチュアートとリチャード・ウィドマーク。有能で実直、多少皮肉屋の軍人ウィドマークと、ぐうたらで、しかしインディアンとの交渉に長《た》けたしたたかな民間人スチュアートの、凸凹コンビの珍道中の趣《おもむき》（そのあたりも『捜索者』を想起させる）。スチュアートは金持ちから、息子を探し出してくれたら大金を与えるというオファーを受け、交渉で取り戻した白人少年を誰でもいいから差し出せばいいと考えるような適当な男である。しかし彼は、幼少時にインディアンに捕らわれたものは自身を根深くインディアンと信じ込んでいるから容易には白人文化に戻れないのだという事実を身に染みて知っている。だからこそ、どうせ無駄だと達観し、それが彼の一歩引いたような態度の原因となっているのだ。それでも、息子を取り戻したいという親の気持ちを無にはできず、あえて汚れ役を引き受けているリアリストでもある。

　彼らは交渉の過程で、有力な部族長の妻を取り戻すことに成功するのだが、その女性は実は白人ではなく、メキシコ人であり、従って彼女への差別は二重のものである。この女性をはじめとして、帰還した者たちは、今まで苦労してようやく諦めと共に受け入れたインディアンとしてのアイデンティティを引きはがされて戸惑い、従って、必ずしも白人の世界に戻ってきたことを喜ぶばかりとはいえない。しかも、彼らが喜んでいないことに不審を覚える白人たちの目に晒《さら》されて、その居心地の悪さはいや勝る。不審の目ばかりではない。帰還を祝うダンス・パーティで、美しいドレスを身をまとう部族長の妻だったメキシコ女に対し、男たちは好奇と色情の目を、女たちは侮蔑の目を向ける。誰も彼女と踊ろうとせず、勧められても理由をつけて断ろうとする兵をウィドマークは殴り倒すが、悪いのは私だから、とその女性は言う。確かに生き恥を晒しているかもしれないが、私には死を選ぶこともできない。それには理由があるのだと言い継ぐ彼女の言葉を、いつか彼女への同情が愛情に変わりつつあるスチュアートが引き取り、その理由を、彼女が（自殺を禁じられた）カトリック教徒だからだと指摘する。インディアンたちは少なくとも彼女らを一個の人格として扱い、白人だからと差別しなかった。インディアンには差別意識はない。メキシコ人だから、インディアンの妻だったから、と差別するお前らの意識はインディアン以下ではないか。

　これまで我関せずの態度できたスチュアートがついにその感情を露《あら》わにし、一人の女性に肩入れする。この言葉のリレー、それを見て快哉を叫ぶ一兵士（彼は、スチュアートとウィドマークの二人につき従ってきて、彼らの感情を共有している）のショットを一瞬差し挟むモンタージュ（これも「つなぎ」である）によって、見るものの心をいっそう躍動させるこの言葉のリレーは、関係性の成立そのものであり、断絶しようとするインディアンと白人の間（メキシコ人も入れれば三者の間）の文明の関係をつなごうとする一つの飛躍だ。しかしその直後に悲劇が訪れる。あまりにもインディアンになり過ぎているとして金持ちが引き取ることを拒否した少年を、自分の息子だと思い込んである女性が引き取ることになったのだが、少年がその女性を殺害してしまい、民衆が彼をリンチにかけようとするのである。暴れる彼が落としたオルゴールから流れる歌に聞き覚えのある少年は、オルゴールを自分のものだと言い張るが、それは弟を攫われた（それに関し自責の念を抱く）娘のもので、今になり彼が彼女の弟と判明する。すべてがすれ違い、何もかもが遅すぎてついに関係性を結ぶことができなかったこの少年のエピソードは、悲劇を深く悲しむ登場人物の一人によってオルゴールが地面に「投げ」捨てられることによって幕を閉じる。
さて、この作品でウディ・ストロードは、メキシコ人女性を妻としていたインディアン武闘派の長を演じている。武闘派とはいえ、それらしいところを見せるわけでもなく、妻を奪われたのだから追ってくるだろうと予想して待ち伏せるスチュアートにあっさり殺される、そのあっけなさゆえにむしろ印象的な役柄である。『バファロー大隊』であれほどの威厳を湛えて主人公を演じた彼が、ここではほとんど戯画的なインディアンを演じているという事実。白人至上の世界であるハリウッド映画において、異人種（インディアンであれ東洋人であれ）を、例えばメキシコ人が演じたり、白人が異様なメーキャップで演じたりすることは紋切型、お約束事であり、要するに「形式」である。そこにはリアリティなど求められていない。人種問題がその中心主題である映画だけに、黒人にインディアンを演じさせるという『馬上の二人』の選択は、『バファロー大隊』からいかにも大きく後退して見える。それどころか、フォードはストロードに東洋人まで演じさせようとするのだ。

フォードの遺作となった『荒野の女たち』（66）は、中国に文明をもたらすべく、砦のように防壁で固められた学校で奮闘する女性ばかりの宣教師一団が強盗一味に襲撃される様を描く。偽善的な宣教師所長に対し、宗教への敬意もなく、煙草をふかし、酒を飲む女医師（アン・バンクロフト）こそが真に自己犠牲的営為によって皆を救うという物語は、フォードの古典的傑作『駅馬車』のアイディア源となった、モーパッサンの『脂肪の塊』の再利用である。その強盗団の一人がストロード（首領を演じるのは現ウクライナ、当時オーストリア＝ハンガリー生まれのマイク・マズルキ）【図103】。しゃべる言葉はでたらめの中国語、ただやかましく喚きたて、ムキムキの肉体を誇示するゴリラ並みの野蛮人＝東洋人の紋切り型＝「形式」を、三〇年代ならともかく六六年という時代に登場させるということが、進歩派から見れば（いや、進歩派ならずとも）時代錯誤に見えるのは確かである。しかしそのことを認めた上で、西部劇の巨匠フォードがその遺作となる西部劇で（中国が舞台であるにしても、文明の行き渡らない遠隔地における内部と外部の抗争という結構そのものを西部劇と見なすことが可能な本作において）、マイノリティである女性を主人公としたという事実、フォードが晩年に至るまでかくも柔軟で、変化を恐れない存在であったという事実に驚くべきであろう。その事実に比して、黒人が東洋人を演じるなどは小事に過ぎない。というか、女性というマイノリティを主人公

図103　『荒野の女たち』東洋人を演じるストロード

とする進歩的な西部劇において、それでもなおかつ古典的な「形式」を捨てないという矛盾、でたらめさがフォードであり、（少なくとも古典期の）ハリウッドなのだと言うべきではないか。

進歩的な考え方と、政治的正しさにおいて問題の多いハリウッド的「形式」が矛盾なく同居する、この不透明さを、是非とも擁護すべきというわけでは無論ない。しかしほとんどこれと踵《きびす》を接して現われてくる「歴史修正主義的」（既述の通り、先住民、バッファローや資源を含む自然に対するアメリカ＝西部の歴史が倫理的に問題なかったか、疑問を呈する立場）西部劇に先駆けつつ、しかもそれらの政治的正しさ、歴史的正確さ（そこにおいても未だ、インディアンは白人俳優によって演じられるのだが）以上に、劇的結構をフォードは重んじる。『リバティ・バランスを射った男』のラストの、史実よりも伝説を選択する姿勢とそれは通じ合うだろう。加えて言えば、そこで法の順守を主張し、暴力による解決を否定する主人公ジェームズ・スチュアートは、自身の主張を町の住民に納得させるために銃を必要とする。これは矛盾である。しかし銃が彼によってではなく、他者＝ジョン・ウェインによって撃たれ、従ってスチュアートは非暴力を貫いたことになるのであれば、そこに矛盾はない。史実によればスチュアートに矛盾はなく、伝説によれば矛盾が生じる。このとき、フォードは伝説を選択するわけである。この矛盾は西部の歴史そのものの矛盾でもあり、自分の身は自分（の銃）で守るという西部の掟と、法の支配（銃による解決の否定）の間の葛藤は、西部（劇）を駆動してきた原動力である。歴史上、その葛藤が完全な解決を見ることはなく、（銃規制に対する抵抗という形で）現在に至るまで残存しているわけだが、フォードもまたその葛藤を煮詰めて問題点を糾弾するようなやり方は取らず、いわば宙づりにした。政治上の急進主義が際立つ六〇年代という時代にあって、フォードのこうした態度はよく言えば中庸、悪く言えば煮え切らないものに見えたかもしれない。しかし掟と法を共に根拠のあるものとして両方を尊ぶという姿勢、その曖昧さ、不透明性に、むしろフォードの市民としての良識、人間としての成熟を見たいと思う。

フォードの「歴史修正主義的」西部劇『シャイアン』

フォードが撮った最も進歩的な映画が『シャイアン』（64）である。オクラホマの不毛な居留地に押し込められ、約束された十分な食料も衣服も与えられず、ついに立ちあがったシャイアン族は、ダル・ナイフ（ギルバート・ローランド）とリトル・ウルフ（リカルド・モンタルバン）の二人の首領につき従って、故郷ワイオミングへの帰還を開始する。消耗した女子供を連れたダル・ナイフはロビンソン砦に救護を求める。最初こそ真っ当に扱われたものの、元の居留地へ帰ることを彼らが拒否すると、氷点下の気温にもかかわらず何の暖房具もない納屋に食料もなしで閉じ込められる虐待に遭い、我慢の限界に達した彼らは隠し持っていた武器で叛乱を起こす。

一部は逃げてリトル・ウルフに合流するも、多くは殺されるか、再び捕らえられ、元の居留地に帰される。ワイオミングに戻ったシャイアン族は、内務長官（エドワード・G・ロビンソン）の決断により、その地での居住を認められる。

映画は、シャイアン族に好意的な兵士（リチャード・ウィドマーク）の視点、ナレーションで語られ、ワイオミング居留の許可も、実際より少し未来に起こった出来事をその時点のものとしたという脚色がなされてあるが、おおむね史実に即している。確かに二人の首領を白人（しかも共にヒスパニック系の）が演じているという点は従来のハリウッド流なのだが、ここでフォードは、明白にインディアンの側に立っている。「私はインディアンに対する観点を変えて見せたかった。われわれが彼らを手ひどく扱ったという事実を直視させたかったのだ。われわれ白人は、インディアンに対して、嘘をつき、盗みをし、殺人を犯し、虐殺をほしいままにし、考えられる限りの悪行を働いたのだ。あまりのことに耐えかねた彼らが報復に一人の白人の男を殺すと、白人は軍隊をさし向けたんだ。これは、まさにアメリカという美しくあるべき栖についた汚点以外の何ものでもない」[3]。映画には、故郷への帰還を開始したシャイアン族のうち道に迷った数名が、チザム街道で牛を輸送するカウボーイたちに出くわし、食料を乞う場面がある。そこでカウボーイの一人（『捜索者』でジェフリー・ハンターからヴェラ・マイルズを奪いかけるニヤけた歌うたいを演じていたケン・カーティス）が、一度インディアンを殺してみたかったのだと嫌らしい笑みを浮かべ、一人を射殺、しかも彼の頭の皮を剝ぐ。このカウボーイはダッジ・シティでワイアット・アープ（ジェームズ・スチュアート）に絡《から》み、足の爪先を撃たれる憂き目にあう。こうした挿話は、長い映画の（二時間半ある）中間に置かれたいささか滑稽な箸休めといった位置づけであり、まともに取るべきものではないにせよ、カウボーイの行為は（『捜索者』におけるジョン・ウェインのそれとは違い）、端的に醜悪である。また、新聞で伝えられる兵士の死傷者数が、事件の現場から遠ざかるにつれ増えていくのが描かれ、マスコミュニケーションがインディアンに対する大衆の偏見に迎合し、かつそれを促進する機能を果たしていたことを指摘する。ここに描かれているのは、個々のインディアンや、インディアンの中でも凶暴な一部への攻撃ないし反撃ではない、一部族そのものへの虐待である。生まれ育った土地からの強制移動、監禁、生活必需品を手に入れる術《すべ》を奪い、窮乏のままに捨て置く。人間らしい生活を奪い、さらに生命すら奪う。強い言葉で言えば、これはジェノサイドである。それが自由で豊かな土地へ向かう、白人の理想探求の一環として行なわれていた事実。美しくあるべき「西部」とは、かくも醜悪なものだった。

「西部」なるものの醜悪。これに対しシャイアン族は、寡黙で、しかし誇り高い人々として描かれている。確かにこの作品においても、インディアンの主要登場人物は白人によって演じられているとはいえ、その他のエキストラは例によってモニュメント・ヴァレー周辺に住むナヴァホ族によって演じられており、彼らを捉えた固定ショットには、自然と一体化したかのようなその存在感と、フォードが彼らに対して有する敬意が感じられる【図104】。シャイアンに同情的で、彼らの子供たちに文字を教えている女教師（キャロル・ベイカー）がいるという設定自体は作劇上の常道だが、しかし彼女の学校が荒野にポツリと立っている様はほとんど荒唐無稽であるだけにいっそう感動的である。また、白いエプロン姿の彼女が始まりの鐘の音を鳴らすのに、すでに白人に対して蜂起することを決定しているシャイアンがその子弟に登校を禁じたため、子供らが学校を遠巻きにして立ち尽くすだけという場面はいよいよ痛ましく感じられる。ついでに記すならば、軍とシャイアンの決裂を告げに来たウィドマークは、それでも始業の鐘を鳴らす彼女に黒板の字を消してくれと頼まれ、「結婚してくれるか」と黒板に殴り書きを残して去るのだが、彼女がそれに気づくのは、そんなことを書いたとはとても思えないような仏頂面で彼が立ち去った後なのだった、という挿話も素晴らしい。

図104 『シャイアン』居留地を出る決意の先住民、その存在感

　次項に記述するが、西部劇におけるインディアンへの態度変更、インディアンの立場に立ち、彼らの怒りを共有するような姿勢を有する映画は、すでに五〇年代はじめから現われていた。だが、そこで取り上げられる物語はあくまで虚構のものであって、このように史実に基づく（しかもアラモ砦、カスター軍の全滅といった、確かに不名誉なものではあるが白人を鼓舞するような類《たぐい》のものではない、単に不名誉なだけの）物語が撮られたのが初めてなのかどうかは詳《つまび》らかにしないが、しかしそれがアメリカの西部劇の代表的な作り手であるジョン・フォードによって撮られたことの意義は大きい。すでにノワール的西部劇が、西部劇の未来志向的「精神」に疑いの目を向け始めていたのに対し、ここではいよいよ西部の歴史そのものに疑いが突きつけられる。アメリカの歴史の語り部としてのジョン・フォードの、これは自己批判の試みでもあり、同じ方向性を持つ『アパッチ砦』共々一つの極北的作品といってよい。『アイアン・ホース』によって西部なるものを寿《ことほ》いだフォードが、（『駅馬車』における、形式としての西部劇の洗練の極みを経て）『アパッチ砦』においては西部なるものが神話と化し、イデオロギーと化する様を、そして『シャイアン』ではついに西部の歴史を見直し、西部が何を犠牲にしてきたのかを描く。フォードの西部劇は実に大胆に変化していると言わざるを得ない。フォードほどキャリアの長い映画作家に作歴上の曲折があるのは当然としても、彼の変化は単にキャリアの長さに還元できるものではない。フォードほどの映画作家ならば、自身のスタイルを貫き、そ

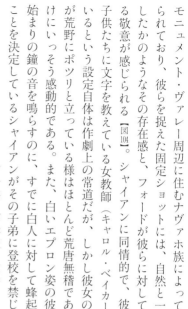

れを洗練させるだけで十分傑作を生み続けることができたものと思われる。しかしフォードは、自身のスタイルや主題に拘泥せず、あえて変化を拒まない柔軟な姿勢を貫いた。彼は時流を見、それに乗ることを厭《いと》わない。だからこそフォードは、時代や社会を西部劇に反映させ、西部劇をその時節にふさわしいものに変え続けることができた。フォードはその意味で、時代と西部劇をつなぐ優れた「媒体」だったのだと今にしてわかる。フォードばかりが西部劇を作ったわけでも、その流れを作ったわけでもないが、しかしフォードがいなければ西部劇というジャンルが単なる娯楽アクションを超えて、アメリカの歴史や、アメリカの正義や、「西部」なるもののイメージやイデオロギーについて語りうる真摯なジャンルとしての成熟をみていたかどうか。フォードは自身を西部劇作家と規定したが、フォードがいくつかあるジャンルのうち西部劇を好んで撮ったというよりはむしろ、フォードが西部劇を一つのジャンルとして語るに値するものに鍛え上げたのであって、フォードが西部劇を西部劇たらしめたのだと言うべきである。西部劇におけるフォードの位置は、さほどに重い。

五〇年代のプロ・インディアン映画

　少し時間をさかのぼるが、五〇年代初頭から作られ始めたプロ・インディアン西部劇（インディアンに関して同情的な立場をとる西部劇）について触れておく。ハリウッド史上最も早いそれは、デルマー・デイヴス監督による『折れた矢』（50）とされる。南北戦争後、アリゾナに金を探しに来た北軍退役兵士（ジェームズ・スチュアート）が、白人に撃たれたアパッチ族の少年を助けたことから、その若い酋長コチーズ（ジェフ・チャンドラー）と交渉を持つことになる。彼らにも自分たちと同じ感情、正当性の観念、独自の文化があることを知った彼は、アパッチの言葉や風習を学び、アパッチと白人社会をつなぐ橋となることを志す。交流の過程でアパッチの若い娘（デボラ・パジェット）と愛し合うようになった彼は、彼女と結婚する【図105】。グラント大統領の意を受けた将軍とコチーズの間を取り持ち、アパッチが自治居留地に居住、そこで牧畜を営むという平和条約の締結に尽力するが、そうした新しい動きを快く思わないアパッチ側、白人側相互の妨害行為の中でスチュアートの妻は殺される。しかし、その悲劇を乗り越えて平和条約は締結され、アパッチと白人の間には新しい歴史の段階が訪れる。

　結局のところ、インディアンを居留地に押し込め、狩猟で暮らしていたものたちに牧畜に転向するという生活の根こそぎの変化を強いるわけで、これをして歴史の新しい段階というのはやはり、白人の立場からの言い分ではある。また白人がインディアンを妻とするというのは、「スコウ」という言葉の存在が示す通り、よくある事態であって取り立てて言うほどのことでもないかもしれない。しかしインディアンの視点から白人社会を見る（主人公は白人だが）という視角は、確かにそれまでなかったものだし、インディアンの娘と白人の結婚にしても恋愛として描かれている（パジェットは、スチュアートが白人社会から帰るのを待つ間の長さを「三度髪を洗い、二度服を洗った」と表現する。髪や衣服といった身体の一部、身体に近い物質での時間の比喩は、美しく、またかすかにエロティックである）。より後年のものではあるが、単にプロ・インディアン的とも言えない、マイノリティを主題とするジョン・フォードの複雑な西部劇をすでに検討してきた我々にはいささか単純に見えるのだが、しかしこうした西部劇が少しずつ物の見方を変えてきたわけなのだ。本作は助演男優賞（ジェフ・チャンドラー）、カラー撮影賞（アーネスト・パーマー）、脚本賞（マイケル・ブランクフォート）の三部門でアカデミー賞にノミネートされ、進歩的な西部劇の現われを告げるものとして評価されることになる。ただし脚本のマイケル・ブランクフォートは、実のところフロントである。実際に本作のシナリオを書いたのは、アルバート・マルツ。ハリウッド・テンの一人で、四七年から始まるブラックリスト体制のため名前が出せなかった（マルツの作品と正式に認められたのは九一年）。本作のリベラル色は、マルツゆえであることは間違いない。

図105　『折れた矢』アパッチの娘と結婚するスチュアート

　監督デイヴスには、もう一本のプロ・インディアン映画『襲われた幌馬車』（56）がある。白人殺害の罪で逮捕されたインディアン（生まれは白人だが、インディアンに育てられ、インディアンとして暮らし、妻子もあった。リチャード・ウィドマークが演じる）と、彼を逮捕・連行する保安官の二人組が幌馬車隊を発見し、同行するのだが、しかし保安官はウィドマークに非道な扱いを繰り返し、そのことに馬車隊の人々は不審を抱く。ウィドマークに対し同情すら覚えた人々だが、しかしウィドマークが隙をついて保安官を殺害したため、人々は改めて警戒の念を抱き、彼の監禁を続けることにする。ある夜、インディアンに襲われた馬車隊の一同はほとんどが死亡、生き残ったのはたまたま川に泳ぎに行っていた若者数人と、つながれていた馬車が崖なかばの木に引っかかって死を免れたウィドマークだけだった。ウィドマークが若者たちを連れて町へ向かうことになるが、最初は警戒していた彼らも、その知恵と人柄に打たれ、偏見を克服していく。たどりついた町で、保安官殺害について裁判に掛けられるウィドマーク。そこで初めて若者たちは事情を知る。彼の妻子が保安官の兄弟によって殺され、その復讐をしたのが逮捕の原因だったのだ。白人を殺したインディアンは裁かれるのに、インディアンを殺した白人は裁かれない、法の下では白人でもインディアンでも違いはないのではないか、と訴える彼に、若者たちも好意的な証言をし、彼は無罪となる。彼を愛するようになっていた女性とその弟は、自然と共に生きるインディアンの独自の文化に感化され、インディアンの土地で彼と暮らすことを選択する。

白人に生まれながら、インディアンに拾われ、インディアンとして育てられた主人公の設定、同様に白人ながらインディアンの文化を習得し、しかしこちらはさらに一歩踏み込んで、自覚的にインディアンとして暮らすことを選択する若者の存在。『折れた矢』は、スチュアートのヴォイス・オーヴァーによって、インディアンに同情的なものの内面の物語として語られたこともあって、インディアンと白人の融和の可能性に関して理念先行の印象もなきにしもあらずだった。だが、『襲われた幌馬車』では、ていねいに跡づけられた主人公と若者たちの心情の変化、自然と共生するインディアン文化の具体的な描写も相まって、二者の和解の可能性はより説得的になっている。若者たちの間にも、ウィドマークになつくもの、拒絶反応を示すものなどのグラデーションがあり、時間の推移、ウィドマークの知恵と人柄に触れるに従い変化してゆく複雑な心理の綾が映画に深みを与えている。こうした一筋縄でいかない心理の綾は、デイヴスの次作『決断の3時10分』(57)や、以後触れるラナウン・サイクルなどにも現われるもので、五〇年代後半に特徴的である。かくしてデイヴスは、プロ・インディアン西部劇、心理的な洗練を見せる西部劇、さらにコメディ西部劇と、以後の作品においても西部劇に新風を吹き込むことになり、前章で挙げたニコラス・レイとはまた別の意味で五〇年代を代表する西部劇監督ということになる。デイヴスについては、その後の作品も含めて、改めて記述する。

ところで、『折れた矢』と同年に、その主演ジェームズ・スチュアートは『ウィンチェスター銃'73』によってアンソニー・マンの西部劇に初出演し、以後この二人のコンビで陸続と作られた作品群は、西部劇に新たな画期を拓いてゆくことになる。スチュアートは五〇年に発表されたこの二本の西部劇で、その新時代を担う俳優として一気に地位を確立することになる。アンソニー・マンは同年もう一本の西部劇を発表しており、これがまたインディアンを主人公とするものだ。『流血の谷』である。南北戦争にも(北軍兵士として)出征し、英雄的活躍をしながらも、帰ってみれば父は白人に医療を拒まれて死に、土地も悪徳業者に奪われていた男(ロバート・テイラー)を主人公とする。裁判に訴えるが敗訴、理不尽な仕打ちに、ついに全面戦争を開始するも敗北した彼は、北軍兵士の軍服と勲章を身に着けて降伏する。極端なアングル、影を帯びた画面、陰鬱な心理において、ノワール西部劇と言って差し支えない作品(カメラはノワールの名カメラマン、ジョン・オルトン)である。また、黒人を奴隷状態から解放するための戦争に先住民として参加していること、また裁判では女性が弁護士に雇われ、それが物語に緊張を与えていることなど、社会的差別が二重三重に主題として織り込まれている点をかんがみれば、これは社会批判的ノワールの西部劇版とも言える。

同じくインディアンを主人公とした西部劇として、ロバート・アルドリッチ初の西部劇『アパッチ』(54)がある。居留地送りになるところを脱走したアパッチ（バート・ランカスター）だが、帰った故郷はすっかり白人社会になっており、形ばかりの酋長が祭り上げられていた。酋長に裏切られて投獄され、再び脱走した彼は酋長の娘（ジーン・ピータース）を誘拐して、白人社会への反抗を続ける。二人は結婚し、子供も生まれる。投げ捨てられたトウモロコシが芽を出したのを見たピータースは、隠れ場所の前庭に畑を作り始める。追っ手が彼らの居場所を発見し、トウモロコシ畑に隠れたランカスターだが、赤ん坊の泣き声に武器を捨て、反抗の生活から新たな人生への移行を決意する。インディアンから見た白人文明の狂騒など、戯画的な描写がいかにもアルドリッチらしい印象だが、アパッチが農業の中に白人社会との共存の術を見出していくという流れ自体は『折れた矢』に準じる。本作は、教室における黒人と白人の分離を憲法違反とした一九五四年五月の連邦最高裁判所の画期的判決（通称ブラウン判決、訴訟は五一年）の一か月後に公開されているが、主演兼製作のランカスターの述べるところでは、この作品は「人種差別の不正に対し、より広く意見表明するために」製作されたものだ（アメリカのケーブルテレビTCMのデータベースより）。五〇年代半ばは、公民権運動が動き始める時代であり（ローザ・パークスが白人に席を譲ることを拒否したことから起こった有名なバス・ボイコット事件は公民権運動のメルクマールとなるが、それが起こったのは五五年）、ここで西部劇は、インディアンと白人の差別の形で、現在の社会問題を取り上げていたわけである。ちなみに本作のシナリオ（原作は別）を書いたジェームズ・R・ウェッブは、フォード『シャイアン』のシナリオ作家でもある。アルドリッチは、同じく逃亡したアパッチ族とそれを追う白人という設定において本作のリメイクとも言うべき『ワイルド・アパッチ』(72)を撮っているが、インディアンの扱いは本作と正反対で、それについては時代の影響が大きい。この作品に関しては以後の章で触れる。

『折れた矢』のジェームズ・スチュアートも、『流血の谷』のロバート・テイラーも北軍兵士という設定で、南北戦争が持ちだされるのは、白人社会における南北の対立（そこでは、黒人というもう一つの人種に対する差別が解消されうるか否かが賭けられていたわけだが）とその収束に、インディアン対白人の対立と和解の契機を見ようとするからだろう（逆に『アパッチ』は、物語におけるインディアン対白人の対立の末の和解に、黒人と白人の和解の契機を見ようとする）。これらの作品では、実のところ南北の対立は背景に退いていて、しかもインディアンと白人の対立も（特に『流血の谷』に関しては）解消されたとまではいえない。南北の対立と白人対インディアンの対立がより緊密に関わっているのがサミュエル・フラーの『赤い矢』（56）である。そこでは、南北戦争で負けたことに納得がいかない南軍兵士（ロッド・スタイガー）が主人公。南軍が負けたことによって、北軍も南軍もない「同じアメリカ」になったのならば、その「アメリカ」の外に出る、とばかりインディアンの土地に行き、インディアンになってしまう。その後、インディアン側の代弁者としてアメリカ軍の築く砦の監修を行なうが、指揮する元北軍兵士（奇しくも、主人公が戦争終結直後に撃ったが、死には至らなかった男である。その弾は取り出されて再び薬莢に込められ、記念品として主人公の手元にある）は、砦の位置を勝手に自分たちの都合のいいように変えてしまうので、インディアンと対立、またインディアンへの非道な仕打ちが目に余り、インディアンによって生きたまま皮を剝ぐ極刑に処せられる。見るに見かねた主人公は例の銃弾で彼に引導を渡してやるのだが、ここにおいて、自分はインディアンになりきれない、白人なのだと悟り、故郷へ帰る。

北軍に屈することを肯定することができなかった主人公が、白人もインディアンも同じ人間という理屈でインディアンになる。人種の差のほうが、主人公にとっては南北の差よりも乗り越えやすかったわけである。しかし最終的に主人公はインディアンになりきれず、南でも北でも、アメリカはアメリカという理屈でアメリカに帰ることになる。インディアンとしての経験は、結局南北対立を乗り越えるための契機に過ぎなかったわけである。最終的な結論からすれば、南北の考え方の対立は乗り越え可能だが、白人とインディアンの人種的対立は乗り越え不可能なのだ。西部劇は現代の事象を寓話的に過去の出来事として語るものであり、ここで論じている諸作において白人とインディアンの対立として語られているものは、現実世界においては白人と黒人のそれなのだが、少なくともこの時点で、その対立はやはり乗り越えがたいものにとどまることになる。それだけ人種問題は、アメリカにおいて（移民国家であるアメリカにとってすら、というか、だからこそ、なのか）解決困難なものだというべきか。実際、南北戦争を背景とした西部劇（その時代を描いたものを西部劇と呼んでいいかどうかという問題もあるが）でも、黒人への差別を焦点とするものはほとんどないように思われる。『赤い矢』ではかろうじてKKKについて会話で言及される。砦のエンジニアである北軍兵士の一人が主人公に、枕カバーを被って黒人をリンチする連中（つまりKKKだ）を知っているかと聞くものの、主人公は何のことだかわからない。北軍兵士は、「いつだって俺じゃない」だな、と彼の無知、無関心を責める。フラーにとって人種差別は、第二次大戦末期に遭遇したファルケナウ強制収容所に始まり（自伝的な『最前線物語』〔80〕で描かれる）、『ショック集団』（63）を経て、『ホワイト・ドッグ』（82）で最も苛烈な表現を達成する生涯の主題であり、折に触れ会話やちょっとしたエピソードとして作品内で言及、描写されるが、これはその一例である。

人種差別を扱った西部劇としてぜひとも挙げておかねばならないのが、ジョン・スタージェスの『日本人の勲章』(55)である。これは第二次世界大戦後を舞台とする現代劇ではあるが、その雰囲気、結構において西部劇とみなし得る作品である。西部のある町に、普段は停まらないスチームライナーが停まり、一人の男を降ろす。よそ者に対して警戒心を隠さない町の住民だが、その警戒は彼が訪ねようとする地名を聞いて悪意に変わり、それは閉ざされた部屋に水が満ちてゆくようにゆっくり彼を追いつめてゆく。外からやってきた男が町に波風を立てて去っていくというシンプルなストーリー・ライン、善と悪の神話的な対立。簡素さと深さが同居する作品の佇《たたず》まい。良質の西部劇が持つそうした性質を、この作品は紛れもなく有している。冒頭のクレジット画面で、シネスコ画面を縦横に走り抜けるスチームライナー(空気抵抗を少なくするため、機関車部分が流線型の車体を持つ列車。フライシャーによる、本作と同年の『恐怖の土曜日』にも印象的に用いられていた)の暴力性、降りてきた男(スペンサー・トレーシー)が隻腕という意外性、ほとんど働いていないように見えず、ただポーチにたむろする男たち(リー・マーヴィン、アーネスト・ボーグナインら)の不穏、ワゴン車のボンネットに鹿の死体を載せてやってくる町の支配者(ロバート・ライアン)の不吉。事件は男がスチームライナーを降り、また乗り込むまでの二十四時間に限定され、その時間制限も効果的に機能している(そうした制限は『真昼の決闘』や『決断の3時10分』にも共通している。こうした構成が五〇年代半ばに特徴的なのには何か意味があるのだろうか)。全体の雰囲気が抑鬱的でノワールを思わせるところもあり、しかしその上映時間の大半は昼の光に領されているために「白昼のフィルム・ノワール」という語義矛盾する形容も頭に浮かぶのだが、その倒錯も本作品が現在カルト的な人気を得ている一つの原因と言えるだろう。

さて、男は大戦中の仲間で、彼の命を救ってくれた日本人二世の兵士の勲章をその父親に届けに来たのだった。しかし父親は町の連中にすでに殺害されており、町ぐるみでその事実を隠蔽していたのだ。ライアンは徴兵に応じながら採用されなかったことに忸怩たる思いを抱き、さらに水の出ない不毛の土地を騙して貸したのに、日本人が諦めずに井戸を掘り続けたところ水が湧出、それも彼の気に入らず、そうした不平不満が、戦争を引き起こした日本人への偏見と憎悪にはけ口を見出したわけである。これは、人種差別が起こした犯罪を巡る物語であると判明する。とはいえ、この西部劇において犯罪の対象は、偏見と憎悪が向けられるような誰か、よそ者でさえあればよく、必ずしも日本人でなくとも、あるいは人種問題が背景にある必要さえないように思える。逆に言えば、それだけこの映画の構造が普遍的なものであるということなのだろう。ただ、それでもこの西部劇が謎の核心に人種差別を置いたということは、この時代に人種を巡る西部劇が陸続と作られた流れを見てきた目には、無意味なことには思えない。
もう一点、本作の脚本がこれもまた赤狩りの関係者によって書かれていることに言及しておかねばならない。ミラード・カウフマンはブラックリストの犠牲者とは言えないが、共産主義のシンパとして反共主義者の広報誌「レッド・チャンネル」に言及されたことがある。『拳銃魔』(50)では、ドルトン・トランボのフロントになっている。本作でアカデミー賞にノミネートされた。カウフマンはその後も、サミュエル・フラーと共同で執筆した『クランスマン』(74)でKKKを真正面から取り上げている。KKKに支配された町で、彼らに唯一対抗する退廃的市民(リチャード・バートン)とKKKの確執を遠目に監視しているシェリフ(リー・マーヴィン)が何もしないでいるうち、事態を悪化させていくスリラーである。登場人物たちの心理的葛藤を、過激なアクション場面に集約させることが得意なフラーだが、彼に似合わず登場人物が内省的、消極的で、なかなか葛藤が煮詰まってこないのがもどかしい印象。演出(テレンス・ヤング)の力不足だろう。

かくして、人種、特にインディアンへの差別意識を克服することを作劇の中心に据えた優れた西部劇が、五〇年代半ば以降現われてくる。ジョン・フォードの晩年の西部劇もその流れの中にある。この流れは六〇年代末以降に現われる歴史修正主義的西部劇につながることになる。六四年のフォード『シャイアン』はその先駆けといっていいが、そうした歴史修正主義的西部劇と、五〇年代のプロ・インディアンないし人種問題を扱う西部劇の違いは、後者が必ずしも歴史的な正確さに留意していない点である。西部劇にはまず何らかの葛藤があり、それが銃(暴力)を通じて一応の解決を見る。当然その葛藤には、西部の歴史上のさまざまなトピックが挙げられてきた(西部への道の開拓、鉄道敷設、牛の移動、無法の町の平定、自由放牧と羊飼いないし穀物農業の対立、等々)わけで、ここにおける人種問題は言ってみればそのトピックの一つに過ぎない。無論そこにアメリカにおける人種差別の解消という大義が意図されていないわけではないにしても、必ずしもそれが第一義ではない。翻って、では歴史修正主義的西部劇が本当に史実に忠実なのかといえば当然そうではなく、脚色は施されている。しかし歴史修正主義的西部劇にあっては、アメリカの歴史を見直す、反省するという意図が第一義であって、虚構としての西部劇の結構は必ずしも重視されない。要するに、歴史修正主義的西部劇にあっては、その意図(歴史、とりわけインディアンへの仕打ちの見直し)こそが重要なのであって、言ってみればそれが西部劇であるかどうかは二の次なのである。歴史修正主義的西部劇については後に詳述することになるが、ともあれ、それらは意図の明確さ(透明さ)が際立つ西部劇であることのみを今は指摘しておく。それに対し、ここに挙げてきた西部劇は、西部劇という枠組みの中で人種問題や歴史を問う人道主義的意図に導かれているのか、逆にアメリカの人種を巡る歴史の中に西部劇の新たな題材を求めているだけなのか、その見わけにくさに特徴があり、ここで西部劇は未だ不透明さの中を漂っているということができる。

バッド・ベティカーのラナウン・サイクル

ノワールによって不透明性に大きく傾いてきた西部劇だが、それに対する反動は五〇年代後半に集中的に現われる。その重要な一翼を担うのが、バッド・ベティカーということになる。バッド・ベティカーは、メキシコでプロの闘牛士としてデビューし、しかしその第一戦で怪我をして、心配した養父母（ベティカー姓は養父母のものだ）にアメリカに戻され、養父母の知り合いだったハル・ローチ（ローレル&ハーディのスラプスティック・コメディの製作で有名）に預けられて映画界に入るという異色の経歴の持ち主である。ベティカーは、冤罪で死刑判決を受けるも恐怖のあまり精神科病院に収容され、そこで火事に遭って死んだとされた男が、自分に死刑の判決を下した陪審員を次々殺していくというB級ノワール『消えた陪審員』（44）や、偏執狂的な男が妻の復讐のため、刑事の妻をつけ狙う『殺し屋は放たれた』*The Killer is loose*（未、56）、ギャング映画を六〇年代に復活させた『暗黒街の帝王レッグス・ダイアモンド』（60）をはじめとする優れた犯罪映画や、闘牛を巡るロマンス『美女と闘牛士』（51）、兄弟子であった闘牛士カルロス・アルーザのドキュメンタリー『アルーザ』*Aruza*（未、72）なども撮っていて、必ずしも西部劇に特化した映画作家ではないが、やはり西部劇連作「ラナウン・サイクル」が最も有名で、それゆえに五〇年代から六〇年代を代表する西部劇作家と見なされる存在だ。

「ラナウン・サイクル」については蓮實重彦の「七の奇蹟」があり、そこでは、『七人の無頼漢』をはじめとするこれら連作七本が、すべて七十七分の持続時間を持ち、それがすべて最後の決闘に向かって組織されているという整然とした、というか荒唐無稽な、形式性が強調されている。しかし実際には上映時間が七十七分というのは正確ではないし、これから記述していくように、すべてが決闘に向かって組織されているというわけでもない[4]。ベティカーの作品が容易に見られなかった時点での蓮實の論は、ラナウン・サイクルの徹底した形式性を強烈に印象づけ、我々が現在用いている言葉でいえば透明性の側にこの諸作を位置づけることに大いに寄与することになる。しかし、よくその内実を見ていくと、それら諸作は徹頭徹尾透明であるとは言いがたいものであることがわかってくる。確かにこの諸作は、ひとまとまりとして見たときに、その類似性、主題の共通性などにおいて透明性が勝って見えてくるものの、それは最初からそうであったというよりは、連続的に作られることで徐々に形作られていったものであって、一個一個の作品を見た場合、そこには不透明性も見て取ることができる。つまり、この「ラナウン・サイクル」という連作自体が不透明と透明の葛藤としてあるのであり、この諸作をあらかじめ透明の極にあるものとして見ることは正確ではない。

ともあれラナウン・サイクルを一作ずつ詳しく見ていく。まず事実関係を確認しておくと、ラナウン・サイクルとして知られるのは製作年順に、『七人の無頼漢』（56）、『反撃の銃弾』（57）、『サンダウンの決断』（DVD題『ディシジョン・アット・サンダウン』）*Decision at Sundown*（未、57）、『ブキャナンひとり馬に乗る』（DVD題『ブキャナン・ライズ・アローン』）*Buchanan rides alone*（未、58）、『決闘ウェストバウンド』（59）、『孤独に馬を走らせろ』（DVD題『ライド・ロンサム』）*Ride lonesome*（未、59）、『決闘コマンチ砦』（60）の七本（未公開作については以下、直訳題を使用）。ラナウンRanownとは、主演であるランドルフ・スコットの名前の冒頭部Ranと、製作者ハリー・ジョー・ブラウンの姓の末尾ownを合わせて製作会社名としたもの。ただし製作会社としてラナウンがクレジットされているのは『孤独に馬を走らせろ』と『決闘コマンチ砦』のみ。『七人の無頼漢』はジョン・ウェインの製作会社バジャックの、『決闘ウェストバウンド』はワーナーの製作で、それ以外の三作はスコット＝ブラウン・プロダクション名義である。従ってこれらの諸作をラナウン・サイクルと称するのは実は問題なしとしないのだが、その七作の間に相関関係、照応関係が見られ、全体に一貫性した特徴があるため、こうした名称で括《くく》ることにも意味があるわけである。

ラナウン・サイクルの第一作『七人の無頼漢』は、前記の通りジョン・ウェインの会社バジャックの製作。[5] ウェインは、ラジオやテレビ番組のコメディ調西部劇のシナリオを書いていたバート・ケネディを自分の事務所に招聘し、タイトルだけを与えて自由にシナリオを書かせた（タイトルだけ決めて後を脚本家に任せるのは、典型的なB級映画の製作方法だ）。数週間で書き上げられたシナリオを、ウェインはバッド・ベティカーに見せる。ウェインは以前にベティカーの念願の作品『美女と闘牛士』を製作していたが、これに関心を抱いたジョン・フォードが編集を買って出て、その結果ベティカーが執着したロマンス部分を大きく摘み、ベティカーが編集した時点で二時間あった作品を一時間半に切り詰めてしまった（ちょうど半世紀後の二〇〇一年、UCLAがベティカーと主演のロバート・スタックの協力を得て、二時間のレストア版を製作した）。興業を考えての善意からであったとしても、ベティカーの意に染まない作品になってしまったため、ウェインはベティカーに対し心理的な負債を負っていた。今回のオファーは、ある意味その罪滅ぼしのようなところがあった。ベティカーはシナリオを渡されて一時間ほどで戻り、ウェインに、これはすごいシナリオだと感想を述べたが、一時間ほどで読めるはずがないというウェインに、確かに三十五ページしか読んでいないが、それでもこれが素晴らしいシナリオであることはわかる、と答え、これを書いたバート・ケネディという奴に会ってみたいと告げた。事務所にいたケネディは呼び出されて、このときにベティカーと初めて会った、というのがベティカー側の回想だが、ケネディによればもう少し話は複雑で、いったん書いたシナリオがウェインの手元に置かれてそのましまい込まれてしまったため、ケネディはそれを別のある製作者に見せた。その製作者はロバート・ミッチャムと映画を作っており、ミッチャムにもシナリオを見せた。ミッチャムはこれを気に入り、脚本の買い取りを申し出た。この事実を告げられたウェインが、しまい込んでいたシナリオを掘り出して、ワーナー側に見せたというのである。

ウェインは当時、ワーナー配給で八本の映画製作をバジャックとして請け負っており、当時契約義務が残っていた二本のうちの一本にこれをあてることとし、自ら主演するつもりであったが、彼はフォードの『捜索者』に出演中で、叶わなかった。主演を誰にするか検討中、ウェインがランドルフ・スコットを推薦した。映画完成後のスニーク・プレヴュー（何を上映するか伏せての試写）では、観客がアンコールを求めるほどの大好評を博した（ラストの決闘部分をアンコール上映した）。この結果に気をよくしたランドルフ・スコットが、ベティカーとケネディを親しい製作者ハリー・ジョー・ブラウンに引き合わせ、エルモア・レナードの短編の脚色を依頼する。これが次作『反撃の銃弾』となり、ベティカーとスコット、並びにケネディ（ラナウン・サイクルのうち、四本に関わる）のチームによる作品が、次々生み出されることになるわけである。スコットは数多くの西部劇に出演してきて、とりわけアンドレ・ド・トスとのタッグで優れた作品を残してきたが、ハリウッドでも最も裕福な俳優の一人として知られ、是が非でも新作をと望んでいたわけではなかった（年齢的にも五十代後半である）。しかし、この一作が彼の意欲を掻き立てることになったわけである。そもそもはほとんど素人に近い脚本家ケネディをジョン・ウェインが監督ベティカーに引き合わせ（要するにベティカーは雇われ監督だ）、最後に決まった俳優スコットが、今度は製作を主導して以後六本もの映画を（脚本家、カメラマンなどは多少変化するが）固定したチームとして生み出していくことになった。数珠つなぎのような印象だが、その飛躍を引き起こしたものは偶然であり、また同時に後から見れば必然のようにも見える。チームができあがるまでは偶然任せのあっけないものなのだが、実際にできあがった作品群は質が高く、作品相互間に見られる関係も緊密に見える。その矛盾した印象は、これら諸作の内容にも反映されている。

ラナウン・サイクル——その内容

各作品の内容と目ぼしい細部を記述しておく。『七人の無頼漢』は、元保安官が妻を殺した銀行強盗七人組を追う物語。その冒頭、雨の平原（Y字型の木が見える）を歩いてやってくるスコットが【図106】、崖際で野営している二人の男のテントに入る。コーヒーを所望し、話を始めるスコットだが、彼らとの会話から近くの町で銀行強盗があったらしいことがわかる。犯人は捕まったのか、と聞く二人にスコットが、二人は

図106　『七人の無頼漢』冒頭、主人公の向こうにＹ字型の木

図107　馬車の中で二人をあてこする話を始めるマーヴィン。魅力的（不透明）な悪役

な、と答えるや、やおら二人が銃を抜くと画面はテントの外に切り替わり、銃声が暗がりに響く。カット代わって朝になると、スコットが二頭の馬を引いて平原を歩いている。簡潔にして印象的な冒頭だ。スニーク・プレヴュー時には本番組としてアンソニー・マンの『愛のセレナーデ』*Serenade*（未、56）が上映されており、試写まで残っていた観客は西部劇だとわかって帰りかけたが、この冒頭を見て再び席に着いたという。スコットが強盗犯を追っているらしいこと、それが題名通り七人いるらしいことも伝わる。スコットは夫婦者（妻を演じるのはゲイル・ラッセル）の馬車がぬかるみにはまって難渋しているところに出くわし、彼らを助け、一緒に旅をすることになる。

　ある一軒家に立ち寄ると、そこには二人組の男がいる。その片方がリー・マーヴィンで、スコットとは旧知の仲。マーヴィンの話から、夫婦はスコットが町の保安官だったが選挙で失職し、プライドのために助手になることを拒否、妻は家計を助けるために銀行で働いていたものの、その銀行の強盗で彼女が死んだこと、自責の念からスコットが犯人を追っていることがわかる。マーヴィンは、スコットと行動を共にしていれば強盗の金に辿《たど》りつくと、スコット（と夫婦者）に同行することになる。旅を続けていくうち、夫婦者の夫が無能な人間であること、夫婦間に気持ちの離反があることが判明する。さらにラッセルとスコットの間に思慕の情が芽生え始めていることを察したマーヴィンは、ある雨の夜、馬車の中で休んでいる夫婦者とスコットの三人に、自分の知り合いの話として、半人前の夫を裏切った妻の話をする。二人をあてこすっているようでもあり、また自身がラッセルに言い寄っているようでもあるマーヴィンの話は、その渋い声の響きもあってエロティックに聞こえ、たとえ話を隠れみのに公然とラッセルを嬲《なぶ》るようで、陰険かつ隠微である【図107】。単純で簡潔な台詞《せりふ》が、激しく感情に揺さぶりを掛ける。簡潔にして象徴的な台詞は以後バート・ケネディの特徴となるが、それが最初に発揮された名場面だ。

　マーヴィンらは町へ行き、スコットが追ってきている事実を強盗犯に伝えると、首領は金をそれとわからぬようひそかに運ばせているという。その運び手こそ、誰あろう例の夫婦者だったのだ（ただし妻はその事実を知らなかったし、夫も銀行強盗の金とは知らなかった）。待ち伏せる強盗団の二人を岩山で返り討ちにしたスコットは、金を谷間に置いていかせる。町に着いた夫婦者は、首領らにスコットが待っていることを伝え、夫は、そうすれば自分が撃たれることを知りつつ、あえてそのまま保安官のところに行くと宣言して向かい、命を落とす。マーヴィンは、半人前扱いしたことを彼に詫びる。首領とマーヴィンは谷間に向かう。首領はあっさり射殺され、漁夫の利を狙っていたマーヴィンとスコットが対決せざるを得なくなる。「あんたとこうなりたくはなかったが、金を手に入れるにはあんたを越えていくほかないようだ。彼女の今を考えると、なおさらこうしたくはなかったな」、「彼女がどうしたというんだ」、「やもめになった。夫は保安官のところに行こうとして撃たれた」、「男だったらそうするな」、「ああ」スコットの腕を考えると、自分は死ぬかもしれないと予感するマーヴィン。マーヴィンはさりげなく夫の死を伝え、二人はともに、死んだ男への真摯な哀悼を捧げる。時は満ち、銃に手を掛けるマーヴィンだが、その手が銃に届く間もなく銃声が響き、彼は驚愕の表情を浮かべつつ倒れる（死ぬことへの、ではない、相手が速すぎることへの驚愕だ）。切り返すと、スコットが銃を手に立っている。

　ラナウン・サイクルは基本的に最後に何らかの対決が配されているが、本当に決闘らしい決闘が描かれるのは実はこの一作のみである。その決闘にしてもあまりにもあっけなく、それが決闘であったことも気づかないほどだ（スコットが銃を抜くカットの不在が、その印象を生む）。この希薄さこそ、ラナウン・サイクルの透明性の真骨頂である。事態は見るものが予想した通りに起き、そこに一切の遅滞も濁りもない。それどころか、あるべきものすらない。マーヴィンもスコットも、戦うべくして戦うのだし、悪は滅びるべくして滅びる。その明々白々な図式が見るものの期待としてある以上、ふつうあるべきショット（スコットが銃を抜くショット）すら、期待の成就の確認に過ぎないのだから、余分なのだ。しかし一方で、悪役であるリー・マーヴィンの造形は複雑で、主人公と同じものを追い求め（一方は妻を殺した強盗たち、一方は金という違いがあるが）、同じ女性に関心を抱いているという意味で主人公に限りなく近似し、ほとんど分身と言っていい。互いに敬意を抱きつつ、しかも不倶戴天の敵であるのは、彼らが似すぎているからである。この相似性には、マーヴィンを一概に悪とのみ断ずることをためらわせるものがある。実際マーヴィンは、ここまで映画を見てきた観客にとって十分共感可能な存在、死んでほしくない人物になっている。透明性は、透明性のままに貫き通されることはなく、濁りを帯びているのだ。ここに透明性と不透明性の、解きがたい葛藤の現われがある。ともあれこうした分身の主題は、ラナウン・サイクルに頻出する。このマーヴィンの起用はケネディの意志によるものとされ、マーヴィンはケネディの意図を十分汲んで見事に演じたと言える。

二作目は、『反撃の銃弾』。ここでスコットは、駅馬車の駅を占拠した男たちに監禁され、対決を強いられる。新たに農場を買った彼は、種牛を買いつけに行く途中、駅馬車の駅に寄り、その管理人親子と会話を交わす。しかしギャンブルによって金と馬までも奪われて、馬車に乗せてもらって駅まで帰ってくる。その馬車は、駅馬車会社の社長の中年女性（モーリン・オサリヴァン）と金目当てで結婚した男がチャーターした特別便だった。駅に着いてみると管理人親子はおらず、スコットらは三人組の男たち（首領リチャード・ブーン、その手下ヘンリー・シルヴァ、スキップ・ホーメイヤー）に銃を奪われる。彼らは駅馬車で輸送されるはずの金を狙った強盗で、管理人とその息子は殺され、井戸に投げ込まれていた。定期便の駅馬車でないことを知った彼らに殺されると動揺した婿は、愚かにも妻の父が金持ちであることを知らせ、解放してくれるなら金を出すはずと仲介を申し出る。

婿と手下たちが町に向かっている間、ブーンはスコットに、酒と女の話しかしない仲間が嫌いだと打ち明け、お前の農場の話をしてくれと言う。自分も農場が持ちたいと言う彼に、スコットは、こんな方法でか、と答えるが、ブーンは、それしかないときもある、とつぶやく。ブーンは真っ当に生きている人間としてスコットに敬意を抱き、スコットもまたブーンを、道を踏み外してはいるが本質的に悪ではない人間として認める。この間カメラは二人をミドル・ショットで切り返すが、スコットとブーンを等分に映し出すこの切り返しも、彼らがお互いを認め合っている印象を強めることになる。

同様の切り返しはもう一度、今度はオサリヴァンとスコットの間で行なわれる。身代金の交渉から帰った婿は用済みとばかりあっさり射殺され、泣く彼女にブーンは、あいつがあんたに何をしたのかわかっているのか、あいつはあんたを売ったんだと、むしろ彼女の立場に立って憤る。スコットは、そうだとしてもお前のやったことはいいことなのかと疑問を呈する。協力しあわねば、というスコットにオサリヴァンは、孤独であるってことがどんなことか知っている？　と心中を吐露する。ミドル・ショットの切り返しが行なわれるのはこの場面で、その古典的で正確な切り返しが、彼女の言葉に嘘がないことを証立てるようだ。さて、翌朝ブーンが一人金を受け取りに行くと、残された手下二人に対し、スコットは心理戦をしかけて二人を殺害する。金を入手して帰ってきたブーンは二人の遺体を見て事態を察するが、背後から彼にライフルをつきつけたスコットによって、銃を捨てさせられる。金も置いて、いったん去るブーンだが、そのまま馬を引き返して撃ち合い、殺される。

映画の初めを除いて本編の大部分は一行が隠れ潜む岩山の小屋に舞台を限定され、身代金の交渉、受け取りなど本編を構成する犯罪の細部が一切画面に現われない大胆な構成である。では、この映画の大部分で何が起こっているのかといえば、そのほとんどが登場人物の描写である。親がなく、生きていくためには罪を犯すしかなかったという人柄自体は素朴なホーメイヤー、初めての殺人の相手が父親だったという、少しは頭の回るシルヴァ。これら手下たちにしても、確かにブーンの言うように酒と女にしか興味のない下賤の人間ではあるが、しかしそう生きるしかなかった人間として、決して軽蔑をもって扱われてはいない。ブーンにしても根っからの悪ではなく、ラストに戻ってきて撃たれるのも、死ぬとわかっていての行為、自殺のようなものであり、こんな人生にケリをつけるという意志がそこには感じられる（そう解釈しているのはこちら側だが、さまざまな解釈を許すような深みのある単純さを湛えた物語であり、画面だということだ）【図108】。

図108 『反撃の銃弾』魅力的（不透明）な悪役たち。右からブーン、ホーメイヤー、シルヴァ

　第三作『サンダウンの決断』は初めてバート・ケネディの手を離れ、脚本はチャールズ・ラングJr.（フランク・ボーゼージ『戦場よさらば』〔32〕やエルンスト・ルビッチ『天使』〔37〕の撮影監督とは同名の別人）に委ねられる。

南北戦争から帰ってみると妻が自殺しており、その原因と思われる男を追って、スコットがサンダウンの町にやってくるという復讐譚。冒頭、駅馬車に乗っていたスコットが御者に銃を突きつけて馬車を停めさせると、そこに仲間（ノラ・ビアリーJr.）が来て合流する。一見スコットが駅馬車強盗なのかと思わせる細部で、以後の展開を考えるとここでスコットにどことなく悪の感じを匂わせておく必要があったとわかるものの、この時点ではなぜ二人がすんなり馬でサンダウンに向かわないのかいささか不審ではある。さて、サンダウンに来てみると、その日はちょうど狙う男（ジョン・キャロル）と町の有力者の娘（カレン・スティール）の結婚式当日である。しかしキャロルは町の大通りを見下ろすホテルに愛人（ヴァレリー・フレンチ）と同棲しており、この結婚を機に愛人とは別れるにしても、結婚が政略的なものであることは町の誰の眼にも明らかだ。町は男と、彼の意を体現する保安官（アンドリュー・ダガン）によって牛耳られており、良識派の医師や牧場主も彼らに抵抗できない。教会での結婚式を妨害したスコットとビアリーはその後納屋に立てこもり、保安官らとの間でにらみ合いの長期戦に陥る。

　スコットの狙いが妻の復讐にあると結婚式の妨害の言葉で初めて知ったビアリーは、スコットに文句を言いにきたスティールの、あなたの妻の自殺は、妻のほうに非があるからでは、という言葉に同調し、復讐のためというならお前をこの町に来させはしなかったと言う。スコットに同調できなくなったビアリーは、納屋を出て食事をした後、戻ろうとしたところを保安官に背後から射殺される。キャロルらを放置していたことが事態を悪化させたのだと後悔した町の連中もようやく意を決し、保安官の手下らを排除して、保安官とスコット、キャロルとスコットの一対一の対決をそれぞれ整える。保安官は決闘に負けて死に、キャロルも決闘の場に向かおうとするが、愛人フレンチによって肩を撃たれ、決闘は頓挫する。キャロルとフレンチは町を出る。スコットも出ていくが、そのとき町は日没を迎えている。

復讐の物語ではあるが、復讐自体が筋違いのものであったことがわかる展開で、その点『七人の無頼漢』や以後の『孤独に馬を走らせろ』とは異なる。ラナウン・サイクルにおいては、劇が終わっても結局何も変化はしなかった、あるいは変化が起こったとしても、その犠牲が大きく、それに見合うものだったかどうか疑問が生じるという結果に終わる(例えば『七人の無頼漢』でも、復讐の相手ではない、しかもワルではあってもどこか憎めない印象のマーヴィンを殺さざるを得なくなっている)ものがほとんどであり、その空しさが最も明確に出ている作品と言える。▼6 舞台はひとつの町のみ、しかも出来事の時間が一日に限定されているのも、極めて密室的で抑圧的な印象を与える。ここでも悪人が死を覚悟して決闘に赴こうとする際に愛人にその手の震えを見破られ、恐怖を吐露するなど、単なる悪としては設定されていない。ただし、冒頭の駅馬車の場面もそうだが、保安官とスコットの決闘後にスコットがなぜか手を怪我し、それがサスペンスを生むとでも脚本家は考えたのかもしれないが余計なお世話であって、全体としていささかの不満がないとはいえない作品ではある。

第四作『ブキャナンひとり馬に乗る』は、クレジット上では前作に引き続いてチャールズ・ラングJr.脚本だが、ラングが書いたシナリオが使い物にならなかったため、ベティカーと彼に急遽呼び出されたバート・ケネディが撮影現場でアドリブによって話を作って行ったとされる。ただしケネディのほうは、冒頭部を手伝っただけではないか、いずれにせよあまり記憶にない、としている(註5のインタビュー)。スコットはここでは、メキシコでのガンマンとしての暮らしを辞め、テキサスに戻ってきた男。彼が国境の町を牛耳る男たちと、正義のメキシコ人を交えて対立する物語である。彼はアグリー・タウン(Agryと綴られるが当然Uglyを連想させる)にやってくるが、その町は判事、保安官(ブロデリック・クロフォード)、その二人の間を常に行ったり来たりしているホテルの亭主のアグリー三兄弟に支配されていた。メキシコから逃げてきた男(彼とスコットは酒場でいざこざを起こす)が、あるメキシコ人青年に射殺される。その青年の妹を、男が凌辱して殺害し、逃げてきたのだ。殺された男は判事の息子であり、その殺害を幇助したとしてスコットはメキシコ人青年共々保安官に逮捕される。保安官はスコットも一緒に縛り首にして、彼がメキシコで稼いできた金を奪おうという腹なのだ。判事の腹心（クレイグ・スティーヴンス）は、リンチは差し迫った選挙に悪影響を及ぼすと、裁判を開くよう判事を諭す。リンチはすんでのところで止められ、その後開かれた裁判でスコットは共謀の罪を免れる。しかし保安官に金を奪われたまま町を追放され、監視役とされる二人組によって国境を出たところで殺されようとしていた。一方、メキシコ人青年は地元の名士の息子で、召使が判事の元に金と引き換えで釈放を歎願してきて、判事はその金に心動かされ、処刑を引き延ばす。身代金の話を知った保安官はひそかにメキシコ人青年を町はずれの小屋に連れ出すが、そこにはスコットと、裏切って彼を助けた手下の一人（L・Q・ジョーンズ）がいた。

かくしてラストは、身代金を巡って判事、保安官、メキシコ人青年＝スコットの三つ巴の争いになり、保安官が判事を、判事が保安官を撃って、アグリー兄弟は（ホテルの亭主を除いて）一掃され、判事の腹心だけが残って、スコットは、今この町はあんたのものだ、と町を彼に託してメキシコ人青年ともども去ってゆく。

スコットがやってきて町を浄化し、去るという意味で、前作『サンダウンの決断』と同趣向だが、スコットの造形は、『サンダウン』では復讐に取り憑かれて真っ当な判断力を失った男、こちらはあっけらかんとした明るい性格と正反対である。腹心役を演じるクレイグ・スティーヴンスはブレーク・エドワーズ原案のTVドラマ『ピーターガン』（56〜61）でクールな私立探偵を演じていた（ちなみに『反撃の銃弾』のリチャード・ブーンも、彼が主演したTVドラマ『メディック』（54〜56）を見たベティカーが起用した）。彼の造形もどこか不透明なところがあり、確かに悪の側についてはいるものの、それに対してどこか距離を置き、状況を冷静に見極めつつどっちに着いたほうが得か見定めている印象だ。だからこそ最後に彼が生き残り、町を託されるのも納得がいくわけである。また、国境を越えたところでスコットを殺害すべく送られた手下二人のうち、あっさり裏切って仲間を殺し、スコットに味方して（同じ南テキサス生まれというだけで）、その直後に町はずれの小屋で手下どもに出くわしてあたふたするコメディ・リリーフ的役割のL・Q・ジョーンズも、敵味方の区別を曖昧にしている。このL・Q・ジョーンズはその後サム・ペキンパー映画の常連となるが、本作のカメラマンは、これもペキンパー作品の常連の、ルシアン・バラードである。ついでに言えば、ペキンパーの出世作でランドルフ・スコットとジョエル・マクリーが出演し、バラードがカメラを回している『昼下がりの決斗』（62）で、バート・ケネディは主演の二人にそれぞれ別個に、自分が演じる役を交換したいと相談されたとされる。ケネディは製作者に（ペキンパーはこの作品で監督依頼を受けた立場であり、企画の主導は製作者だった）役柄を交換したらどうかと進言し、そのようになったという（註5のインタビュー）。ベティカーとペキンパーは、スコット、バラード、そしてケネディを通してつながることになるわけである。この『昼下がりの決斗』は、スコットの最後の映画出演作となる。

第五作となる『決闘ウェストバウンド』はワーナー製作で、スコット自身が製作にタッチしていないサイクル中唯一の作品である。ワーナーとの出演契約が残っていたスコットがベティカーを監督として慫慂《しょうよう》したもので、スタッフもラナウン・サイクルの他の作品と異なり、サイクルに含めるには疑問があるのだが、諸作との共通点もなきにしもあらず。南北戦争のさなか、西部の金を東部に運ぶための駅馬車の路線が南部びいきの町で途絶えてしまったため、戦前は駅馬車会社の重役だった北軍将校が、路線回復を命ぜられて現場に復帰する物語である。その町は、もともと彼の部下だった男（アンドリュー・ダガン）と、その手下の黒ずくめのガンマン（マイケル・ペイト）によって牛耳られており、ダガンはスコットの元恋人だった女性（ヴァージニア・メイヨ）を妻としている。スコットはその町に向かう途中の駅馬車で、戦争で片腕を失った北軍兵士（マイケル・ダンテ）と同席し、彼とその妻（カレン・スティール）の協力を得て、彼らの農場を新たな駅として駅馬車を再開するが、ペイトらの妨害に遭い、その過程でダンテは殺される。さらに、ペイトらがそこに積まれた金を狙って襲った駅馬車が崖下に転落し、乗客のすべてが死亡した中に幼い子供が乗っていたことから、彼らのやり口に我慢ならなくなった町の良識派もスコットを支持する。メイヨもダガンのもとを去り、ダガンもまた後悔してペイトらを止めようと決心し、町に向かうが撃ち合いの中で命を落とす。孤立を悟ったペイトは馬で逃げようとしてスコットに撃たれ、死ぬ。駅馬車路線を何とか回復したスコットは、再び戦争へと戻る。

悪役であるダガンは元々スコットの部下であり、出征した彼に代わって町の駅馬車を手配していた男で、しかもスコットの元恋人を妻にしていることから、ほとんどスコットの分身である。彼は悪に徹しきれず、駅馬車の子供を殺したことを後悔し、部下を止めようとして命を落とす。このように、単なる悪ではない悪役の造形はラナウン・サイクルの他の諸作につながるものではあるが、彼の心変わりは急すぎてあまり説得力がないように見える。

前三作はバート・ケネディ脚本ではなかったこともあり、いささか精彩を欠く作品となっていたが（特に『ウェストバウンド』）、六作目の『孤独に馬を走らせろ』でバート・ケネディが脚本に復帰し、カメラもチャールズ・ロートンJr.である。この二人は次作にしてサイクル最後の作品『決闘コマンチ砦』にも参加しており、サイクルの締めくくりにふさわしい傑作が連発されることになる。かつて自分の妻を殺した男に復讐するためその弟を逮捕し、仇である兄が移送途中に襲撃してくるのを待ち構える。初心に帰り、というべきか、『七人の無頼漢』以来のシンプルな復讐譚である（『サンダウンの決断』も復讐譚ではあるが、結果的に非は敵にはなかったので、シンプルな復讐譚とは言いがたい）。

この作品から画面がシネスコ・サイズに変わり、その効果は冒頭から明らかである。タイトルが流れる間、画面は岩山の一筋道をこちらに向かってくる馬上のスコットを俯瞰気味に捉え、タイトルが終わったあたりでパンすると、手前に馬と、傍らの地面に座ってコーヒーを飲んでいる男が映り込む。馬を降りたスコットは彼に銃を突きつけるが、その男は周りに仲間が隠れて狙っていると言い、実際岩陰に隠れている男たちがちらちら見え隠れするのがパンで捉えられる。画面の横幅を生かしたショットである。スコットはその脅しには乗らず、あっさり男を捕まえる。男は仲間に、自分が捕まった事実を兄に告げてくれるよう言う。

二人は平原にぽつりと立つ一軒家に立ち寄る。そこは駅馬車の駅で、駅馬車を待つ客なのか、二人組の男（パーネル・ロバーツとジェームズ・コバーン）と、駅を管理する夫婦者の妻のほう（カレン・スティール）がいた。そこに駅馬車がやって来るが、御者も乗客もインディアンに殺されていた。その後、スティールの夫もインディアンに殺されていることがわかる。ここにいては危ないと駅を出る一行。ロバーツは自分たちがお尋ね者であること、スコットの捕まえた男を当局に引き渡せば恩赦になるので、自分たちもその男の身柄を欲していることをスコットに告げる。ロバーツもコバーンも、追っ手におびえる生活から足を洗い、真っ当な人生を送りたいのだった。スコットはインディアンから身を守るためにロバーツらの手を借りながらも、彼らに対して注意を怠《おこた》るわけにはいかない。平原や、砂漠の中の廃墟などでインディアンの襲撃を受けつつ、また追ってくる男の兄（リー・ヴァン・クリーフ）を警戒しつつ進む一行だが、ロバーツは、スコットの進み方が遅いこと、あえて見つかりやすい平原を選んでいることに不審を抱く。同じ不審を追うクリーフも抱き、スコットの真意に気がつく。スコットの真の目的は自分であり、ある場所に自分を誘い込もうとしているのだ。かつて保安官だったスコットに逮捕された彼は逃亡して、スコットの妻をさらい、縛り首にしたのだった。その縛り首の木（十字架型、というよりY字型の枯れ木であり、完全な十字架ではないためその象徴性の手前に留まっているこの枯れ木は、『七人の無頼漢』の冒頭に見られた木と形が近似している）【図109】に到着したスコットらは、男をいつでも吊れるよう

図109 『孤独に馬を走らせろ』Y字型の木

にしてクリーフを待ち伏せる。走りくる馬上のクリーフをライフルで射殺したスコットは、その後ロバーツらと残った弟の身柄を巡って対峙するが、スコットは、もはやそいつに用はないと、あっさりロバーツらに男を引き渡す。スコットと別れて町へ向かったロバーツらは、煙が上がるのを見るが、それはスコットが縛り首の木を燃やしているのだった。

　旅の映画であるだけに、平原やそこを斜めに横切る道、砂漠、地平線、山の稜線など自然を大きく捉えた画面がシネスコに映える。冒頭の場面は岩山に設定されていたが、その後も本作ではほとんど川や井戸といった水場が現われず、その乾ききった画面の印象も相まってか、物語の主題である復讐の過酷さを際立てている。といっても、スコットの大人びた風格もあってだろうか、あまり激しい葛藤を感じさせないのが特徴的である。例えばアンソニー・マンであるならば、過去のトラウマが現在においても露出し、主人公を心理的のみならず肉体的にも苛《さいな》む場面を必ず見せるはずなのだが、そうした処理が一切ないのがベティカーなのだ。心理や感情はアクションを起動する契機であればよく、その強度や負荷が問題ではない。強度や深さはむしろアクションの滑らかな運動を阻害しかねないので、かえって邪魔なのである。ベティカーは、たとえ復讐や贖罪を扱うにしても、マンの神話的、ないし旧約的世界とは大きく異なる世界を繰り広げる。昼にアクションが生起し、夜に主人公の過去が明らかになる内面的な場面が配されるといった具合に、昼と夜が規則的に交代する整然とした作りも、歪《ゆが》みのない滑らかな運動の印象を与える。

図110　『孤独に馬を走らせろ』魅力的（不透明）な悪役。コミカルな場面のロバーツ（左）とコバーン

　サイクルとの関連で言えば、スコットが、自分の獲物を奪おうとする男と旅を共にせざるを得なくなるという展開において『七人の無頼漢』と同型。その男にどこか憎めないところがあるのも同じである。本作の場合、さらにジェームズ・コバーンが加わって、パーネル・ロバーツとの間でコミカルな場面すら演じられる（本作はコバーンの初映画出演作）【図110】。コバーンはロバーツに、これが終わってあんたが農場を持ったらあんたの下で働かせてくれと言うのだが、ロバーツは、お前は俺の下では働かないと言う。俺の下じゃない、一緒に働くんだ、パートナーとしてな。呆気にとられたコバーン、そりゃまた何でだよ。お前が好きだからだ、とロバーツ。何だよ、それならそうと言ってくれよ、と舞い上がるコバーン。この一連の会話は、撮影の際に加えられたもので、コバーンの演技を気に入ったスコットがベティカーに入れるよう進言したもの。ベテ

ィカーはまた、『荒野の七人』のキャストを探していたジョン・スタージェスにこの場面のフィルムを送ってコバーンを推薦し、それによってコバーンは『荒野の七人』にキャストされて、スターになっていく[7]。

最終作『決闘コマンチ砦』では、スコットは、インディアンにさらわれた女の噂を聞いてはその女を物資と交換で救いにいく男を演じる。今回救われた女（ナンシー・ゲイツ）は彼に、コマンチにさらわれた女が帰ってきたら男はどう思うかと問い、スコットは、何とも思わんさ、愛しているならな、と答える。この会話は、スコットの後姿の腰回りが画面の前景を占め、その背後に座っている女が見えるという構図で撮られており【図111】、前作『孤独に馬を走らせろ』冒頭の、主人公スコットと逮捕される弟の会話場面と同じ構図で【図112】、連続して見るとその反復性が目立つ。会話そのものはインディアンにさらわれた女の性という微妙な点を巡るものだが、同じ問題を言外の主題としたフォードの『捜索者』や『馬上の二人』のような深刻さはなく、それ自体をまともに取り上げるわけでもない。ここで表現されるのは、もっぱら登場人物間の心理的緊張関係、距離感であって、その後別の人物たちが加わって複雑化しながら映画全体が描いていくのもその関係の変化であるわけなのだが、物語を異にする前作と次作のはじめの部分で同じ構図が用いられていること自体、ベティカーの狙いが主題そのものにはないと示すだろう。

実際、サイクルの最終作となる本作はこれまでの作品との類似が頻出するのであって、そもそも冒頭、山の稜線を回ってこちらに向かってくるスコットを捉えたタイトル部分の長回しも前作のタイトル部分によく似ているし、音楽は前作とまったく同じものを使いまわしているので、類似がいっそう際立って見える（前作において極めて強烈な印象を残した縛り首の木が、本作のある風景の中に見えもする）【図113】。スコットは女を連れて町に向かう旅に出ることになるが、そこに男三人組が加わり、男四人に女一人の一行になる構成も前作と同じ。

図111　『決闘コマンチ砦』はじめの構図

図112　『孤独に馬を走らせろ』冒頭の構図

後から加わった三人組の男たちはならず者で、そのうちの首領（クロード・エイキンズ）とスコットは旧知の仲である。エイキンズはかつて軍隊でスコットの部下だったが、従順なインディアンを皆殺しにした罪で軍法会議にかけられ（スコットはそこで彼に不利な証言をしている）、軍隊を除籍になっていた。エイキンズの口から、彼女の夫が多額の懸賞金を懸けていることを知ったゲイツは、スコットも金目当てと思い込み、軽蔑する。しかし、スコットは自身も妻をインディアンにさらわれていたのであり、さらわれた白人女が交換に出ていると情報があるたびに、救いに行っていたのだった。エイキンズは、あわよくば彼女を奪って懸賞金をと、スコットらと旅を共にする。夫が自分では探しに来ず、懸賞金を懸けているのは、むしろ死んでもらいたいからだとエイキンズは手下代わりの男たち（スキップ・ホーメイヤー、リチャード・ライト）に言うが、彼らは女まで殺すのは気が進まない【図114】。

図113 『決闘コマンチ砦』のY字型の木

図114 『決闘コマンチ砦』魅力的（不透明）な悪役。ホーメイヤー（左）とライト

ホーメイヤーが偵察に行ってインディアンに殺されるも、その遺体を埋葬する間もなく逃げ出さねばならず、その後ライトはホーメイヤーの馬の鞍を下ろし、彼の遺したものはこれだけかと嘆く。男は何か自分に自慢できるものを残さねば、と父の言葉を思い出すライトは、しかし幼くして両親と死に別れ、自分の年齢も知らずに、生きるために悪の道に入らざるを得ず、つき従うに足りぬ酷薄なエイキンズと行動を共にしていたのだった。善と悪の境界はその気さえあれば越えられるとスコットは諭し、この旅が終わったら自分と一緒に来るか、俺も一人でいることに疲れた、と誘う。この首領エイキンズと二人の手下、ホーメイヤー、ライトの関係は、ホーメイヤーの存在の共通性によって『反撃の銃弾』の首領ブーンと二人の手下、ホーメイヤー、シルヴァの関係を思わせる。ただし本作では、スコットとライトの間に父と子のような関係が生じるのが新しい。その後、旅が終わりに近づくとスコットはエイキンズを警戒し、彼らの武器を奪って追放するが、エイキンズは隠し持っていたライフルで岩場をやってくるスコットを狙う。離反して去ろうとするライトをエイキンズは撃ち殺し、その銃声で彼の存在に気づいたスコット

が忍び寄って背後から銃を突きつけるが、エイキンズはそのまま振り向いて撃たれ、死ぬ。この岩山は『七人の無頼漢』のラストの銃撃戦の岩山と同じだし、エイキンズがあえて振り向いて撃たれるのもどこか『反撃の銃弾』のブーンの自死に近い死に方を思わせる。さて、その後スコットがゲイツを家に送り届けると、子供と夫が家から出てくるが、その夫は盲目だった。彼が自ら妻を探しに出ることができなかった理由は、これだったのである。スコットは再会を喜ぶ一家のもとを去り、再び別の女を救いに冒頭と同じ岩山に向かうのだった。

復讐──決闘

ラナウン・サイクルには、大雑把に分類して二通りの型がある。主人公が移動する物語か、一か所＝町に留まる物語か、である。仇を追い求めて旅をする『七人の無頼漢』と『孤独に馬を走らせろ』、インディアンから救い出した女を送り届ける『決闘コマンチ砦』。この三作品はすべてバート・ケネディ脚本であり、かつ主人公の獲物を横取りしようとする男（たち）がいるという点で共通する。『七人の無頼漢』は平原に始まって岩山に終わり、『孤独に馬を走らせろ』と『決闘コマンチ砦』は逆に岩山に始まって平原に終わるという場所の推移は対照的であるが、逆方向であるというだけで、冒頭と異なる風景に辿りつくという構造は同じである。風景という点では、この三作には同じ十字架ないしY字型の枯れ木が映り込んでいることでも共通する。

他方、一か所に留まるものとしては、身代金を山の隠れ家で待つ『反撃の銃弾』、妻を死なせた男のいる町へ復讐にやってくる『サンダウンの決断』、悪党一家に牛耳られた町でいざこざに巻き込まれる『ブキャナンひとり馬に乗る』、同じく悪党に乗っ取られた町の駅馬車を再開させる『決闘ウェストバウンド』。『サンダウン』では町は仇の男に牛耳られており、『反撃の銃弾』でも主人公は悪党に監禁されて、彼らの支配下にあるわけだから、これらの作品ではすべて、悪党の牛耳る場所に捕らわれた主人公がそこから解放される物語と見ていい。『反撃の銃弾』を除く三作では、主人公の解放は即ち町の解放＝浄化でもあるということになる。ちなみにラナウン・サイクルは、砂丘、火山岩質の山、川、すべてがそろうカリフォルニアのローン・パインで全作品が撮影されており、そのこともミニマリズムの印象を強めている。

他に主題として共通するのは復讐である。『七人の無頼漢』、『孤独に馬を走らせろ』が典型的に復讐譚であるが、『サンダウンの決断』は妻を自殺に追い込んだ（と主人公が思い込む）相手への復讐、『ブキャナンひとり馬に乗る』は、稼いだ金を理不尽に奪われた相手への復讐、『決闘ウェストバウンド』は町を悪の巣窟にした男への復讐と見ることができる。『決闘コマンチ砦』すら、失われた妻への償いという意味でこの主題系に属すると言える。しかし復讐といっても、情念のようなものが感じられないのが極めて特徴的である。情念が主人公をして執念深く標的に向かわしめ、しかしそれによって周りが見えず、何らかの障害を招いてしまうというような、復讐劇にありがちな作劇が取られることがない。主人公は常に余裕を持って事態を見極め、操作する。これは先述したように、感情は物語を起動していくための契機であればよく、劇作がそもそも感情の強度を求めていないことに由来する。従って物語の進行がまるで機械の運動を見るようで、極めて滑らかで遅滞がない。最後の決闘があまりにもあっさり終わってしまうのも、決闘が行なわれたことの結果があればいいのであり、鬱屈した感情がついに放出されるといったカタルシスはそこに存在しないし、必要がない。

『決闘ウェストバウンド』では相手はあっさり死に、『反撃の銃弾』、『決闘コマンチ砦』では相手は自死のようにして死に、『ブキャナンひとり馬に乗る』では敵味方の乱闘のうちにことが終わってしまい、『サンダウンの決断』では決闘が頓挫して映画が終わってしまうありさまだ。まともに決闘があるのは『七人の無頼漢』のみである。しかもその決闘は、復讐の相手そのものではなく、金を横取りしようとする男であるリー・マーヴィンとのそれだ。そこでは確かに「七の奇蹟」の蓮實が言うように、平面的であることを自身の根拠とする映画にあっては、交互に捉えられるしかない対峙する二者の視線＝銃弾は決して交わらないのである。従って一方を捉えた画面において銃弾はどこからともない場所から飛来することになり、その不可視の視線＝銃弾を驚愕と共に受け止めつつリー・マーヴィンは死ぬのだ。蓮實の言うようにラナウン・サイクルの全作の物語が決闘に向けて構成されているわけではないが、しかし作劇上は決定的なクライマックスであるはずの決闘という部分、西部劇にとって自明ないわば「儀式」から装飾を奪い、「儀式性を欠いた儀式の無償の純粋性にまでおしやっている」（「七の奇蹟」）。その剝き出しになった視線の交錯＝決闘において、向かい合った視線は交わらないという映画の限界が露呈され、その映画の限界ゆえにリー・マーヴィンは死なざるを得なくなるわけなのだ。いずれにせよ、アンチ・クライマックスというほどの気取りもなくクライマックスはクライマックスであることを外され、あるいはいわば、その貧しさを剝き出しにされる。映画はあくまでも淡々と進み、淡々と終わる。この印象は、本質的に紳士であり、常に心理的に余裕を持った大人であるランドルフ・スコットという主演俳優の佇まいにも、いかにも似つかわしいものである。

分身―交換

決闘は二者の対決であるとしても、ベティカーにあっては、その二者の対立が決定的な何かとして演出されることがない。どちらか一方が必ずや消え去らねばならないような、不倶戴天の敵というほど決定的に分かたれてはいないのだ。むしろ彼らは（見た目の大きな差異にもかかわらず）似た者同士である。例えば『七人の無頼漢』のリー・マーヴィンが主人公の心理を鋭敏に読み取ることができるのは（雨の馬車内でのあてこすり）、彼自身が主人公と同じ心理を共有しているからだし、主人公に託して語っているのは自身の欲望そのものだ。また『孤独に馬を走らせろ』で、パーネル・ロバーツが主人公の行動に不審を抱き、彼の真意に気づくのも、自分だったらどうするかと考えた際の最良のやり方に照らしてのことであり、ロバーツ自身の技量が主人公と拮抗するものであるからこそだ。同じことは、真の敵リー・ヴァン・クリーフについても言える。極めて正確に、しかも遅滞なく主人公らを追ってくること自体彼の技量の高さを物語るが、主人公の真意を見抜き、その正体に気づけることに、主人公に匹敵する彼の能力が現われているのである。『決闘コマンチ砦』のクロード・エイキンズにしても、岩場に囲まれた平地に出たとき、主人公と同じくインディアンの待ち伏せの可能性に気がつき、インディアン対策において主人公と同等の技量の持ち主であることを証立てる。

敵は主人公と同等の存在である。あるいはそうでなくとも、彼と等しくなりたいと思っている。『反撃の銃弾』では、リチャード・ブーンは自分の農場を持っている主人公を羨《うらや》み、彼の農場での暮らしを聞きたがる。これは敵ではないが、『決闘コマンチ砦』の手下の一人リチャード・ライトは、人間は死んだ後に残る何かをなしとげねばならない、主人公はそれができている、として彼に敬意を（そして恐らくは憧れを）抱く。『決闘ウェストバウンド』では、敵は主人公の元恋人を妻にし、彼の職を継いでいる。『サンダウンの決断』の敵は、主人公の妻を寝取った男である。後二者の敵は、主人公の女を奪うことで、彼になり代わろうとするわけである。そう考えると、ラナウン・サイクルには、敵が主人公の獲物を横取りしようとするパターンが多いことに気がつく。妻を殺した強盗団への復讐の末にある金を狙う『七人の無頼漢』のリー・マーヴィン。主人公が連れている恩赦の報酬が懸ったお尋ね者を狙う『孤独に馬を走らせろ』のパーネル・ロバーツとジェームズ・コバーン。これも主人公が連れている報奨金の懸かった女を狙う『決闘コマンチ砦』。主人公に対して分身的な存在の登場しない唯一の作品『ブキャナンひとり馬に乗る』ですら、敵の一人ブロデリック・クロフォードは、主人公の金を奪うのであり、それが物語全体を起動することになる。

ラナウン・サイクルでは、身代金が多く登場する。『反撃の銃弾』では駅馬車会社の娘を人質にして身代金が要求され、『ブキャナンひとり馬に乗る』では町を牛耳る一家の若者を殺したメキシコ人の釈放のため身代金が要求される。一人の人間と金が、等価なものとして交換される。女に対して懸けられた報奨金もその一種だし（『決闘コマンチ砦』）、恩赦（『孤独に馬を走らせろ』）もその変形であるといえる。『孤独に馬を走らせろ』では、本当の復讐の相手である兄を誘い出すために弟が使われるわけだが、ここで弟は兄の代わりであり、金に等しい「身代」である。

ラナウン・サイクルにあって一人の人間は、金や別の人間と等価交換が可能な存在である。その存在はかけがえのないものでは必ずしもなく、別の存在に（たやすくとは言わないまでも）替えうるものなのだ。分身の主題は通例存在論的な重み、自分とは何かという問いを主人公に突きつけてくるものだ（モンテ・ヘルマンの『銃撃』のように）。それが復讐という主題と重ね合わせられれば、復讐するものは仇の中に自分自身を見出し、自身に復讐の資格があるのかどうかを問うことになる。その問いはすぐさま、正義とは何かという、西部劇の最も重い問いに転化するだろう。しかしラナウン・サイクルにおいて、分身の主題はそのような重みを欠いている。確かに分身はその一方が消え去らなければならないことに変わりはないのだが、それは分身がその片割れと不倶戴天の敵であるからではなく、単に西部劇というジャンルの決まり事、決闘によって一方を消し去らねばならないというゲームの規則に従ってのことに過ぎない。ラナウン・サイクルにあって登場人物はゲームの駒のようなものであって、彼らはゲームの規則に従って動いている。駒は遅滞なく運動すればいいのであって、彼に心理も、心理を鈍く濁らせる過去の重みも必要はない。ラナウン・サイクルの滑らかさ、軽さの印象は、これがゲームに近似することに由来するだろう。同じ俳優、同じ監督、共通する脚本家と撮影監督のチームによる、内容が少しずつ異なる七本の作品という製作体制も、同じ規則に従ってプレーされつつ、一回一回展開を異にする七回のゲームを連想させるのである。

しかし、では登場人物がまるきり個性を欠き、役割に還元されきった存在なのかといえばそうではない。とりわけバート・ケネディ脚本の作品における敵役は、単純に悪と言いきれない、実のところ主人公以上に複雑な造形を施されており、極めて不透明な存在である。ことによると主人公以上に見るものの関心を惹きかねないこうした悪役の存在は、先に挙げたデルマー・デイヴスの『襲われた幌馬車』（ここでは、主人公が初め悪人のように見えながら、その後彼の人間的深さが見えてくる構成だが）や『決断の3時10分』などと共通する。魅力的な悪役はこれまでも皆無だったはずはないが、正義と悪が明確に分けられていて、状況の変化によって物語のヴァリエーションを確保していた古典的西部劇の時代は無論、その境界が曖昧になってきた五〇年代においてすら複雑な造形をなされるのはもっぱら主人公のほうであった。そこでは正義であるはずの彼に自己不信や疑いが生ずるという形で西部劇の人間造形の深さが実現され、またそれが西部における正義とは何かという問いとして主題をも形成してきた。悪役は多くの場合ひたすら憎まれるべき存在であり、最良の場合でも主人公の分身的存在として、彼に自己を反省させる装置であって、個性が付与されているにしても、これらの作品におけるように見るものに好意的な感情を寄せられるようなことはなかった（ワイラーの『西部の男』でウォルター・ブレナンによって演じられた、悪辣にして愛すべきロイ・ビーンのような例外はある。

またマンの『復讐の荒野』や『ララミーから来た男』におけるように、直接的な悪役でなくとも、その背後にいて劇の終わりに崩壊する家庭の家父長のような、悲劇的で見るものの共感を得る存在はいる)。これは、悪役のステータスが上昇したというより、逆に正義の側のステータスの低下によるものであり、その傾向はこの後いっそう進むことになるだろう(以後の章で詳述するが、歴史修正主義的西部劇はその流れをいっそう加速し、またエイブラハム・ポロンスキーの『夕陽に向って走れ』におけるロバート・レッドフォードや、ペキンパーの『ビリー・ザ・キッド/21才の生涯』のジェームズ・コバーンのような、主人公以上に陰影深い悪役も現われるようになる)。心理的深みは、正義の側から次第に悪の側に移行する。西部劇が基本的に勧善懲悪の物語である以上は、それが完全に逆転することはないにしても。

透明と不透明

かくしてラナウン・サイクルにあっては、ゲーム的で軽く滑らかな運動としての側面(透明性)と、悪役の位置が相対的に上がって主人公以上にそちらのほうが目立つようになってはいるが、登場人物の心理的な曖昧さの側面(不透明性)がせめぎ合っていることになる。もしこれらが連続して作られることなく、『七人の無頼漢』だけで終わっていたとしたならば、あるいは後者の側面のみが際立っていたのかもしれないが、七作品が連続して作られることによって、「交換」の主題や構造上の反復が目立つようになり、前者の側面も際立つことになったわけである。

不透明性は劇の潤滑な進行を妨げ、世界観を曇らせる濁りとなり、犯罪映画においてすらその遅滞、善と悪の曖昧さは、フィルム・ノワールという新たな呼称を必要とするまでに異なるものとして認知された。さらにそれが西部劇に持ち込まれたとき、勧善懲悪の明朗なアクション映画としての西部劇にはとっていささか厄介な事態となることは自明である。アクション映画としての西部劇にもたらされた遅滞がいかなるものであったかは、『真昼の決闘』を思い出してもらえば瞭然だろう。敵が到着するまでの実時間を装うことで時間的な緊迫感を捏造しつつ、内実はほとんどが町の住民の心理劇であって、その頂点たる教会の討論では、話し手と主人公のクロース・アップの応酬をしつこくとらえ続けるという無駄としかいいようのないショットに多くが費やされる。ノワール的なものがもたらしたこうした遅延と灰色の領域、これが西部劇を深く侵すことで西部劇が進化を遂げたのは確かなことであるが、一方、それは活劇としての西部劇を滞らせるという矛盾を生じさせる。この矛盾をいかに解くか。

例えばジョン・フォード『捜索者』において、主人公のジョン・ウェインは、ついに探し当てた姪をインディアンであるがゆえに殺すのか、というアポリアに逢着する。これはインディアン=悪とする価値観への疑い(不透明性)と、悪たるインディアンを倒すという自明なアクション(透明性)との葛藤とみなしうる。しかしその葛藤は決定的な形で解決を見ることはなく、ただ、「投げる」というアクションによる姪の不意の出現や、抱き上げるという動作の共通性といった演出の力業によって、いわば封じられる（その強引な封じが我々に納得可能であるほど、フォードの演出力が高いということだ）。また、そうした不透明性は、フォードにおいては人種に対する進歩的な考え方として表われるが、突き詰めて探究すれば勧善懲悪的世界観を濁らせかねないそうした進歩性も、『シャイアン』や『荒野の女たち』で黒人にインディアンや東洋人を演じさせるという古典的形式（映画的慣習）によって相対化される。要するに、無理やり矛盾を解消ないし回避したわけである。ベティカーも同じアポリアに逢着した。しかし彼の場合はサイクルとして連続的に作品を作る機会に恵まれたため、同じモチーフの反復によってその形式性を際立たせる、あるいはまた、敵役の複雑な造形に比して主人公の存在感を希薄化するという具合に、作を重ねることで不透明性を透明性によって希釈するという、より洗練された形でそのアポリアを回避できたといえるのだ。

透明性と不透明性のせめぎあいをまとめて、また以後への論の道筋を軽くつけておくなら、五〇年代のマンやレイなどにおいて西部劇は不透明性のほうに大きく傾き、それが徐々に均衡を取り戻して、五〇年代後半から六〇年代のフォードやベティカーにおいて拮抗するに至ったといえる。揺り戻しが来たと考えられるが、この揺り戻しはさらに進み、ハワード・ホークスの三部作においてその極点に触れることになる。ラナウン・サイクルの最重要の脚本家であるバート・ケネディはその後監督業にも乗り出すが、彼の監督作はラナウン・サイクル以上にゲーム性の高い作品である。こうした遊戯的西部劇は例えば、ジョン・スタージェスの『荒野の七人』などに典型的に実現され、さらにその傾向はイタリアで製作された西部劇、いわゆるスパゲッティ・ウェスタンにも引き継がれてさらなる様式化を施されていくだろう（ここで断っておくが、アメリカにとって西部劇とは何か、を問う本書ではスパゲッティ・ウェスタンは扱わない。『荒野の七人』が黒澤明『七人の侍』の換骨奪胎であるのは知られた事実だが、物語の外形だけを日本からアメリカへ、アメリカからイタリアあるいはスペインへと移行させられるようになったことそれ自体が、西部劇という形式の、内実を欠いた独り歩きであり、形骸化の一つの表われである。ただし、クリント・イーストウッドに強い影響を与えたという意義ゆえに、セルジオ・レオーネの「ダラー三部作」については例外的に第九章で記述する）。加えてインディアンの被った迫害を実態に即した形で描こうとする歴史修正主義的西部劇もまた、白人とインディアンの立場を逆転させただけで、正義と悪の分割の明瞭さという点では透明さの側にあると言え、揺り戻しの方向性に棹さしている。しかしそうした透明性への流れに抵抗を見せる西部劇作家もおり、その典型がサム・ペキンパーということになる。ペキンパーは従って反時代的な西部劇作家として自身を定義することになり、彼の作品には、不透明さを帯びた西部劇へのいささかのノスタルジーも滲みだすことになるだろう。

一方六〇年代はスタジオ・システム崩壊の時代でもあり、古典的西部劇像が揺らぎ、その枠組みでは捉えきれないような西部劇も生み出されるようになってくる。モンテ・ヘルマンやロバート・アルトマンらのアンチ西部劇ないしニュー・シネマ的な西部劇。ここでは正義と悪の区別はいっそう不透明になり、そもそも何が正義で何が悪かすら判然としなくなってくる。正義と悪の区別を前提としたうえでそれが揺らぐことにおいて西部劇の葛藤はいやましになっていたわけだが、ここではその前提さえ崩れ去る。それは不透明さの極というより、透明不透明の区別が役に立たない次元の出来《しゅったい》である。

ホークスの三部作

ホークスの三部作は透明性の極であるが、しかしそれはゲーム的アクション性が際立って見える痛快娯楽作品であるということにとどまらない。確かにそこで登場人物は明快に善と悪に分けられ、その境界はまったく揺らぐことがない。正義とは何か、自分は一体正義なのか悪なのかなどと、主人公が知識人風に疑心暗鬼に駆られることもない。しかしでは、ここにある透明性とは、古き良き時代の西部劇の勧善懲悪の濁りなき世界の復活という後ろ向きの動きであるかといえばまったくそうではなく、逆に映画という運動の行きつく先、その白熱、焼尽なのであり、それが一見透明に見えるということなのだ。

ホークスの三部作は、五九年の『リオ・ブラボー』、六六年の『エル・ドラド』、七〇年の『リオ・ロボ』。『リオ・ロボ』はホークスの遺作で、最晩年の作品群ということになる。すべてジョン・ウェイン主演である点、またすべてリー・ブラケットが脚本に参加している点は、すべてランドルフ・スコット主演で、バート・ケネディが大半の脚本を手掛け、その作品世界のカラーを決定しているラナウン・サイクルと同様だが、しかしラナウン・サイクルがある程度構成を共有しながらも、一本一本はそれぞれ違う物語であったのに対し、ホークス三部作は（最後の一作が多少前提を異にしながらも）ほぼ同じ物語を語っている。セルフ・リメイクということはあるにしても、同じ監督が三本、しかもほぼ立て続けに、というのは映画史上例がなく、この点ですでに過激である。

物語は三作ともに、ある町の悪党を捕まえた保安官たちが、彼を引き渡すべく連邦保安官なり騎兵隊なりを待つ間、取り戻そうと襲撃してくる悪党連中に抗して刑務所に立てこもるが、仲間を捕らえられ、交換に応じざるを得なくなる、というもの。主人公のジョン・ウェインは変わらないが、アルコール依存症から立ち直りつつあるその仲間はディーン・マーティン（『リオ・ブラボー』）、ロバート・ミッチャム（『エル・ドラド』）、ピーター・ジェーソン（『リオ・ロボ』）[▼8]と交代する。同じく仲間で、いささか狂気じみたところのある老人は（順に）ウォルター・ブレナン、アーサー・ハニカット、ジャック・イーラム。若い仲間は（順に）リッキー・ネルソン、ジェームズ・カーン、ホルヘ・リベロと交代する。アルコール依存症、狂気じみた老人、加えてウェイン演じる主人公自身も欠点を抱えているという設定（『エル・ドラド』では体に残った弾のせいで半身不随であり、捕らわれて人質にされる始末だし、『リオ・ロボ』では年のせいで性的対象ではない「安全な」おじいさん扱いされる）で、要するに全員が半端ものの集団が、しかし適材適所、言葉を交わさずともするべきことをする、見事なチーム・プレーを演じるのだ。町の連中も『真昼の決闘』のように保安官に掌《てのひら》を返すどころか、援助をしようと申し出てかえって断られるし、また町の連中の目があるから悪党連中も違法行為を犯してまで捕らわれた者を救助できないという具合で、直接決闘に関わらない町の住人はある種、ルールを弁《わきま》えた良質のゲーム観戦者として存在しているかのようであり、これも三部作をまるでゲームのようと感じさせる一因である。

ラナウン・サイクルにも交換の主題があったが、ホークスの三部作にもそれが見られる。映画の最後で人質交換が行なわれるのである。それは決闘に限りなく似ており、広く開かれた空間で二者が近づく。ただしここでは決闘と違って、視線＝銃弾の不可能な交錯という映画の限界が露呈されることはなく、人質交換は最終的に乱闘に推移していく。しかし交換という主題そのものは、リメイクという形で三度も反復され、作品と作品の間で継続されていくのだ。▼9 交換という主題は、そもそもホークスにとって特権的なものである。白雪姫と七人の小人をギャングの愛人と世間知らずの教授に置き替えた『教授と美女』（41）、さらに教授をジャズ・ミュージシャンに置き替えて『教授と美女』をリメイクした『ヒット・パレード』（48）。『モンキー・ビジネス』（52）では、研究者が長年求めてできなかった若返りの薬をサルが適当な調合で実現してしまうという意味でサルと人間が逆転しており、さらに若返ることで大人が子供に逆転する。その逆に、子供が何とも嫌味な大人のようであるのは、オムニバス『人生模様』のホークス監督になる一編『赤酋長の身代金』（52）と、『紳士は金髪がお好き』（53）。ペットの豹と野性の豹が入れ代わり、人間が動物のように檻に閉じ込められる『赤ちゃん教育』（38）。入国制限のため男が女になり代わる『僕は戦争花嫁』（49）。『ヒズ・ガール・フライデー』（40）も原作の男女の性別を逆転させている。墓であるはずのピラミッドが裏切り者を捕らえるための罠にすり替わる『ピラミッド』（55）等々。これも蓮實が指摘する通り、そもそもホークスの三部作以外の西部劇『赤い河』（48）は牛の、『果てしなき蒼空』（52）は毛皮の交易者の物語であった。交換の主題といっても、ラナウン・サイクルの場合は人間と人間、あるいは人間と金が交換される程度だったが、ホークスの場合それにとどまらず、男と女、人間と動物、大人と子供、墓と罠と、どこまでも際限がなく野放図であり、アナーキーである。しかもそこでは、入れ代わったことによる混乱がひたすら描かれるだけで、何らの教訓もない。現われるのは無償の運動の輝きのみなのだ。

これまでホークスの映画を、ゲームにたとえてきた。そこに見られるのは見事なまでに（機械的なまでに）機能する運動であるが、それは無駄がなく、遅滞がなく、そしてさらに驚くべきことに意味もなく、ゲームという一瞬一瞬変化しつづける流れの中で不意に現われては消えてゆく類のものであって、確かにそれを見たとしてもその証が見たことの（曖昧な）記憶の中にしかありえないようなものである（ゲームにおいて、決定的な瞬間はあまりにもあっけなく起こるものだから、人はただ呆然とそれを受け取るしかない。しかし、それこそが正しい姿勢であって、「決定的な瞬間」の映像をスローで何度も確認しようとするような態度は端的に誤りであり、かつ醜い）。それは単に素早いのではなく、起こったことの意義という余計な重みによってわずらわされることがないから速いのであり、ついつい意味を求めてしまいがちな我々には見えない、あるいは見えたとしてもそれを曖昧な記憶の中に想起して確かめるしかないような頼りないものだからこそ速いのだ。加えてホークスのアクションそのものが、元へと回帰する、つまりゼロに戻ることを志向しているのもその不可視性を強める。『リオ・ブラボー』における有名な場面、タバコを吸うためにライフルをふと立てかけたジョン・ウェインが三人の敵に直面した際、リッキー・ネルソンが彼にそのライフルを投げ、一瞬のうちにウェインが三人を撃ち倒す場面を蓮實は「運動の否認」と定義する。置かれたフイフルが元の手に戻るまでの往復運動であり、要するに距離の（あるいは時間の）廃棄であって、運動そのものを否認しているというのである。ホークス的運動は速すぎて、ついには運動そのものを無化してしまう。

映画にとって運動の否認はその存続自体を脅かす。ホークス的運動は、映画の限界に触れる。蓮實はもう一つの「運動の否認」を指摘する。『リオ・ロボ』冒頭における、列車の停止である。北軍の金が満載された列車を、南軍の兵士たちが止める。これもまたいかにもホークス的な装置なのだが、坂の登り口にグリースを塗りたくり、滑って戻ってくる列車を今度は線路の両側の木に張り渡したロープで引き止めるのだ。列車という、映画にとって特権的な運動体を止めるということ。一体何が起こっているのかというサスペンス、アクションそのものの豪快さに紛れてこの禍々《まがまが》しさは（これまた）見えにくくなっているが、本作がホークスにとって遺作となってしまう（ホークスの映画が終わる）という事実も、その禍々しさが映画にとってやはり決定的なものであったのだということを証立てているだろう。

ホークスの映画がその限界に触れている例を、『リオ・ブラボー』の同じ場面から、蓮實とはまた別の見方で提示することもできる。その場面において、敵に一瞬の隙があったからこそリッキー・ネルソンはウェインにライフルを投げ与えることができたのだが、その隙は、アンジー・ディキンソンが鉢植えを投げて脇の窓を割り、敵がそちらのほうを見てしまったから起きたことだ。彼らはウェインから目をそらし、窓のほうを「見た」。そのために死んだのである。「見る」ことが死につながる。逆に言えば、死なないためには見ないことだ。主人公らに手を貸そうという牧場主（ワード・ボンド）が卑怯にも射殺され、その犯人を追って敵方のバーにやってきたディーン・マーティンは、周囲が凍りつく中、銃を出そうというのか何やら身動きするバーテンダーのほうを見もせずに、動くな、と制する。さらにカウンターのグラスに滴る血に、梁《はり》に上がって隠れている見えない敵の居所を察知して、振り返りざま彼を射殺するのだ（同様に、血の滴りに見えない敵の居所を察知する場面が『エル・ドラド』にもある）。見ることは死ぬことであり、見ないことが生き延びることになるという、映画にとって決定的なパラドクス[10]。

かくしてホークスの透明性は、単なる遊戯性に還元されるものではなく、実は映画の臨界に触れる危険なものでもある。早すぎて目には見えない運動。見ることが死につながるという事態。見ることをその存在の存立条件としている映画にとって、ホークスのこうした特性は、映画そのものの否定にさえつながるだろう。映画を作ることが、映画を抹消していくことと等しい。そんな不可能な事態を現出させる究極の映画作家。ホークスにあって、映画はもはや目に見えないくらいに透明である。映画がこれほどの透明性に達した例は稀であり、西部劇史上においては絶無といっていい。西部劇は以後も透明性のほうに傾いて作られていくが、この臨界には以後決して近づくことはないだろう。

遅れてきた西部劇作家バート・ケネディ

バッド・ベティカーのラナウン・サイクルのシナリオを多く担当したバート・ケネディは、その後演出に向かう。彼の監督作はユーモアに満ちており、西部劇のパロディ的な要素も見られ、印象としても遊戯的であって、これまで記述したような西部劇の透明性の流れに即している。しかしながら、確かに彼がシナリオを書いたラナウン・サイクルにおけるような人物の不透明性は影を潜めているとはいえ、その造形は単純に割り切れるものでもなく、完全に透明性の方向に振り切った作家とはいえない。彼の西部劇作家としての最盛期は六〇年代から七〇年代初めであり、すでにスタジオ・システムは崩壊し、ジャンル映画の型も崩れていった時代である。そうした時代にあってなおジャンル映画としての西部劇にこだわり続けたという意味で、バート・ケネディはサム・ペキンパーと同様、反時代的な作家だったといえる。実際、彼の監督作品は、一見これまでの西部劇には見られないような例外的な主人公像、状況を描きながら、その実真っ当に古典的な西部劇となっているのであり、そのような姿勢は、監督としての真の処女作『モンタナの西』（64）に明確に現れている。

ケネディの監督としての初長編は『カナダ人たち』*The Canadians*（未、61）で、カナダに移住したスー族インディアンと地元民の軋轢を巡る物語。ラナウン・サイクルでも、インディアンは主人公らに敵対する勢力として背景にあるのみで、物語上の装置に過ぎず、まともに描こうとする意思は見られなかったが、そのケネディが処女作で、真正面からインディアンとの争いを描いていることにはいささか驚きがある（筆者は未見なのでその出来については何とも言えない）。ケネディは、現場でどう演出していいかわからなかったと言う。興行成績も芳しくなく、いったん映画から撤退し、テレビで演出の修業をする。『連邦保安官』（62）や『ヴァージニアン』（62）といった西部劇に限らず、『コンバット』（62〜63）などの戦争ものまで。テレビで演出の修業をした上で映画の演出に進んだ監督は、サム・ペキンパーをはじめ、アーサー・ペン（ケネディと同い年）、ロバート・アルトマン、ジョン・フランケンハイマーらがおり、映画の新しい時代を担った彼らと同じようなキャリアを（演出家としての）ケネディは辿っていることになる。

図115 『モンタナの西』溺れかけた若者と、一応注意はした初老の男

　ケネディの二作目『モンタナの西』は、一作目と異なり、インディアンも政治問題も出てこない、有名俳優さえ出演しないミニマルな作りのB級西部劇である。実際二本立てで上映されており、本編（ジョージ・マーシャル監督の、南北戦争時代を舞台とするコメディ西部劇『後ろへ突撃！』（64））より評価が高く、ケネディにとって監督としての再スタートを決定づける作品となった。冒頭、初老の男（バディ・エブセン）が川辺でコーヒーを飲んでいると、そこに若者（キア・デュリア）が通りかかる。川を渡ろうとして、わしならそこは通らんがな、若いの（sonny）と言われ、指図するなと渡り始めると、馬が流砂に足を取られて溺れかける。初老の男は、コーヒー・メーカーと焚火を片づけておもむろに馬に乗ると、青年が渡ったすぐ脇の浅瀬をさっさと渡ってゆく。無表情な初老の男と、反抗的で愚かな若者の対比【図115】。映画全編のカラーを決定し、そのなりゆきを予測させる絶妙な冒頭である。

　初老の男は若者の父親の親友であり、亡くなった父親は放蕩者の息子に自分の牧場をすぐに継がせるのをためらい、親友である初老の男に託して、任せても大丈夫と彼が判断したら息子に継がせてくれるよう依頼していたのだった。かつての父親も嫁をもらって更生したことを（トイレにあった雑誌の「結婚相手求む」の広告を見て）思い出した初老の男は、方々を探して、ある酒場（その女将メアリー・ウィンザーが広告を出しており、初老の男を見て理想の相手が来たと思ったのだが）で掃除婦をしていた子持ちの女（ロイス・ネトルトン）を連れ帰る。若者はあてがわれたその嫁に対し、初老の男から牧場を取り戻すまで夫婦のふりをすると告げ、女も正直に告白した彼に感謝する。女と一緒に家を建て、子供と親しむうち、次第に若者はこのまま身を固めるほうに心傾くが、なかなか自分を認めない初老の男に業を煮やし、またぞろ放埓の過去に帰ろうとして初老の男の怒りを招く。若者の悪友（ウォーレン・オーツ）はかつて彼とつるんで父親の牧場の牛を盗んでいたが、彼が真っ当になりかかっているのをやっかんで、幼い連れ子が寝ている建設途中の家に火をつけ、さらに牛を盗む。ここに至って若者は悪友との決別を決意する（奪われた牛を取り戻すのを手伝ってくれと若者に頼まれた初老の男は、お前の牛を取り戻そう、息子よ〔son〕と言う。これは、sonnyがsonになるまでの物語なのだ）。朝霧の中、見えない相手を、声を頼りに撃つ。ついに身を固めた夫婦を残して初老の男は去り、あの酒場に再び足を運ぶのだった。原題の「メール・オーダーの花嫁」（*Mail Order Bride*）はネトルトンのことではなく、ウィンザーのことだったとラストで判明するしかけだ。最後の最後にタイトルの真意が明かされるという仕組みは、以後の『大列車強盗』（73）でも反復される（列車強盗の遺した金の争奪戦を描くが、主人公らがタイトルの列車強盗になるのはラストの瞬間なのだ）。

初老の男と女子供が劇を動かす主動因であるという意味で異色に見えるが、女性がアウトローを共同体に馴致するという、メロドラマとしての西部劇の基本的な枠組みを遵守している。また、ラストに敵との決闘があり、しかもそれを霧の中で行なわせるという視覚的戦略も有効で、実に真っ当に古典的な西部劇であることが、終わってみればわかるのだ。異色と正統の間を揺れ動くようなケネディの姿勢は以後も一貫している。正統の極には、共にジョン・ウェイン主演で、ジョン・フォードのカメラマンでもあるウィリアム・クロージアが撮影の二本、かつて自分を陥れた男の会社の、武装した駅馬車を襲撃するハイスト西部劇『戦う幌馬車』（67）と、『大列車強盗』がある。一方、異色の極には、借金まみれでできそこないの雇われカウボーイ二人組（グレン・フォードとヘンリー・フォンダが演じる）を描く『ランダース』（65）、地獄の使者のように凶暴な男（アルド・レイ）に滅ぼされた町を再建しようとする頼りない保安官（ヘンリー・フォンダ）が、再び町を訪れた男を迎え撃つ『ハード・タイムズへようこそ』*Welcome to Hard Times*（未、67）がある。時代としてはすでに古典期は終わっており、従ってダメ人間が主人公という後者の非正統的な西部劇のほうが当時としては主流であったが、ケネディの場合どうも心から納得してそうした方向性を取っているようには見えない。むしろ前者の正統的な西部劇のほうに心情的に肩入れをしているようで、また実際そちらのほうが作品自体の出来もいいのだが、しかしどこか時代遅れの感を免れないというジレンマがこれらの諸作には見えるのだ。

ちなみにヘンリー・フォンダとグレン・フォードの二人は、その役柄の転換に西部劇の変質が垣間見える俳優である。フォンダは前章で記述した通り、フォードのヒーロー像が転換する『アパッチ砦』（48）で初の悪役、というか観客の敵意を集める存在を演じたわけだが、それ以後はドミトリクの『ワーロック』（59）の悪徳保安官、セルジオ・レオーネの『ウェスタン』（68）での鉄道会社の手先、ジョゼフ・マンキーウィッツの『大脱獄』（70）でのこれまた悪徳保安官と、西部劇では悪役を演じることがほとんどになっていく。かつてフォード作品で良識的な西部人を演じた彼の悪役としてのキャスティングは、むろんその落差のインパクトを見越してのことではあるが、その背後には、正義らしい正義が失われた時代が見える。またグレン・フォードは、デルマー・デイヴスの『決断の3時10分』（57）で共感できる悪役を演じ、また同じくデルマー・デイヴス監督、ドルトン・トランボ脚本の、カウボーイの生活をコミカルかつリアルに描いた『カウボーイ』（58）では破天荒な牧場主を演じている。陰影深い人物造形やコメディ性という点で、ケネディに通じる新しさを西部劇にもたらしたデイヴスの特権的俳優として、西部劇の変質に掉さしている俳優である。

　ケネディの西部劇としては他に、ジェームズ・ガーナー演じるノンシャランで、しかし銃の腕は確かな男が保安官となり、浮浪者然とした男（ジャック・イーラム）を助手に、荒くれた町を統治する『夕陽に立つ保安官』（69）。さらにその続編で、同じくジェームズ・ガーナー演じる文無しギャンブラーが、酔っ払い（同じくジャック・イーラム）を凄腕ガンマンと騙して、対立する町の大物たち双方から金を取ろうとする『地平線から来た男』（71）がある。主人公の造形に違いはあるが、共に主人公が西部の町を平定する、あるいは平定して去るという型において正統的である。また逆に、ごく正統的な西部劇が過度な正統性のゆえに異色に見える『女ガンマン・皆殺しのメロディ』*Hannie Caulder*（未、71）のような例もある。家族を殺され、自身も深く傷つけられたものの復讐劇という型そのものは正統的であるが、この場合、主人公が女であるという事実が、その正統性を倒立させる。ヒロイン、ラクエル・ウェルチはジャック・イーラム、アーネスト・ボーグナイン、ストローザー・マーティンという何とも濃い連中に暴行されたうえ亭主を殺されて、その復讐を誓う。賞金稼ぎのロバート・カルプに銃を習い、一人一人殺害、残った一人も廃墟に追い詰めて殺す。ウェルチは極めてエロティックな身体を、その下に何も身に着けていないかのようなポンチョに隠して扇情的だ。型通りの物語にエロティシズムの意匠を被せた際物すれすれの西部劇で、こうした様式性はスパゲティ・ウェスタンを想像させるが、スパゲティ・ウェスタンはすでに六〇年代前半から作られており、本作はむしろその影響下で作られた逆輸入作品と言ったほうがいいだろう。

　意匠こそ変わっているが、その内実は正統的である。こうしたねじれは、六〇年代という時代の変化を受け入れつつ、西部劇を作り続けるケネディ自身の姿勢そのものといえる。

『夕陽に立つ保安官』の主人公は、オーストラリアに行く途中にその町に立ち寄ったのだと称し、一生そこで暮らしながらも、自分はオーストラリアに行く途中だと言い続けたという設定だが、その永遠に届かない未開の地オーストラリアは、もはや（未開であることをやめたがゆえに）存在しない、存在しないがゆえにいっそう憧れを掻き立て続ける、永遠の夢としての西部そのものである。映画作家ケネディにとっての西部劇も、そのようなものだった。正統的に作り続けることはもはやできず、それでも作り続けようとするための戦略（というか口実）が、意匠として現われる。彼は遅れてきた西部劇作家なのである。その名にふさわしい作家はもう一人いて、それがサム・ペキンパーということになるが、いささかケネディと西部劇に対する姿勢を異にするペキンパーについては以下の章で詳述する。ちなみにケネディの監督二作目『モンタナの西』の製作は、ペキンパーの（これまた）二作目にして重要作『昼下がりの決斗』（61）と同じリチャード・E・ライオンズであり、腰の定まらない若者を老人が手助けするという物語において共通している。また、共にウォーレン・オーツが重要な役割で出演しており、さらには音楽が一部流用されているとされ[11]、共通点が多い。ほぼ同じ出発点を持つだけに、時代錯誤の姿勢を貫き続けたケネディと、時代に即して自身を変容させたペキンパーとの、その後たどった道程の違いが際立って見えることになる。

デルマー・デイヴスの西部劇

記述はすでに六〇年代に入っているが、五〇年代の西部劇にとって重要だった作家について改めて確認しておきたい。デルマー・デイヴスである。すでにここまで何度か名前を挙げ、作品にも言及してきたが、彼以上に五〇年代西部劇の特徴を網羅している作家はいない。彼はフィルム・ノワールを監督（『潜行者』（47））し、またフィルム・ノワールのリメイクである西部劇を撮っている（『悪人の土地』（58）は『アスファルト・ジャングル』（50）のリメイク）。『去り行く男』（51）はリメイクとされているわけではないが、裕福ながら醜い夫と結婚した美貌の妻が、やってきた流れ者を誘惑するというプロットにおいて『郵便配達は二度ベルを鳴らす』（42）に類似する。またこれは先述の通り、『折れた矢』や『襲われた幌馬車』でプロ・インディアン映画を撮り（特に『折れた矢』はその劈頭である）、『襲われた幌馬車』、『決断の3時10分』では複雑な人間心理の描写においてラナウン・サイクルに匹敵する洗練を見せた。

　しかし、ではデイヴスは時代の流れに忠実であり、またそれを先導してきたのか、といえばそう簡単ではないのが彼の面白いところだ[12]。まず、デイヴスは確かにノワールを撮っているとはいえ、それは標準的なノワールとかけ離れている。『潜行者』は脱獄して自分をはめた相手に復讐をする男（ハンフリー・ボガート）の物語であり、映画の前半分ほどが主人公の視点（文字通りカメラが主人公の目となっている）で描かれていることも、その視覚の閉塞感によってサスペンスを高める効果となっている。しかし奇妙なことに、脱獄した彼には援助者が次々現われる。脱獄直後にヒッチハイクをするのだが、その男に正体を気づかれた主人公は、彼を殴り倒して服を奪う。するとそこに女（ローレン・バコール）が現われて、彼を都市の自分のアパートメントまで連れてきてかくまう。彼女の父も無実ながら獄死したので彼に肩入れしているという設定だが、彼女がその日そこにいたのは偶然である。また、バコールに迷惑はかけられない、とボガートがアパートメントを出て拾ったタクシーの運転手も彼の正体に気づくのだが、この運転手もやはり主人公を救う。主人公に整形を薦め、医者のところまで連れて行ってくれさえするのだ。その医者も免許停止で、うさんくさそうに見える（手術の麻酔中、医者への不信＝不安が彼に悪夢を見せもする）のだが、終わってみれば極めて有能だったことがわかる。外界は（特に都会は）、ノワール的主人公にとって脅威と闇に満ちた世界なのだが（そして最初は確かにそう見えるのだが）、しかしこの作品における外界は、守護天使が守る世界なのだ。

実際、主人公を苦境に陥れる二人の男女は、主人公と格闘の末、共に偶発的に墜落死する。偶然が主人公に対しあまりにも好都合に働くという点で、ご都合主義と言えば言えるのだが、ここまで来るとむしろ、夢の論理に映画が支配されているのだと言ったほうがよさそうである（夢の論理といっても、例えばウルマーの『恐怖の回り道』の悪夢とは正反対であるが）。その印象はラストにおいて顕著で、ボガートは南米へ逃れるためバコールと別れることになるのだが、その際、もし生き延びられていたら、ペルーの海岸のあるレストランで待っている、と告げる。カットが変わるとそこはすでにペルーで、ボガートがそのレストランの席に座り海を眺めていると、レストランの楽団が演奏する曲が急に変わる。それは、二人の間でスタンダード・ナンバーとなっていた曲だった。主人公がふとそちらのほうを振り返ると、バコールが立っている。この終わり方はほとんどおとぎ話かラブ・ロマンスのようであり、シュールレアリストたちが偏愛したとされるのも頷ける、夢魔的な甘美さに満ちている（ついでに言えば、同じくシュールレアリストたちが偏愛した映画にヘンリー・ハサウェイの『ピーター・イヴェットソン』*Peter Ibbetson*〔未、35〕があり、そこでは監禁状態にある男女が夢の中で逢瀬を重ね、現実では一度も会うことがない）。

ノワールの名作、『郵便配達は二度ベルを鳴らす』の設定をそのまま借りたとおぼしい西部劇『去り行く男』も、確かにノワール的な暗さはある。主人公（グレン・フォード）を誘惑しようとする、牧場主（アーネスト・ボーグナイン）の妖艶で欲求不満な妻（ヴァレリー・フレンチ）、そしてとりわけ、主人公の同僚でフレンチに欲望を抱き、フォードに嫉妬して、彼が正当防衛で牧場主を殺してしまった際、妻との関係を述べ立てて疑惑を掻き立て、周囲をリンチへと誘導しようとする男（ロッド・スタイガー）は、いかにもノワール的な人物といえる。にもかかわらず、この映画にはノワール的な陰湿さが強く感じられない。主人公の側につき、スタイガーと対立するものたちがいるからだ。同じ牧場で働き、主人公に同情的な同僚たち、主人公と同様流れ者だが、牧場にいつき、彼につき従う男（チャールズ・ブロンソン）、そして何より、移住地を求めて移動中の幌馬車隊（とその中の女性フェリシア・ファー）。彼らは、病人が出たせいで牧場の土地に立ち往生せねばならなくなり、スタイガーの強権的な追い出しに対して、フォードが滞在を許可していたのだ。フォードは父を死なせ、母親に見捨てられた少年として孤独を生きてきた流れ者で、この牧場も一時の仮の宿に過ぎなかったが、ボーグナインに認められ、仲間ができ、といった具合に疑似的な家族を持ち始める。これは彼が共同体の中に居場所を見出す物語なのだ。幌馬車隊との関係も同様で、その中に彼が結婚するであろう娘も存在するのだから、それは彼自身の本当の家族の萌芽ですらある。こうした仲間、共同体、家族と主人公が結ぶ絆が、それを断ち切ろうとする個人的な黒い欲望に立ち向かうという構造が、この作品を大きくノワールから遠ざけている。

個人より仲間、という価値基準は、例えば本作における唯一のガンアクション場面にも見られる。スタイガーの当てこすり、フレンチの嘘により、信頼していた男に妻を寝取られたと思い込んだボーグナインは、酒場にいたフォード（彼は丸腰だ）を猟銃で撃とうとする。そこに駆けつけたブロンソンが銃を投げ渡し、フォードはそれでボーグナインを撃つ。この連携は鮮やかで、ほんの一瞬のうちに終わってしまう。ここで我々は『リオ・ブラボー』の例の場面を思い浮かべざるを得ないのだが、しかしその場面とも、これは大いに異なっている。既述のようにウェインは自分の銃を取り戻しているのであって、だからこそそれは自分の銃が手元に帰ってくるだけの運動の無化とも言えたのだが、ここで、フォードはそもそも丸腰で、他者がいなければ確実に命を落としている。他者の存在の比重が、この二作品ではまるで違っているのだ。『リオ・ブラボー』におけるガンプレーがプロフェッショナル二者の一時の連携に過ぎないのに対し、ここでは主人公と他者（そして「共同体」）との連携であり、それはより恒常的な絆の生成を象徴するものである。

『カウボーイ』も、個人と共同体の葛藤の物語だ。カウボーイに対しロマンティックなイメージを持つ、都会のホテルで働く男（ジャック・レモン）が、カウボーイの社会に入り込む。牧場主（グレン・フォード）はカウボーイの現実を彼に知らしめ、利益のためには問題を起こしたカウボーイ一人など切り捨てても仕方がないという過酷さを彼に教える。そうしたエゴイズムに対するレモンの感情は、反発から幻滅へと進み、ついに彼は自らそのエゴイズムを体現するに至る。すると逆にフォードは自身のエゴイズムを反省し、仲間同士の絆の価値を再認識して、レモンと和解に至るのだ。

こうした共同体の価値観と個人の対立を描いた諸作に対し、

『決断の3時10分』は個人と個人の闘いに見える。駅馬車強盗の一味が強盗を働いた後、ある町にやって来る。町の連中に、町はずれで強盗があったようだと告げ、彼らがそれを確認しに行っている間に逃げのびようとする強盗団だが、一人居残っていた首領（グレン・フォード）を、強盗を目撃していた農夫（ヴァン・ヘフリン）の協力で捕らえる。一味が戻ってくることを恐れた町の連中は、首領を大きな町に護送することにして、ヘフリンにその任を依頼する。旱魃に苦しみ、借金も断られていたヘフリンは、数百ドルの報酬でそれを受ける。馬車で護送したかに見せかけてヘフリンの自宅に留め置き、その後いったん町のホテルへひそかにその身柄を移して、三時十分のユタ行きの列車に乗せる計画だ。その汽車に乗せるまで、ヘフリンは一人、フォードの仲間が首領の危機を知って戻ってくるかもしれないとの恐怖におびえながら、フォードと対峙する。

図116 『決断の3時10分』惹かれ合うフォードとファーの表情

ヘフリンは、農場を維持するためには借金もやむを得ないという妻に、プライドから反対して一時的な不和の状態にあり、さらに決意して借金を申し込むが断られ、強盗団の眼を惹かないようにという配慮から一人でフォードを監視せねばならず、と孤立を強いられることになる。一方フォードは忠実な部下に恵まれており、共同体というシェルターを得ているのはむしろこちらのほうであるかに見える。だからこそ彼は、一人町に居残ってしまい、危機に瀕することになるわけだ。しかし彼は、人との関係を結ぶのに巧みな人間である。これは彼のつまずきの石にもなるのだが、彼が居残ることになるのは酒場の女との関係ゆえである（これは、特筆に値する細部である）。女（フェリシア・ファー）とフォードはかつて会ったことがあるとわかり、懐旧譚にふけりながら互いに惹かれ合う【図116】。カットが代わると、強盗の現場を検証している町の連中。ヘフリンの、連中は町に向かったはずだとの言から、ではさっき町に来た連中が強盗団だったのだと人々は知り、さらにそこに遅れて町からやって来た男が、それならまだ一人居残っていると告げて、連中はすわこそとざわめきたつ。次のカットは酒場である。縄のれんで仕切られた酒場の奥の空間から、フォードとファーが衣服や髪を直しながら現われる。明らかに性交後の親しさを漂わせている二人は、改めて酒を酌み交わし、二人を共に捉えたクロース・アップがそれを確認する。行為そのものが描かれているわけではないが、誰が見てもそうとわかる形でのほのめかしであり、当時としてはかなり大胆なショットといえる。女は、彼が捕まった後も、周囲の目を顧みず彼のために護送の馬車の扉を開けてや

図117 『決断の3時10分』任を投げ出さなかった男の絞首

る。性関係を自ら選び取り、それを誰に恥じることもない女性像。『折れた矢』でも、恋愛感情を明瞭にしたのはインディアンの女性のほうだった。

　その後もフォードは、ヘフリンの家で彼の妻や息子と屈託なく会話し、さらにヘフリンの置かれた立場をすぐさま理解して、彼の心に巧みに取り入る。彼は人たらしなのであり、だからこそ一味の首領であり続けることができたのだと、我々は思い知らされる。他方ヘフリンのほうも、必ずしも孤独ではない。駅馬車の持ち主はヘフリンに対し、報奨金を出すだけでなく、自身も体を張ってフォードの護送計画を支えるのだし、飲んだくれと蔑《さげす》まれている男（ヘンリー・ジョーンズ）もまた、ついに強盗団に絞首されるに至るまで、彼らの側について任を投げ出すことがない【図117】。それでも町の連中、駅馬車の持ち主に雇われた男たちは次々逃げ出し、ヘフリンは最終的に孤立する。しかし、彼と連帯するものがついに現われる。それが、他でもないフォードである。彼はヘフリンが陥っている苦境、恐怖心、それでも（金のためばかりでなく）やるべきことをやるという意志を理解し、それに共感するのだ。共同体の形成において難しいのは、一を十にすることではなく、ゼロを一にすることである。たった一人でいいから自分の傍らにいるものを生み出すこと。すべてはそこから始まる。その一歩が最も難しい。そしてヘフリンは映画全編の時間を通じてその困難を乗り越え、たった一人ではあれ彼に共感するものを得て、共同体を形成することに成功したといえるのだ。

　かくしてデイヴスの撮るノワールも、ノワール的設定を借りた西部劇にしても、ノワール的風土とは実は遠い作品になっている。本章は五〇年代後半において西部劇からノワール的な不透明さが次第に払拭されてゆく過程を描いてきたが、デイヴスはそれ以前の五〇年代初めから（さらに言えばもっと先のノワール時代から）ノワール的な不透明性から遠い作品を撮っていたことになる。ノワール的な西部劇は個人を主人公とし、彼が共同体との間で陥る苦境から（アメリカの、西部の）共同体の価値を問い直していた。それに対しデイヴスの作品は、西部劇は無論、ノワールにしても、個人は常に共同体と共にあり、個人が共同体に迎えられていったり（『折れた矢』、『去り行く男』）、また逆に個人が共同体を教え導いたり（『襲われた幌馬車』）、個人と個人の闘いの末に共同体の価値観が肯定されるに至ったり（『決断の3時10分』、『カウボーイ』）、いずれにせよ世界は（当然葛藤はあるとしても）最終的に主人公に対して融和的である。アメリカ、西部といった価値観に対して批判的なノワール西部劇が主流だった五〇年代という時代にあって、共同体に対する肯定性が際立つデイヴスの西部劇は、いささか楽天的に見えたかもしれない。しかしこの楽天性は、裏切りと疑惑に満ちた赤狩りの時代にあって貴重なものであったはずである。不透明（ノワール的な人物像の曖昧さ、疑いという形での共同体の主題化）と透明（ゲーム的な人物像の明瞭さと、個人主義）の対立という意味でも、デイヴスはその中間（複雑で曖昧な人物像、肯定的な形での共同体の主題化）を行く、特異な作家であった。

▼1　蓮實重彦「身振りの雄弁――ジョン・フォードと『投げること』」、「文學界」二〇〇五年二月号所収。

▼2　フォードの浩瀚な伝記の作者ジョゼフ・マクブライドによれば、フォードがマイノリティを主題とした映画を積極的に撮るようになった理由の一つとして、自身の西部劇が日本やイギリスなどで高く評価され、愛されているのに比して、アメリカ国内では冷遇されていることがあった（『ジョン・フォードを探して　ある伝記』*Searching for John Ford: A biography*, Faber and Faber, 2002, P. 642. 原著は2001, St. Martin's Press）。「自身のキャリアの最後期に、母国でのステータスが周辺的なものに留まっているというフォードの意識が、支配的文化に対するマイノリティ集団のメンバーに対する彼の、すでに強固であった感情的同一視をより強めたのだった」。
また、同書によれば、アンドリュー・サリスは、フォード晩年の作品傾向は、長らく彼の西部劇を無視してきたニューヨークの権威筋の批評家たちへのジェスチャーだったと述べている。フォードは黒人やインディアン、女性といったマイノリティに感情的に同一化していたのであり、そうした立場を進歩的なものとして自覚的に採っていたわけである。

▼3　ピーター・ボグダノビッチ『インタビュー　ジョン・フォード』、新版・文遊社、二〇一一年、P. 179。また、マクブライドによれば、クレジットされていないものの、その設定が本作にも生かされている書籍としてハワード・ファストの『最後のフロンティア』*Last Frontier*があり、これはコロンビアで映画化が画策され、シナリオまで書かれた。結局は頓挫したが、フォードはそのシナリオを下敷きにしている。シャイアン族に対して同情的な兵士の視点からの語りは、この本から引き継がれた設定である。ファストは、スターリンの粛清を知って離党したものの元共産党員で、非米活動委員会に喚問され、議会侮辱罪で三か月投獄されている。彼の著作は、舞台となる時代を問わず、虐《しいた》げられた者たちの立場に立って書かれている。中でも有名なのは『スパルタカス』で、この作品の映画化は、ブラックリスト脚本家ドルトン・トランボを公式クレジットに掲げ、ブラックリスト終焉の里程標となった作品として知られる。他にも『コモンセンス』を書いたトマス・ペインや、労働運動の過程で惨殺されたサッコとヴァンゼッティなどを主人公とする小説を書いている。

▼4　「七の奇蹟　バッド・ベティカー論」、『映画　誘惑のエクリチュール』筑摩書房、一九八三年所収。ラナウン・サイクルでは、説話的要素のすべてがラストの決闘に向かって組織されているとい

う、そのこと自体全体的には誤りではないが、以下記述するように決闘が頓挫したり、一対一ではなかったりと、細かく見ると必ずしも全作が決闘に向かって組織されているとも言えない。しかしともあれ、その決闘こそ、二つの視線の交わりを描くことのできない映画の不自然さを露呈する臨界点、映画の危機的瞬間そのものの謂《い》いなのだとする論の展開自体は、そうした事実的な誤認を差し引いてもいまだ刺激的であり続ける。ベティカーにおける決闘の「無償の透明性の戯れ」。本章における「透明」、「不透明」という概念は、蓮實によるこの批評とハワード・ホークス論「ハワード・ホークス、または映画という名の装置」(『映像の詩学』筑摩書房、一九七九年所収)から引かれたものだ。

▼5　以下、サイトParallax viewの、ショーン・アレクサンダーによる二〇〇八年のバート・ケネディへのインタビュー記事、バッド・ベティカーの自伝『不名誉の時』*When in disgrace*. Neville publishing. 1989等の記述から。

▼6　ジム・キッチェスは『ホライズン・ウェスト』*Horizon West*. BFI. 2004. 第二版(第一版は一九六九年、同じくBFI)の第四章のベティカー論で、ラナウン・サイクルについて、その教訓は「誰もが失う」ことだと述べている。

▼7　ターナー・クラシック・ムーヴィーズTCMのサイトの本作解説記事による。

▼8　『リオ・ロボ』にそれに当たる人物はいないように見えるが、山田宏一「ハワード・ホークスの世界」(『世界の映画作家16　西部劇の作家たち』、キネマ旬報社、一九七二年所収)によれば、北軍将校ウェインの部下で、冒頭に暴走する列車から飛び降りて首の骨を折り、ウェインに看取られつつ死んでゆくジェーソンは、ウェインの部下で、彼の友情を受けるヴァルネラブルな存在としてその系列に属するという。

▼9　「ハワード・ホークス、または映画という名の装置」。以下ホークスにおける交換の主題、運動の廃棄についてはこの論に多くを負っている。

▼10　ホークスがこのように「見る」ことを排したについては、またしても『真昼の決闘』への反発がその背景にあったと考えることもできるだろう。『真昼の決闘』の教会の場面での市民の発言に対し、いちいち差しはさまれる、そちらを見ている風のゲイリー・クーパーのクロース・アップ。ホークスはこれに苛立《いらだ》ったのではないか。

▼11　アメリカの古典映画ケーブルテレビ、TCMのデータベースの『モンタナの西』作品解説。

▼12　以下『潜行者』の解釈、デイヴスにおける共同体の役割に関しては、デイヴス再評価の批評、ベルトラン・タヴェルニエ「倫理的ロマン主義者」*The ethical romantic*、「フィルム・コメント」誌、二〇〇三年、一～二月号所収を参照した。

第七章
西部劇の黄昏——ペキンパー／ペン／アルトマン／ヘルマン

前章では、フィルム・ノワールによって心理的に不透明化された西部劇に対抗する形で、もっぱら活劇性を強調した西部劇が拮抗してきた五〇年代後半以降の動きを記述した。ノワールによる西部劇への影響は、西部の正義なるもの、といったアメリカの精神性にとどまらず、先住民への態度、アメリカの歴史へも疑いの目を向けた。その動きはカウンター・カルチャー全盛となる七〇年代に一連の歴史修正主義的西部劇としていっそう明確な形をとって現われるが（それについては次章で扱う）、ともあれそうした疑念、不透明性は、揺り戻しとして純粋な（透明な）活劇たる西部劇（その究極がホークスの三部作）を生むことになる。こうした揺らぎは、そもそも西部劇に精神的な側面と、活劇的な側面が同居していたがゆえのことであり、ノワールによって西部劇そのもののあり方に深甚な疑いが向けられたとしても、西部劇はそれを受け止めるとともに、その反動で活劇としての自身を限界まで突き詰めることさえできたのだ。この柔軟さ、したたかさ、そこに西部劇の、ジャンルとしての強さが現われているのである。

しかし、そのジャンルは、スタジオ・システムによって生まれ、またそれを支えていたものでもあった。だがスタジオ・システムは、六〇年代を通して徐々に崩壊していく。六〇年代はスタジオ・システム崩壊が進行する混沌の時代であり、また逆にそれゆえにこそ既存の映画のあり方にとらわれない映画が現われた実験の時代でもある。そうした時代にあって西部劇は、ともすれば最も保守的なジャンルとすら見なされた。この時代に作られた西部劇は残照の中にあり、どこか敗残の気配が漂う。この時代の西部劇の典型が、サム・ペキンパーの諸作であることは言を俟《ま》たない。ペキンパー西部劇の主人公はもっぱら時代に取り残されていくガンマンであり、そのこと自体、いかにもこの時代の西部劇のステータスを象徴している。加えて、ペキンパーが製作過程において製作者側とのトラブルが多い作家であったことは有名だが、そこには彼の個人的な性格以上に、スタジオ崩壊とそれ以後における作家のありようそのものが関わっている。さらにペキンパーはある時期以降暴力描写を激しくするが、それが可能になったのは、スタジオ・システムを支えてきたプロダクション・コード（内容、表現の自主規制）の廃止が関係している。かくしてペキンパーは内的にも外的にも、スタジオ崩壊期という時代に大きく規制された西部劇作家である。サム・ペキンパーを見ることで、西部劇の変質と共に、ハリウッドの変質をも我々は明確に捉えることができるだろう。また、西部劇作家というわけではないが、ペキンパーと同時期に活躍し、西部劇も撮っている重要作家の作品（西部劇以外の作品も含めて）とペキンパーの作品を比較、対照する。あくまで西部劇というジャンル内に留まり、この時代にあって旧時代的にも見えるペキンパーの作品に、実験的な彼らの作品との共通性を見出すと共に、ペキンパーを超えてゆく作品に、この時代の映画の特性を見て取ることができるだろう。

スタジオ・システムの崩壊

六〇年代西部劇に起こっていたことの背景として、スタジオの変化を概観しておく。スタジオ崩壊の最大の原因となったのが、垂直統合の廃止である。ハリウッドの古典期、スタジオは大量の作品を製作し、自前の映画館チェーンに配給することで業態を安定させていた。優秀なスタッフ、俳優たちを数年契約で雇用し、質の高い作品を量産、かつ間違いなくそれが公開される映画館を確保する。大量生産されることで質は安定し、また興行的な失敗も成功作によって相殺されるため、多少の実験も許され、製品の多様性も確保されるという好循環が生じる。こうした製作、配給、興行の連結が垂直統合と称されるのだが、それが独禁法に違反するとした連邦最高裁判所の判決が四八年に確定し、これを受けてメジャー各社は五〇年代に映画館チェーンを手放すことになり、垂直統合が崩れ始める。映画館はスタジオからのブロック・ブッキングを逃れ、自由にスクリーンにかける映画を選べるようになった。するとスタジオも、自社の映画館にかけ続けるための作品を量産する必要性がなくなり、大量のスタッフ、キャストを抱えておくことは不合理となる。これまでスタジオに丸抱えされていたスタッフ、キャストはスタジオでなく、タレント・エージェントに所属し、作品ごとに離合集散するのが常態となる（そのような製作形態はユニット・プロダクションやパッケージと称される）。スタジオに所属し、仕事が途切れる心配のなかった時代と異なり、監督は手掛けた作品の出来や評判次第では、必ずしも次の作品が保証されなくなる事態が生じる。ペキンパーは第三作『ダンディー少佐』（65）の製作時のトラブルにより、しばらく映画界を干されることになるが、それも、一作一作が冒険であり、トラブルやリスクをなるべく避けようとする傾向が強いユニット・プロダクション体制ゆえである。ペキンパーはそれ以後、撮れなくなることを恐れて自分の作風にそぐわない企画まで引き受けるようになり、映画作家としての一貫性を危うくすることになるが、こうしたなりゆきは、彼以後の映画作家が映画産業の中で自身の創造的連続性の確保に苦しむことの先例となるだろう。

かくしてスタジオは興行どころか製作部門まで縮小させ、実態は配給会社に過ぎなくなってしまう。例えばメジャーのパラマウントは、かつて年百本以上を製作していたが、六〇年には年間十五本しか製作していない。[1] メジャー・スタジオに代わって製作を担当するのはもっぱら独立プロダクションとなる。五八年までにハリウッドで作られる長編映画の半数が独立プロ作品となり、六〇年にはその比率はさらに上がって、三分の二に達する。[2] 大量生産されなくなり、ユニット・プロダクションによる一本ごとの勝負が主流になると、興行的失敗を恐れた製作側は、安全を求めてすでに名の知れた大スターの起用に頼る。かくしてスターの興行的価値は飛躍的に増大して、製作に対する発言権を強めることになり、さらに意欲的なスターたちは、自ら製作会社を興して製作の実権を握る（ジョン・ウェインのバジャック、バート・ランカスターのヘクト＝ランカスター・プロ、カーク・ダグラスのブライナ、ランドルフ・スコットのラナウンなど。こうした大スターたちの製作と意味合いは違うものの、ジョン・カサヴェテスが自身の監督作を自ら製作するのも、スタジオから独立プロへの製作主体の移行や、アートシアターなどのハリウッド主流とは異なる美学で作られた作品を好んでかける映画館の台頭も含む、興行における選択の自由の飛躍的拡大という時代の状況なしには考えられない）。

弱体化したスタジオは異業種に次々と買収される。ユニヴァーサルは六二年にレコード製作会社MCAに、パラマウントは六六年に石油会社ガルフ＆ウェスタンに、ワーナーは六七年に独立プロ、セヴン＝アーツに（その後八九年に出版社タイムに）買収される。MGMは七〇年、ラスベガスの富豪に買収されたが、七三年に配給停止しUAと合併、『天国の門』（80）の失敗で今度は逆にMGMがUAを吸収し、さらに八六年にはケーブルテレビのターナー・ブロードキャスティングに買収される（各社その後も紆余曲折するが、その詳細はここでは記さない）。六〇年代から七〇年代には買収を免れた二十世紀フォックスとコロンビアも、前者は八一年に石油王に、後者は八九年にソニーに、それぞれ買収されている。こうした異業種による買収は、映画作りの基本も知らず、映画への愛もないビジネスマンが、現場の苦労や熱意を無視して売れる企画ばかりを押しつける、という紋切り型の批判を生み出すが、それは実態とは異なっていたようだ。製作主体は実質独立プロに移行していたし、配給を抑えることでスタジオ各社は製作に対し手綱を握り続けてはいたものの、内容に細かく口を出すことはなかった。さらにこうした業績の安定した会社が後ろ盾につくことで銀行からの融資など資金繰りが安定し、ハリウッドの長編製作本数は六三年の百四十本から六〇年代末には二百三十本、さらに七〇年代半ばには三百本と着実に増えていった（『60年代』）。

大量のスタッフ、キャストを長期契約で丸抱えしていたスタジオは、スタッフの教育機関としての役割を果たしていたが、スタジオが失われた六〇年代、スタッフを映画界に供給する機関はテレビ業界となる（その後の七〇年代には大学の映画学科が加わる）。テレビは映画の放映にとどまらず、自らの製作で映画に代わる娯楽を提供することになるのだが、ペキンパー（西部劇テレビドラマ『ガンスモーク』脚本、『ライフルマン』脚本、演出、『遥かなる西部』原案、脚本、演出）をはじめ、アーサー・ペン（NBCでドラマの脚本、演出。後に映画、舞台作品として大当たりする『奇跡の人』も最初はTVドラマとして演出された）、ジョン・フランケンハイマー（CBSで『プレイハウス90』などのテレビドラマを演出）、ロバート・アルトマン（産業映画を経て、『ボナンザ』、『アルフレッド・ヒッチコック・プレゼンツ』などテレビドラマを演出）ら、この時代を代表する監督はみな、テレビのドラマ演出を経て映画界に入っている。テレビドラマの演出方法が、彼らのその後の映画に何らかの影響があったのかどうかについては検証が必要だろうが、しかし彼らのキャリアがテレビから始まったということ、彼らの生み出すドラマが、映画館という暗がりの中で一個のスクリーンに映写される巨大なイメージとしてではなく、家庭内の明るさの中で無数の小さなブラウン管に映し出される卑小なイメージとして享受されたという事実は、彼らのその後の作品、イメージ戦略（というか彼らの映画におけるイメージのステータス）を考えると興味深い。彼らにとってイメージは、現実との緊張関係の下にあるというよりも、それ自身が疑似的な現実であり、またいくらでも操作可能なものである。『ワイルドバンチ』（69）や『俺たちに明日はない』（67）で、ペキンパーやペンが、現実を写し取ったイメージをこれまでの標準を遥かに逸脱する過剰さで切断、接合してみせたのも、フランケンハイマーが『影なき狙撃者』（62）や『セコンド／アーサー・ハミルトンからトニー・ウィルソンへの転身』（66）で、アルトマンが『ロバート・アルトマンのイメージズ』*Images*（未、72）や『三人の女』（77）で、イメージが現実を凌駕し、支配する様を描いたのも、彼らがイメージをどう捉えているか、そのステータスと大いに関係があり、そこに彼らのテレビ演出経験が関係しているとみることも十分可能だろう。

これまでスタジオ・システムの崩壊を外的な面から見てきたが、内的な（つまり映画の内容面での）大きな変化が、六八年のプロダクション・コードの撤廃とレイティング制への移行である。プロダクション・コードは映画業界による内容、表現に関する自主規制で、どの年代の観客も安心して見られるよう、例えば性、暴力に関して露骨な表現を避けるという申し合わせである。これは表現の幅を狭めたり、また犯罪の成果で豪勢な生活を謳歌するような内容は避けるべきという規制からギャング映画の衰退を招いたりする一方で、男女が同じベッドに同衾する様を描いてはならないということを逆手に取り、結婚するべき男女が妨害に遭い続けるという著しく荒唐無稽なスクリューボール・コメディを生んだり、露骨でなく間接的な表現によってかえって想像力に訴えるエロティシズム表現を生んだり、ハリウッド古典期の洗練された表現の（逆説的な）基盤となっていた。これに対してレイティングは、映画鑑賞の許容範囲を年齢によって制限するもので、表現自体を規制するものではない。かくして鑑賞の規制さえ受け入れれば、そんな表現も原則可能となった。ペンの『俺たちに明日はない』や、ペキンパーの『ワイルドバンチ』の銃撃場面は、コード撤廃がなければ生まれえなかった。

スタジオ・システムの崩壊は、映画産業がアメリカ国内だけで成り立っていた、その閉鎖性の崩壊も意味した。五八年には、ハリウッド映画の海外セールスが、アメリカ国内での興行収入を上回ったという。輸出と同時に輸入も盛んになり、五〇年代以降、ヨーロッパでの映画祭で紹介された、日本やヨーロッパ諸国の映画がアメリカでも公開され、その特異な美学にアメリカ映画も影響され始める。その最も顕著な例が、後述の通り『俺たちに明日はない』や『ワイルドバンチ』に対する表現上の、『荒野の七人』（60）に対する内容上の、黒澤明作品の影響であり、またフランスのヌーヴェル・ヴァーグの影響によるニュー・シネマの勃興である。アメリカの西部劇がイタリアでスパゲッティ・ウェスタンとして暴力描写を際立たせた形で作られ、それがアメリカに逆輸入されてきわどい描写の西部劇が生み出されるという事態も生じた。ハンガリー動乱の際、その模様を収めたフィルムを手にアメリカに亡命したラズロ・コヴァックスとヴィルモス・ジグモンド、フランスでのヌーヴェル・ヴァーグの業績を買われたネストール・アルメンドロス、シカゴの独立系ドキュメンタリー作家・カメラマンであったハスケル・ウェクスラーら、これまでの美学とはまったく異なる美学で撮影を行なうカメラマンの流入も、ハリウッドを風通しのいいものにするだろう。

技術革新がその時代のルックを決定するということはあり、この時代においてそれはカラー・フィルムと、ズーム・レンズということになるだろう。アカデミー賞撮影賞は五八年から六六年の間、モノクロ部門とカラー部門に分かれていたが、六七年に統一された。六〇年代を通してカラーが一般化し、モノクロにとって代わっていったことがこの事実によってよくわかる。カラー映像の特性は何よりもその自然さにある。モノクロは自然な見え方からほど遠く、現実を抽象化するため、人間の目が捉える外界と異なる仮構世界を緊密に構築することを可能にしていた。映画は文字通り「夢」の世界、現実とは一線を画する世界であったわけである。カラーはモノクロよりも自然さを格段に増す。とはいえ、人が何かをリアルであると感じることは、必ずしも「自然さ」には依《よ》らない。強烈に歪《ゆが》んだ何かが心理的にリアルと感じられることもあるのだから、カラー映像によってリアリズムが強化されたとは言えないのだが、少なくともこれによって映画の見た目がナチュラルになったとは言えるだろう。スタジオが崩壊し、セットでの撮影よりもロケでの撮影が多くなり、ありものの外景を使用することが多くなった事情も、カラーによるナチュラルな映像の覇権を後押しした。

またこの時期にレフレックス・カメラが技術的に完成した（『60年代』、第五章「カメラ・アイ」）。撮影者が、カメラ・レンズの視覚を直接確認できるようになり、これによって構図のコントロール、特にピントの調節が容易になる。これはズーム・レンズの使用と相乗効果を発揮することになる。ズーム・レンズは全体を捉える広い画角から、その中の一点に視覚を絞り込むことができ、空間把握を柔軟にする。移動撮影などもこうした柔軟な空間把握によって効果をさらに増すことになる。古典的画面は、焦点深度の深い映像によって一つの画面の中に奥行きを作り出し、手前と奥の葛藤を生み出すなど画面内に複雑な動きを作り出すことに長《た》けていた。画面自体は動かず、動きを画面の中に封じ込める（むろん、移動撮影がなかったわけではない）。一方ズーム・レンズは、カメラのほうが空間内を動き回る。古典的画面が、これしかない、というカメラ位置、構図を要求するのに対し、カラー、ズーム・レンズの映像は、空間を任意化する、というべきか（これまたむろん、カラー、ズームの映像に決定的なものがないというわけではないが）。こうしたズーム・レンズの使用がなければ、以下に記す諸作家の作品が現にあるものと違っていただろうことは確かである。

サム・ペキンパーの出自とテレビ

ペキンパーは一九二五年カリフォルニア州フレズノ生まれ。ドイツ系移民の父方の祖父が製材所を経営し、一帯の山を所有しており、現在でもペキンパー・マウンテンは地名として残っている。不景気で山を売り払い、フレズノの町に下って、そこでよろず屋を経営した。祖父の次男がサムの父に当たる。彼は高校卒業後法律学校に通いたかったがその金がなく、大農場でカウボーイとして働いた。その農場の主がサムの母方の祖父となる。母方の祖父は弁護士、下院議員、高等裁判所判事も務めた地元の大物である。彼に気に入られたサムの父は、法律学校に通わせてもらい、さらにその長女と結婚、自身も弁護士となった。サムの母は言い交わした仲の男があったが、それがかなわず、結婚は意志に反したものであった。また母は階級意識が強く、小店主に過ぎなかった父方の祖父母と会うことをサムに禁じたという。西部の名門出身の母と、地道に努力を重ね、立身を遂げた父。サムがアメリカ映画の正統（母方からの、血としての正統性）であり、また自らの意志で道を切り開く西部魂を精神的支柱とする（父方の、精神としての西部）西部劇を撮ることになるのは必然であるかに見える（ちなみに『昼下がりの決斗』〔62〕の老ガンマン、ジョエル・マクリーには父をモデルにした部分があるという）。

ペキンパーは大学で演劇を専攻し、大学院在学中にテレビ局で働いて、カメラや編集について学んだ。ＣＢＳに就職するはずがその機会を逃し、兄（彼も父に倣《なら》って弁護士になる）の伝手《つて》で独立製作者ウォルター・ウェンジャーに会って、彼が当時製作中の映画の現場についたのが映画との関わりのはじめである。ドン・シーゲル監督の『第十一号監房の暴動』（54）であった。ウェンジャーは女優である妻ジョーン・ベネットと不倫関係にあった男（ジェニングス・ラング、彼はシーゲルとイーストウッドをつなぎ、またイーストウッド最初期監督作の製作者で、イーストウッドを監督にした功績がある）の股間を撃って入獄しており、その間の経験をもとにした映画を製作していたのだ。映画は実際のフォルサム刑務所で撮影されたが、非常に非協力的だった所長は、シーゲルの個人アシスタントの資格で現場にいたペキンパーの名を聞いて、ペキンパー・マウンテンのペキンパーか、と尋ねる。弁護士であったサムの父親に世話になったといい、それから撮影はスムーズに進んだ。サムは以後数作でシーゲル監督作にスタッフとしてつき、さまざまなことを学んだ。この時期のペキンパーの姿は、やはりスタッフとしてついた、ジョエル・マクリー主演、ジャック・ターナー監督の西部劇『法律なき町』（55）で演じた、主人公が強盗に入る銀行の行員として見ることができる。

ペキンパーは、シーゲルが監督を打診されて断ったテレビ西部劇『ガンスモーク』の脚本を書くことで、本格的に作品作りに参入することになる。さらに『折れた矢』の一エピソードを演出し、『ライフルマン』では最初の数話の脚本を書いて、世界観を基礎づけ、また数本で演出も手掛けた。さらに『遥かなる西部』では原案から全十三エピソードの製作、一話から五話までの演出に携わった。ペキンパーがそもそも西部劇を志向していたのか、たまたま依頼されたのが西部劇だったということなのか、ともあれ彼はそのキャリアの最初期の時点で西部劇を選択しているわけである。しかし重要な寄与をした『ライフルマン』や『遥かなる西部』で、西部に生きる少年や青年のリアルな成長を描こうとするペキンパーの意欲的な試みは、明朗快活な娯楽を提供しようとする製作側の意図とすれ違い、ペキンパーは不満を募らせることになる。

ではペキンパーのテレビ西部劇は、実際どのようなものだったのか。彼が演出した『ライフルマン』の一話「下宿屋」を見てみよう。タイトル通り下宿屋が舞台で、その女将はかつてギャンブラーだったのだが、そこにかつての仲間たちが一人一人客を装って訪れる。今や町の名士となった彼女は、過去の暴露を恐れて彼らを追い出せない。彼らは、ゆくゆくはそこを乗っ取って賭博場にしようと計画しており、その企みに気づいた主人公が町の住民を一致団結させて彼らを追い出す、という内容である。三々五々現われるものたちと女将の間の緊張、心理的圧迫の暗さは、勧善懲悪の明朗さとは程遠い。また『遥かなる西部』の第一作「ジェフ」は、主人公（犬を連れた放浪者で、ときどき牧場の手伝いなどに雇われて金を稼ぎ暮らしている。ブライアン・キースが演じる）が初恋の相手を酒場に探し当てる話だが、彼女は性悪なヒモによって売春婦として働かされており、主人公とヒモの決闘によっていったんヒモとの別れを決めたものの、結局はヒモの下にとどまることを決心するという内容で、これが作品の世界観を決定する第一話かと驚かされる（この作品で、以後ペキンパーの代表作の多くを撮ることになるカメラマン、ルシアン・バラードに出会っている）。また最終話の一話前、第十二話「銃にかけた手」は重要作である。東部から来た若者が主人公の仲間になるが、銃の腕をひけらかし、主人公らをいらつかせる。その若者があるとき、酒場でメキシコ人を挑発し、決闘になる。彼は銃を抜くのは早いが、一向に当たらない。メキシコ人の男はゆっくりと銃を抜き、狙いをつけ、彼を撃つ。主人公とメキシコ人の男は馬に乗り、臨終を迎える若者を見捨てて去る。銃を撃つことと、人を殺すことの間には巨大な径庭がある。その一線を越える覚悟があるのかないのか、そこにガンマンたりうるか否かが懸けられている。ここには後のクリント・イーストウッド『許されざる者』（92）に通じる主題がある。

ペキンパーがテレビ西部劇でやろうとしていたのはあくまで人間ドラマであり、西部に生きるもののリアルな生きざまを描き出そうとしていたのであった。テレビドラマが三十分で、パターナリズムを抜け出せないでいた時期に、ペキンパーの目指すところはあまりにも高く、テレビ業界の受け入れるところとはならなかった。しかしテレビでの仕事は、彼に演出の経験を与えたのだし、西部劇という自身に固有のジャンルの選択もここでなされた。またいったん映画界に入ってから、干されることになった彼を救ったのもテレビの仕事なのであり、ペキンパーとテレビの関係は実際のところ深い。

映画第一作

『遥かなる西部』の主演ブライアン・キースによって、ペキンパーは初めての映画演出に導かれる。キースは独立製作者チャールズ・フィッツシモンズに、『荒野のガンマン』（61）主演のオファーを受け、その際に監督は誰がいいか助言を求められた。キースは『遥かなる西部』のペキンパーを挙げた。『遥かなる西部』で評価は得たものの、打ち切りで仕事がなかったペキンパーはその話に飛びつく。ただし、脚本家と一緒にシナリオを書いたフィッツシモンズはこのシナリオを傑作と自賛し、一言一句変えてはならないという条件をつけた。撮影中に勝手に変えてしまえばいいと高を括《くく》っていたペキンパーだが、当然製作者は気に食わない。この作品についていたベテラン撮影監督ウィリアム・クローシア（フォードの『リバティ・バランスを射った男』、『シャイアン』を撮った）がペキンパーを支持し、ようやく撮影終了までこぎつけた。

南北戦争時代に南軍兵士に頭の皮を剝がれかけ、頭に傷を残した元北軍兵士の主人公（ブライアン・キース）は、その相手（顔はわからないが、手の傷が目印）を復讐のために探している。町での乱闘で誤って少年を撃ってしまい、生活のため売春婦をしていた少年の母（モーリン・オハラ）が、遠くにある墓に息子を埋葬するために旅に出るというので、彼女を護衛する。息子の仇であるキースに敵対的だった彼女も旅の中で彼の人間性を知り、また一方キースも復讐の空しさを感じ始め、二人は次第に心を通わせる。たどり着いた墓地で仇（チル・ウィルス）に再会したキースだが、復讐を諦め、オハラとの新たな生活に旅立つ。

主人公の頭の傷に、仇の手の傷という対称性、主人公の復讐と母親の復讐が旅の過程で溶解してしまうという二重性など、脚本上の仕掛けは多少図式的であざとい感じもするものの、趣向としては悪くはない。傑作とは言い難いが、それなりの水準に達している作品ではある。ただし、ペキンパーがいったん編集を終えた後、製作者側が編集をしなおしてしまい、それによって主人公の性格づけが変わってしまった（ラスト近く、共感できる若者が主人公の復讐を止めようとして前に立ちふさがり、それを主人公が撃ってしまうのを、仇役のウィルスが撃ったように編集。全面的なハッピーエンドには終わらせまいとしたペキンパーの意図は崩された）。ペキンパーは、できあがった作品を見て、自分とはまったく関係がないと突き放す。

この映画のヒロインのモーリン・オハラは、実は製作者フィッツシモンズの妹であり、彼女は製作者の一人だった。これもまた、先述した俳優による独立プロの製作作品だったわけである。製作者と監督の意見の相違は無論スタジオ時代にもあったが、一作一作が冒険となってしまった時代にあって、作品全体を仕切る製作者の権威が強まったのも事実で、しかもそれが主演俳優の製作会社となればなおさらである。そうした中で自身の意向を押し通そうとするペキンパーのような作家は、製作側との確執をいっそう拡大させることになる。この第一作における悶着は、その後キャリア全体を通してペキンパーが経験することになる事態の最初のものにしてひな型となる。

『昼下がりの決斗』

ペキンパーの出世作にして代表作である次作『昼下がりの決斗』(62)もまた実は、製作者主導の映画であった。製作はリチャード・ライオンズ。二十世紀フォックスでB級映画製作に携わり、そのとき作った映画の一本をドン・シーゲルが気に入って、そのおかげでMGMに入った人物である。MGMでの第一作が本作となる。ライオンズは企画を探し、N・B・ストーンという脚本家が、落ち目の老ガンマン二人が最後のチャンスに賭けるという内容の脚本を書いたと聞く。しかしストーンはテレビを中心として書いていた脚本家で、映画脚本は経験がほぼなく、しかもアルコール依存症で、実際には脚本は存在せず、ストーンのアイディアをもとにライオンズと『荒野の七人』の脚本家ウィリアム・ロバーツが第一稿をまとめ上げた（脚本クレジットはストーンのみ）。さらにライオンズは二人の老ガンマンに、友人だったジョエル・マクリーと、ほぼ引退していたランドルフ・スコット（バート・ケネディに口をきいてもらって出演を承諾してもらった）を配し、かつ監督にペキンパーを雇って、彼にシナリオの手直しを任せた。もともとはスコットを元保安官、マクリーを彼を裏切る助手としていたが、スコット、マクリーそれぞれが、配役を逆にしたほうがいいのではとケネディに相談し、ケネディがライオンズに話して、結果現在見られる形になったことはすでに記した。またペキンパーは、助手が死ぬことになっていたのを、保安官が死ぬことに変更した。この改変によって作品には、正義が勝つことのカタルシスで終わらず、何かが決定的に終わったことの痛ましい余韻が漂い、映画そのものに一個の西部劇以上の意味を持たせることになった。かくしてこの映画はまず、骨格を形作り、スタッフ、キャストを決定した製作者ライオンズの映画ということになる。

ある西部の町に、老いたガンマン（ジョエル・マクリー）が現われる。自動車が走る町の喧騒に気押され気味のマクリーは、いかがわしい見世物に出演しているかつての相棒（ランドルフ・スコット）に、一緒に金の輸送をしないかと誘いに来たのだ。スコットはある若者（ロン・スター）をもう一人の助手として誘い、三人で金鉱に向かう。途中食事をさせてもらった農家の娘（マリエット・ハートリー）は、聖書狂いの父（R・G・アームストロング）に嫌気がさし、金鉱にいる恋人と結婚するために家を出奔して、彼らと行動を共にする。彼女の結婚相手はむさくるしく、女に飢えた野蛮な五人兄弟（ウォーレン・オーツ、L・Q・ジョーンズらペキンパー組の俳優が演じる）の一人で、結婚式は娼館で挙げられ、兄弟全員が初夜の床に押し寄せるありさま。彼女に好意を抱き始めていたスターが救いにきたのを幸いと逃げ出して、マクリーらも協力し、裁判官を脅して結婚許可証を取り上げる。娘を連れての金の輸送中、スコットが裏切り、金を持ち逃げしようとする。マクリーはそれを阻止してスコットから銃を取り上げるが、兄弟が追跡し、襲撃してきたためマクリーはスコットに銃を返し、ともに反撃する。アームストロングの家に戻るが、そこはすでに先回りした兄弟たちによって占拠され、アームストロングも殺されていた。兄弟たちが待ち伏せる中、「昔のように正面から行こうぜ」と、銃を撃ち続けながらゆっくりと歩みを進める二人。戦いが終わると、兄弟たちは全員が射殺され、スコットも足に重傷を受けている。マクリーは致命傷を負っているが、死ぬところを見られたくない、とスコットに去るよう促し、金の輸送も託す。生き残ったものたちが去るのを後景に、前景のスコットの半身が崩れ落ちるところで映画は終わる。

冒頭でマクリーが自動車に轢《ひ》かれそうになったり（自動車は『西部の流れ者』〔70〕でも決定的な役割を演じる）、スコットと共に銀行に行き、シャツの裾の擦り切れ具合を見られて居心地の悪い思いをしたり、契約書を読むのに老眼鏡をかけざるを得ず、それを隠すためにわざわざトイレに行ったり、マクリーの老齢が強調される。西部は開拓しつくされ、法もそれなりに敷かれていて、開拓期からのガンマンはその都度、雇われ仕事にありついて生き延びなければならなくなっている（このガンマンのステータスを、スタジオ・システム崩壊後の監督のステータスに比することも可能だ）。本作の基本構造は、ペキンパー登板以前に決定されていたものではあるが、その後のペキンパー西部劇に登場する存在が、時代に取り残された、古い価値観の持ち主（『ワイルドバンチ』、『砂漠の流れ者』、『ジュニア・ボナー　華麗なる挑戦』、『ビリー・ザ・キッド／21才の生涯』）であることを考えると、人物造形はペキンパーの意にかなうものであっただろうし、また、この作品との出会いが、以後のペキンパーを規定したともいえる。

老齢に達しながら、かつての価値観に忠実であろうとする主人公に見るものの共感は定位されるにしても、また一方、敵方である兄弟に向けられる視線も必ずしも冷たいものではない。確かに野卑で品性下劣であるにしても、兄弟はお互い愛し合っているようだし、一人が迎えた妻を仲良く共有しようとしている（それがいかに社会的に非常識であろうとも）。ペキンパー映画で風呂に漬かるのはたいていペキンパーが仲間意識を覚えることができる人物なのだ（『ワイルドバンチ』でベン・ジョンソンとウォーレン・オーツの兄弟は売春婦らとワイン風呂に漬かり——思えばこれも女を共有する兄弟だ——、『砂漠の流れ者』のジェーソン・ロバーツも、売春婦であるステラ・スティーヴンスを風呂に入れながら体を洗ってやり、一緒に歌を歌う。風呂ではないが本作でも、老ガンマン二人は渓流に足を浸して疲れを癒す）。この作品で風呂に入っている（無理やり入らされる）のは、兄弟の一人ウォーレン・オーツである。主人公の側にいる女性に性的欲望を抱いた集団が、やがてそれを悪意に発展させて主人公らに理不尽な暴力を振るうという点で似通った構造を持つ『わらの犬』（71）における敵集団と比べてみると、彼らはよほど愛を持って描かれていると言えるだろう。悪役が、主人公たちと同位とまでは言わないにしても、決定的に低位に置かれているわけではない、という事態は、以下に述べる点とも関係してくるだろう。

最終的に主人公たちと敵方の兄弟たちの二組は決闘を演じることになり、そのなりゆき自体は西部劇の定型なのだが、特異なのは決闘のあり方である。敵方は農場の屋内に立てこもり、主人公らは農場のはずれ、へこんだ地面に身を伏せている。しばらく銃弾のやり取りを経て、主人公たちは目を交わし合う。「昔のように」行こうぜ、と二人はおもむろに立ち上がって、無防備に身を晒《さら》し、相手もまたその挑発に応じて三々五々姿を現わす。対立する二組がそれぞれ姿を晒し合い、そして並び立った主人公たちは、ゆっくりと彼らに向かって歩きながら撃ち続けるのである。蓮實重彦は、このときの主人公二人の位置に「孤高の美しさ」を見て取る。▼[3] 正対する敵に向かって立ち、それに向かって放たれるマクリーとスコット二人の視線はそれぞれが孤立していて、絶対的な孤独の中にある。しかし確かに交わり結び合うことのない視線は、

図118　主人公と敵の位置

図119　並んで歩いてくる主人公たち

図120　これまた正面から待ち受ける敵

それでも並び立ち、従って連帯している。馴れ合うことのない存在同士が、しかし共通の敵に向けられた視線の、決して交わらない並行性において結び合うのである。孤立と連帯の共存。この共通の何かに向けられた並行的視線の構造を、蓮實は映画館におけるスクリーンと、それに対して正対し、それぞれがスクリーンに対して並行的に視線を投げかける観客たちの位置に敷衍《ふえん》する。従ってこの場面には、映画の構造そのものが露呈されているとするのだが（つまり、主人公二人は観客の位相そのものということになる）、ともあれこの二人が無防備に身を晒しながら、並び立って前進する様には、何か途方もない印象があり、観客はその途方もなさの中に置き去られるしか術《すべ》はない。

蓮實の論はこの決闘を「横」、すなわち並び立つ主人公二人の横の位置関係において見たときの場面の特異性を論じたものであるが、一方これを「縦」、つまり主人公と敵の関係において見た場合、この場面のまた別の特異性が浮かび上がる。この場面において、主人公と敵方はウォークダウン方式で決闘を行なう【図118】。通例のウォークダウン方式であれば、お互いの距離が縮まりつつ相手の出方をうかがう待機の時間の持続が、ついに訪れる変化の一瞬を決定的なものとする演出がなされる。つまり、決定的な一撃が勝負をつけるのに対し、ここでは主人公らは無防備に姿を晒しながら前進して【図119】銃を連射し、相手も近づいてくる彼らを待ち受けて（挑発に乗ってわざわざ隠れていた場所から出て正面で待ち受けるという律儀さがまた愛らしいのだが）【図120】銃を連射する。その両者を画面は、時に俯瞰で彼らの次第に縮まる距離を示しつつ、これまた律儀に切り返しで交互に映していく。その過程で相手方はほとんどが斃《たお》れ、こちらも一人は決定的な傷を負っている。ヒーローは通例、一撃必殺（だからこそヒーローなのだが）であるのに、彼らはまったくそうではない。無様なまでに愚直なのだ。

「昔のように」という台詞《せりふ》から、彼らがこれまでもこうしてきたことがわかり、それでも生き延びてきたことが彼らの卓越性の証なのだとしても、しかしこの愚直さ（ヒーロー、悪役の態度ばかりでなく、彼らを平等に捉え続ける編集も含めて）はどうか。銃弾は主人公にだけは決して当たらない（当たっても致命傷にならない）という西部劇的常識が、ここでは覆される。銃弾は、ヒーローを含め、誰にでも当たり、誰にでも致命傷を与える。銃弾の民主主義というべきか。これこそ本作が西部劇にもたらした転換なのだとしたら、本作は、ヒーローにだけは弾が当たらない古典的西部劇よりも、銃が身もふたもない殺傷器具として現われ、三百六十度満遍なく放たれた銃弾によって主人公たちすら分け隔てなく皆殺しにされる『ワイルドバンチ』にいっそう近いものとして見えてはこないだろうか。実はペキンパーには、『ワイルドバンチ』以前以後、という境界線は存在しないのかもしれない。[4]とすれば、映画作家としての自己を確立した最初の作品である『昼下がりの決斗』からすでにペキンパーは、古典期以後の作家だったのではないか。さらに言えば、処女作『荒野のガンマン』で、主人公の放った銃弾は無関係な少年を死なせている。この場合主人公が銃の名手と設定されているようには見えないものの、一発必中どころか、どこに当たるかわからないという銃弾の不確定性、無差別性は、『荒野のガンマン』すらすでに銃弾の民主主義下にあったことを示すだろう。[5]

『ダンディー少佐』と業界排除

ここから直接『ワイルドバンチ』に話を持っていきたいところだが、『ダンディー少佐』（65）が引き起こしたトラブルは、ペキンパーの映画作法、またスタジオ・システム以後の監督のあり方を象徴的に示すものなので、それについて書いておく。

『昼下がりの決斗』は二本立ての添え物のほう（TCMのデータベースによれば、メインはキム・ノヴァクとジェームズ・ガーナー主演のセックス・コメディ『プレイボーイ』ないしタタール族とバイキングの戦いを描く歴史もの『黒い砦』）として封切られたこともあり、興行的には芳しくなかったが、批評は好評で、その後改めて一本立てで再公開された。この作品を見た製作者ジェリー・ブレスラーは、チャールトン・ヘストン主演で進めていた企画をペキンパーに、と考え打診した。予算、撮影日数ともに十分確保された、ペキンパー初の大作である。しかし、脚本がまだできていない段階で撮影が開始され、撮影当初からブレスラーが撮影日数の縮小、ロケ地の変更などを申し出て、ペキンパーは不満を募らせ、対立が次第に激化してゆく。だがペキンパーの二冊の伝記を見ても、[6]ブレスラーとペキンパーの間に何か取り立てて決定的な出来事が起こったというわけではなさそうで、巷間思われがちなように、金にうるさい製作者と自身の芸術を完成に導こうと苦闘する監督との争いとは言い難いものがある。ともあれ、このいざこざに関して整理すると、ペキンパーの映画作法とその問題点が浮かび上がってくる。

ペキンパーには確かに、予算やスケジュールを遵守しようという意識は薄かった。前作『昼下がりの決斗』からのことだが（これも『昼下がりの決斗』がすでに「以後」の映画という論拠たりうる）、ペキンパーは大量のフィルムを使う。これはフィルム代だけの問題ではなく、編集に相当の時間を要することも意味する。フォードやヒッチコックは、撮ったフィルムをつなぎさえすればほとんど映画ができあがる程度にまでフィルム尺をコントロールしていたが、そうしたエコノミーをペキンパーは欠いていた。また、これも『昼下がりの決斗』からのことだというが、スタッフを頻繁に解雇した。スタッフに最大限の働きを求め、できないものは容赦なく切り捨てる。スタッフとキャスト間の意思疎通を遮断し、自分だけが全体を把握するようにした。打ち合わせであらかじめやることを決めてしまって現場での創意がセーブされてしまうのを避ける狙いだったようだ。これらを総合するに、ペキンパーの方法論は、事前にコンテなどの青写真を描いておいてそれに従って作業を進めるのではなく、現場で各自が最大限の力を発揮するよう促し、そうする意志のないものを排除して、さらには現場で出てくるものを最大限拾い上げるために大量にフィルムを回し、編集で再構成して仕上げる、というものだった。即興、というわけではないにせよ、現場で出てくるものを重視し、編集で何とかまとめ上げるスタイルである。


インディペンデントならいざ知らず、こうした方法論が予算、スケジュールの規模の大きい作品にふさわしいかどうかは確かに疑問があり、製作者側の不満も当然である。しかし一方、前作で映画界に橋頭保を築き上げたばかりのペキンパーにとって、自己の方法論で大作を撮り上げられれば、大きな飛躍の一歩となりうるわけだから、この作品はぜひとも成功させたかったはずである。だがペキンパーとブレスラーの確執は高まっていき、ブレスラーはついにペキンパーの解雇まで考えるが、主演のヘストンの取りなしでどうにか最後まで撮り終えた。しかしペキンパーは最終的に編集権を奪われた上、使いづらい監督として映画界から干されることになる。

映画の内容としては、メキシコ国境でメキシコ側から越境してくるインディアン討伐のため、北軍将校が南軍捕虜と一時協力するというもの。脚本が整っていなかったこともあってか、エピソードが緩《ゆる》くつながっている印象で、見終わった後でどういう映画だったか明確な像を結ばない弱さがある。国境を越えてメキシコへ逃げるインディアンを、自身も越境して追うという点でジョン・フォードの『リオ・グランデの砦』を、また目標のために手段を問わない偏執狂的な指揮官と現実的な部下という対照において同じくフォードの『アパッチ砦』を想起させないでもない。しかしフォードがこれらの作品で、自らの主題を一作の境を超えて継続して追いつつも、一個の作品としての結構を緊密に支配していたのに対し、ペキンパーの本作からは、彼自身の主題とのつながりは見出せず、また一個の作品としての締まりも欠いていて、フォードと比較するのははばかられる。

スタジオ時代であれば、ある程度製作方法はパターン化されており、作品の規模で予算とスケジュールが自動的に計算されて、監督がその枠をはみ出さないよう配慮して作品を完成まで導く。一方システム以後の時代では、企画や集められたキャストの名前次第で集まる金額の多寡が決まり、必ずしも作品の内容にふさわしい製作規模が確保されるとは限らない。また、ほぼすべての場面をスタジオのセットで撮るのが前提で、撮影状況のコントロールがしやすいスタジオ期と違い、ロケが多用され（六〇年代以降、それが映画のルックを大きく変えていくという肯定的な面もあるが）、現場にも不確定要素が多くなる。全編メキシコロケの『ダンディー少佐』もそうした現場であったことは間違いなく、監督はその不確定要素を抑えていくどころか、むしろ拡大する側だった。現在であれば、製作者は金を集める役割に徹し、製作サイドと撮影現場の調整役には製作総指揮（エグゼクティヴ・プロデューサー）が当たることになるが、そのような調整役、中間的存在が必要不可欠となるほどにスタジオ・システム以後の映画製作は不安定だということである。ペキンパーのこの一件は、ハリウッドがもはやかつてのハリウッドではないことを如実に示した、歴史的事件だったといっていい。

復帰

かくして映画業界に使いにくい監督という悪評が流れ、干されてしまったペキンパーの復帰を確定的にしたのはテレビでの演出作品だった。ＡＢＣテレビの一時間枠でのドラマ『昼酒』*Noon wine*（未放映、66）。原作はキャサリン・アン・ポーター。依頼を受ける以前からペキンパーはこの作品を読んで、どう演出するか考えていたといい、演出の依頼は渡りに船だった。酒好きの農夫（ジェイソン・ロバーズ）のもとに北欧系の男（ペア・オスカーソン）がやってきて、作男として雇われ、勤勉な彼のおかげで一家は裕福になる。そこに賞金稼ぎ（セオドア・バイケル）がやってきて、彼は兄を殺して逃亡中の殺人犯だと告げる。作男を弁護するロバーズとバイケルは口論となり、バイケルがナイフを出す。そのときオスカーソンがやってきて、そちらに気を取られたバイケルをロバーズは斧で殺してしまう。自身の過去を知られたと勘づいて逃げたオスカーソンは、逮捕時に保安官らに殺害されて、バイケルの死の真相を知る唯一の証人がいなくなってしまう。裁判が開かれ、ロバーズは、バイケルがオスカーソンをナイフで襲ったので斧で殺した、正当防衛だと妻（オリヴィア・デ・ハヴィランド）に偽証させ、無罪になる。しかし周囲の疑惑は晴れず、ロバーズ夫婦は近所を回って裁判での話を繰り返して聞かせるも、疑いはいっそう深まる。最終的に孤立したロバーズは、散弾銃で自殺する。

気はいいのだが酒好きで、周囲に流されがちな男がふとした気まぐれで作男を雇うと、それが思いがけなく働き者で、おかげで家庭が裕福になるものの、そこに賞金稼ぎがやってきて、今までの幸運が台なしになってしまう。よくなるにせよ悪くなるにせよ、それは外から訪れるもの次第で、主人公は彼自身の意志以外のものに操られている。そんな人間の弱さ、脆《もろ》さ。いったんかけ違いが始まると、事態があっという間に決定的に悪くなる恐ろしさ。運命を前になす術もない弱い主人公を演じたジェイソン・ロバーズの演技が秀逸である。裁判で無罪にはなるものの、裁判所に一人置き去りにされる彼を捉える俯瞰、また、自殺するために納屋へ向かう彼を捉える際に用いられる俯瞰は、主人公の孤立感を伝えるとともに、彼を突き放すかのようでもある。賞金稼ぎにしても、銃を腰に下げているわけでもなく、背広に帽子のごく普通の市民の服装で、しかしその見かけに反して傲岸不遜、邪悪な印象を醸《かも》し出す。過度な心理描写をせず（テレビであるがクロース・アップも多くない）、外的事象を淡々と映し出しながら人間の悲劇を浮き上がらせる、堂々とした演出だ。カメラを一本に絞り、予算もスケジュールもほぼ予定通りに収めてみせたこの作品は、あまり視聴率は高くなかったものの、その年の出色のドラマとして評価が高く、ペキンパーの復帰を決定づける。

またこのドラマは、これ以後ペキンパー作品のほとんどを手掛けることになる作曲家ジェリー・フィールディングを初めて起用した作品となる。フィールディングは赤狩り時代に非米活動委員会に密告され、ブラックリストに載って映画界からは干されていた。ブラックリスト破りに功のあったオットー・プレミンジャーが『野望の系列』（62）で復帰させたものの、まだテレビの仕事が多かった彼を本格的に復帰させ、ブレークさせるのはペキンパーの次作『ワイルドバンチ』（69）である。従って『昼酒』は、ペキンパー、フィールディング両者にとって、ブラックリスト（意味合いが違うが）からの突破口となった作品ということになり、その意味でも重要作である。

『ワイルドバンチ』

史実上のワイルド・バンチは一八八〇〜九〇年代にワイオミング、ユタ、コロラドなど中西部に跋扈した強盗団である。ジョージ・ロイ・ヒル『明日に向って撃て！』（69）で描かれるように、一九〇一年、首領のブッチ・キャシディとサンダンス・キッド、キッドの恋人の三人が南米ボリビアに逃れ、またその後数年で残党も逮捕されたことでほぼ消滅していた。本作のワイルドバンチは、かつて活躍した強盗団の残党ということになっているが、年代は一九一三年、舞台もメキシコと、時間軸空間軸ともにずらされている。実在のワイルド・バンチ自体、アメリカ史上最後のアウトローであり、南米に逃れざるを得なかったように、本作の主人公たちにももはや目指すべき「西」はなく、無法を働ける場所として「南」を目指すしかない存在である。映画の冒頭、テキサスの村に入った主人公たちは、子供たちが蟻塚にサソリを入れて遊んでいるのを見る。猛毒の邪悪な存在＝サソリが、無害ながら群れで襲う蟻に食い尽くされる。サソリは、時代に取り残されていく神話的存在としての彼ら自身を象徴する（この印象的な細部は、本作で悪役たるメキシコ人将軍を演じるエミリオ・フェルナンデスが、子供のころしていた遊びを思い出し、ペキンパーに話して採用されたもの。フェルナンデスは自身優れた監督でもあり、脚本の印象から自身の過去のイメージを呼び起こして、つなげることができた）【図121】。

図121　アウトローの象徴としてのサソリ

最後の仕事のつもりでテキサスの銀行を襲った、パイク（ウィリアム・ホールデン）、ダッチ（アーネスト・ボーグナイン）、ゴーチ兄弟（ベン・ジョンソン、ウォーレン・オーツ）らワイルド・バンチは、かつての仲間ソーントン（ロバート・ライアン）らに待ち伏せされながらも逃げのびるが、しかしその獲物はあらかじめワッシャー（ボルトとナットの間に入れる金属の輪。座金）にすり替えられていた。失意の一味は仲間の一人であるメキシコ人エンジェル（ジェイミー・サンチェス）の村に身を隠す。村はマパッチ将軍（エミリオ・フェルナンデス）によって略奪されていたが、村人は彼らを温かく歓迎する。マパッチのアジトに向かった一味。マパッチのためにアメリカ軍の弾薬を奪う契約を結んだ彼らは、その動向を察知して待ち伏せしていたソーントンらを出し抜いて作戦を成功させるが、マパッチはひと箱足りない武器（途中で落としたと嘘をつき、反マパッチのゲリラに渡していた）の代わりにエンジェルを（マパッチに寝返った恋人を射殺していた）人質として取り、リンチにかける。一味は、エンジェルを奪還するためマパッチのもとに向かう。銃撃戦の末、全員が死に絶えた後、ソーントンがやってくる。パイクという目的を失った彼のところに、ワイルド・バンチの唯一の生き残りの老人（エドモンド・オブライエン）とゲリラたちが現われ、ソーントンは彼らに加わる。

歴史から取り残されつつある敗残の強盗団が、仲間を奪還するため、死を覚悟して敵陣に向かうという、我が国の任侠映画さながらの展開である。やるべきことをやるという点で、西部劇的ヒーローの正当な後継者である彼らだが、それがあらかじめ負けの決まった戦であるしいう点が時代であり、ペキンパーはそうした心意気に惹《ひ》かれる。敗者にこそ肩入れするという姿勢は、『ワイルドバンチ』以前も以後も変わらない。しかし、『ワイルドバンチ』以降で確かに変わった点があるとすれば、それは暴力描写ということになる。本作で、主なアクション場面は三つある。冒頭の銀行襲撃、半ばのアメリカ軍の列車からの武器強盗と橋の爆破による追手の遮断、ラストのマパッチ軍襲撃。

冒頭の銀行強盗の場面。階段を上がったところに正面玄関があるという変わった構造の銀行で、見下ろすと内部がうかがえる屋上に待ち伏せているソーントンら、さらに路上を禁酒同盟のパレードが次第に銀行に近づいてくる。上中下、高さの違いを設定し、その三層構造の間でアクションが生起する（この「三者のピラミッドによる緊張関係」を提案したのは、編集のルー・ロンバルドという。なお原語はLombardoで、本来はランバードが正しいが、これまでの通例に倣う）【図122、123】。マパッチのアジトも、彼ら高官のいるところが舞台のように一段高く、手下どもは下の空間に配置されるという劇場風の構造で、しかも一段高い舞台にマシンガンが配されており、銃器的にも、視線においても決定的に優位な位置をどう奪還するか、また守るかがアクションの要になる。

アメリカ軍の列車襲撃の場面では高低差はないが、川＝橋が配置され、追手を引き離すために橋を廃棄することが決定的なアクションとなる。一足先に渡り待っているもの、橋を渡ると同時にその破壊を担当するもの、そして追手の視点の差（橋の破壊に対して、それぞれそれを予想する、準備する、それに出くわす、三種の時間の差でもある）が成立する。アクションが起こる空間には、必ず落差（空間的、時間的）がデザインされている。

こうしたアクションの配置におけるアイディアの豊かさ以上に見るものに衝撃を与えるのが、編集である。四種類のスピードに設定したカメラを六台使用し、さらにカメラ位置を百八十度変えて同じ場面を撮影しなおす。最初の銀行強盗の場面をロンバルドは二十一分に荒編集したが、ペキンパーはさらにそれを五分に縮めた。なんといってもスローモーションの視覚的効果は抜群で、撃たれて高所から倒れ落ちていく男を捉えたスローが、いったん別の場所で起こるアクションの通常速度のショットに切り替わったのち、再び倒れ続ける男のスローに戻される。時間と空間が、寸断された上で接合される。アクション場面全体としては、空間的高低差や時間差が周到にデザインされ、距離の伸縮、期待と

図122　強盗のはじまり。銀行の階段（中）とやって来るパレード（下）

図123　主人公たちを見下ろす警官（上）

実現の時間のせめぎ合いといった関係性においてサスペンスフルに時空間が演出されていたのと正反対に、いったん銃撃戦となると因果関係が断ち切られ、空間的配置が無化されて、ただ、撃つ、倒れるという行為のみが延々と映し出される。それが美しくさえ思えるのは、編集が独特のリズムを持って感得されるからだ（一連の場面はしばしば「銃弾のバレエ」と称される）。何が起こっているのかはほぼどうでもよく（因果関係もほぼどうでもよく）、ただ撃つ、撃たれる、倒れる身体が、位置、フレームの大きさ、速度を変えてつなぎ合わされる、そのリズム（だけ）が重要なのだ。人体を含む物体が、物理、因果原則を超越して浮遊し、乱舞する【図124】。

図124　浮遊する身体

　西部劇において、決闘の銃弾は目に見えない。それは前章に記したように、決闘において視線が交わることの不可能性（映画の平面性ゆえ、二つの視線は同時に捉えられず、従って交わらない、ゆえに一方にとって銃弾は必ず見えない）に由来しており、映画というものの限界、究極の貧しさを露呈していたが、ここではその逆の事態ゆえに銃弾は不可視となる。視線が過剰なのだ。三百六十度、あらゆる方向に放たれる銃弾の軌跡そのものが、カメラの視線となる。カメラ自体にカメラが見えないがゆえに、銃弾は決して我々には見えないのである。決定的な銃弾が、その決定性において不可視であるのに対し、ここでは逆にすべての銃弾が決定的であるがゆえに、決定的であることの意味が失われるといってもよい。銃弾の民主主義、それはここにおいて十全な形で展開されているわけである。しかしこの銃撃とスローモーションの衝撃を我々観客が知ったのは、実のところこれが初めてではない。『ワイルドバンチ』に先駆けて実現している例があり、『ワイルドバンチ』はその前例に対するペキンパーなりの展開なのだった。前例とは、アーサー・ペンの『俺たちに明日はない』である。

『俺たちに明日はない』

『俺たちに明日はない』は『ワイルドバンチ』の二年前、一九六七年に公開されており、ペキンパーはこれを意識し、というかライバル視して、この作品を「葬ってやる」と述べていた（『奴らが動いたら…殺せ！』）。不況期に自動車で移動しながら各地で銀行強盗を働いたボニーとクライドという実在の人物をモデルにした作品は、アメリカ映画の各時代に現われるが（フリッツ・ラング『暗黒街の弾痕』〔37〕、ジョゼフ・H・ルイス『拳銃魔』〔49〕、ロバート・アルトマン『ボウイ&キーチ』〔74〕など）、これはその六〇年代版である。問題の場面は映画のラスト、ボニー（フェイ・ダナウェイ）とクライド（ウォ

図125　倒れるクライドをとらえたカット①

図126　カット②、より寄ったショット

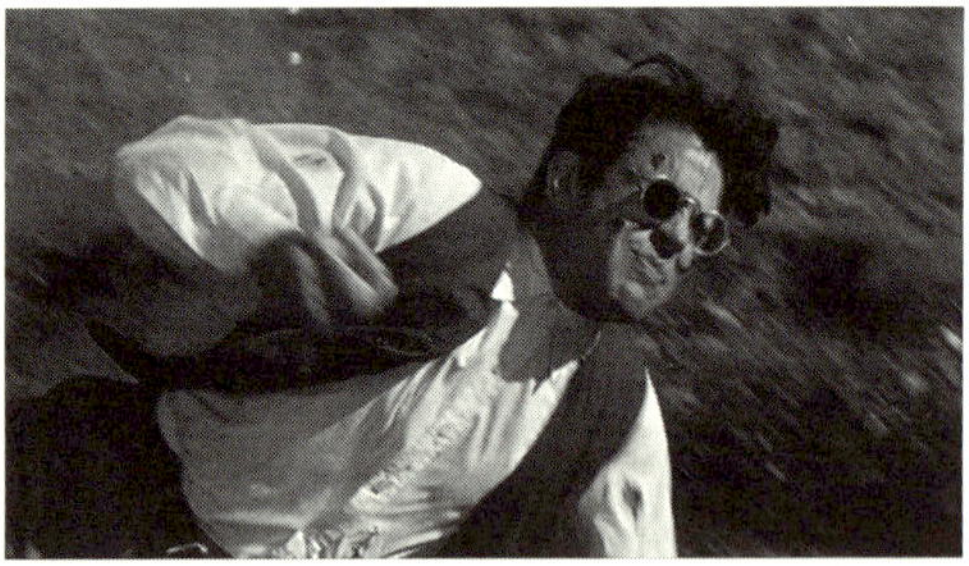

図127　カット③、正面気味に捉えたショット。①〜③それぞれスローのスピードが異なり、一秒ほど持続

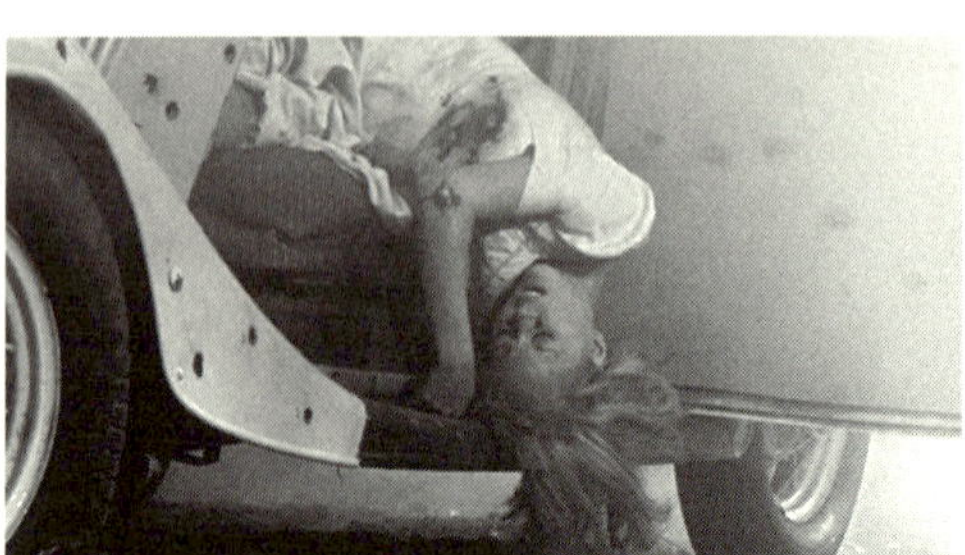

図128　重力で地面にずり落ちるボニー

ーレン・ベイティ）の二人が、待ち伏せしていた警官隊によって射殺される場面である。道の前方を故障したトラックがふさいでいるため、道端に車を止めた二人。クライドは車を出て、車の前方に立っていて、ボニーは扉を開けたまま、座席に座っている。茂みから飛び立つ鳥、トラックの運転手が彼らのほうをちらりと見る顔、遠くから近づいてくる黒人が運転する車、などを素早くつないだ編集は、その後何かに気づいて茂みを見る二人のクロース・アップを交互に捉えた後、銃の乱射の衝撃によって体を揺らす二人を、スピードを変えたスローモーションで交互に、何度も何度も捉え返す。この間五十一秒、ショット数は五十一で、ほぼ一秒に一回カットがあることになる▼7【図125、126、127】。編集は、古典的な編集に代わる新たな編集技法を開発したことで、この時代を代表すると目される編集者ディード・アレン（他にロバート・ロッセン『ハスラー』〔61〕、エリア・カザン『アメリカ　アメリカ』〔63〕、アーサー・ペン『アリスのレストラン』〔69〕、同『小さな巨人』〔70〕、ジョージ・ロイ・ヒル『スローターハウス5』〔72〕など）である。

　カメラは四台使用され、それぞれ被写界深度の異なるレンズ、異なるシャッター・スピードで撮られた。ペンは、「二種類の死を描きたかった。クライドの方はバレエのように、ボニーの方は肉体的衝撃を受けているように。だからわれわれは複数のカメラを使ったんだ」と述べている（『60年代アメリカ映画』）。車外に立っていたクライドは撃たれて倒れていき、その動きが一方向的であるのに対し、ボニーは座席に何度も叩きつけられ、反復的（痙攣的）である。さらにボニーの体は撃たれ終わった後、座席にずり落ち、跳ねる。「生命を失い『モノ』と化した人間の動きがスローモーションでとらえられるとき、『重力の法則に従って』（ペン）地面へと向かわざるを得ない事物の受動性は際立つ」（同上）。この場面において、特にボニーの身体は、圧力を持って迫ってくる物体（銃弾）に押されて座席に叩きつけられ、反動で跳ね返るという運動を繰り返す。そして運動が終わったとき、今度は重力によって地面に落下する【図128】。一連のショットの中で、どの時点で彼女が息絶えたのかはともかく、ここで彼女の身体は、モノ＝遺体として現われる。『ワイルドバンチ』の、銃撃によって空中をスローモーションで落下する身体が、時空間の法則を無視して無重力状態のなかを浮遊しているように見えるのに対し、ここでのボニーの身体は、まぎれもなくただの物体＝遺体として物理法則に従い、銃弾の圧力に突き動かされ続ける。この生々しさ、無残さ。マルチ・カメラ、スピードを変えた複数の映像を切り貼りしてつなぐという手法自体は同じであるとしても、与えられた印象はだいぶ異なる。これは、ペキンパーとペンの世界観、ないし人間観ともつながる問題である。それについて書く前に、彼らの（特にペンの）手法に影響を与えた一つのイメージについて書いておかねばならない。

ザプルーダー・フィルム

ペキンパーとペンが、このマルチ・カメラの使用とスピードの異なるフィルムの編集に関して、黒澤明の『七人の侍』に影響を受けたことは、本人たち自身が証言する通りである。黒澤自身もアメリカの西部劇に影響を受けて時代劇活劇を撮っており、それがこのような形でアメリカ映画に影響を与えていく。こうした国境を越えた影響関係に、スタジオ・システムの崩壊によって拍車がかかったことは先述の通りであり、また、黒澤映画が他にどのような影響を与えていったのかは『60年代アメリカ映画』の「外部の侵入と暴力描写の推進」に詳しい。ここでは黒澤の他に『俺たちに明日はない』に影響を与えた一編のフィルムについて、これも「外部の侵入と暴力描写の推進」に依って記述する。

ザプルーダー・フィルムとは、日曜カメラマン、エイブラハム・ザプルーダーが、一九六三年十一月二十二日にダラスで発生したジョン・F・ケネディの暗殺をとらえた三十秒弱の8ミリ・フィルムである。このフィルムは、はじめ連続静止画面のみが「ライフ」誌の同年十一月二十九日号と六六年十一月二十五日号に掲載された。フィルムの全体が実際に見られたのは十年以上経った七五年三月六日のテレビ放映と、遥かに遅い。ケネディ暗殺のイメージは、長らく静止画像、あるいは写真として記憶されていたことになる。一方、動く映像として広く流布したのは、ザプルーダー・フィルムではない、別の銃撃事件の映像だった。ケネディ暗殺から二日後の十一月二十四日、暗殺者としてリー・ハーヴェイ・オズワルドが逮捕されるも、彼はダラス警察から刑務所への移送途中、地下駐車場でジャック・ルビーによって射殺される。このときの模様はテレビ中継されており、ヴィデオに収められた映像はその後さらに何度もスロー再生された。スポーツ中継で、決定的プレーの瞬間をその場でスロー再生する「インスタント・リプレイ」は、オズワルド射殺のスロー映像の応用だというが、この映像はスポーツ中継に画期をもたらすほどに定型化し、アメリカの（そして世界の）映像文化史上大きな影響力を持ったわけである。

ペンが『俺たちに明日はない』で直接参照したのは、オズワルド射殺のスローモーション画面ではなく、ザプルーダー・フィルムの静止画像だった。ケネディの頭部から飛び散る脳漿。『俺たちに明日はない』のクライドの頭部からも脳漿らしきものが飛ぶように見える場面があり（ただ、それはクライドが握りつぶした何かが飛んでいるのがそう見えるに過ぎないが）、その身体を物体としてとらえたボニーよりも、バレエに近いものとして演出されたはずのクライドのほうもやはり、遺体＝物体として身体をとらえられていることがわかる。ともあれ、マスコミュニケーションによって流布したこれら一連の映像は、静止ないしスローのイメージと、死、それも銃撃による死とを結びつけたのである。六〇年代末を代表するアメリカ映画が、その傾向に掉さし、定着させた。『俺たちに明日はない』と『ワイルドバンチ』がその典型的にして決定的な例であるが、さらにもう一つ重要な一例がある。モンテ・ヘルマンの『銃撃』*The Shooting*（未、66）である。[8]

ヘルマンについては後に大きく取り上げることになるが、ここで少しふれておく。『銃撃』は、ある男がある女に雇われ、一人の男を追う物語である。岩山に男を追い詰めた彼は、相手を銃撃するが、追われている男は、追っている男と瓜二つ（双生児）だったというもの。矛盾が幾重にも錯綜し、見るものの解釈を揺るがせ続けるような作品で、追っている男と追われている男が瓜二つ（同一人物と言ってもよい）という結末は、物語レベルにおいて生じる（オチの）意外性以上に、実存的な問いがもたらす衝撃であるかのように現われるのだが、今注意すべきなのは、そのラストにおいて、追う男の銃撃がスローモーションで、追われる側が倒れる様がスローモーションを断続的にストップさせるという形でそれぞれ描かれていることである。ヘルマンはこの場面について、リー・ハーヴェイ・オズワルドの射殺映像に影響されたと述べている。[9] ヘルマンによれば、本当のスローモーションではなく、オズワルドの射殺映像と同じく、同じ映像を繰り返し使ってスローに見せているという。

ヘルマンは『銃撃』と並行してもう一本の西部劇『旋風の

中に馬を進めろ』*Ride the whirlwind*（未、66）を撮っている。これは、仲間と共にある山小屋に泊めてもらったところ、そこが盗賊のアジトで、討伐に来た自警団に一味と間違われて逃亡する途中、仲間を殺され、ただ一人かろうじて逃げ延びるというもの。ヘルマンによれば、この作品も含めて二作とも、ケネディ暗殺の影響下で作られた。直接暗殺事件を表象したり、考察したりしているわけではなく、「あの問題に直面したわれわれの感情を見つめている」。「『銃撃』はあの死の不可解さを前にしたわれわれの恐怖を考察したもので、『旋風の中に馬を進めろ』はまったく予想外で防ぐことのできないことが誰かに起こった際の衝撃を表現したもの」だという（「外部の侵入と暴力描写の推進」。引用元は註9に同じ）。

ヘルマンはケネディ暗殺に関する映像を、その事件を前に途方に暮れるアメリカ国民の感情、気分を表現するために間接的に用いて、不可解な人生という実存的観念を表現した。その一方、ペンはより直接的にそれを用いて暴力が潜在・遍在する社会を描いている。ボニーとクライドを射殺した警官は、確かに彼らがかつて接触した人物ではあるが、その他のものたちの中に紛れて誰でもない存在となっている。茂みから姿を現わした彼らはそこで、「ざまあみろ」と、彼らへの怨念ないし嫉妬の入り混じった感情の黒い塊を吐き出すわけでもなく、従って彼らの暴力には意味づけがされないまま、ブツ切りのように映画は終わる。これは社会の復讐でも報復でもない。ただ単に暴力なのだ。しかもそれが、いつどこで待ち受けているかわからないという衝撃。数十秒にわたって撃たれ続けるというその過剰さもまた、ケネディの死の過剰（単に撃たれるだけでなく、脳髄を吹き飛ばされる）と等しい。

かくしてペン、ヘルマンがスローモーションを使用するには、ケネディの暗殺映像という典拠があったわけだが、ではペキンパーはどうだったのか。『ワイルドバンチ』の編集はルー・ロンバルドだが、ロンバルドはペキンパーに自身の仕事として、テレビドラマ『特捜刑事サム』の一話「お母さんが行方不明」（67）を見せた。そこでは、警察に撃たれた男が倒れる場面で、スローと通常スピードの映像がつなぎ合わされていた。スピードを遅くして撮影する通常のスローではなく、オプチカル処理で同じコマを三コマずつ伸ばしたといい、やり方としてはヘルマンと同じである。これを見てペキンパーは、ロンバルド起用を決定した。しかし、ロンバルドがケネディ暗殺映像に触発されたのかどうかは不明だ。ペキンパー自身がどうだったのか、これも伝記を見ても不詳である。アメリカ史上特筆すべき出来事であり、映像史的にもメルクマールとなる出来事をまったく知らなかったはずもないが、一切言及がないのは不思議な気がする。ともあれ、銃撃＝死とスローモーションの結びつきに関し、ことペキンパーについては『俺たちに明日はない』が直接的な参照項だったようだとしておくしかない。『俺たちに明日はない』に比べて生々しさ、悲惨さがなく、それこそバレエのようであるのは、ケネディの映像から『俺たちに明日はない』を介しての間接性ゆえ、なのかもしれない。

アーサー・ペンの世界観

ここで改めて、ペキンパーの世界観とペンのそれを比較するために、ペンの西部劇（と一部の現代劇）を総括的に考えてみる。ペンが撮った西部劇は、彼にとって初長編映画となる『左ききの拳銃』（58）、公開時の邦題は踊り字を使用した『左き丶の拳銃』であるが、以後こちらを使用）、『小さな巨人』（70）、『ミズーリ・ブレイク』（76）の三本である。

『左ききの拳銃』はビリー・ザ・キッドを描き、ポール・ニューマンが主演。敬愛する恩人を殺した四人を一人一人殺していくが、途中で恩赦が出る。しかし、最後の一人を殺すためにその恩赦を踏みにじり、それがためにパット・ギャレットに殺される。復讐する相手が四人という設定は、ビリー・ザ・キッドを描く他の作品には見られないもので、キッドは相手に、復讐を遂げるたびに三つ、二つと減っていく銃弾を見せつける。この銃弾の数が、恩赦が出た後にもまだ残っている敵を見るものに意識させ、彼が恩赦の可能性を振り切って死への道を選んでしまうことの伏線となっている。

ニューマンは周知の通りアクターズ・スタジオ出身で、ここでも鬱屈した青年の内面を感じさせる演技を披露している。仲間同士でクスクス笑い合ったり、いたずらしあったり、悲しいはずの恩人の葬儀後も（その悲しみを隠すためになのか、悲しいからこそなのか）はしゃぎまわってみたり、一見するとただの情緒不安定な若者だが、それはせめぎ合う感情がその都度不意に露頭しているから、ということなのだろう。いったん逮捕されて入獄したキッドが、パット・ギャレットの外出中、策を弄して銃を奪い、彼を冷酷に取り扱っていた保安官助手を二階から見下ろして射殺する場面があり、そこでスローモーションが使用されている。スローが使用されているのはこの場面のみで、『俺たちに明日はない』のような衝撃は必ずしもないものの、ペンはこの時点ですでに（ケネディ暗殺映像の流布より五年も早く）銃撃とスローモーションを結びつけていたわけである。

キッドの伝記＝神話が登場するのも注目すべき点である。キッドは、彼の伝記を読んでファンになっていた男に、神話のビリー・ザ・キッドと違うと否定されてしまう。イメージ＝神話と実像。そもそもキッドが左ききとされたのは、写真を裏焼きにしてしまったからと言われており、実際には異なる（両手を使ったようだが、主として右ききだった）。本作は題名（原題はLeft-handed gunで日本公開題は直訳）通りキッドを左ききに設定しているが、あえてそのような題名をつけたについては、イメージと実像の間には違いがあることを念頭に置いているのではないかと思われる。キッドらの隠れ家に、自分たちのお尋ね者のポスターがびっしり貼られているという描写もあり、自己イメージに敏感な存在としてのキッドが強調されている。前章でガンマンやアウトローが形骸化、神話化していると論じたが、この作品におけるビリーも同様である。ただしここではそれが言い伝えや伝説ではなく、写真や伝記（ダイム・ノヴェル）といったメディアによって起きていることが強調されている点、これ以前の西部劇と違っている。しかもそうしたイメージを、アウトロー自身が意識しているのも前例がない。とはいってもこの作品では、ビリーはただ自分が有名人になったことを無邪気に喜んでいるだけで、例えば（後のイーストウッド『許されざる者』におけるように）そのような自己イメージをアウトローがコントロールしようとすることで事態が変化していくというような経過をたどることもないので、メディアそのものはここでは単に劇を彩る意匠にすぎない。とはいえ、スローモーションの使用といい、アウトローをイメージ化するメディアを初めて登場させたことといい、ペンが映像メディアとそれがもたらす影響に映画作家としての当初から関心を持ち、何らかの形で自作に反映させたいという意志を持っていたことはうかがえる。ちなみにペキンパーの『ビリー・ザ・キッド／21才の生涯』（73）においては、彼と行動を共にし、事態を見守る傍観者的存在エイリアス（別名、という意味で、彼の匿名性、傍観者性を強調する名だ）をボブ・ディランが演じている。ディランはこの映画のサントラも担当して何曲か歌っており、とすれば彼もまた、ビリー・ザ・キッドを伝説として後世に伝えるメディアだということだ。強盗が新聞記事となって流通し、殺された後はその当事者が殺害の模様を舞台で演じたジェシー・ジェームズ、西部の男のイメージをワイルド・ウェスト・ショーで流通させたバッファロー・ビル、自身の功績をハリウッド人たちに嬉々として語ったワイアット・アープなど、西部人はイメージなるものと実は親密な関係を持っている。ビリー・ザ・キッド自身は自らそうしたイメージに積極的に関与したわけでもないのだが、唯一写真が残されているアウトローとして、メディアと図らずも最も密接な関係を持ったのは、他のどの西部人以上に、彼なのかもしれない。

さて、ペンの二作目の西部劇に当たる『小さな巨人』もまた、『左ききの拳銃』と同様、歴史上の人物の見直しを図る西部劇である。これは、カスター将軍勢が壊滅したリトル・ビッグ・ホーンの戦いを生き残った唯一の白人と自称する男（ダスティン・ホフマン）の語りという体裁で話が進む。子供の頃にインディアンに攫《さら》われ、インディアンとして育った彼は、偶然に翻弄されて白人社会とインディアン社会を行き来して過ごす羽目になり、最終的にはカスター将軍旗下で、リトル・ビッグ・ホーンの壊滅的な戦いに参加し、唯一生き残る。

主人公が白人社会とインディアン社会を行き来する中で、白人社会の異常さ（フェイ・ダナウェイ演じる牧師夫人の色情狂、ワンダ川での女子供を含むインディアンの大虐殺など）と、インディアンの思慮深さ（すべては死んでいると考える白人と、すべては生きていると考えるインディアン、夢のお告げの実現など）が浮き彫りになってくる。この作品は、七〇年代初頭の（アメリカの歴史の負の部分を直視しようとする）歴史修正主義の流れの中で作られており（それについては後続の章で取り上げる）、カスター将軍の脱神話化もその一つの表われである。カスターは完璧な人種差別主義者であり、また自己顕示欲の塊として描かれている。猜疑心も強く、リトル・ビッグ・ホーンでは、斥候として雇った主人公が、この先にはインディアンが待ち伏せており、包囲されるから進軍はやめにすべきだと進言するのを、本質的にはインディアンである彼が自分を負けさせようとしていると受け取って、忠告に反して進軍し、死への道をたどる。全体としてはコメディなのだが、最終的に白人の愚かさ、非道が暴き出され、後味の悪い作品だ。

ペンの西部劇としては最後の作品、『ミズーリ・ブレイク』では、盗んだ馬を売った金で農地を買って、集団生活する泥棒一味が描かれる。その首領（ジャック・ニコルソン）が町の大物の娘と仲良くなる。頻々たる馬泥棒に業を煮やした大物は、整理屋と呼ばれる賞金稼ぎ（マーロン・ブランド）を呼び寄せる。整理屋は農場の男たちの正体を見抜き、一人一人残虐に殺してゆくが、最終的には自身が首領によって殺害される。首領と娘は町を出ていく。

何と言ってもブランドの人物造形が凄まじい。町にやってくるときも、つけられていると困ると馬を横抱きにして、人が乗っていることを悟らせないように（少なくとも本人はそのつもりで）乗ってくる。白い房つきの上着に香水をつけ、常に鳥の図鑑を持ち歩いて、双眼鏡で鳥（と町の人間、首領たち）を眺めている。銃も遠射が可能な特殊なもの。いつもブツブツと何やらつぶやいて自分の世界に没入しており、人を人とも思わない、というか人を食った、現場でマーロン・ブランドがやりたい放題やったに違いない、特異すぎる人物造形である。これに対してニコルソンは確かに悪党でノンシャランではあるが、やるときはやる頼もしさで、人を惹きつける魅力にあふれた人物として描かれている。要するに、ここでは完全に善悪がひっくり返っているわけである。カウンター・カルチャー的で、脱力的、この裏を狙った感を面白いというべきか、あざといというべきか。

西部劇とは言えないが、『逃亡地帯』（66）も重要なので紹介しておく。刑務所から脱走した囚人（ロバート・レッドフォード）が、生まれ故郷の町に向かう。その噂を聞いた町の連中は、彼の元の妻（ジェーン・フォンダ）を遠巻きに眺めながら騒ぎ始める。町の有力者である銀行家と、それに目をかけられている保安官（マーロン・ブランド）へのやっかみが町の連中の悪意を増幅し、事が大きくなる前にレッドフォードを捕らえて、自首させようとする保安官の思惑は無に帰する。保安官はレッドフォードの居場所を知っている男を保護するが、事務所に押し掛けた群衆によって保安官はリンチされ、居場所が彼らに知られてしまう。群衆はレッドフォードの隠れる廃車場に焼き討ちをかける。火事の混乱の中、かろうじて保安官はレッドフォードを保護するが、連行の途中、群衆の一人によってレッドフォードは射殺される。脚本はリリアン・ヘルマンなので、暴走する集団としての赤狩りの記憶も反映はしているだろうが、それ以上に、最後のレッドフォードの射殺の場面に、オズワルド射殺を連想しないでいることはむしろ難しい。これは、アーサー・ペンなりの、ケネディ暗殺およびオズワルド射殺事件の(いささか露骨な)、そしてそのような事件を引き起こした時代的感情の表象であり、また抗議なのだろう。

アーサー・ペンの登場人物は、総じて死に取り憑かれている。恩赦をあえて踏みにじるビリー・ザ・キッドしかり。『逃亡地帯』のレッドフォードは、反対の方角の汽車に乗ったはずなのに生まれ故郷に向かう汽車に乗ってしまっている。『俺たちに明日はない』のボニーは色情狂であるが、しかし相棒のクライドは不能で、それゆえにかえって彼らは銃に執着し、そこにアイデンティティを求める(だからこそ、ついに結ばれた彼らは、その直後に死なねばならない)。『ミズーリ・ブレイク』のブランドの異形も、死の天使を思わせる。彼らは死に取り憑かれ、無意識的に死を希求し、死に向かって短い人生を走り抜ける。彼らには総じて、若者の印象がある。成熟を待つまでもなく、死に急ぐ存在。アウトローであるからには当然社会の外の存在なのだが、社会からあぶれたというよりは、社会に入る以前の未成熟な存在のようである(『左ききの拳銃』の、仲間たちとはしゃぐキッドは典型的だが、『ミズーリ・ブレイク』の整理屋も、西部劇的なアイテムを集めて身にまとい、西部劇ごっこをしている子供のように見えはしないか)。これは六〇年代から七〇年代のカウンター・カルチャーが若者のものであり、文化の主役が大人から若者に移行してきたことと相即的な事態であり、ペンの映画世界は、そうした動向を反映しているのだろう。

ペンの作品の主人公は、まだ自身の世界を持たない、あるいはそれを自覚していない、未成熟なものたちだ。その意味で反(前)社会的であるのだが、しかし一方社会のほうも、それに見合って、何か確固たる信念、思想によって形成されているようには見えない。『俺たちに明日はない』のラストで主人公たちに牙をむく社会は、どこの誰だかわからないような、意図(ないし感情)も不明な、匿名の存在である。『逃亡地帯』の群衆は、ただ破壊衝動の蠢《うごめ》き以上のものではない。『小さな巨人』のカスター将軍も、差別主義と自己顕示欲だけが原動力で、その作戦の背後に確固たる思想があるようには見えない。ペンの映画における社会は、匿名的な破壊衝動そのものである。主人公たちが狂っているとしても、社会のほうはそれ以上に狂っているのだ。

これは、映画の開始時点からすでに自身の世界観を確立している ような成熟した大人が主人公(『昼下がりの決斗』の、老ガンマンたちによって人間的に成熟することになる若いガンマンを例外として）であることがほとんどのペキンパーの映画世界とは大いに異なる。ペキンパーにおいて、主人公たちは時代に取り残されるほどに長生きし、死に急ぐことはなく、死を迎えるにしても、自らの意志をもって受け入れるのである。彼らには、すでに自分の世界がある。今や時代遅れになっていたとしても、それに殉じて彼らは死ぬ。彼らは大人なのだ。また一方社会のほうも、確かに彼らの価値観とは違っているにしても、その時代の思想、価値観を有している。『左ききの拳銃』と同じ主人公を描いた、ペキンパーの最後の西部劇『ビリー・ザ・キッド／21才の生涯』を見ればよくわかる。そこでパット・ギャレット（ジェームズ・コバーン）は、かつてキッドの仲間であったが、時代を読んでアウトローの世界から足を洗う。実はキッドもギャレットも同類であり、彼らは対称的な存在なのだ。映画の冒頭、過去においてキッドが地面に埋めた鶏を撃つショットと、遥かその未来、狙撃手がギャレットをライフルで狙うショットがモンタージュされ、まるでキッドがギャレットを撃つかのようなアナクロニックな事態が生じる。ギャレットは史実通りキッドを射殺するが、その現実のギャレットによるキッド殺害と、この冒頭における幻想としてのキッドによるギャレット殺害は対称になっている（加えて、ギャレットがキッドを射殺した後、鏡に映る自身の像を破壊して、キッドと自身の同一性を念押しする）。キッドも、キッドを殺すギャレットも、自分なりに守っている信念に殉じて死ぬのであり、彼らはともに決して狂ってはいない。まとも過ぎるほどにまともなのだ。従って暴力も、決して不意に現われることはなく（裏切りによる暴力はあるが）、決闘なり（『昼下がりの決斗』）、討ち入りなり（『ワイルドバンチ』）のルールに従って発動する。本質的に狂っており、暴力的な（暴力が偏在し、潜在する）ペンの世界とは違い、ペキンパーの世界は、社会自体もそこに住まうものも成熟した大人であり、（後述のように本能の発露はあっても）狂気の入り込む余地はない。

ペキンパーにおける暴力

ペンの描く、本質的に狂っていて暴力的な世界は、ベトナム戦争に入れ込んでいたアメリカという国そのものの表象であった。六〇年代初頭からベトナムへの介入を拡大してきたアメリカ（その決定を下したのはジョン・F・ケネディである）だが、六四年開始の北爆による無差別爆撃（ナパーム弾、枯葉剤の投下）、六五年開始のサーチ・アンド・デストロイ作戦による市民の無差別殺戮、レイプ、その流れの中で起きた六八年のソンミ村での五百四人に上る無抵抗の市民虐殺事件など、泥沼化する戦争の中でアメリカが引き起こした残虐な戦争行為、ありていに言って犯罪行為の数々は、即時にテレビで報告され、市民に衝撃を与えていた（当時マスコミは戦争の実態を直接取材し、映像も自由にTVで流すことができた。これが反戦運動につながったことを教訓に、以後政府は、戦争の取材を制限するようになった）。例えば『俺たちに明日はない』の、茂みの奥から主人公たちに数百発の銃弾を浴びせる男たちが、南ベトナムのゲリラを掃討するアメリカ兵であり、インディアンの村を壊滅させる『小さな巨人』のカスター将軍が、ソンミ村の村人を虐殺した陸軍中尉をそのまま表わしているというわけではないが、アメリカがベトナムで行なっている行為を目の当たりにすることで、市民の社会認識に影響を与え、それがペンの映画世界に反映されているということは十分可能性がある。

ペキンパーについても、『ワイルドバンチ』にベトナムを連想したものはいた。当時ワーナーの試写を見たというマーティン・スコセッシは、「暴力に興奮したが、興奮することが恥ずかしかった。というのも、それはベトナムで我々がしていることを反映していたからだ。それは、夜六時のニュースで見ていたことだったんだ」（『奴らが動いたら…殺せ!』）と述べている。ペキンパーが実際にベトナムを意識していたかどうかはともかく、ベトナムを連想する者は確かにいたし、その暴力描写ゆえにこの作品は評判も呼び、また非難もされた。当時導入直後のレイティング制で、この作品はR指定（十七歳以下は保護者の同伴が必要）されている。ただし、先述の通りこの作品の暴力は、ペンの暴力に比べれば美学的に処理されており、即物的な生々しさ、残虐さが際立っているわけではない。

しかし、ペキンパーの中にもそのように残虐にして不条理な暴力が噴出する作品が一つだけある。『わらの犬』（71）である。イギリスの田舎の家に越してきたアメリカ人科学者（ダスティン・ホフマン）とその地出身の妻（スーザン・ジョージ）が、彼らに嫉妬交じりの悪感情を持つ地元の若者集団につけ込まれ、悪意あるいたずらをされる。妻は暴行され、さらに誤ってその集団と関わりのある女性を殺してしまった男（デヴィッド・ワーナー）を匿《かくま》ったことから家を包囲され、襲撃される。ホフマンは科学者らしく知恵を絞って反撃に転じ、ついに相手を全滅させる。

ここでは社会のほうが明らかに狂っており、暴力的である。主人公は悪意あるいたずらに対しても当初は事なかれ主義で応対し、事態を悪化させていってしまうのだが、あるときついに反撃に転じる。ただ、それは妻の暴行という彼個人にとっての決定的な事態によってではなく、たまたま匿った男を相手がリンチしようとするのに対する正義感から（という建前で）引き起こされている。主人公の態度には最初から最後までどこか偽善的なものがあり、彼が最終的に相手を倒したとしてもどこか納得がいかないのは、それが妻への暴力に対する復讐といった、彼個人ののっぴきならない感情によるものではないからだ。しかもひとたび反撃に転じてからの彼のアクションは次第に激化して、ついには酔ったようになり、煮立てた油を振りかける、鋸歯状の金属がばね仕掛けで合わさる巨大なトラバサミを人間の首に用いるなど、きわめて残虐な行為もいとわなくなってくる。暴力はこのとき自己目的化し、対象を見失っている。映画のラストでホフマンはワーナーを家に送り届けようと車を出すが、周囲は霧に紛れてしまっている。帰り道がわからないというワーナーにホフマンは、僕もだと答えるが、これは自己目的化した暴力の噴出を許してしまったホフマンは、もう元の状態には戻れない、という暗示である。

ペキンパーは『ワイルドバンチ』完成後、人間の本性的暴力についての本を読み漁《あさ》っていたという。人間は高度な文明を持った動物であり、言語や芸術によって他者とコミュニケーションを取ることもできるし、愛という高貴この上ない感情も知っている。にもかかわらず、我々は暴力を振るう。問題なのは、それを隠蔽しようとすることだ。欺瞞を捨て、暴力的である自身を直視せよ、とペキンパーは言う（『奴らが動いたら…殺せ！』）。彼は『ワイルドバンチ』ではなく、むしろ『わらの犬』で暴力に真正面から取り組み、生々しく描写し、その不条理（発生とエスカレーション）を厳しく弾劾した。ペキンパーはペンとともに暴力表現に画期を拓いた作家と見なされているが、それはペンの『俺たちに明日はない』と比較される『ワイルドバンチ』以上に、『わらの犬』によってなのである。ただし『わらの犬』と『俺たちに明日はない』とでは個人と社会、どちらがより本質的に暴力的であるのかという点について正反対である。『俺たちに明日はない』では、確かに主人公たちが暴力的で狂っているとしても、社会のほうがそれに輪をかけて暴力的であり、狂っているとされ、社会批判の側面が強い。一方『わらの犬』では、悪意ある社会によって、一見非暴力的で理性的な人間の中に潜在する暴力が引き出される。確かに社会は狂っているといえるが、それは何より、社会を構成する個人が狂っているからなのである。より悪いのは、暴力を潜在させながらそれを自覚せず、欺瞞的態度で押し隠して、それゆえにいっそう事態を悪化させる個人のほうである。ペキンパー的主人公は、確固たる信念を持っている大人であり、ペキンパーはその点個人主義的だったわけだが、暴力批判においても個人主義的なのである。▼10

『砂漠の流れ者』と『ギャンブラー』

『わらの犬』の一つ前の作品に戻ろう。『砂漠の流れ者』(70)である。二人の仲間（L・Q・ジョーンズとストローザー・マーティン）に水を奪われ、砂漠をさまよった末、ついに水を掘り当てた主人公（ジェイソン・ロバーズ）は、そこに駅馬車の給水所を建て、やがてやってくるだろうかつての仲間を待つ。そこにはどこか間の抜けた放浪の牧師（デヴィッド・ワーナー）や、かつて登記のために訪れた町で知り合い、町を追い出されたためにやってきた心優しい売春婦（ステラ・スティーヴンス）が一時住み着くが、やがて去っていく。ついにやってきた復讐の相手。彼らはロバーズを殺して、その財産を奪おうとする。罠にかけて親分格のジョーンズを撃ち殺したとき、今や大金持ちの寡婦となったスティーヴンスが車で迎えにくる。マーティンに給水所を譲って出ていこうと決心する主人公は、しかしブレーキが利かず動き出した車の下敷きになって死んでしまう。

「過ぎ去りゆく古き良き西部とアメリカン・ドリームとを対立」(『サム・ペキンパー』)させた本作は、西部開拓初期によくあるタイプの物語であるアメリカン・ドリーム(水を発見して成り上がる)を、西部末期に置くというアナクロニズムを意識的に用いている。西部の初めの物語なのかと思いきや、バイクや車が現われて西部末期の物語と知らされる。そのちぐはぐさ、脱力感は、復讐の物語でありながら復讐が頓挫することにも、また、スティーヴンスと出ていこうとしたらすぐに死んでしまう展開にも感じられる。アメリカン・ドリームの主人公としても、復讐のヒーローとしても、ロバーズは中途半端である。しかし、アメリカン・ドリームも復讐譚も真っ当に語れる時代ではない、という認識がペキンパーにはある。この主人公は、ペキンパーなりの(いかにも六〇年代的な)アンチ・ヒーローなのであり、彼が生涯ずっと時代から取り残されたものたちを描き続けてきたとすれば、ペキンパー的人物像の中でもとりわけ不器用なこの男は、その典型というべき存在なのだ。ペキンパーが本作を最も気に入り、また最高の自作と認めるのは、まさにそれゆえである。

この『砂漠の流れ者』と、内容、感触においてきわめて似た西部劇が、翌七一年のロバート・アルトマン『ギャンブラー』である。ある炭鉱町に流れ着いてきたギャンブラー(ウォーレン・ベイティ)が、娼館を作り上げる。それなりに流行《はや》るが、そこにやり手の売春婦(ジュリー・クリスティ)が現われ、自分に任せればもっと流行らせてみせると共同経営を持ちかける。娼館はいよいよ繁盛、尻に敷かれた形のベイティも、次第に彼女に惹かれてゆく。そこに、鉱山の持ち主が娼館の買収を申し出てくる。値を吊り上げようとゴネると、相手は殺し屋を送り込む。殺し屋の一人が建築中の教会を火事にし、町の連中がその消火に出払う一方、ベイティは雪の降り積もる無人の町でたった一人殺し屋たちと対決し、ついに全員を倒すが、自身も斃れる。クリスティは、炭鉱夫の中国人のたむろする阿片窟で、阿片の煙に酔っている。

『砂漠の流れ者』と『ギャンブラー』には共通点が多い。情けない主人公に、勝気な女性(ともに売春婦である)の組み合わせ。築き上げたものを奪われようとする展開。対決はかたや砂漠、かたや雪原と対照的ではあるが、ともに西部劇の典型的な決闘とはほど遠いという点で類似する。『砂漠の流れ者』では対決を放棄してしまうが、『ギャンブラー』では空威張りの主人公が負けると知りつつ対決に挑むという点が、大きな差ではある。対決の直前、対決に赴《おもむ》くために銃を身に着けながら、クリスティへの愛を愚痴のようにつぶやく情けなさ(しかしそれだけに彼の真情は際立つ)。それでも彼はたった一人で殺し屋たちとの対決に向かい、無様ながらもついに勝利を収める。かっこ悪いがかっこいいという矛盾。その脱臼。最終的に主人公たちを打ち負かすのは、車であり(『砂漠の流れ者』)、巨大企業(『ギャンブラー』)なのだが、ともに新たにやってくる時代であるとも言える。結局、最終的には勝ったはずの主人公が車に轢き殺される、あるいは阿片に溺れるというアン・ハッピーエンドも共通である。

『ギャンブラー』は、アルトマンにとって初の西部劇である。彼は典型的な六〇年代作家として、反＝古典的な作品を作り続けていた。最先端をいく時代の寵児ともいうべきアルトマンが撮った西部劇が、西部劇の遅れてきた正統的嫡子ペキンパーのそれと似ているという事態（ちなみにペキンパーとアルトマンは同じ一九二五年生まれで、しかもアルトマンが二月二十日、ペキンパーが二月二十一日と一日違いである）。しかし、二人ともに、現在において古典的な西部劇が不可能であることは自明だという認識において共通していた。西部劇の正統的ヒーローとはほど遠い、情けない主人公。頓挫したり、無様だったりする対決。最終的にはより大きな何者かに飲み込まれていく展開。復讐や対決といった西部劇的結構がかろうじて残存して物語の骨格を支えてはいるものの、それは形骸化しており、かえって古典的西部劇の凋落を決定的に見せてしまっている。アルトマンがこれ以後に撮る西部劇（というか西部を主題とした作品）としては、西部を見世物（イメージ）にした男、バッファロー・ビルを巡る反＝神話的、あるいは神話破壊的な『ビッグ・アメリカン』（76）があるばかりだし、ペキンパーにしても、西部劇の周辺ジャンルであるロデオを扱った、反＝時代的というよりもむしろ感傷的な『ジュニア・ボナー　華麗なる挑戦』（72）を除けば、すでにできていた脚本の、雇われ監督（といっても完全に自分の世界に作り替えたが）を務めた『ビリー・ザ・キッド／21才の生涯』があるのみだ。ペキンパーにとっても、アルトマンにとっても西部劇は、映画作家としての自己のすべてを託し、正攻法で作れるようなものではなくなっていく。

ロバート・アルトマンの映画世界

アルトマンの作品の一系列として、あえてハリウッドの古典的なジャンル映画を取り上げているものがある。例えば出世作となった『M★A★S★H』（70）は、朝鮮戦争を舞台としているといいながら、その実ベトナムを描く「戦争映画」である。エリオット・グールドやドナルド・サザーランドといった主演俳優の、典型的なハリウッド・スターとはほど遠い風貌（整っていない顔つき、通りの悪い鼻声）、生真面目さや権威を笑い飛ばす風刺的態度などにおいては、むしろ戦争映画のパロディとなっている（脚本はハリウッド・テンの一人リング・ラードナーJr.）。

『ギャンブラー』は「西部劇」の脱神話と言っていいが、一連の「ギャング映画」に題材を提供してきたボニーとクライドを取り上げる『ボウイ&キーチ』（74）では、二人をギャングというより単なる田舎の若い恋人たちとして描いた。また先述の通り『ビッグ・アメリカン』では「西部劇」の神話的人物バッファロー・ビルを、自己顕示欲の強い愚鈍な人物として、彼が舞台に乗せたインディアン、シッティング・ブルを遥かに英知に富む人物として描く（といってもブルは風采の上がらない小男であり、だからこそその本当の姿に心打たれるという逆転がアルトマンらしいのだが）という、ジャンル映画の脱神話化がなされる。

　これらにあっては、ジャンル映画の脱神話化、パロディという批判的側面が目立つが、『ロング・グッドバイ』（73）の戦略はいっそう繊細だ。これはレイモンド・チャンドラー原作のハードボイルドながら、深夜、ネコのために餌を買いに出かける探偵（始終くわえ煙草で、いつも何かをつぶやいているエリオット・グールドが演じる）という冒頭でいきなり見るものを脱力させ、ハードボイルドへのアイロニーを感じさせる。しかし見終わってみればその内容は、友情を信じる精神の貴族フィリップ・マーロウが、自分を裏切り、利用していた友に復讐するという、意外にもチャンドラー原作の精神に忠実な映画化であったことがわかる。アルトマン自身、七〇年代に五〇年代精神を持ち続ける主人公を置くというギャップを狙ったと述べているが、そのギャップはすなわち、時代遅れのジャンル映画をあえて撮るという戦略でもある。この戦略は二重のもので、一方ではジャンル映画が培ってきた力（世界観、人物像、物語進行の予想）を借り受けて利用しつつ、その批判（チャンドラーの五〇年代においてすら、すでに時代遅れだった騎士道精神の時代錯誤性の暴露）ないしパロディを行なうというものだ。しかし、ここでは利用と批判、一体どちらが主なのかは判然としない。失われてしまったものだからこそ貴重に見えることはあり、マーロウ的騎士道精神（ひいてはハードボイルドというジャンル）は、皮肉られながらも輝いて見えるという逆説が、ここには生じているのだ。

　システムが崩れ、古典的な語りに代わるさまざまな実験＝模索がなされた六〇年代において、ジャンル映画は衰退したか時代遅れのものとして顧みられない傾向にあったが、七〇年代にはそれが復活してくる。どちらかというとパロディ精神、批判精神に満ち溢れたアルトマンですら、『ロング・グッドバイ』におけるように意外と真っ当にジャンル映画として成立するような作品を撮っているのである。同じことが、ロマン・ポランスキーの「怪奇映画」、『吸血鬼』（67）、「フィルム・ノワール」、『チャイナタウン』（74）にも言える。というよりもむしろ、アルトマンやポランスキーのような成功例が、その流れに掉さしたのかもしれない。六〇年代にいったん廃《すた》れたジャンル映画を、あえて真正面から取り上げるという反時代的な身振り。ジャンル映画やその価値観（例えばハードボイルドものならば、マッチョな価値観）を痛烈に皮肉りつつ、しかしそれが持つ潜在力（都会的でクールな世界観、そこで繰り広げられる感情的闘争＝犯罪、謎解きの面白さ、意外さ）を借り受けて語りの原動力とする。六〇年代映画の混迷を過ぎて、ハリウッドは緩やかにジャンル映画に回帰する。しかしその一翼を担ったとも言いうるアルトマンには、ジャンルに対する戦略、というよりも愛惜と批判という、相反する感情があった。ジャンル映画を愛してはいるが、とても正面からそれに取り組むことはできないという斜に構えた態度。アイロニー。だがそのアイロニーは、後続の作家には失われていく。ギャング映画（『ゴッドファーザー』〔72〕）、怪獣パニック映画（『ジョーズ』〔75〕）、SF映画（『スター・ウォーズ』〔77〕）。ストレートにジャンル映画であるこれらの作品には、アルトマンやポランスキーに見られたねじれ、すなわちジャンルへの愛惜と皮肉の入り混じる苦さが払拭され、しかしそれだけに迷いなく強い映画にもなっている。

アルトマンは順ハリウッド、反ハリウッド、双方の側面を持っており、その間を揺れ動いている作家である。ここまで物語内容に関するレベルでその揺れを見てきたが、（映像＝音響）演出のレベルにおいて彼が古典的手法に対して提示しているオルタナティヴを見ていく。アルトマンが、その初期からズーム・レンズを多用・愛用してきたことは知られている。ズーム・レンズは例えば『俺たちに明日はない』でも、『ワイルドバンチ』でも、特に銃撃場面において用いられている。ズームは視界を狭めるため、カメラの位置の選択肢が広がり、また他のカメラを映し込まずに済むため、複数のカメラを同時に使用することができる。あのモンタージュは、ズーム・レンズなしではできなかったことなのである。しかしアルトマンにおけるズームの使用は、こうしたアクションのスペクタクル化とはほど遠い。例えば『M★A★S★H』の手術の場面、戦場から次々と運び込まれる負傷者たちでごった返す手術室をカメラはフラフラと動き回り、そのうちズーム・レンズが画面奥に主人公ドナルド・サザーランドを捉える。彼の声は先ほどからずっと聞こえていたものの、どこにいるのかがわからなかったのだが、今やその声の主が特定されたわけである。しかし彼はそのまま後景にとどまり続ける。確かに音声は彼らを中心に捉えているのだが、画面は彼らを中心から外している。この矛盾によって、いったいどこが映画の中心なのか、我々は戸惑わされることになる。あらかじめ被写界深度が定まっているレンズは、被写体とその動きを最大限効果的に捉えるため、徹頭徹尾空間を人工的に作り上げてきた。しかし撮影機器の性能の向上によって、空間のどこでもが劇の生じる空間として開放される分、カメラの向けられる劇空間の特権性や密度が極度に薄まってしまうのである。アルトマンにおけるズーム・レンズの使用は、ペンやペキンパーとは逆に、画面を劇的に演出することを避けるために用いられるのだ。

劇空間の任意性は、音響面においてもみられる（聞かれる、というべきか）。『ギャンブラー』の冒頭、主人公が酒場に入ると、ひどく狭いそこには多数の人がたむろしており、彼はそこで賭けトランプを始める。ごちゃごちゃと群れている男たちのうちの誰かが話しているのが聞こえているのだが、その台詞は互いに絡《から》まり合い、聞き取れない（編集のロンバルドは撮影時のサウンドトラックを聞いて、「汚らしいトラック、はっきりしないトラックa dirty track, a muddy track」であり、クソみた

図129　『ギャンブラー』の冒頭、フラッシングによる陰影深い画面。主人公は左下の暗がりの中に紛れている

い Fuckedだと述べている）。ここでは必ずしも聞き取れなければならない台詞ではなく、混乱を招くほどではないにしても、誰が話しているのかを画面がきっちり特定する古典的映像＝音声処理とは異なっている。これにより、画面＝音声は、ただそこにある状況を任意に切り取ってきただけという印象を与える。加えてこの作品では、映像処理においてもこれまでにない実験的な試みが行なわれている。フィルムを撮影前、あるいは撮影後、現像前に露光させておくフラッシングである。暗い場面でも細部がつぶれてしまうことなく、像が明確化し、諧調が際立って見える。

実際この酒場の場面では、暗い中に一人一人の顔がくっきりと浮かび上がり、特にランプが灯されて以降は、黄色く温かみを帯びた光が人の顔を染めて、彼らの着る茶系の色のコートや上着が陰影をもって見え、安物であるだろうテーブルの赤い布がまるでビロードのように深みを帯びて、さらには人々の間や画面奥の闇がいっそう深く沈み込むという、まるでレンブラントの油絵のようなルックを獲得している【図129】。フラッシングは以後撮影監督ヴィルモス・ジグモンドの代名詞のような得意技になるが、それは『ギャンブラー』の成功以後のことであり、少なくとも最初は危険すぎるとこれに抵抗した。強くそれを推進したのは（音響においてもしかりだが）監督のアルトマンだった。彼は撮影前にポラロイド・カメラを使って、露光させたフィルムで撮影したものをジグモンドに見せ、このルックが全編に欲しいのだと説得した[11]。こうした技術上の革新は、単なる外見上の小手先の変化ではなく、あくまで作品世界、映画による現実認識の変化の問題である。

アルトマンは『ジャックポット』*California split*（未、74）で、音声処理をいっそう進化させる。映画の冒頭、賭博場にやってきた主人公（ジョージ・シーガル）があたりをうろつく。八本のサウンドトラックがアルトマンにおいて初めて使用され、その場の音が多層的に捉えられる。ディーラーの声、配られるチップの音、システム案内ヴィデオの音声、どこかで発せられる誰かの声。それらの音は、あくまでその場にいる人間の耳に届いている音であり、それ自体に意味があるわけではない。かといって、こうした音声が台詞に対するノイズとして周縁化されているわけでもなく、その都度選択されて明確に聞こえるようにされている。この冒頭場面ではないが、台詞が他の人物の台詞と重なって、何を言っているのかわからなくなることもある（アルトマンはハリウッドデビュー作である『宇宙大征服』（68）ですでに、同様に台詞を重ならせて、スタジオの重役を激怒させた）。これはリアリズムへの配慮であるというよりも、ハリウッド的な劇空間の構成への否である。通常俳優がいる画面が主たる空間なのだが、この場合任意の空間に、たまたま俳優が映り込んでいる、という体なのだ。そんな任意の空間にもう一人の主人公（エリオット・グールド）が紛れ込んでおり、偶発的に知り合った二人がギャンブルに興じていく。確かにこれは二人の物語ではあるが、あの冒頭の空間にいた誰が主人公になってもおかしくない。彼らはたまたま選ばれただけ（に見える）なのだ。このような任意性の強調は、誰が中心的主人公なのか判然としないような、多数の人間による複数の物語の乱立という群像劇に行きつく（ペキンパーの銃弾の民主主義に対して、アルトマンの登場人物の民主主義というべきか）。アルトマンが群像劇の名手（『ナッシュビル』〔75〕、『ウェディング』〔78〕、『ロバート・アルトマンのヘルス』*HealtH*〔未、80〕、テレビ作品『タナー88』*Tanner'88*〔未放映、88〕、『ザ・プレイヤー』〔92〕、『ショート・カッツ』〔93〕、『プレタポルテ』〔94〕、遺作『今宵、フィッツジェラルド劇場で』〔2006〕）とされるのは、故なしとしない。このように劇性を否定し、劇的空間や人物を任意のものにしてしまうという戦略は、当然西部劇の時空間をも腐食することになった。『ギャンブラー』の主人公は、映画の冒頭で群衆に紛れて脱中心化され、ラストでは白い雪に紛れて見えなくなるのだし、ヒロインもまた阿片窟の煙の中に溶け入ってしまう。『ビッグ・アメリカン』の主人公は見世物の興行主であるが、彼もまた、一座の仲間であるシッティング・ブルに比すれば、存在感の薄い一人に過ぎない。主人公であるという特権性を失い、任意の空間に溶け去ってしまうのだ。

アルトマンはかくしてハリウッド古典期的な技法、劇空間の認識を変えていく。ただし、繰り返すがアルトマンのこうした姿勢は、「反」という態度において、ハリウッド古典期的なるものとの緊張の中にあった。古典期的なものへの愛惜と、もはや古典期的なものをそのままに反復できる歴史的環境にいないという自覚に引き裂かれること。そうした二律背反をアルトマンとペキンパーは共有している。ペキンパーは愛惜の念を隠そうとはせず、自分を遅れてきたものとあからさまに定義しつつ、新たな暴力表現に大胆に踏み出していく一方、アルトマンはアンチとしての側面を強調しつつ、アイロニカルに古典期的なジャンルと戯れるという形で、古典期的なるものへの拘泥を露《あら》わにしている。アルトマンとペキンパーは、その作風や人生の対照性（アルトマンは多作で長命を享受し、ペキンパーは寡作で短命だった）にもかかわらず、その古典期への姿勢においては案外通じ合うものがある。

ペキンパーとモンテ・ヘルマン

ペキンパーとしては最後の西部劇になった『ビリー・ザ・キッド／21才の生涯』の初稿を書いたのはルディ・ワーリッツァー（彼については次章で改めて触れる）。ヘルマンの『断絶』〔71〕の脚本によって知られるシナリオ作家で、この作品ももともとはヘルマンに話が行ったものの、『断絶』の興行的失敗で立ち消えになった。ペキンパーはテレビ時代に、ビリー・ザ・キッドの伝説について映画用脚本を執筆しており、その「ヘンドリー・ジョーンズの死にまつわる実話」と題された脚本は、書き換えを経て最終的にマーロン・ブランドの唯一の監督作『片目のジャック』(61)として映画化された(ちなみにこの作品では、パット・ギャレットが時流を見てキッドを裏切り、悪党をやめて保身に汲々とする男である一方、キッドもまたその場しのぎの嘘つきで信用するに足りない人間として描かれている、アンチ・ヒーローものの一種である)。後述するようなキッドとギャレットの対称性はなくなっている)。ペキンパーはこのときの脚本構造を、ワーリッツァーの脚本の書き換えに生かした。ワーリッツァーの脚本では、物語はキッドの死の前、三か月に限られる。キッドと、彼を追う保安官パット・ギャレットの二人は、相反する精神としてのっぴきならない対立状態に置かれ、ついに迎えた対決において(それまで二人は出会うことがない)、キッドが自ら死を選ぶという、実存主義的なものだったという。ペキンパーがその関係を枠構造で語ることによって、二人を対称的に配置したことは先述の通りである。変わりゆく時代に迎合し、アウトローたることをやめて、権力側につこうとするギャレットに対し、時代に殉じて死に赴くキッド。ペキンパーはこれまでも、時代に取り残されていくものを共感を込めて描いており、この場合もキッドのほうにより肩入れしているのは確かだ。しかし、ワーリッツァーの脚本では、どちらか一方が滅びざるを得ない対峙する二つの力として描かれていたキッドとギャレットを、対称として配置しなおしたことで、どちらもが滅びる形になり、二人は対等になっている。ここでは二人は分身なのであって、ギャレットはキッドを殺すことで自身を殺しているのだし、先述の通り、映画の冒頭で編集によってキッドがギャレットを撃っているように見えるのであるから、二人は互いに殺し合っているというべきである。とするならば、この作品は自分を殺すべく追う男の物語ということになり、その意味でヘルマンの『銃撃』に限りなく近似したものである。むろん、ペキンパーが『銃撃』を意識していたというわけではない。しかし以下に記すように、二人の間には浅からぬ関係があり、それを考えれば、作る映画がどことなく似てくるのもわからないではない。

『ビリー・ザ・キッド/21才の生涯』が当初ヘルマンに行った企画であったというのは上述の通りだが、『ジュニア・ボナー 華麗なる挑戦』[12]も当初ヘルマンに打診され、ヘルマンが蹴ったものである。ヘルマンは、どうしようもない脚本を見事な映画に仕上げたとしてペキンパーに感嘆した。一方ペキンパーも『断絶』を芸術作品と言っていい映画と感心し、これを評価しない批評家たちに憤っている。また、二人はともにセルジオ・レオーネから、結局レオーネが自身で監督し、『夕陽のギャングたち』(71)となる作品の監督を打診されている。お互いに自作に相手を起用することもあった。ペキンパーは『キラー・エリート』（75）のアクション場面の編集をヘルマンに手伝ってもらい、またヘルマンはイタリア資本、スペイン撮影のスパゲッティ西部劇『チャイナ9リバティ37』*China9 Liberty37*（未、78）に、西部の伝説を収集しては東部に売ることを生業《なりわい》とする作家としてペキンパーを出演させている。

ヘルマンの西部劇

このようにキャリア上重なる点も多く、またお互い敬意を抱いていた間柄であるが、こと西部劇に関していえば、二人の志向は相当異なっていたと言わねばならない。また後述の通り、ヘルマンは西部劇とは言えない作品において、西部劇に対する最も深甚な否を突きつけていると考えられる。まず、ヘルマンの西部劇三作（うち二作品については既述だが）についてまとめてみよう。

そもそもヘルマンは、必ずしも西部劇というジャンルに強い関心を抱いているわけではなかった。戦争映画『バックドア・トゥ・ヘル／情報攻防戦』*Back door to hell*（未、64）のフィリピンでの撮影から帰ったヘルマンとジャック・ニコルソンは、二人が共同で書いたシナリオ「墓碑銘」Epitaphにとりかかるつもりだったが、一度は同意していたロジャー・コーマンが難色を示した。ちなみに「墓碑銘」は、ハリウッドで仕事を始めた若い俳優の波乱の感情生活を描き、ガールフレンドの中絶のために金策に駆け回るというもので、ニコルソンとヘルマン自身をモデルとし、即興的に書かれ、また即興演出によって作り上げられるはずだった。完成していたら、アメリカ映画で中絶を題材にした初めての作品となっていただろうとヘルマンは語っている。そのような題材の映画はヨーロッパならいざしらずアメリカでは無理だと言うコーマンに、では何だったらいいのかと問うたヘルマン、それに対しコーマンは、もっと商業的なもの、例えば西部劇とか、と答えた。では西部劇をやろうと言うと、一本作るのも二本作るのもかかる金額は大して変わらないのだから、二本同時に作れ、と言われて作ったのが『銃撃』と『旋風の中に馬を進めろ』なのだった。

『銃撃』はヘルマンの友人の女優キャロル・イーストマン（クレジットでは女性とわからないよう、エイドリアン・ジョイスという筆名を使用した）がシナリオを書き、『旋風に馬を進めろ』はニコルソンがシナリオを書いた。撮影期間はそれぞれ十八日。内容は既述の通りだが、主人公にアイデンティティ・クライシスが生じる点で共通する。『銃撃』においては、追う男と追われる男が双子であるとラストで判明し、見ているものは混乱する（一人二役という何とも素朴な技法がむしろ意表を突き、効果的に機能する）。また『旋風の中に馬を進めろ』では、強盗団と間違われた主人公が逃げ回るうち、逃げ込んだ農家で家長を殺してしまう。人殺しと疑われた男が、それを否定しながらも、運命のいたずらで実際に人殺しになってしまうわけである。別々と思われていたものが最終的に同一化する、他なるものが実は自己だったと判明するという展開を持つ点で、二作は共通する。サルトルの『嘔吐』などに典型的なように、知っていたはずのものが実は他なるもの、未知なるものであったとする実存主義とは方向性は反対ではあるが、既知が未知によって揺るがせられるという意味で、実存主義的な展開をこの二作は有している。

　そのような視点で見ると、『チャイナ9リバティ37』も同様の主題を持っているように見えてくる。絞首台にかけられようとする男（ファビオ・テスティ）が、いきなり釈放される。それには条件がついていて、その条件とは、ある男を殺すことだ。彼は殺しの対象である男（ウォーレン・オーツ）の農場に向かい、そこに雇われるが、オーツはテスティが自分を殺しに来た殺し屋だと知っている。テスティはオーツの人柄に惹かれ、またその妻（ジェニー・アガッター）にも惹かれる。オーツを殺せず、去ろうとするテスティだが、アガッターに夫を殺したと告げられ、一緒に逃げてくれと頼まれて、やむなく二人で逃げ出す。オーツは実は死んでおらず、さらに殺しの依頼人である連中も絡んで三つ巴のラストを迎えるのだが、ともあれ、テスティは殺し屋であり、処刑されるに値する男であったのに対し、オーツも鉄道会社でさんざん非道を働いてきた男であり、同類である。また、同じ女に惹かれるという点で対称的と言える。要するに、ここでも二人の男が分身関係にあるわけだ。

　ヘルマンの西部劇三本に、アイデンティティ・クライシスという点で共通性があるとしても、それが西部劇にとって決定的な変化であると言いたいわけではない。西部劇でよく描かれる善と悪の対決や、父と子の対決と同様、分身という主題は人間の精神にとって原型的な性質のものではあるにしても、西部劇に親しいものとは言えないだろう。西部劇はより社会、共同体内部の問題を扱うことが多いゆえにもっぱら、個人の精神・深層心理に起因する分身という主題は、どうしても扱われる頻度が少ない。そういった側面を持ち込んだこと自体は、ヘルマンの新しさとして評価は可能だ。原型的というよりもむしろ、ヘルマンの西部劇にはどこか寓話的な神秘性が感じられるのだが、それはともかく、いったん分身という主題を脇に置いてみると、ヘルマンの作品は総じて対決の物語であることに気づかされる。西部劇を最終的な決闘に向けて組織される物語として、対決をその決定的な要素に持っていると考えるならば、対決を重要な要素として持つ物語はすべて西部劇である、と胡乱《うろん》で粗雑に分類することもできる。そのようにヘルマンの作品のいくつかをあえて西部劇として見てみると、対決に終始することになるという意味でそれは確かに西部劇ではある。ただし、ヘルマンの西部劇にあっては、対決するもの同士が分身関係にある、つまり自分が自分を殺す物語であり、善と悪や利害の背反など、対決するものの間に必ずや決定的な差異を有する西部劇とは似て非なるものであるということになる。のっぴきならないまでに煮詰まった状況を打開すべく相反する立場の存在が対決する。かくして、どちらが勝つにせよ事態は前に進んでいく。しかしヘルマンにあっては殺し合うのは自分たち同士であり、結局事態の打開は流産する。ヘルマンの西部劇では、時間が前に進まないのだ。ヘルマンの西部劇は、西部劇の外形をかぶった非＝西部劇なのである。そう考えてみると、一見西部劇には見えない作品にも同じような状況（対決の無意味化、時間の不在）が見られることがわかる。とすれば、ヘルマンの六〇年代、七〇年代の作品は、そのほとんどが反＝西部劇として見えてきはしないか。

ヘルマンの反＝西部劇

『断絶』（71）は、改造車で賭けレースをする男たちの物語である。シェビーに乗る二人の男、ザ・ドライヴァー（ジェームズ・テイラー）とザ・メカニック（デニス・ウィルソン）は、道々レースの相手を探しては賭けレースを挑み、その金で旅をしている。ふとしたことで拾った女、ザ・ガール（ローリー・バード）も、彼らの道中に加わる。彼らは、派手な色のポンティアック改造車を駆る男GTO（ウォーレン・オーツ）とたびたび交錯する。GTOはヒッチハイカーを乗せては自分の過去を語るが、この新車のテスト・ドライヴァーであるとか、かつてテスト・パイロットだったが引退して車で旅をしているとか、ロケーション・マネージャーであるとか、話がその都度違っており、でたらめである。彼らは、ワシントンまでの長距離レースを行なうことにする。ザ・ドライヴァーはザ・ガールに、レースが終わったらフロリダに行こうと提案するが、ザ・ガールは乗り気ではない。旅費を稼ぐためにザ・ドライヴァーらがレースをしているさなか、ザ・ガールはGTOの車に乗り換える。GTOは自分と一緒に暮らそうとザ・ガールを誘うが、彼女は黙ったままだ。レストランに入っていると、ザ・ドライヴァーは彼らに気づかず追い抜いていく。しばらく行った後、ザ・メカニックに指摘されてレストランに戻り、ザ・ガールを巡ってザ・ドライヴァーとGTOがもめている中、彼女は別のバイカーと去ってしまう。レースは結局お流れになり、GTOはまたヒッチハイカーを拾って偽りの過去の話をはじめ、ザ・ドライヴァーらは再び賭けレースに挑む。

物語らしい物語はない。音楽も何かしら流れてはいるのだが、よくあるように、その場面で感じるべき感情を指定し、かき立てるような形ではない。これは主演の二人、ザ・ドライヴァー役のジェームズ・テイラー、ザ・メカニック役のデニス・ウィルソンが著名なミュージシャンであることを考えれば、むしろ異様ですらある。通常、ミュージシャンを起用するならば、彼らに音楽を担当させる、あるいは主題歌を提供させて話題作りをすることは、映画製作の常套だからだ（ペキンパーが『ビリー・ザ・キッド／21才の生涯』でボブ・ディランにそうさせたように）。ともあれ、この映画には劇的構成がない。また、これは先述のアイデンティティの問題とも関わってくることだが、彼らがどういう人物なのか映画を通してもまったくわからない。GTOは自分の過去を語りたがるが、それはその都度違っており、どれが本当か不明なのだ。自己韜晦しているのか、あるいは何者でもない自分を隠すためなのか。ザ・ドライヴァーやザ・メカニックは逆に一切自分を語らず、車にしかアイデンティティがない。むしろ、それを誇りにすら感じているようである。ザ・ガールは輪をかけて何もない存在であり、ただ人と人の間を渡り歩くだけで、車に自分を賭けている男たち以上にアイデンティティが不在だ。

要するに、彼らには過去も未来もない（ザ・ドライヴァーもGTOも、ザ・ガールにこれが終わったらと将来の話をするが、決してそれは実現しない）。彼らにはただ現在があるだけなのだが、ではその現在で何をしているのかと問われれば、レースであるとまずは言える。しかし、男たちの間で戦われるそのレースも、ついに迎える結末までの競り合いが劇的に構成されることはなく、しかもいつのまにか頓挫している。ザ・ドライヴァーらが行なう賭けレースにしても、何度か描写されはするものの、例えばニコラス・レイの『理由なき反抗』の一場面であるチキン・レースほどにも、せめぎ合う二台の車をさまざまなアングルから捉えて盛り上げるような演出をしていない。つまるところ、彼らは車で走っているか、ガソリンスタンドやレストランでしゃべっているか、要するに旅をしているだけなのだ（この映画は、言葉の真の意味におけるロード・ムーヴィーである）。ここではないどこかへの旅。ただ憧れだけが、彼らを前に進ませる。しかし、ここではないどこかとは、結局どこでもない。そのような目的地（未来）の任意性は、彼らの現在をも腐食する。彼らが今いるここは、どこでもない任意の時空であり、どこかへ向かう常に途中の中間的時空に過ぎない（アルトマンが登場人物を任意の存在にしたように、ヘルマンは映画の時空自体を任意のものにする）。とするならばこれもまた、実存主義的な問いを問う映画だったといえる。何者でもありうるということは何者でもないということだ（第二章で、ロバート・ウォーショーを参照して、西部劇的主人公はたろうとするギャング映画の主人公に対し、西部劇的主人公はanybodyである、と述べた。その意味で、ヘルマン的登場人物は、やはり西部劇的だったのだと確認できる。しかもここではさらに進んで、nobodyにまで至っている）。彼らが映画を通じて終始固有名を持たず、一般名詞で役割を指示されているだけの存在なのも、そのような任意性ゆえである。自由ということのシジフォス的苦役。ラストシーン、賭けレースでザ・ドライヴァーが車を加速させる瞬間、ストップ・モーションになったフィルムが燃え【図130】、スクリーンが真っ白に抜けて映画は終わる。その白に、「今ここ」に自身のすべてを賭けるものたちの心情の白熱を見るべきなのか、それとも何かになろうとして、どこかに向かおうとして、結局は何にもなれずどこにも到達できないものたちの実存的空虚を見るべきなのか（ヘルマンの現在のところ最新作である『果てなき路』〔2010〕の原題は*Road to nowhere*であることを書き添えておこう）。

図130　『断絶』のラスト、焼尽する「今ここ」

　この映画の中で対決は確かにあるとしても、それは何度も繰り返し生じ、しかもその都度劇性を欠き、また頓挫する。対決をその中に有するという意味でこの映画を西部劇と見なしうるとしても、またしても対決は（何度も）失敗する。これは言ってみればしゃっくりを起こした西部劇である。西部劇のパロディと言うには真剣であり、しかし西部劇をあざ笑おうとする意志以上に真剣さのほうがむしろ、西部劇がもはや成立し得ない現状を痛切に際立たせている。この映画における女性のステータスも、反＝西部劇的である。映画の中の男性はすべて共同体から遊離する存在としてアウトローなのだが、そのアウトローを共同体に馴致する通例の西部劇的女性と違い、彼女はそうした役割を負っていない。彼女自身も共同体から遊離して放浪する存在であり、車という自身の属する世界を持つ彼ら以上に徹底したアウトローなのである。

　ここで対照のためペキンパーを思い起こしてみるならば、ペキンパーにあって女性はすべて売春婦である。『荒野のガンマン』のモーリン・オハラ、『砂漠の流れ者』のステラ・スティーヴンスは言うまでもなく、『ワイルドバンチ』で主人公たちが関係するのは売春婦である。『昼下がりの決斗』で主人公たちに同行する女の子は娼館で結婚させられそうになる。ペキンパー西部劇においてまともに家庭の女性が主人公の相手になったためしはないし、アウトローたる主人公を共同体に馴致するような女性が登場したこともまったくない。売春婦でない女性が登場した例においても、彼女はむしろ主人公に死をもたらす存在である。『昼酒』の妻は主人公を自殺に追いやり（彼女自身がそのように促したわけではないが、妻ですら自分を信じないという事態に絶望を感じて死ぬのだから、彼女は夫に引導を渡したことになる）、『ビリー・ザ・キッド／21才の生涯』では、メキシコの恋人のもとに戻ることがキッドの死を導く。かくしてアウトローは、ついに女性によって共同体に導かれることがなく、いつまでも共同体の外をさまよわねばならない。ペキンパーの場合、死によってその彷徨は終わりを告げるわけなので、とにもかくにも時間はその死という終点に向かって流れはするのである。これに対し、モンテ・ヘルマンにあってアウトローの旅はついに終わることがない。彼（女）の対決は死によって終わることもなく、何度でも改めて開始され、反復される。

　ヘルマンには、もう一作の反＝西部劇というべき『コックファイター』(74)がある。闘鶏を生業とする男（ウォーレン・オーツ）が主人公である。彼は数年前、酔った勢いでライバル（ハリー・ディーン・スタントン）と非公式の闘鶏を行なって優秀な鶏を失った過去から、闘鶏大会で優勝するまで口を利かないと誓う。自宅としていたキャンピングカーを、そこで同棲していた女ローリー・バード込みで売り払い、妹夫婦の住む実家（地上の建物部分のみ）までも勝手に売却して鶏を仕入れ、ファイターに仕立て上げる。彼には婚約者がおり、優勝を望むのも彼女の存在ゆえなのだが、ついに決勝の日、彼が勝利する試合を見てその婚約者は闘鶏に嫌悪を覚える。彼女のその態度に怒った彼は、優勝した鶏の首を素手で引きちぎり、彼女の手に押しつける【図131】。

　改造車のレースに対して闘鶏と、対決の物語であること、また『断絶』でも男たちの間を渡り歩いていたローリー・バードが同じような役回りで出演していることもあり、これは『断絶』の続きのようにも見ることができる（オーツが『断絶』では饒舌で、こちらでは寡黙という対照も、前作との比較を誘い、前作の意識のもとに本作が作られたという想定を強化する）。しかし『コックファイター』は『断絶』よりはよほど西部劇に近いといえる。一敗地にまみれた主人公が再起をかけ、最終的な対決に臨むという劇的結構。何度か設定される闘鶏の場面も、細部描写がなされてそれらしく構成されている。さらに、共同体から離脱したアウトロー（彼は家を持たず、また実家を売り払いさえする）である主人公は、婚約者との結婚、すなわち共同体への回帰を目的に戦いさえするのだ（キャンピングカーと一緒に売り払われたバードも、最終的には売られた相手であるスタントンと結婚する）。彼が口を利かない存在であるという設定も、寡黙ながらするべきことはする西部劇のヒーローのパロディにも見える。

図131　『コックファイター』のラスト、鶏の首を押しつけることで女＝共同体への否を表明する

　しかしながら、主人公が最終的に共同体に参入することはない。しかもこの作品の場合、対決自体が腐食されている。『断絶』のレースが、賭けであるとしても金銭そのものが問題ではない無償の行為であるのに対し、闘鶏は産業として組織されたものなのだ。いわばここでの闘鶏は、経済の下に置かれているという意味でカウボーイにおけるロデオのようなものであり、いかに真剣に戦われるとしても、西部劇的な真剣勝負のパロディ、偽物に過ぎない。なおかつ、それを行なうのは本人ですらなく、しつけられた鶏なのだから、その非＝真正性は二重のものである。

　かくして対決を中心的なトピックとして展開し、またアウトローと女性を巡る物語であるという点において、西部劇の骨格を流用していると見なすことができる『断絶』と『コックファイター』だが、結局対決は挫折ないし格下げされ、また女性はアウトローを共同体に馴致することができないのであり、西部劇としては失敗している。というよりも、意図的にこれらは反＝西部劇であろうとしている。そもそもこれらの作品を西部劇と見なすこと自体に無理があると思われるかもしれないが、この二作品が、舞台をアメリカ南部に求めている点に、自身を西部劇の陰画たらしめようとする意志を見ることができるだろう。『断絶』にしても『コックファイター』にしても、主人公たちはここではないどこか、今以上の瞬間を求めて旅をする。それはこれまでであれば西部に求められるはずのものであった。しかし、西部はもはや未開の地ではなくなっている。では、それをどこに求めるべきなのか。ペキンパーも恐らく同じ問いにぶつかり、南を志向した。彼の場合、南部をさらに越えて国境をまたぎ、メキシコに至る（『ダンディー少佐』、『ワイルドバンチ』。西部劇ではないが『ゲッタウェイ』で、主人公たちは最後にメキシコに逃れるし、また『ガルシアの首』はメキシコに暮らし、メキシコ人女性と幸福に暮らすアメリカ人を主人公とする）。確かに国境を越えてしまえば、そこには新しい何かがあるように思える。しかし本来、もはやここではないどこか、未知の、理想の地などどこにもありはしないのである。メキシコであれどこであれ、「他所《よそ》」を実体的に表現してしまうことは欺瞞ではないのか。

欺瞞に陥らず、しかもここではないどこかへの憧れが止められないとしたら、ではどこに向かうべきか。その苦しい問いの果ての選択が南部ということなのだ。もはや新しいものなど何もないアメリカ、しかしそれでも開発の波から忘れ去られ、無意識のまどろみのなかに眠っている南部ならば、未知とはいわずとも、何か餓えを癒してくれるものがありはしないか。それは確かにある。『断絶』の人気《ひとけ》のないガソリンスタンドや、『コックファイター』の緑濃い風景、田舎の闘鶏場は、確かにこれまでのアメリカ映画では見たことのないものだ。しかしこれらは未知というより、あえて見るに値しないとして、見ることを避けられてきた風景に過ぎない。もはやアメリカには新しいものとしては、これしか残されてはいない。西部への運動を活気づけてきた、未知の世界、ここではないどこかを求めての道程が行きつくところは、結局こんなところでしかなかった。その深い諦念は、西部なるものの消滅＝不在によって裏づけられている。『断絶』と『コックファイター』の南部は、西部の陰画であり、この二つの作品は、西部劇の陰画なのである。

ペキンパーもヘルマンも、共同体を巡る劇として、未来へと向かってこれまでたどられたことのない道を前進する運動としての西部劇の土台を切り崩す。西部劇は、彼らの反＝西部劇において深刻な機能不全を引き起こす。ペキンパーの場合はまだしも死のヒロイズムが西部劇らしさを漂わせるにしても、ヘルマンの場合はそのような感傷すら許さない。徹底して乾いた風土。ヘルマンはこの時代、西部劇をその極北へと導いたのであり、ペキンパーのように西部劇というジャンルそのものに対する愛着がないだけに、その姿勢は徹底していたといえる。

ペキンパーと時代

本章ではペキンパーを中心に、アーサー・ペン、ロバート・アルトマン、モンテ・ヘルマンを比較対象として挙げながら、スタジオ崩壊期にあって西部劇がいかに黄昏《たそがれ》を迎えたかを記してきた。ペキンパーは比較対象として挙げたこれらの作家に比べれば遥かに伝統的な西部劇に近い作品を撮ったし、自身を「西部劇作家」と認識していた恐らく最後の監督であった。しかし彼の作品は、彼自身が思っていた以上に脱＝古典主義的であり、現代的だった。

六〇年代という時代、古典期の終わりとともにジャンル映画は危機に瀕する。その危機をいかに受け止めるか。この章で挙げた作家たちは、それぞれにその問いへの応答をなした。その中でも、最も先鋭的だったのはヘルマンであったと言える。彼はもはや未知としての西部などないことを明確に告げ、西部劇の成立の根拠を切り崩した。アルトマンはジャンル映画をアイロニカルに撮ることで、その延命の可能性を残した。アルトマンのおかげというわけではないにせよ、ジャンル映画は確かに生き延びて現在に至っているが、こと西部劇に関してしては、そのままの形で延命するわけにはいかなかった。その詳細は、後続の章で検討する。ペキンパーもまた、この二人のジャンルに対する姿勢（不可能性とアイロニー）を共有していたわけだが、ヘルマンのように西部劇を真っ向から否定するわけではなかった。その不可能性を認識しつつも西部劇を撮り続けたという姿勢においては、アルトマンのほうに近かったかもしれない。しかし、それも長くは続かない。ペキンパーが生涯に残した映画は十四本。同時代の映画作家と比べても、決して多くはない。まして西部劇作家と呼びならわされながら、そのジャンルに属する作品は六本のみである。この数字は、彼の戦いがいかに苦しいものであったかを物語る。ペキンパーは西部劇の不可能性の時代にあって、そのありうる姿を彼なりに模索しつくした（本章で挙げたほかの作家たちが提示した西部劇の可能性をペキンパーは共有し、それらを包括している）。スタジオ・システムが崩壊し、古典期が終焉した時代にあって、ジャンル映画としての西部劇は確かに死につつあった。ペキンパーは西部劇の死を共に、ていねいに、死んだのである。

▼1　ポール・モナコ『60年代』*The Sixties*, University of California Press, 2001. 第一章「ハリウッドは新たな試練に直面する」。
▼2　『60年代』、第二章「製作の変化するパターンと、コングロマリットの到来」。
▼3　蓮實重彥「映画の理論から理論の映像へ」、『映画の神話学』泰流社、一九七九年（ちくま学芸文庫、一九九六年）所収。

▼4　蓮實重彦「ウェスタン・ベスト50」（『リテレール　別冊③映画の魅惑』、メタローグ、一九九三年所収）で、蓮實はペキンパーを『ワイルドバンチ』以前以後に分類しうるとし、本作を以前の作品と分類したうえでこちらを称揚している。また、後述のアーサー・ペンに関しても同様に『俺たちに明日はない』以前以後を設定し、『左ききの拳銃』を以前に分類、こちらを称揚している。

▼5　上島春彦は「西部劇の変質」（遠山純生、上島春彦『e／mブックス⑨　60年代アメリカ映画』、エスクァイアマガジンジャパン、二〇〇一年所収）で、六〇年代西部劇を反＝ベティカーと規定し、その典型をペキンパーに見る。アウトローがローマンと同様に魅力的であるが、最後の対決においてアウトローが排除されるベティカー的に「簡潔」な対決に対し、ペキンパーにあっては「対立するはずの二者の関係はスレ違い、混濁し、ねじれたままなし崩しに解消されてしまう」。ローマンとアウトローの同一化、ローマンからアウトローへの銃弾の一方向性の崩壊という事態の謂《い》いである「混濁」は、ここで我々のいう銃弾の民主主義と遠いものではない。

▼6　ガーナー・シモンズ、遠藤壽美子、鈴木玲子訳『サム・ペキンパー』、河出書房新社、一九九八年（原著一九八二年）、デヴィッド・ウェドル『奴らが動いたら…殺せ！　サム・ペキンパーの人生と時代』*If they move…kill'em!: The life and times of Sam Pekinpah*, Grove Press, 1994.

▼7　以下、『俺たちに明日はない』に関して、また『ワイルドバンチ』のスローモーション、暴力描写に関して、さらにザプルーダー・フィルムに関しては遠山純生「外部の侵入と暴力描写の推進――黒澤映画とテレビ」（『60年代アメリカ映画』所収）に多くを負っている。

▼8　『俺たちに明日はない』と『銃撃』はケネディ暗殺、オズワルド射殺の事件とその映像資料から、銃撃とスローモーションを特に取り出して応用し、映像表現の領域を広げたが、一方、ケネディ暗殺から銃撃（というよりは死）と車を特に取り出して、スピードをもたらすテクノロジーに死の欲動（タナトス）、さらにエロティシズムを結びつけたのが、SF作家J・G・バラードということになる。バラードは『残虐行為博覧会』（70）に収められるケネディ暗殺を題材にした数編の短編を書いた後、現代的技術と根源的欲望の混沌たる世界を描くテクノロジー三部作の第一作『クラッシュ』（73）にその主題を集大成した。

▼9　チャールズ・テイタムJr.『モンテ・ヘルマン』*Monte Hellman*, Yellow Now, 1988, P. 38. ミシェル・シマンによる「ポジティフ」誌、一九七三年五月号からの孫引き。

▼10　ペキンパーの『ゲッタウェイ』は、最終的にスティーヴ・マックィーンのケイパーものとして終わるが、ジム・トンプスンの原作にはその後がある。主人公たちがある田舎町エル・レイに紛れ込むが、そこは常軌を逸したシステムのおかげで周囲から完全に閉鎖され、犯罪者がその存在を決して外部に知られずに済む土地であるという設定で、もしここまで映画化されていたならば、ペキンパーにおいて唯一、むしろ社会そのもののほうが狂気に陥っている例となっていたかもしれない。

▼11　パトリック・マッギリガン『ロバート・アルトマン　崖から飛び降りる』*Robert Altman: jumping off the cliff*, St. Martin's Press, 1989, P. 343.

▼12　ブラッド・スティーヴンス『モンテ・ヘルマン　彼の人生と映画』*Monte Hellman: His life and films*, McFarland, 2003, P. 92.

第八章
オルタナティヴ西部劇
──ポロンスキー／アルドリッチ／カウフマン／ミリアス／チミノ／ラヴェッチ＝フランク／ベントン

前章では、サム・ペキンパーを中心に、彼とアーサー・ペン、ロバート・アルトマン、モンテ・ヘルマンら、同時代の映画作家を比較して、その時代に西部劇で起きていた変化をたどった。ペキンパーは、六〇年代から七〇年代を代表する西部劇作家であり、いわば西部劇の本道を行く存在である。その彼が、生涯を通して（長い生涯ではなかったことも確かだが）六本の西部劇しか残せなかったこと、また、作品の内容において古典的な西部劇とは一線を画した表現（暴力描写など）に踏み出し、さらに西部劇の土台そのものを掘り崩すかのような反＝西部劇すら手掛けたことは、西部劇が置かれた状況を物語っている。西部劇は死に瀕していたのであり、その死を引き延ばすか、真っ当に死ぬかが問われていたのだ。しかしその究極の選択にあって、ペキンパーの態度は実のところそう明白ではない。暴力描写などはアクションの一変種として西部劇を延命させる方向に機能したし、また反＝西部劇にしても、ペキンパーの場合、敗残の美学やノスタルジーによって批判の破壊力が減じられ、反＝西部劇なるものが西部劇の新たな意匠の一つとなってしまったかに見えなくもない。しかしまた一方、ペキンパーが西部劇の延命に汲々としていたと見なすことも、とうてい不可能である。ペキンパーは西部劇の死を明晰に意識しつつ、しかしついに決定的に引導を渡すことができなかった。それだけ西部劇に執着があったのであり、その葛藤は誠実なものだったといえる。

一方この時期に、西部劇の新たな傾向がさまざまに現われているのも確かである。目新しさゆえにヒットする西部劇が現われれば、それに追随して同傾向の作品が作られる。こうして一時、西部劇は隆盛しているかのようにすら見えた。しかし結論を先取っていえば、これはやはり延命に過ぎなかった。この時期以降、西部劇の製作本数は激減していくのであり、ここで現われた新たな傾向は、決して西部劇の真の再興にはつながらなかったのである。ただし現在においても西部劇は絶滅したわけではなく、本数こそ激減しているとはいえ作られ続けてはいて、しかもそれはこの時期に見出された新たな傾向の延長線上にある（従って、我々が考える西部劇の終わり以降のこれらの作品も、本章で取り上げることになる）。しかし、これを延命の成功と認めることは難しい。西部劇がアメリカ映画における一大ジャンルを形成した時期はやはり確かに終わったのだし、こうした動きは、いわば悪あがきに過ぎなかったのかもしれない。とはいえ、潔い死ばかりが死ではない。西部劇の本道を堂々と歩いたペキンパーですらあがき続けたのであってみれば、脇道をたどったものもまた、同じく必死にあがき続けたわけなのだ。本章では、六〇年代から七〇年代に現われた新たな傾向を取り上げて分類する。その中には、現在サブ・ジャンルとして映画史的に認知されているものもある。

集団西部劇

まず挙げられるのが、主人公が複数で並び立つ集団西部劇である（ちなみにこれは筆者の命名であって、サブ・ジャンル名として認知されているわけではない）。ジョン・スタージェス監督『荒野の七人』（60）の成功が先鞭をつけた。周知の通りこの作品は黒澤明の時代劇『七人の侍』（54）の翻案であり、暴力集団の襲撃を撃退するべく、非力な市民が対抗する武装集団を金で雇うという枠組みを共有する。強いものたちに虐げられる弱いものを救うというカタルシス、七人それぞれが優れた技量の持ち主であるというヴァラエティ、またそれぞれが主役級の俳優が一堂に会する豪華さ、そして何より、最終的に主人公たちは勝つとしても、武力の時代は去ったのであり、本当の勝者として新たな時代を担うのは民衆なのだという諦念、と同時に希望。確かにここには、大衆受けする要素が込められている。五〇年代の不安と疑心暗鬼に満ちた西部劇にともすると倦んでいた観客は、明るく、希望を感じさせる痛快娯楽作として『荒野の七人』を歓迎した。

ただし、本作は映画としての質が高いとは言えない。改めて見直してみると、今述べたような要点は確かに描かれているものの、掘り下げがごく浅いのである。そもそも主人公七人にしても、ジェームズ・コバーンがナイフ使いの名手という以外、特にそれぞれ特技があるわけでもない。いずれ銃しか武器はないのだから、多様性の確保のしようがないということもあるかもしれないが、それでも二丁拳銃使いだとか、拳銃よりライフルがうまいとか、ロープの扱いに長《た》けているとか、身体能力が高くてアクロバティックな動きができるとか、いくらでも工夫はつけられそうなものだ（後述の『プロフェッショナル』を見よ）。さらに、各自の性格の違いでも多様化を図れそうだが、チャールズ・ブロンソンが子供好き、ロバート・ヴォーンが三つ揃いのスーツを着こなす洒落《しゃれ》ものであるものの、自分の技量に疑念を覚えて心理的負荷に悩む、といった設定での差異化が目立つ程度である。『七人の侍』では村の地理を踏まえて、ではどう防衛するのか計画を立案し、着々と対策を進めていく過程が知的興奮を惹起するのだが、こちらにはそうした描写もない。要するに、ストーリーの核となる点だけは押さえられていくのだが、その間に観客の情動を動かすに足るだけの内実がない。『七人の侍』のあらすじだけを見せられているような印象を否めないのである。本作は、構成の緊密さよりは、主演級の俳優が並び立つその豪華さが目玉であり、そこにはやはり、しっかりした脚本の上に物語が進んでいく古典的映画製作に対して、主演俳優ありきで企画が進む六〇年代の映画製作のありかたが如実に表われているといえる。

ともあれ『荒野の七人』はヒットし、そのフォーマットが使いまわされることになる。バート・ケネディ監督『続・荒野の七人』(66)、ポール・ウェンドコス監督『新・荒野の七人　馬上の決闘』(69)、ジョージ・マッコーワン監督『荒野の七人　真昼の決闘』(72)まで続編が作られて、さらに九八年から二〇〇〇年までTVドラマシリーズが製作され、加えて二〇一六年に再びリメイク『マグニフィセント・セブン』が作られた。ちなみに一六年版では七人の頭になる人物が黒人のデンゼル・ワシントン、その他にも韓国人イ・ビョンホン、先住民出身のマーティン・センスメイヤー(アラスカ地方に住む先住民トリンギット族とアイルランドの混血)、メキシコ系マヌエル・ガルシア゠ルルフォなど、登場人物の人種が多彩であり、監督も黒人のアントワン・フークァ。西部劇であるにもかかわらず、設定された時代に間違いなくあったはずの人種意識、よりありていに言えば人種差別などまるでないかのように各登場人物間は平等で、人種に関する台詞《せりふ》もまったくなく、ポリティカリー・コレクトな西部劇になっている。敵との対立構造が明確化するのはいいが、内部における葛藤、軋轢《あつれき》が劇を複雑化し、より深いところへ主題を届かせる可能性があるのにもかかわらず、それを摘んでしまっているのが残念である。六〇～七〇年代の三つの続編については言及する気が起きない。

本家『荒野の七人』を監督したスタージェスによる次の集団西部劇が『ビッグ・トレイル』(65)である。ビッグ・トレイルといっても、開拓期の幌馬車隊の話ではない(原題は「ハレルヤ・トレイル」)。ウィスキーの輸送馬車隊の話である。冬が近づき、周囲との連絡が閉ざされそうな鉱山町で、十日後にウィスキーがなくなるという異常事態が宣言される。この商機を逃すまいとする商人(ブライアン・キース)の幌馬車隊、その積み荷を横取りしようと狙うインディアンたち(酋長マーティン・ランドー)、さらに禁酒運動家(リー・レミック)と主婦の一団、加えて禁酒運動家一行の護衛を命じられた陸軍将校(バート・ランカスター)、ぜひともウィスキーを手に入れたい鉱夫たちの自警団までも加わって、争奪戦を繰り広げる。舞台は、開拓期も過ぎ、インディアンたちも居留地に落ち着いた時代とされ、一切の時代的、政治的含意をあらかじめ払拭されている。この作品はただの娯楽映画なので、ご安心というわけだ。しかも内容はウィスキーの争奪で、奪おうとする人間が多ければ多いほど混乱し、ドタバタ喜劇としての結構を確実なものにするという観点からの集団化である。ゴチャゴチャ人が多すぎる上に、二時間四十五分という長尺。集団であることは確かにこの作品にとって肝要な条件であったとしても、その匙加減を誤った一例ということになる。

あまり成功例に恵まれない集団西部劇で真に成功している、ことによると唯一の例ではないかと思われるのが、リチャード・ブルックス監督・脚本による『プロフェッショナル』（66）である。メキシコの革命派に妻（クラウディア・カルディナーレ）を誘拐されたテキサスの富豪が、元軍人であるリー・マーヴィンをリーダーとする四人のプロフェッショナルを雇って奪還作戦に臨む。射撃の名人であるマーヴィンのほかに、メンバーは、元騎兵隊で馬の調教に長けたロバート・ライアン、バウンティ・ハンターで敵の追跡やナイフ術に卓越する黒人ウディ・ストロード、ダイナマイトの扱いを得意とする女好きのバート・ランカスター。四人は紆余曲折を経て敵のアジトに潜入するが、敵はかつての仲間（ジャック・パランス）だった。パランスとマーヴィン、ランカスターは、メキシコ革命のために共に戦った同志であり、ことにマーヴィンは妻もまた革命戦士で、そしてその彼女はテキサスの兵隊に拷問によって殺されていた。かつ、カルディナーレとパランスは誘拐者と人質という関係ではなく、実は恋人同士であり、金目当てで富豪に無理やり嫁がされていたことがわかってくる。ついにアジトでパランスを追い詰めた四人だが、カルディナーレと抱き合うパランスを殺せと命じる富豪に対しマーヴィンは、命令は誘拐された女を奪還し、家へ連れ戻すことだった、誘拐者はあんたのほうで、彼女の家はここなんだ、と、二人を置いて去る。

四人それぞれの特技が生かされるような場面が設定され、主人公の複数性が場面の多彩さとして有効に機能している。七人にまでなってしまうとどうしても各人物の造形が浅くなってしまう（『七人の侍』のような長尺で、かつあそこまで脚本が練られているならともかく）が、四人程度にとどめたことが奏功したと思われる。場面設定として峡谷が多用されているが、上下の位置関係による視野の変化や、隙間を通して見えたり隠れたりすることがサスペンスの醸成につながる視覚演出（カメラはコンラッド・ホール）がなされている。何より、今は金のために転んでしまった男たちが、かつての仲間の心意気に殉じて寝返る、というか（マキノ正博『浪人街』ではないが）表返る、という情動溢れる展開が素晴らしい。物語構成がよくできていて、主人公の複数性が単に目新しさの醸成という意匠にとどまらない形で生かされているのである。

『プロフェッショナル』における、人質奪還のためのアジト襲撃という物語の骨格、心意気によって主人公たちが動く設定、さらに視覚的演出は、そっくりそのままサム・ペキンパーの『ワイルドバンチ』（69）に通じる。『ワイルドバンチ』においてもまた、敵に捕らわれた（この場合は）仲間を奪還するために四人の男たちが敵陣に赴《おもむ》く。しかし『ワイルドバンチ』では、四人それぞれが得意とする分野が違うという設定はされていない。その分各自の性格設定が厚くなされており、彼らのガンマンとしての技量以上に、人間的魅力の造形に力が割かれている。彼らが個人として際立つのは、各自が得意とするヴァラエティ豊かな技量によってではない。その人柄によってなのだ。その点で『ワイルドバンチ』は、集団西部劇であり、かつ反＝集団西部劇であるといえる。集団西部劇は、登場人物を増やし、また多様化することで見た目の豊かさを確保することを狙うのに対し、『ワイルドバンチ』は、そうした見た目の多様性を放棄することでむしろ深さを獲得しているのだ。

　集団であることが、そのまま人物造形の薄さにつながるわけではないことは、戦争映画、例えばロバート・アルドリッチの『特攻大作戦』（67）やサミュエル・フラーの『最前線物語』（80）を見ればわかる（奇しくも両作ともリーダーを演じるのは『プロフェッショナル』と同じリー・マーヴィンである）。前者は原題が「汚れた十二人」*Dirty dozen*である通り、七人よりも多い十二人の犯罪者が集められ、特殊部隊として危険な任務に就かされる。各自が強烈な個性の持ち主であり、いつ上官の寝首を掻かないとも限らない凶悪な男たち、それが達成困難な目標に立ち向かい、いつか心を一つにしていく。後者においても、同じ第一歩兵師団（原題の「ビッグ・レッド・ワン」はその通称である）に配属された主人公が、時に入れ替わっていく仲間たちと共にヨーロッパ戦線を戦い抜く。主たる登場人物の数の多さが、多様性と共に性格の深さをも獲得することは、戦争映画においては可能である。ではなぜ、西部劇には集団はなじまない、あるいは集団にすると性格的な深みが失われてしまうように見えるのか。

　それは、西部劇が基本的には個人主義的なジャンルであるからだ。戦争映画と違って、西部劇において銃を撃つことは自明ではない。撃たないですむならばそれに越したことはないのだし、たとえ撃つにしてもあくまで自衛のために留められる。たとえ一発でも銃を撃つことは、当然生死の問題であり、さらに共同体の存続にすら関わる問題となる。その一発の銃弾の是非、重みこそ西部劇が問うものなのであってみれば、銃を撃つ一瞬間に向かって劇は引き絞られていくのだし、そのとき銃を撃つ役割を担う一個の人間こそが西部劇にとって注視すべき主人公となるわけなのだ。西部劇は根本的に単数の物語なのである。無論西部劇が集団を扱ってこなかったというわけではない。移動する幌馬車隊を描く二〇年代の叙事的西部劇や、ホークスの『リオ・ブラボー』三部作のような平等なグループを主人公とする作品もある。しかしこれらの西部劇において主たる興味は、前者にあっては歴史的事実の叙述、そのスペクタクルであり、後者にあってはアクションの連携の見事な技、要するに集団の運動そのものであった。はじめから集団とその運動が主題であったわけで、その点、ことによると一人で可能なものを数人に引き延ばしたような集団西部劇とは話が違う。そもそも集団は西部劇になじまない。しかしそれでも六〇年代において集団西部劇が現われたことに意味がないわけではないだろう。確かに集団性は意匠である。だが、そのような意匠に頼らざるを得ない状況に西部劇はあったということなのだ。

歴史修正主義的《レヴィジョニスト》西部劇、その前史としての『異郷生活者たち』

六〇年代から七〇年代、インディアンの扱いにおいてこれまでと違った作品が現われてくる。五〇年代においても既述の通り、インディアンに対して同情的な西部劇＝プロ・インディアン西部劇があった（アンソニー・マン『流血の谷』〔50〕、デルマー・デイヴス『折れた矢』〔50〕、ロバート・アルドリッチ『アパッチ』〔54〕など）。しかしそれらの作品はあくまで単発的なものであり、かつそこにおいてすらインディアンの位置は、彼らの歴史的現実を踏まえたものではない。インディアンが主人公ないしその密接な関係者に据えられている程度である。しかし六〇年代以降においてインディアンが中心的役割を演じる作品は、一つの群れとして確認できる頻度をもって現われ、かつそれらはインディアンを排除してきた白人至上主義的な価値観の見直し（それを歴史修正主義と称する）を主眼としている。これらを歴史修正主義的（レヴィジョニスト）西部劇と称する。さらにそれらは当時の黒人らによる公民権運動や、ヴェトナム戦争批判とも呼応して、過去の見直しばかりでなくアメリカの現状の見直しにもつながるアクチュアリティを持っていた。こうした一群の歴史修正主義的西部劇のピークは、エイブラハム・ポロンスキー『夕陽に向って走れ』が発表された一九六九年、アーサー・ペン『小さな巨人』、エリオット・シルバースタイン『馬と呼ばれた男』、そしてラルフ・ネルソン『ソルジャー・ブルー』が発表された翌七〇年ということになるだろうが、その約十年前に発表された重要な作品についてまず触れておこう。

ケント・マッケンジーの『異郷生活者たち』*The Exiles*（未、特殊上映での題は『The Exiles エグザイル』だが、香港ノワールであるかの印象を受けるので、それ以前の特集上映時に使用された原題直訳を採用する〔61〕）。これは実のところ西部劇ではなく、ドキュメンタリーである。撮影当時のロサンゼルスのバンカー・ヒル地区に住む、先住民の若者たちの十二時間を切り取る。まず画面に現われるのは、市場をうろついている女性イヴォンヌ【図132】。彼女自身のナレーションによると、妊娠中である。買い物をして家に帰ると、男たちが昼間から二、三人たむろしている。その中の一人が夫のホーマーである。食事を作って出し、食べた男たちはその後車で町へ出ていく。ほとんどが先住民ばかりの酒場で、男たちは仲間と世間話をし、女たちに声をかける。飲み代もなく、ツケか、人にたかるか。ホーマーのナレーションで、彼は居留地に育ち、学校をドロップアウトした後、軍隊に入った云々と語られる。

彼の家族からの手紙が読まれ、画面は唐突に、居留地にいるらしいホーマーの家族を映し出す。年老いた彼らは先住民の言葉を話している。ホーマーらは友人の家でカードをしたり、また酒場に戻ったりしている。イヴォンヌも夜の街に出て映画を見て、終わった後、明かりの消えた町中をうろつく。子供の頃ほど笑わなくなった、と彼女のナレーション。居留地を出たくてたまらず、教会で結婚して子供を授かることを祈ったが、今はもう祈ることもない。子供が生まれたら夫は変わってくれるだろうか。そう語る彼女は、夜の人気《ひとけ》のない街を歩いて友人の女性の家にたどり着く（そのとき映り込む斜面の路面電車は、ジョゼフ・ロージーの『M』〔51〕の冒頭で印象的に捉えられていたものだ）。一方、男たちは車でロサンゼルスの街を見下ろす高台に出かける。そこには三々五々先住民たちが集まり、各々楽器を鳴らして大騒ぎするが、何かをきっかけに乱闘が始まる【図133】。夜が明け、車に乗って人々は去っていく。バンカー・ヒルに戻った彼らは、しゃべりながら夜明けの寒々しい街路を歩いていく【図134】。聞き覚えのあるその声に、イヴォンヌが窓から外をのぞき、彼らの姿を認めるところで映画は終わる。

図132　『異郷生活者たち』市場をうろつくイヴォンヌ

図133　楽器を鳴らす先住民の若者。この後、乱闘になる

図134　浮かれ騒いだ翌朝

希望もなく、生きるに足る日標もなく、無為をやり過ごすしかない日々。取り上げられているのが現代の、しかも若者であることで、都会の疎外、コミュニティの崩壊、若者世代の今の社会への幻滅など、先住民に限らない撮影当時におけるアメリカ社会の問題も混在してはいるだろう。先住民であろうがなかろうが、当時の若者にとってアメリカは、生き生きと暮らしていける環境を根こぎにされた牢獄のようなものであり、その意味では誰もが居留地内の先住民なのであって、

いわばアメリカ全土が居留地であるような閉塞感に苛《さいな》まれていた。監督のケント・マッケンジーは本作に先立つ短編『バンカー・ヒル』*Bunker Hill*（56）で、かつては裕福な人々が住んでいたロサンゼルス・ダウンタウンの住宅地バンカー・ヒルが、第二次大戦後の郊外開発により廃《すた》れていき、低所得者用の居住地になり下がっていった様を、古きよき時代を知る老人たちのインタビューによって描き出している。社会の変化と、それに取り残された、あるいはそこからはじき出された人々への視線がマッケンジー作品の特徴である。その意味で、本作の対象が先住民であったのは偶発的な事態であった。つまり、この作品は初めから先住民を描こうとしていたわけではなく、バンカー・ヒルに居住していた低所得層を対象としていたのだが、たまたま先住民が目についた（あるいは、ありていに言って被写体として見栄えがした）ということなのかもしれない。しかし現代の彼らと、西部開拓時代に居留地に押し込められた先住民の境遇は「異郷生活者」という資格において等しく、従ってこれは、十九世紀から現代にいたるまでまったく変わらなかった先住民たちの姿として見ることができるのだ。確かに題材こそ現代ではあるが、十九世紀において、狩猟と放浪という西部の土地に密着した生活のあり方から遠ざけられたうえ、不毛の居留地に押し込められ、さらにそこも資源が出るとか、移住者が住む土地が足りなくなったとかの理由で追い出された先住民の境遇も同じようなものだったという意味で、これは西部において虐《しいた》げられた先住民たちのドキュメンタリーでもある。

　先住民を被写体とした映画は、ニュースリールとして、あるいはワイルド・ウェスト・ショーに出演した先住民を映したものなど、それまでにもなかったわけではないにせよ、先住民のみを正面から、しかも興味本位ではない視線で見つめた初めての例が本作である。先住民を対象としたドキュメンタリーがそれ以後作られているのかどうか不詳だが、これを導きの水として作られ続けたようには見えないし、またマッケンジー自身、以後の作品は思春期の青少年を扱ったものが多く、もともとの関心がそちらにあったものと思われる。従って、以後記述する歴史修正主義的な、あるいは単に先住民が主人公ないし重要な位置を占める作品が、この作品以降高い頻度で現われ始めるにしても、それが本作の影響であったということは難しい。しかし、先住民を対象とした西部劇が現われ始める流れがあったこと、またその流れの一つの先触れとして本作があったことは記憶に留めておいていい。

先住民、黒人、スター

　ラルフ・ネルソンによる『砦の29人』（66）は、必ずしも先住民が主人公ではないが、設定において先住民が重要な役割を果たす。軍の斥候である主人公（ジェームズ・ガーナー）は妻が先住民なのだが、その妻が殺され、頭の皮を剝がれたと聞かされる。犯人を突き止めるべく、犯人を知るという男がいる砦に向かうため、砦に物資を届けにいく移送団に加わる。ガーナーはそれより先にある一人の女（ビビ・アンデショーン）を拾っていたが、それはアパッチに囚われていた女で、移送団に加わった商人（デニス・ウィーバー）の妻であった。ウィーバーは先住民差別主義者で、帰ってきた妻を憐れむと同時に憎まないではいられない。しかし、彼女はなぜかアパッチの下に戻ろうとする。実は彼女には、アパッチの若き首領との間に子供ができており、その子への執着があるのだった。

妻が先住民という設定で、その復讐が主人公の行動の動機となる。加えてアパッチに囚われ、アパッチとの間に子供ができている女、そんな妻への愛憎にせめぎ合う夫の関係が物語に綾をつける。主要登場人物は全員白人であるにもかかわらず、物語を駆動しているのは不在の先住民（主人公の死んだ妻、女がアパッチのもとに置いてきた息子）であるという構成となっている（不在の先住民が劇を駆動する究極の例が、姿の見えない先住民が主人公らをつけ狙うロバート・マリガン監督『レッドムーン』〔68〕である。「作品解説」参照）。さらに移送団には、馬商人として黒人のシドニー・ポワチエが加わっており、優秀な元軍人という設定の彼がアクション部分において大いに活躍する。先住民に限らず、黒人の存在が印象深い西部劇でもある（アンデショーンはイングマール・ベルイマン作品で知られるスウェーデン出身女優であり、この作品における人種の多様性は意図的な選択だ）。黒人は先住民と同様虐げられてきた存在であり、先住民と黒人の比重が同時期に高くなるのも当然といえば当然である。ポワチエはその後自ら西部劇を監督し、アメリカ映画史上初めて西部劇を撮った黒人監督となる。『ブラック・ライダー』〔71〕。南北戦争後、自分たち自身の土地を求めて西部へ旅する解放奴隷の黒人を妨害し、迫害して元の土地に戻らせようという差別主義の南部白人暴力集団が描かれる。彼らと戦う案内人（ポワチエ自身が演じる）と、うさんくさい黒人牧師＝ガンマン（ハリー・ベラフォンテ）の物語だ。インディアンも登場し、黒人とは距離を置きながらも、共に白人と戦う同志として彼らを遇する。

題名にこそインディアンとついているが、その重要登場人物が黒人であるというシドニー・ポラック監督『インディアン狩り』〔67〕もある。原題は「スカルプハンターズ」で、これはアメリカ政府が先住民の頭の皮に懸けた懸賞金目当てに、彼らを殺害してその頭の皮を剝いで回ったものたちのことを指す。映画の冒頭で、テリー・サバラス率いる無法者集団が、女子供を含む先住民集団を襲撃し、殲滅する様子が描かれる。実際の物語の要はそれ以後、彼らに出くわして長期の労働の成果たる獲物の毛皮を無理やり奪われ、その代償として黒人奴隷（オッシー・デイヴィス）を押しつけられた毛皮猟師（バート・ランカスター）が彼らを追跡し、獲物を奪い返すとともに彼らを退治するまでなのだが、足手まといの余計者であるはずのデイヴィスのキャラクターが立って、主演であるランカスターを食ってしまう。馬の扱いも知らず、自然に関する知識も一切ないくせにコマンチの子孫と見え見えの嘘をつき、しかし上流階級の家庭に仕えていたため字が読め、教養もある彼は、自由の身になるためにメキシコに行こうとして、その途中攫《さら》われたのであった。インディアンにも自由に生きる権利があるので、スカルプハンターズには反対だという彼は、ほとんど映画公開当時のリベラル派である。デイヴィスは再び敵につかまったり、敵陣にあってランカスターを助けたり、またランカスターをも裏切って全部を奪おうとしたり、油断のならない行動を示すが、ついにランカスターと二人だけ残って対決する。しかし共に泥だらけになって、黒人も白人も見分けがつかなくなる。結局そこにやってきたインディアンたちに一切合切奪われてしまうのだが、馬車の中に酒のケースがある、明け方になれば敵は酔っぱらって正体がなくなっているはず（これは、サバラスらに獲物を奪われた時点でも繰り返された台詞だ）、と、二人で一頭の馬に乗り、インディアンを追跡するところで終わる。原題通りの邦題ではあるのだが、暴力的な邦題に反してユーモラスで（といっても、冒頭のインディアン殲滅の陰惨さは、『ソルジャー・ブルー』の先駆であるが）、かつ黒人と白人の地位が逆転する意外性、さらに政治的リベラル性において、隠れた佳作といえる作品だ。

ハリウッドにおいてインディアンは、白人がメーキャップを施した上で演じるのが通例であった。ある程度有名な俳優が演じるとしても、悪役であることが普通である（『アロウヘッド』におけるジャック・パランスなど。これについては「作品解説」参照）。その通例を破ってスターがインディアンを演じた先駆的例が、先ほども挙げたプロ・インディアン西部劇『流血の谷』であり、そこではロバート・テイラーが迫害されるインディアンを演じている。しかし当時テイラーはすでにスターとしてのピークを越え、二枚目スターからの脱皮を図っていた。またロバート・アルドリッチ監督『アパッチ』ではバート・ランカスターがインディアンを演じているが、これは彼自身の製作プロによる第二弾作品で、第六章で既述の通り、黒人差別への政治的意思表明という意味もある。さらにはランカスターが自身のイメージを刷新するための一つの足掛かりだったと見ることもできる。インディアンという役柄が、スターにとっても際物であるどころか、まじめに受け取るべきものとして認識され始めている。六〇年代においては、上り調子の、あるいは最盛期のスターがインディアンを演じ、それは自身のイメージの延長線上にあったり、あるいは新たな方向へ拡張するものであったりする。ドン・シーゲル監督『燃える平原児』（60）では、エルヴィス・プレスリーが白人とインディアンの混血児として、両者の葛藤の中でどちらにつくべきか苦悩するという、歌うスターというこれまでの軽い役柄を脱したシリアスな役を演じる。マーティン・リット監督『太陽の中の対決』（65）では、ポール・ニューマンはインディアンに育てられた白人を演じるが【図135】、『燃える平原児』と正反対に、葛藤に対しほとんど無関心だ。こうしたクールなイメージは、これまでのニューマンのイメージに即したものであるのだが、それが、葛藤があってしかるべきインディアンを演じるに当たっても変わらないので、かえって特異に見える。彼は白人の父の遺産である下宿を売り払って出た旅で、駅馬車強盗に巻き込まれるのだが、強盗の目標は、同道している白人（フレドリック・マーチ）がインディアン居留区に下げ渡す食料を横流しして得た金なのだった。にもかかわらず、彼はそのことにさしたる感情を表わしもしない。いずれにせよ否応なしに彼は事態に巻き込まれていき、それを自身の知恵や力量で解決しながらも、結局は殺されてしまう。起こっていることは悲劇的でありながら、彼がそれに対して示す感情が見えないため、終始一貫ごく淡々と事態は進行する（その淡々とした印象と、邦題が示す灼けつくような太陽の光とのギャップが際立つ）。これはクールでアイロニカルというニューマンのイメージの延長線上にあり、そうしたイメージが西部劇に、しかもインディアンと白人の中間的存在という波乱必至の役柄において持ち込まれたこと自体が新しいのである。

図135 『太陽の中の対決』インディアンを演じるニューマン

ヘンリー・ハサウェイ監督『ネバダ・スミス』（66）では、スティーヴ・マックィーンがインディアンとの混血児を演じ、父親（白人）の仇を求めて旅をする。主人公は十六歳という設定（公開年にマックィーンは三十六歳）で、銃の扱い方も最初は知らないイノセントな存在である。旅の途中で出会った商人（ブライアン・キース）から、銃や野生での生き方を手ほどきされ、次第に人間として成長していく。ビルドゥングスロマンとしての側面もあり、従って本作は、後述する思春期ものの西部劇にも通じるところがある。それはともかく、これまでその不良性、野生の魅力で売ってきた彼がイノセントな少年を演じ、そのほほえましい失敗などのユーモラスな場面では、コメディも演じられることを証明する。コメディアンとしてのマックィーンは、マーク・ライデル監督『華麗なる週末』（69）で全面的に開花することになる。

歴史修正主義的西部劇——先住民

アメリカの歴史を、白人にとって自明な立場からではなく見直してみようという歴史修正主義的西部劇、その中でも先住民を真正面から主題とした作品が、七〇年に集中して現われる。公開順に、エリオット・シルバースタイン監督『馬と呼ばれた男』、アーサー・ペン監督『小さな巨人』、ラルフ・ネルソン監督『ソルジャー・ブルー』。『馬と呼ばれた男』は、アメリカに渡り、狩猟などで無為な生活を送るイギリス貴族（リチャード・ハリス）がスー族に攫われ、奴隷扱いされるが、

図136　『馬と呼ばれた男』儀式の描写

敵対するショショーニ族を殺して頭の皮を剥いで以来一人前と認められ、勇気の証を立てる儀式を経て若きリーダーの妹（コリンナ・ツォッペイ、ちなみにギリシャ系）を妻に娶《めと》り（その後、別の部族との争いの中で喪《うしな》うことになるのだが）、ついにスー族の族長にまでなるという物語。貴種流離譚の一種であり、後の二作品と違って特に歴史的出来事に準拠しているわけではない。スー族の儀式や風習などについて、一八三〇年代に先住民と暮らし、スケッチや記録を残したジョージ・カトリンを参照し、正確を期したとされる。

　養ってくれる存在を失った女は部族から見捨てられ、冬を越せずに死んでしまう。あるいは太陽の祈りと称する儀式では、暁から日が落ちるまでの一日の間、丸太にくくりつけられて過酷な太陽光に焼かれ続ける。妻を得るための試練として勇気の証を立てるまた別の儀式では、両胸に釘を刺し込まれ、その釘に結んだロープで天井から吊り下げられる【図136】。部族の生活、価値観をある程度詳細に描いたこと、彼らを野蛮人ではなく、一つの価値観によって体系づけられた文化を持つ存在として描いていることによって、歴史修正主義的作品の一つに遇される。ただし、先住民出身のシンガー・ソングライター、バフィ・セント＝マリー、歴史アクティヴィストのヴァイン・デロリアJr.らは批判的で、実際映画に見られる風俗は、スー族の敵であったマンダン族、クロウ族のものであるともされる。[1] 先住民文化への（いささかとはいえ、これまでよりは親和的で多少は深い）理解、先住民文化をカウンター・カルチャーに比する姿勢が、そこには見られる（儀式の場面では、主人公の混沌とした脳内を表象するため、サイケデリックな映像が流れ、ドラッグによるトリップ体験を描くロジャー・コーマン『白昼の幻想』〔67〕を連想させる）。しかし本作はそれよりも、ターザンのごとき貴種流離譚としての評価のほうがもっぱらであった。失意の主人公はいったんイギリスに去るが、再びアメリカに戻り、不正を働く白人どもと戦うという続編、続続編が製作されることになる。

　先住民を立派な文化人と見なす歴史修正主義的西部劇としては、年代的にはずっと後になるが、ケヴィン・コスナー監督兼主演の『ダンス・ウィズ・ウルブズ』〔90〕もその系列の一作である。西部の辺境に赴任した一軍人（コスナー）が、スー族と接触して、次第に心を通じ合うようになる。幼いころに彼らに保護されていた白人女性（メアリー・マクドネル）と愛し合うようになるが、そこに軍がやってきて、彼らとの対決を強いられる。主人公は西部にあこがれていたという設定だが、西部に何を求めていたのか不明だし、憧れと現実の葛藤もない。先住民への違和感もなく、彼らを異物ではなく、親和的なものとして受け入れる心構えがあらかじめできていたかのごとくである。先住民のほうの態度もまた、異物としての主人公に対する興味関心のみであり、恐れや敵意など端《はな》から存在しないように見える。また、弓矢による狩猟生活を自然としていた先住民に、主人公が銃を安易に与えるのも違和感がある。それによって彼らの生活が劇的に変化すること が予想されるはずだからだ。彼らの生活や文化を尊重する立場を取るのであれば、なおのことではないか。かくして本作は、先住民は実は善良であり悪は白人のほうである、という先入見によって作られた映画という意味で、先住民をあらかじめ悪と決めつけた西部劇と方向性が逆なだけで、結果的に大して差はないことになってしまっている。

先住民が実は彼らなりの仕方で文明人であったとする方向で見直しを図る西部劇に対し、実際にあった先住民との間の無残な出来事を描くことで歴史を反省する西部劇がある。『小さな巨人』は前章で記述した通り、架空の長命の老人の嘘とも本当ともつかない語りを通して、無謀なリトル・ビッグ・ホーンの戦い（一八七六年）で七百人の部下を全滅させたカスター将軍の狂気を暴き出したもの。カスター将軍を批判的に描き出した例としては、ジョン・フォード監督『アパッチ砦』(48)が先駆的だが、『アパッチ砦』ではカスターをモデルにはしているものの、名前は変えてある。悲劇の英雄としてのカスター将軍の評価は、七〇年代に逆転して、規律を無視し、独善的で、自己顕示欲が強く（長髪で、特注の派手な軍服を着て、メディアに露出することを好んだ）、先住民への差別意識に満ちた人物として批判的なものになったが、本作はその流れの中にあり、また先導した。

『ソルジャー・ブルー』の前半部は、砦の婚約者のもとに向かう女（キャンディス・バーゲン）が移送中にシャイアン族に襲われ、唯一生き残った兵士（ピーター・ストラウス）と共に砦に向かいながら繰り広げる珍道中を描く。インディアンに父を殺され、インディアンに対して反感を持つ男と、実はかつてインディアンと暮らしており、従って彼らの価値観を理解する女は道中議論し、彼らが尊敬に値する独自の文化を持つこと、侵略者はむしろ白人のほうだということを、兵士も次第に理解しはじめる。ようやく砦に着いた彼らは、部隊がシャイアンの掃討作戦を実行しようとしていることを知り、部族に知らせに向かう。シャイアンの酋長は白旗を掲げて軍に向かっていくが、部隊長は攻撃開始を指令し、兵士たちは村を砲撃して、テントを焼き、女たちを暴行、乳房を切り取る【図137】。虐殺の場面そのものはさして長くはないし、スプラッタ描写に慣れた現在からすれば微温的とはいえ、殺戮ばかりが続く数分間は気持ちのいいものではない。

この虐殺の場面は、サンド・クリークの虐殺の史実の再現である。南北戦争終結一年前の一八六四年、鉱山夫が多数流入したコロラド準州（当時）では、その地に住んでいたシャ

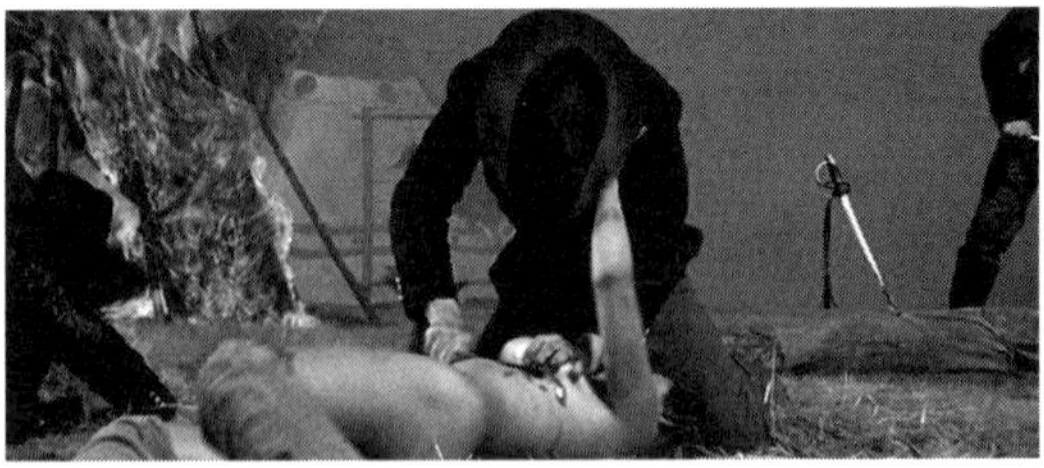
図137　『ソルジャー・ブルー』乳房を切り取る兵士

イアン族、アラパホ族と白人たちとの争いが絶えなかった。シャイアン族の酋長は、コロラド準州知事、砦の司令官と停戦の取り決めをし、自らオクラホマへと移住することを提案する。その途中、一行はサンド・クリーク川のほとりに宿営した。翌朝、彼らをジョン・シヴィントン大佐率いる民兵軍千人が襲撃する（民兵であるから規律も優秀な指揮官もなく、しかも彼らは先住民を憎んでいた）。白旗を掲げる先住民、五、六百人（そのうち三分の二が非戦闘員の女性、子供）を、二時間にわたって虐殺しつくした。男も女も子供も、五体満足な死体は一つもなかったという。当初新聞もこれをアメリカ軍の快挙として歓迎したが、実情がわかるにつれ、陸軍が調査に乗り出し、英雄視されていたシヴィントンは失墜する。一八六八年には連邦政府内にインディアン和平委員会が作られるが、拡張主義に囚われたアメリカにとって、先住民はもはや邪魔もの以外の何ものでもなくなっていた。中西部でコマンチ族掃討を指揮したフィリップ・シェリダン少将が、「いいインディアンは死んだインディアンだけだ」という有名な台詞を吐くのは、この数年後のことである。アメリカはそれまで先住民各民族を一つの独立国家として遇し、約束は条約の形を取っていたが、七一年、その姿勢を排して先住民との条約をすべて破棄し、指定の居留地に押し込める方針を決定することになる。生きたければ居留地へ行け、さもなければ殺す。アメリカが先住民に与える選択肢など、もはやそれだけだ。カスター将軍の先住民をなめきった傲慢にして無謀な攻撃もまた、こうした趨勢の中で行なわれたわけである。

公開当時はベトナム戦争がまだ継続中であったが、六八年三月にソンミ村で陸軍歩兵師団が無抵抗の村民五百余人を虐殺する事件が発生し、それが六九年に明らかになる。その報道は、六〇年代後半から勃興しはじめていた反戦運動を一気に加速させることになるのだが、本作の公開はこの報道と同期して、歴史を通じてアメリカなるものの本質的な部分に潜在する、異民族への差別意識、残酷さを暴き出すことになった。

より親密な先住民西部劇

これまでに挙げてきた歴史修正主義的西部劇は、先住民を評価するにせよ、彼らへの不当な扱いを反省するにしても、正面切ってアメリカのあり方を反省＝批判した作品であるが、一方でより親密な、一人の主人公に起こる出来事に寄り添って、先住民が置かれた位置を静かに告発する作品も存在する。『小さな巨人』の製作者でもあるスチュアート・ミラーが監督した『伝説が死ぬ時』*When the legends die*（米、72、TV放映題は『ロッキーの英雄・伝説絶ゆる時』だが、原題直訳を用いる）では、自然（クマ）と共生していたが町に連れ出され、市民として生きるよう強制された先住民の少年を描く。少年は居留地の管理官に、自分の話を聞いてくれと訴えるが、その前にまず新しい生き方を学べと言われる。青年となった彼（フレデリック・フォレスト）は、居留地で牧場の手伝いなどの半端仕事で暮らしているが、荒馬を乗りこなす手際を認めた男（リチャード・ウィドマーク）に引き取られ、ロデオ競技者としての訓練を受けることになる。青年はめきめきと実力をつけ、大会でも勝ちを収めていく。ウィドマークはその一方、青年が勝つかどうかで場外で賭けをしており、賭け率を上げるためにいったん負けろと青年に指示するに至る。イカサマである。最初こそ従っていた青年だが、次第に苛立ちを抑えきれなくなり、乗っていた馬を結果的に殺すような乱暴な乗り方をして「殺し屋」の異名を取るまでになる。イカサマにためらいを覚えない、酒に溺れるウィドマークに不信を募《つの》らせた青年は、ついに彼と別れる。その後、一人大会に参加しつづけるが、怪我をしたことから自然とロデオをやめる。ウィドマークの家に戻るが、家は荒れ放題、本人もまもなく死んでしまう。彼の墓を建て、家を焼く。それから居留地のオフィスに姿を見せた青年は、話を聞いてほしい、話を聞く前にまず新しい生き方を学べと言われたから学んだ、だから今話を聞いてほしい、俺は馬といたい、と居留地での暮らしに戻ることを告げる。

主人公は居留地を出ることで自由を手にし、さらに自分の技量を生かせる職業を手にした。それに伴う、ある程度まっとうな富をも手にした。しかしそれは馬を痛めつけることによってであり、また良心の犠牲（イカサマの容認）の上に立ってのことである。「新しい生き方」、すなわち白人の生き方とは、自由と富と引き換えに、命を傷つけ、自分をごまかすことなのか。ならば、そんなものはいらない。かくして「二十三歳の老兵（ベテラン）は、彼の反文化（カウンター・カルチャー）の世界へとドロップアウトする以外何も望まない」[2]。ロデオという競技自体、カウボーイという存在がもはや用なしになった後、その仕事の一部を見世物化したものである以上、ロデオ映画にはそもそも敗残の気配が強い。これまで挙げたロデオ映画（ニコラス・レイ『不屈の男たち』、サム・ペキンパー『ジュニア・ボナー』）にあっては、それでも主人公たちが苦難を超えて成り上がるのを見ることが一つの喜びとしてあったのだが、ここではロデオ競技における成功すら、イカサマにまといつかれて輝かしいものであることを奪われ、上昇そのものが下降であるような痛ましい事態に成り下がっている。しかし、彼が居留地に帰ることでようやく取り戻すことができる自然との共生が、自然の馴化が徹底されたなかで深いものになりうるのかも疑問だ。それでも、これまでの生き方より少しはましなものだろう。本作における主人公の「ドロップアウト」は、資本主義経済の歯車であることからの離脱を図った、当時のヒッピーたちのそれを連想させる。

イギリス人監督キャロル・リードが撮った『最後のインディアン』(69)もまた、居留地の先住民を描く。居留地近くに高速道路が通ることになり、彼らがそれに抵抗する物語だ。映画自体は、アンソニー・クイン扮する、粗暴で酔っ払い、かつ女好きのインディアンが工事にしかけた嫌がらせが次第にまっとうな抵抗運動になってゆくさまをドタバタ喜劇風に描いている。クインの破天荒さ、ドジっぷりなど娯楽作としての色彩が強いが、スラムのような居留地の家々、そのすぐそばでダイナマイトが岩盤を破壊し、ブルドーザーがうなりを上げるさまは何とも陰惨だ。二十世紀の時点における、居留地の状況を描いた作品として希少である。

一人の先住民に寄り添い、彼らの置かれた状況を反省的にみる作品、その中で最も優れたものが、エイブラハム・ポロンスキー監督・脚本による『夕陽に向って走れ』(69)である。監督第一作『苦い報酬』*Force of evil*(未、48、DVD題は『悪の力』)以後、赤狩りによって名を隠しての活動を強いられてきた脚本家=監督の、二十年ぶりの監督第二作となる。居留地に戻ってきたパイユート族の青年(ロバート・ブレイク)が、かつての恋人(キャサリン・ロス)と部族の祭りで再会、しかし彼らの交際に反対していたロスの親兄弟と争いになり、誤って父親を殺してしまい、二人は逃亡する。ボストンの上流階級出身の居留地監督官(スーザン・クラーク)はロスに親しみをもっており、また保安官補(ロバート・レッドフォード)もインディアンを快く思わない白人らの傲慢な態度に反発を覚えるものの、彼らと共に追跡隊を組織して二人を追う。折から大統領がこの地を訪問することになっており、ブレイクが追手に反撃した(といっても人を殺さぬよう馬を撃っただけなのだが)ことが同行記者たちに伝わって、インディアンが反乱を起こしたとして州軍が出る騒ぎになる。レッドフォードは一人正確に二人の行方を追い、二人では逃げられないと知ったブレイクは、自分と一緒にいさえしなければと、ロスに帰るよう諭す。しかしその翌朝、ロスは遺体で発見される。ブレイクを追って岩山にたどり着くレッドフォード。死力を尽くした撃ち合いの果て、ブレイクは射殺される。ブレイクが構えた銃に、もはや弾は入っていなかった。ブレイクの遺体を山から下ろしたレッドフォードは、見せしめに持ち帰ろうとする追跡隊に対し、みやげものはおしまいだと告げて火葬を命じる。

先住民が誤って人を殺した事件が、たまたま大統領の訪問の時期と重なり、事が大きくなってしまう。同じように男女が逃避行するフリッツ・ラング『暗黒街の弾痕』でも、二人は悪い偶然が重なって追い詰められていくとはいえ、あのときもしこうしていたらという希望の余地はあった。それだけにかえって悲劇性がいやましに感じられるのだが、見るものの感情を揺さぶるそんな悲劇性もここにはなく、なるべくしてなったかのように淡々と事態は終局に向かって進んでいく。

はじめからそれ以外のなりゆきはあり得はしなかったのだとでもいうようなこの救いようのなさを、しかし決して悲劇的に描かないという監督の態度は、ロスの死の描写によく表われている。上記のように、二人で逃げ延びられはしない、君は戻れば助かるのだからと、自分と別れるよう諭されたロスは、いったん走り始めるのだが、再び彼のもとに戻ってくる。画面変わってその翌朝、画面は花嫁衣裳のような白装束で静かに横たわっている彼女を捉えるのだが【図138】、彼女の死が自殺なのか他殺なのか、観客には最終的に伝えられない。結果だけが我々の前に放り出される。我々は、一拍遅れて彼らの間でなされたであろう自問自答をたどりなおす。二人でなければ生きている意味はない。だから女は、男と共にいることを選ぶ。しかし男はもう死ぬしかないし、かといってむざむざ殺されるのを座して待つなどしない、逃げられる限り逃げてやる。となれば足手まといになる彼女はどうすべきなのか……。悩む余地すら彼らにはなく、未来は断たれている。このそっけなさは、煽情性の不在ゆえに、いっそう我々の心を打つのである。

　この二人を取り巻く人物の造形も注目すべきである。保安官補はどちらかというと彼らに同情的であり、差別主義者に対しては距離を置く姿勢を貫く。逃げた彼らがどのような行動を取るのか正確に予測して、待ち受ける能力、また逃げた先住民が水辺に残した手形に自分の手を重ねる仕草からは、彼ら二人の鏡像性が感じられる。ついに岩山の上と下で対決するラストも、彼ら二人の敵対よりは通じ合いのほうこそが強く感じられるのだ。しかしそんな保安官補が、では完全に共感を抱けるまっとうな人間なのかといえば、必ずしもそうではない。彼は居留地監督官の女性を性的に虜《とりこ》にし、その権力の行使を愉しむような人間である。それによって何らかの利益を得ようとしているわけでもない、ということは純粋に権力の行使そのものを愉しんでいるわけであり、むしろいっそう陰険かもしれない。女性監督官もまた、ロスに対し同情的であり、その善意は疑うべくもないとしても、東部出身の頭でっかちで、現実の過酷さの前になす術《すべ》を知らない無能な人間である。彼女が事態に対処することで好転する見込みなど、あらかじめ奪われている。要するに先住民のカップル二人は、はじめから死以外の未来がないのだ。

　この物語において、主人公が先住民である必然性は実は必ずしもない。差別主義者たちがいることや、また大統領訪問の時期が重なり、反乱と誤って報じられたりすることなど、先住民であるからこその事態も描かれてはいるが、それが状況を大きく変えていったわけでもない。

図138 『夕陽に向って走れ』白装束で死んでいるロス

親兄弟の反対を受けたカップルが、誤って親を殺してしまい、逃亡し、追われる、という主筋そのものは、先住民でなくても十分起こりうることである。本作は実話に基づいており、それが主人公らを先住民にした根拠であるが、しかし先住民でなくても起こりうる事態であるからには、本作は先住民に限らず偏見や無理解によって迫害されている存在全体に通じる普遍性を持ちえているといえる。一方で、既述のように演出は事態の救いようのなさ、こうであったらという選択肢すらなく、葛藤の余地（それが悲劇を生む）を奪われた実情を強調しており、この救いようのない彼らの位置は、先住民の置かれていた地位そのものを象徴的に表現している。先住民は生活の資であるバッファローを奪われ、土地を奪われ、居留地に押し込められ、時に抵抗しながらも、かといってそれで全滅するような華々しい終わりを遂げたわけでもなく、ただ白人移住者の圧倒的な多数性、強力な火器によって、じりじりと追い詰められていった。彼らにはついに、居留地で惨めな生を生き延びるか、死ぬかしか選択肢が与えられなかったのである。居留地の惨めな生のほうがむしろ「自由」な白人の生活よりもましだ、というのが『伝説が死ぬ時』の選択であり、そうした屈辱よりは死を、というのが『夕陽に向って走れ』の選択である。

『ワイルド・アパッチ』

これまでに記述した歴史修正主義的西部劇、特に前々項で取り上げた作品群は、虐げられてきた先住民の立場に立ち、彼らの側から先住民の歴史、置かれてきた立場を振り返るもので、当然のことながら彼らへの善意に満ちている。彼らはこんなにもつらい目に遭わされてきたのだ、なんと可哀そうではないか。しかしそうした歴史修正主義的西部劇に冷や水を浴びせ、しかしなおかつ確かに先住民への共感に貫かれた傑作が、ロバート・アルドリッチ監督、アラン・シャープ脚本『ワイルド・アパッチ』(72) である。

物語自体はごく簡素なものである。居留地を脱走したアパッチの武闘派ウルザナ（ホアキン・マルティネス）を、軍の若き少尉（ブルース・デイヴィソン）と熟練のスカウト（バート・ランカスター）、その部下でこれもアパッチのケニタイ（ホルヘ・リューク）らが追う。問題なのは、逃げ出したアパッチの残虐さである。砦は伝令を出して、付近の住民にウルザナの逃亡を知らせるのだが、そのうちの一軒でのこと。夫と犬は家に残り、妻と幼い男の子は馬車に乗って避難する。伝令と馬車は途中までと彼女らに同道するが、運悪くウルザナらに発見されて襲撃される。伝令は恐怖に叫ぶ妻をいきなり射殺したのち、逃げようとするが、乗っていた馬を撃たれて逃げるに逃げられなくなり、銃をくわえて自殺する。するとアパッチらは彼の死体に何度もナイフを突き入れて肝を取り出し、歓声と共に投げ合うのだ。一人のアパッチが、死んだ妻の指の指輪を奪おうとナイフで指を切り取ろうとするのだが、男の子はアパッチを突き飛ばし、指をなめて指輪を取り、アパッチに渡す。アパッチへの堂々とした態度のせいか、男の子は何の手出しもされずに放置される。一方家に残った夫のほうも、その後遺体となって追跡隊に発見される。彼の顔面は焼かれ、その口には切り取られた犬のペニスが突っ込まれている。ケニタイによれば、その行為には何の象徴的な意味もなく、ただのイタズラなのである。

アパッチの行為は残虐極まりなく、『ソルジャー・ブルー』の白人に勝るとも劣らない。伝令が夫人を射殺するのも、不意のことで驚愕するしかないのだが、しかしこれは生きて捕まれば死ぬまで暴行され続けるからなのだ。ケニタイに言わせれば、かえって彼女は幸運だったのだ。そうとわかってみれば、その後彼らがたどり着いた別の農場で、夫がやはり残虐に殺されながらも、妻が暴行はされても生きているのを策略と見るスカウトの見方にも納得がいく。アパッチは、彼女を砦に送り届けることになるはずの少数の兵を襲って馬を獲得するつもりなのだ。かくしてウルザナとスカウトの互角の知恵比べが続く。追うものは追われるものに同一化して、彼の行動を先読みする。いつか追うものは追われるものと鏡像関係に入っていく。『夕陽に向って走れ』におけるのと同様に、インディアンは白人の追っ手に拮抗する。彼らが恐ろしいのは、単に野蛮で、獣のような力を持っているからではない。それに加えて、白人に勝るとも劣らない知恵を持つからだ。武器と集団の数によってこそインディアンは白人に圧倒されているが、個々人での戦いとなれば彼らのほうが白人に勝る可能性すらある。歴史修正主義的西部劇のように大上段に振りかざすのではなく、追跡サスペンスという形で、インディアンの地位向上が図られているといえるだろう。

若き少尉はケニタイに、なぜ君たちアパッチはこんなに残虐な行為を平気でできるのか、と問う。活力の問題なのだ、とケニタイは言う。人は苦しむときにエネルギーを放出する。苦しみが大きければ大きいほど、放出されるエネルギーも大きいのだ、と。そんな馬鹿なことがあるものか、と少尉は憤る。理解不能、というより、そんな信仰を理解することすら汚らわしい。少尉はアパッチの信仰を理解しないし、する気もない。しかし彼らを追い、その行動を見聞きし、スカウトたちの話を聞いていくなかで、アパッチを理解はしないが、その存在を認めてはいくのである。ここが重要だ。まったく理解しがたい世界観を持つ他者ではあるが、そういう存在がこの地上にはいるのだと知ること。そのような存在を理解不能だからと抹殺してしまうのではなく、彼らと、仲よくとはいわないまでも、共にある道を選ぶこと。ここにおいて、本作は先住民に優しい凡百の歴史修正主義的西部劇を遥かに超える、真に尊重すべきモラルを獲得するのである。本作において、ウルザナたちが逃亡する理由がないことはない。居留地で売られる牛肉は水で目方を増やされている。逃亡したアパッチが何人なのかすら居留地の役人は把握できない。それだけ管理がずさんなのである。しかし、それすらどうでもいい。彼らは閉じ込められることにうんざりしているのであり、その疎外された生活を踏み破り、思いきり自分の力を発揮してみたいだけなのだ。そして実際、彼らの持てる知力、体力はこれだけのものだった。本作におけるアパッチの残虐行為に、人は、例えばモンスター映画で、愚かなものたちが怪物に襲われるときに覚えるサディスティックな喜びに似たものを感じずにはいないだろう。自分の力を敵に向かって思いきり放つ、復讐の、快楽に満ちた営為。同じ残虐さと言っても、それは『ソルジャー・ブルー』の優越感と差別意識から弱きものになされる残虐行為のいやらしさからは遥かに遠い。

『ワイルド・アパッチ』は、その十八年前に作られたプロ・インディアン映画『アパッチ』への続編ないし返答の意味を持っている。両作とも、逃げたアパッチをスカウトが追う物語だが、しかし視点は追われる側、虐げられる側から、追う側に移っている。先住民への同情に満ちた視点から、その残虐さの描写へと、描き方も完全に転換しているように見える。では本作は『アパッチ』と正反対なのかと言えばそうではない。十八年前であればプロ・インディアン西部劇は進歩的と見なされ得たが、時代が変わって歴史修正主義的西部劇が現われるようになり、以前と同じ態度を取るわけにはいかなくなった。今、プロ・インディアン西部劇を作れば、歴史修正主義的西部劇と同じものになってしまう。歴史修正主義的西部劇は確かに歴史への反省的視点を持つとはいえ、先住民を無前提に善と見なす（逆に白人を悪と見なす）傾向がある。そこには、両者を対等に見ず、あくまで白人側を強者として、だからこそ弱者である先住民に優しくあるべきだというそれ自体偏った見方が実は潜在する。インディアンを悪、白人を正義とした古典的な枠組みを逆転させたに過ぎず、その発想において同型なのだ。『ワイルド・アパッチ』においてアパッチは、単に違った世界観を持った存在として扱われている。劣っているのでもない、また逆に優れているのでもない。単なる他者。そうしたものとして、アパッチは白人と対等である。こうした見方こそ、歴史修正主義的西部劇以上に先住民に対して公平というものではないか。『アパッチ』がプロ・インディアン西部劇として、歴史修正主義的西部劇の先駆のように見えてしまうように時代が展開してきた現在において、アルドリッチは、歴史修正主義的西部劇の持つある種の偽善性を突き、なおかつ真の意味において歴史に対する反省的視点を突きつける西部劇を作った。『ワイルド・アパッチ』は『アパッチ』の精神と実は通じている。前作では逃げるアパッチを演じていたバート・ランカスターが、今回は追うスカウトを演じ、しかも『アパッチ』でスカウトを演じたジョン・マッキンタイアと似た役名ジョン・マッキントッシュを名乗っているのは、意味のないことではない[3]。

歴史修正主義的西部劇——性

より時代が下がるが、西部の別のありようを提示するという意味で、修正主義的と見なしうる作品を挙げる。マギー・グリーンウォルド監督『リトル・ジョーのバラード』*The*

図139 『リトル・ジョーのバラード』自ら顔に傷をつけ、男として生きる決意をしたジョー

Ballad of Little Jo（未、93）である。良家の娘ジョゼフィーヌ（スージー・エイミス）が、家の肖像写真家と関係し、子供を産むというスキャンダルを引き起こして、実家を追放される。西部へ向かった彼女は、西部が女性にとってはとうてい安全と言えない場所であることを痛感し、頬に自ら傷をつけ、男装して、ジョーと名を変えて男として生きていくことを決意する【図139】。羊飼いを生業《なりわい》とし、しかし町から離れて一人暮らすジョーは周囲から変わりものと見られている。ジョーはある日、リンチされそうになっている中国人クーリー（デヴィッド・チャン）を救い、家に連れ帰って、家事をさせる。頭の弱そうなふりをしていたが実は明敏なクーリーは、彼女の秘密を見抜く。弱きもの同士である彼らは、いつか愛し合うようになる。牛飼いたちが土地を買い占めにやってきて、逆らうものが覆面の集団に殺されていくという事件が起きる。身の危険を感じたジョーは、土地を売ることを決意するが、契約にやってきた牛飼いの首領の妻子の姿を見て、奪われてしまった女性としての別の人生を想起して翻意する。彼女も襲撃を受けるが、仲間（ボー・ホスキンス）と共に撃退する。月日は流れ、すでにクーリーも墓の中、井戸のそばで老いたジョーが倒れているところを仲間が見つけ、医者に連れていこうとするがその前に死ぬ。葬儀屋が、ジョーが女であることを発見し、驚いて皆に注進、町のものは彼女の遺体を馬に乗せ、生前の姿をしのんで写真を撮る。その写真は新聞に、彼女の記事と共に掲載される。

　物語の細部については創作であろうが、女性が男装して西部で一生を暮らしたということ自体は実話であるという。基本的に西部劇は男性の、しかも正義の味方＝強い側に同化し、その視点で語られる。よくても中立、多くの場合優越的な、要するに安全な立ち位置に見るものは置かれるのである。しかしこれが自明な視点であるのかどうかを、本作は問うことになる。男に守られない女性から、西部はどう見えるのか。町は騒がしく、薄汚く、人々の所作は粗暴だ。町にたった一人でやってきた彼女に、女たちはいぶかしげな、男たちは好奇心に満ちた、時に卑猥な視線を送る。金がなくて歩かざるを得ない彼女のそばを、馬車が暴力的なノイズと共に邪魔だとばかり追い抜いていく。西部は、視覚的にも、音響的にも、これまで我々が慣れてきたのとは違った脅威的なものとして現われている。また、一見優しそうな移動セールスマンに拾われるものの、彼は行き会った男たちに彼女を売春婦として売り飛ばそうとする始末で、西部は、いつ身の危険に晒《さら》され

図140 『リトル・ジョーのバラード』マイノリティ同士の愛

るかわからない恐ろしい場所に変わる。このような、脅威に満ちた西部の姿は、古典的な男性優位の視点からの西部とはまた違った姿を見せてくれるという意味で、貴重である。さらに彼女は、中国人というエスニック・マイノリティと恋に落ちる。女性というマイノリティと、中国人というマイノリティの結ぶ絆【図140】。主人公は結局男性として生きることを選ぶのだし、周囲も、一人前に仕事ができるのだからこいつは立派な男だとみなすわけなので、結局これは男性原理の優位を描いているのではないか、という見方も可能だろう。しかし男性優位主義の西部の見かけの裏に、実はもっと繊細な西部が隠されているのかもしれないと本作は思わせてくれる。

アン・リー監督『ブロークバック・マウンテン』(2005)では同性愛が描かれる。人里離れた山中にキャンプを張って、ひと冬の間羊の番をする二人の若者(ヒース・レジャーとジェイク・ギレンホール)。彼らの友情はいつか愛情に変わる。しかし山を下りた世界では、彼らは普通の(ということはつまり異性愛者として)振る舞いをせざるを得ない。数年後、それでも愛を断ち切れない彼らは、魚釣りに行くと偽り、初めて会ったブロークバック・マウンテンで会うことになる。妻に二人の関係を気づかれて悶着が起き、またふとしたことで喧嘩別れしてしまった彼ら。そのうちギレンホールの訃報が届き、彼の両親を訪ねたレジャーは、ギレンホールのシャツを形見に持ち帰る。

西部劇が男性優位の世界である以上、マッチョな世界観が支配するのは当然で、そうした中、男性の同性愛が描かれた本作は衝撃をもって受け止められた。とはいえ、アン・リー監督はスキャンダラスな暴露もの、あるいは声高な主張をなす映画としてよりは、抑制的に淡々と彼らの行動を描き、その結果普遍的な恋愛ものとして広く受け入れられて、高い評価も得た。彼らが受ける偏見(ギレンホールの死は、おそらく彼の同性愛を知った男たちによるリンチであるが、訃報を知ったレジャーの脳内に一瞬浮かぶイメージとして処理される)、家族の動揺などはほのめかされるにとどまり、もっぱら彼らの愛情の純粋さが見終わった後に残るようになっている。その結果が高評価につながっているとはいえ、もう少し掘り下げてもよかったのかもしれない。ともあれこれもまた西部のありようの一つなのであり、人間世界である以上は必然的に、異性愛とは異なる愛の形もあるということに気づかせる一作である。

マギー・グリーンウォルドは女性、またアン・リーは台湾生まれと、西部劇監督としてはマイナーな存在であるということも、古典的な西部劇とは異なる視点の提示に当然関与していると思われる。本章で記述する中では、例えばシドニー・ポワチエの人種（黒人）、アレハンドロ・ホドロウスキー（チリ）、キャロル・リードやジョン・シュレシンジャー（イギリス）の出身国、ジム・マクブライドやロバート・ダウニーSr.（ニューヨークのインディペンデント）、フィリップ・カウフマン（シカゴ）の文化的出自など、ハリウッド正統派とは異なる存在が確かに修正主義的西部劇には関わっている。しかしそれを強調しすぎること、あるいはそれを必然であるかにみなすことは危険だろう。実際、最も深く西部劇なるものを疑い、批判したのは、これまで見てきた通り、そしてまたこれからも見ていくように、やはりハリウッドの核心部にいるものたちである。

アシッド・ウェスタン

アシッド・ウェスタンという名称は、アレハンドロ・ホドロウスキー監督『エル・トポ』（70）の公開時に批評家ポーリン・ケールが案出した概念であるという。▼4 Wikipediaによれば、『捜索者』や『シェーン』の野心的な寓意性と、スパゲッティ・ウェスタンの視覚的過剰性、カウンター・カルチャーの外見を組み合わせたもの。アシッドは酸であるが、日本語で言えば「エグみのある」、ということになろうか。批評家ジョナサン・ローゼンバウムが挙げるところでそれに属する作品は、モンテ・ヘルマンの『銃撃』、『旋風の中に馬を進めろ』（共に66）、『断絶』（71）、ホドロウスキー『エル・トポ』、ジム・マクブライド『グレンとランダ』*Glen and Randa*（未、71）、デニス・ホッパー『ラスト・ムービー』（71）、ロバート・ダウニーSr.『グリーザーの宮殿』*Greaser's palace*（未、72）、時代は下がるが、アレックス・コックス『ウォーカー』（87）、そしてジム・ジャームッシュ『デッドマン』（95）ということになる。▼5 ローゼンバウムはまた、『断絶』、『グレンとランダ』、『ウォーカー』、『ビリー・ザ・キッド／21才の生涯』のシナリオ、『デッドマン』の初稿を書き（その主題の多くが、彼のオリジナルのシナリオ*Zebulon*から取られている。*Zebulon*は後に*The Drop edge of Yonder*〔2008〕として小説化された）、小説*Nog*（69）、*Flats*（71）などを書いたルディ・ワーリッツァーを、アシッド・ウェスタンの成立と展開に大きく寄与した人物として挙げている。終末後の世界や西部を放浪する、アイデンティティ不明の人物の流動的な語り。外界と内面が区別不能なサイケデリックな世界観。自身も、ビートニク映画の代表作『わたしのひなぎくを摘め』*Pull my daisy*（未、59）で有名な*The Americans*（58）の写真家ロバート・フランクと共同監督で、ロード・ムーヴィー『キャンディ・マウンテン』（87）を撮っている。文学、映画の両分野におけるカウンター・カルチャーの雄である。

前章で言及したモンテ・ヘルマン以外の映画について、一通り紹介しておく。チリ出身のホドロウスキーによる、今やカルト映画となった『エル・トポ』では、エル・トポ（もぐら）と名乗る男（ホドロウスキー自身が演じる）が、女にそそのかされて山賊、哲学者、聖人らを次々撃ち殺し、しかしその女に裏切られて瀕死に陥るが、フリークスに満ちた地下世界に転生する。そこを出るトンネルをフリークスの妻と共に完成させると、フリークスたちが一斉に地上に。彼らは町の住人に虐殺されてしまい、エル・トポは町の住人らを皆殺しにするが、自身も焼身自殺を遂げる。各段階に旧約聖書の「創世記」や「詩篇」、「黙示録」といったタイトルがつけられ、動物の死体や異形のものたちなど、タブー視されるものを積極的に被写体として、いかにも作り物めいた真っ赤な血が全編を彩るゴシック的、あるいはグランギニョール的西部劇である。

疑似ドキュメンタリー『デヴィッド・ホルツマンの日記』*David Holtzman's diary*（未、67）で知られるマクブライドの『グレンとランダ』は、核戦争後の世界で、戦争以前の伝説の「都市」を探して旅する思春期の男女の物語である（筆者未見）。『イージー・ライダー』（69）の俳優兼監督であるホッパーの『ラスト・ムービー』は、ペルーで映画の撮影を終えた後もその地に滞在するスタントマン（ホッパー）が、地元民が真似事で（竹で編んだカメラ）作る映画に巻き込まれる。彼らは映画を作り事と思わず、死んだはずの男がカメラの魔力で生き返ったと信じている。地元民たちは彼に、死ぬ場面を演じることを強要する。監督自身がドラッグの影響下にあり、現場の収拾がつかなくなったこと自体をドキュメンタリー的に内容として入れ込んだ、メビウスの輪的な作品である。構成がかなり緩《ゆる》く（それ自体が魅力でもあるとはいえ）、よくできているとはなかなか言い難い作品ではあるが、映画が持っている魔のようなものに迫っている、注目すべき作品である。

ロバート・ダウニーSr.の『グリーザーの宮殿』では、強大な権力で一帯を支配しているグリーザー（アルバート・ヘンダーソン）のもとに、芸人のような服装をしたジェシー（Jessy、Jesusの愛称だろう）という名の黒人（アラン・アーバス）が現われる【図141】。彼は父によって何度も殺されるグリーザーの息子をそのたびに生き返らせ、人の病を治癒し、水の上を歩く。彼はエルサレムに向かう途中で、歌手、俳優として働くつもりだと言い、ステージに上がってブギウギを歌うが、するとその手には聖痕が出現する【図142】。長らく苦しんでいた便秘から解放されてついに脱糞を果たしたグリーザーが歓喜の声を上げ、部下一同が祝福を送る瞬間、グリーザーの宮殿は爆発して粉みじんに吹き飛ぶ【図143】。一方、映画冒頭から家族を皆殺しにされ、自身も撃たれと、繰り返し繰り返し悲惨な目に遭い続ける女（エルシー・ダウニー、ちなみに当時の監督の妻）がジェシーに出会うと、傷が癒え、死んだはずの家族も帰ってくる。自分が法だという男の支配する土地に他所《よそ》から現われた男が、迫害される女を救うという、ほとんど形骸化されながらも西部劇の原型が残存し、そこにキリストの寓話が二重映しになったような作品だ。混乱していることが当然で、筋自体がつかみにくいアシッド・ウェスタンの中では、西部劇、聖書という寓話的参照項が明確であり、人を食ったユーモアも有効で、このサブ・ジャンルの一つの頂点と言える。

コックス『ウォーカー』は、実話に基づく。「明白な使命」の信念のもと、野蛮の地を文明化するという政治的野心に燃えるウォーカー（エド・ハリス）は、南米エクアドルに向かい、その地でゲリラを先導して政府を転覆し、自ら大統領となるが、横暴さゆえに追放され、銃殺刑に処される。十九世紀半ばの設定であるにもかかわらず、リムジンやコカ・コーラ、「ニューズウィーク」誌などが登場する。二十世紀に中南米で、アメリカに都合のいい政権を打ち立てるべく暗躍したCIAを連想させるアイロニカルな政治寓話である。

ジャームッシュ『デッドマン』では、西部に職を求めてやってきた、英国の詩人と同名の若者ウィリアム・ブレイク（ジョニー・デップ）が、雇い主になるはずだった男（ロバート・ミッチャム）の息子（ガブリエル・バーン）をたまたま殺害してしまい、雇われた三人の殺し屋に追われる羽目になる。ノーバディ（ゲイリー・ファーマー）と名乗る一筋縄ではいかない先住民の導きで、魂の故郷へと向かうカヌーに乗って、海の果てへ旅立つ。西へと向かう物理的な移動の旅が、異世界に通じる存在（先住民）の助力で、原初的世界への内的な旅に変容する様は、西部劇の形を取りながらその実精神の冒険（というか混乱）であるアシッド・ウェスタンの境位そのものと言え、アシッド・ウェスタンの教科書的作品である。

ローゼンバウムは挙げていないが、時にアシッド・ウェスタンとされることもあるピーター・フォンダ監督、アラン・シャープ脚本『さすらいのカウボーイ』（71）もここで紹介しておく。旅に疲れたカウボーイ（フォンダ）が仲間（ウォーレン・オーツ）と共に、ほったらかしだ

図141　『グリーザーの宮殿』グリーザー（右）とジェシー（左）

図142　両手に現れる聖痕

図143　吹き飛ぶグリーザーの宮殿

った妻子（ヴァーナ・ブルーム）の下に帰る。突然帰った夫を信用できなかった妻の心がようやく溶けてきたころ、仲間は彼らのもとを去るが、馬と切断された指だけが戻ってくる。彼らといざこざのあった連中につかまり、人質になっているのだ。仲間を救うべく向かう主人公、しかし彼は倒され、仲間が一人だけで戻ってくる。物語自体はあまりひねりもエグみもない、旅に倦んで地道な生活に戻ろうとする男たちと、彼らを次第に受け入れていく女の心情を細やかに描く、どちらかというと古典的な人情話である。ズームを多用したピント送り、逆光やハレーションをあえて入れ込んだ画面、オーヴァーラップ、その色鮮やかさゆえにかえって絵（作り物）のように見える、広角で捉えられた広大な夕焼け空など、簡素な物語に対して画面が過剰に主張する作品（撮影はヴィルモス・ジグモンド）だ。そのバランスの悪さ、いびつさが見る者に与える、世界が歪《ゆが》んでいるような印象ゆえに、アシッド・ウェスタンに加えてもいいように思う。ちなみに『断絶』、『ラスト・ムービー』、『さすらいのカウボーイ』は、『イージー・ライダー』のヒットにあやかり、若者向けに新たな視点でユニヴァーサルが製作した一連の作品の一部である（ほかにミロス・フォアマン『パパ／ずれてるゥ』、ジョン・カサヴェテス『ミニーとモスコウィッツ』、フランク・ペリー『わが愛は消え去りて』）。どれも興行は振るわなかったものの、傑作ぞろいであり、アメリカ映画の革新に掉さした重要な作品群である。

アシッド・ウェスタンは総じて語りが非＝直線的で飛躍が多く、筋を追うのも時に困難を覚える。そもそも筋以上に、過剰な視覚や、物語の中に収まりのつかない細部などのほうが重要であり、上の記述はそれぞれの作品そのものを正確に伝えているとはとうてい言い難い。ともあれ、その多くが旅するものを主人公としており、しかもその旅の地は中南米である。前章でも、西部劇の舞台がもはや西ではなく南に移ってきていることを記したが、アシッドにおいて舞台はアメリカ南部を越えて中南米に至っている。そもそも旅する存在は、他なるものの中に侵入し、また他なるものに侵入されて、自己のアイデンティティを揺るがせるものの謂《い》いである。他なるものは彼にとって、自己とは何かを問う鏡となる（そして時には他なるものの中に溶解しきって、アイデンティティを喪失する）。これらアシッド・ウェスタンにおいては、アングロサクソンに対するオルタナティヴとして、北米の先住民＝インディアンに加え、中南米のネイティヴらの文化、思想、風土が現われ、アメリカなるものを問うのである。また、必ずしも主人公がそれにふけっているわけではないが、全体に麻薬の影響が感じられる。中南米のネイティヴの麻薬であるペヨーテやマリファナ、そして映画製作当時に流行していたＬＳＤ。飛躍の多い、漂流するような語りも、麻薬の影響下にある精神のありように似ている。ローゼンバウムはアシッド・ウェスタンを以下のように定義している。「その中でアメリカの歴史が再解釈され、ペヨーテによるヴィジョンや、それに類する、とりわけＬＳＤのトリップのような幻覚的体験がとって代わるレヴィジョニスト西部劇」（『デッドマン』）。つまりこれもまた、歴史修正主義的西部劇の一種なのであり、北南米ネイティヴの文化、またその影響下にあるカウンター・カルチャーの側から、アメリカなるものとその歴史を見直した西部劇というわけなのだ。

アメリカに対するオルタナティヴを提示し、アメリカなるものを外から見て、そして批判する。我々は西部劇の内部で、アメリカなるもの、その正義を問うノワール的な、あるいはその影響下にある作品群をすでに見てきている。最初期の表われとしてウィリアム・ウェルマンの『牛泥棒』があり、またジョン・フォードの作品、中でも『捜索者』をノワール的西部劇の範疇として挙げた。Wikipediaによれば、『牛泥棒』も『捜索者』も、共にアシッド・ウェスタンの淵源とされている。同じ作品について我々はそれをノワール的と見たが、アシッド・ウェスタンは自身に属するものと見ている。しかし実のところ、『牛泥棒』や『捜索者』をどちらに分類するかということにあまり意味はない。要するに、アメリカなるものに疑義を呈するような西部劇の傾向があり、その端緒に『牛泥棒』が、そして四〇～五〇年代にはフィルム・ノワールの影響下に作られた一群の作品があり（その中に『捜索者』もあった）、さらに六〇～七〇年代にはカウンター・カルチャーの影響下で、レヴィジョニストとしてのアシッド・ウェスタンが生まれた、ということなのだ。歴史を大きく見て西部劇は、活劇志向とアメリカなるものを問う自省的傾向があり、後者のアメリカ批判の視点が、四〇～五〇年代であればノワール、六〇～七〇年代であればカウンター・カルチャーという具合に、時代（しかもアメリカ社会の転換期）の色を帯びながら露頭するものととらえるべきなのである。

歴史修正主義的西部劇――ガンマン

歴史修正主義的西部劇は、アメリカ両大陸の先住民に対してばかりでなく、実在の人物（特にガンマン）にも反省の目を向ける。フランク・ペリー監督『ドク・ホリデイ』(71)は、ドク・ホリデイ（ステイシー・キーチ）と彼が拾った売春婦（フェイ・ダナウェイ）との、互いに悪口を言い合いながらも次第に深まってゆく愛情を中心にした物語だが、問題なのはドクの盟友であるワイアット・アープ（ハリス・ユーリン）の描写である。アープはドクに対し、お前はギャンブルを仕切れ、俺は法を仕切る、と町を二人で支配することを提案する。アープはその段階では、連邦保安官（マーシャル）だが、トゥームストーンの保安官（シェリフ）として立候補中で、銃の規制を政治目標として掲げ、その根回しのために家でパーティを開くのである。映画ではさらに、演説会の模様も描かれる。ＯＫ牧場での決闘の後、集まった住民にアープは、クラントン一家の死を無駄にしないと演説し、拍手を受ける。クラントン一家は、この映画の中では粗野で反抗的な連中ではあるが、列車強盗を匿《かくま》った程度の罪しか犯していない。アープはクラントン家の長男と素手で決闘して敗れており、そのことで恥をかかされたと思っていて、決闘はその逆恨みではないかと疑われる。決闘にしても、アープらは拳銃でなくショットガンを武器として、ほとんど虐殺に近いような様相を呈している。ドクが売春婦と結婚して丸くなり、自分の片腕としての役割を放棄しようとしているのを見ると、ドクを独占はできん、と売春婦を脅しにいく。この作品の中でアープは、利用できるものは友でも利用し、邪魔なものはどんな手段を使ってでも排除する、ガンマンというより老練、悪辣な政治屋である。アープを演じる俳優ハリス・ユーリンがほとんど主演を務めたことがそれまでになく、またその後もない、脇役専門のいわば匿名的な存在であったことも、アープの暗さを増すことになる。

フィリップ・カウフマン監督・脚本『ミネソタ大強盗団』(72)は、ジェシー・ジェームズ(ロバート・デュヴァル)とコール・ヤンガー(クリフ・ロバートソン)の一味の末期を描く。本作で描かれるジェシーは、コールの強盗計画(カウボーイの着るダスターコートで町に入り、油断させるというもの)のアイディアを盗んで自分の発案と言い張るような小ずるい男だ。追い立てを食っている老婦人に金を渡し、受取書を受け取らせたうえで借金取りを襲撃して金を取り戻すという、美談として伝えられているエピソードが本作でも描かれるが、それも、借金取りの遺体を放置した現場に、老婦人が集めていることを周囲の誰もが知っている人形を落としておいて彼女に疑いが向くよう細工するなど、ずる賢さを強調するエピソードに逆転している。さらに、ミネソタ、ノースフィールドでの強盗に失敗した後、一味はその老婦人を頼って匿ってもらうものの、ジェームズ兄弟は彼女を道案内に医者を呼びに行くと言って去り、そのまま逃亡する。しかも、ジェシーが老婆の変装をしていることから、彼女を旅の途中で殺害したことがほのめかされる【図144】。ジェシーを演じたロバート・デュヴァルは、終始ニヒルな薄笑いを口元に浮かべていて不気味である。かつ、娼館でも決して女を抱かず、性的異常がにおわされる。

図144 『ミネソタ大強盗団』老婆に変装して逃げるジェシー(右)とフランク

ノースフィールドの銀行強盗は史実においてもジェシー・ジェームズ一味のつまずきの石、終わりの始まりである。住民の支援も期待できた南部を離れ、北部に入り込んでの仕事だったことが大きく不利に働いた。映画でも、彼らの無様ぶりが際立つ。銀行と示し合わせ、強盗の恐れをあおって銀行への入金を促し、金をたんまり集めたはいいが、実行のその日、銀行前で精神障碍者が騒ぎ出し、やむなく撃ち殺したところ、その死体がたまたまその日銀行前にいた興行師の蒸気オルガンに倒れ込んで、今度はオルガンが大音量でわめきだす【図145】。一方、銀行内でも行員によって一人仲間が入ったまま扉が閉められて、何も盗らずに逃げ出さざるをえなくなり、しかも強盗に気づいた町民がすでに逃げ口を封鎖して、あれよあれよという間に包囲網が敷かれる。かろうじて逃げ出して老婦人宅に隠れるも、追跡隊は借金取りの遺体と、そのそばの人形を発見し、居場所が割れる。本作の題名は『ミネソタ大強盗団』（原題は「グレート・ノースフィールド・ミネソタ・レイド」）だが、その「大」は大いなる皮肉である。

図145　銀行に下見に来た一味。当日の失敗を導き出すオルガンが右下に見えている

図146　慎重で賢明ながら、失敗するコール

コールはジェシーに比べれば遥かに常識人で頭もいい。鉄製の防弾鎧《よろい》を常に身に着けているような用心深い人物でもあるが、その彼が、周到に計画した強盗であまりに無様に失敗する【図146】。しかし、ずるく逃げ延びたジェシーも、ヤンガーたちの代わりに今度一緒に仕事しようと思っているとジェシーが言うボブ・フォードにその後暗殺されることになり、牢獄で長期刑を消化したコールのほうがかえって長生きするのだから、事態は二重三重に皮肉な展開を迎えるわけである。しかも、この作品で真にいやらしいのはノースフィールドの銀行家たち、住民たちである。金貨を詰めた袋（わざと取りこぼして中身をぶちまけて見せる）を銀行に運んでみせ、住民に入金を促すが、そのうち本当に金貨が入っているのは一つだけで、あとは石ころが詰められている。また銀行が襲われたと知るや、たちまち銃を取って強盗団を取り囲む住民のその早業も、自分の金を守りたいがゆえである。強盗団も強盗団で間抜けだが、住民も住民で自分のことしか考えていない。要するにこの作品では、誰一人共感しうる人物がいないのだ。このリアルさ、暗さが、歴史修正主義的西部劇である。

　ビリー・ザ・キッドもまた、歴史修正主義的西部劇の対象人物となる。スタン・ドラゴッティ監督・脚本・原案（チャールズ・モス共同脚本）の『ダーティ・リトル・ビリー』*Dirty Little Billy*（未、72）。母と義理の父と共に新たな土地にやってきた少年ビリー（マイケル・J・ポラード）は、体も小さく、非力で農業に向かず、使い物にならないと家を追い出されて列車に飛び乗り、たまたま降りた町の酒場でいざこざに巻き込まれて、酒場にいた男（リチャード・エヴァンズ）と女（リー・パーセル）に助けられる。ビリーは、彼らと共に酒場にたむろするようになる。ビリーは男から銃やポーカーを教わり、兄のように慕うことになるが、男は女を売春婦として働かせており、乱暴に扱う。そんな女を哀れに思い、次第に愛情を覚えていくビリーは、一度だけ彼女と寝て、親しく語り合う。そのころ町にビリーを探してやってきた母は、町の大物とできており、大物は悪の巣窟である酒場を一掃しようとしている。やむなく立ち去る三人を、町の住民が撃つ。女は死に、逃げ延びたビリーら二人はその後強盗になる。

冒頭、泥の中を歩く足のクロース・アップから始まり、それが映画全体のトーンを決定している。何をやってもうまくいかない、進まないもどかしさ。ビリーを演じるマイケル・J・ポラードは『俺たちに明日はない』の運転手モス役で知られるが、クシャッとしたような顔つきで、とてもヒーローとは言い難い印象だ。映画の惹句も「ビリー・ザ・キッドはパンクだった」とあるように、ビリーは少なくとも本作の時点ではただのチンピラで、ビリー・ザ・キッドの前史に当たるといえよう。登場人物のほとんどが怠惰で無能、リー・パーセルを除いては感情移入できる人物が誰一人いない。映画のほとんどが酒場の中で展開され、その酒場も狭く、汚らしい。舞台の閉塞感に加え、逆光で捉えられた顔は表情がはっきりせず、声もつぶやくようでよく聞き取れないことも多い。手持ちカメラで画面が揺れるのも、落ち着かない気分にさせる。しかし、西部の実際の姿は確かにこのようなものだったのだろうと思わせるという意味でリアルである。

シドニー・ポラック監督、ジョン・ミリアス脚本の『大いなる勇者』（72）は、実在のマウンテンマン、ジェレマイア・ジョンソン（原題は彼の名前そのまま）を描く。山での生活に憧れてロッキー山中にやってきたジェレマイア（ロバート・レッドフォード）だが、獲物は撃ちそこない、火も満足に熾《おこ》せず、なかなか山の生活になじめない。凍死した狩猟者が胸に持っていた遺書で発見者に譲るとされていた見事な猟銃を手に入れ、また、「クマの爪」を名乗る山男（ウィル・ギア）に巡り合って、彼からマウンテンマンとしての基礎を教わる。彼のもとを去ると、一家を惨殺され、狂気に陥ってしまった女と、その幼い息子に出くわし、恐怖からか口が利けなくなっている息子を引き取ることになる。さらにフラットヘッド族に子馬と、彼らにとっても敵である凶暴なブラックフィート族の頭の皮（馬を奪われたので襲撃して殺していた）を進呈したところ、返礼に乙女を差し出され、ジェレマイアは三人で暮らすことになる。皆で家を建て、家族として暮らし始めるが、そこに軍隊が現われ、道案内を依頼される。クロー族の墓地を通り抜けようという軍にジェレマイアは異を唱えるが、軍は強行。不吉な予感を覚えて家に帰ってみると、妻も息子も惨殺されていた。以後ジェレマイアは、二十年以上にわたってクロー族との闘争を繰り返すことになる。映画では描かれないが、ジェレマイアは殺したクロー族の肝臓を食ったとされ（実際には食べたふりをしただけのようだが）、「肝食い」リバー・イーティン・ジョンソンと渾名《あだな》された。クロー族にとっては、敵の強さが自分たちの部族の強さの証でもあるとされる。つまりジョンソンは、いわば西部劇における著名なガンマン、彼を倒せば一挙に自身の名声が確立されるような存在であり、だからこそ名を成そうと血気に逸るクロー族の男たちに襲われ続けたわけである。ちなみにその後ジェレマイアとクロー族は和解し、兄弟として互いを遇することになる。映画は、彼が山中をさすらい続け、初めて山に入ったときに出くわした先住民の姿を再び見るところで終わる。

ジェレマイアの前身は語られないが、軍服を着ており、軍隊帰りと知れる。実際には、米墨戦争で上官を殴った罪で除隊になったようだが、いずれにせよ戦争帰りで、しかも戦争忌避の人物と想像され、するとこれは、当時アメリカが戦っていたベトナム戦争における徴兵忌避者と重なってくることになる。にもかかわらず彼は、山中で先住民との戦いに巻き込まれ、延々二十年以上にわたって争いを繰り返す。これは、ベトナムとの泥沼の戦争に陥ったアメリカの姿そのものではないか。そもそも世間を逃れてきたはずなのに、ジェレマイアは山中で家族を持ち、敵を持ち、名声（強い敵としての）を持つ。つまり山中においても彼は世間に逃れようもなくつきまとわれるのであり、巷間思われているような、文明を逃れ自然と一体化して生きる男の生きざまとは、実はほど遠い。それ逃れようとしても逃れられない運命、その徒労、皮肉。それは映画の形式自体にも表われている。この映画には反復が多い。家族を殺された女と、同じく家族を失ったジェレマイア。彼ら二人の、茫然自失の不動の姿勢の共通性。そして、終わりなき復讐の連鎖。さらには、冒頭と末尾で出会う先住民。行きついた先が出発点なのであり、その迷路を主人公は逃れられないのである。

『大いなる勇者』はジョン・ミリアスにとって初の脚本作品となるが、彼がこれに続いてシナリオを書いたのが、ジョン・ヒューストン監督『ロイ・ビーン』（72）で、やはり実在の男の物語という意味では共通するものの、『大いなる勇者』に見られた歴史への視点は薄い。暴れまわるアルビノの無法者バッド・ボブ（ステイシー・キーチ）を背後からライフルで撃ち殺すと、体に穴が開いて向こうが透けて見えるなど、全体にパロディ的な演出が目立つ。ビーン（ポール・ニューマン）はバッド・ボブ射殺にも見られるように西部的な常識をものともしない破天荒な人物だが、女優リリー・ラングトリー（エヴァ・ガードナー）への思慕に殉ずる純朴な人間でもある。この作品の関心は、そうした昔気質《むかしかたぎ》の西部人が作り上げた町が、ビジネスライクな開発者に乗っ取られてしまうことにある。その男が町長になったことで時代の変化を知ったビーンは町を去り、その後は娘（ジャクリーン・ビセット）が成長して町長に対抗するが、力及ばない。そこに十数年ぶりにビーンが帰郷して大暴れし、町を破壊する。心意気か、ビジネスか、という選択。前者を勝たせるために、ビーンをいったん退場させ、その再登場を反撃のきっかけとする作劇となっている。しかし本当にこれでいいのか。時代は否応なしに変化しており、それにどう対処するのかという問いを、派手な破壊場面がうやむやにしてしまっているように見える。ジョン・ミリアスとしては、破天荒ながら純朴という矛盾を抱えた西部の男なるものを描きたかったのかもしれない。その点では、『ロイ・ビーン』のほうが彼の意図に適うものだったのだろう。しかしミリアスの脚本にそうした萌芽があったのか、シドニー・ポラックの演出の賜物なのか、西部男の男らしさのイメージから遠く隔たって、泥沼のような現実に足をすくわれる『大いなる勇者』のほうが、作られた時代の現実を浮き彫りにして、今から見ても興味深いことは確かである。

　これらガンマンを取り上げた歴史修正主義的西部劇は、そのリアリズムと、対象に対する皮肉で批判的な視点が特徴である。アープもビリー・ザ・キッドもジェシー・ジェームズもロイ・ビーンも、みな人間として失格者であり、英雄視するに足りない人物として描かれている。そうした見方は、これまで権威とされてきたもの、信じられてきたものへの対抗であり、それ自体が六〇年代から七〇年代という反体制的時代の刻印を帯びている。史上の人物が唯一肯定的に描かれている『大いなる勇者』にしても、主人公には徴兵忌避者の面影が漂っている。歴史修正主義的西部劇は、歴史の見直しという以上に、それが作られた時代のほうをこそ、いっそう明確に照らし出している。

『天国の門』

　これまで記述してきた通り、さまざまなサブ・ジャンルを開発して、西部劇を延命してきたハリウッドだが、その延命に深刻な一撃を与える作品が登場する。マイケル・チミノ監督、脚本による『天国の門』（80）である。二時間半の堂々たる叙事詩的西部劇で、当時を再現するセット費用の超過によって映画会社を一つつぶしたことから、多少の脚色はあるにせよ、史実に忠実な歴史修正主義的西部劇と見なされている感がある作品であるが、本作と史実との関係は実のところ錯綜している。まずは史実とあらすじを照らし合わせ、チミノの狙いを確認する[6]。

　この映画は、一八八〇年代末から九〇年代初頭にワイオミング州ジョンソン郡で起こった、大牧場主たちによる小牧場主たちの迫害、殺人事件、いわゆる「ジョンソン郡戦争」を題材にしている。第一章で既述の通り、この事件をもとにして西部小説『ヴァージニアン』が書かれたし、また『シェーン』の物語の枠組みもこの事件に材を取っており、西部劇の歴史にとっては重要な意義を持つ。これもまた既述の通り、この事件は力のあるものがないものを迫害、殺害した卑小なものであって、偉大なる西部開拓期の終わりを告げるものでもあった。映画は、ハーヴァード大学の卒業式に始まる。卒業生式辞をアイロニーとユーモア交じりでこなすビリー（ジョン・ハート）と、その親友ジム（クリス・クリストファーソン）。二人を含む卒業生は、校庭で盛大にワルツを踊って卒業を祝う。二十年後、ジョンソン郡で保安官をしているジムは、駅で大勢の無法者たちが銃を買い求めているのを見る。大牧場主たちのたまり場では、彼らの頭格のフランク（サム・ウォーターストン）がガンマンを雇って東欧からの移民を排除する計画の多数決を取っている。その中にはビリーもいて反対を唱えるが、権威のない彼の意見は黙殺され、彼は酒に逃避する。貧しい東欧からの移民は、ひもじさのあまり迷い牛を殺して食べており、大牧場主たちの組合に雇われて、その現場を押さえたネイト（クリストファー・ウォーケン）は、移民を見せしめに射殺する。娼館を経営するフランス移民エラ（イザベル・ユペール）はジムとネイト両方の恋人で、移民の客から牛での支払いを許容していたため、フランクら一派から牛泥棒の一味と見なされていた。フランクらは殺し屋たちと抹殺計画を実行に移し、その手始めにエラの娼館を襲って、売春婦らを虐殺し、エラを暴行するが、そこに駆けつけたジムによってかろうじてエラは救われる。フランクらは虐殺に参加しないネイトの家を取り囲み、火を放って殺害、火の中でネイトはエラへの別れの手紙を書く。事態を傍観していたジムも、ここに至ってやむなく移民たちに協力する。移民たちはフランクら大牧場主の一派を追い詰めて包囲し、ジムも移民たちと共に彼らを攻撃するが、ビリーはほとんど自死するかのように無防備に身をさらし、銃弾を受けて死ぬ。分が悪くなったフランクは使者を発して陸軍を呼び、その介入でどうにか戦闘は終わる。町を出ようとしたジムとエラだが、フランクの一味によってエラは殺害され、ジムは悲嘆にくれる。

保安官ジムは、映画オリジナルの登場人物だ。彼の大学時代の親友であり、大牧場主の一員ながら、一連の行動に反対するビリーの存在も映画独自の設定である。またネイトが大牧場主の組合に雇われ、殺人を犯すというのも虚構だ。実際にはネイトは小牧場主であり、襲撃の最初の犠牲者だった。ただし、彼の家が焼かれ、その間に手紙を（といってもエラにではなく、友人たちに向けてだが）書いていたのは事実通り。映画で読まれる手紙も正確である。自身も移民ながら移民を殺すような逆説的な存在にネイトを設定したのは、同様に富裕層でありながら移民たちに親近感を持つという意味で、これも逆説的存在であるジムとの対称性のためであろう。かくしてビリーとジム、また（エラを介して）ネイトとジムは、対称的な存在として位置づけられる。映画オリジナルの設定（ジムやビリーという存在の創造、ネイトの位置づけ）は、登場人

図147 『天国の門』ローラー・スケートをはいて踊る人々。民族性の強調

物間に対称性を構築するためである。富裕層であり、権力の側の人間でありながら事態を傍観しているしかないビリー。ビリーと同様富裕層であり、移民たちに同情的だが、行動を起こすにはあまりに優柔不断なジム。移民たちの一員でありながら、移民たちの迫害に一時的であれ手を貸し、しかし反旗を翻して斃《たお》れるネイト。三人はみなどこか弱さや屈折を抱えており、見るものはある程度彼らに感情移入しながらも、その感情移入が決して完全なものになりえないもどかしさを覚える。彼らの造形は、西部劇的主人公像からははるかに遠く、こうした造形そのものを、西部劇への批判として受け止めることは可能だろう。

もう一点、映画オリジナルの設定として、売春婦エラの死亡時期がある。彼女はこの襲撃事件の起こる九二年より以前、八九年に、愛人であった郵便局長（ジムという名の男で、クリストファーソンの役名はおそらくここから取られている）と共にリンチで殺害されている。この映画では、エラは事件が終わった後、腹いせとして殺される設定になっているが、当然作劇上の手管である。

この映画で史実と最も異なる点は、史実ではこの事件が、大牧場主と小牧場主の経済的争闘に由来するものであったのに対し、映画では白人と移民の政治的争闘になっていることだ。エラが史実と異なりフランス移民という設定であるのも、また移民たちがローラー・スケートで回転しながら民族音楽風の踊りを踊るのも、移民という設定の強調である【図147】。チミノがなぜこうした設定の変更を選択したのかは、実は明確ではない。ただ、彼の前作『ディア・ハンター』（78）では主人公らはリトアニア移民であり、またその後の『イヤー・オブ・ザ・ドラゴン』（85）では中国系マフィアが主人公と、移民がチミノにとって重要な主題であることは間違いない（チミノ自身も、その名から想像されるようにイタリア系移民）。

かくして実在の人物と虚構の人物を混ぜ合わせ、立場の違いや心情の類似性などを明確にし、また登場人物への共感、情動を喚起すべく脚本は練られている。この事件がいかに陰惨な、卑小な、許しがたいものだったのかは確かに伝わるわけだが、それは史実を効果的に脚色した成果であったわけで、歴史の見直しの意図（事件の本質の認識）が、手法（事実の改変）によって、ある意味裏切られているともいえる。加えて、二者の争いの本質も、新旧勢力の利害対立から、白人の移民排斥へとすり替えられ、おそらくは監督自身の主題の表現のために、歴史的な事実が悪く言えば利用された、とも見える。移民迫害が西部史において起こっていたのは間違いない事実であり、その糾弾自体も悪いことではないとはいえ、歴史的事件そのものの本質を歪めるようなことになっているのではないか。従って、この作品は歴史的な出来事を現在の視点で、ある程度ではあれ「正しく」見直すという歴史修正主義的西部劇とはとうてい見なしがたいものである。しかし、他の歴史修正主義的西部劇が、この作品よりは史実に忠実だとしても、同じような事態に陥っていないかと問い直すことも可能だろう。これまで見てきたように、歴史修正主義的西部劇は、例えば先住民の立場に立って西部の歴史を見直すわけだが、彼らに肩入れする姿勢が自明な前提となってはいた（といって無論、白人の側にも理はあった、と言いたいわけでは決してない）。歴史修正主義的西部劇は、確かにその意図自体は正しいのだが、そこにはあらかじめ前提されたイデオロギーがあり、それを最大限説得的に演出するための脚色がある。目的のために策を弄するという点で、多少史実の扱いに正誤の度合いはあれ、『天国の門』とその他の歴史修正主義的西部劇はたいして変わらない、ということになるだろう。かくして『天国の門』は、歴史修正主義的西部劇への疑いをさえ喚起する歴史修正主義的西部劇ということになり、その獅子身中の虫であったということになる。

見直し、という点でしかし興味深いのは、監督自身の言葉によれば、この作品は「西部劇」そのものの見直しであるというのである（『マイケル・チミノ読本』）。すなわち、アメリカ人は、西部劇を通してアメリカというものをイメージしてきた。「アメリカ人の歴史とは、すなわち西部劇の歴史なのです。木造家屋、人影のない通り、馬にまたがって登場する孤独な主人公、それは、商取引があり、金銭が流通し、人口過密な、産業化した西部ではない。けれどもたとえば、コロラド州レッドヴィルやモンタノ州ビュートは、活気でうなりを上げていた街なのです。銀や銅の採掘で儲けた成金たちが、大通り、舗装された歩道、れんが造りの大きな建物、それに歌劇場を整備した。成金たちは、ニューヨークの真似をしようとしていたのです！　ところが観客にそうした状況を描いた映像を差し出すやいなや、彼らは機嫌が悪くなる」。チミノは当時の街の様子や風俗の再現に相当の力を注いでいるが、そうした細部の正確さを期すことそのものが、西部劇が提示する西部なるものの「イメージ」に対する見直しだ、というわけである。物語や人物など、脚色の根幹部分では大胆な史実の改変を行ないつつ、しかし建物など事象部分に関しては厳密に正確さを追求すること。こうした姿勢はある種、本末転倒とも見え、本作がどこかいびつな印象を与える一因となっている。

かくして歴史の正確な再現のために製作費は巨額になり、それに比して興行収入はわずか（製作費四千四百万ドルに対し、興行収入はアメリカ国内で最終的に四百万ドル未満）で、製作のユナイテッド・アーチスツは映画製作から撤退、ＭＧＭに売却されて、会社自体を失うことになる。西部劇の製作本数は八〇年代以降激減するが、その遠因として、この作品の失敗があったとも考えられる。正確さを期すことによって西部劇のイメージ批判をしたわけだが、それが西部劇そのものを終わらせてしまったという皮肉。しかし、批判することによってジャンルそのものがなくなってしまうほど西部劇が脆弱なジャンルであったとは思えない。西部劇の持つポテンシャルが、当時それだけ低下してしまっていたのである。

『明日に向って撃て！』

六〇年代から七〇年代の西部劇において最も豊かな成果を上げたのが、思春期の若者を主人公とした一連の作品である。西部劇の主人公は、銃を扱う以上基本的に成熟した大人であり、子供はあくまで主人公の境遇にアクセントを添える程度の存在だった（『シェーン』におけるように）が、この時代にあって、思春期の青年、あるいはそれ以前の子供が主役を担う西部劇が登場する。これまでとは違うものを求める傾向の一端は、舞台が西部からより南に移行してきたことにすでに見られたが、登場人物の年齢において現われたのが、思春期もの、ということになる。周辺的年齢ということで言えば、老年期もまたそうであり、実際、思春期ものは同時に、老年期の登場人物が大きな役割を演じる作品でもある。

五〇年代にも、若者を主人公とした西部劇があった。ニコラス・レイ監督『追われる男』(54)、アンソニー・マン監督『胸に輝く星』(57)などである。前者ではジョン・デレクがジェームズ・キャグニー演じる保安官を裏切る若者を、後者ではアンソニー・パーキンスがヘンリー・フォンダ演じる老練の賞金稼ぎに教育される青二才の保安官を演じていた。共に腺病質の若者で、頼りない、あるいは信用できない不安定さを抱えた、五〇年代的な裏切りの風土にふさわしい人物造形であった。ちなみに『追われる男』の脚本を書いたのはアーヴィング・ラヴェッチとハリエット・フランクJr.の夫婦脚本家。彼ら二人は、以下に記述する思春期ものの重要な寄与者である。

六〇年代末から現われ始める思春期ものの前哨とでもいうべき作品に、ジョージ・ロイ・ヒルの『明日に向って撃て！』(69)がある。これは実在のアウトロー、ワイルド・バンチの首領ブッチ・キャシディ（ポール・ニューマン）とサンダンス・キッド（ロバート・レッドフォード）、そしてキッドの恋人エッタ・プレース（キャサリン・ロス）の物語であるが、歴史修正主義的西部劇のような、彼らのイメージの見直しを主眼とした作品ではない。心優しく口の達者なブッチと、寡黙で腕の立つガンマンであるキッド、キッドの恋人ではあるが、ブッチにも恋心を寄せられ、両者を同じくらい大事に思うエッタの、繊細な三角関係を描く青春ものといったほうがいい。彼らの関係は、有名なブッチとエッタの自転車の場面に集約的に表現されている。ブッチとエッタはある晴れた朝に、野原で自転車の二人乗りをして笑い合う。自転車という、こぎ続けなければ倒れてしまう乗り物。それは、結ばれてはならないけれど、しかし確かに二人の間にある恋愛感情の危うさを象徴的に表わす。しかも、バート・バカラックの誰もが知る主題歌「雨にぬれても」を背景として、決して重苦しくならず、象徴的になり過ぎないように配慮されている。

実在のワイルド・バンチは、西部の終わりを感じ取って、この映画にもあるように三人で南米ボリビアに逃亡することになる。映画では時に画面がセピア色に染まり、この出来事が過去のものであることが強調される。西部は終わろうとしている、あるいはもうすでに終わっている。終わりを約束されたその世界の中で主人公たちは若さを持て余し、無為な時を過ごす。そもそも青春映画の舞台として「西部劇」を選択するという姿勢自体が、あえてなす時代錯誤であり、アイロニカルな態度である。しかも、西部の終わりに活躍したワイルド・バンチを主人公にするという、二重のアイロニー。ロマンティックでありながらもアイロニカルであるというその矛盾、感傷性は、正統なるものに依《よ》ることができず、斜に構える、あるいはカウンター・カルチャーに走ることになる若者の心情に適うものであった。

思春期もの

『明日に向って撃て!』は、西部劇の外形を借りた青春ものであったが、これから記述する思春期ものも西部劇の形を借りて、子供から大人への人間的成長を語る物語である（というのは実情と異なるのだが、そのことについてはのちに書く）。

ベテラン監督ヘンリー・ハサウェイ監督による『勇気ある追跡』（69）は、それでもまだ、物語を駆動する主筋が復讐にあるため、最も西部劇に近い作品である。親を殺された少女（キム・ダービー）が、保安官（ジョン・ウェイン）を雇い、殺した男（ジェフ・コーリー）を追う。保安官は報奨金ゆえに少女に従うが、彼女を見くびり、テキサスでもその男が殺人を犯し、賞金がかかっている事実を、少女の意志に反して同道することになったテキサス・レンジャー（グレン・キャンベル）から知り、協力しようというレンジャーのほうになびきそうになる。しかし一緒に旅を続けるうち、少女の意志に次第に打たれ、ついに仇を見つけたとき、死の淵に立たされた少女を必死に救おうとする。復讐というわかりやすい主軸、その主体が少女であるという意外性、また助太刀が有利なほうに寝返るかもしれないというサスペンス、さらに少女が陥る危機の意外性と、ストーリー展開がよくできている。脚本はマーガリット・ロバーツ（原作はチャールズ・ポーティス）。ちなみに彼女はブラックリストの犠牲者で、公聴会で仲間の名前の密告を拒否して、五〇年代のキャリアは空白となった。仇役を演じたジェフ・コーリーも同様である。密告拒否で干され、五〇年代はＴＶで生き延びた。ジョン・ウェインもまた、キャリアの最後を飾る一連の役柄をここで見出す。初めこそ年少者を小馬鹿にしているが、その根性を見込み、心意気を買って指導する年長者。ちなみにこの作品は、コーエン

図148 『11人のカウボーイ』で死ぬジョン・ウェイン

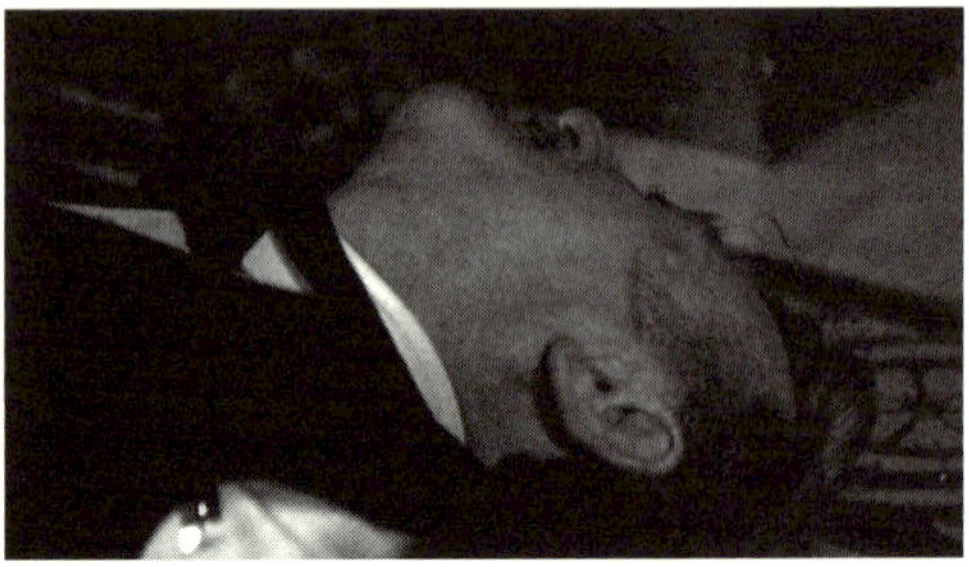

図149 『ラスト・シューティスト』で死ぬジョン・ウェイン

兄弟によって原題通り『トゥルー・グリット』(2010)としてリメイクされた。大きく異なるのは、保安官が死んだことを知ったかつての少女（今は行かず後家になってしまっている）が町にやってきた時点から始まり、フラッシュ・バックを経て、彼の葬儀を終えて去るという、枠構造になっている点だ。すでに終わってしまった時点から語られる物語なのである。西部劇というものが二〇〇〇年代に置かれた位置を象徴するようである。

マーク・ライデル監督、ラヴェッチ＝フランク脚本の『11人のカウボーイ』(72)では、ジョン・ウェインは、人手不足で牛の移送のために、一番年上で十代半ば、大半は年端もいかない子供たちをカウボーイとして雇わざるを得なくなる牧場主を演じる。訓練と実践の中で次第に成長していく少年たち。旅の途中、雇ってくれと接近してきた男たち（首領はブルース・ダーン）をムショ帰りと見抜いたウェインはそれを拒否するが、旅も終わりに近づいたとき、彼らが牛を奪いにやってくる。ダーンらは少年らを小馬鹿にし、心身両面でいじめる。ウェインはもっと大きな奴を相手にしろと挑発して、一対一で殴り合い、その末に背後から銃で撃たれて死ぬのだが【図148】、その死に際に少年たちに、「お前たちを誇りに思うぞ」と一言言い残し、その言葉に奮起した少年らは反撃に転じる。『リバティ・バランスを射った男』で、設定上死んだことになっている役を演じたことはあっても、撃たれて死ぬ姿を見せたことはついぞなかったウェインが、死ぬ。その姿は、ドン・シーゲル監督『ラスト・シューティスト』(76)でも反復される。死病を得ていることを医師（ジェームズ・スチュアート）に告げられたガンマン（ウェイン）が、最期を迎えるために寡婦（ローレン・バコール）の経営する下宿に投宿する。彼が著名なガンマンであると知り、倒そうとする男たちに襲われたり、死後に伝記を出して儲けようとする元恋人に辟易したり。中でも、はじめは町を出てくれとお願いするためにやってきて、殺されるかとビクビクしていたのに、死ぬために町に来たと聞いて態度を急変させ、さっさと死んでくれ、そのためなら何でも手伝うぜと陽気になる保安官（ハリー・

モーガン）の存在が光る。はじめ会ったときは彼を老いぼれと見くびる下宿の息子（ロン・ハワード）は、その後著名なガンマンと知って彼を慕い、銃も教えてもらう。ウェインは死期を自ら定め、町にとってよくない三人の人物を酒場に呼び出し、最後の対決を図ろうとする。それを果たしたとき、酒場のバーテンダーに背後から猟銃で撃たれる。ハワードはウェインの銃を取り、バーテンダーを撃つ。しかしハワードは手にした銃を見て、それを遠く投げ捨てる。彼のその行為を見てウェインは微笑《ほほえ》み、うなずいて死ぬ【図149】。負の連鎖を断ち、銃を捨てることを肯定して、ウェインは死ぬのである。本作がウェインにとって遺作となることを思えば、この場面は感慨深い。

図150　『男の出発』投げ捨てられた銃

　銃を捨てる、その象徴的な仕草はディック・リチャーズ監督『男の出発』（72）にも見られる。カウボーイに憧れて、銃を買って隠し持っている少年（ゲイリー・グライムズ）は、牛のロング・ドライブにコック見習いとしてどうにか雇ってもらうことに成功する。牛泥棒との争いで仲間を数名失ったため、人手不足になり、無法者のような男たち（ジェフリー・ルイス、ボー・ホスキンスら）を雇わざるを得なくなる。さまざまな試練の中でグライムズは次第に認められていくが、非情なボスは、邪魔となれば彼を切り捨てることをためらわない。強欲な牧場主（ジョン・マッキリアム）の牧草地に牛が迷い込み、法外な通行料を巻き上げられる。同じ牧場主が、定住を決めた植民者たちに対しても無理無体な追い立てを食わせているのを見た少年は、植民者のもとに残って共に牧場主と戦うことを決意する。雇われ無法者カウボーイたちも、一人また一人と彼に合流して、戦いの末、植民者たちとグライムズを残して全員が死ぬ。グライムズは死んだ仲間たちを埋葬し、ガンベルトを外して捨てる【図150】。全体に逆光気味で、表情が見えない。また、後に雇われて合流する無法者のようなカウボーイたちが特にむさくるしく、リアルといえばリアルなのだろうが、その見た目の汚さ、暗さが、映画の描くところに適っているといえる。

　思春期ものの中でも最も痛切な作品が、リチャード・フライシャー監督、ラヴェッチ＝フランク脚本になる『スパイクス・ギャング』（74）だ。撃たれ、倒れ込んでいる男（リー・マーヴィン）を納屋に匿い、治療する三人の少年たち（ゲイリー・グライムズ、ロン・ハワード、チャーリー・マーティン・スミス）。スパイクスと名乗るその男は、銀行強盗のお尋ねものだった。しゃれた服を着て、豪勢な生活を語る男に憧れた彼らは、スパイクスの後を追って家を出てしまう。空腹のあまり町で銀行強盗を働くも失敗し、一人の男を偶然射殺してしまい、自責の念が彼らを苦しめる。逃げ延びたメキシコで質屋に預けた時計を取り戻そうとして捕まり、監獄にいたところをスパイクスに発見されて受けだされる。スパイクスに射撃を教わり、銀行を襲うが、スミスは撃たれ、苦しんだのちに死ぬ。グライムズが、スミスの死に際の手紙を家族に届けに行っている間に、ハワードも死んでいた。以前銀行強盗の際彼らが殺した男は議員だったようで、彼らには懸賞金がかかっていた。その懸賞金欲しさに、スパイクスがハワードを殺したのだ。グライムズは一人スパイクスのもとに向かい、ついに撃つが、自身も撃たれ、家に帰るべく列車に乗ろうとしてその前に死ぬ。

スパイクスは身だしなみもよく、豊かな生活をしており、農民として地面にしがみついて生きていかねばならない少年たちにとっては理想の存在だが、しかし一方、西部で生きていくための汚さも持ち合わせている。西部劇における正義の味方のような存在が理想像でしかなく、白とも黒ともつかない灰色の領域に生息するのがおそらくは大半のガンマンの実像と考えれば、スパイクスはリアルな西部人そのものなのであり、運よく彼らが西部で生き延びていけばいずれそうなっていただろう存在である。しかし彼らには、それだけの腕も運もないがゆえにそうなれないし、またより重要なことに、グライムズは最終的にそうなることを拒否して死ぬ。いや、事態はもっと深刻なのであって、どこかで妥協し、汚れていくのが大人になるということであるならば、グライムズは大人になることそのものを拒否したといってよい。死んでいく少年たちの姿は痛切であり、また美しいが、それは大人になるという未来への拒否に由来するのである。

『スパイクス・ギャング』の脚本を書いたラヴェッチ＝フランク夫妻についてもここで触れておく。彼らはマーティン・リット監督との作品で知られ、協力関係は、これまでに触れた『太陽の中の対決』と、父との確執のためニヒリスティックな生活に陥っている若者を描く『ハッド』（63）を含め八本に及ぶ。中でも目立つのが、ウィリアム・フォークナーの映画化『長く熱い夜』（58、原作『村』）、『悶え』（59、原作『響きと怒り』）、監督異なるが『自動車泥棒』が原作の『華麗なる週末』（69）をはじめ、『コンラック先生』（74）、『ノーマ・レイ』（79）など、南部を舞台とした作品（ちなみにラヴェッチは東部ニュージャージー、フランクは北西部オレゴンの出身）である。『長く熱い夜』、『悶え』は閉塞的な社会の中で押しつぶされようとする若者の苦悩を描き（主演は前者がポール・ニューマン、後者がジョアン・ウッドワード、二人は実生活上夫婦である）、『華麗なる週末』は、祖父と父母が旅行に出る週末、自動車を盗み出して冒険する少年と、お目つけ役であるはずが率先して羽目を外す青年（スティーヴ・マックィーン）を描く。『コンラック先生』は、都会からやってきて南部の黒人たちの小学校に赴任した白人教師（ジョン・ヴォイト）が、次第に生徒たちの信頼を勝ち得ていくものの、そのリベラルさゆえに大人たちに問題視され、追放されてしまう物語。『ノーマ・レイ』では南部の紡績工場で働く無為な女性労働者（サリー・フィールド）が、派遣されてきた労働組合員との交流から人間としてあるべき姿に目覚め、闘士に成長していく。赤狩りの犠牲者だったリットは、生涯を通じ社会派作家としての自身を貫くが、それをラヴェッチ＝フランクは支えてきた。非人間的な世界の中で、人間的に生きようと格闘するものたち。南部は因習が残り、差別、偏見がいまだ根強いだけに、かえってドラマの種が数多い。「南部とは、アメリカ人によって犯された最大の犯罪が起こった場所だ。それに、血まみれの戦争があった場所でもある。だから、記憶や場所にまつわる不気味な亡霊に満ち溢れている」[▼7]。「最大の犯罪」とは黒人差別であり、「血まみれの戦争」とは南北戦争のことだろう。ラヴェッチ＝フランクにとって南部という選択は、これまで我々が見てきたように、「西部」なるもののポテンシャルの枯渇、あるいは「西部」なるものへの批判的視点から導き出されてきたものではなく、土地の社会的問題性、物語的豊饒性ゆえのものであるようだし、また彼らの描いた西部劇のほうは逆に必ずしも南部を舞台とはしていない。しかし西部劇の舞台が西部から南部へと展開してきた時期と、彼らが南部を舞台にした作品を多く書いていた時期が同じであることは、この時期に南部という土地が政治的（公民権運動）、文化的に重要なトポスとして浮上してきたことを示す。

これまで思春期ものについて記述してきたが、実は青少年たちは西部の男として成長しているわけではない。その多くは銃を捨て、ガンマンたることを拒否しており、そのことにおいて人間として成長しているとはいえるだろうが、西部人として、ではない。まして『スパイクス・ギャング』に至っては、成長することそのものを拒んでしまっている。唯一『11人のカウボーイ』だけが最後に銃を取っているのだが、この終わり方に脚本家のラヴェッチ＝フランクは納得がいっていないという（『裏話3』）。子供たちは復讐するのではなく、敵を生け捕りにして町へ連れ帰るはずだった。要するに銃は使わない、あるいは使うにしても殺しはしないはずだったのである。つまり、これら新たなサブ・ジャンルとして現われた思春期ものにおいて、主人公の青少年たちは銃を使うことを学んでいくのではなく、総じてそれを捨てることを学ぶのである。西部劇というものは、銃を持つことの重み、責任を巡る物語である。正義であれ悪であれ、銃を撃つことによって引き起こされる決定的な事態を引き受けること。銃を持つというのはそういうことだ。その重みを背後にかかえているからこそ、銃の劇たる西部劇は深みを持ってくる。子供（そして老人）という新たな領域を開拓したはずのサブ・ジャンルで、しかしその根幹中の根幹である銃が放棄される。種のない実。これは何とも不吉な事態である。そして実際、思春期ものというサブ・ジャンルはそれから後続を失って消滅するのだし、西部劇というジャンル自体も、製作本数を激減させてゆく。

　こうした中で唯一、主人公たちが最後に銃を取ることで終わる思春期ものがある。ロバート・ベントン監督、脚本（デヴィッド・ニューマン共同脚本）の『夕陽の群盗』（72）である。南北戦争の徴兵逃れで家を出た良家の少年（バリー・ブラウン）は、セントルイス（これも南部だ）で、ジェフ・ブリッジスを頭とする不良たちに出会う。西部に行けば何とかなるのではと出立する少年たちだが、一人は空腹のあまり農家でパイを盗もうとして農夫に猟銃で頭を撃ち抜かれ、また一人は無法者（デヴィッド・ハドルストン）に吊るし首にされと、西部の過酷な現実に晒される。ブラウンとブリッジスはこれまでの道々で悶着のあった無法者集団ハドルストン一味（ジェフリー・ルイスら）と撃ち合い、どうにか勝つが、ブリッジスはいきなりブラウンを殴り倒す。撃ち合いのさなか、ブラウンが靴の中に隠し持っていた金貨を靴に空いた穴から見つけ、皆であんなにひもじい思いをしていたときに何で助けてくれなかったのかと恨んだのである。金貨を奪って去ったブリッジスを追うブラウンは、保安官らがハドルストン一味を包囲しているところに行きつく。その中にブリッジスもいるらしい。ハドルストン一味は壊滅させられるが、命からがら逃げだしてきたブリッジスはブラウンと再会する。食い詰めた二人は銀行強盗になり、彼らが銃を突きつけたところで映画は終わる。

図151　『夕陽の群盗』のラストショット。この画面にタイトルが被さる

　ベントンとニューマンのコンビは『俺たちに明日はない』の脚本家でもあり、あの映画も当初の予定通りフランソワ・トリュフォーが監督していたら、暴力的で凄惨な作品ではなく、本作のようにはかなくもユーモラスな青春映画風になっていたのかもしれない。主人公二人の旅は、喧嘩をしながらの珍道中ではあるが、しかし上記のように西部の過酷さが彼らを追い詰める。彼らが最終的に銃を使うのも、にっちもさっちもいかない状況に追い込まれたからだ。銃を突きつけた二人のストップ・モーションで終わる点で【図151】、『明日に向って撃て！』のラストを連想させるが、西部の、そしてアウトローの終末のはかなさ、ほのかな悲しみを感傷的に演出する『明日に向って撃て！』と異なり、本作の終わりはロマンティシズムなど感じさせない、そっけないものだ。特に良家の息子ブラウンは、ここで初めて悪事を働くのだが、画面はそんなうらぶれの美学に濡れることもない。ベントンの頭にあったのは同時代アメリカの『明日に向って撃て！』であるよりは、トリュフォーの『大人は判ってくれない』（59）のストップ・モーションだったろう。そこで主人公は閉塞的な都会の現実を抜け出

して海へ向かい、波打ち際でたわむれるのだが、その表情はことさら楽しそうでもない。とりあえず逃げ出してはみたが、逃避は一時的なものでしかないのだと、突き放すようなストップ・モーション。断ち切られることでむしろ、そのあとに続くであろう、これまでと変わらない、永遠のような退屈な時間を痛ましいまでに感じさせていた。『夕陽の群盗』の二人を待っているのも同様の時間だろう。強盗と逃亡の繰り返し。いつか捕らわれることでその時間も終わるときが来るが、しかしそれまで宙づりの時間は続く。その時間が、捕らわれて処刑される瞬間よりも、苦しさが少ないのかといえばそうではあるまい。これから続く永遠の時間を際立たせるためのストップ・モーションなのだ。ともあれ、時間が断ち切られて映画が終わるということには、これまで六〇年代から七〇年代の西部劇の流れを見てきたものとして、何か象徴的なものを感じずにはいられない。その後の時間が断ち切られること。思春期ものというサブ・ジャンルの中で唯一銃を捨てずに抜く『夕陽の群盗』もまた、断絶の映画だったわけである。

終わりの感覚

六〇年代末から七〇年代初頭、西部劇の終焉を感じさせる映画が立て続けに作られる。ジョン・シュレシンジャー監督『真夜中のカーボーイ』(69)、ウィリアム・A・フレーカー監督『モンテ・ウォルシュ』(70)、ピーター・ボグダノビッチ監督『ラスト・ショー』(71)である。『真夜中のカーボーイ』は現代劇だが、テキサスから来たカウボーイ・スタイルの男(ジョン・ヴォイト)が一方の主人公だ。彼はそれが男らしいスタイルであると思い込み、ヒモとして左うちわの生活を夢見て、意気込んでニューヨークにやってくるのだが、女に貢がせるどころか中年女に金を巻き上げられる始末である。積極的に彼に近づいてくるのはむしろ男で、彼は男娼として生活していかざるを得なくなる。六〇年代末の時点でのカウボーイのイメージはこのようなものだという意味で、注目すべき作品である。格好いいはずのカウボーイは、都会ではとうの昔に時代遅れになっており、あえてダサいスタイルを取るアイロニカルなゲイ文化の中でかろうじて、カウボーイ・スタイルはマッチョイズムのシンボルとして侮蔑されると同時に欲望の対象となっている。そこにこそ主人公が生きていく余地もあるのだが、その生活は、彼が思い描いていた華やかさとはほど遠い、惨めなものである。ちなみに本作の脚本はウォルド・ソルトで、彼も赤狩りの犠牲者である。五〇年代には偽名でTV脚本を書いて生活しており、本作をはじめ、『セルピコ』(73)、『いなごの日』(75)、『帰郷』(78)など、赤狩りからの復帰後のほうが優れた作品が多い。

『モンテ・ウォルシュ』は、リー・マーヴィンとジャック・パランスの二人を主人公に、廃れてゆく西部を描く。二人がカウボーイをしている牧場が東部資本に買収され、人員整理される。彼らはかろうじて残されるが、パランスはもう潮時と、雑貨屋の寡婦と結婚して、カウボーイをやめる。解雇されたものたちはその後強盗になり、バランスの店と知らずに襲って、彼を殺害してしまう。マーヴィンはその仇を撃つため、かつての仲間と対峙する。映画は淡々と彼らの日常を追い、その中に現われる微妙な変化が大きな破局につながっていく（マーヴィンと将来を約束しあった売春婦ジャンヌ・モローが咳をしていたと思ったら、唐突に死んだと知らされる、など）。見ていてドラマチックとはあまり言えない印象なのだが、しかし何かが崩壊するとき、実際はこんなものなのだろうというリアルな感触がある。変化に気づくことを望まず、何も変わりはしないのだと思っている間に事態は大きく変わってしまっていて、ようやくそれを認めたときにはもう取り返しがつかない。

『ラスト・ショー』も、終わりの感覚に満ちた映画だ。テキサス（これも南部）の田舎町。ガールフレンドと映画に行ったり、夫にかまわれない中年夫人と関係したり、とりとめない生活を送る主人公（ティモシー・ボトムズ）とその友人（ジェフ・ブリッジス）。彼らの伯父貴のような存在だった映画館主（ベン・ジョンソン）が死んだのを境に、一人の女の子を巡って友情にひびが入り、ブリッジスは朝鮮戦争に志願兵として赴くことになる。映画館も閉まることになるし、ブリッジスを見送ったその直後に、弟のような存在だった、少し頭の弱い少年が車にはねられて死ぬ。ボトムズの周囲で、何もかもが失われていくのだ。この作品自体は西部劇ではないが、西部劇が置かれた状況を象徴的に表現しているといい。

重要なのは、ベン・ジョンソンという存在だ。ジョンソンは、その乗馬のうまさをジョン・フォードに認められ、フォード組として活躍してきたのに加え、ペキンパー組としてもその代表作に出演してきた、西部劇を象徴する存在である。その死によって町が崩壊する。閉まる映画館で最後にかかる映画が西部劇であるのも、この町自体が西部劇の象徴であることを示すだろう。しかもその西部劇は、ホークスの『赤い河』なのだ。牛飼いとして少年が一人前になる物語、これからの未来へ拓けていく映画であることは、もはや未来がない町を描く本作にとって大いなる皮肉として機能する。

『ラスト・ショー』で、西部劇を象徴するベン・ジョンソンが死ぬ。しかしむろん、これは映画の中だけの出来事であって、ベン・ジョンソンは実際に死にはしない（彼の死去は九六年）。だが七九年、西部劇のスター中のスターが、本当に死ぬ。ジョン・ウェインである。彼の遺作は先述の通り『ラスト・シューティスト』であり、そこで登場人物としてすでに彼は死んでいた（さらにその前の『11人のカウボーイ』でも）。ジョン・ウェインですら死ぬのだ、ということを我々は驚きと共に納得はしていたし、また『ラスト・シューティスト』の登場人物同様に彼がガンに侵されていることを知っており、もう長いことはないのだと覚悟してもいたとはいえ、ウェインが死んだということ、そしてそれによって西部劇も死んだのだということを飲み込むにはやはりいささかの時間を要した。その翌年、先述の通り『天国の門』が興行的に大失敗し、西部劇の真の終わりが始まる。そして、西部劇についに引導を渡す男が現われる。彼の打った終止符をもって、ようやく我々は西部劇の死を確信するに至るわけなのだが、そのときすでに、ウェインの死から十数年が経過していたのである。一個の死というものが人心の中で真にその所を得るまでに、それだけの時日が必要なのだろうか。

遊戯性と反省性

ここまで、六〇年代から七〇年代にかけて、サム・ペキンパーがたどった西部劇の正統的な道とは異なる西部劇のありようを、いくつかのサブ・ジャンルに分類しつつ記述してきた。集団もの、歴史修正主義的西部劇、アシッド・ウェスタン、思春期もの。これまでの章を通じて我々は、西部劇の歴史の中に二つの傾向のせめぎ合いを見てきたわけだが、その二つは六〇年代から七〇年代にも見出されたように思われる。つまり、アクション的傾向と反省的傾向だ。アクション的傾向は集団的西部劇として、反省的傾向は歴史修正主義的西部劇、およびアシッド・ウェスタンとして現われた。ただしこの年代は総じて見ると、アクション的傾向が弱かった。集団的西部劇はそもそも良作に恵まれなかったし、大きな流れとして成立しなかった。それには六〇年代の映画製作状況が関わっている。

前章冒頭で記述したように、スタジオ・システムが崩壊し、ブロック・ブッキングが消滅すると、映画館にかける一定数の作品を量産する必要がなくなる。映画は、企画のつどにスタッフ、キャストを集合させてユニットを組むユニット・プロダクション形式が主流になる。一本一本が冒険となり、安全を望む製作側は、当たる要因を少しでも多くしようと、人気のある俳優に頼るようになる。スタジオに抱えられることがなくなった俳優たちは、これまでのスタジオの枠を超えて集結する。大スターが多数出演し、規模の大きい映画が作られやすい環境がこうしてできあがる。しかし、その受け皿となったのは西部劇ではなく、パニック映画、戦争映画であった。『史上最大の作戦』(62)、『大脱走』(63)、『パットン大戦車軍団』(70)、『トラ！トラ！トラ！』(70)、『大空港』(70)、『ポセイドン・アドベンチャー』(72)、『タワーリング・インフェルノ』(74)、『大地震』(74)、『鷲は舞い降りた』(76)、『ブラック・サンデー』(77)、『遠すぎた橋』(77)等々。この年代は、一極集中的に投じられた資金によって、大掛かりな特撮場面を有し、大スターを惜しげなく起用したパニック映画、戦争映画の豊作期である。アクション映画としての西部劇は、集団といってもせいぜい七人程度、しかも誰もがガンマンを演じるしかなく、役柄にそう変化がつけられないのでは、これらの作品に太刀打ちできない。タイトで切れのいいアクションの余地は当然あるのだが、それはこの時代隆盛する犯罪アクション映画が受け持つことになる。

では一方、アメリカなるものを西部という舞台で問う反省的傾向はどうか。それは確かに生き延びる。その傾向を受け継いだ男こそが、西部劇に終止符を打つことになるわけである。彼は独立プロを自ら率い、それを拠点に映画作りを継続する。ユニット・プロダクションとはまた別の製作手法、大規模でない分より自由度が高く、自身の主題を一貫して追うことができる独立プロ。西部劇の（残り少ない）命脈は、そちらで保たれることになる。

▼1　nativeamerican.co.uk の『馬と呼ばれた男』評による。

▼2　フィリップ・フレンチ、波多野哲郎訳『西部劇・夢の伝説』、フィルムアート社、一九七七年、P. 106。

▼3　その名前の類似は、アルドリッチとランカスターによる意図的なものである。『ロバート・アルドリッチ　インタビューズ』*Robert Aldrich Interviews*, University Press of Missisippi, 2004, P. 122. ちなみに本作はランカスターが製作にも絡《から》んでおり、ランカスターによる編集版も存在する。長さはさして変わらないが、アルドリッチ版には冒頭、ウルザナの逃亡場面があり、また暴行されながらも生かされた女性が川に入って、「洗い落とさねば」と体を洗う場面がある。ランカスター版には、撃たれたアパッチを追手が仕留める場面がある。

▼4　Wikipedia「アシッド・ウェスタン」Acid Western の項。

▼5　ジョナサン・ローゼンバウム『デッドマン』*Dead man*, BFI Modern Classics, 2000, P. 49.

▼6　以下について詳しくは、遠山純生編著『マイケル・チミノ読本』、boid、二〇一三年を参照。

▼7　パトリック・マッキリガン編『裏話3　60年代シナリオ・ライターへのインタビュー』*Backstory3: Interviews with screenwriters of 60s*, University of California Press, 1997, P. 287.

第九章
西部劇に引導を渡した男——クリント・イーストウッド

一九九二年、クリント・イーストウッドは、自身「最後の西部劇」と称する▼1『許されざる者』を発表する。この作品以降も西部劇が完全に作られなくなってしまったわけではないが、それらの作品はすでに前章で記したように、七〇年代以降に現われた諸傾向の延長線上にあり、『許されざる者』に代わる新しさをもたらすことはなかった。語るに足る西部劇として『許されざる者』は、確かに最後の西部劇と言える。といって、この作品は単に、最後に登場したという意味での「最後の西部劇」ではない。実際に、西部劇はジャンルとして衰退傾向にあり、かろうじてその命脈を保ちながら、しかも高水準で維持していたのは他ならぬイーストウッドだった。そのイーストウッドが西部劇を終える。それだけでも、西部劇が終わるに十分であったのだが、それだけのことではない。彼は西部劇を総括して見せたうえで、自身の手で終わらせたのだ。

イーストウッドはテレビの西部劇で頭角を現わし、イタリアで作られたスパゲッティ・ウェスタンでスクリーンでのスターダムを獲得して、自身の製作会社を立ち上げるに当たって西部劇を選択し、自身監督として立って以後も、そのキャリアの節目節目で西部劇を作り続けてきた。西部劇は、俳優として、監督として、その双方においてイーストウッドのキャリアにとって背骨ともいうべきジャンルであった。しかしそれも単に、事実としてそうだというだけのものではない。以後詳述していくが、イーストウッドの西部劇は、西部劇のサブ・ジャンルをある程度網羅しており、それはただ西部劇の延命を目指したものではなく、今西部劇において何が可能なのかを模索しつづけてきたことを意味する。イーストウッドは、現在のアメリカ映画における西部劇の位置を自覚的に探り続けてきた。その彼が、「最後の西部劇」を撮る。もはやこれ以上西部劇を撮ることは不可能である。終わるべきものを終わらせる。イーストウッドは、自らを形作り、その中で生きてきた西部劇というジャンルに、自ら引導を渡す。これは西部劇というジャンルへの誠実な態度というべきだろう。▼2しかも彼はその際、西部劇とは何だったのか、という問いに対する答えを、究極的な形で出してしまった。その答えが正しいかどうかはともかく（正しいのだが）、これ以後、真に西部劇たるためには、この作品が出した答えに対し真摯に応対しなくてはならない。しかし、現在までのところ、この作品に対して真っ向から答えた西部劇、そのような意味で真に新しい西部劇が出てきているようには思われない。従ってこの作品は、いまだ「最後の西部劇」であることを失ってはいないのである。本章では、『許されざる者』に至るイーストウッドの西部劇の軌跡を追うとともに、『許されざる者』がいかに西部劇を総括したのかを記述する。

セルジオの影響——キャラクター

『許されざる者』の終わり間際、タイトル・ロールが終わろうとするころ、画面に「セルジオとドンへ捧げる」の文字が現われる【図152】。セルジオ・レオーネとドン・シーゲル。彼ら二人は、イーストウッドの俳優としてのキャリアを新たな段階へ押し上げてくれた恩人であり、また『許されざる者』を前に相次いでこの世を去っている（レオーネは八九年、シーゲルは九一年）。レオーネのイーストウッドに対する影響は見やすい。無口で、感情を表わさないストイックな男という、イーストウッドといえば我々が（西部劇に限らず）思い浮かべるペルソナを確立したのがレオーネだからだ。

図152 『許されざる者』タイトル・ロールより、レオーネとシーゲルへの献辞

テレビ西部劇『ローハイド』（59〜66）において、正義感が強く、銃の腕前も確かだが、血気盛んで直情径行という陽性の登場人物を演じて一躍人気者になったイーストウッドだが、このような明朗なペルソナに物足りなさを感じていた。もっとリアルな画を求めて、スタンピードの真ん中で手持ちカメラでの撮影を申し出ても却下されたり、何本かのエピソードで演出をさせてくれる契約を反故にされたりして、不満を募らせてもいた。そこにイタリア・ドイツ・スペインの共同製作によるスパゲッティ・ウェスタンへの出演依頼が来る。監督は十数年の助監督の経験を持つが、監督作としては史劇『ロード島の要塞』（61）一本があるだけの、まだ新人と言っていい人物だ。しかし、そのシナリオを読んだイーストウッドは、出演を承諾する。ヨーロッパに渡り、その『荒野の用心棒』（65）を皮切りに、『夕陽のガンマン』（65）、『続・夕陽のガンマン　地獄の決斗』（66）の、通称「ドル箱三部作」（『荒野の用心棒』の原題が「一握りのドル」、『夕陽のガンマン』の原題が「いま少しのドル」であることから）、あるいは「名無し三部作」（『荒野の用心棒』と『続・夕陽のガンマン　地獄の決斗』の主人公に名前がなかったことから）を作ることになる。

『荒野の用心棒』は、二組の無法者一家が角突き合わせている村にやってきた風来坊（イーストウッド）が、対立を激化させて共に壊滅に追い込む物語である。『夕陽のガンマン』では、二人の賞金稼ぎ（イーストウッドとリー・ヴァン・クリーフ）が、ある賞金首を巡って争うが、クリーフにとってそれが妹の仇と知り、イーストウッドは彼に協力する。『続・夕陽のガンマン　地獄の決斗』では、コンビを組んで賞金をだまし取っていた賞金稼ぎと賞金首の二人（イーストウッドとイーライ・ウォラック）に、もう一人の賞金稼ぎ（リー・ヴァン・クリーフ）が加わって、三つ巴で南軍の隠し金を奪い合う。作を追うにつれて主人公格の登場人物が増え、イーストウッドの比重は下がってゆくが、無口で、風采は上がらないものの、頭の回転が速く、銃の腕は確かというキャラクター設定はおおむね一貫している。一作目ではニヒリズムが際立っている（暴力的に奪われていた妻＝母を一家に取り戻してやるという細部によって温和化されているが）のに対し、二作目、三作目ではユーモラスな側面（特に第三作目での、イーライ・ウォラックとの掛け合い）が目立つようになってくる。このニヒルさとユーモアもその後のイーストウッド自身の西部劇での主人公のキャラクター設定にそのまま引き継がれており、レオーネによるそれが、イーストウッドにとって決定的なものであったことがわかる。

しかし、改めて考えてみれば、無口だけれど腕の立つガンマンという主人公の設定は、実に古典的なものである。ウィリアム・S・ハート、ジョン・ウェイン、ゲイリー・クーパー、ランドルフ・スコット、西部劇の最盛期を代表する役者たちは、みなおおむねそのようなキャラクターだったのであり、五〇年代以降のヒーロー像の失墜や、やさぐれ、かつ落ちぶれた主人公像の拡大、さらに歴史修正主義による西部像そのものの見直しによって、そうした古典的なガンマンは時代遅れなものと見なされるようになっていた。レオーネ＝イーストウッドは、アメリカでは顧みられなくなっていたそのような典型的ガンマン・キャラクターを、あえて言えば臆面《たそ》もなく再生したわけである。このようなことは、西部劇が黄昏《がれ》の時期にあり、真っ当な西部劇が撮りにくい時代、反＝西部劇が席巻する当時のアメリカ本国ではやはり難しかっただろうと思われる。アメリカ本国との地理的な距離感、低予算ゆえの何でもありの大胆な意識、そして恐らくは、単純にこういった正統派ヒーローが見たいという欲望、そうしたものが相まって、古典的なガンマン像の回帰が可能になった。この三部作は、アメリカでも公開され、ヒットすることになるが、それはアメリカの観客自身が、五〇年代以降の西部劇の、良心的で、だからこそ屈折し、自信喪失し、疲弊しきった主人公にいささか倦んでいたからでもあっただろう。イーストウッドは、レオーネの三部作の余波を駆って、自身の西部劇上のキャラクターを正統派ガンマンに設定する。彼はヨーロッパを介して、アメリカの古典期を逆輸入したのだ。四〇年代当初、作られていた当時はそのようなものと名指されていなかったフィルム・ノワールが、フランスの批評家によって「発見」され、アメリカに逆輸入されたのと同じことがここでも起こっている。

セルジオの影響――シンプルな物語と神秘主義

しかし、レオーネによるイーストウッドへの影響は、これに留まるものではない。前節で述べた正統派ガンマンのキャラクター設定とも通じることだが、三部作の物語は実にシンプルであり、古典的なものだ。善玉が悪玉をやっつける。しかも誰が善玉で、誰が悪玉か明確であって（『続・夕陽のガンマン　地獄の決斗』の原題は「良い奴、悪い奴、醜い奴」である）、確かにライバルが味方になったり、逆に裏切りがあったりと、善悪ところを変えるような事態が生じたりはするものの、主人公自身の依《よ》って立つ義そのものが揺らぐような不透明さが紛れ込む余地はない。こうしたシンプル過ぎる作劇は、古典期の失墜後、ジャンル映画の典型的なパターナリズムを侮蔑的にしか見ることのなかったアメリカ本国であれば、気恥ずかしくて今さらできないものだった。しかし思えば西部劇の魅力とは、たとえ紆余曲折あろうとも最終的には善が勝ち、悪が滅びるシンプルな作劇、かつそこに善を希求する人間の根源的心情を触発する深さにあったのではないか。

その深い、というところに関わってくることだが、レオーネがもたらした新しさに、神秘主義がある。特に『荒野の用心棒』にそれは顕著だ。主人公は、対立する二組の両方に味方していたことを見破られ、リンチを受ける。彼はある男（これがまた象徴的なことに葬儀屋である）によって匿《かくま》われ、治癒を待つことになる。いわば彼は、死を経て、そこから再生することになるのである。また、そのラストにおいて主人公は、ライフルによって何度撃たれようと、よろけながらも立ち上がってくる。なんのことはない、ポンチョの下に装甲板を身につけていただけの話だが、何度撃たれてもその都度立ち上がってくる主人公に、敵方は畏怖を覚える。彼が装甲板を身につけていることは観客にも知らされていないため、敵方の驚きは我々の驚きでもある（敵方の男が鎧《よろい》を的に射撃練習している場面で、予告はされているのだが）。敵方にとって、そして我々にとっても主人公は、いったん死を潜り抜けたことによって、不死の存在となっているのである。死から再生し、不死となる存在。ここにキリストを見ることはたやすいだろう。また、先述のように、敵の一方に囚われていた、妻であり母である女を主人公は救い出す。父＝母＝息子の一家を彼は救うことになるわけだが、レオーネはこの一家を聖母子一家とみなし、従って主人公に、聖母子一家を護る天使ガブリエルを見ていたとされる。▼3

周知の通り、『荒野の用心棒』の物語の骨格自体は、黒澤明による時代劇『用心棒』の焼き直しである。痛めつけられた主人公が葬儀屋によって救われ、怪我の回復を待つエピソード、また、敵方の一方に拉致されていた妻＝母を、夫と子のもとに帰してやるエピソードは『用心棒』にも存在する。しかし『用心棒』のこれらのエピソードが強調するのは、主人公もまた傷つくという意外性、棺桶に入って死地を脱するという武骨なユーモア、強面《こわもて》のわりに人情味にあふれる主人公の複雑な性格であって、それらのエピソードに、彼を神秘化する機能があるようにはとうてい見えない。『荒野の用心棒』は、同じようなエピソードを用いながらも、宗教性というバイアスをかけることで、その機能をまったく異なるものに転化している。主人公を、単なる腕の立つガンマン以上の、神秘的で超常的な何かに触れている存在に変えたのである。これもまた、アメリカ本国ではなしえなかったことだろう。アメリカ映画においてさえ、確かにガンマンはその超常的な技巧によってどこか神秘を帯びて見え、かつ何度も死地を潜り抜けながらも名声を保ち生きながらえてきたことで、際立ったオーラを放ってもいるだろう。ガンマンはその多くがアウトロー、つまり共同体の法の埒外の存在であり、そうした「外」性も彼を非日常化する。しかも彼は常に死の近傍に暮らし、その存在からは死の匂いが漂ってくる。その意味で、アメリカの古典的西部劇にも、神秘は通奏低音のように流れ続けてはいたのである。しかも前章で記したような、ドラッグによって理性的世界から逸脱するアシッド西部劇においては神秘主義はむしろあからさまに強調されており、キリストらしき人物すら登場していた（『エル・トポ』、『グリーザーの宮殿』）。ただしこれらは、典型からの逸脱そのものを目的とした西部劇であり、あくまで例外的なものであった。

ともあれ、ガンマンをキリストになぞらえるようなことまでは、アメリカの西部劇ではなしえなかった。これは、西部劇の主たる観客がWASPであること、つまりプロテスタントであることが大きい。キリストをイメージとして表象することの禁忌（アメリカ映画では、キリストはもっぱら実在の人物として、史劇ないし人間ドラマの枠組みで描かれる。デミル『キング・オブ・キングス』〔61〕、スコセッシ『最後の誘惑』〔88〕など）。逆に『荒野の用心棒』が主人公をキリストのような存在として描くことができたのは、カトリック国イタリアの映画だからである。一個人の救い手としてのガンマンと、すべての衆生の救い主であるキリストの同一視。かくしてガンマンが、世俗性を超えて神秘化される。アメリカ西部劇にあっても潜在的に存在したガンマンの超常性が、神秘主義として結晶化し、析出される。イーストウッドは、この西部劇における神秘主義を、これまたアメリカに逆輸入することになるのである。

セルジオの影響――アナクロニズム

先述の通り、『荒野の用心棒』は、黒澤明の『用心棒』の焼き直しである。イーストウッドは送られてきたシナリオを読んだ時点でそれに気がつき、またレオーネ自身、イーストウッドにそう語っていたとされる。『荒野の用心棒』は『用心棒』の製作会社東宝による盗作の訴えのために、アメリカ公開が遅れることになる（公開されたのは二年後の六七年）が、そもそも『用心棒』の物語の骨格自体が、ダシール・ハメットの『赤い収穫』の換骨奪胎であった。ハードボイルド小説『赤い収穫』、時代劇『用心棒』、スパゲッティ・ウェスタン『荒野の用心棒』、ジャンルは違えどそれぞれに傑作を生んでしまうほど、この物語には人々の琴線に触れる何か深いものがあったのだろう。もともと、映画という大衆文化にあって、オリジナリティなるものは厳密に受け取られることはなかった。何かが当たればその続編が作られ、ジャンルを変えて焼き直しされるというのは日常茶飯事であり、また週代わりで作品を提供しなければならない以上、そのような意図がなくてさえ、似通った物語が出てきてしまうことも当然だった。それでもオリジナリティを巡る争いが出てくるようになっただけ、古典期の放縦を超えて映画業界は民度が高まったということだろうか。

それはともかく、今ここで問題なのは、イーストウッドが、この西部劇が既存の時代劇の焼き直しであると知りつつ、しかしそれが同時代の西部劇にとって新しい何かをもたらしうると確信していたことだ。だがそれは、横の新しさ、とでも言うべきか、これまでにない新しさを他国の、かつ異なるジャンルの物語に求めるということの問題ではない。それならば既に『七人の侍』をリメイクした『荒野の七人』で行なわれていたことだ。『荒野の七人』の場合は、複数の主人公が並び立つという意味での「新しさ」、西部劇にとってのこれまでにない新鮮味が重要だった。『荒野の用心棒』で重要なのは、「新しさ」ではなく、逆に「既知」こそが新鮮さを担保したという点だ。黒澤の時代劇の傑作の物語、というだけではない。古典期の西部劇のシンプルな換骨奪胎、ヒーローのありようの回帰という意味でも、『荒野の用心棒』は既知のものの再利用であった。『荒野の用心棒』は、いわば古いことが新しい、というアナクロニズムを積極的なものとして受け止めている。イーストウッドがレオーネから受け取った重要なもの、それはこのアナクロニズムではないか。

実際、イーストウッドの西部劇には、どこかですでに見たことがあるような印象がつきまとう。これらは以後詳述していくことになるが、ここで一通り列挙してしまうと、『奴らを高く吊るせ！』（68）は『牛泥棒』の本編以後、『荒野のストレンジャー』（73）は『真昼の決闘』の本編以後の物語であり、『ブロンコ・ビリー』（80）は西部劇のサブ・ジャンルのロデオもので、かつフランク・キャプラの『或る夜の出来事』（34）やプレストン・スタージェス『サリヴァンの旅』（41）などのスクリューボール・コメディの換骨奪胎であり、『センチメンタル・アドベンチャー』はフォードの『怒りの葡萄』（40）を想起させるとともに、ヴィム・ヴェンダースの一群のロード・ムーヴィーと同時代を並走している。『ペイルライダー』（85）は『シェーン』の、『許されざる者』でさえ『昼下がりの決斗』の、そしてこれは西部劇ではないが西部劇とのつながりがあるので言及しておけば、『グラン・

トリノ』（2008）は『ラスト・シューティスト』の、それぞれ物語構造を借り受けて作られている。

イーストウッドは、既知であることを恐れない。観客がすでに知っている枠組みに乗ることができるので、わずかな描写でその背景とするものを引き出すことができ、効率的である。しかしそれ以上に、かつての西部劇の伝統に連なり、それを継ぐという意識がそこにはある。古典的な西部劇は、五〇年代以降変質した。時代に応じて変化することは必然であり、またそうあるべきではあるが、しかし古典的西部劇の潜在力は本当に尽きてしまったのか。もしそうだとするなら、それはどのような意味においてなのか。イーストウッドのアナクロニズムには、彼自身の古典的な、シンプルで深い西部劇への好みもむろんある。しかしそれ以上に、西部劇を見直し、それが結局何だったのかを問い直す、という意味も込められていた。以下詳述していくように、イーストウッドの西部劇は、古典的な風格を持つと同時に、実は歴史修正主義的な面も必ず併せ持っている。この点でイーストウッドの西部劇はレオーネの西部劇と一線を画するのだが、しかしともあれ、レオーネの西部劇はイーストウッドに、忘れ去られた古典的西部劇の特徴を今に持ち込むことで、逆に新鮮な西部劇を作れるのだと教えたのである。その事実を確認しておこう。

『奴らを高く吊るせ！』

しかしながら、レオーネ自身の作品は古典的な簡素さを離れていく。『荒野の用心棒』が九十分台だったのに対し、作を追うにつれ二時間を超え、二時間半を超える。物語自体はシンプルなままであるのに、上映時間が延びる。その間隙を埋めるのは、登場人物を巡る増量された挿話であり、決闘場面のスペクタクル化である。決闘する二人の全身から、銃にかけられた手のアップ、二人の目のアップが何度かにわたって重ねられ、そこにエンニオ・モリコーネの胸を高鳴らせる音楽がかぶさって、対決の時間が繰り延べられる。当初こそ低予算だったがゆえに、既存の物語の換骨奪胎や、ハリウッドではなされなかった新たな表現[4]によって勝負していたレオーネが、予算に余裕が出てくるにつれ、簡素さを失っていく。イーストウッドは、そもそもレオーネの映画はより「断片的で、挿話的、さまざまな小さいエピソードを通して中心的人物を追う」ような作りで、古典的な西部劇とはほど遠く、ストーリーが貧しいため、それを列車の爆発など派手なスペクタクルで糊塗していくようになっている、と述べている（『クリント・イーストウッド・インタビューズ』）。そのような変化に違和を感じたイーストウッドは、レオーネの「ドル箱三部作」に続く作品『ウェスタン』（68）で、チャールズ・ブロンソンが演じることになる主人公役をオファーされながらもそれを断ってアメリカに帰り、自身の製作会社で自分なりの西部劇を追求していくことになる。

イーストウッドは六八年に自身の製作会社マルパソを立ち

図153 『奴らを高く吊るせ！』首のロープ痕。『牛泥棒』の主人公の亡霊

上げ、そこでの第一回作品として、西部劇『奴らを高く吊るせ！』を製作する（ただし、マルパソ作品において彼の名が製作者としてクレジットされるのは『ファイアーフォックス』〔82〕以降のことだ）。『荒野の用心棒』のアメリカ公開によって、西部劇の新たなスターとして認知されたイーストウッドには、大作西部劇『マッケンナの黄金』（69）のオファーもあったのだが、彼はこれも蹴り、より地味で暗い西部劇を選択するのである。この時点でまだイーストウッドは監督ではなく（監督は『ローハイド』の演出スタッフの一人テッド・ポスト）、製作兼俳優である。五〇年代のスタジオ崩壊後に、自身の芸術的な野心の達成のため、意欲的な俳優が立ち上げた俳優主体の製作会社に連なるものだが、第一作目からイーストウッドの目指すものは明確であった。

　この作品の主人公は、新たに牧場を始めた牧場主である。彼は突然現われた自警団に牛泥棒の疑惑をかけられ、吊るされてしまう。幸い駆けつけた保安官（ベン・ジョンソン）がロープを切り、命を取り留めるが、首にロープの跡が残る【図153】。ジョンソンは、疑わしきは罰するのでなく裁判にかけるべきとの意見の持ち主で、その後の裁判でイーストウッドは無罪となり、真犯人も捕まって、絞首刑に処せられる。イーストウッドは保安官だったという経歴を買われて保安官に任ぜられ、違法なリンチを行なった男たちの逮捕に当たることになる。

　牛泥棒の濡れ衣を着せられ、縛り首になる男。イーストウッドが偏愛する西部劇にウィリアム・ウェルマンの『牛泥棒』があることは周知の事実だが、この作品は冒頭の設定がほぼ『牛泥棒』そのままである。牛を買った際の受け取りを示すこと、その売り主こそが本物の牛泥棒で、彼（ら）が牛を奪った農場の持ち主たちを殺害しており、それゆえ自警団の激しい怒りを買っているという前提までそっくりだ。『牛泥棒』では主人公たちが死んでしまうのに対し、ここでは主人公は救われ、かえって自警団を追うことになるので、この作品は、『牛泥棒』の主人公たちがもし救われたらという発想の、いわば続編のようなものになっている。[▼5] 先に、イーストウッドは、自身の製作会社マルパソを立ち上げ、その第一回作品として本作を選んだと書いたが、実はこれは順序が逆である。イーストウッドは、イタリアから帰国後、出演すべき作品を探していたが、そこで出会った本作のシナリオを製作するためにマルパソを立ち上げたのである。「西部劇という設定の中で、死刑の賛否をはかりにかけるというアイディアが気に入った。この小さな映画の製作に一枚かむために自分自身の製作会社を立ち上げようと思い立ったんだ」[6]。つまり、イーストウッドにとっては、死刑＝私刑という主題は、自ら製作会社を立ち上げてまで扱いたいものであったわけなのだ。

とはいえ、実のところ、主人公たちが実際に殺されてしまい、どうして実行前に思いとどまらなかったのか、殺すことの隠微な喜びに自分たちは取り憑かれていなかったかと忸怩たる思いがいつまでも残存して消え去ることのない、それゆえに私刑批判として極めて強力な『牛泥棒』に比して、主人公が早々に助かってしまう本作は、衝撃度や、死刑制度批判の強度は低い。主人公が追い詰める自警団メンバーにしても、すぐに自首してくるもの、罪責感から自殺するものもいれば、何が悪いと居直るものもいて、人それぞれの人間模様として興味深くないことはないものの、自警団側にものっぴきならない事情があるなり、主人公が追い詰めることで例えばその家族まで巻き込んでしまうなど、主人公自身の正義が疑われるような綾があってしかるべきだという気はする。確かな証拠もなく私刑にされたことは不条理ではあるにせよ、それ以後の展開として主人公の側に一方的に義があり、それを確認していくだけでは作劇が弱いと感じられるのだ。本作の意義はひとえに、イーストウッドが自身を『牛泥棒』に関連づけたという一事、これに尽きる。

ドン・シーゲル

マルパソの第二回製作作品は、『マンハッタン無宿』（68）である。俳優イーストウッドにとって初の現代劇であるこの作品で、彼は二人目の師、ドン・シーゲルに出会う。シーゲルは今さら言うまでもなく、五〇年代からとりわけアクション映画に秀でた映画作家として『第十一号監房の暴動』（54）、『殺し屋ネルスン』（57）、『殺人者たち』（64）といった傑作を撮った監督である。ちなみに『第十一号監房の暴動』の製作はウォルター・ウェンジャーだが、彼は、妻であったジョーン・ベネットとの浮気を疑った男の股間を銃撃したことで収監され、そのときの経験をもとにこの映画を作った。股間を撃たれた側の男、ジェニングス・ラングはその後ユニヴァーサルの製作者として、前章に記述したポロンスキーの傑作『夕陽に向って走れ』、またシーゲルとイーストウッドのコンビになる異形の傑作『白い肌の異常な夜』（71）の製作に関わるとともに、『恐怖のメロディ』（71）でのイーストウッドの監督デビューに手を貸し、イーストウッド初の西部劇監督作『荒野のストレンジャー』（73）の製作総指揮を務めるといった具合に、イーストウッドにとっては極めて重要な人物である。

『マンハッタン無宿』は都会を舞台にした西部劇、というか、西部劇の世界の登場人物が都会に紛れ込んだことで起こる悶着を描くもので、作品としての質が必ずしも高いわけではないが、都会の警察の官僚主義と主人公の個人主義の対立は、その後『ダーティハリー』（71）で大きく主題として浮上することになる。シーゲルとイーストウッドはさらに『真昼の死闘』（70）でコンビを組むが、これは元々エリザベス・テイラーの主演企画だったものが、予算超過を懸念したユニヴァーサルが主演をシャーリー・マクレーンに変更したもの。売春婦＝修道女にして革命軍の女とガンマンの珍道中である。原案がバッド・ベティカー、シナリオが赤狩り以後初めて実名を出すことができたアルバート・マルツという夢のような布陣で、娯楽作としての出来はともかく、シーゲル＝イーストウッド西部劇として特筆するべきところは少ないように思われるので、ここでは言及するにとどめる。

シーゲル＝イーストウッドの作品としていっそう重要なのは、『白い肌の異常な夜』である。これは南北戦争を背景としているが、西部劇というより異常心理スリラーだ（同じ原作をもとに、ソフィア・コッポラが『The Beguiled／ビガイルド 欲望のめざめ』〔2017〕を撮っている）。女ばかりの寄宿学校に、足を負傷した兵士が担ぎ込まれる。性欲を鬱屈させた女たちは、兵士をペットとし、飼い殺す。男も女たちの権力関係を利用し、巧みに彼女らを操る。しかし女たちの間の欲望、嫉妬の渦の激化の末、兵士は監禁され、足を切断されて、ついに殺されるに至るという陰惨な物語。ここで初めて「不動のものこそがすべてを手に入れ、動くものこそがすべてを手に入れそこなう」というイーストウッドの映画の多くにまたがる普遍的運動の法則が全面的に展開される。すでに別の場でこの法則については詳しく論じた[▼7]のでここでは手短に記すが、イーストウッドの映画では、動きを禁じられる存在がしばしば登場する。監督処女作『恐怖のメロディ』（71）で、ラジオのディスクジョッキーである主人公はストーカー女に悩まされるが、生放送中に恋人の命がその女に脅かされていると知る。放送席に縛りつけられながら、いかに運動（恋人のもとに駆けつける）を引き出すことができるのかが、映画のクライマックスを形作る。初老の男と若い女性のラブロマンス『愛のそよ風』（73）では、車に轢《ひ》かれて動けなくなった犬が主人公に拾われることで物語が開始される。『目撃』（97）では、主人公は泥棒に入った先で住人が帰宅し、逃げるに逃げられなくなった状況で、大統領の殺人を目撃してしまう。『ミリオンダラー・ベイビー』（2004）では、ボクサーのヒロインが相手の反則技のせいで全身不随に陥る。既述の『奴らを高く吊るせ！』の冒頭の絞首にしても、人から動きを封じることの一変種と見なしうる。

しかし、この不動こそが運動を導き出すというのがイーストウッド映画なのである。『奴らを高く吊るせ！』では、たちまち救い主が駆けつける。『白い肌の異常な夜』や『ミリオンダラー・ベイビー』では、不動のものこそが周囲を操って自己の意志をかなえる。『愛のそよ風』でも、動けなくなっていた犬が主人公とヒロインを出会わせ、また、交通事故でベッドを出られない元恋人の言葉が、主人公を決定的な行動に促す。動かないものこそが動きを生む。一方逆に、自ら動くものがすべてを失う事態を描くのが『ホワイトハンター・ブラックハート』(90)である。主人公の映画監督は、撮影のために訪れたアフリカで、仕事そっちのけで象狩りにうつつを抜かし、幻の象を追い求めるが、いざその象に対峙したとき、まったく動けなくなってしまう。撮影にようやく戻った彼は「アクション」と撮影開始を告げるが、その顔は敗残者のものであり、彼が何かを生み出しそうには到底思えない。その「アクション」という撮影開始を告げるしわがれた声が、映画の終わりである。『白い肌の異常な夜』でも、主人公の足の傷が徐々に癒え、杖をついて自ら歩き回るようになるにつれ、女たちの愛憎の葛藤は激しさを増し、ついに主人公は毒殺されるに至るのだから、不動のものこそすべてを得、動くものはすべて失うという法則は厳密に一貫している。

そのような法則性があるとして、またそれを初めて全面展開したのが『白い肌の異常な夜』だとして、ではこれをイーストウッドが自ら発見し発展させていったのか、それともシーゲルによってイーストウッドに教示されたのかを決めるのは難しい。この作品はシーゲル監督とはいえ、題材はイーストウッドが見つけ、実現に執着したものであり、その直後にイーストウッドは監督としてデビューするのだから、この時点で彼は自身の映画世界をすでに見出していたのだともいえる。また一方、製作者兼俳優として映画の全権を握る存在としてではなく、演者に徹することをシーゲルがイーストウッドに強い、特にこの場合、いわば死体のような不動者を演じることの歓びを教えるとともに、演出者こそが権力によってでなく演出力によって現場を支配してしまう絶対的な存在であることを示し、イーストウッドに演出への志向をかき立てたとする見方もある(「映画作家イーストウッドの誕生」)。イーストウッドが、俳優兼製作者としても十分自分の思い通りの映画を作れるのに(バート・ランカスターやカーク・ダグラスなど、その成功例は多く存在する)、監督になったのは、自身の演出力一つで現場を支配する演出家という存在にここで初めて触れたから、というのである。カメラの前を動き回り、観客の耳目を集める映画の中心としての俳優に対し、常にカメラの後ろにいて動かずに、映画の創造面のすべてを手に入れる監督。こうしてみると、不動のものがすべてを手に入れ、動くものは失うという法則は、映画を巡る俳優と監督のメタ的な関係にも見えてくる。実際に監督になる前からすでに自身の世界を探り当てていたのか、シーゲルとの関係の中でそれをつかんでいったのか。いずれにせよ、動と不動、俳優と演出の錯綜した関係を彼が初めて生きた作品として、『白い肌の異常な夜』が監督イーストウッド誕生の鍵となるものであることは間違いない。シーゲルは、その意味で確かにイーストウッドの恩人である。

『ダーティハリー』

シーゲルのイーストウッドに対する寄与は、まだ終わりではない。周知の通り、シーゲル＝イーストウッドのコンビになる最大のヒット作にして問題作は『ダーティハリー』である。この作品は現代のサンフランシスコを舞台とする刑事ドラマであり、その不透明性ゆえにフィルム・ノワールと言ってさしつかえないものであるが、その後のイーストウッド西部劇、というより西部劇全体にとって決定的に重要な点に触れた作品である。すでに知られ過ぎたものではあるが、あらすじを追いながら重要な主題を拾う。

映画は、高層ビルの屋上備えつけのプールを泳ぐ女性から始まる。彼女を見下ろしている視線【図154】。それは、そのビルよりさらに高いビルの屋上にいる男の、スコープを通した視線である。男（アンディ・ロビンソン）は、彼女をライフルで射殺する。現場に到着した刑事ハリー（イーストウッド）は周囲を見回し、犯人がそこから女を撃ったと思われる、逆光になって黒々とそびえたつ高層ビルを見上げる。ハリーはそのビルの屋上に向かい、現場を見下す地点に薬莢を見つけるが、それは犯人があえて残したものであり、さらにその近辺にサソリと名乗る犯人の犯行声明＝脅迫文が置かれている。ここで視線の上下の主題が提示される。サソリは上から狙うものであり、その俯瞰する視点の優位性が彼を護っている。そこからいかに彼を引きずり下ろすかが、劇の展開を握る鍵となる。加えて重要なのは、犯人とそれを追うものの同一性の問題だ。ハリーは現場を見て、すぐさま犯人の狙撃地点の見当をつける。自分だったらどこから狙うか。刑事は犯人の立場に立つことができる。刑事は、犯人と何がしかの共通点を有しているのである。

図154　『ダーティハリー』見下ろす犯人

図155　見下ろす刑事

その後、かつてレイプ未遂犯を殺害した件で市長に呼び出されたハリーは、殺して何が悪いのかと反論する。犯罪を未然に防ぐために銃を使うのはやり過ぎだという警察上層部の意見と、手続き重視では防げる犯罪も防げないというハリーの対立。法の問題がさりげなく提起される。さらにその直後、銀行強盗に出くわしたハリーは犯人たちを次々容赦なく射殺して、自分のやり方を貫いてみせる。その際、一味の残党の一人で、負傷して横たわり、手の届きそうなところに銃がある男を見下ろし、銃を突きつけながら、自分の銃の残りの弾数は自分にもわからない、試してみるかと挑発する。見下ろす男としてのハリー【図155】。ここでも、サソリとハリーの共通性が示される。抵抗を諦めた男はハリーに、銃に弾は残っているのかと問う。ハリーは笑って引き金を引くが、撃鉄はすでに空の弾倉を叩くのみだ。

サソリが再び動き出すが、警戒中のヘリに発見されて未遂に終わる。見下ろされることで失敗するサソリ。その直後の場面でハリーは、投身自殺しようとする男にはしご車で近づき、彼を救う。上っていって下ろす。この行為が、サソリへの接近と逮捕の予示であることは言うまでもない。サソリは黒人少女の射殺に続いて白人少女を誘拐し、金を要求する。ハリーが金の受け渡し役になる。ハリーは殴り倒されるが、サソリの足にナイフを突き刺す。その怪我を治療したという医者の通報から、サソリの面が割れる。スタジアムに住む男である。スタジアムでサソリを追い詰めたハリーは、サソリの足を踏みにじり、自白を強要する。

少女の死体が発見されるが、サソリが自白しなかったのか、自白したにも関わらずそれが拷問によるものと判断されたのか、令状なしで押収したライフルも証拠として認定はされず、サソリは釈放されてしまい、かつハリーの強引な捜査が非難される始末だ。さらにサソリは金で雇った黒人に自分を痛めつけさせ、腹いせからのハリーの仕業とマスコミに宣伝する。サソリに殴られて耳に包帯をしたハリーと、全身包帯だらけのサソリの視覚的類似性。サソリは最後の挙に出る。スクールバスをジャックし、身代金を要求したのだ。ハリーはバスを歩道橋で待ち伏せ、その上に飛び移る。上から下へ。この動きで、ハリーの勝ちは我々にはすでに見えている。採石場にサソリを追い詰めたハリーは、彼を見下ろして銃を突きつけながら、銀行強盗の生き残りにしたのと同じ問いを投げかける。銃に弾は残っていると思うか。いったん考えて、高笑いしながら銃に手を伸ばすサソリに、容赦なくハリーは銃弾をぶち込む。サソリを射殺したハリーは、警官のバッジを投げ捨てる。

ここまで、サソリとハリーの共通性に比重を置いて記述してきた。追うものと追われるものがどこか似ている、ないし次第に似てくるというのは犯罪映画、特にフィルム・ノワールにおいてはよくあることだが（ことに潜入捜査の状況においては）、この作品の場合、さらに上下という映画的な運動を介してもまた、それが周到に演出されていることは以上の記述で明確になったかと思われる。刑事と犯罪者が、上下を巡る運動という同じ条件で勝負していること。二人の類似性は、それだけにとどまらない。法を踏み外す存在として、二人は似通っている。サソリはその性的病理によって、ハリーは自身のモラルによって法を逸脱する。ハリーは優秀な警官であり、だからこそいち早く犯罪をかぎつけるのだし、誰がその犯人なのか素早く目星をつけることができる（まるでその犯

図156　バッジ＝法を捨てる刑事

罪の当事者のように）。しかし彼が警官である限り、捜査、逮捕の手続きは踏まえなければならない。映画の始めのほうで、レイプ未遂犯を殺害したかどで彼は警察上層部に責められるが、たとえ男が凶器を手に女性を追いかけていたとしても、犯罪が行なわれない限り逮捕、まして処罰はしてはならないというのが警察の、そして法の立場だ。このレイプ未遂犯のように犯罪行為が露骨である場合はともかく、頭がいいために、あるいは幸運のために証拠が挙がらず、処罰を免れる犯罪者はどうなのか。愚かさゆえに犯人の存在に気づかない警官ならともかく、気づいてしまうだけにハリーの苦悩は重く、苦く、法はむしろ彼を縛る軛《くびき》として感じられることになる。法か、内なる正義か。この葛藤の末、ハリーは法を（警官のバッジを）捨てることになる【図156】。既述の通り、『真昼の決闘』でも、主人公は最後にバッジを投げ捨てていたが、それは自分に背を向けたものたちへの決別の意志に過ぎなかった。ここでその行為は、順法の意志に関わるだけにより深刻である。法を逸脱する存在として、ハリーはついにサソリと同化して、映画は終わりを迎えるのである。▼8

ハリーは刑事、つまり正義の側にいるはずの人間である。観客である我々としては、サソリの人格のゆがみとハリーの刑事としての行動を見てきて、どうしても後者に肩入れするだろう。だからこそ、法を逸脱するという一点において、サソリとハリーに差異がないことになってしまうという事態には納得がいかないし、異常だと感じずにいられない。しかしでは、ハリーの基準を全面的に認めることが、例えば自分が彼の上司だとしてできるかどうか。彼の基準は内面にあり、その内面がいかに清廉であろうと、結局個人のものでしかない。そこに恣意性が入り込む余地がまったくないと言えるのか。そうした恣意性をいくらかでも予防するために法があるわけで、不確実な内面に頼る危険性と、形式主義の弊害を天秤にかければ、後者のほうがまだまし、ということも十分可能なのだ。こうした葛藤は、ハリーが公権力に属する刑事であるから出来するものであり、これが私怨を晴らす私人であったり、あるいは西部開拓期の保安官であったりすれば問題にならないことかもしれない。つまり、リンチならば問題はなかったはずなのだ。ここに本作が自警団主義と批判された理由の一端があるわけなのだが、しかし最終的にシーゲル＝イーストウッドは、ハリーをサソリと同一視することによって、そうした自警団主義を退け、少なくとも肯定はしないという形で映画を終えているのだから、本作に関してはその批判は当たらないと言える（ただし註8に記したように、続編ではその限りでない)。
とはいえ、そうした批判が出てしまうのもわからなくはない。というか、その背景には、共に法を逸脱する存在として、サソリとハリーを同じとみなすことのスキャンダルがある。悪と内なる正義が、法なるものを基準に置けば等値されてしまうという不条理。内なる正義は正義ではないのか。いや、それも正義なのだと言えばそれは自警団主義になる。本作はそのような自警団主義肯定に向かうことなく、そのスキャンダラスな状況を回避する策を巧妙に講じている。それが、上下を巡る運動の主題であるわけだ。二人の等価性は、法を巡る論議のレベルではいかんともしようがない。アクションのレベルで差異化するしかない。最終的に勝負は、上下関係のステージでの優位性によって決まるだけなのだ。

多分これは転倒した見方である。アクション映画を得意とするシーゲルにあっては、こうしたアクションの演出こそが映画そのものであって、法の主題は付随的なものでしかなかったはずだ。しかし、付随的であったろう主題をことさら取り出して拡大するこの曲解も、こと西部劇を主題とする本書にとっては意義があるはずである。西部劇は、法が確立されようとする社会を舞台とする。内的正義と法がせめぎ合っている時代。しかし、ガンマンが正義でもあれば悪でもあった両義的な西部劇的風土において、その差異(あるいはその同一性)は厳密に問われることはなかった。その問いは避けられてきたのだ。そのような問いはぶしつけであり、アメリカの歴史そのものを疑義に付すこととなる。そうした無遠慮さを行使できたものはごくわずかだった。その数少ない一例がウェルマンの『牛泥棒』であり、現代劇ではあるが、同じ問題を露出させてしまったのが『ダーティハリー』なのだ。イーストウッドがシーゲルから受け取ったものは、アクションの演出、動と不動のダイナミズム、上下の軸の運動性など、さまざまなレベルにわたるであろう。しかしその最も深いものは、内的正義のスキャンダラスな性格であった。ただし、イーストウッドがそれ自体を主題として扱うにはまだ時日を要する。いましばらく、イーストウッドの西部劇の展開を時間軸に沿って見続けよう。

『荒野のストレンジャー』

『奴らを高く吊るせ!』が『牛泥棒』の非公式の続編のようなものであるとするなら、『荒野のストレンジャー』は『真昼の決闘』の非公式の続編である。これに関してはイーストウッド自身がインタビューでそう述べている。「出発点は『真昼の決闘』の保安官が殺されていたらどうなっていただろう、というものだった。その『後』に何が起こっていただろうか」(『クリント・イーストウッド・インタビューズ』P.99)。これまでの章、特に第四章で明らかにしてきたように、『真昼の決闘』は、フィルム　ノワール的な風土を色濃く反映した西部劇であり、アメリカなるものに対する自己不信、その義に対する疑念を突きつける陰鬱な西部劇の系譜に属する代

図157 『荒野のストレンジャー』墓地から来る男

表的な作品である。前節に記したように、監督作ではないものの、『ダーティハリー』は『真昼の決闘』と同じ行為で劇が閉じられ、偶然とは思えない類似を有してもいた。ノワールは四〇年代後半以降にしきりに作られるようになる犯罪映画の一変種ではあるが、ノワール的な人間不信、暗さ、アメリカなるものへの疑念は折に触れアメリカ映画に湧出しており、ウエルマンの『牛泥棒』もその（いち早い）現われの一つと見なすことができる。ノワールは、アメリカが自信を喪失する時代に間歇的に出現する傾向性のようなものであり、それによって華やかであるはずのハリウッドが腐食される黒いもの、と考えたほうがむしろ正しいのかもしれない。『牛泥棒』、『真昼の決闘』を継ごうとするイーストウッドの西部劇は、ノワールの西部劇のまた新たな現われなのではないか。

陽炎《かげろう》の立つ荒野に現われ、湖辺の町に向かってゆっくり馬を駆る一人の男（イーストウッド）。町外れには墓地があり、そこを通過してくる男は、まるで死の国からやってきたかのように見える【図157】。町の男たちは彼を無言で見つめるが、かえって町のその陰鬱な表情には警戒心が滲みだしており、住人のほうに何か屈託があるように思える。男は馬車のムチの音に身を震わせる。死人のように静かなたたずまいの男のその過度な反応に、見るものは何か不穏なものを感じ取る。男は酒場に入り、因縁をつけてきた男たちをあっという間に射殺し、ちょっかいをかけてきた女をさっさと暴行する。男はホテルで仮眠を取るが、悪夢にうなされる。夜、数人の男にムチでリンチされる夢だ。町の住人はそれぞれの家に身を潜め、ムチの音を聞いている。悪夢の眠りから目覚めた男を町の住人が訪れ、保安官就任を依頼する。かつてこの町の保安官をムチで殺害した三人組が刑期を終えて刑務所を出るのだが、自分たちに殺人をさせておきながらむざむざ刑務所送りにした町の住人に借りを返しに来るのだという。白紙委任状を手にしたその男は、誰からもまともに相手にされない矮人を町長に任命するやら、町中の建物を真っ赤に塗らせるやら、勝手気ままにふるまい始める。

亡霊である男が、自身をリンチにかけた町に復讐にやってくる。彼が超人的な存在であることは冒頭からたびたび強調されるが、彼によって町自体が狂気じみた混乱に陥れられるに及んで、単に超人的な銃の腕前や知恵を備えたガンマンの枠を超えた、もっと大きなもの、神のような、というよりむしろ悪魔のような存在であることが明らかにされていく。主人公の神秘性。レオーネ的な神秘主義の、これはイーストウ

図158 「地獄」と化した町。背後の建物は真っ赤に塗られている（文字が見えるよう画像を補正した）

ッド的な展開、しかも相当直截的な延長であると言える。

レオーネの影響は、男の体の傷の不在と、それにもかかわらず過去のリンチ場面の残酷な描写の存在にも表われている。ムチの音に過度に反応する男が、かつてムチで殺された保安官と何らかの関係があることは確かながら、町の住人は誰も彼をその保安官とは思っていない。しかし、映画のラストでその男は再び墓地を通過していき、その際矮人に名を聞かれて、とうに知っているはずと答えるので、やはり殺された保安官ではあるのだろう（シノプシスの時点では、やってきたのは殺された保安官の弟という設定だったが、イーストウッドがそれを亡霊のような存在に変更したとされる。『クリント・イーストウッド・インタビューズ』P.68）。いったん死んでしまったので、生前に受けた傷は消えているのかもしれないが、傷の不在は映画に軽さを生み出す。

例えば、アンソニー・マンの西部劇において顕著なように、体に刻み込まれている傷は主人公の過去を指し示すが、語られないだけに過去はいっそう不可視の重み、オーラとなって主人公を覆い、それだけに彼を復讐に駆り立てる情動はいやますはずである。アンソニー・マンにおける傷は、ひたすら重い。それに対してここでは、その過去との絆がいったん切れている。確かに過去は悪夢の形をした回想として描かれ、しかもそのイメージは無残なまでに生々しい。しかし、描かれているという事実自体によって、またその描かれ方の派手さによって、どこか軽さが感じられる。恐怖映画における残酷描写というよりも、むしろスプラッタ描写のように見えるのだ。これは、レオーネ西部劇におけるオペラ的な描写に近いものだ。描写の派手さが、かえって描かれているものを薄く見せてしまう。この軽さは、義とは何かを問うノワール的な暗さ、重さからこの映画を遠ざけてしまうことにもなるだろう。

映画は以後もこの薄さ、軽さに従って展開されてゆく。矮人を町長に据えたり、タダで飲み食いしたりといった狂った行動、町の建物を真っ赤に塗らせ、町の名を記した立札に「地獄」と書くなどの悪ふざけ【図158】。そもそも、町のセット全体がいかにも急ごしらえで安っぽい感じなのが、軽さ、薄さの印象を強めている（確かにセットは、湖のそばにゼロから建てられたものである）。最も重要なのは、町の住人たちの心理の軽さである。彼らは、保安官を裏切ってしまった後ろめたさに苦しんでおり（ちなみに殺された保安官は、新たに発見された鉱山を政府に申告しようとして、その利益をかすめ取っていた町の住民に口を封じられたのだが、その理由は、ストーリーとほぼ関係ない）、謎の男の登場によってそれを改めてかき立てられてはいるのだが、しかし裏切ることそのものへの葛藤は、すでに過去に終わったものである。忘れていた古傷を嬲《なぶ》られる苦さはあるだろうが、保安官の抹殺に同意するのかどうか、金と保安官の命を天秤にかけ、不安、恐怖、自責に苛《さいな》まれながらも、それでも金の蠱惑に屈する自分の弱さ、欲深さ、醜さを思い知らされる、そんなギリギリの心のせめぎ合いは、過去に起こったものであって、今現在の彼らの心を領していない。まさにそうしたせめぎ合いが起こるさまを現在時においてとらえた『真昼の決闘』に比して、苦々しさ、醜悪さは薄い。

　物語内のレベルでそうであるように、物語外のレベルでも本作は現在との関わりが薄い。西部劇の形を取りながら、赤狩りの時代、裏切りの風土であった五〇年代という製作当時の現在を色濃く反映していた『真昼の決闘』と違って、この作品はそれが作られた七〇年代の現在とあまり関係がないように見える。確かにイーストウッドの西部劇として見た場合、レオーネ的な神秘主義の延長であり、『牛泥棒』に続いて『真昼の決闘』の続編を作り、ノワール的西部劇を継ぐ意志の発露として、彼個人が本作を作る意義はよく見える。しかし、映画が作られた時代との関係を見た場合、なぜ西部劇なのかを考えると、いささか唐突な印象も受けるのである。ただし、先の章で触れた通り、ハリウッド古典期的な規範が崩れた六〇年代の混沌、実験を経て、七〇年代にジャンル映画が回帰してくる。イーストウッドの西部劇も、その流れの中にある。というより、それを先導したとも言える（スピルバーグやルーカスがメジャーに登場して、大々的にジャンル映画を復活させるのは七〇年代後半だ）。しかし、これまで記してきたことからもわかるように、本作は西部劇とはいえ、いかにも古典的な西部劇からはいささか遠い。この作品を見たジョン・ウェインはイーストウッドに、この映画で描かれている西部は西部ではないと書簡を送り、イーストウッドもその通りと返したということだが、[9] それはそうなのだろう。ここに描かれている西部は、歴史的に正確な西部でもなければ、西部劇「的」な西部のイメージとも違う。西部に似て非なるどこか。本作は従って、西部劇というよりは神話と見るほうが正確かもしれない。超越的な力を持つ存在が弱きものを罰するという、旧約的なカタストロフの物語。そのようなものとして見れば、十分興味深い作品であるとはいえ、そもそもの狙いであったノワール的葛藤、つまり世俗世界の葛藤を超越してしまうことにつながってもいる。この時点ではまだ、イーストウッドは自身の西部劇世界を掴み切れていない、というべきか。

『アウトロー』

　イーストウッドが真に自身の西部劇を把握した作品が、『アウトロー』（76）である。舞台は南北戦争の時代、赤足（ビル・マッキーニー）を首領とする北軍のゲリラによって妻と息子を殺害された男が銃を取り、南軍に加わる。南軍は負け、仲間の一人（ジョン・ヴァーノン）に説得されて武装解除されるが、主人公はそれを拒む。丸腰の彼らを北軍は機関銃で皆殺しにするものの、主人公は一人の若者（サム・ボトムズ）を救い出し、共に生きのびる。インディアン居留地に身を隠すために旅をするが、その途中で若者は死んでしまう。居留地で主人公は、チェロキー族の老人（チーフ・ダン・ジョージ）に出会う。権力者によっていいようにされてきた同士、二人は連れ立って、南軍がまだ残っているメキシコを目指す。交易所でインディアン女を搾取する白人の主人と、その女をレイプする白人二人組といざこざを起こし、彼らを殺害、一人になったインディアン女（ジェラルディン・キームズ）は、彼らに勝手についてくる。さらに一行は、砂漠でならず者たちに襲われていた傲慢な老婆（ポーラ・トゥルーマン）とその孫娘（ソンドラ・ロック）を救う。彼女らは、老婆の息子が開拓した農地を目指しており、主人公らもそれに同行する。息子はすでに亡くなっていたが、彼らは家を建て直し、その地での暮らしを改めて始める。そこに、主人公らのうわさを聞きつけた赤足らがやってくる。一人対決するつもりだった主人公を、皆が助け、主人公はついに赤足を倒す。お尋ねものとなっていた主人公を追っていたヴァーノンは、町に買い出しに来た主人公を目にするが、別人とみなして見逃す。

マルパソに送られてきた原作本は、独学のチェロキー・インディアンが書いたとされており、一読して気に入った製作者はイーストウッドにこれを薦め、映画化が決定した。しかし、権利の調印に酔っぱらって現われた原作者フォレスト・カーターは、カーペットに小便をし、マルパソの秘書の喉首にナイフを突きつけるなど、狼藉三昧を働く。映画公開後になって、この男はKKKのメンバーと判明、しかも差別主義者として知られるアラバマ州知事ジョージ・ウォレス（後に自身の態度を悔い、謝罪）の選挙時のスローガン、「今ここで人種隔離を！　明日も人種隔離を！　永遠に人種隔離を！」を考え出した人物とされる。▼10原作者の政治信条はともかく、原作自体の価値はまぎれもなく本物であり、イーストウッドが『ミネソタ大強盗団』を見て感心していたフィリップ・カウフマンによって脚色されて、監督も彼が務めることになる。脚本の出来に満足したイーストウッドだが、いざ撮影に入ると、セットに入っても熟考したがってすぐに撮影に入らず、撮影に入っても何度もテイクを繰り返すカウフマンに業を煮やして、彼を首にし、自ら監督を行なうことにした。しかしこの措置は監督協会で問題視され、いったん撮影開始した作品の監督は代えてはならないという規則が作られた。この規則は「イーストウッド・ルール」と呼ばれることになる。

そうした製作上のすったもんだはともかく、本作はイーストウッド西部劇でも最初の傑作というべき出来に仕上がっている。妻と子を失い、その復讐に立ち上がる西部劇的な孤独なヒーローという古典的な枠組みから入りつつ、しかしその後、権力に翻弄されたチェロキー・インディアン（チェロキー）は最も文明化された先住民でありながら、というかそれゆえに、

図159 『アウトロー』主人公に女インディアン、老婆に娘、迷い犬。弱者の共同体

自分勝手に方針転換する政治に翻弄され、何度も移住を強制されて、その旅程で多くの命が失われた）、搾取される女インディアン、身寄りのない老婆に娘、さらに迷い犬までが彼の周りには集まり、虐《しいた》げられたものたちの共同体を形作っていくことになる【図159】。映画の後半で皆が定住することになる農地も、もともとはコマンチの土地だったということで、コマンチと争闘寸前の状態になる。その際、主人公は単身交渉に出かけ、自分たちは行くところのない人間ばかり、死ぬも生きるももはや同じことだ、この土地に住む見返りに君たちに新しい何かを与えることはできないが、共に生きることはできるのではないか、と問いかける。コマンチもまた、その言葉の誠実さを信じ、共に生きることを選択する。ここにも、弱者同士の連帯が成立する。弱者の共同体という主題は、今後のイーストウッドの西部劇に繰り返し現われることになるが、それは本作で初めて見出されたものである。

　通常、西部の孤独なガンマンを共同体に誘致するのは女性であり、この場合も確かに、若い女性と恋仲になることで主人公は皆と暮らしていくことを選択するのだが、そもそも主人公の周りに少しずつ仲間が集まってくる、すなわち主人公自身が共同体の媒体になるのであり、それも本作の特異な点である。この意外性という側面は、イーストウッドの西部劇の新しさを考える上で重要だ。イーストウッドは、西部劇における古典的な枠組みを借り受け、それに対する観客の期待を利用する。本作においても、孤独なガンマンの復讐という典型そのままに、主人公の家族が無残に殺され、復讐を決意した彼が銃の腕を磨き、南軍に入って、仇を探し求める過程が描かれていくのだが、映画はいつか次第にその典型を外れてゆく。逸脱は、この作品の場合、弱者の共同体という形に帰着するが、例えば『ワイルドバンチ』におけるはぐれものの集団のような、滅亡に向かう集団ではなく、未来に向かって開けた集団としての弱者たちへの視点は、それまでの西部劇にはなかったものである。ただし共同体は、西部劇の重要な主題の一つであるのだから、これも西部劇の典型の範疇と言えなくもないのだが。ともあれ、典型を利用しつつ、そこからいささか逸脱し、新たな視点を打ち出すこと。イーストウッドの西部劇は、そうした戦略を以後も貫くことになる。

　期待と、それが裏切られる意外性、その落差はユーモアを生む。イーストウッドにおける意外性は、ユーモアとしても機能するのだ。無口で孤独なガンマンであるはずの主人公の周りに人が集まってきてしまうという状況自体もそうだが、意外性がユーモアとして機能する場面は、本作に多々存在する。インディアン居留区で、入ってきた主人公を警戒するチーフ・ダン・ジョージの背後に、主人公が不意に立つ。自分も焼きが回ったと嘆くチーフだが、主人公が交易所で女をレイプしていた白人を殺し、その馬を奪おうとして近づくと、今度は姿が見えなくなっていたチーフが主人公の背後にいつの間にか回っており、一泡吹かせる。すると、さらに逃げ出してきたインディアン女が、チーフの背後に回っていて銃を突きつける、といった具合に、意外性の連鎖が笑いを生む【図160】。この若いインディアン女も、『捜索者』の買われたインディアン女のように、主人公を夫と定めてついてくるのかと思いきや、いつの間にかチーフと床を共にしている（「枯れるにはまだ早い」と、現場を見つけられてしまったチーフ）。ついでに言えば、こうした意表を突く出没は、画面的にはフレームとオフの空間の使用によるものだが、イーストウッドの現代劇にも盛んに用いられるこれは、彼の画面演出力の達成を示す。と同時に、レオーネ的神秘主義の継続でもあるだろう。そこにいるはずなのにおらず、いないはずの場所にいる存在は、自然の法則を超えているように見える。ともあれ、イーストウッドの西部劇は、彼の現代劇以上にユーモラスな印象があるが、これは、典型を利用しつつそこから逸脱する、その落差を原動力とする彼の西部劇への姿勢や戦略そのものに由来するところが大きいだろう。

図160　してやったり、と思いきや

また、インディアンに対する姿勢においても、本作は見るべきものがある。インディアンはここで、権力によってもてあそばれてきた存在として、しかし素晴らしいことに、尊厳を保ち豊かな人間性に満ちた存在として描かれている。彼らは、友とするに足る人間である。その意味で、これもまた歴史修正主義的西部劇の一つなのだが、しかし正しさゆえの押しつけがましさも居丈高も、また逆にアイロニーもなく、ユーモアに満ちて語られていることも本作の大いなる魅力の一つだ。

『アウトロー』は、西部劇の典型への態度と、弱者の共同体という主題の案出において、真にイーストウッド西部劇といえるものを確立したメルクマール的作品である。典型と、そこからの逸脱。反動と新しさ。典型をそのまま反復し、スタイル的に過剰にしたレオーネ（およびその派生としての『荒野のストレンジャー』）を離れ、典型に依りつつ、新たな解釈、ひねりを加えること。イーストウッドは以後、同様の手法で西部劇を作り続けていく。先取りして言ってしまえば、『ペイルライダー』までは、この方法論のヴァリエーションであり、洗練である。イーストウッドの西部劇の特徴は、この典型への態度にあるだろう。要するにイーストウッドは、典型を疑わない。だからこそ、見るものも安心でき、そこからのいささかの逸脱を許せるし、またその新味を期待もする。しかし、その典型自体を疑うときが、イーストウッドにもやってくる。

『ブロンコ・ビリー』と『センチメンタル・アドベンチャー』

この二本は、しがない芸人の旅回り生活を描くロード・ムーヴィーであり、西部劇のジャンルとしてはロデオもののヴァリエーションである。『ブロンコ・ビリー』は、相続上やむを得ず結婚した富豪の女（ソンドラ・ロック）が、相手に騙されて無一文で置き去りにされ、仕方なくたまたま知り合ったさえないワイルド・ウェスト・ショーの一座に加わって旅回りの生活を共にするうち、次第に偏見を超えて一座に愛着を覚えていくというもの。主人公は、以前は靴のセールスマンであり、西部とは縁もゆかりもない存在で、西部への憧れでこの職についており、また、浮気をした妻を殺して刑務所に入っていた過去を持つ。他のメンバーも、刑務所で知り合った連中だったり、その後脱走兵と判明するものだったりと、脛に傷持つものたちの寄せ集めである。だからこそ彼らは、そんな自分らを仲間として迎えてくれる主人公を慕っている。社会の周辺的存在である彼らや、「自分がボス」とばかりにアナクロな価値観丸出しの主人公を最初は馬鹿にしていた女も、次第に自分の偏見を自覚し、態度を改めて、やがて一座の真のメンバーになっていく。彼女自身が、偽善と金銭欲に満ちた上流社会でははぐれものであり、だからこそ主人公たちと心を通わせることができるのだ。半端ものの集団が、どこか欠陥を持つ主人公のまわりにできあがるという意味で、これも『アウトロー』の延長線上にある。

ロデオものの一変種と言っていいかと思うが、ロデオものは、競技者自身もともとカウボーイであったという設定が通常で、しかもすでにカウボーイとしての全盛時代は過ぎているというアナクロニズムが悲哀を高めるのだが、本作の場合、実はカウボーイですらない、という設定になっている。偽者なのだ。主人公たちが金に困り、列車強盗を働くが、今どきの列車は速すぎて馬では追いつけない、というユーモラスだが悲哀を感じさせる挿話もある。西部的なるものはとうに消え失せ、西部とは縁もゆかりもないものたちが、虚構としての西部を演じてみせる。このアナクロニズム、偽者性は、イーストウッド自身が西部劇を作ることと等しいだろう。イーストウッドはここで、自画像を描いているのだとも言える。しかし、たとえ偽者であろうとも、西部なるものへの信なし愛の強いもののほうが、西部の正嫡（そんなものがいるとしてだが）よりも、西部の「魂」を受け継いでいると言えはしないか。本作のハッピーエンドは、そう主張しているようでもある。

ちなみにイーストウッドは、本作のヒロインであるソンドラ・ロックと現代ものアクション『ガントレット』(77)を撮っている。ドロップ・アウトしかかっている刑事が、裁判の証言に立つ売春婦を護送する任につかされるも、売春婦が実はインテリで、自身の生き方を自分で決める意志の強い女性であり、彼女が見抜いていた通り、警察上層部は彼女を抹殺しようとして無能な自分を意図的に護送につけたことに気づき、反撃に転じるというもの。相手の真の姿に気づき、連帯していくという過程が『ブロンコ・ビリー』と男女逆転してはいるが、同型である。また、アクション映画にあっては通常男性が状況を把握しており、女性が引っ張りまわされるものの、決定的な瞬間に女性のほうが男性を救うという作劇が通例であるが、それがここでも逆転されている。ここにも定型への自覚的・批判的再解釈が見られる。

『センチメンタル・アドベンチャー』は、肺病やみのカントリー歌手がようやく出演できそうになったナッシュヴィルに向かって旅をする物語。お目つけ役に甥っこ(イーストウッドの実の息子カイルが演じる)、死ぬなら生まれ故郷で、と途中まで旅に同行するおじいさん(ジョン・マッキンタイア)、さらに借金を取り立てに行った先にいて、勝手についてきてしまう自信過剰で妄想癖のある少女(アレクサ・ケニン)など、肺病病みで破滅的な生き方をする主人公のまわりに、女子供、老人など弱きものの共同体がここにもできあがる。

この作品はロード・ムーヴィーということになるだろうが、ロード・ムーヴィーという呼称が人口に膾炙したのは、ヴィム・ヴェンダースの登場以降となる。ただし、それにあたるような作品はアメリカ映画にもすでに存在はしていて、事後的にそれらがロード・ムーヴィーと呼ばれることもある。例えば前々章において既述の『断絶』や、『イージー・ライダー』などもそういえるだろう。これらが反=西部劇と規定できるのではないかとも、すでに述べた。西部劇において、旅は特権的な主題の一つである。しかし、そこには明白な目的意識がある。西部へ、未開の農地へ、あるいは牛を鉄道輸送の起点へ。旅の目的、旅するものの人数のいかんにかかわらず、そこには明確な目的がある。しかし、フロンティアがなくなってしまえば目的地も失われ、旅はあてどなきものと化す。西部開拓期の終わり以後の、任意の地の放浪。それがロード・ムーヴィーの描くしころであり、従ってそのジャンル自体、西部劇の陰画である。本作にはナッシュヴィルという目的地が、しかもカントリー歌手としての頂点であり、未来でもある地に向かうという目的があるとはいえ、その道々での出来事が映画のほとんどすべてを形作るのだし、ようやくたどり着いたナッシュヴィルで彼は死病のために念願の出演を果たせない。目的地へたどり着いたとしても、目的が宙吊られるため、旅そのものは無為となる。その意味で、本作はやはり反=西部劇としてのロード・ムーヴィーであり、その限りにおいて、(『断絶』を西部劇と見なしたように)西部劇の

図161　『センチメンタル・アドベンチャー』闇＝過去に触れられる顔

範疇に入ると見なして差し支えないものだ。

　西部劇との関係という意味で、一つ触れておきたい場面がある。主人公が自身の過去を初めて甥に吐露する場面である。いよいよオーディションを明日に控えた夜、ナッシュヴィルへ向かう車中、いつも通り甥がハンドルを握り、主人公はウィスキーを一口飲み、タバコに火をつける。甥は、結婚する気はなかったのかと彼に問う。あったさ、と彼は答える。人妻だったというその女は美人でもなかったが、上品で貞淑だった。俺と会うまでは。軽くちょっかいを出したつもりが、向こうが本気になり、二人で駆け落ちした。綿摘みの仕事でほうぼうを転々としながら暮らしたが、あのときがもしかしたら人生で一番幸せな時期だったかもしれない。しかし、じきに俺はその生活に飽き、彼女を邪険に扱い始めた。どこかへ行けと金を渡すと、投げ返してきた。彼女はいなくなり、失って初めて彼女を愛していたことに気づいたが、会いにいって彼女の夫や兄弟に袋叩きにあい、結局それ以来会ってはいない。その後すぐ、女の子が生まれたと聞いた。そう言って、彼は黙り込む。

　車内は闇に沈み、光は前方から差すのみだ。画面は二人を交互にとらえるだけのシンプルな編集で、若干カメラの位置が、それぞれの横にあるか、後部座席中央付近にあってそれぞれをとらえているかで違っている。いずれにせよ、主人公の顔はなかば見えない状態にある。カメラが横にある場合、主人公がときおり甥のほうに顔を向ける、すると顔の半分が影におおわれる【図161】。この場合、動きがあるので、顔半分がいきなり闇に食われるかのような不吉ささえ感じられるのである（撮影は人呼んで「闇の貴公子」、ブルース・サーティースだ）。この闇が主人公の、例えば後悔といった心理の隠喩であると言いたいわけではない[11]。実のところ彼は淡々と話しており、苦渋の表情を浮かべているわけでもない。ただこの場面では、語られている現在において過去が喚起されており、聞くものは今ここにない過去に思いを致している。見えないが、そこにある過去。それがここで、見えない、あるいは闇に沈んだ顔の半分として現前しているのだということはできるだろう。

　要するにここで、見えない、あるいは闇になった顔の半分は、今現在における過去の表われであり、西部劇において傷＝聖痕が果たしている役割と同じものと見なすことができるのではないか、ということだ。西部劇における傷は、主人公が死を潜り抜けてきた、克服したことの印であり、従って主人公を神秘化する。傷を聖痕とイコールでつないだのはそのためだ。この場面で主人公は、やはり死の経験（愛を失ったことは死と同じであり、主人公が破滅的な生活を送る、おそらく主たる理由である）を語っているわけだから、顔を半ば閉ざす闇と、西部劇の傷＝聖痕の類比に整合性は十分ある。しかしここでは、西部劇の傷＝聖痕のごとき神秘性は感じられない。表現自体がさりげないものであり、それを出来させる設定もごく自然なものだ（夜を走る車の中での、会話する二人の切り返し）。この洗練は、映画監督としてのイーストウッドの成熟を感得させるものだが、ともあれこれは、西部劇を撮ってきた経験の延長線上にある表現であり、そして過去を表象する傷という典型の応用という点で、典型を用いつつそれを外す、いかにもイーストウッド的な方法の一例である。

『ペイルライダー』

ある小さな金鉱の労働者集落を、馬に乗った一群の男たちが襲う。大金鉱主の嫌がらせだ。混沌と、その後に訪れた沈黙の中に露《あら》わになる狼藉の跡。襲撃によって犬を失った少女（シドニー・ペニー）が祈りを捧げると、山々を伝っていくその祈りに応じたかのごとく、白い馬に乗った男（イーストウッド）が山中から現われ、町にやってくる。主人公が神秘的存在であること（後にわかるが、牧師ですらある）は、これまでのイーストウッド映画の延長線上にあるが、ここでは彼の神秘が、言葉と密接な関係を持つものとして描かれていることに注意すべきである。彼は娘の祈りの声によって呼び出されるのだし、山の奥から出現し、彼女のいる集落に到着する瞬間、少女はまさに「蒼白き馬に乗ったもの、その男の名は死。後に地獄を従えていた」という聖書の一節を口にしたところだった（しかも窓が枠のようになって彼を囲み、別次元の存在として際立たせる）【図162】。題名のペイルライダーはこの一節に由来しており、主人公が超自然的存在、より直截《ちょくせつ》にいえば死そのものであることを明かしている。仇役として悪辣な保安官（ジョン・ラッセル）が後に現われ、「その男があんたのことを知っている口ぶりだったが」と言われて、「心当たりがないでもないが、そいつであるはずがない、その男は死んでいるのだから」と答える挿話も、男が死者であることを暗示するだろう。ともあれ彼が言葉によって呼び出され、言葉によって定義される存在であるということ、これは重要な特徴であり、これまでにはなかったものだ。その男は言葉によってできあがっている、とまで言えば言い過ぎになるだろうが、彼が超人的というより実体のない存在であり、なおかつ強力であることの一因として、そうした言葉との関係があることは間違いないだろう。

図162 『ペイルライダー』「その男の名は死」

図163　協力して大岩を取り除く。『シェーン』の同様の場面参照（P. 175）

さて、村の男（マイケル・モリアーティ）が、壊された家の修繕の物資を町に買いに来たところ、またぞろ連中は暴行しようとする。そこに忽然と現われて、圧倒的な能力でやり返したその男は、モリアーティについて村へやってくる。村人やモリアーティが許嫁《いいなずけ》と呼ぶ、少女の母でもある女（キャリー・スノッドグレス）は、はじめは警戒するが、彼が牧師と知って歓迎する。男の着替えるところをたまたま見たモリアーティは、彼の背中にある数発の銃痕を見とがめる。男は、さらに脅しをかけにきた金鉱主の息子（クリストファー・ペン）と大男（リチャード・キール）を撃退し、村人の信頼を得て、襲撃に弱気になっていた村人たちは彼を中心に結束しはじめる。

ここにも、弱者の共同体ができあがる。この弱者は小規模自営業者であり、するとこれは『シェーン』、あるいはそのもとになったジョンソン郡戦争、そしてそのジョンソン郡戦争を映画化した『天国の門』に通じる、大規模経営者対小規模経営者の経済的権力闘争の物語でもある（ついでに言えば、意気阻喪しかかっていた住民が、イーストウッドによる敵の撃退を見て勇気を取り戻し、かねて邪魔だった岩を取り除くべく結束して取り組むという挿話【図163】は、『シェーン』のそっくり同じような挿話——この場合は、根深くて取り除くのをあきらめかけていた木の株に、二人が再び取り組む——の換骨奪胎である）。かてて加えて、その大金鉱主は、山の上から徐々に細くしたパイプで圧力を上げた水で山肌を削るという自然破壊的方法で掘削をしている。つまりここには環境問題が描かれているわけである。銅の精錬の際の汚染水を川に流す公害の例は、既述の『折れた槍』にあったが、これは一次産業から二次産業への移行期、西部の終わりの時期であった。『ペイルライダー』は、ゴールドラッシュ期（十九世紀半ば）の物語と推察される。西部の終わり（フロンティア消滅宣言は一八九〇年）にはまだまだ遠く、西部開拓のさなかの話だ。つまり、環境問題はすでに西部開拓期にもあったわけである。西部開拓は必ずしも無害であったわけではない。掘りつくされた鉱山（ゴーストタウン）、絶滅寸前まで狩り尽くされたアメリカン・バッファロー。そして何より、略奪され、殺され、強制収容所のような居留地に封じ込められた先住民たち。ともあれ、その意味でこれは、歴史修正主義的西部劇の一種なのだと理解することができる。▼[12] 神秘的なガンマンが困窮した村を救うという、あまりにも典型的な物語構造ゆえに見えにくくなっているとしても。

結束しはじめた村人への対処に手詰まりを感じた金鉱主は、

男を買収しようとするが、彼は村人の土地を真っ当な値段で買うことを提案。その申し出を村に持ち帰るが、村人は協議の末、土地を売ることを拒否する。争い必至と見た男は、いったん村を出て、駅馬車の駅で、預けてあった銃を取りだす。村人が金になびかないと知った金鉱主は、数人の凄腕の保安官補を従えた悪辣な保安官を雇う。村では大きな金の塊を掘り当てた男が大騒ぎし、彼は息子たちを引き連れて町へ向かい、酔っ払って金鉱主を挑発する。すると現われた保安官たちが彼に一斉射撃を加え、保安官が、膝をつき茫然と顔を見上げる男の額を打ち抜いてとどめを刺す。ついに暴力に訴え始めた敵に、男は対決を覚悟する。

ここで物語は、いったん奇妙な回り道をする。主人公に恋心を抱いた娘が彼に言い寄るが、彼はそれを拒絶し、その母とベッドを共にするのだ。亡霊が女と寝るというのはすでに『荒野のストレンジャー』にもあったことだから、別に驚くにも値しない。しかし『荒野のストレンジャー』では、主人公は復讐の鬼であり、犯された女もまた仇の一人であった。だが、ここでは主人公は正義の士ではないのか。正義の士が女と寝て悪いわけはないが、では、向こうから言い寄ってきた女（少女）は若過ぎると断っておきながら、今や友と言っていい男が許嫁と見なしている女（母親のほう）を抱いてしまうのはいいことなのか。これまでの作品でも、イーストウッドは女性にいいように操られてきた感があり（『白い肌の異常な夜』、『ガントレット』、『ダーティハリー4』、『タイトロープ』等々）、そのようなイーストウッド的マゾヒズムの延長でもあるだろう。しかし、それだけではないように思われる。この一連の挿話には、どこか人を戸惑わせるところがある。彼と心通わす女性が二人でなく一人、しかも配偶者、許嫁、恋人を持たない一人もので、かつ主人公に見合う存在であったならば、情を交わすというのもなりゆきとして十分納得可能である。しかしこの場合、彼を祈りによって呼び出した当人である少女、つまり彼を神秘的な存在として規定したはずの少女が、彼を恋愛の、というよりありていに言って性的な対象として見始めるわけである。ここで我々が感じるのは、主人公が汚されている、という感覚ではないか。そしてそれは、一方的に少女だけのせいではない。主人公自身、その後、母親のほうと交渉を持つわけだから。聖なる存在が人間的存在に貶められている、とまで言うと言いすぎにしても、ここで我々は、主人公の境位に対して若干の違和感を抱く。その微妙な違和感は、以後、映画を見終えるまで残り続けることになるだろう。

さて、一夜明けて迎えた対決のその朝、男と、彼に同行するモリアーティ（高倉健と池辺良の道行きを、任俠映画を見てきたものなら思い浮かべるだろう）は、敵の鉱山の水路をダイナマイトで破壊したうえで町へ向かう（策を弄してモリアーティを置き去りにし、結局は一人で行く）。おもむろに男は雑貨屋に入り、窓から見える位置に腰を下ろして、コーヒーを飲み始める。手下どもが銃を抱えて扉を開け殺到すると、男はそこにはおらず、唖然とした彼らの横からいきなり姿を現わして、相手を一人一人射殺する。同様の在と不在のたわむれは、その直後、保安官補たちとの戦いの場面にも見られる。大通りに姿を現わし、ゆっくりと銃弾を装塡する男。保安官たちが通りに出ると、またしても男はいない。道の真ん中に帽子が置いてあるだけだ。保安官を通りに残し、左右に分かれた保安官補が彼を追う。しかし、男の姿は見当たらない。オフの空間から伸びる手、どこかで鳴る銃声、揺れるランタン。気配を感じたときには、もう撃たれている。すべてが終わり、再び大通りに現われた男は帽子を回収して、またゆっくりと銃弾を装塡する。ついに一対一で正対した男と保安官、一瞬早く抜いた男が、数発の銃弾を保安官の体にぶち込む。くず折れて身を曲げた保安官の背中に見える血の痕は、男の背中に残されたのと同じ文様を描いている。顔を挙げた保安官を見下ろしながら、男はその額にとどめの一発を撃ち込む。

何かの気配を感じてふとそちらを見ると男がおり、何かに気を取られて目をそらした後、もう一度見てみるともういない。あるいは逆に、姿の見えない男を探して路地を歩いていると、無造作に置き捨てられた木材の陰から男が現われる。男は神出鬼没であり、自在に姿を消したり現わしたりできるらしい。むろんこれは、映画としては単純な編集作業で可能なトリックであるが、男の存在に神秘性をまとわせるには十分効果的である。すでに男が超人的存在であることは明らかになっているのだし、男が勝利することを当然見るものは予測し、期待もしているのだから、これくらい軽い描写でも十分、また効率的でもある。男と保安官たちの差異は、人間であるかないかということにある。これは決定的な差であって、これではどうしたって勝てるはずがないのだが、しかし男と保安官たちには類似点もある。例えばコートに帽子の服装。種類自体はまったく違っているにしろ、こうした服装をしているのは彼らしかいない。村の住民はもっぱら無帽だし、金鉱の労働者たちも帽子くらいは着用しているにしろ、コートまでは着ていない。加えて拍車の音。てんでに男を探す保安官補たちは、木製のポーチに足を踏み下ろすたびに拍車の音を響かせるが、これは男も同様である。

対立する二者の類似。その最たるものは、男と保安官の体に刻まれる銃痕だろう。男の背中に刻まれた銃痕と同じものが保安官の背中につけられることで、二人が因縁浅からぬ仲であること、対立し、またついに相容れざる存在であることが明らかにされる【図164、165】。また、保安官が、金の塊を見つけて有頂天になり、金鉱主を挑発した男を撃ち殺した際に、男を見下ろした形で額を撃ってとどめを刺すが【図166】、男は保安官に対し、同じとどめの刺し方をするのだ【図167】。この映画で二人は善悪の立場に振り分けられているが、彼らは画面上同じ印、同じ身振りを分かち持つ存在として、等置される。善と悪の等置。ここには『ダーティハリー』と同じ構図が見られる。保安官側はまがりなりにも法の側にいるのだが、男はその法に対し、正義の名のもとにそれと対峙する。つまり彼が依って立つのは法を超えた正義であり、その意味でハリーと共通する。一方保安官側の、金の塊を見つけた男に対する仕打ちは、サソリと同じ、サディストのそれである。保安官が「諸君、踊っていただこう」と一言、するとコートの裾を払って銃を抜いた保安官補たちは、彼の足元を撃ち、思わず足を上げる男は、確かにまるで踊っているように見える。撃ち尽くした後、ゆっくりと銃弾を装塡するや（この身振りも、その後のイーストウッド演じる男と同じものだ）、今度は彼の体に向けて一斉射撃するのだ。その上での、あの保安官のとどめである（相手に対して上位に立つ位置取りも、サソリ――そして彼と等置されるハリー――を思わせる）。殺すこと自体を愉しんでいるかのようなやり口。この病理。要するに、ここにあるのは病理的悪対法を超えた正義の構図であり、それは『ダーティハリー』におけるサソリとハリーの構図とそっくり同じものなのである。ただし本作の場合、法を超えた正義の存在は初めから人間ではなく、まして警察という法の名のもとにある組織に属しているわけでもないのだから、矛盾そのものは突き詰められることがないのだが。

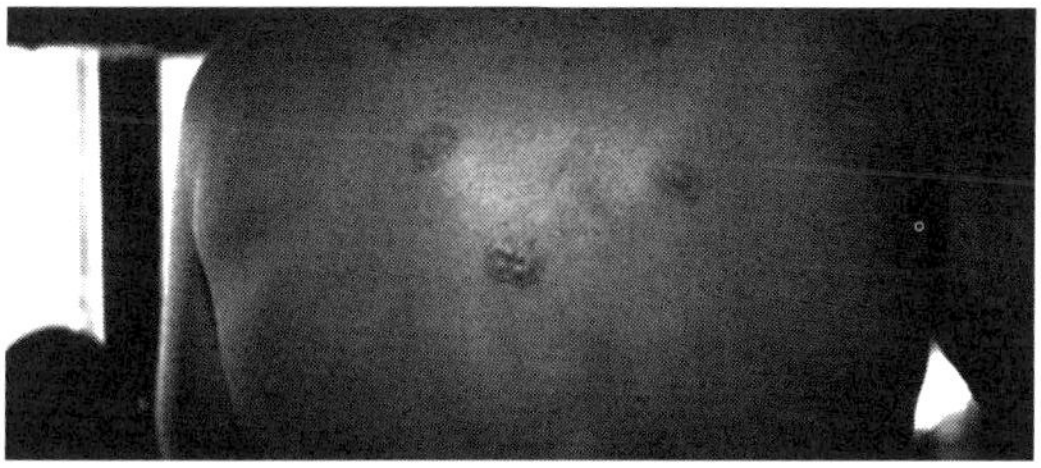
図164　男の銃痕

図165　保安官の銃痕

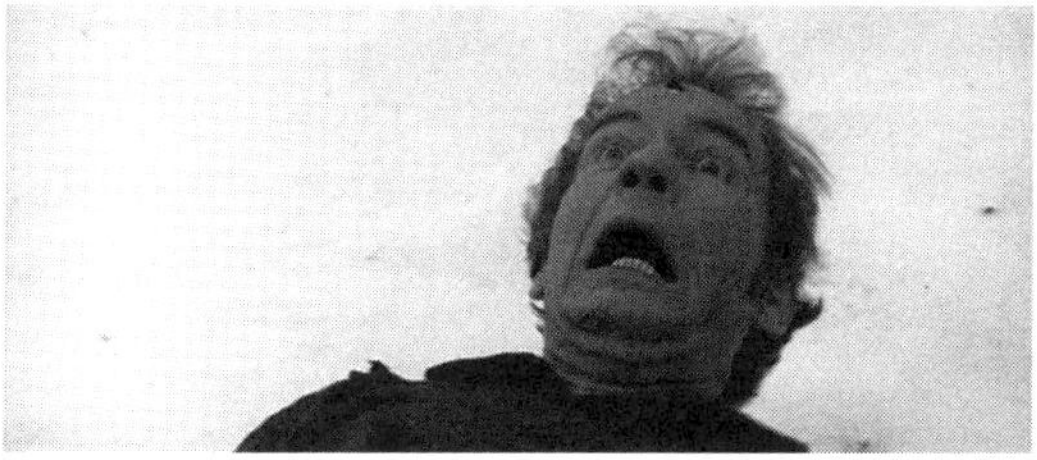
図166　保安官に見下ろされ、額を撃ち抜かれた男

図167　男に見下ろされ、額を撃ち抜かれた保安官

かくて正義の士は、皆の感謝を受け、別れを惜しまれながら、再び山へ、どことも知れない時空へ帰っていく。これこそ西部劇的ヒーローのあるべき姿であり、なるほどかっこいい、しびれる。しかし、このかっこよさは、彼が人間世界を遥かに超えた存在であり、人間

的次元に縛られないからこそ可能になったものである。西部のガンマンとは、人とは思えぬ驚異的なガンプレイ、死と隣り合わせの年月の重みが放つオーラによって、確かに神のような存在である。そうした存在を見たいがために人は、西部劇を見に駆けつける。人間的事象への神的次元の介入。人間である自分にはかなわないことを、神のごとき存在が聞き届け、自分に代わって成就することへの期待がそこにはある。

人間には絶対的正義は不可能だ。人間は公約数的な正義としての法を敷き、それに従うが、法が絶対に正義とは限らない。しかしかといって、法を超越する正義が恣意的なものにならないとも限らない。そうした人間の限界が、神（としてのガンマン）を希求する。本作における主人公もその例に漏れない。しかし神ならば、本当に絶対的正義を行なうことが可能なのかといえば、実はそれもまた難しいと本作はほのめかしているように見える。先に、女性を巡って主人公に付与された微妙な違和感について触れた。主人公は、世俗的な欲望によって汚されており、完全無欠な神というにはいささかためらいを覚える。また、そこで主人公は娘よりも母を選んだわけだが、その選択には根拠がない。どちらを選ぶのが正しいのかは言いようがない。無根拠に晒《さら》されていること、それに一向にひるまないこと自体が神たる証拠かもしれないが、いずれにせよ根拠のない選択をする存在である神には、どちらが正しいという判断をするだけの資格があるのか。人知の及ばない次元に住まっているからこそ、我々は彼の行ないに何らの疑いも差しはさみはしないのだが、どうもそうではないらしい。最も神に近いと思われた『ペイルライダー』の主人公ですら、完全無欠ではなかった。ましてや、あくまで人間でしかないガンマンにおいてをや。いったん生まれた疑いは、すべての西部劇的ヒーローを汚染する。西部劇的ガンマンの無謬性への疑い。ここにも、西部劇的定型を疑う修正主義が見える。それはともかく、神ですら公正を定められないとしたら、いったい正義はどこにあるのだろうか、そもそも、本当にそんなものはあるのだろうか。

『許されざる者』

この作品は、執筆の時点（二〇一八年）においてイーストウッド最後の西部劇であり、アメリカ西部劇としてもこれを超える作品は現われていないという意味で、最後の西部劇と言って差し支えない。イーストウッド自身、この作品を「最後の西部劇」、さらには「わたしにとって西部劇なるものを要約するような映画」（『孤高の騎士クリント・イーストウッド』、P. 147）と述べている。確かに、作品が漂わせている静けさ、厳粛さは、「最後」にふさわしいものであり、この作品自体が西部劇の葬礼のようでもある。従って西部劇史上、本作の位置は決定的なものがあるのだが、とはいえこの作品には、どことなく傑作と言うのをためらわせるような居心地の悪さがある。しかし、その居心地悪さを子細に眺めてみたときに、それこそがこの作品の肝であり、西部劇なるもの、さらには西部なるものへの決定的な批評であることがわかる。本作が「最後」の西部劇であるとして、その「最後」とは単に時間軸上においてそうだというのではない、西部劇が依って立つ根拠自体を掘り崩しているがゆえに「最後」なのだ。イーストウッドは、西部劇に引導を渡したのである。それはどのような意味においてなのか。

図168 『許されざる者』夕焼け空。終わりの始まり

居心地の悪さは、映画の冒頭から感じられる。字幕である。その字幕が語るのは、主人公（イーストウッド）の過去だ。ウィリアム・マニーという名の男は、かつて希代の悪党で、動くものなら何でも殺したとされ、恐れられた存在だった。しかし、彼はある女性との出会いによって改心する。無法者としての生活をやめ、彼女と結婚して田舎に引っ込み、農業に従事するのだが、その生活も長くは続かず、彼女はその後、二人の幼い子を遺して病で世を去った、と。ほぼ一本の映画に相当するような内容が語られている。しかも十分な内実を備えたものであり、そういう映画があれば見てみたい気にさせられる。しかしそれだけに、映画の冒頭で示されるこの字幕は、これから始まる映画の事後性を強く意識させる。すでに終わったところから、この映画は始まるのである。この事後性が、西部劇自体に対するものでもあることは明らかだろう。西部劇はすでに過去のものとなっている。字幕の間。画面は夕焼け空を背景に、逆光で黒い影と化した、丘の上の家、その傍の一本の木、そして地面を掘る（字幕から考えれば、それは妻の墓なのだろう）男の姿を映し出している【図168】。丘の上の（あるいは下の）家、傍らに立つ大樹、そして墓はいかにも西部劇的なイメージそのものであるが、夕焼けであること、逆光で影になっていることもまた、終わりを強く感じさせる。なるほど、西部劇は終わった。ではしかし、これから始まる作品は何なのか。いずれにせよ、この字幕は、西部劇以後の西部劇、頽落した西部劇としての自身をあからさまに示す。居心地の悪さは、まずはそこに由来するだろう。ついでに、当たり前のことではあるが、この字幕が、「言葉」であることにも注意を喚起しておこう。本作において言葉が果たす役割は大きい。

金と言葉

舞台は一八八〇年のワイオミング。フロンティア消滅宣言まではまだ十年の間があるが、もう二年もすれば、ビリー・ザ・キッドが、ジェシー・ジェームズが、ジョン・リンゴーが殺される。アウトローの時代が終焉するのも間近な時期である。娼館で、あるいざこざからカウボーイが売春婦の顔を数度にわたって切りつける。当のカウボーイと、一緒に娼館にいたカウボーイが逮捕され、売春婦たちは厳罰を望むが、売春婦たちを商品としか思っていない主人は賠償を求め、保安官（ジーン・ハックマン）もそれに沿った罰を与える。しかし顔に一生残る傷をつけられ、そのうえただの商品として扱われたことに我慢ならない女たちは、自分らで金を出して、それを賞金に、二人のカウボーイへの復讐を図る。商売で相手をした男たちにその噂を広げさせ、賞金稼ぎを呼び寄せようというのだ。

場面は変わり、マニーの農場である。マニーは豚を囲いに入れようと格闘し、滑って転んで泥まみれになる始末で、どうも農業でうまくやっているようには見えない。しかも五、六歳ほどの息子は、豚がまた病気になったようだという。子供はもう一人、三、四歳ほどの女の子。暮らし向きはとてもいいとは言えない様子だ。そこに馬に乗った若い男、スコフィールド・キッド（ジェームズ・ウールヴェット）がやってきて、賞金稼ぎの仕事に誘う。女を切り刻んだ悪党をやるのだと。いったんは断ったマニーだが、しまい込んでいた銃を取りだし、おもむろに射撃を始める。だが一向に弾が的に当たらないのに業を煮やし、散弾銃を持ち出して的を吹っ飛ばす。馬に荷物を積んだマニーは、その背に乗ろうとするが、長く人を乗せたことがない馬は抵抗し、なかなか乗れない。ようやく腰を落ち着け、子供たちに、いざとなったら近所の誰それを頼れ、二週間ほどで帰る、と告げてマニーは去る。

まず重要なのは、マニーを行動に促すのが金である、という点。そもそも女たちが復讐を決意したのも、娼館の主人が金（正確には馬だが）を受け取ることで手打ちにしたからであった。賠償金と賞金、性質は異なれど金は金であり、経済の論理で動いている点で、娼館の主人とマニーは大差ない。先取りして言えば、映画の終わり、タイトル部分で流れる字幕で、マニーはその後事業家として成功した旨が語られる。マニーは経済人なのだ。マニーはこの映画の中で、（当然それだけではないが）基本的に金＝経済によって動いている。賞金稼ぎは西部劇の登場人物の型としてよくある存在だが、実際に金に困窮している賞金稼ぎなどいたためしがない。その点本作は、行動の背景となる金というものの存在を描いている点で、異色である。そして、それが持つ魔力。売春婦たちは、自分たちの憤りの対価として賞金を用意する。その金は、まっとうな裁き、自分たちに与えられた苦痛と侮辱に見合う裁きの代価であったはずなのだが、以後見るように、まがまがしい暴力を連鎖的に生み出してしまう。真摯な思いと暴力が、金を介してつながってしまうのだ。

同じような魔力を持つのが言葉である。『ペイルライダー』でも少女の祈りの言葉、そして聖書の言葉が主人公を呼び出していたが、ここでも言葉がマニーを招来する。賞金の存在は、噂という形でマニーに届き、彼を行動に促すのである。しかも、噂は自己増殖する。剃刀《かみそり》で数度顔を切られたという事実は、目をくり抜かれた、乳房を切られたと、尾ひれがつけられていく。その後、マニーがかつての仲間ネッド（モーガン・フリーマン）を誘う際には、性器以外は全部切り刻まれたそうだなどと聞いてもいないことをつけ加え、彼自身が噂の増幅に一役買う始末だ。ネッドは、マニーに誘われれば嫌とは言わず、仲間に加わる。目的地に向かう途中の夜のキャンプで、マニーとネッドが語る場面がある。妻が自分を真人間にしてくれたのだ、今度のことでも、自分は元の人間に戻るわけじゃない、ただ子供たちのために金がいるのだとマニーは言うのだが、その言葉は以後の彼の行動を見れば、嘘とは言わないまでも真実ではないし、それが発せられている場においてもどこか空しく響く。たとえ胸に秘めていたとしても、西部の男ならばそんなことはあえて口にしないであろうし、見ている我々としては、語られないからこそその心情をいっそう真摯なものとして受け取るはずではないのか。

　一方、確かに真実を語っているように見える言葉もある。無法者だったころに何の理由もなく殺してしまった若者のことを語るとき、周囲の闇の中、明度の低い焚火の明かりにくっきりと浮かびあがる主人公の顔は、顔の皺が黒々と影を作り、先述した『センチメンタル・アドベンチャー』における顔を想起させる。過去が闇としてそこに浮き彫りになっている顔。自分はもう以前の人間ではないと語る言葉と、あの当時の自分の行動を悔いる言葉。前者がネッドとともども捉えたショット、後者がマニーのみを捉えたショットであることの違いもあるだろうが、後者のほうがその言葉は真摯に聞こえる。とはいえ、これは同じシーンで起こっていることだ。同じ場面に、どこか空しい言葉と、真実を感じさせる言葉が同居している。マニーの言葉は信じるに足るものなのか、見るものは揺らぎを覚えざるをえない。

銃を持つこと

　主人公たちと同様に、金に惹《ひ》きつけられて賞金稼ぎがやってくる。イングリッシュ・ボブ（リチャード・ハリス）だ。彼はイギリス人であることを誇りに思い、女王陛下に忠誠を誓っていて、大統領を暗殺するような野蛮な国として新興国アメリカを侮蔑している。伝記作家（ソウル・ルビネック）を連れ、得々と自説を述べ立てながら、汽車を降り、馬車で町に入る。しかし町に足を踏み入れて早々に、保安官補たちに取り囲まれる。町では銃を携行してはならぬ。言い逃れようとするボブに、背後から声をかける保安官。彼らは旧知の仲であり、ボブが小型銃を隠し持つ場所まで知っている。保安官は往来の多数の面前で、ボブに殴る蹴るの暴行を加える。これは賞金稼ぎにやってくるものたちへの見せしめであり、その後すぐ明らかになる事情から抱いている彼への侮蔑の念の表われでもある。

　ボブを留置場に入れると保安官は、作家の書いたボブの伝記『死の男爵』をわざと『死のアヒル』（デュークをダックに）と取り違えて、ボブの伝説となった殺しの場面を読む【図169】。実は自分もそこにいたのだという保安官に伝記作家が話を促

図169 『死のアヒル』を読む保安官。彼自身も「伝説」に取りつかれる

すと、保安官は得々として語り始める。実は相手の銃が暴発して自分の股間を撃ち、苦しんでいる相手をボブは殺したのだ、と。それを決闘で勝ったかのようにでっちあげていたのだ。ここでも言葉は増殖する。対照的なのがマニーだ。二人と合流し、キャンプを張ったキッドがマニーに、保安官補二人に囲まれたのに、相手を殺してしかもかすり傷で済んだというのは本当かと尋ねるのに対し、覚えていないとそっけなく答えるのだ。後にネッドの言葉から、実は二人ではなく三人だったと判明する。マニーは自分の話を大きくするどころか、小さく伝えられた事実すら正そうとはしない。言葉に対するこの態度の差が、その後の二人を大きく隔てることになるのだし、それは本作の西部劇なるものへの態度にも関わってくる。

場面は保安官の留置場に戻り、保安官は作家に、銃というのは速さ以上に冷静さを保つのが大事なのだと語り聞かせる。そしておもむろに銃を取りだし、撃ってみろと事もなげに伝記作家に持たせる。俺を撃てば、二人でここを出ていける。やってみろ、と。留置場のボブもゆっくり座りなおし、陰から姿を現わす。しかし、伝記作家は怖くて撃てない。そうだろう、そういうもんだ、と銃を取り戻そうとする保安官に、小ずるい笑みを口の端に浮かべた伝記作家は、ボブに銃を渡したらどうかな、と言う。いいさ、渡してみろ、と保安官。身を乗り出しながら銃を見つめるボブと保安官が、しばし対峙する。しかし、ボブは銃を受け取らない。

緊張感に満ちたこの見事な場面で示されるのは、銃を撃つのがどれほど困難な業であるかということだ。西部劇では、いかに銃の扱いに長《た》けているか、たやすく遊戯のように銃を扱えるかが、ガンマンの資格であるかのように描かれる。道端の缶を撃ち上げ、宙を舞わせたり、投げ上げたコインの真ん中を射抜いたり。しかし、たった一発の銃弾は、たとえその意思がなくとも人の命を奪うことになりうる。イングリッシュ・ボブの「伝説」が示すように、暴発程度でも人は死ぬのだ。銃は、ナイフや棒と違って、日常的な道具の延長線上にあるものではない。殺すこと、傷つけること、最小でも脅すことに特化した、暴力のための物質であり、伝記作家ならずともごく普通の市民であれば、持つこと自体に躊躇《ためら》いを覚えるのが自然なのだ。銃を持つこと、さらに撃つことになんの躊躇も覚えないものは、それだけで人でなしなのである（マニーが人でなしだったというのはその意味においてだ）。

銃を撃つことが実のところいかに困難な営為であるかは、実際に二人のカウボーイが殺害される場面にも感じられる。

追放されたボブと入れ替わるように町に入った三人のうち二人（キッドとネッド）は、前借りで売春婦を抱きに行き、酒場に一人残ったマニーは、熱病で体が動かない。それを保安官が見つけ出し、賞金稼ぎと見なしてまたしても殴る蹴るの暴行を加える。這《は》うようにして酒場を逃げ出したマニーは、売春婦によってどうにか隠れ家に移される。熱にうなされたマニーは、死んだ妻が、顔をウジ虫だらけにして襲ってくる悪夢を見る。ようやく回復したマニーは、他の二人と共に、カウボーイのうちの一人がいる山へ向かう。目標のカウボーイを発見し、崖上から狙い撃つのだが、一向に当たらない。ようやくマニーが当てるも、当たったのは腹で、即死に至らない。射程外の物陰に逃れたカウボーイは、苦しみながら仲間に末期の水を求めるのだが、その苦しげな声をマニーらも聞かざるを得ない。自分たちのした行為のひどさを、まざまざと思い知らされるのだ。ネッドはこれにうんざりし、一人去っていくが、保安官に捕まって拷問を受けて死に、さらにその死体を晒されるに至る。一方キッドとマニーは、ある離れ屋に隠れるもう一人を撃つべく、その男が出てくるのを待つ。ようやく便所に出てきた男が、用を足しているところをキッドが射殺する。男の無様な死。しかしそれを嗤《わら》うどころか、男にそんな死を与えてしまったことにキッドは激しい自責の念を覚える。彼が人を殺したのは、実はこれが初めてだったのだ。かくして、仇であるカウボーイたちの死にざまは惨めなものだ。痛みに苦しみぬいた末に、また下半身丸出しのまま、死なねばならない。殺したとすら意識しないで済むような決闘の爽快な一撃など、望むべくもないのである。

暴力

夕暮れの曇り空、町を遠くに眺める丘の一本の木の下、町から賞金を持ってくる売春婦の一人を待ちながら、キッドは泣きながら煽《あお》るように酒を飲み、マニーはただ立ちつくしている。女がネッドの死の知らせをもたらすと、それまで酒をやめていたマニーが、キッドから酒瓶を奪い、やおら傾け始める。このとき、マニーは人であることをやめる。

ネッドの死体が晒されている娼館一階の酒場、そこには追跡隊を組織しようとしている保安官とその助手が群れている。入ってきたマニーはネッドの猟銃を構え、まず酒場の亭主を、ネッドの遺体を見世物にしたかどで射殺する。丸腰の男をいきなり撃つ。これは社会のルールを超えており、さらに重要なことに、ガンマンのルールを超えている。マニーはさらに、これも丸腰の保安官に猟銃を向ける。保安官は、お前が俺を撃つ間に助手たちがお前を一斉射撃だと脅すが、マニーは一向にひるまず、引き金を引く。だが、不発。銃を抜き始める連中を慌てず、今度は拳銃を使って一人一人撃ち殺し、保安官をも撃って、倒れたところに馬乗りになる。「こんな目に遭うようなことはしていない」と言う保安官に、「そんなことは関係ない」と返し、射殺する。

保安官の行為は秩序の維持のためという名目があり、やむを得ない面もあるとはいえ、その目的を大きく逸脱してむごたらしい。第一章で言及したように、文化史家リチャード・スロトキンは、西部の暴力を「再生的」なもの、いったん乱れた秩序を回復させ、共同体を再生させるためのものであるとした。また西部劇の構造分析で知られるウィル・ライトは、西部劇における暴力は、嫌々ながら事態に巻き込まれるようにして受動的に発動されるべきものとしている。[13] 西部のガンマンは、非道に遭ってもギリギリまで我慢を重ねた上で、ようやく銃を取るのが本筋であって、たとえ正義のためとはいえ、愉楽と共に行なわれる暴力は再生的なものではなく、単なるサディズムである。従って、保安官によるネッドの拷問と死は「再生的」なそれを逸脱したものである。思い返せば、イングリッシュ・ボブに対する暴力も、熱病にかかったマニーへの暴力も、見せしめの域を超えるものがあった。そもそも保安官は、ボブやマニーと同類のアウトローであり、たまたま秩序の側に収まることができただけの存在だ（ワイアット・アープのように）。いつその本性を現わしてもおかしくはないわけであった。映画を通じて保安官は、自分で家を建てているのだが、その家はどこか狂っており、雨が降れば濡れずにはすまないありさまだ。家は共同体の象徴である。その家が満足なものでないという事実が、保安官が共同体に入ろうとしながらできない存在であることを如実に物語る。しかし保安官の逸脱は、本作における保安官が、たまたま狂った存在だったからなのだろうか。

問題なのは、ではどこまでが最低限の暴力であり、「再生的」なものかということだ。その境界を正確に言えるものなど存在しないだろう。先ほど、愉楽と共に行なわれる暴力は再生的なものではないと述べたが、では、愉楽を感じているか否かはどう測れるのか。また、愉楽を感じているからといって、それが正義でないとも言えないだろう。例えばダーティハリーが、追い詰めた犯人に銃を突きつけて、この銃に弾が残っているかどうか試してみるか、と挑発するとき、彼は間違いなく愉楽を感じているが、これは正義からなる行為の範疇ではないだろうか。また逆に、例えば復讐するガンマンがいたとして、彼は決闘で相手を射殺するのが西部劇の場合お決まりであるが、なぜ手元を撃つにとどめないのか。神がかった技量の持ち主であり、それが可能なことであればなおさらの話だ。要するに暴力は、どこまでが正当で、どこからが不当なのか決定不能なのである。さらに悪いことに、暴力は自己増殖する。暴力の発動にはとにもかくにも根拠が必要であり、そこに一定の歯止めも存在するのだが、いったん発動してしまえばそれはとめどなく激化していく（その様を我々は、サム・ペキンパーの『わらの犬』にすでに見ている）。

保安官の暴力は、彼が保安官である以上は正義から発するものであるとはいえ、どこまでが正当なのかは不明である。同じことがリンチにも言える。確かにリンチは、例えば牛泥棒に対する見せしめであり、正当性がまったくないとは言えない。しかしそこに、悪に対する正義の怒り以上の何かがいつか紛れ込むことがないと誰に言えるだろうか。保安官の暴力も、リンチも、正当なのか、正当を逸脱しただの暴力なのかがついに決定不可能な曖昧なものだ。まして本作の場合、保安官はその境界の曖昧さを盾にとって、自分のサディズムを満足させているふしがある。正義の行為がいささか逸脱したように見せかけつつ、実は単に暴力衝動を開放しているのである。保安官の暴力は偽善的正義にすぎない。

では一方、マニーが行使する復讐の暴力はどうなのか。復讐の場合、悪への憎しみという感情のバイアスがかかっているだけに、いっそう許容度が高い。しかし本作の主人公の立場は興味深いことにそれともずれている。マニーは、友人であるネッドを拷問にかけた末殺害し、しかも公衆の面前に遺体を晒した保安官に対する復讐に向かう、と我々はいったん思うのだが、どうもそうではないようなのだ。逸脱的でサディスティックな保安官の行為は憎むべきものである。しかしマニーを動かしているのは、それへの憤りではない。「こんな目に遭うようなことはしていない」と言う保安官に対し、「いや、しているではないか、俺の友人をあんなにむごたらしく殺して、しかも晒しやがって」と言うのであれば、マニーの行為をネッドへの復讐として、ともあれ我々は肯定するだろう。しかしマニーは「そんなことは関係ない」と言う。マニー自身、自分の行為は復讐を超えたものだと認めているのである。実際、保安官助手たちを射殺するのはともかく、酒場の亭主まで殺すのはどうなのか。さらにまたマニーは、そこに集まっていたものたちを皆殺しにしているわけでもない。生き延びたものもいるわけだが、では一体その選別の基準は何なのかといえば、実のところ何もない。この適当さも、マニーの暴力の無根拠を際立たせるだろう。とすればここでのマニーの暴力は、正当性を欠く、あるいは逸脱する（この場合愉楽があるようには見えないが、ただその保証はない）点で、保安官の暴力と大差ないものになってしまうのではないか。

ここでのマニーの言動が照らし出すのは、暴力の正当性の曖昧さであり、またそれ以上に、我々観客自身の態度である。我々はマニーの行為を、ネッドの復讐と感じて快哉を叫ぶのだが、しかしマニー自身がそれを否定するのを聞いていささか戸惑う。これは復讐なのではない、ただの暴力なのだとの彼の言に、我々の感情は宙づりにされる。ここで我々は問われることになるのだ。お前たちは何を期待していたのか、と。我々が期待していたのは、あくまで「正義の裏打ちを得た」暴力である。正当な暴力、正義の鉄槌である。しかし本当にそうなのか。実際、マニーは正当性を逸脱した暴力を振るう。保安官を含む丸腰の男を撃つという不当極まりない行為、また保安官の手下である以上、殺さねばならないものたちのうちの何人かは見逃すという、実に適当、規範性を欠いた暴力。しかし、我々はそれにも歓喜しなかったか。復讐という許容範囲を超えた暴力さえ、我々は歓びをもって受け止めはしなかったか。観客もまた、保安官やリンチするものたちのように、いつか正当性を超えた暴力に踏み込み、それに酔うのである。つまり我々も、保安官やマニーと同じなのだ。ここで本作がしていることは、観客批判でもあるわけなのだ。

勧善懲悪の物語には、なされた悪が罰せられ、揺るがされた平和が回復されることを願う健全な正義感があることは疑いえない。とりわけ西部劇の場合、そうした正義感が果たす役割は大きい。しかし悪を罰するはずの暴力が、正当なのかどうか疑いが生じるとき、登場人物のみならず、彼に喝采を送る観客までもが疑念に晒される。西部劇は、何より銃、すなわち暴力をその根幹に持つ物語であるから、その影響は他のジャンル以上に深い。暴力は必ずや逸脱し、愉楽を生む。それを制御すべく、心の中に法を保ち、常にそれに問いかけ続けるものこそがガンマンであるとしても、それはあくまで心の中にあるものであり、恣意性を免れず、とすれば恣意性の極端な例である病理とたいして違わないものになるというのは、すでに見たところだ。ハリーとサソリの同一、マニーと保安官の同一。さらに、ハリーとマニーに喝采を送る観客の同一。正義も悪も、その境界線を曖昧にして灰色に染まり、なおかつ観客すらそこに巻き込まれていく。この映画がどことなく居心地が悪いのは、西部劇としてどこか歪《ゆが》んでいるからだけではなく、観客までそこに巻き込まれ、自らを振り返るよう強いられるからなのだ。

伝説と語ることの愉悦

暴力はいつか逸脱する。この作品はそうした暴力の本質を暴き、暴力の映画としての西部劇を見直す。同じことは言葉ないし伝説、神話にもいえる。この作品はイーストウッド本人によれば、「西部を脱神話化する寓話」（『クリント・イーストウッド・インタビューズ』P. 185）である。イーストウッドが挙げているのは、ガンマンの境位に関わるものである。第一に、殺すことはたやすくない。これはすでに記述している。第二に、銃がいつも発砲されるとは限らない。ラストの襲撃の場面では、マニーが保安官をライフルで狙い、引き金を引くが不発に終わる。当時の銃は、実際これくらい精度の悪いものだったという事実の暴露。第三に、狙いがいつも正確とは限らない。マニーたちは、カウボーイの一人目を撃とうとして何度も的を外し、なおかつ、一発で息の根を止めるどころか、腹に当てて死ぬまでの時間苦しませている。銃の名手などそうそういなかったのだ。

西部劇のガンマン像などは結局神話であり、その武勲は捏造された、あるいは噂に尾ひれがついて誇張されたものに過ぎないのではないか。そのような批判的視点は、前々章で取り上げた監督たちの作品や、前章で取り上げた歴史修正主義的西部劇にも存在したのだが、イーストウッドの批判は、さらにその先まで達している。神話の生成こそが西部劇の機能であり（そのこと自体を主題にしたのがフォードの『リバティ・バランスを射った男』であることは先に示した）、それは実はリンチの生成と深いところでつながっているのではないか、ということだ。

神話の生成と伝播のありようを示すのが、本作における伝記作家である。彼はイングリッシュ・ボブにつき従い、彼の話を聞き、本を書いて、ボブが保安官に叩きのめされてからは保安官にくっついてその物語を聞き、保安官が死ぬと今度はマニーから語りを引き出そうとする。イングリッシュ・ボブの話を覆す保安官の話を聞く彼は、一見神話ではない事実を求めているように見えるが、それが事実であるかどうかは彼にとってどうでもいい。読者の関心を呼ぶ何かがそこにありさえすればいいのであり、そのためには元の話がむしろ曖昧であったり、あからさまに虚偽であったりするほうがかえって気を惹きやすいくらいだ。言葉がさらなる言葉を呼び寄せる増殖作用、それはすでに本作における噂の機能として記述してあるが、ここで伝記作家は、噂の機能を生身で演じているといえる。西部劇における神話としてのガンマンは、多かれ少なかれ、そのようにして生まれた存在に過ぎない。

それにしても、語ることは何と愉楽に満ちているのだろうか。イングリッシュ・ボブも、保安官も、自分の手柄話をいかにも楽しそうに語っている。語りの楽しさの前では、それが本当か嘘かなどはさして問題ではなくなる。語ることそれ自体が目的となり、言葉は自走していく。語り手はこのとき、言葉を載せる乗り物に過ぎない。物語の愉楽は、確かにこのような非人称と化した言葉の運動そのものにある。言葉はいつか語りの水準を逸脱する。言葉は語られ、聞かれる。しかしそれだけでは済まないのであって、言葉は人の感情を波立たせ、かき立てる。感情を波立たせ、かき立てられた人は、自ら語り手となるだろう。そうして言葉は伝播していくのだが、言葉によってかき立てられた感情は、いつか人を行動に駆り立てる。その行動が、人の生き死にに関わるものだということも十分ありうるだろう。噂話がいつの間にか、人の生死を左右する（それこそが、本作の描くところだ）。そうした深刻な事例においては、本来事の真偽を確かめる必要があるのだが、言葉がかき立てる感情は、そのような猶予を許さない。感情のままに人は行動に突っ走る。ここに、リンチの発生の祖型を見ることはたやすい。リンチするものたちの顔を上気させる卑猥な愉悦、それは語ることの愉悦と限りなく似ているのである▼14。

西部劇においてガンマンが語り継がれる過程と、リンチが発生する過程が、言葉の機能として原理的には同じであるということ。『許されざる者』は、そうしたスキャンダラスな一致を暴き立てている。伝記作家はガンマンを巡る言葉を煽り立てて伝説をでっちあげ、印刷物として伝播させる。売春婦たちが流した噂は、尾ひれがついて、私的な死の制裁を引き出す。ここで問題になるのは、またしても主人公マニーの立場である。マニーは、確かに伝記作家には冷淡で、自分語りをしようとはしない【図170】。その点で言葉の作用を拒絶してはいるのだが、一方で噂を信じ、また自ら噂を拡大までして私的制裁に加わっているという点では、彼もまた言葉の作用から逃れてはいない。自身が撃ったカウボーイの死を見(聞き)届けねばならない彼は、自身がしてしまったこと(義憤に駆られ、正しいと思ってしたことながら)が招いた結果の悲惨に、正しさの観念を揺るがされている。ここでのマニーは、膨れ上がる疑い(それを増幅したのは「噂」だ)に身を任せ、リンチに及んだ『牛泥棒』の自警団たちと何ら変わることがない。

伝記作家のそそのかしには乗らなかったとしても、実はマニーは、ガンマンの伝説化そのものを免れることもできてはいない。確かに一方でマニーは、死を恐れる存在として脱神秘化されている。これまでイーストウッドは、『荒野のストレンジャー』、『ペイルライダー』などで、自身の演じるガンマンを神秘的な存在として演出してきた。その直接的な契機がセルジオ・レオーネ、特に『荒野の用心棒』にあり、ひいては古典的なガンマン像にあったことは既述の通りである。彼らは死を超えてきた(すでに死者である)、あるいは常に死と隣り合わせで生きてきたことで死を克服している。それが彼らにオーラをまとわせていた。一方、『許されざる者』のマニーはどうかといえば、熱病にかかり、保安官に叩きのめされて死地をさまよい、その際にウジ虫に顔面を覆われた妻を夢に見て恐怖に怯《おび》え、うなされている(『荒野のストレンジャー』でもガンマンは悪夢にうなされるが、これは単に彼の過去を示すための便法だ)。ガンマンですら、死の恐怖に怯えるわけだ。ガンマンは超越的な存在であることをやめ、脱神秘化される。これもまた、この作品が修正主義的西部劇であることの証左である。しかし、マニーの存在は伝説化を免れない。これは、マニー自身が預かり知らぬところで起こることである。映画の冒頭と末尾で、マニーの来し方と行く末が字幕によって語られるのだ。マニーが名高い悪党であったこと、また映画が描く出来事の後、移住した彼が事業家として成功したこと、これらは風の噂で伝わる。誰のものともしれない言葉によってマニーは語られ、伝播されていく。たとえ伝記作者による記述という形を拒否したとしても、マニーは結局、西部劇的なガンマンの伝説化を免れ得なかったわけである。前項で述べたように、マニーは西部劇的な暴力が本質的にそうであったところの、正当化され得ない暴力に身を任せた。加えて伝説を拒否しながらも、結局伝説に納まらざるを得なかった。とすればマニーもまた結局、西部劇の典型的な人物を演じていたに過ぎなかったのではないか。

図170　主人公を語りの愉悦に誘い込もうとする伝記作家

古典的なガンマンは根拠を問われることなく無条件に正義であり、あらかじめ神秘的な存在であった。一方、修正主義的西部劇のガンマンは、根拠などないことをあからさまに暴き出し、自身を脱神秘化して情けない姿を晒した。前者においては、西部劇の西部劇たるゆえんはあえて問われることはなく、後者においては既存の西部劇への否定の、もっといえば嘲笑の姿勢が際立って、西部劇の根拠を真摯に問う姿勢が欠けていた。しかしイーストウッドの西部劇は、決して古典的な西部劇であることを捨てず、その上で修正主義的姿勢を取るために、西部劇の根拠自体への問いが真摯なものとなる。西部劇において、正義の根拠は何か。西部劇における、ガンマンの境位とはいかなるものなのか。本来、西部劇の主人公であるということは、自身が振るう暴力の無根拠に、自身を巡る伝説の不条理な増殖（それは恐ろしいことに、リンチへと人を突き動かす言葉と同じ構造を持つ）に、晒され続けるということなのである。通例、そうした根源的な条件があからさまにならないよう配慮されてきたわけだが、『許されざる者』におけるマニーは、その条件をむしろ焦点化してしまっているのだ。そうした意味でマニーは、西部劇的ガンマンの臨界点そのものなのである。

ありきたりな事件

かくして、修正主義的西部劇である『許されざる者』は、単に西部の実相から西部劇の幻想を暴き立てるだけでなく、暴力と語りの二つの点において、西部劇が本質的に持っていたスキャンダルを明らかにするところまで行きついてしまった。これまで西部劇が依って立っていながら曖昧にやり過ごしてきた根拠が抱えるいかがわしさを、この作品は明るみに出す。ただし、六〇年代以降、特に七〇年代の歴史修正主義的西部劇におけるように糾弾的な姿勢ではないところがむしろいっそう、そのスキャンダルの深甚さを際立たせている。

バスコムによれば、脚本家ピープルズが七五年時点でシナリオにつけていた原題は「売春婦傷害犯人殺し」The Cut-whore killingsだった。さすがにそっけない題で、いずれ改題は免れないものだが、八二年にフランシス・フォード・コッポラが権利取得した時点で「ウィリアム・マニーの殺人」William Manny killingとなる（『許されざる者』P.75）。ピープルズの原題が示すのは、これが西部劇の根幹を問うような作品として構想されていたわけではないこと、少なくともそこがこの作品の焦点であると考えられていたわけではないだろうということだ。脚本家の意識では、これは西部のありふれた一事件でしかなかった。売春婦が切られ、保安官の下した裁きに納得がいかなかった売春婦仲間たちが金を集めて復讐を呼び掛けたら、悪党をやめていた男が賞金稼ぎとして現われ、復讐を果たしてくれた。この筋書きだけ見れば、復讐者が元悪人という点にひねりは見られるが、ごくありふれた復讐劇であり、西部劇に対する批判が込められているとみなすのはいささか難しい。しかし、このありふれた復讐劇にすら、西部劇に対する根底的な異議申し立ての種子が見出せるということ。ここに西部劇が、どんな物語であれ西部劇である以上（銃やガンマンを主題とする以上）、常に危うさを抱えたものであったのだということが明かされている。

シナリオに大きな改変はなかったとされる。従ってシナリオの中には、もともと西部劇に対する修正主義的視点はあったのだ。このシナリオが七五年に書かれている事実は、シナリオ自体がやはり修正主義の流れの中で出てきたものであるということを示すだろう。イーストウッドが挙げていたガンマンの脱神話化（人を殺すのはたやすくない、銃は発射されないこともあるし、そうそう正確に当たらない）などは、いかにも修正主義的な（そしてオフ・ビートで皮肉な）見方で、七〇年代のにおいがする。暴力の主題も、シナリオに初めからあったものだとイーストウッドは発言している（『クリント・イーストウッド・インタビューズ』P. 177）。

では、イーストウッドがした改変は何かといえば、主人公の年齢をかなり年長に設定したことと、題名の変更である。イーストウッドはこのシナリオに七六年には出会っているとされ、いったんコッポラに渡った後、八五年に改めて権利を取得し、映画化に至るまでさらに六〜七年寝かせた上で実際に製作にかかっているわけだ。マニーを演じるには年を取る必要があった、というのが数年寝かせた意味だとイーストウッドは言う。シナリオでは、マニーは三十代後半の設定であったが、老年期に設定しなおしたのはイーストウッドである。

主人公が老年である必然性は必ずしもなく、彼がこれを老年期に設定したのには、やはり見るものに「終わり」を意識させるためということがあるだろう。公開当時、この作品がイーストウッド自身にとっての最後の西部劇になるとは誰も知りはしなかったのだが、あの最後の映像と字幕は、そう予感させるに十分だった。さらに映画自体の内容が、西部における ガンマンの境位を問い、暴力の正統性を問うものであり、西部劇そのものの根本を扱うものであったということには、これがイーストウッドにとって最後である以上に、西部劇にとって最後の作品なのではないかと思わせる重さがあった。事実イーストウッドはこの作品を「私にとって西部劇を要約するような作品」、「最後の西部劇」とみなしていた。

加えて、『許されざる者』というタイトル。イーストウッドは撮影直前にこのタイトルを思いついたとされるが、宗教的な含みもあるこの象徴的なタイトルの持つ、いわば「格式」のようなものは、（当然内容の重さと相まってのことだが）この作品を通り一遍の西部劇とは別次元に位置づけることになる。タイトルが指す人物は普通に考えてマニーであり、マニーの境位が焦点化される。ではマニーのどこが「許されざる者」なのかといえば、それは彼がガンマンであるということそのものなのだ。彼が持つ銃は根拠なき暴力に支えられ、彼を語る伝説はリンチと同じ構造を持つ。西部劇の主人公は、銃を持ち、伝説化される時点で、ということはつまり存在する時点で、常にすでに、「許されざる者」なのである。

『許されざる者』という題名は、さらに深い射程を持つ。原題は*Unforgiven*で、冠詞がついていない。このことの持つ意味は何か。逆に冠詞がついた例としてはジョン・ヒューストンの『許されざる者』*The unforgiven*があり、ここでは定冠詞の限定作用により、主人公二人を特に指すことになる。これに対し、無冠詞になったことで、それが不可算のもの、すなわち一人二人と数えられる人間を超えた何かになったと考えうるのだ。つまり「許されざる者」はもっと漠然とした群れ、ないし抽象概念として解される可能性があるということだ。後者のように抽象概念と解すならば、それは上記した根拠なき暴力の行使者としてのガンマンそのものが「許されざる」あり方なのだとする解釈を補強するものとなるだろう。問題は前者、Unforgivenを、範囲を限る特定性を持たない不定形の存在と解釈した場合である。おそらくそこには、映画の登場人物だけではないものも含まれる。その漠然とした群れの中に、不定形の群れとしての観客＝我々自身も含まれると解釈するのは行き過ぎだろうか。というのも、西部劇の暴力に愉悦を覚え、伝説としての西部を作り上げ、支え、存続させ、語り継ぐことに快楽を覚えてきたのは、まさに我々であるからだ。我々自身の中にある暴力性、我々自身の中にある語りへの欲望。「許され」ないのは、我々自身の中にあるそのような性質自体であり、従って「許されざる者」とは、西部劇を享受してきた我々自身でもあるはずだ。

イーストウッドは、銃と伝説を担うガンマンを、そして観客そのものを「許されざる者」として名指し、西部劇を成り立たせる土台そのものを批判の俎上に上げる。その批判を免れうるものは、だれ一人としていない。西部劇を作るもの、見るものを問わず、断罪されるのだ。『許されざる者』という題名には、イーストウッドの、西部劇を終わらせるという意志が込められている。その意志が確かに受け止められたことは、本作以後に、本作に匹敵する真に革新的な西部劇が登場していない事実に現われている。むろん、まだ映画史が続く限り、その確証は得られないとはいえ、イーストウッドの意志は、我々を強固な禁忌で縛り続けるだろう。その禁忌を破る、彼に勝る強靭な意志と、戦術と、視点をもって西部劇を真に新しく立ちあげる存在は現われるのだろうか。

イーストウッド西部劇は「挽歌」である

こうしてイーストウッドの西部劇を辿《たど》ってきたわけだが、イーストウッドは気質的には職人であり、古典的な西部劇を好む人間である。自分の作りたいものを賢明に選択し、最小限の労力と費用で最高の品質に磨き上げる。彼の古典的なガンマン像（寡黙で、しかし銃の腕は確か、正義の側に立ち、どこか超越的な神秘性をまとわせている）への愛着は明らかであり、彼自身がそれを現代においても説得的によみがえらせた。一方彼は修正主義的西部劇作家でもあり、西部劇に対する批判的な視線を持ち合わせている。西部劇のサブ・ジャンル（南北戦争もの、ロデオ、反西部劇としてのロード・ムーヴィー）を含め、その歴史を総括もしていて、ジャンル自体への応対は相当程度に自覚的なものである。

　彼の特質は、この二重性にある。職人技と批評性。愛着と冷徹。そのどちらかが欠けていても、イーストウッドはイーストウッドたりえなかった。単なる古典的西部劇への反動的回帰でもなく、これみよがしなアンチ西部劇でもなく、西部劇の魅惑のふところに奥深く入りつつ、しかしまさにその内部から西部劇の臨界を明らかにしたのである。イーストウッドの西部劇は、その意味ですべて「挽歌」だったと言える。愛着をもってその存在の軌跡を称えつつ、しかし確かにそれに引導を渡すこと。アメリカ映画において西部劇ほど、尊厳を湛《たた》えた埋葬の場面を描いたジャンルは存在しないが、イーストウッドの西部劇は、そのすべてが西部劇そのものの埋葬の儀式なのだ。

図171　西部劇の死を悼む男

　ここで改めて『許されざる者』の冒頭とラストの映像を思い出してもいいだろう。夕暮れの丘の上に立つ一軒家、傍らに大きな木が一本。その脇で男が何かを、明らかに墓とわかるものを掘っている。字幕によればそれは死んだ妻のものなのだが、この映画の境位を分析し終えた今の我々から見れば、男がそこに埋めようとしていたのは、これから観客に示される映画そのものだったのだと確かに言える。そしてラスト、まったく同じ構図で、同じ夕暮れの同じ家が捉えられ、男が墓の傍らに立ち尽くす【図171】。すでに埋葬を終えた（埋められたのは、この映画そのものだ）墓の前に佇《たたず》み、やがて消え去る男＝イーストウッドは、西部劇の死そのものをそこで悼み、西部劇への決別を告げているかのようだ。男は、オーヴァーラップによってふっと姿を消し、そのまま人気《ひとけ》の絶えた家が映り続ける。残されたのは、もはや誰一人訪れるもののない墓ばかりだ。▼15 この空虚、もはや埋めるべくもない空虚を、我々はただ見つめるしかない。

▼1　マイケル・ヘンリー・ウィルソン、石原陽一郎訳『映画作家が自身を語る　孤高の騎士クリント・イーストウッド』、フィルムアート社、二〇〇八年、P.147。

▼2　イーストウッドは以後も、主人公（イーストウッド自身）が貴重な存在に引導を渡すことをモチーフとした作品を撮っている。自身が育てた女性格闘家が寝たきりの状態になり、生きる意味を失った彼女を安楽死させる『ミリオンダラー・ベイビー』（04）、質の悪い不良どもを排除するため、自身を殺させる老人を描く『グラン・トリノ』（08）。後者は、俳優と監督を兼ねることをこれを最後にやめたという意味で、俳優としての自身に引導を渡す作品となった（ただ、他監督の演出のもとで、俳優として出演したことはその

後一作のみだがある)。

▼3　『荒野の用心棒』における宗教的主題については遠山純生「クリント・イーストウッドを巡るいくつかの主題」、遠山編『e／mブックス⑦　クリント・イーストウッド』、エスクァイア・マガジン・ジャパン、一九九九年所収を参照。なおガブリエルはマリアにイエスの到来を告げる天使でもあるが、最後の審判のラッパを吹くものでもあり、救済と同時に破滅にも関わる二重の存在として、確かに『荒野の用心棒』にふさわしいかもしれない。

▼4　イーストウッドは、ハリウッドではこれまで対決場面において撃つものと撃たれるものが同じ画面に収められることはなかったが、レオーネはそれをしたとして讃えている。ロバート・E・カプシス、キャシー・コブレンツ編『クリント・イーストウッド・インタビューズ』*Clint Eastwood Interviews*, University Press of Mississippi, 1999, P. 132.

▼5　上島春彦「映画作家イーストウッドの誕生」(『e／mブックス⑦　クリント・イーストウッド』所収)がすでにそのような見方を提示している。

▼6　『クリント・イーストウッド・インタビューズ』P. 96。

▼7　これについては筆者の「マゾヒズムのイーストウッド」(『文芸別冊　クリント・イーストウッド　同時代を生きる英雄』、河出書房新社、二〇一四年所収)参照。また、本作の不動性について上島春彦は、「映画作家イーストウッドの誕生」で、「窒息」というキーワードを用いて語っている。

▼8　脚本の初稿を書いたジョン・ミリアスによれば、ハリーとサソリは同じである。「モラルを体現する側にいるか、病理学を体現する側にいるかの違いだけ」だ(「クリント・イーストウッドを巡るいくつかの主題」)。法をかいくぐる悪を裁く側と、それを追う警察＝ハリーという構図は、続編でも描かれる。『ダーティハリー2』では、ハリーは一作目の彼同様に法を逸脱してリンチ殺人を行なう若手警官集団を、さらにイーストウッド自身の監督になる『ダーティハリー4』では、法を免れたレイプ犯たちに復讐していくヒロインを追うことになる。前者ではかろうじて若者たちや彼らを束ねていた上司の選民思想ゆえに彼らを排撃できたハリーだが、後者では見逃すことになる。彼らはみなハリーの似姿であり、ハリーはこの二作で自分自身と対決することを強いられるわけであるが、シーゲル作品のように相手のレベルで勝負しないための周到さを欠いている以上、その解決はどちらにあっても曖昧なものたらざるを得ない。

▼9　ジェームズ・L・ネイバウアー『クリント・イーストウッド西部劇』*The Clint Eastwood Westerns*, 2015, Kindle版、位置ナンバー1888。

▼10　『クリント・イーストウッド西部劇』、位置ナンバー2167。

▼11　闇に半ば沈む顔は、以後も何度かイーストウッド映画に現われることになるが、その場合は何らかの心理の表象である。例えば、名義はリチャード・タックルながら実質上イーストウッドの監督作である『タイトロープ』(84)で、イーストウッドはセックス産業に起こる連続殺人を追う刑事役だが、犯人の足跡を追ううち、彼自身異常なセックスに触れてしまう。加えて犯人自身が彼を知っており、彼を真似ているために、まるで刑事その人が犯人であるかのような状況ができあがる。ここで、異常性愛にふけるときの彼の顔は半分が影になるよう配置され、犯人にも通じる刑事自身の暗い部分を象徴することになる。あるいは『ミリオンダラー・ベイビー』で、全身不随の女性ボクサーを安楽死させることを決意する場面でのイ

ーストウッドの顔もまた半ば影に沈んでいるが、これも彼女を生かしたい願いと、彼女の意志を尊重したいという決意のせめぎ合い、引き裂かれた心情の表現である。これらの例にあって、主人公は相反する心情に引き裂かれていて、それを半ば闇に隠れた顔があからさまに表象する。

▼12　イーストウッド西部劇の歴史修正主義については、エドワード・バスコム『許されざる者』*Unforgiven*, BFI, 2004, P. 13.

▼13　『許されざる者』、P. 19、P. 30。

▼14　噂、ないし神話や伝説を扱う作品を、その後もイーストウッドは撮っている。『父親たちの星条旗』（06）と『ハドソン川の奇跡』（16）である。前者は激戦を極めた硫黄島で、アメリカ国旗を立てる兵士たちを写した有名な写真の英雄を、後者は危機に陥った旅客機をハドソン川に着水させて乗客全員の命を救った機長を描く。彼らは英雄視され、マスコミの寵児となる。前者では、その英雄的なイメージと実像のギャップに本人たちが苦悩し、後者では、本当に英雄だったのかという疑惑が生まれて、機長がスキャンダルに巻き込まれる。いずれにせよ英雄化、伝説化が映画の主題となっており、イーストウッドが西部劇での問題意識を、現代劇においてもある程度継続していることがわかる。

▼15　かつて『荒野のストレンジャー』でイーストウッドは、町外れの墓地の墓標に師であるセルジオ・レオーネとドン・シーゲルの名をお遊びで忍ばせたとされる。『許されざる者』のラスト、西部のどこかに今も立ち続けているだろうその墓標に記されている名は、あるいはイーストウッド自身のものなのかもしれない。

西部劇主要作品解説

○この「作品解説」では、本文中では論旨の流れ上、詳述できなかった作品（本文中に言及あり、なしにかかわらず）を取り上げる。言及のみにとどめておくには惜しいすぐれた、あるいは本文論旨とはまた別の意味で意義深い作品、さらに西部劇の歴史の中にはこんなものもあったのだという傍系の作品など、いずれにせよ本文の補完となるものである。ただし、結果的に本文中にもこの「作品解説」にも詳述されていない有名作は存在するが、もとより本書は西部劇「大全」を目指すものではなく、あくまで「論」であり、選択の基準は筆者の主観である。
○日本未公開作品についてはアメリカ公開年度の前にその旨記し、またすべての作品に関して原題、監督・脚本・撮影スタッフ名を記す。
○同年公開の複数の作品については、アメリカでの公開日順に解説する。

『大列車強盗』*The Great train robbery*（03）
監督、脚本：エドウィン・S・ポーター（クレジットなし）、脚本、原案：スコット・マーブル（クレジットなし）、撮影：アダム・チャールズ・ヘイマン（クレジットなし）

アメリカ初の西部劇とされる。それ以前にもエジソン社によってバッファロー・ビルのワイルド・ウェスト・ショーの出演者を撮影した『アニー・オークレーの早撃ち』*Annie Oakley*、『ロデオ乗り』*Bucking Bronco*、『スー族の踊り』*Sioux Ghost Dance*、*Buffalo Dance*など（いずれも1894）が作られているが、これらは実際に西部を生きた人々を映しているという意味では記録であり、しかし一方あくまでショー、再現であるという意味では虚構でもあって、映画初期らしい揺らぎの中にある（映画そのものが在と非在、リアルと虚構のあわいにある境界線上の芸術だとすれば、「初期」という限定などいらない紛れもない「映画」なのかもしれないが）。都市部の娯楽場に設置されたキネトスコープを覗き込む観客は、すでに過ぎ去った西部開拓時代を懐かしみつつ、実際に目にしたことはなかっただろう有名人や先住民を見て好奇心を満足させていたわけだが、しかしこれらにはやはりドラマ性がなく、それを備えた本作が初の西部劇とされるわけである。

駅の電信室に忍び込んだ悪漢が偽の連絡により列車を給水塔で停車させ、その間に列車に乗り込んだ一味が積み込まれた金庫を破って金を奪うと共に、乗客を降ろしてその所持品をも奪う。一方、監禁されている駅員を見た少女が町の住民にそれを知らせ、追跡隊が組織されて、強盗団を追い、奪った金品を分配していた彼らを谷で発見して交戦、全員を射殺する。

複数のショットが構成されることで、ある程度複雑な物語が語られている。列車に乗り込んだ一味が、一方は金庫のある貨車へ、一方は客車へと向かってそれぞれに行動する様や、馬で逃げ去る一味と、駅で縛られた駅員を発見した少女が町の住人に告げ知らせる一連の行動が、並行して描かれている（クロス・カッティングの使用）。また、町の住民が集まる酒場に少女が駆け込むショットの次には、馬で駆けつける追跡隊のショットが繋がれており、ここには時間の省略が見られる。ショット間の構成に加え、ショット内の構成にも意識的である。例えば、一味の一人が機関車の火夫を殴り倒し、列車外に放り出す場面では、走っている列車の屋根にカメラを据えて（これを移動撮影というのは言い過ぎだろうが）臨場感を演出している。さらに、殴りつけられている火夫は本物の人間だが、放り出される瞬間にそれは人形になっており、つまりここではいったんカメラを止め、人形に替えてから再び回すトリック撮影（メリエスが開発した）が使われている。全編にわたって基本的には固定ショットだが、走る馬を捉えたショットではパンニングも使用されている。

本作には、前年にイギリスで製作されたフランク・モッターソーの『大胆な白昼強盗』*A daring daylight burglary*（03）の影響があるとされる（BFI screenonline、モーターソー作品の解説ページ参照）。確かにこれにも、強盗とその通報、追跡、逮捕が描かれており、複数のショットの構成で物語が語られる。屋根の上に逃げた男と警官の格闘の末、警官が投げ落とされる場面では、人形を使ったトリック撮影も用いられている。加えて、発車間際に列車に乗り込んで逃げた男が次の駅で待ち伏せていた警官に逮捕されるという形で、列車も登場する。確かに題材、素材は似たようなものなのだが、ここには『大列車強盗』にある複数の空間の並列（同時性の表現でもある）、逃げるものと追うものの距離の伸縮（切迫する時間のリズムの表現でもある）など、要するに時空間を操作してサスペンスを醸成しようという意識が薄い。

また、ここに登場する列車は、『大列車強盗』におけるように主たる舞台ではない。しかも馬も登場しない。『大列車強盗』はそれに対して列車と馬の映画である。だからこそ西部劇と言えるのではないか。列車と馬が以後の西部劇をどれほど豊かに彩ってきたか、そのことを鑑みるとき、だからこそ『大列車強盗』が最初の西部劇なのだと言うことは十分可能であるように思う。ちなみに、本作が撮影されたのはニュージャージー州。東部である。西部劇が西部で撮られるのは『スコウ・マン』(14)まで待たねばならない。

『白小鹿の献身』*White Fawn's devotion*(未、10)
監督:ジェームズ・ヤング・ディア(クレジットなし)

アメリカ映画史上初の、先住民出身監督による一巻もの。白人のマウンテンマンが、先住民の妻の白小鹿(プリンセス・レッド・ウィング)、幼い娘と暮らしている。そこにロンドンから手紙が来て、彼に膨大な遺産が入ったので、東部に戻るようにとあった。そのことを知った妻は、絶望のあまりナイフを自らの胸に突き立てる。夫はあわてて抱き起こすが、ナイフを手にした父を見た娘は、父が邪魔になった母を殺したと勘違いし、部族のものたちに知らせる。彼らは父を海岸の崖に追い詰め、捕らえて連行、木から岩を吊るし、ロープを切って下に横たわるものの顔面に落とすことで死なせるという死刑に処するが、危うくそれが完遂する直前、実は気絶しただけだった妻が現われる。夫は、自分と別れるくらいなら死を選ぶという妻の気持ちにこたえ、そのままそこで暮らし続ける。

西部ものながら海が出てきたり(本作は東部ニュージャージーで撮られている)、死刑の方法が珍しかったり、多少の驚きはあるが、物語は単純で、画面的にもとりわけ見るべきものはない。この作品の売りは、上記した通り監督が先住民出身という事実にあるが、しかしそれも確かかどうか実はわからないという(以下、アンジェラ・エレイス「本当のジェームズ・ヤング・ディアとは誰だったのか」、「ブライト・ライツ・フィルム・ジャーナル」二〇一三年四月三十日号参照)。彼はウィネバゴ族出身とされているが、それは妻(本作の主演プリンセス・レッド・ウィング)の出自に倣《なら》ったものであり、実際は東部デラウェアの、白人やアフリカン・アメリカンや先住民が混在して暮らす地域出身の「混血(mulatto)」である。一八七八年生まれで、本名はジェームズ・ヤング・ジョンストン、国勢調査上では黒人とされている。といっても当時、人種判断は肌の色を見て適当になされていたとのことで、本当にアフリカン・アメリカンの血が入っているのかは不明だが、いずれにせよ純正な先住民でも、アフリカン・アメリカンでもない、さまざまな血が入っていたのだろうと思われる。

彼がウィネバゴ族出身と自称し、先住民ふうのヤング・ディアを名乗るようになるのは、上記の通りその出身である妻と一九〇六年に結婚してから。妻は本名リリアン・サンシールで、父はウィネバゴ族、母はフレンチ・カナディアンとソーク族の混血であり、一家は上院議員を友人に持つ、先住民出身としては名家で、姉は先住民として初めて大学を出た女性にして、先住民の権利のための活動家だった。ジェームズとリリアンの二人は、ニューヨークで開拓期時代を再現する展示=見世物に出演して、人気を博し、それを見たD・W・

グリフィスに声をかけられる。グリフィスは西部もの映画に真正さを求めており、二人に助言を期待した。その後アメリカで製作を開始したばかりのフランスの映画製作配給会社パテに入った二人は、西海岸の撮影所に赴《おもむ》き、インディアンの登場する作品で徐々に認知されて、そのジャンルの専門家と目されるようになる。本作の宣伝素材には、「インディアンの酋長の監督のもとに製作され、細部にいたるまで細心の注意を払った」とある。パテ社で撮った作品は百五十本に及ぶが、現存するものは十本に満たないといい、そのうち最も容易に見られるのが、アメリカ議会図書館にも所蔵され、パブリック・ドメインとしてネットでも見ることができる本作である。

一九一三年、ヤング・ディアは、白人奴隷売買組織に関連する男に紹介したとして、若い女性に訴えられる。裁判で先住民への差別を訴えて罪は免れるが、いったんアメリカから離れてイギリスに渡る。リリアン・サンシールは彼についていくことはなく、その後女優としてセシル・B・デミルの『スコウ・マン』に主演したものの、二〇年代には映画界を引退する。ジェームズはイギリスで打って変わって都会的なスリラーなどを撮るが、鳴かず飛ばずで帰国する。しかし、パテ社は製作から撤退し、映画も一巻ものからより巻数の多い複雑なナラティヴを駆使するものに様変わりしており、彼の技量にかなうものではなくなっていた。マック・セネットのためにシナリオを書いたりもしたが、一本も映画化されることはなかったという。ジェームズは四六年に死去。先住民初の映画監督という名のみが残り、実際にその作品も顧みられることがなく、歴史の闇に埋もれてしまったヤング・ディア。先住民という偽りの出自を利用しただけだったのではないかという疑問もあり、作品自体に今見返す価値があるかどうかも微妙なのだが、こうした存在が西部劇の歴史上にあったということを知っておくのも一興かと思う。

『スコウ・マン』*The Squaw Man*（未、14）
監督、脚本：セシル・B・デミル、オスカー・アッフェル、原作：エドウィン・ミルトン・ロイル、撮影：アルフレッド・ガンドルフィ

イギリスの貴族ジム（ダスティン・ファーナム）は、いとこのヘンリーの妻ダイアナ（ウィニフレッド・キングストン）を愛しており、彼女のためにヘンリーの横領の罪をかぶってアメリカに渡る。そこで牧場を経営するが、彼を敵視するキャッシュ（ウィリアム・ウェルマー）に撃たれそうになったところを、先住民のナタリッジ（リリアン・サンシール、クレジットはインディアン名のレッド・ウィング）に救われる。彼女への恩義と孤独感から、ナタリッジと結婚したジム。息子も生まれ、それなりに平穏な日々を過ごしていたが、ヘンリーが旅行中に事故死し、その死に際に自身の罪とジムの無罪を告白する。罪障の晴れたジムを迎えにダイアナらがやってくる。英国へ帰ろうという彼らに、妻を置いていけないというジムだが、君の息子から伯爵位を奪うのかと諭され、息子のみイギリスに送ろうと決める。折から、かつてのキャッシュ殺しの犯人がナタリッジであると知った保安官らが逮捕にやってきて、旅立つ息子を物陰から見送ったナタリッジは、自ら命を絶つ。

本作はセシル・B・デミルの初監督作品で、かつアメリカ映画史上初の長編西部劇。ブロードウェイで一九〇五年以来何度も上演された人気作であり、舞台では後の西部劇スター、ウィリアム・S・ハートが主人公を演じた。映画製作者のジェシー・ラスキーが、初めはセシルの兄でブロードウェイの劇作家だったウィリアムに話をもっていったが多忙で、マネージャーだった母親が、ブロードウェイで俳優を務め、脚本も書いたことがある弟セシルを推薦した。ラスキーとセシルは、これからは映画も長編の時代だと意気投合し、ラスキーは長編映画製作のための会社ラスキー・フィーチャー・プレイ・カンパニーを設立した。これはメジャー映画製作会社の中でも最古のパラマウントの前身である。このころはすでにグリフィスが西部で映画撮影を開始しており、デミルも見栄えのする景色を求めて、西部へ向かい、ハリウッドという小村で撮影を行なった（以上、TCMのサイトより）。本作は大ヒットとなり、デミルの監督としての地位を一挙に築くことになる。デミルは出世作となった本作を気に入っていたのか、一八年、三一年にもリメイクする。

この物語が何度も舞台でリヴァイヴァル上演され、映画が三度もリメイクされるほど人気があった理由は、今となってはよくわからないというしかない。主人公がイギリスで、愛する女性のために自分が横領をしたことにする、またアメリカで、主人公の危機を救ったナタリッジが、その罪をかぶって自殺するという二重の自己犠牲への感動なのか。あるいは、貴種に生まれた主人公が、汚名をかぶって流離するという貴種流離譚のパターンにかなっているからなのか。先住民との結婚という事態は、二十世紀初頭のアメリカにとっては身近なことで、単に現在の、異邦の我々にとって想像の外であるだけで、それを描くこと自体になんの違和もないのかもしれないが、いずれにせよこれがヒットする理由は判然としない。

ここでついでに、リメイク作についても言及しておく。といっても、今見られるのは三一年版のみである（邦題は『スコオ・マン』と微妙に変化している）。キャストは、ジムにワーナー・バクスター、ナタリッジにルーペ・ヴェレス、ダイアナにエレノア・ボードマン、キャッシュにチャールズ・ビックフォード、脚色はリュシアン・ハバードとレノア・J・コフィ、撮影はハロルド・ロッソン、助監督には後に『淑女の求愛』（32）、『淑女と拳骨』（43）といったコメディで有名になるミッチェル・ライゼンがついている。製作会社はMGMに変わる。一四年版が七十四分、三一年版が百四十七分とほぼ倍化。しかし一四年版が、イギリスからアメリカへわたる途中の船が火事になるなど、余分としか思えないパートのた

図172　『スコウ・マン』時計の振り子越しの主人公

めにモタモタ感があるのに対し、三一年版も思い入れたっぷりな場面などで長くなっているとはいえ、三作目が一番出来が悪いというアメリカでの評価に反し、総じて三一年版のほうが主観的には短い印象がある。何より視覚的演出が優れている。例えばイギリス時代、横領の事実が明らかになりそうだとヘンリーが感じている場面。同じ部屋でヘンリーの母とダイアナの兄がチェスをしており、負けそうになっている兄が、「都合が悪ければポーンを犠牲にするだけだ」と言い、盤上のポーンに二重写しでジムが重なってくるといった象徴的表現がいかにもサイレント期らしい技法で見せる。カメラの移動も印象的に使用されている。姿を消したジムに横領の疑いがかかり、ざわつく人々を階段下に配し、カメラは彼らの頭越しに前進して、階段の半ばにいるヘンリーをバスト・ショットで捉えて止まる。キャッシュがジムを狙って探し回っているところをナタリッジが見ている場面では、地面に座った彼女を汽車の車輪越しに捉え、あるいは、一人の雨の夜、孤独の身をかこつジムが、時計の音に悩まされる（この作品はトーキー初期作だ）場面では、時計の振り子越しに俯瞰でジムが捉えられる【図172】。画面的にいえば、一八年版よりも三一年版のほうが遥かに見ていて興味深い。

　スコウマンとは、白人と結婚した先住民女性スコウに対し、先住民女性と結婚した白人男性を称する言葉だが、一八年版ではさほど差別臭は感じられないものの、三一年版では明らかに差別的呼称として描かれている。ジムの牧童（ジョン・フォード作品でおなじみのファレル・マクドナルドが演じている）が、ナタリッジと結婚したらジムはスコウマンと呼ばれると言い、それに対しジムが、それではナタリッジが可哀そうだな、と答える。また、ジムとナタリッジの間に生まれた息子が誕生日を迎えた日、牧童たちは電気仕掛けの鉄道を贈り、ナタリッジは木彫りの動物を贈るのだが、息子は母親の贈り物を見て一応は嬉しがるものの、これは何？　と聞き返し（確かに素朴すぎて何だかわからない）、とりあえず預かっておいて、と鉄道のほうに駆け戻る。この無邪気な残酷さ。イギリスからダイアナたちがやってくるのはその直後であり、ここでモダンな鉄道模型と素朴な木彫りの動物の対称性は、イギリスの貴婦人ダイアナと先住民ナタリッジの対称性に比せられることになる。その構成自体は非常に効果的で、それも含め、映画そのものとしては三一年版のほうが優れているのだが、しかしそれが差別の強化と引き換えに達成されているという事実は忘れてはならないだろう。セシル・B・デミルが、早川雪舟を主演に、サディスティックな東洋人を描いた『チート』(15)を撮った監督であることも思い合わせられる。

『暁の娘』*The Daughter of dawn*（未、20）

監督、脚本：ノーバート・A・マイルズ、原案：リチャード・バンクス

カイオワ族の酋長の娘、暁の娘（エスター・ルバル）には恋人ホワイト・イーグル（ホワイト・パーカー）がいたが、彼にはブラック・ウルフ（俳優名不詳）というライバルがいた【図173】。ブラック・ウルフは裕福で、多数所有する子馬を贈り物にすることができた。求婚する二人は、崖を飛び降りるという試練を課されるが、ホワイト・イーグルのみがそれをやり遂げ、怯《おび》えてできなかったブラック・ウルフは臆病者として部族を追放される。ブラック・ウルフはコマンチのもとに走り、女性不足に悩むコマンチは、ブラック・ウルフの手引きで、男たちが狩りに出た隙を狙ってカイオワの村を襲い、若い娘たちを略奪する。その報を受けたカイオワの男たちはコマンチの村に逆襲をかけ、女たちを取り戻す。ホワイト・イーグルと決闘したブラック・ウルフは破れて死ぬ。

図173　恋人同士。背後にそれをうかがうライバル

本作は、そのキャストすべてが先住民である（コマンチとカイオワ）。テントや、その中の生活用品、衣服、装飾品などはすべて実際の彼らの持ち物を使用している。また撮影も、彼らが実際に暮らしたオクラホマのウィチタ・マウンテンで行なわれた。当然部族の言語で話していると思われるが、サイレントなので残念ながら実際に話している声は聞こえない。映画の最後、狩りに出ていたカイオワ族の男たちが、女たちを取り戻しに向かうにあたっては、なぜか狩りの場からそのまま直行せず、いったん村に戻り、戦いの踊りを踊ってから敵地に向かう。先住民は戦いの前に必ずそうしなければならないという掟でもあるのだろうか。その踊りにも（短いけれど）、先住民たちが実際に行なっていたものとしての資料的な価値はあるだろう。主演のホワイト・イーグルを演じたホワイト・パーカーと、ブラック・ウルフに恋し、彼が追放された後、彼についてコマンチの部族に入り、その死後、後を追って自殺する女を演じたワナダ・パーカーとは、共にクアナ・パーカーの子供である。クアナ・パーカーは、ジョン・フォード監督『捜索者』の誘拐された娘のモデルとなったシンシア・アン・パーカーの息子で、先住民と白人の混血として先住民の権利を代表して白人と交渉し、その権利維持のため活動した存在だった（彼については、グレン・フランクル、高

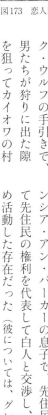

見浩訳『捜索者——西部劇の金字塔とアメリカ神話の創生』に詳しい）。戦いの話ながら、弓矢もナイフもほとんど出てこない。ナイフは、ラストの二人の戦いで使われるのみ。インディアンといえば弓矢とナイフというのは、西部劇によって作られたイメージなのだろうか。

本作は、製作年にホワイトハウスでウッドロー・ウィルソン大統領の前で上映されたとされる。公開後に上映される機会もなく、行方がわからなくなっていたが、オクラホマ・ヒストリカル・ソサエティによって二〇〇七年に発見され、修復して現在DVDが発売されており、フィルムはアメリカ議会図書館にも納められた。監督はこのほかに二作品しか監督作がなく、演出もことさら優れているとは言えないが、それなりにドラマがあり（作品は八十分弱の長尺）、先住民（のみ）が出演している、当時としては珍しい真正性を追求した作品として貴重なものである。

『モヒカン族の最後』*The Last of the Mohicans*（20）
監督：クラレンス・ブラウン、モーリス・トゥルヌール、**脚本**：ロバート・A・ディロン（原作：ジェームズ・フェニモア・クーパー）、**撮影**：フィリップ・R・デュボス、チャールズ・ヴァン・エンジャー

ジェームズ・フェニモア・クーパーによるマウンテンマン、ナッティ・バンポーの冒険譚シリーズ、レザーストッキング物語の第二話『モヒカン族の最後の者』（1826）の映画化。バンポーは複数の渾名《あだな》を持ち、作品ごとに変わってくるが、本作ではホークアイと名乗っている。ただし、この映画では彼は脇役に過ぎず、モヒカン族最後のもののアンカスと、イギリス人の淑女カーラ、カーラ姉妹に邪《よこしま》な感情を抱くヒューロン族のマグアの三角関係がメインとなる。

フレンチ・インディアン戦争さなかの一七五七年、イギリス軍はフランス軍に対し劣勢に立たされていた。イギリス軍将校の二人の娘コーラとアリス（バーバラ・ベッドフォードとリリアン・ホール）が、父に会いに来る。案内役のマグア（ウォーレス・ビアリー）は実は敵方で、姉妹を森で迷わせるが、たまたま近くにいたアンカス（アラン・ロスコー）らに救われる。コーラは、野性の外見に深い知性を湛《たた》えたアンカスに惹《ひ》かれる。その様子に嫉妬する将校が、フランス軍にイギリス軍の守りの弱さを内通してしまい、フランス軍に降伏を勧告されたイギリス軍は、子女の安全を鑑みてそれに従わざるを得ない。しかしフランス軍がヒューロン族に酒を与えたため、酔った彼らは婦女子を、ひいては砦を襲撃、多数の犠牲者が出る。その騒動の中、コーラを誘拐したマグアと、彼を追うアンカス。コーラは抵抗の末、断崖から落下して死に、アンカスもマグアとの決闘で殺されてしまう。マグアはホークアイによって射殺される。

何といっても、画面の力で見せるのがこの映画の強みである。森で迷った姉妹を救ったアンカスらが洞窟に避難する。夜が明けると洞窟の入り口から遠い山並みが見え、その山の

端から夜明けの太陽が現われ出る。その荘厳なイメージ。またその洞窟の入り口に、逆光になって佇《たたず》むアンカスの威厳。そうしたイメージは、アンカスら先住民の、自然と一体化した生き方への共感として、姉妹の彼らへの接近を説得的にする。逆に敵方の脅威は、例えばヒューロン族の暴徒が女子供を襲う場面で効果的に演出されている。幌馬車の中に隠れていた母子を見つけた男が忍び寄るのだが、そこで男は、カメラに向かって近づいてくるため、逆光になった男の顔が画面を黒々と覆っていくのである【図174】。風景をロング・ショットで捉えた場面も効果的で、中でもラストは驚異的。マグアから逃げ出したコーラが、断崖絶壁に突き出た岩の上に立つのだが、それが超ロング・ショットで、崖の上の人影が点のようにしか見えない【図175】。人形なのかと思いきや、その点がちゃんと動いているので驚く。その後駆けつけたアンカスとマグアが格闘するところでも、その人影は動いており、書割でもなければ、人形を使用しているのでもなく、実際に崖で人が格闘しているのを撮っているとわかるのだ（その後落下する人影はむろん人形だろうが）。最後に射殺されてマグアが滝を落下する場面も、超ロング・ショットで滝の大きさが際立って見える。

図174　カメラに向かってくる男

図175　絶壁での格闘

本作は、モーリス・トゥルヌールとクラレンス・ブラウンの共同監督である。トゥルヌールが撮影中に病気になり、助監督だったブラウンが引き継いだ。トゥルヌールは、名前でわかる通りフランス人で、宝飾店に生まれ、彫刻家ロダンの助手を経て、演劇、映画と転身した。英語が堪能だったことからエクレール社に入りアメリカ支社に配属され、そこからハリウッドへと渡る。最初の妻との息子がジャック。トゥルヌールを英語読みにしてターナー、後にフィルム・ノワールの名作『過去を逃れて』や、恐怖映画の傑作『キャット・ピープル』を撮ることになるジャック・ターナーである。トゥルヌールのアメリカでの作品はメロドラマが多い。クラレンス・ブラウンも、その後MGMを代表する映画監督として、グレタ・ガルボの代表作の数々を撮ることになる。二人とも西部劇を撮るのは初めてで、トゥルヌールはこれが最後となった（ブラウンには、アラスカのゴールドラッシュを背景とした冒険西部劇『黄金の世界へ』〔28〕がある）。

初期西部劇にはよくあるように、本作もまた何度かリメイクされた。三一年にはハリー・ケリー主演、フォード・ビーブ、B・リーヴズ・イーソン監督で、三六年にはランドルフ・スコット主演、ジョージ・B・サイツ監督で、五〇年代の単発TVドラマ、連続TVシリーズを経て、九二年にはダニエル・デイ・ルイス主演、マイケル・マン監督の作品がある。しかし、本作以外ではすべてホークアイが主人公だ。レザーストッキング物語の中でとりわけ本作が好んで映画化された理由としては、自然を背景とする活劇であること、先住民との異人種間ロマンスであることなどが挙げられる。『スコウ・マン』と同様、男のほうが貴種（本作では、モヒカン族の最後のものとして）であることもロマンスに花を添える。西部劇の初期においては、先住民との婚姻は、違和として受け止められているとはいえ、必ずしもスキャンダラスなものではなかったことがわかる。それだけ、日常的によくある事態だったのだろう。しかし、その記憶が失われるにつれて、先住民との結婚はタブーとなっていく。


『懐しのアリゾナ』*In Old Arizona*（28）

監督：アーヴィング・カミングス（ラオール・ウォルシュ）、**脚本：トム・バリー**（原作：O・ヘンリー）、**撮影：アーサー・エディソン**

本作は、O・ヘンリーの短編を原作とし、シスコ・キッドなるアウトローを主人公とする。シスコ・キッドは名前からしてビリー・ザ・キッドにインスパイアされているのではないかと思われるが、確証はない。ただ、ビリー・ザ・キッドが生きたニューメキシコとアリゾナは隣同士で、ビリー・ザ・キッドは逃亡中にメキシコの恋人のもとに隠れていたとされる。加えて本作のヒロインも片言の英語を話すメキシコ人と設定されていて、これらの符合からO・ヘンリーの発想の源にビリー・ザ・キッドがあったと考えてもおかしくはない。

トニアという女性に、シスコ・キッドと彼を捕えようとする男が二人とも恋する。トニアはシスコ・キッドがお尋ね者と知り、その報奨金欲しさに彼を売る。裏切りに気づいたキッドは、トニアが書いた手紙を書き換え、トニアを射殺させる。裏切る女というファム・ファタル的な存在が登場し、しかも殺されるという当時の西部劇としても暗い展開は、どこかフィルム・ノワールを連想させる。本書第四章で詳述した通り、ウォルシュが西部劇とフィルム・ノワールを繋ぐのに大きな役割を果たしたと考える我々としては、このような作品をウォルシュが自身の初の西部劇として撮っているという事実は興味深い。

付言すると、この作品は西部劇としては初のトーキー作品である。トニアがレコードをかける、シスコ・キッドが歌う、ベーコンエッグを焼く、などの場面が当時としては見せ場（というか聞かせ場）だったものと思われる。しかし、今から見ると全体に台詞《せりふ》回しが遅くてまどろっこしい。そのような受け止め方は日本公開当時も同様で、台詞をしゃべっているだけにかえって「筋の運びが至って遅く寧《むし》ろいらだたしい」（「キネマ旬報」の村上久雄による評）とされている。また、本作は当初ウォルシュが主演も兼ねていたが、ある日の撮影後の帰路、車の前にウサギが飛び出してきてフロントガラスを割り、その破片が右眼に入るという事故に遭遇したため、主演をワーナー・バクスターに変更し、監督もアーヴィング・カミングスが引き継いで撮り直されている。従って、ウォルシュの作品とするのは実は当たらないかもしれない。なお、ウォルシュが眼帯をつけるようになったのはこの事故のためである。

『砂漠の生霊』*Hell's heroes*（29）

監督：ウィリアム・ワイラー、脚本：トム・リード（原案：ピーター・B・ケイン）、撮影：ジョージ・ロビンソン

ニュー・エルサレムの町で銀行強盗をして砂漠に逃げ込んだ三人の男が、一台の幌馬車を発見、そこには身重の女がいた。その夫は、涸《か》れた水場で死んでいた。土を取り除こうとダイナマイトを使ったため、かえって水場は修復不能なまでに破壊されてしまっていた。生まれ落ちた男の子の名づけ親（ゴッドファーザー）になってくれるよう頼まれた彼らは、赤子の命を救うため、町に戻ろうとするが、水は残り少なく、一人（フレッド・コーラー）は自ら命を絶ち、一人（レイモンド・ハットン）は赤子に水を回すため砂漠に姿を消す。残った一人（チャールズ・ビックフォード）はかろうじて水場にたどり着くが、その水は毒に汚染されたものだった。諦めかけた男だが、この水を飲めば町までは行ける、それで自分が死んだとしても、赤子は助かる、と水を飲む。町にたどり着き、教会に集まっている住人たちに赤子が託される。その日はクリスマスであった。

ピーター・B・ケインによる一三年発表の原作は、一六年にエドワード・ル・サンによって『三人の名付親』としてハリー・ケリー主演で最初に映画化された。一九年には、ジョン・フォードが『覆面の人』*The Marked man*としてリメイクした（フォードは一七年にも、親友の娘を救うために捕まるのを覚悟で町に戻る男——これもハリー・ケリー主演——を描く、『三人の名付親』に発想を得たと思しい『光の国へ』*The Secret man*を撮っている）。本作は、従って同原作の三番目の映画化ということになる。さらに三六年にはチェスター・モリス主演でリチャード・ボレスラウスキーが監督、四八年には再びフォードがジョン・ウェイン主演で『三人の名付親』を撮る。かくしてこれは、五度にわたってリメイクされている、西部劇史上最も人気のあった題材である。物語の簡素さ、子供を救うための自己犠牲という人情ものとしての普遍性、東方の三博士やクリスマスといったキリスト教的意匠による神話性などが、その人気の要因だろう。

ワイラーの監督作はこれら諸作の中で最も感傷的でない作

図176　足跡を追うトラック・ショット、その先にライフル

品とされており、男たちが一人一人脱落していく際も、残されたもののの思い入れやリアクションもなく、さっさと次の場面へとつながっていくのが特徴的だ。ラストシーンで、町に辿《たど》り着いたビックフォードが教会に集まった人々のところに姿を現わし、倒れ伏すと、赤ん坊を抱きあげる手が映って映画は終わってしまう。見る者の感情をわかりやすく煽《あお》らず、想像の余地を残した画面作りである。最も有名な場面を挙げる。二人目の男が、残り少ない水を赤ん坊にやってくれと書き置きを残して去った直後、画面は、地面を映しながら前方へ移動するトラック・ショットになる。そこには足跡と一筋の線が見えており、しばらく行くとライフルが捨てられている【図176】。ライフルを引きずりながら歩いていたが、そこで捨てたのだとわかる。仲間が去った後、すでに相当の時間が経過していることが、ここで了解されるのだ。このトラッキング・ショットを見た製作者ダリル・ザナックが感心し、当時在籍していたワーナーの監督たちを集めて、ここに新時代の監督がいる、これを見て勉強しろ、と発破をかけたという。

本作もまたトーキー初期作で、オール・ロケの西部劇だったために、クリアな音を現場で撮るための苦労があった。モーターつきカメラを金属の箱で覆い、それをレールに載せて撮影したが、砂漠の昼で、箱の中は摂氏六十五度にも達しており、撮影終了後に箱を開けたところ、カメラマンは失神していたという（サンフランシスコ・サイレント映画祭のサイトの記事による）。本作はワイラー初のA級作品であり、評判もよく、彼にとって出世作となった。

『ビリー・ザ・キッド』*Billy the Kid*（30）
監督：キング・ヴィダー、脚本：ワンダ・タショク、ローレンス・スターリングス（原作：ウォルター・ノーブル・バーンズ）、撮影：ゴードン・アヴィル

本作は、ビリー・ザ・キッドの生涯を下敷きにしているとはいえ、実際のキッドの敵が町の重要人物たちの連合体であったのに対し、こちらでは一人の人物（とその手下）に集約されていて、その分善悪の輪郭がくっきりする。よりはっきり言えば、単純化されている。この作品のクライマックスは、ビリー一派の立てこもる一軒家を敵方が数日にわたり包囲し、ついに焼き打ちに出る場面である。敵方は樽に火をつけ、斜面を転がして一軒家にぶつける。火は壁から屋根に燃え移り、激しく炎と煙を巻き立て、屋内を白く染める。追い詰められ

図177　『ビリー・ザ・キッド』ポスター

たビリー一派は、敵の待ち伏せる出口から一人、また一人と走り出て、あるいは撃たれ、あるいは辛うじて塀を乗り越えて逃げる。この場面は夜に設定されているので、樽の炎が鮮やかに浮かび上がり、それが斜面を転がり落ちていく様が壮観である。斜面を背にした一軒家という設定がいかにも西部劇的だ。地形という点では、山の洞穴に立てこもるビリーを、保安官パット・ギャレットが誘い出す場面も興味深い。ビリーは数日間飲まず食わず。パットは洞穴の入り口でベーコンを焼き、その匂いでビリーを降参させるのだ。このユーモアもさりながら、洞穴が巨大で、手前にいるビリーと、入り口にいるギャレットを共に捉えるショットは一種異様な印象を与える。ヴィダーには、カヌーを引っ張り上げて山を越える『北西への道』、愛憎こもごもの男女が山上で死闘を繰り広げる『白昼の決闘』など、スペクタキュラーな自然が神話的次元にまで高められるものがあるが、その萌芽といえるだろう。なお、パット・ギャレットと言えば、西部劇の紋切型的解釈ではビリーの友人、しかしその友を殺さざるを得ない人物である。従って、苦さが顔に刻み込まれた痩身の人物を我々は連想しがちだ（実際そうである）が、本作では大男のウォーレス・ビアリーが豪放磊落に演じており、意外な印象だ。ビリーは自分を雇ってくれた、しかしその後殺されることになる男の婚約者と恋仲になるが、ギャレットは最後に、彼らを国境の向こうに逃がす。アウトローとその恋人を大男の保安官が逃がすというハッピーエンドは、定型としてその後の『ならず者』や『駅馬車』においても繰り返される。

　主演のジョニー・マック・ブラウンは、アメリカン・フットボールのスターとして全米で人気を得た後、ＭＧＭに迎えられた。コメディやメロドラマ、冒険アクションなどで善人を演じていたが、トーキーになって南部訛《なま》りがネックとなり、彼が演じていたタイプの役が同じ社のクラーク・ゲーブルに回るようになって、本作のころから西部劇へと活躍の場を移す【図177】。本作で初めて主演級として、ウォーレス・ビアリーよりも上位のビリングを得るが、ビアリーはその後キング・ヴィダー監督『チャンプ』（31）、エドマンド・グールディング監督『グランド・ホテル』（32）、ラオール・ウォルシュ監督『バワリイ』（33）と名作、ヒット作に立て続けに出演して、ＭＧＭのトップ俳優となっていく。一方マック・ブラウンは以後、三〇年代から五〇年代に至るまで、メジャー中のマイナーである、ユニヴァーサルやモノグラムなどの弱小会社のＢ級西部劇シリーズのヒーローとして活躍することになる。マック・ブラウンの本領はそうしたB級のシリーズものということになるだろうが、それらの作品は現在では相当数がYouTubeに挙がっており、見ることができる。

『丘の一本松』*The Trail of the lonesome pine*（36）監督：ヘンリー・ハサウェイ、脚本：グローヴァー・ジョーンズ（原作：ジョン・フォックスJr.）、撮影：ロバート・C・ブルース、W・ハワード・グリーン（テクニカラー撮影）

この作品も、サイレント期から数度にわたって映画化されてきたものである。一四年にフランク・L・ディア（短編）が、一六年にセシル・B・デミルが、二三年にチャールズ・メインが監督している。本作はウォルター・ウェンジャーが製作している。カラー映画を推進したウェンジャーは、この作品で、西部劇として初めてオール・ロケでテクニカラー撮影を敢行した。テクニカラーで見たことがないので効果のほどは正直なところわからないが、公開当時はその自然さが称賛されると同時に、不自然だと正反対の評価も受けたという（フィル・ハーディ『オーヴァールック・フィルム・エンサイクロペディア』）。ウェンジャーは、妻のジョーン・ベネットを主演にアーヴィング・カミングス監督『一九三八年のヴォーグ』（37）を製作し、雑誌「ヴォーグ」に対抗して、マックス・ファクターの口紅、マニキュアの紅を強調した（蓮實重彦、山田宏一『傷だらけの映画史』）。また、この作品の製作者、主演俳優のコンビ（シルヴィア・シドニー、ヘンリー・フォンダ）で、犯罪映画史上の傑作であるフリッツ・ラング監督『暗黒街の弾痕』（37）が撮られることになる。

数世代にわたって対立しているトリヴァー家とファリン家の土地にまたがって石炭が発見され、その採掘と輸送のための鉄道を敷く目的で、会社の技師ジャック（フレッド・マクマレー）がやってくる。彼らは反発しつつも会社と契約を結び、休戦状態になる。トリヴァー家の娘ジューン（シルヴィア・シドニー）はいとこデイヴ（ヘンリー・フォンダ）と婚約状態にあるが、技師ジャックに惹かれていく。文明社会に変貌していく周囲に取り残され、またマクマレーへの嫉妬も混じって不安を増幅させていくデイヴは、ファリン家との争いを蒸し返すが、ジューンの幼い弟が巻き添えを食って死んだことをきっかけに反省して、ファリン家に赴き、和解を申し出る。ファリン家の家長もそれを受け入れるが、息子の一人が帰ろうとするデイヴを背後から射殺する。家長は自身の息子を射殺して、デイヴの遺体を家まで送り届け謝罪し、積年の対立は解ける。

この物語のどこに何度も映画化されるほどの吸引力があるのか、現在の我々にはいささかわかりかねるところがある。ここにも、進化していく社会への反発として、例えばジェームズ兄弟やビリー・ザ・キッドらの、社会に背を向け、滅び去るものの側につくアウトローへの共感と同じものがあると言えるかもしれない。ともあれ、初期西部劇の典型の一つとして言及はしておく。

『テキサス決死隊』*Texas rangers*（36）

監督：キング・ヴィダー、脚本：キング・ヴィダー、ルイス・スティーヴンス（原案：ウォルター・プレスコット・ウェッブ）、撮影：エドワード・クローンジャガー

駅馬車強盗をしていた男三人組のうち二人、ジムとヘンリー（フレッド・マクマレーとジャック・オーキー）がテキサス・レンジャーズの存在を知り、入隊する。金塊の警護などのおいしい情報を得るためだったが、インディアンに襲われた一家の唯一の生き残りの少年を救ってレンジャーに連れ帰り、彼に慕われるヘンリーは、レンジャーに愛着を持ち始める【図178】。テキサスのある街を牛耳る悪党退治に派遣されたジムもまた、初めこそ悪党を追い出してその後釜に座るつもりだったが、彼の敢然たる行動に感動した街の連中から牧場を贈られて、正義も悪くないと、正道に帰ることになる。隊長の娘アマンダ（ジーン・パーカー）と惹かれ合うようになり、そのことも、ジムの態度を改めることに貢献する。一方、かつての仲間だった男サム（ロイド・ノーラン）は、強盗団の首領として悪名を轟《とどろ》かせていた。サムの逮捕を命じられたジムはこれを拒否、かつてサムの強盗仲間であった過去も知られ、捕らえられる。ヘンリーは一人、サムを逮捕すべく向かうが、彼の意を察した少年がついてきてしまう。やむなく二人で向かい、サムの一味に入り込むも、真の目的を悟られて、ヘンリーは殺されてしまう。遺体がレンジャー部隊に送りつけられ、それを見たジムは自分に行かせてくれと嘆願して、サムの隠れ家に向かう。

図178　マクマレー（右）とオーキー（左）、オーキーを慕う少年

空間造形に特徴がある。インディアンとの戦いの場面では、平原で乱闘になり、数に押されて山上に逃れたレンジャー隊が眼下の敵を見下ろす形で狙撃する。しかしさらにその上、崖上に回り込んだインディアンが山上から岩を落とし始める。単に平面での戦いではなく、上下に、しかも二段構えにアクションを積み上げるという趣向だ。崖から落下する岩が地面にぶつかって跳ね上がる、緩慢な速度や重い響き、加えてその一個が崩れてバラバラになる細部も相まって、本物のように見えるのも緊張を高めることになる。むっつりのフレッド・マクマレーと、ひょうきんなおしゃべりオーキーの掛け合い、さらにオーキーと少年の関係（オーキーは、ラストで単身敵ノーランのもとに赴こうとして、「俺が行ったら褒めてくれるか」と少年に聞くのだ）が、物語をうまく転がしていく。ヴィダーには、『涙の舟歌』（20）や『チャンプ』（31）など、少年をキーとなる人物に設定した名作があり、これもその一つだ。

オーキーの真意を悟ったノーランが、カード占いを通してそのことをオーキーに告げ、引導を渡してテーブル下の拳銃で彼を射殺するという演出も素晴らしい。

　無法の地に正義をもたらした組織としてテキサス・レンジャーズを称えるナレーションに始まり、二人組の憎めない悪党がレンジャーズに入り込み、彼らの行動を通して、インディアンや無法者と戦うレンジャーズの活動を紹介する。さらに、死んだオーキーの葬儀での隊長の言葉を通じ、改めてレンジャーズの存在意義を高らかにうたい上げる。原案のウェッブはテキサスの郷土歴史家で、レンジャーズについての本やテキサス事典を作ったことで知られる。テキサスとレンジャーズについても、この際触れておこう。

　一八二一年にメキシコがスペインから独立し、テキサス、ニューメキシコ、カリフォルニアはメキシコの領土となった。スペインと違ってメキシコは、北部の開拓を進めるためにアメリカ人の流入を歓迎したことから、テキサスにアメリカ人が大挙入り込んだ。これに恐れをなしたメキシコは、あわててアメリカ人の移住を禁止するが効果はなかった。この、アメリカになる前のテキサスで結成された自警組織が、テキサス・レンジャーズである。正式結成は一八三五年で、結成当初は先住民と、アメリカとメキシコとの戦争の間はメキシコ人と戦い、南北戦争後の混乱期以降は、無法者の取り締まりに当たった【図179】。彼らが退治した無法者の中には、列車強盗団首領として名高いサム・バス、生涯で四十人以上を殺害したアウトロー、ジョン・ウェズリー・ハーディンなどがいる。また、レンジャーズは開拓期以後も存続し、二十世紀以降では、ボニーとクライドに機関銃の弾を撃ち込んだのもテキサス・レンジャーズ（とルイジアナ警察）である。ブーツにベスト、ステットソン帽ないしソンブレロというカウボーイスタイルは、彼らが確立したものとされる。レンジャーズは西部ファッションの生みの親でもあった（高平鳴海『図解フロンティア』参照）。

図179　1882年のテキサス・レンジャーズ

　一八三三年、メキシコではサンタ・アナが大統領に就任し、独裁体制を作り上げるが、テキサスのアメリカ人はむしろこれを好機として、三六年にテキサス共和国として独立を宣言、これに対しサンタ・アナは討伐軍を北上させる。テキサス共和国側はアラモ砦に立てこもり、二月下旬から三月上旬までの十三日間にわたる激闘の末、砦を守った百八十七人全員が戦死した。その死者の中には、有名な西部の探検家デイビー・クロケットもいた。アンドリュー・ジャクソン大統領のもと、インディアン戦争で闘い、ジャクソニアン・デモクラットとして下院議員を三期務めた人物である。彼は「半身は馬、半身はワニ」と自称し、生前からほら話でいっぱいの「自伝」を刊行した。死後もほら話ばかりの「クロケット暦」が多数出版され、アメリカ西部民話の最大の主人公となっている。もう一人、アラモの戦いでは、ジム・ボウイも死んでいる。ボウイは、大型狩猟用鞘つきナイフのボウイナイフにその名を留めるフロンティアマンである。テキサス・レンジャーズの一員で、アラモにはボランティア兵として加わっていた。テキサス軍は「アラモを忘れるな」を合い言葉にメキシコ軍を追い詰め、ついに四月、サンタ・アナを捕虜として独立を達成した。テキサス共和国大統領はすぐ、連邦政府にアメリカの一州として認めるよう使者を送る。しかし、テキサスは奴隷州としての上申だったため、奴隷制度をめぐって連邦政府内に論争が起こっていた折から、このときはテキサス共和国を承認したのみで終わった。テキサスは、自身の国旗に合衆国の各州を象徴する星一つを掲げ、「ローン・スター」を自称することになる。テキサスが合衆国に加わるのは十年後の四五年である。

まさにこの三五年、テキサスがアメリカとなるころに正式結成されたレンジャーズの成員は、アメリカの一員としての誇りを象徴するローン・スターをかたどった銀バッジを身に着けることになる。このバッジはいわば、テキサスはアメリカ（ひいてはアングロサクソン）のものであるという宣言なのだが、しかしテキサスという土地自体、そもそも先住民、さらにはメキシコ人のものであり、侵入者はアメリカ人のほうであったのだから、彼らの視点はまるで転倒している。先住民やメキシコ人に対しては略奪、迫害、虐殺も辞さなかったとされ、彼らの意識の底には、異なるものへの差別が存在する。しかしそれはテキサスに固有ではなく、アメリカ全土に共有されていた意識だった。テキサスの独立と合衆国併合（一八四五年）は、オレゴンへの移住熱（一八四三〜四六年）と同時期であり、領土拡大の熱気の中の出来事だ。このアメリカの西進運動を規定する標語が一八四五年に生まれる。「明白な運命」（マニフェスト・デスティニー）である。雑誌の編集者が使い、その後下院議員が演説で使って西部への熱気を高めた。「神から選ばれたアメリカ人がこの大陸全体に広がることは『明白な運命』であり、周辺の劣等な民族を教化することもまた、アメリカ人が神から与えられた使命である」（猿谷要『西部開拓史』）というわけだ。アングロサクソン至上主義、選民意識＝差別意識に満ちた標語は、テキサス、ひいてはアメリカ人の転倒した意識を正当化するものとして広く受け入れられることになる。かくしてテキサス・レンジャーズは、自分の身は自分で守るという西部的自治精神と、その裏側にある、自分たちの正義こそ真の正義という自己中心性とを二つながら体現し、アメリカ西部の精神構造の光と影を典型的に象徴する存在なのである。

テキサス・レンジャーズは二十世紀の娯楽産業に多くの素

材を提供することになるが、その中でも最大のものが、白馬シルバーを「ハイヨー、シルバー!」の掛け声で駆り、盟友の先住民トントとともに悪を退治する覆面のヒーロー『ローン・レンジャー』である。三〇年代にラジオドラマとして始まり、コミックにもなり、五〇年代にはテレビドラマとして、勃興期のテレビの普及に一役買った。内通者の裏切りで壊滅したテキサス・レンジャーズ唯一の(ローン)生き残りという設定で、必ずしもテキサス・レンジャーである必然性はない。しかし、彼が「レンジャー」と名づけられることで、二十世紀におけるテキサス・レンジャーのパブリック・イメージは決定的に善なるものへと傾くことになったのであり、その影響は大きい。

『砂塵』*Destry rides again*(39)
監督:ジョージ・マーシャル、脚本:フェリックス・ジャクソン(原案も)、ガートルード・パーセル、ヘンチー・マイヤーズ、撮影:ハル・モーア

無法の街ボトルネック。かつては名保安官デストリーのおかげで治安が保たれていたが、今やギャンブラーのケント(ブライアン・ドンレヴィ)とその愛人フレンチー(マレーネ・ディートリッヒ)によって治安は乱れていた。折から、彼らのいかさまポーカーによって牧場を奪われたとの訴えを聞き、ケントらのもとに向かった保安官キーオウが行方不明になる。ケントらに抱き込まれている市長は、飲んだくれの老人ウォッシュ(チャールズ・ウィニンガー)を新保安官に任命、かつてデストリーの助手だったウォッシュは本気で街の治安回復を期し、デストリーの息子トム(ジェームズ・スチュアート)を呼び寄せる。しかしトムは想像していたのと違ってヤサ男で、しかも拳銃を信じていない、と丸腰だった。警戒していたケントらを初め、街の住民はトムを小馬鹿にする。しかし、人の懐に容易に入り込む人柄や、ときおり口にする警句に窺《うかが》われる人間理解の深さ、一度だけ披露した銃の腕によって、トムは次第に人心を掌握する。フレンチーもまた、彼に反発しながらも惹かれていく【図180】。ケントらを銃でなく、法によって排除しようとするトムは、前保安官キーオウをケントら逮捕の足掛かりにしようとする。罠を張って、キーオウの遺体を確認しにいったケントの一味の一人を逮捕するが、ケントらは留置所を襲ってその男を奪還する。その際、ウォッシュが撃たれて死ぬ。怒りのあまりついに拳銃を取ったトムはケントの酒場に向かい、銃撃戦になる。二階の物陰からケントがトムを狙うのを見たフレンチーは、トムの身代わりに撃たれて死に、トムはケントを射殺する。かくして、ボトルネックは治安を取り戻す。

三九年に封切られて大ヒットした本作は、同年に封切られたジョン・フォード監督『駅馬車』などと並んで、西部劇復興に大きく貢献した。マックス・ブランドの同名小説から翻案されたことになっているが、原作小説とはまるで違った内容だという。本作以前にもトム・ミックス主演で映画化され

図180 『砂塵』のディートリッヒとスチュアート

ており（三二年）、無実の罪を負わされた男が復讐するという物語であるらしく、こちらのほうが原作に忠実なのかもしれない。フェニンとエヴァソンは本作をパロディ・風刺西部劇に分類した上で、パロディ的西部劇そのものに否定的な評価をしている。本作が成功したのは結局、物珍しさとディートリッヒの才能に起因するとし、「それは確かに奇想天外な西部劇であり、その風変わりなところは生粋《きっすい》の西部劇愛好家をして目を覆わしめたものであった。中でも、昔の同名タイトルのトム・ミックス版に愛着を感じていた観客の驚きは想像に余りある。そうした人びとにとって、新版の『砂塵』は西部劇に対する裏切り行為のように思えたもので、この作品に投げかけられる反論は時が経っても少しも和《やわ》らぐ気配がない」（『西部劇　サイレントから70年代まで』P. 324）と容赦ない。彼らの評価の根拠は、本作の主人公の丸腰を嗤《わら》う街の住民の視点に限りなく近い。丸腰の保安官に何ができるというのか。それは、本書第一章で紹介したウォーショーによる西部人の定義（拳銃を腰に下げたもの、暴力を担っていることを自覚した倫理的存在）にも真っ向から対立するものである。西部人というものの在りようを前提としたうえで、それをひっくり返す。その意味で、確かにこれは「パロディ」と言える。古典的な意味での西部人がパロディ化される事態なのだ。ここで、同年公開の『駅馬車』が想起される。本書第二章に既述した通り、『駅馬車』は人が西部劇と言ったときに思い浮かべるものの総ざらえ、つまり古典的な西部劇の完成形であったわけだが、『砂塵』のような作品を脇に置いてみれば、『駅馬車』もまた見ようによっては西部劇のパロディ、とまでは言わずとも、様式化にも見える。古典期的な完成が、その様式化、抽象化、パロディと裏表である。この二作品が同年に発表されているという事態そのものが、西部劇がもはや古典期的なものではありえないことを示している。

実際本作は、銃（暴力）による事態解決を拒んでいる点において、西部劇の変質を画するウィリアム・ウェルマン監督『牛泥棒』の先駆とも見ることができる。主人公は銃ではなく、法と正義を信じると言い、ユーモアと人柄、知恵で事態を解決していく。リアル・ポリティクスに対して、理想を貫く態度だ。主人公の名前をトマス・ジェファソン・デストリー、また彼を呼び寄せる老人ウォッシュの本名をワシントン・ディズデールとしているのも、無論パロディ意識からのことではあるだろうが、それだけとは言い切れない気がする。

こうした常識外れの西部人を、ジェームズ・スチュアートが演じているのは意味のないことではない。彼は本作の直前にフランク・キャプラの『スミス都へ行く』(39)に出演して、腐敗したワシントンの政治家たちに対し、初めは小馬鹿にされながらも、ユーモアと知恵、そして勇気をもって戦い、勝利を収めるナイーヴな政治家を演じていた。『砂塵』の観客が、キャプラ作品との連続性を感じないはずはなかっただろう。ちなみに本作はジェームズ・スチュアート初の西部劇であり、この取り合わせの意外性は、彼の手足の長い、都会的でスマートな風貌のもたらす場違い感と相まって、ナイーヴな理想主義者という役柄に説得力を加えていることは間違いない。しかしその意外性がもたらす効果は一回的なものではあり、スチュアートは以後西部劇を離れる。彼が西部劇に復帰するのは、アンソニー・マンの『ウィンチェスター銃'73』(50)においてであり、以後五〇年代、マンとの作品によってスチュアートは新たな西部劇の歴史を拓いていくことになるのだが、そのとき彼は、ナイーヴな理想が裏切られた男の凄みを帯びて現われる。それもキャプラ作品や本作において理想主義者を演じたという背景があってこそのものであり、その点でも本作の意義は大きい。

図181　乱闘の末、スチュアートに水をかけられる女二人

ジェームズ・スチュアートに加え、本作はマレーネ・ディートリッヒの西部劇初出演作でもある。ディートリッヒはアメリカ国籍を取得したばかりであり、そのタイミングでアメリカの国民的ジャンルである西部劇に初出演する、というのも意義深い。外国生まれ(フランス女を意味するフレンチーが役名)の酒場の歌姫として、スタンバーグの『嘆きの天使』(30)の延長線上にあり、そこでも楽曲を提供したフリードリッヒ・ホランダーが曲を書いている。しかし、男を堕落させる蠱惑的悪女というよりは、鉄火肌で、主人公への愛にほだされて愛人を裏切る女として、観客の好感を得やすい役柄である。この直前の作品が、一時の恋に迷う優雅なブルジョア女性を演じたルビッチの『天使』(37)であったから、そのギャップ、意外性も効果的に働いた。一方で、本作におけるディートリッヒは西部劇史上における女性像を革新したとも評価されている(ジェームズ・ラステッド『西部劇』)。本作でディートリッヒは、自分の亭主をイカサマ・ポーカーに誘ってズボンを奪ったと乗り込んできた主婦(ウナ・マーケル)と大乱闘になる【図181】。女同士の乱闘がそれまでになかったということはないだろうが、ディートリッヒほどの大女優が演じるのは初めてだったのではないか。ディ

ートリッヒは以後のフリッツ・ラング監督『無頼の谷』〔52〕で強盗団の女首領を演じることになるが、女権的な女首領はその後『大砂塵』〔54〕のジョーン・クロフォードや『四十挺の拳銃』〔57〕のバーバラ・スタンウィックに、いっそう倒錯的な形で受け継がれていくことになる（本書第五章で詳述した）。

『ならず者』*The Outlaw*〔43〕

監督：ハワード・ヒューズ、脚本：ジュールス・ファースマン、撮影：グレッグ・トーランド

ニューメキシコ州リンカーンに、ならずものドク・ホリデイ（ウォルター・ヒューストン）がやってくる。旧知のパット・ギャレット（トマス・ミッチェル）はならずものから足を洗い、その地で保安官になっていた。ドクは盗まれていた自分の馬に乗っている若者を発見、二挺拳銃のその若者はお尋ねものウィリアム・ボニー、別名をビリー・ザ・キッドと言った（ジャック・ビューテル）。ドクに馬を奪われまいと警戒して納屋で寝ていたビリーを、女が襲うが失敗に終わる。彼女の兄の復讐だった。その女リオ（ジェーン・ラッセル）は、ドクの情婦でもあった。リオは、パットに撃たれたビリーを看病する間に彼に惹かれる。生意気だとビリーにいらついていたドクはビリーと決闘するが、しかし一方で同じお尋ね者同士だからと銃を抜かない。二人の親密さに、仲間外れにされたと憤るパットはドクに決闘を挑み、ドクはパットよりも早く銃を抜きながらも撃たず、パットに撃たれる。ドクを埋葬したパットは、死んだのはドクでなくビリーだということにして逃げろと促し、ビリーは墓標に自分の名を記してリオと去る。

大富豪で奇人のハワード・ヒューズによる、『地獄の天使』〔30〕に続く監督第二作。当初は監督ハワード・ホークス、撮影ルシアン・バラードで撮影が開始されたが、二週間後にヒューズ、トーランドが取って代わった。ホークスはそのまま『ヨーク軍曹』の製作に向かう。ビリー・ザ・キッド役のジャック・ビューテルは保険外交員、ジェーン・ラッセルはモデルで、共に演技経験のない新人だった。ハリウッドの一流監督ホークスの作品に出られることに有頂天だったラッセルは、結局一度も彼の演技指導を仰ぐことができなかった（その後、マリリン・モンローとのダブル主演『紳士は金髪がお好き』〔53〕で、ようやくその念願が叶うことになる）。

映画の主たる構図は、ドク・ホリデイとビリー・ザ・キッドの間に結ばれる友情と、それに嫉妬したパット・ギャレット、三者のホモ・ソーシャルな関係であり、そこには女性に対するフォビアとまで言わずとも、女性嫌悪の印象がある（女性が馬と天秤に掛けられさえする）。にもかかわらずヒューズはその基本図式に対して、ジェーン・ラッセルの性的魅力を、物語に添えられた彩りという範囲を超えて前面に押し出してきた【図182】。結果として映画の主題が混濁し、バランスを失することになった。ヒューズがとりわけ執着したのはジェーン・ラッセルの胸である。トーランドにブラウスの奥まで覗けるような撮影法を考えさせ、ある場面では、胸をお盆に載せて強調した。しかしそれをミディアム・ショットで撮らなかったことで自分を責め、一万ドルかけてズーム・イン

図182 『ならず者』のラッセル

効果を出すようなオプティカル処理を施したという（トッド・マッカーシー『ハワード・ホークス』参照）。ただ、見直してもそのような場面は見当たらなかった。ラッセルが杭に縛りつけられた場面では、ヒューズが考案したシームレス（カップ表面を覆うレースがなく、柄が外に浮き出さない）のブラジャーが使用されたというが、ラッセルの自伝によれば、あまりにも着け心地が悪いので、自前のブラにティッシュを被せてごまかしたという。

このような映画なので、本作はコード（映画界の倫理自主規制）との戦いによっても知られている。西部劇は滅多にコードに抵触はせず、せいぜい、悪人が罰せられないで終わる点が咎《とが》めだてされる程度だが、本作はシナリオ検閲の段階（四〇年十二月）でまずその点（ビリー・ザ・キッドが罰せられないままリオと逃げる）と、キッドとリオのセックス、不適当な暴力場面などが引っかかる。ヒューズはそれらを修正し、リオがキッドを裸で抱いて温めて看病する場面は了承された。いったんフィルムが完成して試写（四一年三月）でリオとドクの婚姻外の性的関係、ベッドシーン、そしてラッセルの胸の露出の多さが明らかになると、ＰＣＡ（映画製作倫理規定管理局）は本作に上映許可を出さなかった。ヒューズは、ラッセルの胸のショットをいくつかカットし、それでＰＣＡは上映許可を出した（四一年五月）が、ヒューズは各州にアンカット版を提出し、反応を窺っていた（州の検閲のほうが厳しい場合が多かったようだが）。このころアメリカが第二次大戦に参戦して、飛行機製造にヒューズの関心が移り、本作はいったんお蔵入りになる。四三年二月にサンフランシスコで公開されたが、その際、宣伝を担当したラッセル・バードウェルは、胸元を大きく開けて乾草に横たわるジェーン・ラッセルの写真に、「ラッセルと組んずほぐれつしてみるのはいかが？」（納屋の暗闇でキッドとリオがもみあい、二人が重なり合ったまま溶暗し、セックスが暗示される場面を引き合いに出している）、とのキャプションをつけ、リージョン・オブ・ディーセンシー（映画の不適切表現を特定して弾劾するカトリックの組織）などの抗議を引き起こした。ニューヨーク公開に際しても、ＰＣＡが認可していない場面を潜り込ませたプリントを用意するな

ど、検閲を逃れようとする画策は続く。最終的にPCAは四六年九月に上映許可を取り消すが、配給のユナイトは四六年から四七年にかけて公開を継続、数々の非難と抗議に晒《さら》され、公開中止を余儀なくされながらも、その話題性（扇情性）ゆえに、公開された都市人口の六十五パーセントが見たというヒット作になった。

本作はヒットしたとはいえ、製作や広告にかかった費用が莫大で、必ずしも利益が出た作品ではない。ハワード・ヒューズという富豪だからこそ、採算度外視で作品をお蔵入りにしてまで闘争を続けられたのであって、通常のスタジオでは、一個の製品に対してこうした方法は到底取り続けられるものではない。しかし、本作の闘争がコードを揺るがしたとまでは言わないにしても、コードによる規制が全国一律のものではないこと、PCAの許可がなくても上映ができないわけではないことが示されたのは大きい。加えて本作は、メジャーによる配給網に乗せずとも、配給が可能であることを示した点でも大きな意義を有する。ユナイト（当時アメリカ最大の独立製作会社）の配給であったが、セールスやプロモーションはヒューズが独自に行なった。同時期に、やはりメジャー配給網に頼らず、ごく少人数のチームで作品をプロモーションし、市場を開拓していったイギリスのアーサー・ランク（後にPRCを買収し、イーグル＝ライオンを作った製作者）の『ヘンリー五世』（ローレンス・オリヴィエ監督、（45））がある。またキング・ヴィダー監督『白昼の決闘』（46）も、製作者のデヴィッド・O・セルズニックが自身の配給会社を立ち上げ、全国配給を自身で仕切って大成功を収めた。連邦最高裁判所による垂直統合の違憲判決はもうすぐ（二年後の四八年）であり、これらの作品の成功が、スタジオ崩壊の流れに掉さしたことは疑いない（トマス・シャッツ編『ブームと破滅』参照）。

『インディアン渓谷』*Canyon passage*（46）

監督：ジャック・ターナー、脚本：アーネスト・パスカル（原作：アーネスト・ヘイコックス）、撮影：エドワード・クローンジャガー

町に雑貨店を持つ主人公ローガン（ダナ・アンドリュース）は、運輸業も兼ね、忙しく立ち働いている。輸送の宿駅として利用している農場には、養女キャロライン（パトリシア・ロック）がおり、相思相愛の仲だった。親友の銀行家ジョージ（ブライアン・ドンレヴィ）はギャンブルにはまり、借金を返すため、横領に手を染めている。彼には婚約者ルーシー（スーザン・ヘイワード）がおり、彼女を思ってジョージの借金を肩代わりしてやるローガンだが、ジョージはその金をさらにギャンブルにつぎ込む始末だ【図183】。そのうえ横領の事実を隠すために、顧客の一人を殺害までする。旅の途中、ローガンを憎んでいる粗暴な男ハニー（ワード・ボンド）が彼を襲撃するが撃退され、鬱屈したハニーは、たまたま見かけたインディアンの女性を襲う。ローガンが町に帰ってみると、ジョージが殺人の罪で町の住民によって裁かれており、ロー

図183　手前にドンレヴィとヘイワード、後ろにアンドリュース

ガンの弁護にもかかわらず有罪が宣告されて、翌朝リンチにかけるため監禁される。折から、インディアンが蜂起して襲ってくるとの報がもたらされる。ハニーに対する復讐である。ローガンはその混乱に乗じてジョージを逃がし、またインディアンから住民を護るために戦う。隠れていた森から逃げ出してきて保護を求めるハニーは、森に追い返され、インディアンに殺害される。森を茫然自失状態で彷徨《さまよ》っていたキャロラインを救い出したローガンは、町で結婚しようと言う。しかし彼女は、それでも自分は農場が好きで、忙しく動き回るあなたについてはいけないと、婚約の解消を申し出る。町に帰ってみると、店は住民によって焼かれており、ジョージもすでに殺害されていた。本心では好き合っていたローガンとルーシーは、二人で新たに出発することを誓い合う。

　この作品は、確かに西部が舞台であり、またインディアンの襲撃やリンチが扱われているものの、描かれるのはもっぱら登場人物同士の人間関係、心理の綾だという意味で、異色の西部劇である。しかも、そこには不可解な部分が多い。とりわけ問題なのは、なぜローガンが、ここまでジョージの肩を持つのかという点だ。借金を肩代わりし、殺人を疑われた彼の弁護をし、捕らわれた彼を救い出す。ローガンとジョージの間に同性愛を見る評論家もいるとのことだが（クリス・フジワラ『夕暮れの映画　ジャック・ターナー』参照）、そう見るものがいるのもわからなくはないほどの偏りがここにはある。しかし私見では、恐らくここにはルーシーの存在が影を落としている。ローガンはルーシーに対して恋愛感情を抱いているのだが、それは彼女が友人の婚約者である以上抑圧せねばならない。ある場面で、ジョージとルーシーが別れのあいさつにキスをするのを見てローガンは、そんなそっけないキスがあるかと言い、では手本を見せろと言われて情熱的なキスをルーシーにして、彼女もそれに応える。また、森の中でローガンがハニーに襲われた際も、その興奮の余燼の中で思わずルーシーにキスをする場面がある。ローガンのルーシーに対する感情は、抑えきれずに機会あるごとに露頭するのである（そして悪いことに、ルーシーもまた同じ感情をローガンに抱いているようなのだ）。ジョージに肩入れするのは、ルーシーへの自身の気持ちを忘れるため、隠すためなのだ。従って、実のところキャロラインは彼の愛の対象ではない。ジョージもキャロラインも、彼にとってはルーシーへの欲望を抑圧するための防波堤のようなものに過ぎなかった。だからこそ、インディアンに襲撃された際、キャロラインが森に行って生死が不明であるという知らせは彼にとって衝撃的である。というのもその知らせは、彼自身が無意識的に彼女の死を願っていたのかもしれないことを気づかせるからだ。彼女を探しに森に入った彼が見つける、枝に引っかかった衣服の切れ端。それがどことなく不穏で不気味に見えるのは、彼の無意識がそこで、現実世界に形を取って現われてしまっているからなのだ。

かくしてこの作品は、主人公の暗い欲望の劇として、きわめてノワールに近似した西部劇と見ることができるのである（ちなみにターナーはこの直後に、ノワール史上の傑作『過去を逃れて』〔47〕を撮ることになる）。とするならば、いかにもこの作品はターナー向きだったと言えるが、実際のところターナーは、スチュアート・ヘイスラー、ジョージ・マーシャルに次いで候補に上った監督である。製作はウォルター・ウェンジャーで、本作ではユニヴァーサルのもとで働いていた。これはスター映画なのだから、スター俳優のアップを撮れというウェンジャーの指示にターナーは従わず、衝突しつづけた。ウェンジャーは、メジャーのスタジオで仕事をするのはもう御免と、スーザン・ヘイワードと共にユニヴァーサルを去り、ターナーも古巣のＲＫＯに戻った。

『コロラド』*The Man from Colorado*（48）

監督：ヘンリー・レヴィン、脚本：ロバート・Ｄ・アンドリュース、ベン・マドウ（原作：ボーデン・チェイス）、**撮影：ウィリアム・スナイダー**

戦争の後遺症で精神に変調を来すという主題は、第一次大戦後のシェル・ショックに始まり、とりわけヴェトナム戦争後の後遺症などは枚挙にいとまがないほどであるが、第二次大戦後においては、フィルム・ノワールという土壌の上で、主人公の暗い性格を規定するものとして描かれた。エドワード・ドミトリク監督『影を追う男』〔45〕、カーティス・バーンハート監督『高い壁』〔47〕など、後遺症に苦しむ男を直接主人公とする作品をはじめ、ドミトリクの『十字砲火』〔47〕も、戦争によって社会自体が荒んでいる感覚が伝わってくる。本作は、南北戦争後という設定ではあるが、明らかに第二次大戦後の製作時の現在を意識して作られている。主人公が、戦争で殺人嗜好症にかかってしまった男なのだ。

南北戦争末期、南軍が白旗を挙げているにもかかわらず、砲撃を命じ、多数の死者を出した将校オーウェン（グレン・フォード）【図184】。白旗を見たのは、双眼鏡を使用していた彼だけだった。彼は自室で日記に、殺したくて仕方がない衝動をどうすればいいか、と書く。副官デル（ウィリアム・ホールデン）は、現場に白旗を発見するが、それをオーウェンが見たのかどうか、確信が持てない。その直後に、戦争終結の知らせが届く。祝い酒で衛兵の義務を怠った兵士ジェリコ（ジェームズ・ミリカン）を厳しく処罰するオーウェン。その厳し過ぎる態度に反発を抱くジェリコは脱走する。故郷に帰ったオーウェンは連邦判事に推薦され、彼はデルを保安官に任じ

図184　サイコパス将校

る。この地からは鉱夫たちが出兵していたが、戦争の間に金鉱を離れていたため、彼らの権利は失効してしまっていた。それに異を唱える鉱夫たち（オーウェンの部下だった兵士たちだ）は裁判に訴えるが、オーウェンは彼らの訴えを無効とする。鉱夫の一人であったジェリコを初め、家族を持たない連中はゲリラとなり、金鉱を襲う。家族を養うためゲリラには参加しなかった鉱夫たちは、安い給料でこき使われている。その中にはジェリコの弟もいたが、兄から渡された砂金を持ち、アリバイがなかったため、リンチにかけられてしまう。オーウェンがそれを黙認したことに反発したデルは、ゲリラに加わることになる。妻キャロライン（エレン・ドリュー）がデルに心惹かれ始めていることに業を煮やし、血を好む性質に駆られるオーウェンは、ゲリラたちが隠れる町に焼き討ちをかける。その炎の中、オーウェンとデルが対決する。

　戦争後遺症の男という意味で、ノワールと共通するものを持つ西部劇だが、ノワールであれば一概に善とも悪とも言い切れない曖昧で灰色である主人公の境位が、ここでははっきりと悪のほうに傾斜してしまっていて、いささか物足りないのは確かだ。原作のボーデン・チェイスは、アンソニー・マンの西部劇の傑作群をその後に書くことになる、ノワールとも親和性の高い脚本家である。実際のシナリオを書いているベン・マドウは、ドキュメンタリー出身で、本作の前のリチャード・ウォレス監督『ハメられて』*Framed*（未、47）で初めて劇映画のシナリオを手がけ、本作を経て、リンチ問題を扱う重要作、クラレンス・ブラウン監督『墓地への侵入者』（48）、ノワールの傑作、ジョン・ヒューストン監督『アスファルト・ジャングル』（50）を世に送った後、赤狩りのために潜伏を余儀なくされる。

『荒馬サンダーホーフ』*Thunderhoof*（未、48）
監督：フィル・カールソン、脚本：ハル・スミス、撮影：ヘンリー・フルーリッヒ

　『アリバイなき男』（52）、『スキャンダル・シート』*Scandal sheet*（未、52）、『無警察地帯』（55）などのノワールで知られるフィル・カールソン初の西部劇である。といっても、彼が生涯に撮った六十本ほどの中で、西部劇は四本程度しかない。

　夜、スコティ（プレストン・フォスター）が、泥酔した男（キッドとしか呼ばれていない。ウィリアム・ビショップ）を乗せた馬を引いて、マルガリータ（メアリー・スチュアート）のいるキャンプに連れてくる。スコティとマルガリータは夫婦で、キッドは彼のもとで働いている。彼らは野生馬をつかまえて馴らし、売ることを生業《なりわい》としている。マルガリータもキッドも、スコティに拾われたものたちだが、キッドはスコティに支配されるのが嫌で逃げ出しては捕まっているらしい。今はサンダーホーフという名馬を探して、メキシコへの旅の途中だ。彼らの会話から次第にわかってくるのは、スコティは悪い人間ではないが強引なところがあり、キッドはマルガリータを愛しているということだ。キッドが何度も逃げ出しているのは、そのためでもある。

　翌朝、二人はサンダーホーフを探しに出て、途中馬を降りて休憩する。ここでは、歩く二人をカメラがクレーン上で追うという不思議なショットが使用されている。ここでなぜクレーンまで使うのかと不思議に思うのだが、喧嘩を始めた二人が地面を転がると、上方から二人を捉えたカメラが彼らの移動に従って横移動し、するとその行く先に崖があることがわかるのである。このまま崖を落下してしまうのでは、というサスペンス。それだけにとどまらず、崖の下に一頭の野生の白馬がいるのが見え、それがサンダーホーフということになる。このクレーン・ショットは、サンダーホーフを印象的に登場させるための演出でもあったわけだ。二人は何とかサンダーホーフをつかまえるが、その過程でスコティは足を折ってしまう。添木で固定し、何とか馬に乗ってテキサスへ帰ろうとするスコティだが、食料も尽き、旅は次第に苦しいものになってくる。キッドはマルガリータに、一緒に逃げようと誘う。マルガリータもひそかに彼に惹かれており、次第に心動かされてくる。スコティもまた、苦しい眠りの中、目覚めて彼らの話を耳にし（汗の滲む顔面に落ちる光と影）、事情を察する。

　かくしてこの作品は、野生馬を巡る冒険譚かと思いきや、物語の骨格は『郵便配達は二度ベルを鳴らす』を思わせる、粗雑な男とその妻、彼に雇われる年少の男との三角関係の愛憎ということになる。本作に登場する人物は、徹頭徹尾この三人のみであり、それもここで描かれる人間関係の煮詰まった状況にふさわしい（上映時間も七十数分とタイト）。『郵便配達』は、デルマー・デイヴスにより『去り行く男』（45）として西部劇にリメイクされているが（ただし原作が『郵便配達』とは別にあるので、厳密にはリメイクといえないかもしれない）、本作もまたそれにインスパイアされた作品と見ることができるだろう。

『郵便配達』では夫は殺されてしまうが、本作ではスコティは、二人に置き去りにされる。ただし、逃げたキッドが汚染された水で腸チフスに罹患して死亡する。旅の途上で飼いならされていたサンダーホーフは逃げるものの、置き去りにされていたスコティを偶然見出し、マルガリータを彼のもとに導く。かくしてスコティは反省するマルガリータともども無事故郷に帰る（しかもサンダーホーフのつがいである雌馬を連れて）。キッドがたまたま汚染された水を飲んで死に、サンダーホーフが偶然スコティを見つけ、と、偶然で何とかハッピーエンドに持ち込んでいるのが、逆に事態のどうしようもない暗さを露《あら》わにするようだ。

『赤い河』*Red river*（48）

監督：ハワード・ホークス、脚本：ボーデン・チェイス、チャールズ・シュニー（原作：ボーデン・チェイス）、撮影：ラッセル・ハーラン

ハワード・ホークス初の西部劇である。それ以前には『大自然の凱歌』（36）があり、これは中西部の製紙業界で成り上がる男を描くものであって西部劇とは言えないが、大自然の中、膨大な量の木材を輸送する場面は『赤い河』の牛の移動に匹敵する優れたスペクタクルであり、また後述するように人間関係においても『赤い河』に類似するところがある。さらに、中西部開拓期のマウンテンマンを描く『果てしなき蒼空』（52）もあり、『大自然の凱歌』、『赤い河』、『果てしなき蒼空』と並べてみると、いずれも大自然の中に乗り出し、自然と戦いながら新たな事業を切り開くものたちを描くという点で共通しており、自身優れたスポーツマンであったホークスの冒険への好みがその題材選択に反映されているのは確かである。

主人公ダンスン（ジョン・ウェイン）は長年の連れグルート（ウォルター・ブレナン）と共に、幌馬車隊を後にして自身の道を行くことにする。彼についていくという恋人（ジョーン・ドリュー）を置いて。しかし、幌馬車隊はインディアンに襲われ、恋人も死ぬ（その死は、彼女に与えたブレスレットを彼らを襲撃したインディアンが身に着けていたことで知れる。以後もこのブレスレットは印象的に用いられる）。幌馬車隊にいた一人の少年が生き残り、喪心状態で彼らに保護されて、養育される。三人はテキサスへ向かい、その地で牧場を開始する（自分らの土地だと言ってきたメキシコ人を射殺するが、以後も数人をそうして殺したことが暗示される）。十四年後、少年マットは青年（モンゴメリー・クリフトが演じる）となり、彼は南北戦争から帰ったところだ。ウェインの顔には、十数年の間自分の牧場を守るためにしてきた苦労を偲《しの》ばせるように深い皺が刻まれ、目の下には隈が現われて、頭も半白になっている。彼らは、自分が育てた牛が二束三文にしかならない現状を打開するため、鉄道のあるアリゾナまで牛を運ぶ史上初のロング・ドライブに挑戦する。カウボーイには、南北戦争ですべてを失った男たちや、中小の牧場主ら（ハンク・ウォーデン、ハリー・ケリーJr.らのジョン・フォード作品の常連や、ノア・ベアリーJr.などがその中にいる）。流れ者で、たまたま近くの牧場に雇われていた男チェリー（ジョン・アイアランド）も加わる。彼とクリフトは銃の腕を競い合う名手同士だ。

幾多の困難を乗り越えていく一隊だが、疲弊と食糧不足に苦しむ。しかし、何よりも彼らを苦しめたのは、ウェインの過酷すぎる態度だった。スタンピードを引き起こしたカウボーイの一人を、ダンスンはムチ打ちという残酷な刑に処そうとする。止めようとした別のカウボーイが銃を抜きかけ、あわや撃ち合いになろうとしたところ、ダンスンよりも速く銃を抜いたマットがその男の銃を撃ち落とす【図185】。かくしてその件はうやむやになるが、グルートはダンスンに、お前さんは間違っとるよと諭す。これ以外にも離反した男たちを射殺して、葬儀をとり行なうが、聖書は俺が読むとこだわるダンスンに対し男たちは、殺しておいて聖書を読む、なんで神様をグルにするんだ、と反発する。その反発が沸点に達するのは、やはり逃げたカウボーイを絞首すると言い出したときだ。見かねたマットがついに反旗を翻し、男たちはグルートを含めた全員がマットの側につく。かねてから、アビリーンにまで鉄道が来ているとの噂を聞いていた男たちは、アビリーンに向かうことにする。復讐を宣言し、追ってくるに違いないウェインの影におびえながら。

図185　ダンスンよりも速いマット

　一行は、インディアンに襲撃されていた幌馬車を発見し、救ってやる。その中には、女賭博師テス（ジョーン・ドリュー一役）がいた。彼女はマットに惹かれ、またマットも彼女に惹かれるものの、先を急ぐマットらは彼女を置いて去る。それからしばらくして、テスの幌馬車に追いついたダンスンは、テスがあのブレスレットをしていることに気づく。ついにアビリーンに到着したマットらは歓迎され、商人（ハリー・ケリー、シニアのほう。本作は、赤ちゃんだったジュニアがカメオ出演しているシニア主演のジョン・フォード監督『吹雪の道』*Desperate trails*〔22〕を除いて、この親子が共演した唯一の作品だ）と納得のいく値段での取引が成立する。しかし、ダンスンのことが気にかかる男たちは浮かれ騒ぐ気になれない。その翌朝、とうとうダンスンが町にやってくる。

　ロング・ドライブに乗り出そうという瞬間、画面はダンスンを捉えた後パンを初め、群れいる牛、それを囲むように三々五々配置された男たちを捉えながら三百度ほど回転する。物音といっては、牛や馬の息遣いだけ。静かな緊張感が画面に漲《みなぎ》っている。この壮麗なパンニング。そしていよいよ出発となると、まずマットが鬨の声を上げ、それが、今度は一人一人クロース・アップになったカウボーイたちに次々と継がれていくと、牛たちがゆっくりと歩き出し、ざわめきが画面を満たしてゆく。何とも心躍る演出である。牛の暴走場面も、群れに呑みこまれた食料を運ぶ馬車が跡形もなく煙と化してしまうなど迫力に満ちており、総じてスペクタクルとして優れている。しかし一方で本作は、一人の女性を巡って二人の男が争うメロドラマでもある。しかも、その二人の男は父と子のような関係にある。なおかつ女は、父的存在の男がかつて失くした（捨てた）女とうり二つであり、贖罪の意味も込められている。同様の三角関係は『大自然の凱歌』にもすでに描かれていて、そこでは自身の出世のために捨てた女の娘（その女性と娘とを、ここでもまた一人二役で、悲劇的生涯を送ったことで有名な女優フランシス・ファーマーが演じる）を父的存在が愛し、息子と三角関係になる。いずれの作にあっても、年齢的にもふさわしいカップルは当然息子的存在と若き女性であって、そこに父親的存在が割って入ることになり、その三角関係にはどことなく暗い影が差すようである。ホークスにあっては、そのような三角関係よりは、スクリューボール・コメディにおける、結婚するはずの男女の仲を女性がぶち壊すという三角関係のほうが遥かに爽快で転覆的である。

　公開年度の興行成績トップ3に入ったほどヒットした本作だが、そのラストには異論も多い。お互いに殺す気のない男同士の殴り合いを、女が呆れて勝手にしろと放置し、二人は仲直りしてしまう【図186】。しかし原作においても、もともとのシナリオにおいても、ラストは撃ち合いで、マットがダンスンを殺すことになっていた。原作者でありシナリオ第一稿を書いたボーデン・チェイスはこの変更に不満を持ち、マットを演じたモンゴメリー・クリフトも映画全体を台なしにしていると感じた。変更を主導したのは、ホークス自身である。この変更により、父的存在と息子的存在の、疑似的ではあるが親子であるがゆえに一層激しいものとなる葛藤は、男同士のユーモラスなじゃれ合いに格下げされてしまう。これはその後の『リオ・ブラボー』三部作などでいっそう明瞭になっていくホークス的な男の友情の最初の表われであるのだが、しかしそれによってダンスン演じる主人公が持っていた重要な側面が見えにくくなってしまったのもまた確かだ。ダンスンは西部的法の象徴なのだ。彼は自分の牧場を自分の力で守ってきた。自分の身は自分で守る、その西部の自治精神を体現している。かといって、それは単なる暴力ではない。彼が銃を抜く場面では、相手が抜いてからこちらも抜いたという正当防衛の立場が強調されている。その暴力は無法なものではない。しかし、彼のやり方が次第に過酷に見えてくる。ついに皆が離反する場面で、逃げたカウボーイを絞首しようとする彼は、「俺が法だ、お前らは盗賊だ」と言う。確かに逃げたものたちが馬や食料を持っていったとしても、それは絞首に値する

図186　男たちの殴り合い＝じゃれ合い

罪なのか。それ以前に、一人の人間が過ちなく裁きの主権たりうるのか。彼が法なのか。ここに露呈しているのは、西部における法の問題なのである。

ラストにおける決闘は、本来この問題を問うはずのものだった。確かに、開拓初期において自治のために暴力を振るわざるを得ない時期もあり、法を一個の人間が引き受けることも許された。しかし開拓時代が過ぎ去り、新たな時代（ロング・ドライブ自体がその時代を切り開いている）に入った今、法は初源的な暴力（を許された個人）によって担われるべきではないのではないか。だが、こうした疑いを突き詰めて考えることは、ホークスによって最終的に避けられるのだ。そのことで本作が明朗な印象を残したことは確かにしても、可能性の一端が無化されたのも事実である。ボーデン・チェイスは、その後のアンソニー・マンとの諸作（『ウィンチェスター銃'73』、『怒りの河』、『遠い国』）で知られる脚本家だ。マンは言うまでもなく、ノワール的疑いを西部劇に持ち込んだ第一人者であり、ボーデン・チェイスもまたそのようなマンの嗜好に合ったシナリオライターだったわけである。こうして見ると、ホークスがラストの変更で避けたものは、まさにノワール的な疑いそのものだったと言える。ホークスによるノワール忌避は、『リオ・ブラボー』で周知のものとなる以前、『赤い河』の時点ですでに明らかだったのである。

『月下の銃声』*Blood on the moon*（48）

監督：ロバート・ワイズ、脚本：リリー・ヘイワード（脚色ハロルド・シューメイト、脚色・原作ルーク・ショート）、撮影：ニコラス・ムスラカ

監督のロバート・ワイズは本作の前年に『生まれながらの殺し屋』を、次作として『罠』（48）を監督した。また、主演のロバート・ミッチャムは前年にジャック・ターナー監督『過去を逃れて』、エドワード・ドミトリク監督『十字砲火』に出演した。さらに、撮影のニコラス・ムスラカは、ロバート・シオドマク監督『らせん階段』（46）、ジョン・ブラーム監督でミッチャムも出演した『危険な女』*The Locket*（未、46）、『過去を逃れて』を撮影した。当時RKOに所属していた監督、主演、撮影の主要スタッフ三人が、この前後にフィルム・ノワールの名作に関わっているわけである。そのこともあってか、本作は全般的にほとんどノワールと見まがう作品となっている。

冒頭は夜、ジム（ミッチャム）が一人旅をしている。雨が降っており、画面をじっとりと濡らしている。野宿していると、そこに暴走する牛の群れが現われる。木の上に登ってかろうじて命は助かるものの、馬も毛布も失ってしまう。いきなり主人公に降りかかる暴力。牛を追ってやってきた男は妙に主人公を警戒するが、仲間のもとに連れていく。そこでは牧場主らがキャンプを張っており、牧場主の話ではどうも彼と対立している男がいるらしく、主人公をその手先の雇われガンマンではないかと疑っている様子だ。彼は一晩そこに泊

図187　近づく手下、ノワール的仰角、照明、影

めてもらって、家にいる娘に伝言を託されてキャンプを出るが、川辺でいきなり射撃される。かくて主人公は雨に打たれ、牛に襲われ、疑われ、射撃され、と冒頭からヴァルネラブルな存在としての自身を露わにする。

　要は牧場主と、その牛を安く買いたたいてもうけようと企む悪者テイト（ロバート・プレストン）との争いに、牧場主の娘ながらプレストンに通じている姉娘キャロル（フィリス・テクスター）、主人公と恋仲になる妹娘エイミー（バーバラ・ベル・ゲデス）、土地を護るためと騙されて敵側についていたが、争いの中で息子を亡くして寝返る老人クリス（ウォルター・ブレナン）、そして主人公が絡《から》んでくるという話。主人公はテイトの旧友だったため、彼の側につくので、牧場主らの疑いは真実だったわけだ。その後事態の真相を知るにつけ、主人公もまた寝返ることになるのだが、その灰色の存在感は、ミッチャムの持っている暗さに似つかわしい。ミッチャムはこの映画全編でカウボーイハットを斜めにかぶっており、それが顔に深い影を落としているのも暗さの印象を強める。

　影といえば、本作の白眉の場面は、光と影を効果的に使って演出されている。ジムが自身に背こうとしていることを察知したテイトが、辺境の酒場にいるジムのもとに姿を現わす。差し向かいで飲む二人だが、酒場は全体的に暗い照明で、天井が妙に低いのが圧迫感を強める。テイトの背後には光が当たって、真っ白な壁に縞状の影が黒々と幾何学的な線を描いている。ついにテーブルを跳ね飛ばして乱闘が始まると、ランプが吹き飛ばされ、画面は二人の顔が見えないほどの闇に沈む。外からの光に照らされた周辺部分と、中心の闇。その中で二人が乱闘するのだが、殴り合う時間が妙に長い。しかも、大柄な二人が殴る音、倒れる音、そして荒い息遣いだけが響くリアルな乱闘を闇の中で繰り広げるだけに、陰惨な印象を受ける。とうとうテイトが倒れ、ジムも疲弊して倒れ込んだところにテイトの手下がゆっくり近づき、見下ろす形で射殺しようとするが【図187】、クリスが手下を背後から撃つ。ラストの場面も驚くべきものだ。テイトの家に籠城した主人公と、ジム、エイミーを、テイトら三人が包囲して撃ち合いになる。ジムが外に出て敵の背後に回ろうとするのだが、彼は怪我をしていて、かつ疲弊している。またしても闇の中、ゆっくりと敵に近づくジムの顔はやつれて不気味な影を宿しており、まるで幽霊か怪物のように見える（周知のとおりRKOは、ホラーもので有名なスタジオだ）。ノワールとホラーに長《た》けたスタジオが西部劇を撮ったらこうなったという作品である。

『勇者のみ』*Only the valiant*（51）

監督：ゴードン・ダグラス、脚本：エドマンド・H・ノース、ハリー・ブラウン（原作：チャールズ・マークィス・ウォーレン）、**撮影：ライオネル・リンドン**

南北戦争直後、アパッチの南下を防ぐ砦の軍人ランス（グレゴリー・ペック）は、敵の武闘派の頭目を殺さずに捕らえてくる。砦は人員が足りず、応援が来るのはまだ先のことで、頭目を奪還するためにアパッチが来襲することが予想される現況で、上官すらランスに、捕らえるのでなく殺しておいてくれればよかったと漏らす。頭目をいったん、より南の砦に移送すべく隊が組まれるが、当然自分が行くものと思っていたランスは、ここに残れと命じられ、やむなく友人の将校に指揮をゆだねる。しかし隊は数日後、悲惨な姿で帰ってくる。頭目は奪われ、将校は捕らわれて拷問の末殺されていた。その友人は実はランスの、上官の娘キャシー（バーバラ・ペイトン）を巡る恋敵であり、ランスは彼をあえて死地に送り込んだのだと陰口をたたかれることになる。アパッチの頭目は砦の内情を知っているから、応援が来ないうちにと、すぐにも襲ってくるだろう。ランスはアパッチに対して先手を打ち、侵入の経路である渓谷をダイナマイトで爆破して防ぐ任務を帯びた一隊を組織するが、そこに選ばれたのは問題含みの面々であった。

頭目移送の任につかされてランスを逆恨みする「アラブ人」（ロン・チャニーJr.）、酒飲みで粗暴な男（ワード・ボンド）、肺病で死にかけている男（ギグ・ヤング）、昇進を望むが、部下に威張り散らすので人望を欠く下士官（ネヴィル・ブランド）、南軍出身の脱走兵（スティーヴ・ブロディ）、臆病者のラッパ手（テリー・キルバーン）ら、ことによるとランスの寝首をかかないとも限らないような危険な連中で、それぞれの間にも確執を抱えている。内憂外患の状況をいかにランスは打破するのか。渓谷を通って襲撃してくるアパッチとの銃撃戦、峡谷の爆破、さらには援軍の到来、ガトリング銃で敵をなぎ倒すアクションと、低予算（セット数が限られているし、メンバー同士の確執が描かれる密室劇のようなところもあり、低予算と思われる）のわりに見どころに事欠かない佳作である。

製作はジェームズ・キャグニーの弟、ウィリアムが務めている。従って、本作は独立プロ作品である。原作者のマークイス・ウォーレンはその後自身も監督となり、反共西部劇『アロウヘッド』（別項参照）を撮ることになる。本作でも、ワード・ボンドがインディアンを「赤い胸をした獣red-chested beasts」呼ばわりするが、ウォーレン、ボンドが反共主義者であることを考えると、この「赤い」に底意が含まれていると考えることは可能だ。それはともかく、ひと癖もふた癖もある面子《めんつ》が集まって任務を成し遂げるという物語の類型は、犯罪もの、特にハイストものではよくあるパターンだが、西部劇ではあまり見られなかったように思える。戦争もので、死刑直前の凶悪犯ばかり集めて任務を遂行するロバート・アルドリッチ監督『特攻大作戦』(67)の、また西部劇としては『荒野の七人』(60)の、遥かな先駆けと見ることもできるかもしれない(むろん『荒野の七人』は黒澤明の『七人の侍』(54)を直接の父とするが、本作はそれよりも早い)。集団西部劇に関しては、本書第八章に記述した。

『熱砂の戦い』New Mexico(51)
監督:アーヴィング・ライス、脚本:マックス・トレル、撮影:ジャック・グリーンハル、ウィリアム・E・スナイダー、レスター・ホワイト

ニューメキシコ準州をリンカーン大統領が訪れ、インディアンの酋長アコマ(テッド・デ・コルシア)と和平の握手を交わす。しかしリンカーンの死後、その協定は踏みにじられ、アコマは捕らわれるが、叛乱を起こした部族に助けられて逃走する。アコマに同情的な将校ハント(ルー・エアーズ)が、追跡隊の指揮を取る。しかし、いくら追跡してもインディアンの姿すら見えず、疲弊した隊には、インディアンに同情的なハントには捕らえる気がないのではないかという疑心暗鬼すら芽生え始める。崖の上にある神殿の廃墟を見つけた彼らはそこに辿り着くが、誰もいないはずのその場所で鐘がいきなり鳴り始める。そこにはインディアンの少年二人がおり、撃つなとの命にもかかわらず一人の兵(レイモンド・バー)が一方を射殺してしまう。彼らはアコマの息子たちだった。そこに何かあると察したハントは、その隠された何かを捜索するとともに、そこでアコマたちを迎え撃つ準備をする。

本作は、ゾルタン・コルダ監督『サハラ戦車隊』(43)のリメイクとされる。敵に囲まれたアメリカ軍の一台の戦車が、途中で英国軍兵士たち、フランス軍の一兵士、スーダン軍の一兵士とイタリア兵捕虜、墜落した戦闘機のドイツ軍兵士を拾って、砂漠の中を井戸を探して移動を続ける。ついに見つけた井戸の近くにある神殿の廃墟にキャンプを張り、同じく水を探してやってきたドイツ軍の一団を待ち伏せるという物語である。さまざまな人種が集い、互いを理解していく過程や、イタリア兵がドイツ兵に対して展開するヒトラー批判、主人公ハンフリー・ボガートが、多勢に無勢の絶望的な戦いでも、するべきことはしなければならないと仲間に向かってする演説など、確かにプロパガンダとしての機能を持った戦争映画だ。脚本は、その後ハリウッド・テンの一人になるジョン・ハワード・ローソン。白い砂漠を捉えたルドルフ・マテのカメラも見事である。この『サハラ戦車隊』と同様、本作でも主人公たちは神殿のような場所で敵を迎え撃つのだが、こちらでは、崖の上にあるという立地が非現実的で夢魔的な印象を醸し出す(書き割りで、遠方上方から見た全景が示されるのも、その印象を強める)。そこに、外出を禁じていたにも関わらず砦を逃げ出してきた歌手(マリリン・マクスウェル)と、インディアン迫害に一役買っていた判事の乗った馬車が、インディアンに襲撃されて彼らに救われる。その歌手が、請われて踊りながら能天気な歌を歌う場面も、彼女が田舎の美人歌手といった容貌であるだけに、いかがわしさ、非現実感を強める。『サハラ戦車隊』では、戦時中のことでもあり少数者の連帯がうたい上げられるが、本作では、その中でも疑心暗鬼が生じるという点に、やはりノワールの時代を感じさせられる。最終的に勝利を収める『サハラ戦車隊』に対して、本作は主人公も敵アコマも死ぬというバッド・エンドに変えられている。しかも、二人が手を重ねるのだが、その二つの手は、冒頭でのリンカーンとアコマの握手と対称をなす。死においてしか白人とインデイアンの友情は達成されることがないというペシミズム溢れる終わり方である。

『南部に轟く太鼓』*Drums in the deep south*（51）

監督：ウィリアム・キャメロン・メンジース、脚本：フィリップ・ヨーダン、シドニー・ハーモン（原案：ホリスター・ノーブル）、撮影：ライオネル・リンドン

南北戦争が勃発し、南部の旧家の娘キャシー（バーバラ・ペイトン）の元恋人クレイ（ジェームズ・クレイグ）と、幼馴染ウィル（ガイ・マディソン）は、南北に分かれて戦うことになる。南軍のクレイは、北軍の重要な輸送鉄路を山上からの砲撃によって破壊することを命じられる。その山は洞窟によって山頂に通じているから、大砲を分解して山上に運び込み、そこで組み立て直そうというのである。北軍の鉄道関係者の宿舎になっていたのがキャシーの屋敷で、キャシーは盗み聞いた情報を山上のクレイに、鏡を使った通信で送る。作戦は見事成功し、鉄道は大破する。北軍は攻略部隊の指揮官にウィルを任じる。ウィルは艦砲を使って、敵の射程の及ばない地点からの強力な砲撃を試みようとする。キャシーからの知らせでそれを知ったクレイは、砲弾を二倍にすれば、艦砲が射程距離に入ると計算するが、しかしそれでは砲身が持たない。鋼線で補強すればいいのだと、キャシーは自宅のピアノのピアノ線を提供し、かくして見事艦砲の破壊に成功する。ウィルは敵の潜む山の洞窟に爆薬を仕掛け、山ごとの破壊を決行しようとする。その知らせをもたらそうとしたキャシーは、クレイともども破壊された山に埋もれて死ぬ。

製作は、B級専門のキング兄弟（詳細については拙著『B級ノワール論』末尾の「人物事項解説」参照。監督のメンジースについてもそちらに記述がある）。脚本のフィリップ・ヨーダンは、その後の赤狩り時代にフロント（赤狩りで名前が出せなくなった脚本家への名義貸し）として活躍した。いかにもうさんくさい三人に対し、監督のメンジースはハリウッドで初めてプロダクション・デザイナーを名乗り、『風と共に去りぬ』（39）でアカデミー賞特別賞を受賞した、当代一流の美術監督である。どういう経緯で彼らが一堂に会したのかまったく不明だが、この組み合わせでB級西部劇が作られたというだけでも本作は見る価値がある。メンジースの監督作としては、未来都市のデザインで記憶される、H・G・ウェルズ原作の『来るべき世界』（36）がイギリス製作のA級作品である以外は、本作を初め、火星人の地球乗っ取りに気づいた少年の恐怖を描く、いかにも赤狩り時代のSFスリラー『惑星アドベンチャー／スペース・モンスター襲来！』（53）など、B級作品が主である。『風と共に去りぬ』同様、デヴィッド・O・セルズニック製作で監督が何人も交代した『白昼の決闘』でも、彼が演出した場面があるとされる。本作は、山上からの砲撃（山に洞窟が穿《うが》たれて、山頂に通じるというご都合主義）、それに対抗するための、そこまでを射程とする強力な艦砲の導入、さらにそれに対抗するため鋼線で強化した大砲で反撃するが、そのためにピアノ線を使う、というほとんど荒唐無稽なアイディアの連鎖で見せる。

本作のヒロイン（上記『勇者のみ』にも出演）、バーバラ・ペイトンはスキャンダル女優として有名である。本作の公開と同年の五一年、フランク・ロイド監督『戦艦バウンティ号の叛乱』（35）でアカデミー賞にノミネートされたA級俳優フランチョット・トーンと、エドガー・ウルマー監督『恐怖の回り道』*Detour*（未、45）のB級俳優トム・ニールが、彼女を巡って喧嘩沙汰を起こす。ニールは頬骨を折る大怪我を負い、ペイトンはトーンと結婚するが、たちまち浮気が発覚して離婚した。よりを戻したニールと共に起死回生を狙ってロンドンに行くがそれもかなわず、ハリウッドに戻って数本の取り立てて言うべきこともない作品に出演した。泥酔、不渡り小切手の発行、売春などでたびたび警察の世話になる生活だった。六七年、実家の風呂で死んでいるところを発見される。享年三十九。ちなみに、最後の作品はウルマーのノワール『マーダー・イズ・マイ・ビート』*Murder is my beat*（未、55）だった。さらにちなみに、因縁深いトム・ニールも六五年、妻を射殺した罪で十年の禁固刑を受け、出所の数カ月後に心臓麻痺で死んだ。

『勇者の赤いバッヂ』*The Red badge of courage*（51）
監督、脚本：ジョン・ヒューストン（原作：スティーヴン・クレイン）、撮影：ハロルド・ロッソン

戦争小説の傑作として知られるスティーヴン・クレイン『赤い武功章』（1895）の映画化。南北戦争中、恐怖に駆られて前線を逃げ出した一兵士が、そのことを恥じながら放浪し、退却する負傷兵の中に逃げずに戦った同じ隊の初老の兵を見出す。その兵は瀕死の重傷を負いながら歩き続け、うわごとを言いながら直立したまま倒れる。彼の姿に衝撃を受けた主人公は、その後偶然本隊に帰還し、今度は先頭を、倒れた旗手に変わって星条旗を掲げながら進み、彼に勇気づけられた本隊は南軍を撃破する【図188】。将校が褒めていた、という言葉に動揺した彼は、彼と並んで先頭を切っていた仲間に、自分が逃げようとしていたことを打ち明けるが、その兵もまた実は、逃げ出したところを無理やり連れ戻されていたのだった。休む間もなく、彼らはさらなる戦闘に駆り出されていく。

題名になっている赤い武功章（赤いバッジ）とは、撃たれた傷跡のことで、死の象徴として否定的なものであるとともに、主人公にとっては勇気をもって戦ったことの証とも見なされて肯定的な意味も帯びており、その意義は二重である。主演のオーディ・マーフィーが、第二次世界大戦中、西部戦線での武勲により三十を超えるメダルを授与され、「最多受勲兵士」として「ライフ」誌の表紙を飾って、それによりハリウッド入りしたという事実と、折から始まっていた朝鮮戦争の厭戦気分のさなかに本作が公開されたという事実は、「赤い武功章」の持つ二重性を鑑みるとき、興味深いものがある。ちなみにヒューストンは第二次大戦時、陸軍省通信部隊所属時に製作したドキュメンタリー『光あれ』*Let there be light*（未、46）で、当時はその名もなかったＰＴＳＤ（心的外傷後ストレス症候群）に苦しむ退役兵士たちを描いている。

図188　本隊に復帰し、今度は星条旗を打ち立てることに成功する

全編に、主人公を横顔のクロース・アップで捉え、その奥に居並ぶ兵士たちをディープ・フォーカスで映し込む閉所恐怖症的なショットが多用され、群れの中にいる主人公の孤立した内面を覗き見ているような印象を受ける。他にも、極端な仰角や俯瞰が空間を歪《ゆが》ませており、外景のリアルな描写というより、圧迫され、恐怖に胸が詰まる主人公の閉塞した心理をこそ表象するようだ。ヒューストンは前年にノワールの名作『アスファルト・ジャングル』を撮ったばかりであり、本作のカメラ、ハロルド・ロッソンはその撮影も担当している。こうしたノワール的なショットをはじめ、撮影は全編目覚ましいものだ。例えば、平原を部隊が横並びになって、星条旗を掲げながら前進する様を横から捉えた移動撮影、さらに彼の視点で敵を前方に見ながら前進するショット。また、突撃してくる敵騎兵隊が砂塵を上げ、何も見えない中、まるでインディアンが上げるような掛け声があちこちから響いてくる、すると急に眼前に馬が飛び出してきて、驚いた馬が前脚を上げて伸びあがるのが影になって見える。こういったショットの力が、この作品をメッセージ映画以上のものにしている。

本作は、ワーナー時代からヒューストンと親しかった製作者ウォルフガング・ラインハルトの弟、ゴットフリートがＭＧＭに在籍時に、ヒューストンと仕事をしたいと持ち掛け、ヒューストンがクレインの原作を提示したもの。ＭＧＭの副社長になったばかりの社会派、ドーリ・シャーリーはすぐさまゴーサインを出したが、社長のルイス・Ｂ・メイヤーは、こんなものに客は入らないと難色を示した。ＭＧＭの親会社ロウズの社長、ニコラス・スケンクに最終判断をゆだねられ、製作が許可された（後にスケンクは、売り上げ至上主義のメイヤーを馘首することになる）。しかし、編集を終えた時点でヒューストンはすぐに次回作『アフリカの女王』製作のため現場を離れ、試写での不評ゆえに監督不在のまま編集されて、さらに説明的なナレーションがつけ加えられてしまい、興行的には失敗に終わる。傷をつけられたとはいえ、ヒューストンは自作の中でも本作を気に入り、評価している。

『私刑《リンチ》される女』Woman they almost lynched（53）

監督：アラン・ドワン、脚本：スティーヴ・フィッシャー（原案：マイケル・フィッシャー）、**撮影：レニー・ラニング**

南北戦争末期の中立地帯が舞台である。カントリル（ブライアン・ドンレヴィ）率いるゲリラが、兄のもとに向かうサリー（ジョーン・レスリー）の乗る駅馬車を襲う。一味のメンバーは、子供のようなジェシー・ジェームズ、彼女を見て下劣な欲望を抱くコール・ヤンガー、カントリルによって略奪され、ついにはカントリル以上の凶暴さで一味を支配するに至っている男装の妻ケイト（オードリー・トッター）。サリーはゲリラに殺された兄の酒場を継いで経営する。ケイトは何かとサリーを目の敵にするが、殴り合いでも、撃ち合いでも打ち負かされる。カントリル一味の中のホートン（ジョン・ランド）と愛し合うようになったサリーだが、彼は南軍のスパイだった。我が物顔に振る舞うカントリルらに業を煮やした町の連中は、近くにいた北軍を呼び、戦闘になる。南軍のスパイである恋人を逃がしたサリーを、北軍と町の住民は南軍の一味と見なしてリンチにかけようとするが【図189】、そこにケイトが現われ、自分がお尋ねもののカントリルの妻であること、サリーが無実であることを明かして去る。南北戦争が終わり、町に帰ってきたホートンとサリーは抱擁する。

図189　リンチにかけられようとするサリー

カントリル・ゲリラやジェームズ兄弟、ヤンガー兄弟らが登場するが、史実的な正確さとは一切無縁である。本作の見所は、オードリー・トッターとジョーン・レスリーの女優陣にある。婚約者のもとから掠奪されて世界を恨み、やけになっていたと説明はされるが、首領カントリル以上に常軌を逸した色情魔であり、トリガー・ハッピーなオードリー・トッターがとりわけ素晴らしい。彼女と真っ向からぶつかり合うジョーン・レスリーが清純派の美貌という対比も効果的だ。この女二人が何と西部劇の王道中の王道、ウォークダウン方式で決闘する場面は、ほとんど倒錯的と言える。ジョーン・クロフォードとマーセデス・マッケンブリッジが、何とも不可思議な洞窟のアジトで決闘するニコラス・レイ監督『大砂塵』は本作の翌年の発表であり、この時期、西部劇は成熟を通り越して、退廃にまで至っていた（ちなみに、両者ともB級映画専門のリパブリック製作）。リンチを描いているとはいえ、法やら西部の精神やらは一切関係なく、しかも吊るされるのが女という、潔いまでの扇情性も素晴らしい。

『アロウヘッド』*Arrowhead*（53）

監督、脚本：チャールズ・マークィス・ウォーレン（原作：ウィリアム・R・バーネット）、撮影：レイ・レナハン

　反共主義者が作った人種差別西部劇。原作のウィリアム・R・バーネット、主演のチャールトン・ヘストンは共に反共主義者として有名である。アパッチの首領に東部の大学を出た若者（ジャック・パランスが演じる）が就任する。彼が説くアパッチの和平希求の思いを真実と思い込んだ軍に対して、ヘストンは警戒を緩めるべきではないと主張するが、誰も聞く耳を持たない。やがてその危惧は、現実のものとなる。恭順は軍を欺くためのものであり、アパッチは和平の場に現われた軍を総攻撃する【図190】。西部劇としては（というよりジャンルを限らず）必ずしもよくできた映画とは言い難い。インディアンを共産主義者とみなして悪意をもって描くでもなく、悪意の熱も感じられない中途半端な作品になってしまっている。人種を扱う西部劇の中には、逆にこのような作品もあるという例として挙げておく。

図190　本性を現わしたアパッチ

　監督のチャールズ・マークィス・ウォーレンは、スコット・フィッツジェラルドの名づけ子で、彼の晩年にはその秘書を務めた。第二次大戦後から西部小説を雑誌に書くようになり、その後ハリウッドに脚本家として招聘される。『リトル・ビッグ・ホーン』*Little Big Horn*（未、51）で初めて監督を務める。映画監督作は十数作あるが、彼が現在知られているのは、もっぱらTV西部劇の監督、製作者としてである。『ガンスモーク』（55〜75）の多くの挿話の脚本、監督を務め、『ローハイド』（59〜65）を創始し、『ヴァージニアン』（62〜71）の製作総指揮を務めた。彼が世に送り出したこうしたTV西部劇に対するオマージュとして（あるいは五〇年代に彼が脚本、監督したB級西部劇に対してなのか）、クエンティン・タランティーノは『ヘイトフル・エイト』（2015）の、サミュエル・L・ジャクソンが演じる主人公に彼の名をつけている。

『平原の待ち伏せ』*The Man from the Alamo*（53）

監督：バッド・ベティカー、脚本：スティーヴ・フィッシャ

ー、D・D・ボーシャン（原案：ニヴン・ブッシュ、オリヴァー・クロフォード）、撮影：ラッセル・メティ

陥落寸前のアラモ砦で、志願兵の何人かが、あとに残してきた家族に避難を命じるための使いを出すことを決め、くじで選ばれた男（グレン・フォード）が砦を出る。しかし家々はすでに焼かれ、自分の家でも妻と子供が死んでいた。焼け跡に居残っていた召使のメキシコ人少年は、殺したのはメキシコ兵の格好をしたアメリカ人だという。町に行くとアラモはすでに陥落しており、全員が死んでいた。フォードを見知っていた兵は、彼を卑怯者となじり、町の連中も彼をリンチにかけようとするが、保安官がなだめ、ひとまず留置所に入れられる。折から、酔っぱらって暴れ、同じ留置場に入れられた男（ネヴィル・ブランド）がフォードの妻子を殺した一味の一人であると、メキシコ人少年がフォードに知らせる。町はメキシコ人の襲来から避難することになり、銀行を襲った一味（銀行の金は町の連中と共に馬車に積まれていた）による混乱の中、ブランドとフォードは留置場を脱走し、一味とフォードは行動を共にすることになる。

ユニヴァーサル契約下でベティカーは西部劇を数本撮る（『シマロン・キッド』〔51〕、『征服されざる西部』〔52〕、『ロデオ・カントリー』*Bronco Buster*〔未、52〕、『最後の酋長』〔53〕、『黄金の大地』*Wings of the hawk*〔未、53〕）が、その中でも傑作と言っていい一本である。アラモを見捨てたうえ、メキシコ人に寝返る裏切り者（メキシコ人少年を連れていることも悪い印象を増す）として主人公がリンチにかけられようとする様は、この作品が赤狩り時代のものであることを思い出させるし、また主人公が敵側に潜入して彼らを壊滅させようとする展開は、潜入捜査ものノワールを連想させる。本論で述べたようにベティカーは必ずしもはじめから透明性の側にいたわけではなく、ノワールの不透明性の側にもいた映画作家であり、その証左となる一作である（ベティカーは『消えた陪審員』*The Missing juror*〔未、44〕、『殺し屋は放たれた』*The Killer is loose*〔未、56〕といった、B級ノワールの佳作傑作を撮ってもいる）。メキシコ人少年を引き取り、彼がフォードになついて、絶対的な信頼を寄せている様子からフォードを信じるに至る女教師ジュリー・アダムズ、フォードを最も憎みながら、彼の行動を見て次第に信頼していく片腕の新聞屋チル・ウィルズなどの脇役も光る。ラストは、川辺で待ち受ける幌馬車隊とゲリラの対決となるが、ここでの空間の生かし方もベティカーらしく見事である。幌馬車から女性たちがライフルを撃ちまくり、ぐるりと背後に回り川を渡って襲撃しようとするゲリラを、フォードとウィルズが岸辺で待ち受ける。フォードと首領は滝口で格闘となり、突き出した岩の上で二人が組んずほぐれつする。ついに首領が突き落とされ、滝つぼに落ちる。ノワール的な物語の展開、平原やそれを見下す山、川、滝など自然の地形を生かした作劇、アクションなど、七十分の中に見どころが詰まった、職人としてのベティカーの腕が冴える作品で、ラナウン・サイクル以外にもベティカーには西部

劇の佳作があることを記しておく。

『ホンドー』*Hondo*（53）

監督：ジョン・ファロー、脚本：ジェームズ・エドワード・グラント（原作：ルイス・ラムーア）、撮影：ロバート・バークス、アーチー・スタウト

アンジー（ジェラルディン・ペイジ）と子供しかいない牧場に、犬を連れた一人の男ホンドー（ジョン・ウェイン）がやってくる。自分は軍のスカウトで、馬をアパッチに奪われたとして、牧場の馬を買いたいという。夫が外出中というのが嘘であることを見抜いたホンドーを警戒していたアンジーだが、男の子も彼になつき警戒を解く。アパッチが入植者を襲っているというホンドーに対しアンジーは、自分たちはアパッチと友好的な関係を築いているので大丈夫という。我々白人がアパッチとの約束を破ってきたのだから仕方がない、というホンドーは、かつてアパッチの女性を妻としていたこと、彼女が死んだことを明かす。ホンドーがいったん去ると、アパッチの首領が牧場を訪れるが、母を護ろうとする男の子の勇気に感じ入り、血の絆で彼をアパッチと認めて、夫のいないアンジーにアパッチの夫を世話しようとする。アパッチが攻勢を強め、アンジーを含む入植者たちは避難するが、そこにもアパッチが襲撃してくる。

話の大枠は『シェーン』にインディアンを絡ませたものだが、本作の特徴はアパッチの扱いにある。アパッチは、歯向かってきた少年の勇気を認め、血の絆を結んで彼を自分たちの一員として扱うのだし、息子には父親が必要だと、いらぬ世話ながら、アパッチの夫を見つけてやろうとする。ウェインもまたアパッチの妻を持ち、彼らの文明を正当に評価する人物として描かれている。彼が、妻だった女性の名前が持つ豊かなニュアンスを何とか伝えようとする台詞は素晴らしい。一方で、インディアンに対する深い理解を持ちつつ、あるいはだからこそインディアンに対する警戒において周到であるというウェインの造形は、単純であるがゆえに深みを持っていた、これまでのウェインのイメージに比して複雑である。

第六章で述べたように、この時代にプロ・インディアン西部劇が現われ始めるが、本作もその流れの中にあると見ることができる。しかも、インディアンに理解のある白人を、その後『捜索者』で、インディアンに対し強烈な憎しみを持つ男を演じるジョン・ウェインが演じているという事実が興味深い。ただし、製作開始当初は、グレン・フォードがキャストされていたようで、さもありなんという感じはするのだが。製作はバジャック、これはウェインのプロダクションで、第一回製作作品となる。そのせいもあるのか、撮影現場にはジョン・フォードが顔を見せたといい、また、タグ・ギャラハー（『ジョン・フォード』参照）、ジョゼフ・マクブライド（『ジョン・フォードを探して』参照）によると、二つのショットを撮ってもいるという（ウェインが砦に戻ってきて、丘の上から隊列を見下す場面か。Wikipediaによるとラストの円陣を組む幌馬車隊をアパッチが襲う場面もフォードが撮っているということだが、出典不詳。最大の見せ場でもあるわけだから、そこを主要チーム外の人間が撮ったとは考えにくい)。本作は3Dで撮られており、ウェインとアパッチのナイフでの対決場面などは、いかにもその効果を狙った印象である。ただし、公開後すぐに3D版上映は打ち切られ、2D版に差し替えられた。ちなみに、ダグラス・サーク唯一の西部劇『アパッチの怒り』(54)も3Dで撮られ、公開後すぐに2D版になった。西部劇は、あるいは西部劇の観客には、3Dのようなアトラクションはなじまなかったということだろうか。

『ブラボー砦の脱出』*Escape from Fort Bravo* (53)
監督:ジョン・スタージェス、脚本:フランク・フェントン(原作:フィリップ・ロック、マイケル・ペイト)、撮影:ロバート・サーティース

スタージェスの出世作。南北戦争の最中、南軍の捕虜収容所が舞台である。そこに、脱走を試みて捕まった男が連れられてくる。馬はなく、ロープで縛られて引きずられてくる男を、北軍将校ローパー(ウィリアム・ホールデン)は臆病者と呼んで軽蔑する。非情な彼は、南軍兵士たちどころか、北軍の部下にも白い眼で見られることになる。その収容所は砦でもあり、インディアンにいつ襲撃されてもおかしくない状況だった。ある日、収容所に一人の女性カーラ(エレノア・パーカー)がやってくる。しかし、彼女は実は捕虜の将校マーシュ(ロバート・フォーサイス)の婚約者で、脱走の手引きに来たのだ。非情な軍人でありつつも、裏庭に薔薇を栽培するような心の持ち主であるローパーに、マーラは惹かれ始める。しかし脱走は決行され、ローパーへの思いを断ち切れないカーラは、彼から離れるために脱走者の一行に咄嗟《とっさ》に加わってしまう。ローパーたちが彼らを追跡して、確保するが、その護送途中にインディアンが襲ってきて、南軍も北軍も関係なく一致団結して敵と戦わざるを得なくなる。

南軍と北軍の確執に、さらにインディアンが絡む三つ巴の状況設定が効果的だ。スタージェスの空間演出が光っている。ロングで渓谷が捉えられる。左手手前の山上にインディアンが待ち構えており、カメラが右手にパンすると、渓谷をやってくる北軍の一隊が映り込み、さらに右手にパンすると奥の山上にもインディアンがいるのが見える。三つの、高低差のある空間を一挙に見せるわけだ。本作はデス・ヴァレーでロケーション撮影されており、白っぽい風景(本作はカラー)が効果的に生かされている(砂漠に隠された金貨探しが主題の『ウォーキング・ヒルズの黄金伝説』(49)では、デス・ヴァレーの砂漠そのものが主人公のような大きな位置を占めていた)。例えば本作のクライマックスは、窪地に追い詰められた一行とインディアンの消耗戦となるのだが、インディアンは、最初は一人、二人とやってきて、彼らの窪地の前に槍を立ててゆく。その後、数人で一気に押し寄せ、真っ白い土埃《つちぼこり》が視界を閉ざす。それが次第に消えてくると、彼らの窪地を円形に取り囲むように、槍が立っているのがわかるのである。さてこれからどうするのかと思えば、丘の上の、彼らからは見えない位置にいるインディアンが、空に向かって矢を放つ。その落下位置を確認し、角度、方向を修正してまた矢を射る。かくしてあの円形の槍は、照準器として機能するわけである。南軍兵士の中にいた口の悪い老人（ウィリアム・デマレスト）と、軽薄そうな若者（ウィリアム・キャンベル）が身を挺して槍を取り去る活躍をみせて観客を驚かせる。さらに、冒頭で臆病者とののしられていた若者が、最後に意外な逆転劇を見せるのも後味をよくしている。

『帰らざる河』*The River of no return*（54）

監督：オットー・プレミンジャー、脚本：フランク・フェントン（原作：ルイス・ランツ）、撮影：ジョゼフ・ラシェル

ゴールドラッシュに沸く町に、一人の男マット（ロバート・ミッチャム）がやって来る。息子マーク（トミー・レッティグ）を引き取りに来たのだ。息子は酒場の歌手ケイ（マリリン・モンロー）と仲良しで、彼女に別れを告げる。そのケイと、恋人のギャンブラー、ハリー（ローリー・カルハーン）が河を筏《いかだ》で流されているのを、親子が救う。ハリーは、ギャンブルで勝ち取ったという金鉱の権利登記のため、下流の町まで行こうとしていたが、インディアンたちが帰らざる河と呼ぶ急流を下るのは君たちには無理だと諭すマットに、では馬で山を越えるとして、銃と馬を（それがないとインディアンに襲われたときに我々の命が危ないという懇願にもかかわらず）奪って、ハリーは一人去る。まもなくインディアンの襲撃があり、三人はやむなく家を捨てて、ハリーが置いていった筏で河を下る。無情なハリーをなじるマットにケイは、人を背中から撃って入獄していたくせにと罵《ののし》り、それを息子が聞いてしまう。そうするしかなかったんだ、蛇を撃つのに前からも後ろからもない、という父の釈明を聞きはするが納得はしない息子。飢餓や寒さ、ハリーを追ってきた男たちとのケイを巡っての格闘、襲来するインディアン、いくつもの急流や難所を越えて、ようやく町に辿りつく。ケイは自分たちを見捨てたハリーに釈明の機会を与えるが、ハリーは丸腰のマットを後ろから撃とうとし、息子がハリーをさらにその背後から射殺する。その後、町の酒場で歌っていたケイを、マットはいきなり抱えて馬車に乗せ、家へと連れ帰る。

元ネタはヴィットリオ・デ・シーカの『自転車泥棒』（48）である。商売道具の自転車を奪われて町をさまよう男とその息子の物語を西部に移し替え、西部（劇）に必須の銃と馬を奪われて大自然を行く親子の話とした。ゴールドラッシュやインディアンの襲撃のエピソードは、あくまで書き割りのような背景に過ぎない。歴史的、地理的な正確さはどうでもよく、物語の肝は、子供を含む三者の心理の変化に置かれている。愚かしい男に入れあげている酒場女を軽蔑していた男が、彼女は子供好きで、根性があり、しかも男への愛情にしても、どん底の生活の中で唯一人間扱いしてくれたことへの感謝ゆえであると知り、次第に考えを改めていく。そうしたなりゆきは、例えば河岸での夜、モンローが焚火を前にギターを弾いて歌を歌い、その歌を聞きながら子供が眠る場面や、あるいは同じく河岸での夜、眠れないモンローが起き出してミッチャムとまたしてもギャンブラーを巡っての口論となり、一人毛布をかぶって座りながら河を眺める場面など、河を背景として、河に包まれ、河に溶け込んでいるかのようなモンローの姿によって説得力を増すだろう（蓮實重彥は、彼女が「どれほどの繊細さで河の流れを受け止めていたか思い起こしてほしい」と述べている。「ウェスタン・ベスト50」、『リテレール別冊　映画の魅惑』所収）。シネスコによる横長の画面も、河の存在感を浮き立たせるのに役立っている。

ただしモンローは現場に、スタニスラフスキー・システムの演技コーチ、ナターシャ・ライテスを連れてきて、ライテスはモンローに台詞を明瞭に発音することを要求しつづけ、鼻にかかった甘い声を期待する監督を初めとするスタッフをいらつかせた。しかもライテスが子役のレッティグに対し、ちゃんとした演技指導を受けないと将来はないと諭し、それに動揺した彼が、それまで完璧だった演技を崩し始めるに至って、プレミンジャーは彼女を現場から排除しようとする。モンローが製作会社二十世紀フォックスの社長ダリル・ザナックに直訴し、ライテスは現場にとどまった。やむなく従った監督を初めとするスタッフらは、彼女を徹底して無視しながら撮影を進めた。プレミンジャーはラフ編集を終えた時点で現場を去ってしまい、ラフ編集版を見たザナックがモンローのセックス・アピールを強調する場面の追加撮影を命じた。ミッチャムがモンローをレイプしかける場面と、冷え切った彼女の体をマッサージする場面である。これらは同社の『百万長者と結婚する方法』（53）で、モンローと友好的な関係を築いていたジーン・ネグレスコによって撮影された。このように本作は、プレミンジャーとしては雇われ仕事であって、彼の作家性が発揮された作品とは言えないが、モンローの抒情的資質を（スタニスラフスキー・システムによる阻害にもかかわらず）刻みつけた作品として記憶されることになる。

『七人の脱走兵』*The Raid*（未、54）

監督：ヒューゴ・フレゴネーズ、脚本：シドニー・ボーム（原案：シドニー・コックレル、原作：ハーバート・ラヴェナル・サース）、撮影：ルシアン・バラード

南北戦争末期、カナダ国境の町で実際に起こった出来事に取材した西部劇。捕虜収容所を脱走した七人の南軍兵士のうち首領格ニール（ヴァン・ヘフリン）が、ヴァーモント州の小さな町セント・オールバンズに現われる。彼はカナダの商人を名乗って、未亡人ケイティ（アン・バンクロフト）の下宿に滞在し、町での事業の下見と称して町の銀行とその配置を観察、逃走ルートを見積もるなど、銀行強盗の計画を準備する。その過程で町の住人の信頼を勝ち得、ケイティの息子も彼になつく。カナダには彼の仲間が潜伏しており、馬車で雑貨を売り歩く商人や旅人などに偽装して三々五々町に入ってくる。いよいよ決行というときに北軍が一時帰還して、計画は中断を余儀なくされる。以前から軽率な行動でニールに諫《いさ》められていた一人の兵（リー・マーヴィン）が中断に業を煮やして酔って暴れ、町の住民に危害を加えようとしてニールに射殺される。ニールは英雄視され、良心の呵責を覚える。下宿人の一人で隻腕の元軍人フォスター（リチャード・ブーン）は、ケイティを想っており、ニールに対抗心を燃やしていたが、彼に南軍旗を差し出す。フォスターはケイティに、自分は皆に英雄視されているが実際は臆病者で、故郷に帰るためにわざと怪我をしたのだと告白する。告白したこと自体勇気のある証拠とケイティは称える。いよいよ決行の日、彼の正体を知った息子にニールは心から詫びる。銀行強盗は成功し、フォスターは一人最後まで抵抗するがかなわず、ニールらは逃げ延びる。町のほうを振り返る彼の顔には、苦い悔恨が刻まれていた。

　脚本のシドニー・ボームは翌年、同型の物語（小さな町に三々五々集合した犯罪者が、強盗の計画を実行する）のノワールである、リチャード・フライシャー監督『恐怖の土曜日』の脚本を書いているが、本作のリメイクといっていいと思われる。本書第四章や、この「作品解説」で見てきた通り、ノワール作品を西部劇としてリメイクするということはあっても、その逆は極めて珍しい。また、史実なので結果は動かせないということもあろうが、罪を犯したものたちが罰せられないまま逃げ延びるという点で、プロダクション・コードを逸脱している珍しい例でもある。銀行強盗の計画や、その成否のサスペンスの巧みさもさりながら、下宿の未亡人、その息子、下宿人の一人で心に屈託を抱えた男などとの関係性の中で、主人公が苦しい立場に追い込まれていく経緯の描写が素晴らしい。彼は芯から悪い男ではないのだが、悪事（と見なされること）をしなければならない立場に立たされていく。これは、誰も悪い人間がいないからこそ生じてしまう状況であるわけで、その悲劇性は、リメイクと思しきノワール『恐怖の土曜日』（そこでは善悪ははっきりしている）以上に苦いものがある。

　ヒューゴ・フレゴネーズはアルゼンチン生まれで、アメリカ留学時に南米のカウボーイであるガウチョもののアドヴァイザーを務め、その後母国で映画界に入る。イタリアで一本監督した後、再びアメリカに渡り、『一方通行』*One way street*（未、50）、ヒッチコック『下宿人』（27）のリメイク『屋根裏の男』*Man in the attic*（未、52）、『死刑五分前』（54）などのB級ノワール（『死刑五分前』については拙著『B級ノワール論』「作品解説」に記述）、刑務所の精神科医とその助手である六人の囚人を主人公とする優れた人間ドラマ『白昼の脱獄』（52、山田宏一は『映画　果てしなきベストテン』で二度にわたり本作を挙げている）のほか、西部劇を数本撮っている。放浪のカウボーイが旧友の孤児らを引き取る『サドル・トランプ』*Saddle trump*（未、52）、廃墟の教会に立てこもって姿の見えないアパッチと戦う、ＲＫＯホラーの立役者ヴァル・ルートン製作の『アパッチの太鼓』*Apache drums*（未、52）、開拓民と抗争関係にある大牧場のドラ息子と、親戚筋に当たる有能な助手の確執を描く『デンボー牧場の争い』*Untamed frontier*（未、52）、そして本作である。南米を舞台としており、ニトログリセリンの輸送で金を稼ごうとする男という設定で『恐怖の報酬』（53）を思わせるが、彼に執着する人妻がそこに加わって陰湿な雰囲気を醸成する『吹き荒ぶ風』（53）は、フィリップ・ヨーダン脚本ということもあり、どことなくフィルム・ノワールの雰囲気がある。代表作と言っていいのは『死刑五分前』、『白昼の脱獄』、『吹き荒ぶ風』、『七人の脱走兵』あたりか。その共通するところは、限定された舞台における群像劇ということになる。作品の多くが平均点以上をたたき出しており、職業監督として有能だったフレゴネーズだが、突出した傑作があるわけではないために、現在あまり顧みられなくなっている。再評価してしかるべき作家と思われる。

『ヴェラクルス』*Vera Cruz*（54）
監督：ロバート・アルドリッチ、脚本：ローランド・キビー、ジェームズ・R・ウェッブ（原案：ボーデン・チェイス）、**撮影：アーネスト・ラズロ**

第六章、第八章で取り上げた『アパッチ』に続いて、ヘクト＝ランカスター・プロ製作、バート・ランカスター主演、アルドリッチ監督で撮られた西部劇。『アパッチ』がプロ・インディアン西部劇として政治的な含みを持っていたのに対し、本作は娯楽に徹している。フランス人皇帝に対する反乱が起きているメキシコで、欧州で傭兵を雇うための大量の金貨を隠した馬車の争奪戦を、南北戦争で負けた南部将校（ゲイリー・クーパー）と、バート・ランカスター率いるならず者の集団、皇帝の側近（シーザー・ロメロ）、フランス人伯爵令嬢（ドゥニーズ・ダルセル）、そして革命軍が繰り広げる。クーパー、ランカスターはそれぞれに腕を認め合っており、奪った金は折半する約束だが、いつ裏切るかわからないという駆け引きが演じられる。クーパーが悪党を演じるのだが、最終的には革命軍に肩入れして金をそっくり彼らに渡すわけで、終わってみれば正義の味方ということになる。正直、もっと灰色に翳《かげ》る存在としてのクーパーを見たかったが。

『ホンドー』に続いてメキシコ・ロケが行なわれており、インカの遺跡やフラメンコなど、メキシコらしさが随所に取り上げられて異国情緒をかき立てる。裏切りに次ぐ裏切り、派手なガンファイト（特にラストの決闘は名場面として語り継がれている。対決する二人を交互にロング・ショットで捉え、それから彼らの手元のクロース・アップ、そして二つの銃声の後、銃をホルスターに入れた一方が倒れる）における形式＝スタイルの過剰性は、メキシコで撮られているという事実も相まって、その後のスパゲッティ・ウェスタンを思わせるものになっている。それが必ずしもいいこととは思えないが、ともかく本作は大ヒットし、アルドリッチの格を上げることに貢献した。

『街中の拳銃に狙われる男』*Man with the gun*（55）監督、脚本（原案）：リチャード・ウィルソン、脚本（原案）：N・B・ストーンJr.、撮影：リー・ガームス

ある町にガンマン、トリンジャー（ロバート・ミッチャム）がやってくる。彼は荒くれた町を金次第で平定する「平定屋」town tamerであったが、やり口が過激なので悪名が高かった。この町には、逃げ出した妻ネリー（ジャン・スターリング）と娘を追ってきたのだが、彼女は酒場のダンサーの元締めを務めている。町はホルマンという男と、彼が経営する賭博場の主人フレンチー（テッド・デ・コルシア）、手下のガンマンども（レオ・ゴードン、クロード・エイキンズ）らに仕切られていた。保安官シムズ（ヘンリー・ハル）は口だけ達者で、事態をただ傍観しているだけ。反対するものもいる中で（「病気よりも悪い治療もある」）、町の人間に雇われたトリンジャーは浄化を開始する。退去を命じたにもかかわらず町に居残るガンマンを射殺し、銃の携帯を禁じたにもかかわらず銃を向けるガンマンも射殺し、娘が実は数年前に死んでいたと知って苛立《いらだ》ち、フレンチーに難癖をつけて挑発し、射殺した上に賭博場を焼き払う。追い詰められたホルマンが、ついに町に姿を現わす（太った男で、小型の一人乗り馬車に窮屈に身を押し込んでいるのが印象的）。トリンジャーに気があるダンサーの一人に罠を掛けさせ、油断させたところをそれぞれ違う方向から狙って二人がかりで射殺する計画だ。それを知ったネリーは、彼に知らせようとするのだが……。

本作の面白みは、ミッチャムがあっという間に町を平定していく様だろう。相手は悪い奴、という設定が一通りなされた後は、あとはやっつけるだけとばかり次々と粛清が行なわれていく。ある意味、これは西部劇に我々が期待するものを純粋抽出したものかもしれない。ただし、ほとんど一方的にミッチャムが強いので、これでいいのか、という疑問は町民にも、我々にも起こらないではない。平和主義の父が丸腰で殺されるのを少年時に目の前で見たために今のミッチャムがあるという設定になっているが、ほぼ言い訳にしか聞こえなくなっている。まだミッチャムが演じているだけに愛嬌もユーモアもあるが、これを例えばロバート・ライアンがやっていたら陰惨過ぎて洒落《しゃれ》にならなかったかもしれない。上映時間は八十分で、ジョゼフ・フォン・スタンバーグ監督『モロッコ』（30）、ハワード・ホークス監督『暗黒街の顔役』（32）のベテラン、リー・ガームス撮影によるスタンダード・サイズの、奇をてらわない端正な画面も、本作の古典的という印象を補強する。勧善懲悪の西部劇を、五〇年代という揺らぎの時期にやると、このような身もふたもないものになるという違和感がむしろ興味深いという意味で挙げた。監督のリチャード・ウィルソンは、オーソン・ウェルズのマーキュリー劇団にラジオの役者として入団以来、片腕として彼を支えた人物である。完成しなかったドキュメンタリー『オーソン・

ウェルズ／イッツ・オール・トゥルー』（93に再構成、上映）の製作、脚本、監督を共同で務めていたこともある。

『赤い砦』*Indian fighter*（55）

監督：アンドレ・ド・トス、脚本：フランク・デイヴィス、ベン・ヘクト（原案：ベン・カディッシュ）、撮影：ウィルフリッド・M・クライン

インディアンを数多く倒し、インディアン・ファイターとあだ名される軍のスカウト、ジョニー（カーク・ダグラス）が、幌馬車を通す許可をスー族に対して取りつける。だが、スー族の土地に眠る金を狙って白人が入り込み、問題を起こしており、スー族はそのことについて釘をさす。かろうじてスー族との協定は結ばれ、幌馬車隊が出発する。スー族の土地に近づくと、彼らは食料を持ってきて幌馬車隊を歓迎するが、一方、道案内に雇った二人の男ウェスとチヴィントン（ウォルター・マッソー、ロン・チェイニーJr.。後者のチヴィントンという名前は、当然サンドクリークの虐殺を指揮した民兵指揮官を連想させる）が実はインディアンの金を狙うものたちで、スー族の一人（なんとハンク・ウォーデンが演じている）を酔わせ、金の場所を吐かせる。スー族の酋長の弟がそれを見咎めると、ウェスたちは彼を殺害し、そのせいでスー族と白人たちに争いが始まる。この間、スー族の酋長の娘オナーティ（エルザ・マルティネリ）に逢いに行っていたジョニーは、責任を問われる。幌馬車隊が逃げ込んだ砦をスー族が襲撃。ジョニーはスー族と話し合いに行こうとするが、逃げようとしていると誤解され、インディアン・ファイターどころかインディアン・ラヴァーだと非難される。何とかそこを出たジョニーは、オナーティと共にウェスたちを探し出す。ウェスをスー族に引き渡し、和解を取りつけたジョニーは、二度と白人の世界に戻らない道を選び取る。

五〇年代にプロ・インディアン西部劇が、例えばデルマー・デイヴスによって撮られていたことは第八章に記述したが、これはその流れの中にある一本である。スー族は、自分たちの文化を持つ誇り高い部族として肯定的に描かれており、監督自身、そのような意図をもって本作を撮ったと述べている。「私は観客にこの土地を感じ取り、インディアンを理解して、彼らの誇りを見て取り、彼らの倫理規範を感じてもらいたかった。演説という手段を使わずにね。彼らはハリウッド流のインディアンではない。本物のインディアン、誇りと名誉を持ったインディアンなんだ」（『ド・トス・オン・ド・トス』）。実際、台詞のある若干名を除いて、本物のインディアンが演じている。彼らが砦を襲撃する様子も、まず木の枝で土埃の煙幕を立てておいて、その後長い竿でしなりをつけて火を投げ込むなど、臨場感にあふれている。本作は、カーク・ダグラスの製作会社ブライナ・プロ（カークの母親の名前を取った）の第一回製作作品だ。エルザ・マルティネリはイタリアのモデルで、ファッション誌を見たカークの妻が推薦し、探した末、ニューヨークにいることを突き止めたダグラスが直接電話して招聘した。マルティネリはちょうどダグラスが出演しているフライシャーの『海底二万浬』(54)を見て帰ってきたところで、いたずら電話と思い込んだが、劇中で彼が歌う曲を口ずさんでようやく信じてもらえたという(『くず屋の息子　カーク・ダグラス自伝』参照)。映画の冒頭、彼女が全裸になって川に入るシーンは、西部劇で初めてヌードが撮られた場面として有名である(といっても後ろ姿だが)。

『六番目の男』*Backlash*(56)
監督:ジョン・スタージェス、脚本:ボーデン・チェイス(原作:フランク・グルーバー)、撮影:アーヴィング・グラスバーグ

製作がアーロン・ローゼンバーグでユニヴァーサル作品、脚本がボーデン・チェイスとなると、当然アンソニー・マンが連想される。ローゼンバーグ、チェイス、マンそしてジェームズ・スチュアートのカルテットは、『ウィンチェスター銃'73』、『怒りの河』、『遠い国』と傑作を連発してきた。ローゼンバーグとマン、スチュアートはさらに、非西部劇『雷鳴の湾』(53)、『グレン・ミラー物語』(54)でも組んでいる。しかし、マンとローゼンバーグは五四年の『遠い国』を最後にタッグを解消している。『夜の道』(57)でもローゼンバーグ、チェイス、マン、スチュアートのカルテットは復活するはずだったが、スチュアートがマンを嫌って監督が変更されたとされる。本作などは、父との宿命的な対決という内容から考えてもマンが監督でもおかしくはない作品であり、あるいはそのような打診があったのかもしれないと思わせる(憶測に過ぎないが)。

主人公ジム(リチャード・ウィドマーク)は、幼いころに金鉱熱に憑かれて家を出た父を探し、ある土地にやってくる。父は金を見つけたものの、インディアンに殺されたらしい。五人が埋葬されており、一人逃げのびた男がいるようだ。金鉱掘りの一人が夫だったという女キャリル(ドナ・リード)も同行して、その六番目の男を探索する。初めは敵対していた二人だが、ジムの粗暴さの中に垣間見える孤独、優しさを見て取ったキャリルは、次第に彼に惹かれるようになる。ある町で、奪われたはずの金に見合う額の金銭をもって現われた男が強引に牧場を拡大し、地元の牧場主たちと一触即発の事態になっていることを知る。その男こそ六番目の男であり、ジムの父、あるいはキャリルの夫ではないかと思われた。そしてその男(ジョン・マッキンタイア)は、確かにジムの父だった。父は発見した金を仲間に奪われたために、インディアンをけしかけて彼らを皆殺しにしたのである。父の血を継いで暴力的であることに絶望するジムに、父は自分と共に生きようと誘う。父は、自身を排除するために団結しようとしている牧場主たちを、逆に待ち伏せしていた。ジムは父の陰謀を頓挫させ、さらに父と対決して彼を殺し、キャリルと共に町を去る。

比較的早い時期に、六番目の男の正体は想像がついてしまうので、ドラマとしての緊張感の持続が今一つという嫌いはある。しかし、父を殺したらしい男を追っていくと、それが実の父だという展開の苦さはノワール的である。ウィドマークが自分の身に沁みついた暴力に絶望するという展開だが、そこに有効な細部が見られないのも演出的に残念（例えば『ウィンチェスター銃'73』のマンならば、町の掟で丸腰にさせられた主人公が、宿敵と出くわしてつい腰に手をやってしまう仕草で、彼が根っからの殺し屋であることを示すわけだ）。佳作とも言いがたいが、もしかしたらマンが撮っていたかもしれない一作として、ここに載せておく。ちなみに映画批評家の木全公彦によると、三隅研次監督（脚本は星川清司）『無宿者』（64）は、本作を時代劇にリメイク（あるいは本作の原作を時代劇化）したものではないかということだ。

『最後の銃撃』*The Last hunt*（56）
監督、脚本：リチャード・ブルックス（原作：ミルトン・ロット）、撮影：ラッセル・ハーラン

映画冒頭のタイトルで、本作で殺されるバッファローは数を調整するための狩猟で間引かれたものである旨が告げられる。撮影中の動物保護に厳格な昨今と異なり、この作品でのバッファローは実際にライフルで殺されているわけである（無論俳優たちが撃っているわけではないが）。バッファローは西部開拓期に相当数が狩猟されて一時絶滅の危機に瀕していたが（ウィリアム・ウェルマンの『西部の王者』で触れられていた）、保護が進むとかえって増え過ぎ、草を食い荒らすので間引かねばならなかったらしい。その間引き狩猟の機会を捉えて撮影されたものということだが、主演のスチュアート・グレンジャーは、彼が演じた登場人物さながら、殺戮の光景にほとほと嫌気がさしたという。

牧場主サンディ（スチュアート・グレンジャー）は、暴走するバッファローのせいで牛が殺される被害に困り果て、そこにバッファロー狩猟者チャーリー（ロバート・テイラー）が現われ、彼をバッファローの毛皮狩猟のハンター役にスカウトしたため、それに応じる。サンディは四年間バッファロー・ハンターをしてきたのだが、殺すことにうんざりして辞めていたのだ。サンディは街に出て、片足が義足なのでウッドフットと呼ばれるかつての仲間ののんだくれ爺さん（ロイド・ノーラン）と、インディアンとのハーフの若者ジミー（ラス・タンブリン）をスカウトし、パーティを組む。旅を始めてまもなく、荷物運びのロバがインディアンに奪われる。二頭くらい放っておけというサンディらの言葉に耳を貸さず、チャーリーは彼らを追い、二人の男を問答無用で撃ち殺したうえ、逃げようとした女（デブラ・パジェット）に怪我をさせる。女は赤子を抱えており、しかし美しく、チャーリーは彼女らを連れ帰る。赤ん坊はサンディになつき、彼と女の間にもなにがしかの感情が芽生えるが、それを見たチャーリーは女を夜、小屋に連れ込み、自分のものとする。バッファローの群れに出会った彼らは狩りを開始する。チャーリーの足元には空薬莢が山のように積み上がり、熱くなった銃身を水筒の水で冷やしながら撃ちまくる彼の表情には殺戮への邪悪な陶酔が浮かび上がる。サンディもやむなく撃つが、その表情は苦い。彼の視野にふと白いバッファローが現われ、インディアンによって神聖視されているそれを、彼は撃つことができない。それを見ていたチャーリーは、こともなげに射殺する【図191】。彼らが白いバッファローを殺したことを知ったインディアン女は、あなたがたは私たちの食料を奪っただけでなく、宗教まで奪った、とつぶやく。

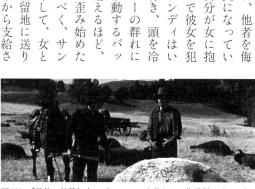

　チャーリーにとって殺すことは単なる仕事ではなく愉悦であり、他者を侮蔑し差別する優越感の根拠になっていることに気がつき、また自分が女に抱いている心情を知ったうえで彼女を犯していることにいらだつサンディはいったん街に毛皮を売りに行き、頭を冷やす。まったくバッファローの群れに出会わなくなり、雷鳴を移動するバッファローの轟きに聞き間違えるほど、殺すことへの渇望に精神が歪み始めたチャーリーから女を逃がすべく、サンディは仲間の老人らと画策して、女と赤ん坊をインディアンの居留地に送り届ける。しかしそこも、軍から支給されるべき食料が届かず飢えに苦しんでいた。サンディと女は街に向かい、食料の牛を居留地へ運ぼうとする。裏切った老人を殺害し、逃げた彼らを追ってきて、崖上の洞窟でキャンプしているところを発見したチャーリーは、夜が明けたら殺すと待ち受ける。折から雪嵐が訪れ、ふと目の前に現われたバッファローを射殺して、その皮で温まろうとするチャーリーだが、翌朝サンディらが洞窟から出てみると、チャーリーはバッファローの皮を着たまま凍死していた。その皮は雪に覆われ、白いバッファローに見えた【図192】。

図191　『最後の銃撃』白いバッファローを仕とめて御満悦のチャーリー

図192　凍死して白いバッファローに見える男

　五〇年のアンソニー・マン初の西部劇『流血の谷』では差別によって虐《しいた》げられるインディアンを演じていたロバート・テイラーが、インディアンを差別する側を演じる。三四年以来MGM専属の看板俳優として活躍してきたが、その華やかなキャリアも赤狩りの影響で翳り始める。グレゴリー・ラトフ監督『ロシアの歌』*Song of Russia*（43）で親ソ的な指揮者役を演じたため政治姿勢を疑われた彼は、四七年の非米活動委員会聴聞会でそれを否定、そのために「友好的証人」とレッテルを貼られることになる。彼の伝記が『いやいやながらの証人』と題されているように、キャリアの途絶を恐れての証言だったが、このころから明朗な二枚目スターとしての人気は揺らぎ始め、複雑なキャラクター、ときに悪役を演じることも増えた。その中には傑作も多く、『流血の谷』や本作もその一つだ（ほかにロイ・ローランド『悪徳警官』〔54〕、ニコラス・レイ『暗黒街の女』〔58〕など）。デブラ・パジェット演じる若く美しいインディアン女性が、捕まった直後に川辺で水浴びする姿を見かけてしまい動揺するグレンジャーを崖上から見下ろしてニヤッと一笑い、その夜に女を小屋に招き入れる。あるいは火を囲んでの談笑の際、酔って眠っているかに見えたテイラーが、何か作業をしているパジェットに優しい視線を送るグレンジャーを目にしてやおら起き上がり、パジェットを小屋に連れ込む。示唆されることはあっても描写されることはなかったように思われる白人とインディアンの性的な関係がここでははっきりと描かれて、それが登場人物間の（性にまつわるだけにドス黒い）感情を掻き立て、劇を動かす。テイラーがバッファローを殺す場面では、それ自体がいつまでも続くような印象なのだが、そこで彼が浮かべる酔ったような表情も強烈だ。

本作の製作はドーリ・シャーリー。RKOでニコラス・レイやジョゼフ・ロージーをデビューさせた後、MGMに副社長として迎えられ、そこでロバート・アルドリッチをデビューさせた彼はリベラルな考えの持ち主であったが、バッファローの殺戮やインディアン差別という題材は、シャーリーならではのものといえるだろう。

『必殺の一弾』*The Fastest gun alive*（56）
監督：ラッセル・ラウズ、脚本：フランク・D・ギルロイ、ラッセル・ラウズ（原作：ギルロイ）、撮影：ジョージ・J・フォルシー

田舎町の雑貨屋店主ジョージ（グレン・フォード）は「現存する西部一の早撃ち」（それが原題）だった。しかし、彼がそうであることを町の誰も知らない。町の男たちは、酒も飲まない男は信用できないだの、土地を耕し牛を育てることこそ男らしい仕事だのとマッチョな価値観に凝り固まり、常に丸腰で酒も飲まない一商店主であるジョージを小馬鹿にしていた。そこに、西部一の早撃ちを求めて決闘を申し込み続ける男ハロルド（ブロデリック・クロフォード）を実際に見たという男が駅馬車でやってきて、その噂を得々としはじめる。彼の話をむさぼるように聞く男たちに苛立ちを抑えられないジョージはついに酒を飲み始め、酔った勢いで妻ドーラ（ジーン・クレイン）の諫めも聞かず、皆の前で銃の腕を披露してしまう。だが、その翌日の日曜、教会に来たジョージは、自分のことを聞いたガンマンが次々訪れることになれば町は荒れる、とこの町を去る意思を告げる。しかし彼に好意を持つ住人が、誰にもしゃべらなければいいのだ、と町の住人たちを説いて、住人は一人一人、決して口外しないことを誓う。そのとき、隣町で銀行強盗を働き、追跡団に追われるハロルド一味が町にやってくる。教会に行くのをさぼっていて、申し合わせのことを知らずにいたものからジョージの早撃ちのことを聞いたハロルドは、その早撃ち男に出てくるよう促し、来なければ町を焼き払う、と脅す。住人たちは掌《てのひら》を返して、この事態はジョージのせいだ、何とかしてくれと哀願する。しかし、ジョージは怖がっていた。実は人を撃ったことがないのだ。有名なガンマンだった父はそのため常に挑戦者に挑まれ、とうとう命を失った。息子であるジョージは父から銃を仕込まれたが、銃そのものに恐れを抱いていたのだ。それでも町のために彼は敵に立ち向かう。ウォークダウン方式で決闘する二人、火を噴く銃。カットが代わると、画面は葬儀を映し出す。二人のガンマンの墓が建てられていた。しかし葬儀の参列者の中には、ジョージ夫妻の姿もあった。西部一の早撃ちは死に、ジョージは何者でもない男として、この町で暮らし続けるのだった。

監督のラウズと製作のクラレンス・グリーンは、ノワールの名作『都会の牙』(49)の脚本を共同で書き、井戸に落ちた黒人少女を巡って人種間の争いが起こる『井戸』(51)、ローリング・トゥエンティーズに高級売春宿を経営していた女の一代記ベストセラーを映画化した『家は家庭じゃない』*A house is not a home*(未、64)、ハリウッドの内幕もの『オスカー』(66)など、低予算映画の枠組みの中で際物すれすれの話題作を提供してきたコンビである。西部一の早撃ちなのに人を撃ったことがないという奇抜な設定も彼らしい。クロフォードが勝負を挑み続けるのは、名声が欲しいわけでもなく、ただ自分が一番速いということを証明したいだけであり、いわば求道的な営為なのだが、それをどう見てもずるそうでしかないクロフォードが演じるというキャスティングも妙。また劇中に、納屋でのダンス・パーティがあるのだが、そこでラス・タンブリンがスコップを使ったアクロバティックなダンスを披露する。タンブリンは『略奪された七人の花嫁』(54)のダイナミックなダンスで注目されていたので、利用しない手はないと考えたわけだろうが、そのあざとさも微笑《ほほえ》ましい。他にも本作では、クロフォードの手下の一人にノラ・ビアリーJr.、フォードを馬鹿にする住人にジョン・デナー、彼を擁護すべくいち早く立ち上がる住人にリーフ・エリクソン、酒場の親父にリース・ウィリアムズなど、いつかどこかで見た脇役連中が多く起用されている。

教会で、箝口令を敷くことを住人たち自らが提案し、ご丁寧にも一人一人が自分は何もしゃべりませんと誓ったそばから、町が焼き払われるとなると掌を返してフォードを責め、彼に懇願する住人。こうした設定は当然『真昼の決闘』を思い起こさせる。しかし『真昼の決闘』のような陰湿さがあまり感じられないのは、フォードの、銃の名手ながら「怖くて」人を撃ったことがないという唖然とする設定、クロフォードの私利私欲のない、求道的とすら言える姿勢に起因するだろう。要するに陽性なのだ(陽気というわけではない)。住人たちにしても最終的にフォードを救うのだし、フォード夫妻もまたこの町に住み続けられるくらいには、住人との関係は良好である。『リオ・ブラボー』ほど明朗ではないものの、『真昼の決闘』の陰鬱な裏切りの風土からは遠く、両者をつなぐ中間項というべきだろうか。アメリカでは興行成績優秀で、その後もカルト的な人気を博する一作である。

『西部の旅がらす』*Saddle the wind*（58）
監督：ロバート・パリッシュ、脚本：ロッド・サーリング（原作：トマス・トンプソン）、撮影：ジョージ・J・フォルシー

　スティーヴ（ロバート・テイラー）は牧場を経営しているが、元はカントレル・ゲリラの一員であり、ガンマンだった。彼には弟トニー（ジョン・カサヴェテス）がいるのだが、その弟が、酒場で出会った女ジョーン（ジュリー・ロンドン）を妻として牧場に連れてくる。町から町への生活にうんざりしていた彼女は、自分を女性として扱ってくれ、生き生きと自分の兄やその牧場のことを話すトニーに、淀んだ空気を一掃する一陣の風のような爽やかさを感じたのだった。しかしトニーは自分が子供扱いされるのに倦み、銃の腕を磨いて、今では兄以上になったとの自負もあり、機会があればその腕を発揮したいとうずうずしていた。その機会はすぐに訪れる。かつてスティーヴに弟を殺された男（チャールズ・マッグロー）が、復讐のために町にやってきたのだ。トニーは彼を挑発し、偶然の助けもあって射殺する。苦い顔のスティーヴに対し、取り巻きにちやほやされたトニーはまんざらでもない。折から、持ち主が去ったままうち捨てられていた土地にやってきた元北軍兵士クレイ（ロイヤル・デーノ）の馬車隊が、ここは父の土地であり、自分たちはここで農場を始める、そのため鉄条網で土地を囲うと宣言。一帯の大地主であるデニーン（ドナルド・クリスプ）は、銃の次に鉄条網が嫌いだというが、彼の権利は守らねば、と庇護を約束する。それが気に入らないトニーは、クレイを妨害し（雑貨屋に鉄条網を買いに来たクレイに、ここから先に来たら殺すと宣言して線を引く）、しかしひるまないクレイを射殺する（クレイは這《は》って、トニーが引いた線を超える）。兄弟と縁を切ると宣告したデニーンをも撃ったトニーをスティーヴは追い、対決する。しかし、兄を撃てないトニーは自らの腹を撃って死ぬ。

　五〇年からＴＶで活躍し、本作直後に始まる『ミステリー・ゾーン』（59〜64）で大ブレークを果たすロッド・サーリング初の映画脚本である。カサヴェテスもまた五一年からＴＶに出演しており、従ってＴＶ界から招かれた新たな才能を導入した作品ということになるが、しかし兄弟の対決、牧場と農場の鉄条網という象徴的な物質を巡る争いと、話自体はごく古典的な枠組みで作られている。ハリウッド古典期の名優としてのロバート・テイラーはこれまで述べてきた通り、むしろ悪役として魅力を発揮してきていたが、ここでは型どおりの善玉を演じていることもあり、正直あまり魅力を感じられない。一方それに対するカサヴェテスは、偉大な兄に対する憧れと愛情、彼を超えようとして努力し、それだけの腕を得たことへの自信を持ちながら、相変わらず子供扱いされていることへの苛立ちから、兄の神経を逆なでするような行為にあえて出るといった、思春期的矛盾を（いささか鼻につきもするアクターズ・スタジオ仕込みの演技で）演じてみせ、主役のテイラーを食ってしまっている。しかし、こうした矛盾に満ちた思春期像は、すでに同じアクターズ・スタジオ出身のマーロン・ブランドが『乱暴者《あばれもの》』（53）や『波止場』（54）で、ジェームス・ディーンが『理由なき反抗』や『エデンの東』（共に55）で示していたもので、西部劇というジャンルの中に移植された目新しさはあるものの、どこか二番煎じのような印象は免れない（西部劇だからこそむしろ胡散臭《うさんくさ》く見えさえしたかもしれない。たとえてみれば、時代劇に太陽族が出演したような感じだろうか）。いずれにせよカサヴェテスにとっては、たとえその演技を称賛されたにしてもハリウッドという場所が居心地の悪いものと感得されたのは確かであろう。彼は以後東部に戻り、ニューヨークのダウンタウンを拠点とするジャズ・ピアニストにして探偵を演じるTVシリーズ『ジョニー・スタッカート』（59～60）で俳優としてのブレークを果たす。さらに監督としても、インディペンデント映画のメルクマール『アメリカの影』（59）を送り出し、ハリウッドとは別の映画作りの道を切り拓いていくことになる。

『草原の野獣』*Gunman's walk*（58）

監督：フィル・カールソン、脚本フランク・ニュージェント（原作：リック・ハードマン）、撮影：チャールズ・ロートンJr.

銃一丁で牧場を築き上げてきた男ハケット（ヴァン・ヘフリン）には、二人の息子がいた。長男エド（タブ・ハンター）は彼に似て銃が達者で、しかし無謀で傲慢、父に追いつこうとしながら追いつけない焦燥に駆られている。いっぽう次男デイヴィ（ジェームズ・ダレン）は銃を好まず（町は銃の携帯を禁じていた）、父はひそかに彼をできそこないと見ていた。馬の移送途中、見事な白馬を見つけたエドは、手伝いに雇っていた、近在で一番の馬の使い手と評判のインディアンとの混血男性と競争になり、崖から彼を突き落として死なせる。裁判になるが、現場を見ていたという男シーバーツ（レイ・ティール）が現われて、彼の証言で殺人としては証拠不十分で不起訴になる。その男は、偽証の謝礼として十頭の馬を要求し、その中に例の白馬が入っていたことからエドと口論となり、エドは彼を撃つ。逮捕されるも逃げ出して、その際に丸腰の副保安官までも射殺したエドは、ついに父親と決闘し、命を落とす。殺された混血男の妹（キャサリン・グラント）と恋仲になり、勘当同然となっていたデイヴィのもとにやってきたハケットは、彼らに和解を申し出る。

強権的な父と、彼の価値観をそのまま共有している兄、より理性的で自由主義的な考え方を持つ弟の三者の関係を通して、マッチョな価値観を問い直す西部劇である。兄弟の対立や、裁判がその中での鍵となる点からも、ドミトリクの『折れた槍』（54）を連想させる。ただ、『折れた槍』が裁判を通して、家長の価値観、西部のありようそのものを問うていったのに対し、こちらでは、報酬を目当てに偽証する男が現われて彼らの罪をうやむやにしてしまう。その代わり、父と長男が体現する西部的な価値観の是非は、長男がそのやり方をあからさまな形で貫いたらどうなるかという形で問われることになる。父親は長男に、丸腰の人間を撃つようではいかんと言うが、父親の友人である医者は彼に数個の銃弾を示して、これは君に撃たれた人間から取り出したものだが、彼らは法的にも倫理的にも、死ぬいわれはなかったのだと述べる。息子の行為は、実のところ父親とまったく変わりはしないわけである。息子の一連の悪行は、そっくりそのまま彼のものなのだ。始源的暴力は、現在において行なわれる同じ行為がただの暴力と判断されることによって、真に正しいものだったのかどうか、改めて問いただされることになるのである。とは言うものの、タブ・ハンターの行動は感情的に過ぎ、愚かしくさえ見えるため、彼の行動によって西部的価値観が問われているというより、ほとんど自業自得の印象で、『折れた槍』におけるような悲劇性は感じられない。西部の価値観を問い直すということ自体が、切迫感を失い、意匠と化しているようにも見える。だとしても劇としての結構は緊密であり、フランク・ニュージェントの脚本、フィル・カールソンの演出、シネスコによるチャールズ・ロートンJr.の撮影、それぞれ職人仕事として見事と言える。

『荒野の悪魔』*The Fiend who walked the west*（58）

監督：ゴードン・ダグラス、脚本：ハリー・ブラウン、フィリップ・ヨーダン（原案：エリーザー・リプスキー）、撮影：ジョゼフ・マクドナルド

銀行強盗で一人だけ捕まり、刑務所に入れられた男ダニエル（ヒュー・オブライエン）。同室の男フェリックス（ロバート・エヴァンズ）は、彼から仲間の居所を聞き出して訪れ、隠されていた金を奪ったうえ相手の男とその老母を殺害、放火してインディアンの仕業に見せかける。オブライエンの家を訪ね、その妻エレン（リンダ・クリスタル）に欲情を覚え、迫るが拒絶される。妻はそのショックで流産する。フェリックスの金回りのいいのを怪しんだ保安官エメット（スティーヴン・マクナリー）は、ダニエルの仲間を殺したのはフェリックスではないかと考え、判事と謀《はか》ってダニエルを脱走させ、フェリックスを探らせる。ダニエルはひそかに家探しして、殺された老母の指輪を発見する。フェリックスは裁判にかけられるが、彼に虐待されていた使用人の女が自分の指輪と証言し、証拠不十分で無罪になってしまう。使用人の女の遺体を送りつけられ、復讐が自分たちにも向けられることを恐れたダニエルは、フェリックスを挑発し、撃たせるように仕向けて逆に彼を射殺する。

ヘンリー・ハサウェイ監督、ベン・ヘクト、チャールズ・リーダラー脚本のフィルム・ノワール『死の接吻』（47）の西部劇へのリメイクである。『死の接吻』では、リチャード・ウィドマークが、車椅子の老婆を階段から突き落とすサイコ・キラーを演じて出世作となった。本作ではその役をロバート・エヴァンズが演じている。俳優としては大成しなかったが、その後製作者に転向した。パラマウントでコッポラ監督『ゴッドファーザー』(72)、ポランスキー監督『チャイナタウン』(74)など、ヒット作を連発した、あのロバート・エヴァンズである(その破天荒な人生は、自伝『くたばれ、ハリウッド』に活写されている)。ここでは、上唇がめくれあがって口が常に半開き状態の、いかにも頭が悪そうな、しかしそれだけに何をしでかすかわからない不気味さを湛えた若造を演じている。平手打ちされると激高し、その場では殺さないが、つけ狙って必ず殺す執念深さを見せ、その一方で使用人の女を暴力で支配する(女の顔には常にあざがある)、なんとも陰湿な男だ【図193】。ウィドマークも強烈なキャラクターではあったが、エヴァンズも相当なインパクトである。都会的なノワールであればサイコ・キラーがいるのも納得可能だが、西部劇となるといかにも場違いな印象で、それだけに不気味さが増し、ほとんどホラーにさえ見えてくる。本書第四章でも記したように、ノワールが西部劇に移植された作品の中では、例えばラオール・ウォルシュの『追跡』のように精神的に障碍を持つ人間が描かれるが、本作はその極北と言える。

図193 『荒野の悪魔』サイコ・キラーのエヴァンズと虐待されている女

『無法の拳銃』*The Day of the outlaw*(未、59)

監督:アンドレ・ド・トス、脚本:フィリップ・ヨーダン(原作:リー・E・ウェルズ)、撮影:ラッセル・ハーラン

ド・トス最後の西部劇にして傑作。灼けつく真昼の太陽ではなく、真っ白い雪が全編を支配するというのも異例だし、その雪によって密室と化した町の中での心理の駆け引きがもっぱらの主題となるというのも異例、しかも最終的な決着をつけるのは銃ではなく、寒さなのだ。動けなくなること、それが死を招く。何とも映画的な事態ではないか。ド・トスによれば本作をカラーで撮ろうとする動きもあったようだが(『ド・トス・オン・ド・トス』)、モノクロゆえにこそ、雪の白の美しさ、また白の中にすべてが消えていく残酷さも際立つことになるだろう。

映画は、スターレット(ロバート・ライアン)と仲間が雪原を歩いてくるところから始まる。彼らは停まっている荷馬車を見て悪態をつく。荷物は鉄条網である。新興の農民たちは鉄条網で自分たちの農地を囲い込もうとしており、それは牧場主であるスターレットにとって死活問題を惹起する。彼はその始末をつけるために町に来たのだ。町には農場主たちが集まっている。その一人の妻ヘレン（ティナ・ルイーズ）は彼に、夫を殺さないでくれと嘆願するが、ヘレンとスターレットは過去に関係があり、スターレットはあのとき彼女を奪ってこの地を去ってしまえばよかったと、後悔の念を抱いていた。スターレットと農民たちが一触即発の危機を迎えたまさにその瞬間、連邦政府の金を強奪して逃亡中の北軍兵士の一団が現われる（この瓶が落ちたら銃を抜けとスターレットが言って、カウンターに転がし、それが落ちようとするところを入ってきた男たちの一人が拾う）。彼らは女と酒に飢えていたが、首領ブラン大佐（バール・アイヴス）の威厳がかろうじて乱暴狼藉を抑え込んでいる。しかし彼は瀕死の重傷を負っていた。その気力はいつ尽きるのか、そしてそのとき何が起きるのか。

　役者たちの存在感が際立っている。自身の力で無から牧場を築きあげてきた、その暴力の残滓が体から滲み出しているかのようなライアン（ニコラス・レイ監督『危険な場所で』やロバート・ワイズ監督『拳銃の報酬』の系譜に連なるロバート・ライアンだ）。肉体の線を際立たせる衣装で胸元を晒すティナ・ルイーズの匂い立つようなエロティシズム（ルイーズは本作の前年、同じヨーダンのセキュリティ・ピクチャーズの、アンソニー・マン監督『神の小さな土地』でも官能的な女性を演じている。ちなみに、この作品にもライアンは出演している）。堂々とした佇まいに、どこか脆《もろ》さを秘めたバール・アイヴス。そして、いつもニヤニヤと笑っているランス・フラーや、暴行魔にしか見えないジャック・ランバートらのいつ暴発するかわからない危うさ【図194】。

図194 『無法の拳銃』中央にアイヴス、右がフラー、左がランバート

　この二人を含む強盗団は辛抱しきれず、お茶とクッキーをご一緒しながら、女たちとダンスだけでいいからさせろとボスに要求するのだが、いつまでもいつまでも同じフレーズを繰り返すピアノに合わせて連中が女たちを振り回し、彼女らの（特にルイーズの）髪がほどけ、服がしどけなくなってゆく様が狂気じみている。スターレットはブラン大佐に最後の提案をする。あなたはもうじき死ぬが、あなたが死ねば部下たちはたちまち凌辱と殺人に走るだろう、それよりも、山越えをすると言って皆を連れ出し（そんな道はないのだが）、きれいに死を迎える方がよくはないか。実はアイヴスは、戦時中、モルモン教徒の虐殺を勢いで命じてしまったことを後悔しており、今度もそのようなことになるのを恐れていた。スターレットにとってもこ

れはほとんど自殺行為なのだが、ヘレンが夫の命乞いをしてきたときにふと頭をよぎった欲情（彼女の依頼を拒絶し、彼女が去った後鏡を見て、自分の顔に愕然としていた）への自己嫌悪が、そうした行動へと彼を導いたのであった。ブラン大佐もスターレットも、自責の念に突き動かされている。その暗さが、ラストにおける真っ白い雪山の世界との対照を際立たせる。強盗団は馬を失って脱落し（そのため、一味の中では唯一同情できる若者が町に引き返すことになる）、仲間割れで殺されて、一人ずつ減っていく。最後は、雪嵐の夜が明けて一人が凍死し、スターレットは逃げ、残った一人がそれを撃とうとしながらも動けず、やはり凍死する。スターレットも、生きて帰れるのかどうか。白が画面を領したまま、映画は終わる。

死ぬべきものたちがみな死に、同情すべきものたちは生き残る形で、一応のハッピーエンドを迎えはするものの、スターレットと農場主らの対立は解決を見ていないし、嫌な感じがずっと残り続けるあたりがいかにも五〇年代的である。

ド・トスはバッド・ベティカーと並んで、ランドルフ・スコットと多くの西部劇を生み出し（ベティカー七本に対し、ド・トス六本）、さらに既述のプロ・インディアン西部劇『赤い砦』や、ノワール的西部劇たる本作と、このジャンルでも優れた業績を残しており、れっきとした西部劇作家として評価されてしかるべきである。

『コルドラの道』*They came to Cordora*（59）

監督：ロバート・ロッセン、脚本：ロバート・ロッセン、アイヴァン・モファット（原作：グレンドン・スワースアウト）、撮影：バーネット・ガフィ

ロバート・ロッセン唯一の西部劇。だが西部劇らしいアクションは冒頭に一度あるのみで、あとは数人に絞られた登場人物間の心理的な駆け引きがもっぱら映画の内容となる。舞台はパンチョ・ビリャが侵入したニューメキシコ。ビリャの軍が占拠するアメリカ人女性アデレード（リタ・ヘイワース）の経営する農場に、一列横隊で突撃するというアメリカ軍騎兵隊得意の、とはいえ無謀すぎる作戦は、それでも数人の兵士の勇敢な活躍のおかげで勝利に終わる。ゲイリー・クーパー演じるソーン少佐は、数人の英雄的行動をした兵士を勲章候補として選択する。第一次大戦参戦を前に、国民の士気を高めるため、英雄を祀り上げる必要があり、ソーンは彼らを生還させたうえで叙勲する義務を与えられていたのである。候補は五人、チョーク軍曹（ヴァン・ヘフリン）、トルービー大佐（リチャード・コンテ）、ファウラー中佐（タブ・ハンター）、レンツィーハウゼン一等兵（ディック・ヨーク）、ヘザーリントン一等兵（マイケル・カラン）。ソーンは、彼ら五人にアデレードを伴って、コルドラ基地までの移動を開始する。

酒やタバコを一人享受するアデレードに苛立ち、また彼女自身への欲望に苛《さいな》まれるチョークやトルービー。さらに自分たちが表彰されることを知った彼らの中には、顔が新聞に出て前科が明らかになる、若くして叙勲されるとその後の出世が滞るなど、それがかえって迷惑であるものも複数いた。アデレード自身、上院議員だった父がインディアンの土地を売り払って有罪になっており、自身も浮気沙汰で騒がれた過去があって、アメリカには帰りづらい立場にあった。馬をビラ軍に奪われて徒歩での移動を強いられたり、腸チフスに罹患する者も現われたり、と苦境が重なり、集団内部の緊張感は高まっていく。しかもソーンは親の七光りで将校になった男であり、そのうえ以前の戦闘の際に恐怖のため動けずにいたという汚辱があり、それを暴かれて彼の立場はいっそう不利になる。自身が臆病もののレッテルを貼られただけに、彼らにどうしてそのような行動ができたのかを知りたいというソーンの真情を知るアデレードを除く皆が離反し、疲れ果てたソーンがついに力尽きる。彼の手帳を廃棄するために奪った彼らは、しかしその記述を読み、心打たれる。そのとき一人が丘の向こうにコルドラ基地を発見、そこに帰れば軍法会議にかけられるかもしれないことを知りながら、皆はソーンとアデレードの後に続く。

英雄とたたえられたものがその実卑劣、矮小であり、卑怯者の烙印を押されたものが真の勇敢さを発揮する。こうした逆転は、確かに意外性を生むよくある設定であるとしても、本作においては単なる意匠にとどまっていない。監督自身の同時代の経験がそこに投影されているからだ。本作でのソーンの造形には、赤狩りでネーミング・ネームズを強いられ、結局それに屈したロッセン自身が重ねられている。夜、アデレードとソーンが語る忘れがたい場面（アメリカの夜のどことなく安っぽい感じがその侘しさを際立たせるだけに、いっそう感動的である）で、アデレードは、たった一回英雄的行為をしただけで英雄なのか、たった一回臆病風に捕らわれただけで臆病ものなのか、と問う。ソーンは、彼らは普通の人間だが、それでもあのような行為ができた、これは奇跡なのだ、そのような奇跡を起こせる、だからこそ人間を信じようと思うと述べる（同様に記された手帳の言葉に、皆も心打たれる）。ロッセンはここで、恥ずべきネーミング・ネームズを行なった自身をさらけ出すとともに、赤狩りに加担したものたちの中にも気高さはあるはずだとして、彼らをも赦《ゆる》そうとしているわけである。疲れ果てたソーンを少しでも眠らせるため、最もソーンに対して敵対的なチョークにアデレードが身を捧げにいくのはその直後である。ソーンの疲弊しきった感じは、クーパーの老齢（といってもまだ五十歳代なのだが）によっていっそう際立つ（彼が引退するのはこれから二作を経てのことだ）。ヘイワースの薹《とう》が立って崩れた色気（四十代初め）も、この映画にふさわしい印象だ。

映画ではソーンが死ぬことはないが、これはスタジオによる改変である。ロッセン自身はこの結末に納得がいかず、権利を買い取って、再編集を施すつもりだったという。クーパーの死によって、見るものの心情は晴れることなく鬱屈し、痛ましさと絶望と、だからこそクーパーが人間の奇跡を信じようとする真情がいつまでも残存することになっていただろう。またそもそも、保守派の先頭に立って赤狩りを推進したクーパーを、裏切りもの扱いされた自身に擬するような役に配すること自体、強烈なアイロニーを感じざるを得ないのだが、そのクーパーを死なしめるという終わりには、ロッセンのクーパーに対する復讐の意思すら見えなくはない。ロッセンがクーパーの死ぬラストにこだわったのには、意味がないわけではないのだ。しかしそれを果たせないまま、ロッセンは亡くなってしまうのである。

『メキシコの暴れん坊』*The Wonderful country*（未、59）

監督：ロバート・パリッシュ、脚本：ロバート・アードリー（原作：トム・リー）、撮影：フロイド・クロスビー、アレックス・フィリップス

図195　『メキシコの暴れん坊』西部劇史上最も情けない主人公

　メキシコからリオ・グランデを渡ってテキサスへとやってきたマーティン（ロバート・ミッチャム）は、タンブルウィードに馬がよろめいたため落馬して骨折し、数か月の滞在を余儀なくされる【図195】。彼は幼少時にメキシコに渡ってきた自分を拾って育ててくれたボス、カストロ（ペドロ・アルメンダリス）の命により、最近跳梁しているインディアンとの闘いに備え、銃を輸送する任を与えられてアメリカに来たのだった。しかし、療養中に銃は何者かに奪われて行方知れずになってしまう。その滞在中、コルトン少佐（ゲイリー・メリル）とテキサス・レンジャーから、インディアン掃討のため、メキシコのカストロとの連携の仲介役を打診されたマーティンはメキシコに戻る。銃を失った罪を許す代わりに、自分の地位を簒奪しようとしている弟を殺すようカストロはマーティンに命じるが、彼はそれを拒絶して逃亡する。アメリカに渡ると砦がインディアンに襲撃されていた。マーティンは少佐の死を看取り、妻に形見として指輪を届けるよう託される。少佐の妻ヘレン（ジュリー・ロンドン）とマーティンは愛し合う仲になっていたが、少佐の死にかえって思いを遂げられず別れざるを得ない。メキシコの殺し屋が彼を襲い、返り討ちにするものの、愛馬を撃たれる。苦しむ馬にとどめをさしてやった彼は、銃を馬と共に置き捨て、リオ・グランデを渡る。

　西部劇のヒーローが、冒頭いきなり馬から落ちて骨折するなどという設定は、見たことがない。加えて、主人公は幼いころ、父を殺した男を殺害してメキシコに逃げ、そこで地元のボスに拾われたということになっている。ほとぼりが冷めているにしても、彼はアメリカから排除された人間なのだ。

さらにそのうえ、銃の輸送に失敗し、ボスに見限られて、メキシコにも居場所を失う。そもそもメキシコでも「グリンゴ」(白人)として蔑《さげす》まれてきた。銃が行方不明になったのは自分の責任ではない、という主人公にボスは、この地では俺が法だ、と言い、主人公は、ではそんな法は俺のものではない、と応酬する。するとボスは、ならばお前が属する場所はどこにもない、と突き放すのだが、確かにこの映画において主人公はどこにも居場所がない人物なのであり、映画の冒頭で骨折し、前半部分の大半を松葉杖で送らねばならない彼の不自由さも、その無力な状態を象徴している。彼の拠り所《よどころ》は従って心の中にしかなく、この場合それはジュリー・ロンドンとの間に生まれた愛ということになるが、しかし彼女もまた人の妻であり、彼の所属にはならない(彼が所属することもない)相手なのだ。二人がついに決別する際、主人公は、俺たちがしたことは悪かったかもしれないが、俺たちが感じたことは間違っちゃいない、と言うが、その言葉は、彼らの愛のあるべき場所が社会(とその規範)の中ではなく心の中にしかないことをこれ以上ない簡明さで述べたものだ。この、どこにも居場所がなく、ついに愛馬をも失い、銃を捨てて川を渡る(しかし、どちら側に向かってなのか)主人公の行き場のなさは、スタジオという体制の中で大量生産されてきたジャンル映画が、システムの崩壊によって拠り所を失った、五〇年代末という本作の発表時をそのまま象徴するようでもある。実際、本作の画面も、特にその冒頭においてクロース・アップが多用されており、TV的な印象だ(監督にしてもスタッフにしても、特にTV出身者がいるわけでもなく、前年の『西部の旅がらす』のほうがむしろそうなのだが)。ちなみにカメラマンのフロイド・クロスビーは、本作以前からロジャー・コーマンの作品を多く担当している。コーマンは六〇年代以降を牽引する独立プロ製作者兼監督である。ジャンル映画を撮りつつも、スタジオ的な美学に必ずしも従っていたわけではないコーマン映画の美学を移植されたかのごとき画面の非古典性ないし居心地の悪さも、むしろ本作にとっては美点とされるべきかもしれない。

本作は当初ヘンリー・フォンダに打診されたがフォンダは興味を持たず、次にグレゴリー・ペックに打診が行ったが彼は新婚(二度目)で関心を示さなかった。そこで監督のロバート・パリッシュが、かつて『海の荒くれ』(57)で仕事をしたことがあるミッチャムに話を持っていき、ミッチャムはこの企画に関心を抱いただけでなく、製作も買って出た。本作の製作会社DRMプロダクションは、ミッチャム自身のものである。西部劇史上恐らく最も情けなく、哀れをそそる主人公が、けだるげな目のミッチャムによって演じられたことは、この映画にとって幸福だった。

『西部に賭ける女』*Heller in pink tights*(60)

監督:ジョージ・キューカー、脚本:ダドリー・ニコルズ、ウォルター・バーンスタイン(原作:ルイス・ラムーア)、撮

影：ハロルド・リップスタイン
ハリウッド一流のロマンティック・コメディ作家による唯一の西部劇。イタリアの製作者カルロ・ポンティから持ち込まれた、ソフィア・ローレン主演で旅芸人一座の話というざっくりした企画を、ベテランのダドリー・ニコルズと、ブラックリストから復帰したばかりのウォルター・バーンスタインが脚色した。借金に追われて逃げ回ってばかりの一座の気弱な座長（アンソニー・クイン）と、彼を愛しながら踏ん切りがつかない妖艶な女優（ソフィア・ローレン）、彼女に横恋慕し、ポーカーで勝って彼女への権利を獲得した殺し屋（スティーヴ・フォレスト）の三角関係を主軸に、フォレストに報酬を払うのを嫌がってさらに殺し屋を差し向ける雇い主などの副筋が絡む。

劇の最後にはタイツの半裸姿になって舞台上で本物の馬に乗るので人気を博した『マゼッパ』（バイロン卿の詩を劇化したもの）を得意演目とする、未開の西部に文化の香りをもたらしたとして有名な女優にして詩人、エイダ・アイザックス・メンケンの回想録を大雑把な枠組みとしているとされるが、シャイアンの町のぬかるんだ道や、そこで出くわす戸板に載せられた二人の男の死体、また山で出会うインディアンが南北戦争時に打ち捨てられた制服を着ている点など、史実に基づいたリアリズムを追求している（『ジョージ・キューカー、映画を語る』参照）。その一方、ローレンがフォレストと賭けポーカーをする酒場の壁がショッキング・オレンジだったり、ローレンの寝室の壁が青で、それを背景に立つローレンのペチコートが同じ青色だったり、真っ赤な衣装にローレンの金髪が鮮やかに映えたりと、色彩感覚が素晴らしい。さらに、シャイアンの劇場の、複雑に入り組んだ階段、のぞき窓、廊下を斜めに見下す窓、奇妙な位置に突き出すベランダなどの空間構造が視線の交錯を呼ぶ。加えてその劇場で演じられる芝居『マゼッパ』で、実際の黒馬にローレンが乗り、客席後方を一回りしたのち舞台に上がって、回転する舞台装置の上を走るというアクロバティックな場面も素晴らしい。脇役にラオール・ウォルシュ『栄光』（26）のベテラン、エドマンド・ロウ（彼にとって本作は遺作となる）が出ているのも嬉しいし、ヴィンセント・ミネリ『若草の頃』（44）、ロイ・ローランド『緑のそよ風』（45）で名子役として鳴らしたマーガレット・オブライエンを、子役扱いにうんざりする二十歳の娘役に充てるという楽屋落ちも楽しい。

『脱獄』*Lonely are the brave*（62）
監督：デヴィッド・ミラー、脚本：ドルトン・トランボ（原作：エドワード・アビー）、撮影：フィリップ・ラスロップ
ペーパーバック版で原作小説を読んだカーク・ダグラスが映画化をユニヴァーサルに打診して、製作が決定した。ダグラスは、自身がスタンリー・キューブリック監督『スパルタカス』（60）でブラックリストからの脱出を決定づけるに一役買ったドルトン・トランボを脚本に招き、映画ではチョイ役しかなく（既述の『赤い砦』など）、もっぱらTV出演が多かったウォルター・マッソーを印象的な保安官役に、これももっぱらTV出演のみだったジーナ・ローランズを主人公が愛する女性に抜擢した。その後マッソーはアクション、コメディに長けた俳優として、ローランズは盟友にして夫であるジョン・カサヴェテスの映画を支える屋台骨として活躍することになり、かくしてスタッフ、キャストにおいて、旧世代、新世代をつなぐ作品となった。映画の内容も、旧世代に属するカウボーイが時代の波の中に呑まれてしまうというもので、ダグラスは本作を「最後のカウボーイ」と名づけたかったが、スタジオがそれを許可しなかった。

　ダグラス演じる主人公のカウボーイ、ジャック（といっても羊飼い）は、ジェット機の騒音に目が覚める。舞台は、映画公開時と同時代の設定である。彼はなかなか言うことを聞いてくれない雌馬をなだめなだめ町に向かう。途中鉄条網が行く手を阻《はば》むが、それを切って前に進む。町の道路にはひっきりなしに車が行きかい、危うく轢《ひ》かれそうになる始末だ。ようやく彼はある女性ジェリー（ローランズ）の家にたどり着く。彼女は彼の元恋人で、今は彼の親友と結婚し、子供もいる。その男は、密入国したメキシコ人を援助した罪で刑務所にいる。ダグラスは、自分も刑務所に入って、男を脱獄させようとするのだ。しかし親友は脱獄を拒否、やむなく一人脱獄した彼は、ジョンソン保安官（マッソー）に追われることになる。

　鉄条網が嫌いという役柄に、同じダグラスが主演のキング・ヴィダー監督『星のない男』（55）が連想される。そこでは過去のトラウマも絡んで暗さが感じられたが、こちらでは束縛を嫌うがゆえという陽性の理由である。親友の男も、密入国したメキシコ人を援助したのだが、これもまた国境という柵への嫌悪が理由である。ダグラスがさしたる収監期間でもないのに脱獄するのも、自由を手放したくないからなのだが、そうした心意気自体が、この時代アナクロニズムなのだ。そうは言っても、ダグラスの性格もあり、それがアイロニカルにもならず、ユーモアと共感をもって描かれているのがこの映画の身上だろう。特に、後半の雌馬との山越え場面は、アクションとしても、またそのしみじみとしたユーモアにおいても素晴らしい。馬を放置しようとするダグラスをじっと見つめる彼女の目に、彼はついに見捨てることができず、彼女を連れて必死に岩山を登り続けるのだった。この場面があるだけに、ついに山越えに成功した後に彼らを待ち受ける、これまでの努力が一切無に帰すラストの脱力感がいやますことになる。時代は変わったのだとしみじみ感じられる一編。

『リオ・コンチョス』*Rio Conchos*（64）

監督：ゴードン・ダグラス、脚本（原作）：クレア・ハフェイカー、ジョゼフ・ランドン、撮影：ジョゼフ・マクドナルド

　アパッチが仲間の遺体を埋葬している。そこに何者かがやってきて（足元しか映らない）、ライフルを乱射し、薬莢が転がる。その後、兵士の一団が現われ（彼らも足元のみ）、落ちていた薬莢を拾う。彼らは北軍で、そこには黒人兵フランクリン（ジム・ブラウン）の姿もある。兵士たちは焼け落ちた住居跡を訪れ、飲んだくれている男ラシター（リチャード・ブーン）を発見し、その傍らのライフルを、アパッチを殺した銃と特定して連行する。その後の展開の萌芽をすべて含んだ見事な導入部だ。ラシターはアパッチに妻子をむごたらしく殺され、恨みを抱いている。また元南軍兵士でもあり、黒人に対しては屈託を抱えている。彼の銃は連邦軍から盗まれた二千挺のうちの一挺だったが、彼はそれを元南軍将校から入手していた。その南軍将校とアパッチとの間には何らかの関係があるらしく、北軍のヘイブン大佐（スチュアート・ホイットマン）は、部下のフランクリン、ラシター、地域に詳しいとして案内役にラシターが所望した、死刑直前だったメキシコ人ロドリゲス（アンソニー・フランシオーザ）と四人で、大量の爆薬を餌に武器密売人を装って南軍将校と接触しようとする。

いつ裏切るかわからないラシター、いつ逃げ出すかわからないロドリゲスら、内部に紛争の種を抱えた一群が、それでもある目的に向かって旅を続けるという設定が素晴らしい。彼らはアパッチに襲われたらしい家の焼け跡に入る。ベッドの足元に立つブーン。ベッドの上は映らないが、シーツについた血が見える。そこに横たわっているらしい女のうめき声だけが聞こえている。カット変わると家の外で、銃声が響き渡る。アパッチの残酷さを、見せないことでむしろ強烈に感じさせる場面。むろん、瀕死に至るまでレイプされたのである。殺さないのがまたむごい。ラシターの妻子も同じことをされたのであり、彼の復讐への妄執も、それで納得できる。傍らに赤ん坊が残されていることがわかり、旅の途中で拾ったアパッチ娘のサリー（ウェンディ・ワグナー）がその子の面倒を見ることになるが、それも旅の過程で亡くなり、そのことが後に彼女が主人公たちを助ける行動の伏線となる。ついに元南軍のパーディ少佐（エドモンド・オブライエン）の砦に辿り着く。彼はこのメキシコの地を拠点として、まだ南北戦争を継続しようとしているのだ。しかも凶暴なアパッチに武器を供与し、その尖兵とするつもりなのである。元部下とはいえ、アパッチに武器を与えると知ったラシターは、パーディの部隊を壊滅させせようとする。

ゴードン・ダグラスはこの「作品解説」ですでに二本（『勇者のみ』、『荒野の悪魔』）を取り上げているが、本作も含め、どれも低予算で、アイディア勝負のB級作品である（彼のもっとも有名な作品はB級SF『放射能X』〔54〕だ）。本作も限られた人数の中での葛藤を描いているが、後半に至ってオブライエンの存在感が画面をさらってしまう（インディアンに武器を売る商人コマンチェロへの潜入捜査という設定において、同じ原作者によるマイケル・カーティス『コマンチェロ』〔61〕と共通するが、この後半部分があるために、こちらのほうが遥かに興味深い作

図196　『リオ・コンチョス』狂った内面を表象する邸宅

品たりえている）。すでに終わった戦争を継続しようとする誇大妄想と、しかもそれにつき従う軍隊がいるという事実。なんといっても、その邸宅の造型が強烈な印象を与える。川に面した、赤い岩がちの丘陵に、ポツンとそれだけ建つ南部風の邸宅。しかしそれはまだ建設途中で、屋根もなく、壁もない部屋もあり、窓を開けると目の前に川が広がる。材木の白さが映えているのがかえって不気味に映る。階段があるが、それはどこにも通じていない。このほとんどシュールレアルな邸宅は、オブライエンの狂った内面を象徴しているのだ【図196】。美術は、四〇年代にMGMのミュージカルの美術を多く手掛け、その後も『猿の惑星』（68）、『M★A★S★H』（70）まで手掛けることになるベテラン、ジャック・マーティン・スミス。旅の果てに狂気の帝国があるという構成において、蓮實重彦は本作にコッポラ『地獄の黙示録』（79）を連想している（「ウェスタン・ベスト50」、『リテレール別冊　映画の誘惑』所収）が、帝国の視覚的なインパクトという点ではこちらのほうが勝っているのではないだろうか。ちなみに、南軍（この場合はカントレル・ゲリラ）がインディアンを味方に引き入れるという設定において、ウィリアム・ディターレ唯一の西部劇（TCMのサイトによると、病気になったディターレに代わり、ジョン・ファローが数日演出しているようだ）『赤い山』（51）と共通している。しかも南軍の外郭員が、首領のやり口ゆえに裏切るという展開も同一である。後半部の舞台が巨大な岩山で、それが全編の視覚的印象を左右するという点でも、どことなく本作と通じる。そうは言っても、脚本やスタッフに共通するものがいるわけでもないので、影響関係はないだろう。『赤い山』もそれなりに興味深い作品なので言及しておく。

『キャット・バルー』*Cat Ballou*（65）

監督：エリオット・シルバースタイン、脚本：ウォルター・ニューマン、フランク・ピアソン（原作：ロイ・チャンスラー）、撮影：ジャック・マータ

製作のコロンビアのロゴの女王の立像が、女ガンマンに変わるというお遊びから始まる。冒頭からこの作品がパロディであることを自ら表明しているわけだ。物語そのものは、絞首台の建設に始まるが、これも意表を突く。吊るされようとしているのは町の大立者を殺したキャット・バルー（ジェーン・フォンダ）、と歌って事情を説明するのが、映画全編において進行役となる流しの歌手ナット・キング・コールとスタビー・ケイである。道端の老人がめくる本のページがタイトルとなって、スタッフ、出演者を紹介していく。獄中のバル

図197　『キャット・バルー』アルコール依存症でまともに馬にも乗っていられない「伝説のガンマン」

ーを映した画面はそこからフラッシュバックとなり、ここに至るまでのいきさつを語り始める。

　東部の学校を出たバルーは、故郷に帰るが、父（ジョン・マーレイ）の牧場は、工場誘致のため土地を売れと催促されていた。断固拒否していた父は、雇われガンマン、銀のつけ鼻のストローン（リー・マーヴィン）に殺されてしまう。バルーは西部小説で有名なガンマン、キッド・シェリーン（リー・マーヴィン二役）に手紙を書いて呼び寄せるが、アルコール依存症のシェリーンは飲まないとろくに立ってもいられないようなありさまだった【図197】。バルーはそれでもキッドと、帰郷の車中で出会ったお尋ねもの二人（マイケル・カラン、ドウェイン・ヒックマン）と共に、ブッチ・キャシディ（アーサー・ハニカット）一味の「壁の穴」に隠れ、列車強盗で資金を稼ごうとするが、襲った列車はまさに敵の大立者の持ち物だった。当局に目をつけられると戦々恐々のブッチに、それでもかつての大悪党かと幻滅するバルー。ストローンがやってきて、大立者から奪った金を返せと警告していく。キッドは、自分に任せろと言いおいて去る。キッドにとってストローンは宿敵である。彼との対決を期して断酒の上特訓に励み、見込みが立ったある日、風呂に入って髪を切り、とっておきの服を着て、ストローンのいる娼館に向かう。一方バルーは、列車の中に事務所を構える大立者に、父を殺した旨の告白書を書くよう強制して拒《こば》まれ、撃ち殺して逮捕されたのだった。そして画面は処刑当日の監獄に戻る……。

　原作のロイ・チャンスラーの小説は女性のシリアスな復讐譚で、製作のハロルド・ヘクト（バート・ランカスターとのコンビで知られる）も当初はそのつもりで製作に入った。脚本は、TV西部劇の脚本を書いていたが、映画は初めてのフランク・ピアソン。ピアソンの紹介で、TVの演出家だったエリオット・シルバースタインが監督として起用された。何度かのリライトの中で、誰かがこれをコメディにしたらどうかと言い出し、方向転換がなされた。宿敵のストローンとキッドを一人二役にしてしまうというアイディアも、この時点でのものだろう。銀のつけ鼻のストローン、飲まないと立ってもいられないくせに、飲むと百発百中の射撃の腕を見せるキッドの造形が評価され、リー・マーヴィンはアカデミー賞主演男優賞を受賞した。主役のジェーン・フォンダを完全に食っている。ただしジェーン・フォンダにとってもこの作品は出世作となり、父の影を脱するきっかけとなった。

産業化の波に押し流され、その余波で肉親を失ってしまう。その復讐のために大資本を襲撃するという意味で、ジェームズ兄弟やビリー・ザ・キッドなどとキャット・バルーは通じる。しかしそれが正当に語られるのでなく、もはやパロディ的にしか語られない。ワイルド・バンチのブッチ・キャシディも、波風立てずにおとなしく生きていたいだけの老人だし、キッド・シェリーンも伝説のガンマンどころかただのアルコール依存症で、ヒーローの幻滅させられる姿からは、これが歴史修正主義的西部劇と同時代であることが感じられる。ただし、キッド・シェリーンはいかにもヒーローらしく立ち直り、ついに宿敵を倒すのであり、その意味では期待通りの勧善懲悪の展開であって、それが本作がヒットした一因でもあるだろう。キッド・シェリーンが西部小説で有名であること、またこの映画全体が、ナット・キング・コールらの歌として生きた伝説のように語られるという構造は、ガンマン、主人公の行動を枠にはめて、距離を置く効果がある。この距離化、つまり西部劇をまともに受け取りはしないが、しかしそのうえでいかにも西部劇らしい復讐劇に喝采するというアイロニカルな態度は、やはり六〇年代的なものである。西部劇とコメディは、相性が悪いわけではないだろう（初期の短編西部劇などは大抵がそうだったのではないか）が、四〇〜五〇年代にはほとんど見られなかったように思える。本作の成功後、バート・ケネディによる『夕陽に立つ保安官』（68）、『地平線から来た男』（71）などが続くことになる。

『レッドムーン』*The Stalking moon*（68）

監督：ロバート・マリガン、脚本：アルヴィン・サージェント（脚色、ウェンデル・メイズ、原作：セオドア・V・オルセン）、撮影：チャールズ・ラング

斥候ヴァーナー（グレゴリー・ペック）の導きで兵士たちがアパッチの集落を襲撃し、女子供らを生け捕りにする。その中に誘拐されていた白人女性サラ（エヴァ・マリー・セイント）と彼女の息子がいた。ヴァーナーはこれを限りに斥候をやめ、ニューメキシコに買っておいた牧場に引退するつもりだ。サラはどこか怯えた様子で、あと数日で援軍が来るのを待てというヴァーナーの助言を聞かず、すぐに発つと言い張り、やむなくヴァーナーが連れて出る。駅馬車の中継所に泊まることになる。夜、馬を盗もうとした息子を追って外に出たヴァーナーとサラは砂嵐に遭い、三人は窪みに避難して一夜を過ごす羽目になるが、翌朝、中継所に帰ってみると、そこにいた全員が殺されていた。サラは、自分の夫がアパッチの武闘派サラバへであり、息子を取り返そうとしているのだと明かす。列車の駅に彼女らを送り届けるヴァーナーだが、もはや知り合いもいない故郷に帰すに帰せず、自分の牧場に来るよう誘う。ぎこちないながらも何とか一緒に暮らし始めた彼らのもとに、斥候仲間のニック（ロバート・フォスター）が来る。

サラバへが追ってきており、彼らの通ったところ、皆殺しに遭っているという。サラバへが家の中に突然現われ、いったんは撃退するが、サラがさらわれかけ、牧場の下働きの老人と犬が殺される。撃退すべく行動を起こすもののニックは返り討ちに遭う。ヴァーナーとサラバへはついに一騎打ち、勝利したヴァーナーは家に帰り、サラに迎えられる。

息子を取り返すために追ってくるインディアンと戦う羽目になる男というごく単純な設定ながら、無駄のない、効率的な映像で見せる。姿の見えない敵が襲ってくるという点ではモンスター映画に似ているが、モンスター映画と微妙に異なるのは視点ショットの使い方だ。例えば、サラと息子を引き取ろうと主人公が決意する場面。彼女らを駅に連れてきて、故郷までの切符（乗り換えに継ぐ乗り換えのためにとんでもない数になっている）を、靴箱に入れて渡して置いてきた彼は、道の向かいの店に入り、コーヒーを飲む。自分のすべきことはここまでと思いながらも、彼女らのことが気にかかる彼が、カップを手に彼女らのほうを見ると、駅のベンチにおとなしく座っている彼女らが二つの黒い点に見える。この一ショットだけが彼の主観で捉えられているのだが、そのとき二人の姿は、何もない砂漠を背景に駅舎と共に浮き上がり、深い孤立を感じさせる。するとおもむろに、彼は彼女らのほうに歩き出すのだ。主観のワンショットが、彼の決意を促すわけである。

この作品には、こうした明確に主観ショットと言えるもの以外にも、誰の見た目なのか、いささか曖昧なショットが多々存在する。例えば、彼らが砂嵐の翌朝、中継所に帰る場面で、ヴァーナーが中に入り、死体数体を確認した後、明らかに彼の視点ではないショットで窓越しに外のサラと息子の姿が捉えられる。あるいは、彼らが牧場に着き、サラが家の中に入る場面では、サラ越しにすすけた窓と、その中で馬から荷物を下ろすヴァーナーが見えている（これはサラの視点ではないかとも言えそうだが、しかしサラが後ろ姿で捉えられているために、彼女が見られているように感じられるのだ）。誰のものでもないのだが、それでも誰かが見ているかのような印象を与えるショット。これらは、姿は見えないが確かにいる、そして彼らを見ている存在を意識させる。そして、それは実のところ彼らを追うサラバへのものですらないはずである（明らかにサラバへがいるはずのない場所から撮られているのだから）。モンスター映画の視点ショットが必ずモンスター自身の、あるいはそれに襲われるものの主観視点であるのに対し、ここではそれに限らない。その不確かさが微妙に怖い。こうした視点の演出こそが、この映画の不気味さを醸成している。

しかしこうした古典的な演出が、本作の発表時点でいささか古びて見えていたのも事実である。公開当時の評は、「好ましくはあるが、どこか効果が薄く、ダイナミックさに欠ける」（ロビン・ウッド）とか、「ひどく良心的」（ポーリン・ケール）といったものだったという（ケント・ジョーンズ「家で無事」Safe at home、「フィルム・コメント」誌、二〇〇九年三月・四月号参照)。家庭を守るという主題も、保守的な家庭観を盛んに攻撃するカウンター・カルチャーの時代にあって、保守反動と見なされた。しかしもともと本作は、製作アラン・J・パクラ、監督マリガン、主演ペックの三者が、『アラバマ物語』(62)以来初めて再集結したもので、『アラバマ物語』は、黒人差別の因習の残る南部で、黒人が巻き込まれた冤罪を弁護するという政治的良識の物語だった。パクラはその後、『コールガール』(71)、『パララックス・ビュー』(74)や『大統領の陰謀』(76)などの政治スリラーを続々と監督することになる。本作にはそのような政治性が見えないだけに、かえって評価がされにくかったということだろう。ちなみに本作の原作者セオドア・V・オルセンは、歴史修正主義的西部劇の代表『ソルジャー・ブルー』の原作者でもある。『ソルジャー・ブルー』のあからさまな政治性を思えば、本作の政治性の不在はむしろ驚くべきものだ。原作を読んではいないのだが、上記したケント・ジョーンズの記事によれば、原作ではサラバへは部族唯一の生き残りであるとされる。つまり部族は皆殺しにされたわけで、彼の行為はその復讐として正当化される。本作は演出次第で歴史修正主義の西部劇になる余地もあったわけだ。しかしそうはならず、追跡と防御のせめぎ合いに集中した。その演出の選択が間違っていたとは、現在時点で本作を見る我々は決して思わない。

『大脱獄』*There was a crooked man...*(70)

監督:ジョゼフ・L・マンキーウィッツ、脚本:デヴィッド・ニューマン、ロバート・ベントン、撮影:ハリー・ストラドリング

富豪の家から大金を強奪し、仲間を裏切ってその金を蛇塚に隠した男ピットマン(カーク・ダグラス)、女の子といちゃついていたところを彼女の父親に見つかって誤って殺してしまう若者、障碍者のふりをして金をだまし取っていた説教師ダドリー(ヒューム・クローニン)とその相棒、頭の弱い強盗フロイド(ウォーレン・オーツ)らが、アリゾナの砂漠の監獄に送られる。そこには伝説の列車強盗で、今は老いて空想の農園を思い描くのが趣味のミズーリ・キッド(バージェス・メレディス)もいた。ピットマンは隠した金の山分けを約束して所長に優遇されていたが、代わった新所長である、謹厳実直なロープマン(ヘンリー・フォンダ)にはそうした手は通じなかった。新所長は入所者を風呂に入れ、新しい清潔な食堂を建てて聖書にまつわる絵をそこに飾り、と待遇改善を推進して入所者の更生を期す。一方ピットマンは言葉巧みに囚人仲間を脱獄計画に誘い入れ、知事も来るという食堂の落成式をその日に定める。所長の演説をぶち壊して大乱闘を引き起こし、それを利用して正門を突破する計画だ。ピットマンは自分を看守の目からそらすために容赦なく仲間を利用し、ただ一人逃亡に成功する。金の隠し場所に、用意周到に布切れを巻きつけて手を差し入れ、無事に金の袋(女もののズロース)を取り出したまではいいものの、中に入り込んでいたガラガラ蛇に噛まれてしまう。そこに、ピットマンを追ってきたロープマンがやってくる。彼はダグラスの遺体を馬にくくりつけて監獄のほうへ送り返し、自分は金の袋を持って去る。

マンキーウィッツは、何度も映画化された西部劇の古典中の古典、『ヴァージニアン』(29のヴィクター・フレミング版)、『三人の名付親』(36のリチャード・ボレスラウスキー版)の脚本にクレジットなしで参加しているが、監督として西部劇を撮ったのはこれが最初で最後。本作では自分では脚本を書かず、『俺たちに明日はない』のニューマン＝ベントンのコンビを起用している。口八丁でずるいダグラスと、謹厳実直なフォンダという、俳優自身のイメージをうまく逆手に取った脚色である。鈍重なだけにいったん信頼したダグラスには信義を尽くすオーツ、自分にすべて頼りきりの相棒にうんざりしながら、彼に自殺すると脅されて嫌々仲間に入るクローニン等、脇役陣もそれぞれに個性的に描き分けられている。マンキーウィッツには人間に対するアイロニカルな視点があり、それはドロドロの人間模様が繰り広げられる舞台裏ドラマ『イヴの総て』(50)をはじめ、『クレオパトラ』(63)の興行的大失敗でキャリアがいったん宙づりにされた後の復帰作となった、罠と陰謀渦巻く心理戦である六六年の『三人の女性への招待状』、本作を経て七二年の『探偵〈スルース〉』にも共通する。本作にもそのような側面はなきにしもあらずなのだが、本作はアイロニカル(人間はこういうものなのか)というよりシニカル(人間どうせこんなもの)で、いかにも軽い。マンキーウィッツ的な重いドラマを、六〇年代以降の心性、ヌーヴェル・ヴァーグ的な軽さで演出するとこうなるという印象。

『明日の壁をぶち破れ』*Billy Jack*(71)
監督:T・C・フランク、脚本:テレサ&フランク・クリスティーナ、撮影:フレッド・コーネカンプ、ジョン・M・スティーヴンス

居留地に住むインディアンのハーフ、ビリー・ジャック(トム・ローリン)と、差別主義者である町の保安官はことあるごとに対立していたが、ビリーの友人である女性が営むフリーダム・スクールに、妊娠が判明した保安官助手の娘をかくまったことからその対立が激化する。女性校長が保安官の息子にレイプされ、学校のインディアンの生徒が誘拐、殺害される。娘を取り返しに学校にやってきた保安官ら。娘のことを恨んだ保安官助手が撃ってきて、撃ち返したところ、保安官助手は死亡する。これに対して、保安官らは立てこもるビリーと校長を一斉射撃する。学校存続を条件に降伏するビリーは連行されるが、道々若者たちの激励を受ける。

ビリーを演じるローリンと監督のT・C・フランクは同一人物である。本作は『地獄の天使』(67)に続く作品で、そこではビリーがエンジェル族なる不良少年グループと対立し、グループを叩きのめす。本作の後も『ビリー・ジャックの裁判』、『ビリー・ジャック、ワシントンに行く』と、四作がビリー・ジャックものである。中でも本作は、公開当時は当たらなかったものの、現在はカルト作として遇されている。ビリーはハーフのインディアン（ナヴァホ族）で、ベトナム戦争帰りという設定だ。バイクを駆り、居留地では俺が法だ、と白人を立ち入らせず、町でインディアンを迫害する白人をやっつけるのだが、そのいじめは、ドラッグストアでアイスを売らない、白くなればいいと石灰を浴びせかけるなど、いささかスケールが小さい。ビリーは蛇の儀式と称してガラガラへビに噛まれるのだが（もちろんオモチャだ）、噛まれたふりが大げさであからさまだったり、毒蛇のはずが噛まれてもなぜかいっこうに平気だったりする。ブルース・リーばりに格闘技を披露するものの、それはカンフーではなく、韓国のハプキドーである。要するに本作がカルト化しているのは、その突っ込みどころの多さに起因しているのだ。とはいえ、インディアンという弱者が白人という強者を倒す勧善懲悪の古典的枠組みと、インディアンとヒッピーの混合という現代ふうの意匠のミスマッチは、一見には値する。

『ロング・ライダーズ』*The Long Riders*（80）
監督：ウォルター・ヒル、脚本：ビル・ブライデン、スティーヴン・フィリップ・スミス、ステイシー・キーチ、ジェームズ・キーチ、撮影：リック・ウェイト

ジェームズ兄弟をステイシーとジェームズのキーチ兄弟が、ヤンガー兄弟をデヴィッド、キース、ロバートのキャラダイン兄弟が、その他の仲間をランディとデニスのクェイド兄弟が演じるアウトローもの。『天国の門』と同年だけに、時代考証がきっちりなされているのか、主人公たちの着るものや音楽（ライ・クーダーによる）などはかなりリアルに感じられる。内容自体はすでに誰もが知るジェームズ兄弟、ヤンガー兄弟の事績を語っていくもので、さしたる新味は感じられない。デヴィッド・キャラダインが女を争ってメキシコ人と、スカーフの端をくわえて距離を保ったままボウイナイフで決闘する場面など、カンフーに長けたキャラダインだけにアクションとして見ごたえはある。また、ラストのミネソタ州ノースフィールドの銀行強盗に失敗し、住民に射撃される場面では、スローモーションによって音も引き延ばされ、着弾する銃弾の音がまるで不気味な叫び声のように聞こえて印象的である。

撃たれたものが倒れる瞬間をスローモーションで捉えたショットと、違った場所で起こる出来事を通常速度で捉えたショットをモンタージュするといったテクニックはあからさまにペキンパーを想起させるし、ラストのノースフィールド銀行強盗の場面では、蒸気自動車が銀行の前を通り過ぎるなど、蒸気オルガンを印象的に使っていたフィリップ・カウフマンの『ミネソタ大強盗団』への目配せも見える。オマージュと言えば聞こえはいいが、ペキンパーがなぜああした編集をするようになったのかといった映画史的な反省がその背後にあるようにも見えないし、ジェームズ兄弟、ヤンガー兄弟の、あの無様な失敗をこそ焦点化するというカウフマンのアイロニーなど微塵も感じられない。どうにも素直、悪く言えば曲がない。やはりこの時代には、西部劇を作るには単なる技術や手管だけでは済まなくなっている。コンセプトと、そして何より歴史意識こそが重要なのであり、それを欠くものは西部劇に手を出してはならなかったのだということを改めて認識させる役には立ったのかもしれないという意味で、本作を挙げておく。

西部劇関連年表

西暦	歴史的出来事（西部を中心に、アメリカ全体も含む）	参照事項	重要な著作	関連する映画作品
一四九二	イタリア出身の探検家コロンブス、アメリカ大陸を発見。	その時点で先住民人口は四千万～七千万人と推定。		リドリー・スコット『1492コロンブス』、ジョン・グレン『コロンブス』（共に92）
一五八四	イングランド女王エリザベス1世の寵臣ウォルター・ローリーらロアノーク島に上陸、ヴァージニアと命名。			
一六〇七	イギリス人ジョン・スミスらヴァージニアに植民地ジェームズタウンを建設。	ポウハタン族の女性ポカホンタス、先住民と植民者の交渉を媒介。美談として伝えられるが、植民者側からのバイアスのかかった見方である。		ディズニー・アニメ『ポカホンタス』（94）、テレンス・マリック『ニュー・ワールド』（2005）
同	メキシコから北上したスペイン人がサンタフェを建設。			
一六二〇	イギリスから逃れた新教徒（ピルグリム・ファーザーズ）ら、メイフラワー号でプリマスに到着。			
同	植民者と先住民の戦争（インディアン戦争）開始。	インディアン戦争は植民者と先住民の争いを総称したもの。一八九〇年までの長きにわたって続く。		
一六八二	ウィリアム・ペン率いるクェーカー教徒、英王から受け取った植民地をペンシルベニア（ペンの森）と名づける。			
一七一八	フランス人、ニューオーリンズを建設。			
一七五五～六三	フレンチ・インディアン戦争。	先住民と結んで交易路を開拓しようとするフランスと、植民し農業に従事しようとするイギリスの間で、先住民を巻き込んで起こった戦争。植民地におけるイギリスの優位を決定づけた。イギリス軍のジョージ・ワシントンが名を挙げた。		モーリス・ターナー『ラスト・オブ・モヒカン』（20）、マイケル・マン『ラスト・オブ・モヒカン』（92）、セシル・B・デミル『征服されざる人々』（47）

一七六三～六七	チャールズ・メイスンとジェレマイア・ディクソン、植民地の境界線策定のため測量旅行。メイスン＝ディクソン線は南部と北部を分ける線として認識される。	トマス・ピンチョン『メイスン&ディクソン』に描かれる。		
一七六四	フランス、セントルイスに毛皮の交易のため植民地建設。	重要な水路ミシシッピ川の中流に位置するセントルイスは、その後西部開拓の拠点として機能。		ジョン・フォード『モホークの太鼓』(39)
一七七五	ダニエル・ブーン、ヴァージニアからケンタッキーに通じる「荒野の道」を拓き、ケンタッキーに入植。	ブーンは、フェニモア・クーパーの『レザーストッキング物語』のモデルとして西部開拓の神話的人物となる。		エドウィン・S・ポーター『Daniel Boone』(07)、デヴィッド・ハワード『大陸の快男児』(36)、アルバート・C・ガナウェイ、イスマエル・ロドリゲス『戦う太鼓』(56)、ジョージ・シャーマン『西部の男ダニエル・ブーン』(64)
一七七五～八三	独立戦争。			
一七七六			トマス・ジェファソン『独立宣言』	
一七八五	公有地法交付。	アパラチア山脈以西の土地割譲のための条例。八七年の、州と準州の扱いを定める北西部政令と共に、西部入植のための法整備。		
一七八九	アメリカ合衆国成立。	初代大統領ジョージ・ワシントン。		
一八〇三	ルイジアナ（ミシシッピ川以西の土地のすべてを指す）をフランスから買収。	西部開拓の本格的な始まり。		
一八〇四	メリウェザー・ルイスとウィリアム・クラークの西部探検隊セントルイスを出発。	開拓のための西部実態調査。		ルドルフ・マテ『遥かなる地平線』(55)
一八一三	ミズーリ毛皮会社設立。	ミズーリ川流域にアメリカ人猟師（マウンテンマン）流入。		ウィリアム・ウェルマン『ミズーリ横断』(52)、ハワード・ホークス『果てしなき蒼空』(53)
一八二一	サンタフェ・トレイル開通。	西部開拓の要となる街道整備の第一歩。		

一八二三		開拓者の冒険譚レザーストッキング物語シリーズ開始。	フェニモア・クーパー『開拓者』	
一八三〇	インディアン移住法。	南部への入植のため、チェロキー、セミノールら文明化五部族をオクラホマへ強制移住。		バッド・ベティカー『最後の酋長』(60)
一八三五	テキサス・レンジャー設立。	メキシコ領テキサスへのアメリカ人入植者の保護。		キング・ヴィダー『テキサス決死隊』(36)
一八三六	メキシコ領テキサス、独立を宣言。同年アラモ砦でテキサス人、メキシコ軍に包囲され全滅。ホラ話満載の自伝で人気だったデイビー・クロケット戦死。さらに同年、テキサス群はメキシコ軍を破り、独立を獲得、しかし合衆国併合は一八四五年。その間「ローン・スター」を名乗る。			フランク・ロイド『アラモの砦』(55)、バッド・ベティカー『平原の待ち伏せ』(58)、ジョン・ウェイン『アラモ』(60)、ジョン・リー・ハンコック『アラモ』(2004)
一八三八	チェロキー族、ジョージアからオクラホマへ強制移住、一万八千人のうち四千人が死亡。その行程は「涙の道」と呼ばれる。			
一八四二	オレゴン・トレイルを幌馬車隊が出発。	「オレゴン熱」と呼ばれる移住ブーム。		ジェームズ・クルーズ『幌馬車』(23)、アンソニー・マン『怒りの河』(51)、アンドリュー・V・マクラグレン『大西部への道』(67)
一八四五	「明白な運命」の語が初めて用いられる。	テキサス併合を促す当初の目的を超え、アメリカの西部開拓、その過程での先住民排除の正当化に使用された。		
一八四六	カリフォルニアがメキシコから独立を宣言、戦争に。	四二年の金鉱発見後アメリカ人が多数流入していた。		ジョン・ファロー『カリフォルニア』(50)
一八四八	米墨戦争終結、カリフォルニア、アメリカ領に。	翌年、金を目指して大量の人口流入、フォーティ・ナイナーズと呼ばれる。		
一八五〇			ナサニエル・ホーソン『緋文字』	

一八五一			ハーマン・メルヴィル『白鯨』	
一八五二	ウェルズ＝ファーゴ商会、駅馬車路線を開拓。			フランク・ロイド『新天地』(37)
一八五四			ソロー『森の生活、あるいはウォールデン』	
一八五五	西部辺境を警護する騎兵隊組織される。		ホイットマン『草の葉』初版	
一八五九	急進的奴隷解放運動家ジョン・ブラウン、連邦軍武器庫襲撃、捕らわれて死刑に。	ブラウンの思想は、エマーソン、ソロー、フランスのヴィクトル・ユゴーらに支持された。		マイケル・カーティス『カンサス騎兵隊』(40)、チャールズ・マーキシ・ウォーレン『七匹の無法者』(55)
一八六〇	ミズーリ州セントジョゼフ〜カリフォルニア州サクラメント間にポニー・エキスプレス開通。	バッファロー・ビルは十五歳でポニー・エキスプレスの騎手に。		ジェームズ・クルーズ『駅馬車』(25)、ジョゼフ・ケイン『進め！駅伝ライダー』(39)、ジェリー・ホッパー『ミズーリ大平原』(53)
同	南北戦争勃発。			
同	ビードル社初のダイムノベル出版。	バッファロー・ビルやカラミティ・ジェーンなどを扱い、西部神話の一大媒体となる。	アン・スティーヴンス『マラエスカ――白人猟師のインディアン妻』	
一八六一	ネブラスカ州オマハ〜ユタ準州オグデン間に電信敷設。			フリッツ・ラング『西部魂』(40)
一八六二	五月、リンカーン大統領ホームステッド法に署名。	反対していた南部の合衆国離脱により可能に。公有地払い下げによる自営農が爆発的に増加。		
同	七月、ゲティスバーグの戦い。			
同	九月、リンカーン大統領、奴隷解放宣言。	憲法修正十三項として発効したのはリンカーンの死の年の十二月。		スティーヴン・スピルバーグ『リンカーン』(2012)
一八六三	南軍のカントレル・ゲリラ、北軍支持のカンザス州ローレンスを襲撃。			ラオール・ウォルシュ『暗黒の命令』(40)

一八六四	コロラド州サンドクリークで、ジョン・M・チヴィントン率いる民兵組織がシャイアン、アラパホ族を虐殺（サンドクリークの虐殺）。			ラルフ・ネルソン『ソルジャー・ブルー』（70）
一八六五	四月九日、南軍のリー将軍、北軍のグラント将軍に降伏、南北戦争終結。			
同	四月十五日、リンカーン大統領暗殺される。			D・W・グリフィス『国民の創生』（15）
一八六六	ジェームズ兄弟ら、世界初の銀行強盗。			ヘンリー・ハサウェイ『地獄への道』（39）、フリッツ・ラング『地獄への逆襲』（40）、ニコラス・レイ『無法の王者ジェシイ・ジェイムズ』（57）他多数
同	メキシコのファレス大統領、フランスから主権を回復。	アメリカがメキシコを支援、南軍元兵士が多数流入。		ロバート・アルドリッチ『ヴェラクルス』（54）、アンドリュー・V・マクラグレン『大いなる男たち』（69）
一八六七	バッファロー・ビル、鉄道建設者の食料としてバッファローを狩り、提供。			セシル・B・デミル『平原児』（37）、ウィリアム・ウェルマン『西部の王者』（44）
同	テキサスの牧畜業者、鉄道の通ったカンザス州アビリーンまで肉牛の長距離移動を開始。その跡はチザム・トレイルと呼ばれる。			ハワード・ホークス『赤い河』（48）、デルマー・デイヴス『カウボーイ』（58）
一八六八	連邦政府、インディアン和平委員会設置。			
一八六九	ユニオン・パシフィックとセントラル・パシフィックが連結、大陸横断鉄道がネブラスカ州オマハとカリフォルニア州サクラメントをつなぐ。	一八六二年にリンカーンが設置許可を出していたもの。		ジョン・フォード『アイアン・ホース』（24）、セシル・B・デミル『大平原』（39）
同	ワイオミング準州、アメリカで初めて女性に参政権を与える。	西部における女性の果たす役割の大きさを反映。西部なるものがアメリカを規定していく一例。		

一八七一	連邦政府、インディアンとの全条約を破棄。	インディアン各部族を一国と見なすことをやめ、全インディアンを居留地に移住させる決定。		
一八七六	カスター将軍率いる第七騎兵隊、リトル・ビッグ・ホーンでスー＝シャイアン連合軍に包囲され全滅。			ラオール・ウォルシュ『壮烈第七騎兵隊』(41)、ロバート・シオドマク『カスター将軍』(67)、アーサー・ペン『小さな巨人』(70)他多数
同	ガンマンのワイルド・ビル・ヒコック、ポーカー中背後から撃たれて死亡。			セシル・B・デミル『平原児』(37)、ウォルター・ヒル『ワイルド・ビル』(95)
一八七八	ワイアット・アープ、ダッジ・シティでパット・マスタースンの下で保安官に。ドク・ホリデイと知り合う。			
同	ニューメキシコ準州リンカーン郡で牧場主と商人の勢力争い激化（リンカーン郡戦争）、一方にビリー・ザ・キッドがいた。			キング・ヴィダー『ビリー・ザ・キッド』(30)、ハワード・ヒューズ『ならず者』(43)、アーサー・ペン『左ききの拳銃』(58)、サム・ペキンパー『ビリー・ザ・キッド／21才の生涯』他多数
一八八一	トゥームストンでアープらとクラントン一家のＯＫ牧場の決闘。			ジョン・フォード『荒野の決闘』(46)、ジョン・スタージェス『ＯＫ牧場の決斗』(57)、同『墓石と決闘』(67)、ジョージ・P・コスマトス『トゥームストーン』(93)
同	ビリー・ザ・キッド、元ガンマンの保安官パット・ギャレットによって殺害される。			
一八八二	ジェシー・ジェームズ、仲間のボブ・フォードにより殺害される。			
同	リンゴー・キッド、顔半分を吹き飛ばされた状態で死亡しているのを発見さる。			ジョン・フォード『駅馬車』(39)、ヘンリー・キング『拳銃王』(51)

一八八三	バッファロー・ビル、ワイルド・ウェスト・ショー開始。	ショーにはその後、ワイルド・ビル・ヒコック、アニー・オークリー、ハンクパパ族のシッティング・ブルらが登場した。		
一八九〇	政府、国勢調査結果をもとに、フロンティアの消滅を宣言。	西部開拓時代の終わり。		
同	サウスダコタ州ウーンデッドニーで第七騎兵隊がスー族を虐殺（ウーンデッドニーの虐殺）。	二百七十年続いたインディアン戦争の終わり。ちなみに一九七〇年時点での先住民人口は七十万人、一九九〇年時点では二百万人。いずれにせよ一四九二年時点と比べて大幅に少ない。		
一八九二	ワイオミング州ジョンソン郡で、大規模牧場主と小規模牧場主の勢力争いが紛争に発展（ジョンソン郡戦争）。			ヴィクター・フレミング『ヴァージニアン』(29)、ジョージ・スティーヴンス『シェーン』(53)、マイケル・チミノ『天国の門』(80)
一八九三			フレデリック・ターナー『アメリカ史におけるフロンティアの意義』	
一九〇一	ワイルド・バンチのブッチ・キャシディ、サンダンス・キッドとその恋人、南米に逃れる。			エドウィン・S・ポーター『大列車強盗』(03)、サム・ペキンパー『ワイルドバンチ』(69)、ジョージ・ロイ・ヒル『明日に向って撃て!』(69)
一九〇二			オーウェン・ウィスター『ヴァージニアン』	
一九一一	ハリウッドに初の映画スタジオ建設。	前年、D・W・グリフィスが初めてカリフォルニアで撮影、その成功により多くの映画製作社が西に。		
一九一六	パンチョ・ビリヤ遠征。	メキシコの革命家ビリヤがニューメキシコに侵入、その報復。		エリア・カザン『革命児サパタ』(52)、ロバート・ロッセン『コルドラへの道』(59)、バズ・キューリック『戦うパンチョ・ビラ』(68)

あとがき

本書は、アメリカ映画の劈頭にして初の西部劇『大列車強盗』から、「最後の西部劇」『許されざる者』に至るアメリカ西部劇の歴史を、その中に一貫して見出せる二つの傾向の相克としてたどり、記述してきた。その傾向とは、アクションとしての側面と、倫理的側面、そしてそれらは共に、銃というものが持つ意義に関わっている。

この二つの傾向の交代、せめぎ合いとして西部劇を記述してきたとはいえ、本書はもっぱら後者のほうに比重がかかっているように見える。それは、一つには筆者が置かれた歴史的位置の問題による。勧善懲悪のアクションとしての西部劇、もっぱらB級作品として量産された作品を、残念ながらほとんど見ていない。歌うカウボーイ＝ロイ・ロジャース、フート・ギブソン、ケン・メイナード、ジョニー・マック・ブラウン等々といったスターたち。ジョン・フォード作品でようやくいくらか見たに過ぎないハリー・ケリー。B級映画時代のジョン・ウェインですら、見た作品は十本に満たないありさまだし、ましてTV西部劇など、ペキンパーなど名高い監督が演出した回を選んで見ているに過ぎない。この点に関しては、内心忸怩たる思いがないわけではない。銃や西部の慣習に通暁し、ガン・プレイの一つや二つ披露してみせるような根っからの西部劇ファンからすれば、何か決定的なものが抜け落ちているのかもしれない。その点はご叱責を甘んじて受けるものだが、しかし一方、ファンではないから見えることもあり、それが批判的視点ということになる。当然フィルム・ノワールというジャンルへの偏愛が、西部劇における批判的視点の重視に拍車をかけることにもなっている。

もう一つ、筆者自身が西部劇に触れ始めたのが、まさにイーストウッドの時代だったことがある。筆者は六四年生まれの地方出身者だが、その映画体験の初めにイーストウッドはあった。十代半ばから後半を迎える七〇年代後期、イーストウッド作品はTVでいくつもの作品が複数回放映されており、その都度見ていたので、『ダーティハリー』など何度見たかわからない。実際にロードショーとして映画館で初めて見たのは、出演作としてはドン・シーゲル監督『アルカトラズからの脱出』(79)、監督作としては『ペイルライダー』ではなかったかと思うが、『荒野の用心棒』も『荒野のストレンジャー』も『アウトロー』も初めて見たのはスクリーンではなく、TVで、七〇年代後半以降のことだ。要するに、十代後半の思春期のさなか、イーストウッドにどっぷり漬かっていたわけである。といってもその印象としては、西部劇のガンマン＝俳優としてというよりは、『ダーティハリー』のアクション俳優としてのほうが強かった。イーストウッド西部劇を同時代的に、あるいは少し遅れてそれ以前の作品を見てフィルモグラフィーを埋めていったわけなのだが、それでも彼を西部劇の作家、しかも西部劇の終わりを準備しつつあった作家と認識していたわけではまったくない。

　実際、監督作としても非＝西部劇のほうが数自体は多かった。しかし、イーストウッドが継続的に西部劇を撮り続けていることに、彼の思い入れ、固執があるらしいことは感じ取れたし、また作品の水準が極めて高かったために、彼を現代で最高の西部劇作家であると認めることに何ら躊躇《ためら》いはなかった。マリオ・ヴァン・ピープルズ『黒豹のバラード』(93)、サム・ライミ『クィック&デッド』(95)など、単発的に西部劇を撮る監督はいないではなかったが、作風は正統派ではなく、スパゲッティ・ウェスタン風の奇抜なアクションやパロディ性が際立って、異端というか脇道という印象で、かえってイーストウッドの正統性、唯一無二性を際立たせた。イーストウッドはただ一人西部劇を作り続ける作家であり、つまり事実として彼は「最後の」西部劇作家だった。しかし、事実として以上に、本質的な意味で彼が「最後の西部劇作家」であったということに気がつくまでには時間を要した。『許されざる者』を見た時点ですら、この作品が持っている意味を筆者は捉え損ねていた。『ペイルライダー』のようなものを期待して『許されざる者』を公開時に勇んで見にいき、若干の戸惑いを覚えざるを得なかった。なんだかすごいものであることはわかり、周囲にこの映画はすごいのだと言いつのりもしたものの、実のところそのすごさが何なのかわかってはいなかったのである。それが西部劇の「終わり」であったことにようやく気がついたのは、実は本書について考え始めて以降である。

　自分が西部劇を見始めた時点で、西部劇作家としては「最後」のイーストウッドしかいなかったし、そして彼は、優れた西部劇を継続的に作りつつ、西部劇の終わりを告げようとしていた。世代論をする気はないが、西部劇の終わりから西部劇を見始めざるを得なかった世代であることが、本書に強固なバイアスをかけていることは間違いない。しかし、一方でそれは利点でもあるだろう。人は自身の置かれた歴史的、地理的環境に規制されざるを得ないのだし、その規制ゆえに見えてくることもある。イーストウッドを起点としたときに見えてきたのが、西部劇の自己（それは西部劇でもあり、アメリカという国家の歴史そのものでもあるのだが）批判意識であったわけである。

ジャンルとしての西部劇は、どうも終わったようだ。しかし、西部劇にアメリカ批判という側面があったのならば、それ自体も西部劇と共になくなってしまったのだろうか。そんなことはない、とひとまずは言える。正義と悪の境界の不分明を巡る映画は、例えば悪なる存在が悪なるままで極めて蠱惑的な魅力を発するジョナサン・デミ『羊たちの沈黙』〔90〕、正義の味方が正義の観念に取り憑かれた偏執狂ではないかと疑われるバットマンものやスパイダーマンもの（ティム・バートン、クリストファー・ノーラン、サム・ライミ。これに関しては伝説、神話的存在の見直しにもつながる）、法を超えた内なる正義を問う復讐もの（『スリーパーズ』〔96〕、『キル・ビル』〔2003～04〕、『ジャンゴ　繋がれざる者』〔2012〕、『レヴェナント　蘇りし者』〔2015〕等々）として現われる。また、そのような傾向が、フィルム・ノワールによってもたらされたものである以上、現在も作り続けられているノワールがそれを担っているとも言える（代表的な監督にコーエン兄弟、クエンティン・タランティーノ、デヴィッド・フィンチャー、デヴィッド・リンチなどが挙げられる）。もっぱら犯罪もの、その中で倫理的傾向を強く持つものに、正義とは何か、アメリカなるものとは何か、という西部劇的な問いは残存していると見ていい。

一方、善悪の明確なアクションとしての傾向は、むしろ今日これまでにない隆盛を誇っていると言ってよい。活劇西部劇の延長としてのスペース・オペラ、現在なお新作が陸続と作り続けられている『スター・ウォーズ』シリーズ。また、とりわけマーヴェル・コミックスを原作とするアクションもの。ただしこれらは、もっぱらSFXによる複雑華麗なアクションに目を奪われることそのものを楽しむための映画であり、そこに現われるヒーローは、何が正義かを自身に問うことはなく、西部劇のガンマンが湛《たた》えていた倫理性、そしてそれこそがガンマンにオーラを与えていた孤独は見る影もない。

いずれにせよ、西部劇的な傾向は継続されているとはいえ、他ジャンル（犯罪もの、ノワール、SFアクション）に埋没し去ってしまっている。反＝西部劇として、逆説的な形で西部劇を継続していたロード・ムーヴィーも、ほとんど見られなくなった。西部劇は、確かに終わったのだ（ただし、『真昼の決闘』に対してホークスが返した『リオ・ブラボー』のような途方もない西部劇が『許されざる者』への応答として現われたなら、あっさり前言を撤回することになるだろうが）。では今我々にできるのは、「最後の西部劇」『許されざる者』でイーストウッドが行なった行為を反復することだけなのだろうか。とりあえずそうだと言っておくしかない。死者を生者と偽って、ゾンビまがいに踊らせることが死者に対する礼儀ではあるまい。例えばいまだにアメリカは、自分の身は自分で守るとして西部開拓時代の倫理観にすがり、銃規制に対して及び腰であるが、しかしそうした西部時代の考え方が、法による統治体系の整備された現代においてもはや神話でしかないことは明らかである。法に依《よ》らない銃の使用は、病理か、法を免れるものへの内なる正義かのいずれかになるだろうが、現状目につくのは前者ばかりである（狂った理屈も、理屈ではある。テロリズムにすら、自分の命というかけがえのないものを犠牲にしたやむにやまれぬ強権への抗議という側面もあり、一部の理はあるのかもしれないとしても）。後者の私的復讐が、どれだけの頻度で起こるかわからないが、ごく稀なケースだろう。そんなわずかなケース（それも恣意性は免れない）のために銃を維持しておくことで、病理的存在による大量殺戮を招き寄せているとしたら、身を護るための銃で殺されるのだから本末転倒、こんな割に合わない話はない。銃を持つ権利など、もはや神話に過ぎない。ゾンビなのだ。死者は死者として、あるべき場所に帰してやらねばならないのではないか。

　既述のように、西部劇は葬儀をしかるべく描いた唯一のジャンルである。我々は西部劇に倣《なら》って、西部劇をしかるべく埋葬せねばならない。ただし、我々が本当にその死者を知っているのか、という問題は残る。来歴、業績、その愛すべきところ、憎むべきところ。記憶を探る中で、そのときにはわからなかった意味が見えてくる。また、たった一つの知らなかった側面を見ることで、印象ががらりと変わることはよくある。本当に死者を知ることは、あとに残されたものの使命ではないのか。そうして思い起こすことによって、死者は死者のまま、我々の眼前に蘇り続ける。死と生は、想起する現在において一つである。本書は、西部劇に引導を渡し、ついに静止させる営為であると同時に、その歴史をさかのぼり、あるいは下ることで運動の相に置く営為でもあった。それは、西部劇史という客観性を装いつつも、実は書く主体一個の責任のもとになされたものである。別の主体による視角は、死者のまた別の側面を映し出すだろう。西部劇には、我々の知らない側面が残されている。西部劇の歴史の探究はまだまだ続くだろう。本書は、その一例に過ぎない。挽歌は終わらない、とひとまずは言っておこう。

　最後に、本書が二〇一〇年代という現時点において映画を見るということがいかなる営為なのかという問いも、どこか頭の片隅に置いたうえで書かれたという点について述べておこう。本書は、終わりという静止点とそれに向かって歴史を下る運動に引き裂かれてある。西部劇は終わっていると引導を渡すことと、西部劇を見続けてそれを運動の中に引き戻し続けることを同時に行なおうとしているのである。現在、映画というメディアは動画を含む映像というより大きな概念に吸収され、映画そのものが二十世紀的な意味での映画であることを終わりつつある。この時代にあって、まぎれもなくフィルムで撮られた、映画の中の映画、西部劇を見続けようとする態度は、アナクロニックな（時代遅れであると同時に、時間錯誤的な）ものであることは間違いない。本書は西部劇に引導を渡しつつ、それを見続けることで運動の中に引き戻そうとしているわけだが、同じことは映画なるものそのものについても言えるのだ。映画がもはやかつてのようなものではなくなってしまった現在において、映画らしい映画、フィルムで撮られた映画を見るということは、すでに終わりを迎えている映画を真に終わらせる営為なのか、それとも（静止画を運動へと持ち来たらすという、そもそも時間錯誤的なものとしての）映画の本質を改めて再生させようという試みなのか。本書を書き終えた時点でも、実のところ筆者にその答えは出ていない。

本書の執筆は、さまざまな理由から五年の長きにわたってしまった。その間、多くの方々にお世話になった。上島春彦、山本均の両氏には、前著『亡命者たちのハリウッド』に引き続き、一章書くごとに原稿を見てもらい、意見をいただいた。両氏が待っていてくれるということが、この間どれだけ励みになったかわからない。また、本書のきっかけとなったアイディアは、アテネ・フランセにおけるアナクロニズムの会、第八回「西部劇＝残存するノワール　西部劇を殺したのは誰か」の際に得たものである。アナクロニズムの会を担当していただいていた泉雄一郎氏にも感謝したい。さらに、デジタル時代において映画とは何か、粘り強く考え続け、新たな試みを続けて来られた七里圭監督には主催した講座「映画以内、映画以後、映画辺境」を通して、その問題を考えるきっかけをいただいた。本書は上記の通りいかにもアナクロニックな試みではあるが、それを書き続けるにあたって、現在において映画とは何かという問いが頭を去ることはなかったのであり、そのことが本書に何らの影も落としていないということはあり得ないと思う。もうひと方、翻訳家の青柳伸子氏には、イーストウッドの章における英語の解釈の仕方についてご教示を賜った。さらに、長きにわたって推移を見守り、また誰よりも的確で厳しい意見によって、筆者を鼓舞してくれた作品社の青木誠也氏に感謝したい。名は挙げないが、他にも本書の進行具合を常に気にかけて下さった方は数多い。その皆さまにも感謝を。最後に、本書を執筆中に世を去った父（1938〜2016）に本書を捧げたいと思う。

二〇一八年四月　　吉田広明

なお重版にあたって、図らずも残っていた多くの過ちを正した。指摘いただいた方々、特に宇田川幸洋（『馬上の二人』の粗筋）、関口良一（軽重種々の間違い）のお二方に感謝したい。

【ろ】

【わ】

【り】

【る】

【れ】

【み】

【む】

【め】

【も】

【や】

【ゆ】

【よ】

【ら】

【ほ】

【ま】

【へ】

【ひ】

【ふ】

【ね】

【の】

【は】

【ち】

【つ】

【て】

【と】

【な】

【に】

【す】

【せ】

【そ】

【た】

【け】

【こ】

【さ】

【し】

【き】

【く】

【え】

【お】

【か】

人名索引

【へ】

【ほ】

【ま】

【み】

【む】

【め】

【た】

【ち】

【つ】

【て】

【と】

【し】

【す】

【せ】

【そ】

作品名索引

吉田広明（よしだ・ひろあき）
1964年生まれ。映画評論家。著書に、『亡命者たちのハリウッド——歴史と映画史の結節点』、『B級ノワール論——ハリウッド転換期の巨匠たち』（以上作品社）、『ジム・ジャームッシュ』、『ヴィム・ヴェンダース』、『サム・ペキンパー』、『ジャン・ユスターシュ』、『映画監督の未映像化プロジェクト』（以上共著、エスクァイア マガジン ジャパン）、ジム・トンプスン、黒原敏行訳『犯罪者』（解説、文遊社）など。

西部劇論
その誕生から終焉まで

2018年10月30日初版第1刷発行
2018年12月30日初版第2刷発行

著　者　吉田広明
発行者　和田肇
発行所　株式会社作品社
〒102-0072　東京都千代田区飯田橋2-7-4
TEL.03-3262-9753　FAX.03-3262-9757
http://www.sakuhinsha.com
振替口座00160-3-27183

装幀・本文組版　前田奈々
編集担当　青木誠也
印刷・製本　シナノ印刷株式会社

ISBN978-4-86182-724-2 C0074
©Hiroaki YOSHIDA 2018 Printed in Japan
落丁・乱丁本はお取り替えいたします
定価はカバーに表示してあります

【作品社の本】

沖縄映画論

四方田犬彦、大嶺沙和編

沖縄の映像は、誰のために、誰に敵対して存在しているのか。
観光主義とオリエンタリズムのなかで、沖縄表象の可能性を問い直す。
「日本」の解体に向かう、日本映画史研究の最前線。
［沖縄関連映像作品リスト付］
ISBN978-4-86182-172-1

吉田喜重の全体像

四方田犬彦編

メロドラマと反メロドラマ、エロティシズムとテロリズム。
融合と反発を繰り返し、不断の変容を続ける映画監督・吉田喜重。
「松竹ヌーベルバーグ」の60年代から、最新作『鏡の女たち』まで、
本質的な映像作家の広大なる想像的宇宙の全貌に挑む、画期的論考。
ISBN978-4-87893-646-3

思想読本⑨　アジア映画

四方田犬彦編

中華圏から東南アジア、現在最注目の西アジア全域までを網羅した、
最新版「アジア映画」完全ガイド！
最強の執筆者により、アジアの映画人101人を精緻に解説。
この1冊で、アジア映画の全てがわかる！
ISBN978-4-87893-539-8

【作品社の本】

武智鉄二　伝統と前衛

岡本章、四方田犬彦編

日本の伝統演劇と現代芸術を過激に横断した前衛演出家、
反権力とエロティシズムに徹した映画監督、その驚くべき営為の全貌。生誕百年記念！
中村富十郎、茂山千之丞、坂田藤十郎、川口小枝による、貴重な証言を収録。
ISBN978-4-86182-360-2

戦う女たち
日本映画の女性アクション

四方田犬彦、鷲谷花編

剣を取り、髪振り乱してスクリーンに跳躍する、強く、美しき女たち。
日本映画の歴史を彩る、絢爛たるその系譜を総覧！
戦前のヴァンプ・化け猫映画、女剣劇から、『緋牡丹博徒』、『女必殺拳』、
ピンキーヴァイオレンス、そして『バトル・ロワイヤル』、『セーラームーン』まで。
ISBN978-4-86182-256-8

日中映画論

四方田犬彦、倪震《ニイ・チエン》著

大島渚、謝飛《シエ・フエイ》、北野武、張芸謀《チヤン・イーモウ》、塚本晋也、賈樟柯《ジヤ・ジヤンクー》。
日本で最も多作な映画批評家と、中国第五世代以降最良の伴走者が、
双方の映画監督たち三人ずつを論じ合い、両国の映画の歴史と現在を探訪する。
まだ見ぬ中国、そしてまだ見ぬ日本の発見と展開！
ISBN978-4-86182-212-4

【作品社の本】

闇からの光芒

マフマルバフ、半生を語る

ハミッド・ダバシ著、モフセン・マフマルバフ序文、市山尚三訳

その言動に世界が注目するイランの映画作家が、あまりにも過激な半生と、
芸術家としての営為のすべて、そしてイスラムとアメリカの現在・未来を語り尽くす。
［マフマルバフ・フィルムハウス提供による貴重図版多数収録］
ISBN978-4-87893-588-6

ルイス・ブニュエル

四方田犬彦著

危険な巨匠！

シュルレアリスムと邪悪なユーモア。

ダリとの共作『アンダルシアの犬』で鮮烈にデビュー。

作品ごとにスキャンダルとセンセーションを巻き起こした伝説の巨匠。

過激な映像と仮借なき批評精神を貫いたその全貌を解明する。

ISBN978-4-86182-442-5

【増補決定版】若松孝二　反権力の肖像

四方田犬彦、平沢剛編

「俺は国家権力を打倒するために映画を撮ってきたんだ——」

性とテロルをラディカルに問い続けた稀代の映画人・若松孝二。

初期ピンク映画から『実録・連合赤軍』、『11・25自決の日』、『千年の愉楽』まで、
半世紀に及ぶ監督作品を総覧する、決定版評論集！

ISBN978-4-86182-435-7

【作品社の本】

コンテンポラリーダンス徹底ガイドHYPER

乗越たかお著

“コンテンポラリー・ダンス”を定義づけた名著、待望の大増補！
大改訂！　世界の超有名ダンサー＆カンパニーから、現在注目の若手までを徹底網羅。
コンテンポラリー・ダンスの全体像を知るための必読書。
これを読まなきゃ、モグリです。
ISBN978-4-86182-070-0

マックス・フライシャー
アニメーションの天才的変革者

リチャード・フライシャー著、田栗美奈子訳

ベティ・ブープを生み、ポパイ、スーパーマンをアニメーションにした男。
ディズニーに比肩する天才アニメーターの栄光と挫折の生涯を、
その息子である名映画監督が温かく描き出す。アニメーションファン必読！
「時代のせいでおもしろくないものと、時代を超えておもしろいものがあるはずで、
その時代を超えるものをやっぱりフライシャーは持っているんです」――宮崎駿
ISBN978-4-86182-257-5

ウディ・アレン　バイオグラフィー

ジョン・バクスター著、田栗美奈子訳

ニューヨークを代表する売れっ子映画作家ウディ・アレンの人生を、
その生い立ちからスタンダップ・コメディアン時代、
そして波瀾に満ちた私生活まで余すところなく網羅した完全決定版評伝！
ISBN978-4-87893-470-4

【作品社の本】

〈喜劇映画〉を発明した男

帝王マック・セネット、自らを語る

マック・セネット著、石野たき子訳、新野敏也監訳

D・W・グリフィスに映画作法を学び、チャーリー・チャップリン、
ビング・クロズビーを見出して、フランク・キャプラらをそのスタジオから輩出した男。
コメディ映画にカスタードパイ投げ、水着アイドル、
道化役としての警官隊を初めて登場させたアイディアマン。
初期ハリウッドを代表する超大物プロデューサーが、自らの映画人としての足跡、
波乱に満ちた生涯、たった一度の人生を賭した名女優との悲恋を余さず語り尽くす、
アメリカ映画史の名著！「銀幕喜劇人小辞典」付
ISBN978-4-86182-472-2

アジア映画の森

新世紀の映画地図

石坂健治、市山尚三、野崎歓、松岡環、門間貴志監修　夏目深雪、佐野亨編集

グローバル化とクロスメディアの波のなかで、進化しつづけるアジア映画。

東は韓国から西はトルコまで——

鬱蒼たる「映画の森」に分け入るための決定版ガイドブック。

アートからエンタテインメントまで国別の概論・作家論とコラムで重要トピックを網羅！

ISBN978-4-86182-377-0

アジア映画で〈世界〉を見る

越境する映画、グローバルな文化

夏目深雪、石坂健治、野崎歓編

われわれは映画に、映画はわれわれに、何をできるのか——。
グローバリズムの中、越境し変容するアジア各国と日本の映画。
「今、アジア映画を見ること」の意味を問いながら、歴史／政治／社会状況を読み解きつつ、
映画／映像の可能性を探り、批評の文脈を刷新する。
地図上の〈世界〉とわれわれの生きる現実（リアル）な〈世界〉を、
14の論考と7つの対談・座談で切り取る、画期的評論集！
ISBN978-4-86182-461-6

【作品社の本】

ゴジラの音楽

伊福部昭、佐藤勝、宮内國郎、眞鍋理一郎の響きとその時代

小林淳著

1954－75。『ゴジラ』から『メカゴジラの逆襲』にいたる
昭和期ゴジラ・シリーズ15作は、いかなる音楽に彩られていたのか。
作曲家たちへの懇切な取材と徹底的な作品の読解をもとにその全貌を解析し、
それらが生み出された同時代日本の諸相をも見はるかす、渾身の長篇評論！

ISBN978-4-86182-299-5

血の玉座

黒澤明と三船敏郎の映画世界

上島春彦著

黒澤映画における、三船敏郎の存在理由とはいかなるものか。
その映像の中で、分身／門／拠り代とは何を意味しているのか。
画面の精緻な読解から、作品の新たな読みを提示する本格評論。
黒澤明生誕100年、三船敏郎生誕90年記念出版！

ISBN978-4-86182-255-1

レッドパージ・ハリウッド

赤狩り体制に挑んだブラックリスト映画人列伝

上島春彦著

1950年代、赤狩りの嵐吹き荒れるアメリカで、
左翼脚本家・監督・俳優たちは、いかに戦い、どのような作品を残したのか。
隠された歴史を丹念に洗い出し、克明に記録する、レッドパージ研究の完全決定版。
蓮實重彦氏絶賛！

ISBN978-4-86182-071-7

スター女優の文化社会学

戦後日本が欲望した聖女と魔女

北村匡平著

彼女たちはいかにして「スター」となったのか。なぜ彼女たちでなければならなかったのか。
原節子と京マチ子を中心に、スクリーン内で構築されたイメージ、
ファン雑誌などの媒体によって作られたイメージの両面から、
占領期／ポスト占領期のスター女優像の変遷をつぶさに検証し、
同時代日本社会の無意識の欲望を見はるかす、新鋭のデビュー作！

ISBN978-4-86182-651-1

【作品社の本】

B級ノワール論
ハリウッド転換期の巨匠たち
吉田広明著

ジョゼフ・H・ルイス、アンソニー・マン、リチャード・フライシャー。
三人の巨匠の経歴と作品を精緻に分析し、ハリウッド古典期から
現代期への転換点としての「B級ノワール」のいまだ知られざる全貌を見はるかす、
画期的書き下ろし長篇評論。蓮實重彥氏激賞！
ISBN978-4-86182-211-7

亡命者たちのハリウッド
歴史と映画史の結節点
吉田広明著

亡命という経験は、彼らの映画に何をもたらしたのか。
彼らの到来が、世界の映画に与えた変化とは何なのか。
30年代にナチスから逃れたフリッツ・ラング、ダグラス・サーク、ロバート・シオドマク、
50年代に赤狩りでアメリカを逐われたエドワード・ドミトリク、
ジョン・ベリー、サイ・エンドフィールド、ジョゼフ・ロージー、
60～70年代に共産圏東欧から亡命したミロス・フォアマン、ロマン・ポランスキー。
その生涯と作品。
ISBN978-4-86182-406-7

スクリーンの裾をめくってみれば
誰も知らない日本映画の裏面史
木全公彦著

黒澤明監督のポルノ映画のポスターとは⁉
お蔵入りのはずが流出した三國連太郎の監督作品とは⁉
長谷川和彦のデビュー作となるはずだった“和製洋ピン”とは⁉
読んでびっくり、日本映画のちょっとセクシーなこぼれ話。
ISBN978-4-86182-716-7